Japansk — dansk ordbog

日本語デンマーク語辞典

古城 健志 編

東京 **大学書林** 発行

本書を松下正三先生の霊に捧げます

緒　　言

　デンマークと日本との交流は文化・芸術のみならず，科学・技術の面でますます増大していると思われます．しかし，残念ながら，用いられる言語はほとんど英語で，現地の言葉を用いられることは少ないように見受けられます．しかし，真の交流を深めるにはやはりお互いに現地の言葉を理解するに勝るものはありません．その意味で当編者は浅学を顧みず，あえて松下正三氏とデンマーク語辞典 (1993) およびデンマーク語日本語辞典 (1994) を上梓しましたが，さらに日本語デンマーク語辞典も必要と考え，本書を編集することに致しました．

　いざ開始してみると，例えば一つの日本語に対し，いくつかのデンマーク語がある場合，それらの語のニュアンスの違いをできるだけ伝えるよう努力しましたが，編者の浅学で必ずしも充分でなく，紙数の制限もあり，多くの場合，用例は無視せざるを得ませんでした．

　本書のスタイルは松下正三先生編「日本語スウェーデン語小辞典」を参考にし，見出し語・語いについては編者の偏見により若干の取捨選択を，またかなりの追加を行いました．語いは見出し語，関連語共で3万語を越えていると思われます．

　最後になりましたが，本書の編集のきっかけを作ってくださった一橋大学の阪西紀子氏と本書の出版を許諾された大学書林の佐藤政人氏に深く感謝するもので，また東海大学名誉教授山野邊五十鈴先生には初校全般に眼を通して戴き，校正全般にわたっては菊池正敏氏に多大の応援を得ました．厚くお礼申し上げます．

2000年9月　　　　　　　　　　　　　　　　　編　者

凡　　例

日本語について
- **─**　：見出し語と同じ，見出し語の途中に・のあるものは前の部分と同じ．
- 〔　〕：〔　〕内をつけることもある．
- （　）：見出し語の言いかえ，または説明：見出し語と似た語，関連語
- ／　：または，・…／… ・の前の語を後ろの語にもつける．
- →　：…を見よ．
- 〈動〉〈魚〉〈虫〉〈鳥〉〈病〉　それらのこと・名前（魚は魚介類一般を含む）
- 〈医〉〈哲〉〈文法〉〈数〉〈楽〉　医学上の，哲学上の，文法の，数学の，音楽の用語

デンマーク語について
- 〔　〕：括弧内をつけることもある．
- ／　：または
- （　）：たとえば，用例．
- (pl.)：複数（ただし，必ずしもすべてに表示してありません）
- ：　（：の前後でニュアンスの違いに注意されたい．）

略語：
- fx.　：for eksempel
- ngn., ngt., ngl.　：nogen, noget, nogle
- ngs., ngts., ngls.　：nogens, nogets, nogles
- e.l.　：eller lignende

なお，各語の語尾変化は紙数の都合で省略した．編者らが編著した「デンマーク語辞典」その他の辞典を活用願いたい．

あ

ああ ja så!（驚き・羨望・悲しみ・軽蔑）å!
アース （接地線）jordledning
アーチ bue
アーメン amen
アール （面積単位）ar (100 sq. metres)
あい 愛 kærlighed, hengivenhed —する elske
あいいろ 藍色 indigo
あいかわらず 相変わらず som altid, som sædvanlig, stadigvæk
あいきょうのある 愛嬌のある elskværdig
あいこ 愛顧 yndest, gunst
あいこうする 愛好する elske, synes〔godt〕om, holde af
あいこく・しん 愛国心 fædrelandskærlighed, patriotisme —者 patriot
あいことば 合い言葉 løsen （コンピューターで）password
あいさつ 挨拶(会釈) hilsen, høflighedsudtryk, velkomsttale （感謝の言葉）takketale —する hilse
あいじ 愛児 〔mit〕elskede barn
あいしょう 相性 spontan sympati, samhørighedsfølelse —のよい kongenial, åndsbeslægtet
あいじょう 愛情 kærlighed, hengivenhed —のある kærlig, elskelig
あいじん 愛人 （男）elsker （女）elskerinde
あいず 合図 signal —する signalere, signalisere
アイスクリーム is〔creme〕
アイスホッケー ishockey —場 ishockeybane
アイスランド Island —人 islænder, islænding —の/語 islandsk
あいそ〔う〕 愛想 elskværdighed, venlighed —のよい elskværdig, venlig, forekommende —のない

usympatisk, uvenlig
あいた 開いた åben (空(から)の) tom
あいだ 間 mellemrum, tidsinterval (空間・時間的に)AとBの—に mellem A og B 長い— lang tid
あいだがら 間柄 relation, forhold
あいついで 相次いで den ene efter den anden
あいて 相手 modpart (仲間)makker, partner, fælle (敵手) modstander 結婚の—を探す søge en at gifte sig med
アイデア ide, idé —に富んだ idérig
あいどく・する 愛読する læse med glæd —書 favoritbog
あいにく 生憎 ulykkeligvis, desværre —の ulykkelig
あいのこ 混血の人 menneske af blandet race 白人と黒人の— mulat (雑種の動植物)hybrid
あいびき 逢引き stævnemøde, hemmeligt møde
あいま 合間 mellemrum, mellemtid, interval
あいまいな 曖昧な ubestemt, uklar, tvetydig, utydelig, vag —に ubestemt, tvetydigt
あいらしい 愛らしい sød, dejlig, vakker
アイルランド Irland —人 irer —の/語〔の〕irsk
アイロン strygejern —をかける stryge
あう 会う(人に) møde〔s〕, træffe (出会う) træffe, ramme 合う(似合う) passe, matche 口に合う smage godt (遭う)(交通事故に) komme ud trafikuheld
あえぐ 喘ぐ puste, stønne
あえて 敢えて(…する) turde
あえん 亜鉛 zink —板 zinkplade
あおい 青い〔色〕blå, grøn, bleg (未熟の) umoden, uerfaren
あおぐ 仰ぐ(尊敬する) beundre, respektere (見上げる) se op
あおぐ (扇子で) vifte
あおざめる 青ざめる blegne
あおじゃしん 青写真 blåkopi
あおじろい 蒼白い bleg

あおぞら 青空 den blå himmel, åben himmel ―市場 marked i det fri, frit/åbent marked
あおむく 仰向く se op
あおる (扇動する) ophidse, anstifte
あか 赤(深紅色) karmoisinrød (赤色) rød farve ―い rød ―みがかった rødlig (赤面する) rødme (共産党員) kommunist
あか 垢 smuds, snavs ―だらけの smudsig
あかかぶ 赤かぶ rødbede
あかじ 赤字 underskud ―である/になる være/blive minusbalance i finanserne
アカシア〈植〉akacie
あかす 明かす(時を過ごす) tilbringe (打ち明ける) betro (告白する) bekende (秘密を明かす) afsløre
あかちゃん 赤ちゃん baby
あかつき 暁(夜明け) daggry (場合・時)…の―には ifald
あがめる 崇める(尊敬する) respektere, se op til (崇拝する) dyrke, tilbede
あからさまな (明白な) klar, tydelig (率直な) åbenhjertig, frank
あかり 明り(灯火) lampe, lys (日光) solskin, sollys ―をつける tænde lyset ―を消す slukke lyset
あがる 上がる stige〔op〕, gå op, stå op (食べる・飲む) spise, drikke 雨が― det er holdt op med at regne 立ち― rejse sig op 出来― blive færdig (興奮する) være i oprør, blive ophidset
あかるい 明るい(光が) lys, klar (明白な) klar, åben (精通している) være bevandret i
あかんぼう 赤ん坊 baby
あき 秋 efterår, høst ―風 efterårsvind ―らしい efterårsagtig
あき 空き tomhed, ledighed (隙間) revne, åbning ―びん tom flaske
あきあきする 飽き飽きする blive træt/led
あきすねらい 空巣狙い(人) indbrudstyv (行為) indbrud

あきない 商い affære, handel
あきなう 商う handle〔med〕
あきや 空家 ubeboet hus
あきらかな 明らかな indlysende, klar, oplagt
あきらめる 諦める(放棄する) resignere, opgive, forlade
あきる 飽きる blive træt af （充分である）få nok, blive mæt
アキレスけん アキレス腱 akilleshæl
あきれる （驚く）blive overrasket/forbavset （愛想をつかす）føle lede ved
あく 空く(空(か)になる) blive tom （時間・手が）blive ledig/fri
あく 開く åbne sig （始まる）starte, begynde
あく 悪(不正) uret, synd （悪徳）last, synd （邪悪）onde, ondskab ―名高い berygtet, notorisk
あく 灰汁 aske, lud
アクアビット akvavit, brændevin
あくい 悪意(悪気) ondskab, ildesind
あくけい 悪計 konspiration, komplot, intrige
あくじ 悪事 misdåd （犯罪）brud
あくしつの 悪質の ond, ondskabsfuld, uartig, dårlig
あくしゅ 握手 håndtryk ―する give hinanden hånden〔til goddag〕
あくしゅう 悪臭 stank, dårlig lugt ―を放つ stinke
あくしゅう 悪習(悪癖) uvane, dårlig vane
あくせい 悪性 ondartethed ―の ondartet〔sygdom〕
アクセサリー smykke, tilbehør
アクセル speeder
アクセント betoning, tonefald
あくてんこう 悪天候 dårligt vejr
あくとう 悪党 →あくにん
あくにん 悪人 skurk, slyngel, slubbert, usling
あくび gaben ―をする gabe
あくま 悪魔 djævel, dæmon, fanden
あくまで 飽くまで(最後まで) til det sidste （極力）

til det yderste （根気強く）ihærdigt, stædigt
あくむ 悪夢 mare
あくめいたかい 悪名高い berygtet, notorisk
あくゆう 悪友 dårlig ven, dårligt selskab
あくよう 悪用する misbruge （虐待する）mishandle
あくる 明くる følgende 〔dag/morgen〕, næste
あくれい 悪例 dårligt eksempel, dårligt forbillede
あくろ 悪路 vej i dårlig forfatning
あげ 上げ(着物の) syet læg
あけ・がた 明け方 daggry, dagning ―の明星 morgenstjerne
あけくれ 明け暮れ dag og nat
あげしお 上げ潮 flod, højvande
あけぼの 曙 daggry, dagning
あける 明ける gry （夜が）det dages, dagen gryr
あける 開ける åbne, holde åben （鍵を）lukke op （空(から)にする）tømme
あげる 上げる・揚げる・挙げる løfte op, hæve （贈与する）give, forære 数え― opregne （吐く）brække sig 結婚式など― vie （揚げものをする）stege, brase
あけわたす 明け渡す overlade, rømme
あご 顎 kæft, hage ―ひげ skæg 上― gane
アコーディオン harmonika
あこがれ 憧れ længsel ―る længes
あさ 麻〔の木〕 hamp ―の実 hampefrø
あさ 朝 morgen ―日 morgensol, opgående sol
あざ （生れつきの）fregne （打撲傷）blåt mærke, blå plet
あざ 字 sektion i landsby
あさい 浅い(水深が) grund, lavvandet （皿などの）flad （傷が）let, mild （関係が）flygtig, overfladisk （浅薄な）letsindig
あさおき 朝起きする rejse sig tidligt
あさがお 朝顔 〈植〉 tragtsnerle
あさぐろい 浅黒い mørk, dunkel, brun〔lig〕
あざけ・り 嘲り hån, foragt ―る håne, foragte,

afvise ngt. med hån
あさせ 浅瀬 grund, fladvand
あさって 明後日 i overmorgen
あさねぼう 朝寝坊 syvsover —する sove over sig
あさはかな 浅はかな letsindig, overfladisk, tom
あさひ 朝日 morgensol, opgående sol
あさましい 浅ましい(卑しい) nedrig, gemen (恥ずべき) skamfuld (みじめな) elendig
あざみ 薊 〈植〉 tidsel
あざむく 欺く bedrage, lure, narre
あさめし 朝食 morgenmad
あざやかな 鮮やかな tydelig, klar, levende, livlig (みごとな) pragtfuld, strålende
あさゆう 朝夕 morgen og aften
あざらし 海豹 〈動〉 sæl
あさる 漁る(魚を) fiske (捜す) søge, lede efter
あし 足 fod (脚) ben (犬・ねこなどの足) pote (くまなどの足) lab (逃亡者の) —取り spor —の裏 fodsål —の指 tå —の甲 vrist
あし 葦 〈植〉 [tag]rør
あじ 味(味覚) smag (風味) aroma —がいい／悪い smager godt/dårligt
アジア Asien —人 asiat —の asiatisk
あしあと 足跡 fodaftryk, fodspor
あしおと 足音 lyd af fodslag
あしかせ 足かせ åg (束縛) tvang
あしくび 足首 ankel
あじけない 味気ない trist, dyster, kedelig
あじさい 紫陽花 〈植〉 hortensia
あした 明日 i morgen
あしでまとい 足手まとい byrde, hinder, hæmsko (負担) belastning
あしどり 足取り(歩き方) gang (行方) spor
あしなみ 足並み(歩幅) skridt (歩調) takt, tempo —をそろえて i takt —を乱して ude af takt
あしば 足場 fodfæste, stilling
あしぶみする 足踏みする stampe (停滞する)

stagnere
あしもと 足下に ved〔ngs.〕fødder —の明るいうちに inden det bliver mørkt, inden fare nærmer sig —につけ込む udnytte andens nød
あじわう 味わう smage, nyde
あす 明日 i morgen
あずかり 預かり(保管) forvaring, opbevaring —物 betroet gods —所 opbevaringssted
あずかる 預かる tage vare på, opbevare (保管する) forvare, bevare (棚上げする) opsætte, henlægge
あずき 小豆〔små〕rød bønne
あずける 預ける overlade, overgive (委託する) betro, overlade
アスパラガス 〈植〉 asparges
アスファルト asfalt
あせ 汗 sved —をかく svede —がにおう lugte af sved
あせる 焦る(急ぐ) haste, skynde sig, have travlt (もどかしがる) være utålmodig
あせる 褪せる(色が) blegne
あそこ derover, derovre
あそび 遊び leg, spil kort —で(冗談で) for spøg, for sjov —相手 medspiller, legekammerat —場 legeplads
あそぶ 遊ぶ(遊戯する) lege, spille (…をして楽しむ) more sig (真剣でない) være useriøs (無為に過ごす) ikke bestille ngt., drive, dase, dovne
あだ 仇(復しゅう) hævn (敵) fjende, uven
あたい 価・値(値段) pris (価値) værdi
あたえ・る 与える (贈与する) give, forære, skænke (授与する) give, forlene med (賞など) tillægge —られた givet
あたかも(まるで) som om
あたたか・い 暖かい, 温かい varm, lun (心の) venlig —さ varme
あたた・める 暖める, 温める opvarme —まる blive varm, varme sig

あだな 仇名・渾名 kælenavn, øgenavn, kaldenavn
あたま 頭(頭部) hoved —を洗う vaske hår —を使う bruge sit hoved, tænke (頭脳) hjerne —がいい være intelligent —をひねる vride hjernen —が悪い være dum —が重い føle sig tung i hovedet
あたらし・い 新しい ny (新鮮な) frisk (最近の) moderne, sidst —くpå ny —くする forny
あたり 辺り(付近) egn, omegn, omkring …の—に i omegnen af
…あたり 1人—に pr. person
あたりまえ 当り前(当然) selvfølge —の(普通の) almindelig, sædvanlig (当然の) behørige, passende (自然な) naturlig (もっともな) rimelig, fornuftig
あたる 当る(的中する)(矢・弾丸などが) træffe, ramme (宝くじなどが) vinde i (予想などが) blive sand (衝突する) kollidere (中毒する) blive forgiftet 人につらく— behandle ngn. ilde
あちこち (所々に) hist og her (行ったり来たり) gå frem og tilbage
あちら (方角) den der retning (あそこ) derovre (人) det derovre er hr. … , den person derovre, den person
あつい 厚い(物が) tyk (情が) varm, hjertelig
あつい 熱い,暑い varm, hed (女に熱くなる) brænde varm på en pige
あっか 悪化 forværring (風俗など) demoralisering, korruption —する blive værre, forværres
あつかう 扱う(道具を) håndtere (物・人を) handle, behandle, tage sig af (もてなす) beværte, traktere (操作する) skøtte, behandle
あつかましい 厚かましい fræk, uforskammet
あつがみ 厚紙 karton
あつくるしい 暑苦しい lummer, trykkende, hed
あつげしょう 厚化粧 kraftig makeup
あっけない 呆気ない (物足りない) utilfredsstillende
あつさ 厚さ tykkelse
あつさ 暑さ varme, hede

あっさり （軽く）let （単純に）enkelt （てみじかに）kortfattet, kort og godt （わけなく）uden vanskelighed, let （淡白に）åbenhjertig[t] （単刀直入に）uden omsvøb

あっしゅく 圧縮 kompression （濃縮）fortætning （凝縮）kondensation

あっする 圧する(押す) trykke, presse （威圧する）overvælde, skræmme, frygte

あっせい 圧制 fortryk, undertrykkelse

あっせん・する 斡旋する(世話する) formidle （とりなす）mægle —者 formidler

あっとう・する 圧倒する overvælde （強く印象づける）imponere —的な overvældende

あっぱく 圧迫 pres, undertrykkelse, tryk —する undertrykke, trykke

あっぱれな 天晴れな beundringsværdig, udmærket

あつまり 集まり forsamling, møde

あつまる 集まる(集合する) samles, mødes （群がる）sværme, trænges （集中する）koncentrere sig

あつめる 集める 寄せ— samle〔sammen〕 呼び— sammenkalde

あつらえ 誂え bestilling —の(注文の) bestilt （洋服など）—の skræddersydet （注文する）bestille

あつりょく 圧力 tryk, pres —計 manometer, trykmåler —団体 gruppe som presse politiker

あて 当て(期待) håb, forventning —にする lide på, forvente, vente〔sig〕 —にならない uberegnelig, upålidelig

あてさき 宛て先(人) adressat

あてな 宛て名 modtagernavn〔på brev〕, adresse —を書く adressere〔et brev〕

アテネ Athen —人 athener, athenienser —の athensk, atheniensisk

アデノイド 〈病〉 adenoid

あてはまる （適用される）gælde, passe （該当する）modsvare （適合する）passe, du til, være lempelig for

あてはめる （適用する）tillempe （利用する）anvende

あてる 当てる （充当する）tildele, allokere （取りつける）anbringe （ぶっつける）træffe, slå　言い—gisne ret （風雨などにさらす）udsætte〔for〕（生徒などに指名する）tildele, anvise

あと 後（後方）bagsiden af　（時間・順序）(以前) før (以後) efter （将来）fremtid, eftertid （結果）resultat, følge, konsekvens （残余）resten

あと 跡・痕（印跡）stempel, mærke　（足跡）fodspor, spor （痕跡）mærke, spor （遺跡）mindesmærke, gravmæle （廃墟）ruiner

あとあし 後脚　bagben

あとあじ 後味　eftersmag

あととり 跡取り（人）efterfølger, arvtager, arving （相続）arv （王位継承）tronfølge （相続する）arve （引き継ぐ）overtage

アトリエ atelier

あな 穴・孔（一般）hul　—だらけ fuld af huller　（細長い—・割れ目・裂け目）revne, sprække （笛などの）hul （獣類の）hi, hule （欠損）tab, underskud （欠点）fejl, brist （競馬の）sort hest　—をあける standse　—あけ hulapparat

アナウンサー〔radio〕speaker （女）kvindelig speaker

あながち（＋打消）ikke nødvendigvis

あなぐま〈動〉grævling

あなた 貴方（君）du （夫婦間で）elsker, elskerinde

あなどる 侮る（軽蔑する）foragte, forsmå （軽視する）ringeagte, tilsidesætte

あに 兄　ældre bro〔de〕r, storebro〔de〕r　—弟子(ﾃﾞ) ældre lærling　—嫁(ﾖﾒ) svigerinde

あね 姉　storesøster, ældre søster　—むこ ældre søsters mand　—娘 ældre datter

あねったい 亜熱帯　det subtropiske bælte

アネモネ〈植〉anemone

あの den/det （人）han, hun　—頃 på den tid　—世 livet efter dette, himmerig〔e〕, den anden verden

アノラック anorak

アパート （建物）lejlighed

あばく 発く(暴露する) afsløre, røbe (発掘する) grave ud, åbne 〔en grav〕

あばた 痘痕 ar

あばら 肋(横腹) siden (肋骨) ribben

あばらや 荒屋 forfaldet hus

あばれる 暴れる(乱暴する) gøre vold, voldføre, gå amok (もがく) vride sig, sno sig (暴動を起こす) gøre oprør

あびせる 浴びせる overhælde med, overøse

あひる 家鴨 and

あびる 浴びる(水をかぶる) tage sig vandet over hovedet (冷水に浸る) bade i koldt vand (光などを) sole sig (風呂を) bade varmt (非難を) kritiseres, anklages, bebreides

あぶ 虻 〈虫〉 klæg

あぶな・い 危い(危険な) farlig, risikabel, risikofyldt (疑わしい) tvivlsom, tvivlrådig (冒険的な) eventyrlig, farlig (危篤の) kritisk, alvorlig —く (ほとんど) næsten, nærved

あぶら 油 olie (脂) smørelse, fedtstof —汗 sved —かす oliekage —差し〔器〕 oliekande —絵 oliemaleri —絵の具 oliefarve

あぶらな 〈植〉 raps

あぶらむし 油虫 (ごきぶり) kakerlak (ありまき) bladlus

アフリカ Afrika —人 afrikaner —の afrikansk

あぶる (燒く) riste, stege

あふれる 溢れる flyde over, oversvømme

あべこべ・の (反対の) modsat 〔af〕 (間違った) fejl, urigtig (上下を)—に på hovedet (裏返しにする) vende op og ned på

アベック par —で om to

あへん 阿片 opium

あほ〔う〕 阿呆 dåre, idiot, tåbe, dummepeter —らしい tåbelig, fjollet, idiotisk

あま 尼 nonne —寺 nonnekloster

あま 亜麻 〈植〉 hør

あま 海女 kvindelig dykker
あまい 甘い(味が) sød, sødt smagende （寛大な）generøs （お人よしの）skikkelig, harmløs
あまがさ 雨傘 paraply
あまがっぱ 雨合羽 regnslag
あまさ 甘さ sødme
あまざらし 雨曝し udsat for regn —にする udsætte for regn —の vejrbidt
あまじたく 雨支度 forberedelse for/imod regn —する forberede for regn
あます 余す(残す) levne, efterlade, forlade
あまだれ 雨垂れ regndråbe
アマチュア amatør
あまど 雨戸 skodde, vinduesskodde
あまのかわ 天の川 Mælkevejen
あまのじゃく 天の邪鬼(人) modstræbende/trodsig person （性質）perversitet
あまみ 甘み(甘さ) sødme （味）sød smag
あまみず 雨水 regnvand
あまもり 雨漏り lækning igennem taget
あまやかす 甘やかす forkæle, forvænne （駄目にする）ødelægge
あまやどり 雨宿りする søge læ
あまり 余り(残余) rest （剰余）overskud, det der bliver tilbage （残物）levning, rester （予備）beholdning, forråd
あまり〔に〕 （過度に）overdrivet, umålelig, for （あまりにも）så meget at 〔否定〕(あまりにも…でない) ikke så meget
あまる 余る(残る) blive til overs/rest （多過ぎる）(数が) blive for mange （量が）blive for meget
あまんじ・る 甘んじる være tilfreds, være fornøjelse （忍ぶ）udholde, tåle, holde ud —て(満足して) tilfreds (あきらめて) resigneret, opgivende
あみ 網 net 投げ— kastenet
あみあげぐつ 編み上げ靴 snørestøvle
あみだな 網棚 bagagehylde, bagagenet

あみばり 編み針 strikkepind
あみもの 編み物 strikning —をする strikke, hækle
あむ 編む(くつ下などを) strikke en strømpe/sok (髪を) flette hår (編集する) kompilere, udarbejde
あめ 雨 regn —が降っている det regner (にわか雨) regnbyge (どしゃ降り) øsregn, skylregn —模様 tegn til regn
あめ 飴 bolsje (砂糖菓子) kandis —色 rav farve
アメーバ amøbe
アメリカ Amerika —人 amerikaner —の／英語〔の〕 amerikansk —合衆国 de Forenede Stater〔短〕USA
あやし・い 怪しい(疑わしい) tvivlsom, omtvistelig, dubiøs (不確かな) usikker, utydelig (信じ難い) utrolig, ufattelig —げな betænkelig, mistænksom, tvivlrådig
あやしむ 怪しむ(疑う) betvivle, mistænke (不思議がる) undre sig over
あやつりにんぎょう 操り人形 marionet
あやつる 操る manøvrere, manipulere
あやとり snoreleg
あやふやな (不確実な) usikker, tvivlsom (あいまいな) tvetydig, uvis, vag
あやまち 過ち(過失) fejl, fejltagelse (間違い) fejl, fejltagelse (宗教的・道徳的な) brud, synd (事故) ulykkestilfælde, ulykke, uheld
あやまつ 過つ begå fejl
あやまる 謝る undskylde, bede én undskylde, sige undskyld
あやまる 誤る(間違える) tage fejl af, begå en fejltagelse (誤解する) misforstå
あゆむ 歩む gå til fods, spadsere
あらい 洗い vask, skylning,〔古〕tvætning —のきく vaskbar —髪 nyvasket hår
あらい 荒い(乱暴な) rå, vild (激しい) voldsom (粗い) grov.
あらいぐま 洗い熊〈動〉vaskebjørn
あらう 洗う(洗濯する) vaske, tvætte (髪など)

あらかじめ 14

vaske（調査する）undersøge, forske
あらかじめ 予め i forvejen, forud, på forhånd
あらさがし・の あら捜しの dømmesyg —をする lede efter andres fejl, finde en fejlagtig
あらし 嵐 storm, uvejr
あらす 荒す(荒廃させる) ruinere, ødelægge, hærge (害する) skade (略奪する) røve, plyndre
あらすじ 粗筋 skitse, sammendrag
あらそい 争い(論争) disput, tvist （けんか）trætte, kiv, skænderi （競争）kamp, konkurrence （不和）uenighed, strid
あらそう 争う(論争する) tvistes （けんかする）trættes, skændes（競う）kappes om, konkurrere
あらた・な 新たな ny, frisk —に for nylig, nys, på ny
あらたまる 改まる blive ændret/rettet/revideret/forbedret
あらため 改め ændring
あらためて 改めて(再び) atter, igen （新たに）på ny, igen （別の時に）en anden gang, ved andet tilfælde
あらためる 改める(変更する) ændre （訂正・修正する）rette, revidere, forbedre （改革する）reformere （改善する）forbedre
アラビア Arabien —人 araber —の／語〔の〕arabisk —数字 arabertal
あらゆる al, alle, hver
あられ 霰 hagl —が降る det hagler〔ned〕
あらわす 表す(示す) vise, udtrykke, manifestere, fremvise（暴露する）afsløre, lægge for dagen
あらわす 著す(本などを) skrive〔bog〕, forfatte
あらわな （公然の）åben（率直な）oprigtig, ærlig（明瞭な）tydelig, klar
あらわれる 現れる(姿を出す) komme frem, komme tilsyne, dukke op（舞台などに）optræde（視界に入る）blive synlig
あり 蟻〈虫〉myre —づか myretue

アリア 〈楽〉arie
ありあまる 有り余る　overflødig, overskydende
ありありと　klart, tydeligvis
ありあわせの　有り合わせの　forhåndenværende, foreliggende, nuværende
ありがたい　有り難い(感謝の) være taknem[me]lig over (親切な) venlig, pæn
ありがちの　ofte forekommende, vanlig
ありがとう　有り難う　tak
ありきたりの　vanlig, ordinær (陳腐な) banal
ありさま　(状態) tilstand (事情) omstændighed (光景) scene, skueplads, syn
ありそうな　trolig, mulig
ありのまま・の　(実際の) faktisk, virkelig, forhåndenværende (率直な) oprigtig, frank og fri, ligefrem (飾らない) enkel, beskeden, fordringsløs ―に oprigtig[t], uden overdrivelse
アリバイ　alibi
ありまき 〈虫〉bladlus
ある　有る・在る(存在する) være, eksistere, befinde sig (持つ) have　数が― være [5] i antal 高さが― være [5 meter] høj 重さが― veje 寸法が― måle 催しが― finde sted (…に存する) ligge i
ある　或る　en, et, en vis, nogle
あるいは　(恐らくは) kanske, sandsynligvis, formodentlig, måske, eller også
アルカリ　alkali　―性の alkalisk
あるきかた　歩き方　gang
あるく　歩く　gå, gå til fods (散歩する) spadsere, flanere
アルコール　alkohol　―を含む alkoholholdig　―性の alkoholiseret　―中毒(症状) alkoholisme (人) alkoholist
アルジェリア　Algeriet
アルゼンチン　Argentina　―人 argentiner　―の argentinsk
アルバイト　ekstraarbejde

アルバニア Albanien —の／語〔の〕albansk
アルバム album
アルファベット alfabet —の順に並べる ordne alfabetisk, alfabetisere
アルプス Alperne —の alpin
アルペンきょうぎ アルペン競技 alpine discipliner
アルミニウム aluminium
あれ （遠方のもの）den ting〔derovre〕, den der —以来 siden, fra den tid
あれ 荒れ（天候の）stormfuldt vejr, uvejr （荒廃）ødelæggelse, ruin
あれち 荒れ地 ødemark
あれほど （あんなに）så, så meget （あの程度に）på den måde, i den grad
あれる 荒れる（海・天候が）det bliver stormfuldt/uvejr （土地が）ligge uopdyrket hen, være i forfald （建物などが）forfalde, blive forsømt
アレルギー 〈病〉allergi —性の allergisk —に悩む人 allergiker
アロエ 〈植〉paradistræ, aloe
あわ 泡（あぶく）skum, boble （石鹸の）sæbeboble
あわい 淡い（はかない）forgængelig, flygtig （うすい）tynd （かすかな）svag, magtesløs
あわせめ 合わせ目 fuge （縫目の）søm, fuge
あわせる 合わせる（一つにする）lægge〔til〕sammen, sammenlægge （加える）tilsætte （合計する）summere op （結合する）kombinere med, forene, forbinde （重ねる）stable op （適合させる）afpasse, tilpasse, indrette efter （調和させる）harmonisere, harmonere〔med〕
あわせ・る 合わせる（（人に）紹介する）forestille, præsentere （物事に）udsætte ngn. for —て tilsammen, sammen, kollektivt
あわただし・い 慌しい（せわしい）jagende, hæsblæsende （急いだ）travl, hurtig, presserende （あわてて）i forvirring —く skyndsomt, hurtig〔t〕
あわて・る 慌てる（まごつく）blive forfjamsket,

あわび 鮑〈魚〉 søøre
あわゆき 淡雪 støvsne, løs sne
あわれ 哀れ(感動) rørelse, bevægelse (同情) ynk, medfølelse (悲しみ) sorg (みじめさ) elendighed, usselhed —な elendig, ussel, ynkelig, stakkels
あわれ・む 哀れむ・憐れむ være ked af, beklage —み medlidenhed, deltagelse
あん 案(提案) forslag (計画) plan, udkast, projekt (草案) forslag, udkast (議案) proposition (動議) motion
あんい 安易(たやすさ) lettelse (のんき) sorgløshed —な sorgløs, doven, ugidelig
あんがい・な 案外な uanet, uventet (驚いた) forbavset —に uanet (驚いて) forbavsende
あんかんと 安閑と dovent, ladt, ugideligt, ledigt
あんき 暗記 udenadslære —する lære [sig] udenad
アンケート enquete, spørgeskema
あんごう 暗号 kode, password, hemmeligt tegn
アンコール da capo, ekstranummer (かけ声) da capo!
あんこく 暗黒 mørke, dunkelhed —街 underverden —面 bagside, vrang —時代 den mørke middelalder
あんさつ 暗殺 snigmord —する snigmyrde —者 snigmorder
あんざん 安産 let forløsning —する få let forløsning
あんざん 暗算 hovedregning —する regne i hovedet
あんじ 暗示 antydning, suggestion —する antyde
あんしつ 暗室 mørkekammer
あんしゅつ 案出 opfindsomhed —する finde på
あんしょう 暗唱 oplæsning, recitation —する berette udenad
あんしょう 暗礁 rev, banke, blindt skær

være forvirret, blive forstyrret (急ぐ) have hastværk, skynde sig, have travlt —て(まごついて) i urede/forvirring (急いで) travlt, skyndsomt

あんじる 案じる(心配する) være ængstelig for, være bekymret for (考案する) fundere over, udtænke

あんしん 安心(心配ないこと・平静) ro, sindsro, stilhed (ほっとすること) lettelse ―する kende lettelse, blive lettere, slappe af, være ubekymret

あんず 杏〈植〉abrikos ―の木 abrikostræ

あんせい 安静 hvile, stilhed 絶対―を命じる anbefale fuldstændig hvile

あんぜん 安全 sikkerhed ―な sikker, farefri, ufarlig, pålidelig ―に sikkert ―地帯(道路の) refuge ―ベルト sikkerhedsbælte (自動車の) sikkerhedssele ―保障理事会 Sikkehedsrådet

あんちゅうもさくする 暗中模索する famle sig frem gennem mørket, famle i blinde/mørke

あんちょくな 安直な billig, let, nem, ligetil

あんてい 安定 stabilisering, stabilitet ―する stabilisere sig

アンテナ antenne

あんな den slags, en sådan ―に i en sådan grad

あんない 案内 vejledning, rundvisning, forklaring (招待) indbydelse ―する(導く) vise rundt, guide, lede (通知する) meddele, informere ―所 informationskontor ―状 indbydelseskort ―人 guide ―図 kort til at finde rundt efter〔for gæster〕, vejviser, kort

あんに 暗に antydningsvis, indirekte ―了解する underforstå ―言う antyde, tyde på, betyde

アンパイア (野球・拳闘などの) dommer

あんぴ 安否 velbefindende, sikkerhed (健康) helbred ―を問う spørge hvor han/hun må, spørge efter ham/hende

アンペア ampere

あんま 按摩(人・男) massør (女) massøse ―する massere

あんみん 安眠(深い眠り) dyb søvn, stille søvn ―する sove som en sten, sove stille

あんもくの 暗黙の tyst, underforstået —うちに i stilhed

アンモニア ammoniak

あんらく 安楽 bekvemmelighed, magelighed, lettelse —な bekvem, magelig, komfortabel —に let, bekvemt —椅子 lænestol —死 dødshjælp, medlidenhedsdrab, eutanasi

い

い 胃 mave —痛 mavekneb —がん mavekræft —袋 mavesæk —病 mavesygdom —液 mavesaft, mavesyre

いあつする 威圧する indjage én skræk, skræmme

いあわせる 居合わせる være til stede〔tilfældigt〕

いあん 慰安(慰め) underholdning, trøst (休養) hvile, afslapning, vederkvægelse —旅行 fornøjelsestur

いい 良い(良好な) god, i orden, acceptabel, venlig (美しい) vakker, fin (気持ちのよい) behagelig, hyggelig (効果的な) effektiv, nyttig (適当な) lempelig, passende (好都合の) belejlig, passende, fordelagtig (幸運な) lykkelig (役に立つ・間に合う) du, passe, tjene (…していい) få, må, kunne (…しなくていい) behøve ikke (…してもかまわない) bryde sig ikke om, blæse en et stykke (願望(…だといい)) ønske (…の方がいい) foretrække, holde bedre af, være glad for

いいあい 言い合い(口論) skænderi, trætte —する kives, skændes, trættes

いいあらわす 言い表す udtrykke, formulere

いいえ (答えが否定のとき) nej (答えが肯定のとき) ja (否定疑問に対して) jo

いいかえる 言い換える omformulere —と med andre ord, det vil sige

いいかげん・の 好い加減の(適当な) lempelig (でたらめな・不適当な) upassende (運まかせの) tilfældig, ubegrundet

いいつける 言いつける(命令する) beordre, befale (告げ口する) forråde, afsløre, angive, sladre

いいつたえ 言い伝え tradition, legende

いいなずけ 許嫁 (ens) trolovede (男) kæreste, forlovet〔mand〕(女) kæreste, forlovet〔kvinde〕

いいのがれ 言い逃れ udflugter, påskud (言い訳) undskyldning, foregivende

いいはる 言い張る insistere, fremhæve, fastholde

いいまわし 言い回し udtryksmåde, talemåde

いいわけ 言い訳(口実) undskyldning, foregivende, bortforklaring —する undskylde (弁明する) forklare

いいん 医院 klinik

いいん 委員 komitémedlem, delegeret, repræsentant

いいんかい 委員会 komité, råd, udvalg

いいんちょう 委員長 komitéformand, udvalgsformand, rådsformand

いう 言う(言葉に出す) udtale, sige (告げる) tale om, berette, fortælle (言い表わす) udtrykke …と— 名前 hedde —までもない det siger sig selv …とか— … eller ngt. i den retning, et eller andet i retning af 良く/悪く— tale godt/dårlig〔t〕om

いえ 家(建物) hus, bolig (家庭) hjem

いおう 硫黄 svovl

イオン jon, ion —化する jonisere, ionisere

いか 烏賊〈魚〉〔tiarmet〕blæksprutte

いか …以下 mindre end, under (下記の) følgende

いがい・な 意外な uventet, overraskende, forbavsende —に uventet, overraskende, forbavsende

いがいに …以外(除外) udenfor, foruden, bortset fra〔at〕, udover (追加) desuden

いかいよう 胃潰瘍〈病〉mavesår

いかが hvorledes, hvordan —ですか(ご機嫌) hvordan har du det?（ご意見）hvad anser De? コーヒーは— har De lyst til kaffe?

いかがわしい betænkelig, mistænksom, tvivlsom

いがく 医学 medicin, lægevidenskab —士 medicinsk kandidat —博士 medicinsk doktor —部 medicinsk fakultet —用語 medicinsk fagudtryk

いかくちょう 胃拡張〈病〉maveudvidelse, dilatation af mave

いかす 生かす lade leve, holde i live, genoplive（雰囲気など）gøre god brug af

いかだ 筏〔tømmer〕flåde —乗り flåder

いがた 鋳型 støbeform

いかめし・い 厳めしい（権威のある） værdig, statelig（堂々たる）statelig, majestætisk（厳粛な）alvorlig, højtidelig —く værdigt, højtideligt, alvolig〔t〕

いかり 怒り vrede, indignation, oprør, raseri —狂った rasende, ude af sig selv

いかり 錨 anker —をおろす kaste anker, forankre —づな ankerkæde

いかる 怒る blive arg, blive fornærmet

いがん 胃癌〈病〉mavekræft

いかん・な 遺憾な beklagelig —である jeg beklager at, jeg er vred på

いき 息（呼気）åndedrag, ånde —を吐く ånde ud —をする ånde —を吸う ånde ind —が切れる blive stakåndet —を詰める holde ånde —を引きとる opgive ånden, udånde

いき 意気（元気）være i godt humør, være ved godt mod（士気）moral（心だて）sindelag —消沈して i dårligt humør, modløs —揚々とした triumferende

いぎ 異議（抗議）indvending, indsigelse, protest —を申し立てる besvære sig over —なし! enig!, hør hør!

いぎ 意義 betydning, mening —のない meningsløs

いきいきと 生き生きと livligt, frisk〔t〕—した livlig, frisk

いきおい 勢い（力）kraft, styrke（気力）energi（勢

力) indflydelse （はずみ) impuls
いきがい 生きがい formål med ens liv, ngt. som man lever for
いきかえる 生き返る genoplive
いきぎれ 息切れ åndenød, stakåndethed
いきぐるしい 息苦しい lummer, kvælende
いきじびき 生き字引 levende leksikon
いきする 遺棄する efterlade, lade tilbage, levne
いきた 生きた levende
いきどまり 行き止まり blindgade, blindgyde
いきな 粋な smart, elegant, stilig
いきなり （突然) pludselig （だしぬけに) uventet, pludselig （予告なく) uden varsel, uden forvarsel
いきのこる 生き残る overleve
いきもの 生き物 levende væsen, levende skabning
いきょう 異教 hedenskab, kætteri, vantro ーの hedensk, kættersk ー徒 hedning, kætter
イギリス England, Storbritannien ー人 englænder ーの／英語〔の〕engelsk
いき・る 生きる leve ーている være levende
いく 行く（おもむく) gå, komme （訪問する) besøge, hilse på （出席する) være til stede, være nærværende
いくさ 戦 krig, slag ーをする gå i krig
いくじ 育児 børneopdragelse
いくせいする 育成する uddanne, udvikle, opdrage
いくつ 幾つ(個数) hvor mange （年齢) hvor gammel ーか en eller anden mængde, et eller andet antal ーも utallige
いくど 幾度 hvor ofte, hvor mange gange ーも gang på gang, mange gange, ofte
いくどうおんの 異口同音の enstemmig, enig, samstemmig, overensstemmende
いくぶん 幾分(いくらか) nogle （一部分) en del（ある程度) i vis udstrækning, en vis mængde, en vis grad（部分的に) delvis
いくら 幾ら(数) hvor mange （量) hvor meget （時

間) hvor længe (距離) hvor lang ーでも en uoverskueligt stor mængde
いけ 池 dam, bassin, kær
いけい 畏敬 ærbødighed, ærefrygt
いけいれん 胃痙れん〈病〉mavekrampe, konvulsion af mave
いけがき 生け垣 hæk, levende hegn
いけばな 生け花 traditionelt japansk blomsterarrangement
いけん 意見(考え) anskuelse, idé, mening, synspunkt, opfattelse (忠告) råd (いさめ) formaning, advarsel ーする(忠告する) give råd, rådgive (いさめる) advare, formane ーの相違 meningsforskel
いげん 威厳 værdighed, pondus ーのある værdig
いご 以後(今後) herefter, fra nu af そのときー tiden efter ngt. fra et tidspunkt それー derefter
いこう …以降 fra og med
イコール (同類) lige
いこく 異国 udlandet, fremmed land
いこつ 遺骨 aske, jordiske levninger
いさぎよい 潔い galant, modig, tapper
いさく 遺作 efterladte skrifter
いささか smule, anelse, lidt ーもない ikke det mindste
いさまし・い 勇ましい tapper, modig, uforfærdet ーく tappert, modigt
いさむ 勇む være i godt humør
いさめ 諫め formaning, advarsel ーる advare, formane
いさん 遺産 arvegods, arv, arvelod ー相続 arv ー相続人 arving, arvtager ー管理人 eksekutor
いし 石 sten, klippe, grus (石材) stenblok (小石) kiselsten (宝石) ædelsten, juvel (石切り) stenbrud
いし 意志(思い) vilje, tanke (意思) hensigt, agt (意図) formål (決意) beslutning
いじ 意地(根性) stærk vilje (強情な) stædig, halsstarrig ーの悪い ondsindet, ond, ondskabsfuld ーに

なって stædigt　—を張る være stædig
いじ　維持 opretholdelse, vedligeholdelse　—する opretholde, underholde, vedligeholde
いしがき　石垣 stengærde
いしき　意識 bevidsthed, erkendelde　—のない bevidstløs, livløs
いしけりする　石蹴りする hinke
いしだん　石段 stentrappe
いしつ　異質 heterogenitet, uensartethed　—の heterogen, uensartet
いしつぶつとりあつかいしょ　遺失物取扱い所 hittegodskontor
いじめ　〔ondsindet〕drilleri, mobning　—る genere, drille, tirre, tortere, mishandle
いしや　石屋(石工) stenarbejder, stenhugger
いしゃ　慰謝 trøst, lindring
いしゃ　医者 læge（外科医）kirurg（歯科医）tandlæge　—を呼ぶ tilkalde en læge　—にかかる gå til lægen
いじゅう　移住(移転) flytning（移動・転勤）forflytning（外国への）udvandring（外国からの）indvandring
いしゅくする　委縮する krympe sig
いじゅつ　医術 lægekunst, medicin
いしょ　遺書 testamente
いしょう　衣装 klæder（舞台の）kostume　—タンス klædeskab　—室 garderobe
いしょう　意匠 mønster, tegning　—登録 patent mønster
いじょう　異常(故障) ulykke, ulave（身体の）utilpashed, ildebefindende, upasselighed
…いじょう　以上 ... ud over, over（…する限り）så længe〔som〕
いじょうな　異常な(普通ではない) usædvanlig, abnorm（不自然な）unaturlig（顕著な）mærkelig, mærkværdig
いしょく　衣食 føde og klæder（生計）ophold, ud-

komme —住 livets fornødenheder (føde・klæder・bolig)
いしょく 委嘱(委任) betroelse (依頼) anmodning —する betro én til ngt.
いしょく 移植 transplantation —する transplantere, omplante
いじる （指で） fingerere
いじわるな 意地悪な ondskabsfuld
いしん 維新 omvæltning, restauration
いしん 威信 prestige, pondus
いじん 偉人 stormand, helt
いす 椅子 stol 長— sofa
いずみ 泉 〔spring〕kilde, fontæne （池） kær
イスラエル Israel —人 israeler —の israelsk
いずれか hvilken (どのみち) hvor som helst, i al fald (いつかは・早晩) før eller senere
いずれにしても under alle omstændighed, alligevel
いずれまた en anden gang, ved andet tilfælde
いせい 威勢(勢力) magt, styrke （元気） vigør, oplagthed —のいい være i fuld vigør/energisk/munter
いせい 異性 det modsatte køn
いせえび 伊勢えび〈魚〉hummer
いせき 遺跡 ruin, mindesmærke, mindelse
いせき 移籍 overgang
いぜん 以前(今から) for 〔tre år〕 siden (その時から) siden (かって) tidligere, i gamle dage (かつての) fordums, tidlig, foregående
いぜんとして 依然として stadigvæk, endnu, vedblivende
いそがし・い 忙しい optaget, travl —く travlt 〔med〕, som haster, hurtigt
いそぎんちゃく〈魚〉søanemone
いそ・ぐ 急ぐ have travlt, skynde sig, påskynde sin gang (急げ) skynd dig！ —いで i hast, travlt med —がす skynde på, påskynde
いぞく 遺族 efterlevende, efterladt

いぞん 依存 afhængighed, uselvstændighed —する henvende sig til, bero på, være afhængig

いた 板(厚板) planke, bræt (薄板) skive (金属板) [metal]plade, blik —ガラス spejlglas

いたい 痛い smertefuld, pinefuld, ond (頭などが) gøre ondt i, have smerte i (ひりひりする) øm

いたい 遺体 lig, dødt legeme (ミイラ) mumie (死体) kadaver

いだい 偉大 storhed, mægtighed —な stor, mægtig, magtfuld

いたいいたいびょう いたいいたい病 〈病〉kviksølv-forgiftning

いたく 委託 fuldmagt, konsignation, trust —する betro, bemyndige —販売 salg i konsignation —生産 konsigneret produktion

いたく (とても) meget, utrolig[t]

いだく 抱く・懐く(腕に) omfavne (心に) nære, tage sig [kærligt] af, ynde 悪意を— bære nag

いたす 致す gøre どういたしまして ingen årsag, det var så lidt, jeg keder ikke

いたずら 悪戯 fortræd, uskik, spilopper, gale streger —な uartig, kåd —半分に på sjov, for skæmt —する lave spilopper, være uartig —小僧 kåd dreng, lille spilopmager

いたずらに 徒に(無益に) forgæves (無為に) unyttigt, gavnløst

いただき 頂き toppunkt 山の— bjergtop

いただく (頂戴する) modtage, få [tak], erholde (かぶる) blive dækket af, dække sig med

いたち 〈動〉væsel

いたみ 痛み(苦痛) smerte, lidelse (心痛) sorg, kval (損傷) skade, beskadigelse

いたむ 痛む(身体が) smerte, gøre ondt ずきずき— værke (品物が) blive skadet

イタリア Italien —人 italiener —の/語[の] italiensk

いたる 至る nå frem, ankomme —ところ overalt,

hvor som helst〔man går〕 —まで indtil
いたわる 労る(世話する) tage hånd om （親切にする）være venlig, være betænksom, behandle vel (慰める) trøste
いち 一 en/et （第一）det første
いち 位置(場所) position, placering, plads （敷地）byggegrund, grund (地位) rang, position, status … に—している være placeret på
いちいち 一々(ひとつひとつ) hver enkelt （ことごとく）alle, alting
いちおう 一応(一度) en gang （さし当り）for tiden
いちがつ 一月 januar
いちがんレフ 一眼レフ enkeltlinserefleks
いちげき 一撃 et slag —のもとに med ét slag
いちご 苺 jordbær 野— skovjordbær
いちじ 一時(時刻) klokken ét （かって）én gang, engang i fortiden （しばらく）en stund, for en tid (当分の間) indtil videre （現在のところ）for nærværende (臨時に) midlertidigt, temporært —の midlertidig, overgående, temporær
いちじく 無花果〈植〉(実) figen —の葉 figenblad (木) figentræ
いちじるし・い 著しい mærkelig, påfaldende, bemærkelsesværdig —く mærkeligt, bemærkelsesværdigt
いちずに 一途に ubehersket, sanseløs
いちだい 一代(一世代) en generation （一生）et helt liv, ét menneskes levetid —記 biografi
いちだいじ 一大事 en alvorlig affære/begivenhed/hændelse
いちど 一度 én gang —に på én gang, samtidig —もない aldrig もう— én gang til
いちどう 一同 alle tilstedeværende, allesammen
いちにち 一日(日数) én dag （終日）hele dagen —おきに hver anden dag ローマは—で成らず Rom blev ikke bygget på én dag
いちねん 一年 ét år —じゅう hele året igennem —

おきに hvert andet år ―生(高校の) 1. g〔ymnasieklasse〕(大学の) rus
いちば 市場 markedsplads, marked 青物― grøntsagsmarked 魚― fiskemarked
いちばん 一番(第一) den første, nummer et (最も) den mest... (最もいい) bedste, (形容詞の最上級) ―列車 første tog
いちぶ 一部(一部分) del, afdeling, del af ngt. (一冊) en kopi/volumen ―の partiel, nogle, somme ―始終 alle, hele historie, det hele
いちまい 一枚 et ark papir
いちめん 一面(全面) hele flade ―においては på den anden side ―に overalt, alle vegne
いちもん 一文 småpenge
いちゃつ・き kurmageri, flirt ―く flirte
いちよう 一様 lighed, konformitet ―な(同一の) samme (類似の) lige, tilsvarende (均一な) jævn, ens 〔artet〕
いちょう 銀杏 〈植〉 ginkgo〔træ〕
いちょう 胃腸 mave og tarme
いちらん 一覧(ひと目) kig, blik, øjekast ―する sende én et øjekast, få kig på ―表 liste, fortegnelse
いちりゅうの 一流の(第一級の) førsteklasses, tiptop
いちりょうじつ 一両日 〔inden〕 et par dage
いつ 何時 hvornår ―か på et eller andet tidspunkt ―も altid ―も…しない aldrig ―もの通り sædvanligvis, for det meste, normalt ―でも når som helst ―の間にか umærkeligt
いつう 胃痛 〈病〉 mavepine (さしこみ) mavekneb
いつか 何時か(未来の) et eller andet tidspunkt (過去の) én gang
いっか 一家 〔én〕 familie, 〔ét〕 hjem
いっかげつ 一か月 én måned
いっかん・せい 一貫性 følgerigtighed, konsekvens ―した konsekvent, konstant ―作業 uafbrudt arbejde

いっきいちゆう・する　一喜一憂する　snart bliver glad snart bliver dyster　—しながら　snart med håb snart med fortvivlelse

いっきに　一気に　i ét stræk, i én køre

いっきゅうひん　一級品　én førstklasses vare

いっきょに　一挙に　i ét stræk, i én køre

いっけん　一見(ひと目)　kig, blik, øjekast　(見たところ) det synes　—する　sende én et øjekast, få kig på　—して　ved første øjekast

いっけんや　一軒家(寂しい)　ét ensomt beliggende hus

いっこ　一個　et stykke

いっこう　一行　et selskab, parti　随員の—　følge, række　興行団の—　en trop

いっこうに…でない　ikke det mindste

いっこだて　一戸建て〔住宅〕　friliggende hus

いっさい　一切　alt, det hele　(＋否定)

いっさくじつ　一昨日に　i forgårs　—の晩に　i forgårs aftes

いっしゅうかん　一週間　en uge　—以内に　om en uge

いっしゅん　一瞬　et øjeblik　—に　i det øjeblik

いっしょう　一生　et helt liv, hele livet, ét menneskes levetid

いっしょうけんめいに　一生懸命に　af al magt, af alle kræfter, så meget man kan

いっしょに　一緒に(共に)　sammen med　(同時に) samtidig, på én gang　—する　sammenslutte, sammenstille, samle　—なる　blive forenet, knyttes sammen　(結婚する) gifte sig med

いっしん　一身　et selv, sig selv　—上の都合で　på grund af personlig årsag

いっしんきょう　一神教　monoteisme

いっしんに　一心に　ivrigt

いっせいに　一斉に　alle sammen, alt sammen

いっそ　(むしろ) snarare end, hellere end

いっそう　一層　meget mere, endnu mere

いっそく　(くつ)一足　et par sko

いったい 一体(同体) fællesskab, samhørighed, samfund —全体 hvad i al verden (一般に) i reglen, i〔al〕almindelighed, sædvanligvis —となって med forenede kræfter, tilsammen

いったりきたり 行ったり来たり 〔gå〕 frem og tilbage

いっち 一致 overensstemmelse (同意) samtykke (協同) forening, sammenslutning, kooperation —する være i overensstemmelse med hinanden, overensstemme, komme overens om (同意する) samtykke, bifalde (協力する) samarbejde

いっちょくせんに 一直線に i lige linie

いつつ (五個) fem stk.

いっつい 一対 et par

いって・〔い〕らっしゃい (見送るとき) farvel —きます(自分が家を出るとき) farvel, adjø〔s〕 —くる(遠くへ)行ってくる rejse tur-retur, foretage en rundrejse

いっていの 一定の fast, konstant

いっとう 一等 førstplads —賞 førstepræmie

いっぱい 一杯(分量) en kop 〔te〕 茶さじ— en skefuld (飲酒) en drik (充満) være fyldt 〔med〕 —の fuld, mæt, rigelig —機嫌で gladelig af en glas vin —食わせる narre, snyde —にする fylde, opfylde, oversvømme

いっぱん 一般 almenhed (概観) oversigt —の(全般的な・一般的な) almen, almindelig, general, sædvanlig, tarvelig —的に generelt, i almindelighed, i det hele taget, sædvanligvis —に通用する vedtagen, fastlået —席(劇場などの) parterre

いっぴんりょうり 一品料理 à la carte

いっぷうかわった 一風変った original —人 original/særpræget person

いっぷく 一服(散薬) dosis, portion (たばこの) rygning (休息) pause, hvile

いっぷたさい 一夫多妻 polygami

いっぽ 一歩 skridt, trin —一歩 skridt for skridt (少

しずつ・段々に) gradvis, efterhånden, lidt efter lidt
いっぽう 一方(片側) den ene/anden side af ー では på den anden side ー的な ensidig, ensrettet (相手) modpart, modstander ー通行 ensrettet trafik/færdsel
いつまで hvor længe ーに til hvornår ーも så længe som én vil, uendeligt (永久に) for evigt
いつも (常に) altid, bestandig (通常) normalt (習慣的に) sædvanligvis (絶えず) uafbrudt, stadigt ーの sædvanlig, almindelig
いつらく 逸楽 vellyst, sanselighed
いつわ 逸話 anekdote, fortælling
いつわ・り (うそ) løgn, svig, usandhed (作りごと) fiktion, opdigt (不正行為) bedrageri ーる svige, lyve, tale usandhed (だます) bedrage ーの falsk, usand
イデオロギー ideologi ー的な ideologisk
いてん 移転 flytning, overførsel ーする flytte〔sig〕 ー先 ens ny adresse
いでん 遺伝 arvelighed, nedarvning, arv ーの arvelig ー学 genetik, arvelighedslære ー病 arvelig sygdom ーする nedarves
いと 糸(縫い糸) sytråd (紡ぎ糸) garn (釣り糸) medesnor, fiskesnøre (ひも) snor, line (弦) streng ーまき trådrulle, spole, trisse ーまきに巻く spole ー車〔spinde〕rok ー口 enden af tråd
いと 意図 hensigt, formål
いど 井戸 brønd, kilde ー水 kildevand
いど 緯度 breddegrad, bredde
いどう 異動 omrokering, stillingskift.
いどう 移動 bevægelse, overførsel, flytning ーする flytte, rejse ー図書館 ambulant bibliotek
いとこ 従兄弟 fætter 従姉妹 kusine また ー halvfætter, halvkusine
いとなみ 営み beskæftigelse, fag
いとなむ 営む holde〔ceremoni〕, udføre〔religiøs handling〕, drive〔hotel/forretning〕, praktisere

[medicin]

いとま 暇(ひまな時間) fritid, ledig tid (解雇) afsked (離縁) skilsmisse (辞去) afskedtagen, farvel ―ごいする tage afsked med, sige adjø

いとわしい 厭わしい forhadt, afskyelig

いない 以内(場所) område inden for en grænse ―で inden for [en radius af seks kilometer] herfra (時間)―に inden [et år], inom [en vecka]

いなか 田舎 landet, landsby (故郷) hjemstavn, hjemegn ―の landlig ―訛り dialekt ―者 landsmand

いなご 〈虫〉 græshoppe

いなずま 稲妻 lyn

いななく 嘶く(馬が) vrinske (ろばなどが) skryde

いなびかり 稲光り lyn

いなや 否や så snart [som], ikke før, med det samma

イニシァチブ initiativ

いにゅう 移入 indførelse ―する indføre, introducere

いにん 委任 tillid, mandat, delegering ―する delegere (権限を) befuldmægtige ―状 [skriftlig] fuldmagt

いぬ 犬 hund (猟犬) jagthund ―小屋 hundehus (まわし者) spion

いね 稲 〈植〉 risplante

いねむり 居眠り blund, døs, lur ―する blunde, døse, tage sig en lur

いのしし 猪 〈動〉 vildsvin

いのち 命 liv ―がけで på egen risiko [for livet] ―知らずの frejdig, forvoven, [dum]dristig ―拾いする undslippe med nød og næppe ―を落とす miste livet

いの・り 祈り bøn (朝の) morgenandagt ―る ønske, bede [til] om, håbe på

いばら 茨 torn ―の道 tornestrøet sti

いば・る 威張る(自慢する) prale, overdrive (誇る)

være stolt af（偉ぶっている）være fornem, være hovmodig ―った hovmodig, fornem, arrogant, overmodig

いはん 違反(法規の) krænkelse, lovbrud, lovovertrædelse 契約に―する bryde en kontrakt, ―者 overtræder (反則) forbrydelse

いびき 鼾 snorken ―をかく snorke

いびつ・な 歪な(ねじれた) forvreden ―になる blive forvredet, blive krummet

いひん 遺品 efterladenskaber (pl.), levn, relikt

いぶかる undres over, undre sig over

いふく 衣服 klæder, kostume （集合的に）klædebon（ドレス）klædedragt（スーツ）klædning ―の裏地 for

いぶつ 遺物 levn〔ing〕, relikt

いぼ 疣 vorte

いぼ 異母 svigermoder ―兄弟 halvbroder ―兄弟姉妹 halvsøskende

いほう 違法 ulovlighed, forbrydelse ―の ulovlig, forbryderisk, illegal（禁止の）forbuden ―行為 ulovlig handling, lovovertrædelse (違反) brud

いま 今(現在) nu, nutid （現在の）nærværende, nutidig たった― lige nu ―すぐ straks, snart, umidderbart ―頃 lige for tiden, nu om dage, lige for øjeblikket ―から fra nu af

いま 居間 opholdsstue, dagligstue

いまいましい 忌々しい（腹立たしい）forargelig, fortrædelig, irriterende（憎むべき）afskyelig, forhadt （のろうべき）forbandet, fordømt

いましめ 戒め(教訓) lære （警告）advarsel （訓戒）formaning, tilrettevisning ―る tilrettevise, formane, advare

いまだ 未だ(まだ) endnu ―(否定) stadig ikke, endnu ikke ―に fortsat, vedblivende

いまわしい 忌まわしい ækel, afskyelig, væmmelig

いみ 意味 mening, betydning （意義）betydning ―する betyde, indebære ―のある meningsfuld, meningsfyldt, betydelig, vigtig ある―では på en vis måde 一論 semantik

いみん 移民(移住)(外国への) emigration, udvandring ―する emigrere, udvandre (外国への移住者) emigrant, udvandrere (外国からの) immigration, indvandring ―する immigrere, indvandre (外国からの移住者) immigrant, indvandrere

いも 芋(じゃがいも) kartoffel (さつまいも) batat, sød kartoffel

いもうと 妹 lillesøster 義理の― svigerinde

いもの 鋳物 afstøbning ―製品 støbegods

いや (否定) nej (否定疑問に対して、はい) jo ―おうなしに i alle tilfælde, under alle omstændigheder

いやがる 嫌がる hade, afsky, ikke kunne lide

いやく 意訳 fri oversættelse

いやく 違約 aftalebrud, løftebrud

いやしい 卑しい・賎しい(下賎な) ydmyg, nærig, vulgær, lav (低俗な) gemen (野卑な) vulgær, simpel

いやす 癒す helbrede, læge, kurere (渇を) slukke sin tørst

いや・な 嫌な(不快な) ubehagelig, frastødende, afskyelig, modbydelig ―いやながら modstræbende, uvillig, modvilligt

いやみ 嫌味(皮肉) sarkasme, ironi

イヤリング ørering

いよいよ (ますます) mere og mere (やっと・ついに) endelig, til slut

いよう・な 異様な usædvanlig, besynderlig, sær, egen ―に usædvanlig[t], besynderlig[t], underlig[t]

いらい 依頼(願い) anmodning, begæring (委任) delegering ―する bede, begære ―状 skriftlig anmodning/begæring

いらい 以来 siden, derpå

イラク Irak ―人 iraker ―の irakisk

いらだつ 苛立つ være irriteret

いらっしゃい velkommen, kom indenfor

イラン Iran —人 iraner —の／語〔の〕iransk
いりうみ 入り海(入り江) vig, bugt （湾）bugt
いりえ 入り江 fjord, vig, bugt
いりぐち 入口 indgang, døråbning
いりひ 入り日 nedgående sol, solnedgang
いりみだれ・る 入り乱れる blive forvirret, komme i uorden —て i uorden
いりょう 医療 sygepleie, lægebehandling —器械 lægemiddel —保険 sygesikring
いりような 入り用な nødvendig, behørig, fornøden
いる 居る(存在する) eksistere, være （滞在する）opholde sig, bo （居住する）bo （居合わす）være nærværende （在宅している）være/blive hjemme, være inde
いる 要る(必要とする) være nødvendig, være fornøden, behøves 費用が— det koster, mangle（時間がかかる）det tager tid
いる 射る skyde
いるい 衣類 tøj, klæder, dragt
いるか 海豚 〈動〉delfin
いれい 異例 undtagelse —の exceptionel, usædvanlig —として undtagelsesvis
いれかえる 入れ替える bytte, erstatte
いれかわり・に 入れ代りに i stedet for —立ち代わり efter tur, den ene efter den anden
いれずみ 入れ墨 tatovering —をする tatovere
いれば 入れ歯 forlorne/kunstige tænder, gebis 総— proteser (pl.)
いれもの 入れ物 kar, skål, kasse, æske, futteral （コンテナ・タンク）beholder
いれる 入れる(物を中に) putte i, stoppe, lægge ind 学校などに子供を— sætte i〔skole〕 病院に— indlægge〔på hospital〕（挿入する）indsætte, indskyde
いろ 色(色彩) farve （色合い）farvetone, nuance 濃い— mørk farve 薄い— lys farve 顔— ansigtsfarve —事 erotik, attrå, kærlighed —が変わる(濃くなる)

mørkne farve —があせる blegne
いろいろ・な 色々な diverse, forskellige, ulige, alskens —に på alle mulige måder, på enhver måde
いろごと 色事 erotik, attrå kærlighed
いろどる 色取る・彩る farve (染める) farve (化粧する) sminke, lægge makeup
いろり ildsted, pejs
いろん 異論 indsigelse, modsigelse
いわ 岩 klippe, fjeld. klippeblok —の多い klippefuld 平らな— klippeflade, klippevæg —登り klatring —屋 klippehule, grotte
いわ・い 祝い(祝賀) gratulation, lykønskning (祝典) fejring, jubilæum (祝宴) fest, festlig sammenkomst —う fejre, gratulere, ønske til lykke med
いわし 鰯〈魚〉sardin
いわば 言わば(たとえば) så at sige (ある意味では) på en vis måde (一言でいえば) kort sagt
いわゆる såkaldt
いわれのない uforsyldt (価しない) urimelig
いわんや for ikke at sige
いん 印 segl
いん 韻 rim —をふむ rime
いんが 因果 årsag og virkning —応報 gengældelse, hævn, straf
いんかん 印鑑 segl, personlig stempel
いんき 陰気 dysterhed —な dyster, melankolisk, trøstesløs
インク blæk —消し blækfjerner —つぼ blækflaske —カートリッジ blækpatron
いんけんな 陰険な listig, snedig
いんげんまめ いんげん豆 〔snitte〕bønne
いんこ 〈鳥〉parakit
いんさつ 印刷 trykning, bogtryk —する trykke —機 trykkemaskine —工 trykker —所 trykkeri —物 trykt materiale
いんし 印紙 frimærke 収入— stempelmærke
いんしゅ 飲酒 drukkenskab, drik〔keri〕 —運転

spirituskørsel
いんしゅう 因習(因襲) sædvane, skik, konvention ―的な konventionel (伝統) tradition
いんしょう 印象 indtryk ―的な bemærkelsesværdig, påfaldende, slående よい/悪い―を与える gøre et godt/dårlig〔t〕 indtryk ―派/主義 impressionisme ―派の人/画家 impressionist
いんしょく 飲食 mad og drikke, føde (栄養) næring ―する spise ―店 restaurant, spisehus, grillbar (セルフサービスの) kafeteria ―物 mad og drikke
いんすう 因数 〈数〉 faktor ―分解する opløse i faktorer
インスピレーション inspiration
いんぜい 印税(使用料) royalty
いんせき 隕石 meteor〔sten〕
インターチェンジ udfletningsanlægge
いんたい 引退 tilbagetræden ―する trække sig tilbage, lade sig pensionere
インタビュー interview ―する interviewe ―者 interviewer
いんちき snyd, bedrag
いんちょう 院長(病院の) sygehusdirektør (学院の) rektor
インド Indien ―人 inder ―の indisk ―洋 Indiske Ocean
インドネシア Indonesien ―人 indoneser ―の／語〔の〕indonesisk
インフルエンザ 〈病〉 influenza
インフレーション inflation ―の(誘発する) inflationbefordrende
いんぶん 韻文 vers
いんぼう 陰謀 komplot, sammensværgelse, intrige ―を企てる sammensværge sig, intrigere
いんよう 引用 citat ―する citere ―符 citationstegn ―文(語・句) citat
いんよう 陰陽 yin og yang
いんりょう 飲料 drikke, drik ―水 drikkevand

う

う 鵜〈鳥〉skarv
ヴァイオリン violin
ウイーン Wien
ウイスキー whisky
ウーステッド kamgarnstof, kamgarnvare
うえ 上(場所) ovenpå, på ovenover (頂部) den øverste del, top (上役の) overordnet 年—の ældre (…以上で) mere endnu …の—で ovenpå …の—に i tilgift til (加えるに) desuden, foruden …した—は eftersom
うえ 飢え sult, hunger —る sulte, hungre —た udsultet, udhungret, grådig —死にする dø af sult
うえき 植木(庭木) haveblomst (はち植えの) potteplante —屋(庭師) gartner
ウエスト midje, liv
ウエディングケーキ bryllupskage
うえる (渇望する) længes, trøste efter, smægte
うえる 植える plante, dyrke
うお 魚(魚類) fisk (魚の切り身) fiskefilet —市場 fiskemarked —つり fiskeri —つりする fiske, mede
うおうさおうする 右往左往する blive forvirret
うがい 嗽 gurgling —する gurgle〔hals〕
うかがう 伺う(問い合わせる) spørge (訪問する) besøge
うかつな 迂闊な(不注意な) uforsigtig, skødesløs, ligegyldig (無思慮な) ubetænksom, tankeløs (愚かな) dum, tåbelig
うか・ぶ 浮ぶ(空中に) svæve i luften (水面に) svømme/flyde ovenpå (涙が) tårer komme frem (浮んでくる) flyde op, stige op til overfladen —べる få

うかれた være løbet op/kåd/overgiven
うき 雨期 regntid
うき 浮子(釣りの) flåd (浮標) bøje, sømærke
うきうきと med glæde
うきぶくろ 浮き袋(魚の) svømmeblære (救命袋) redningsbælte (水泳用の) svømmebælte (両脇につける) svømmevinger (pl.)
うきぼり 浮き彫り relief
うきよ 浮世 den flydende verden, jord, liv ー離れのした verdensfjern, virkelighedsfjern
うきよえ 浮世絵 træsnit fra Edo-perioden med motiver fra UKIYO
うく 浮く(浮かぶ) flyde på, flyde op til overfladen. (心が) blive oplivet (余る) blive over (節約になる) blive sparet
うぐいす 鶯 〈鳥〉 japansk nattergal
ウクレレ 〈楽〉 ukulele
うけあう 請け合う(保証する) forsikre, garantere (責任をもつ) svare for, garantere for (引き受ける) påtage sig [en opgave], tage sig af (約束する) love
うけうりする 受け売りする(品物を) sælge en detail (話を) sprede videre, genfortælle, sladre
うけおい 請負 [arbejds]kontrakt, aftale ー業[者] entreprenør 請負う påtage sig [gennem at skrive kontrakt]
うけつ・ぎ 受継ぎ overtagelse ーぐ(地位・職・ローンなどを) overtage, efterfølge (性質・財産などを) arve
うけつけ 受付 accept, modtagelse ー係(カウンター) receptionist, receptionsskranke ーる acceptere, modtage
うけとる 受け取る(入手する) modtage, få, erholde (受取) kvittering, modtagelse af ngt. (受領証) kvittering
うけみ 受け身 passivitet (文法の) passiv

うけもち 受け持ち ansvar, varetægt —の i ens varetægt, som man har ansvaret for, ansvarlig —の教師 klasselærer (受け持つ) påtage sig

うける 受ける modtage, fange, gribe, få (害など) lide (入学試験を) gå op til adgangseksamen (手術を) gennemgå kirurgisk operation (受諾する) acceptere, godtage, godkende

うげん 右舷 styrbord

うごかす 動かす flytte, bevæge (機械など) starte

うごき 動き bevægelse, udvikling (傾向など) tendens, retning

うごく 動く(移動する) flytte sig, bevæge sig (運行する) manøvrere, sætte i gang (天体が) gøre kredsgang (動揺する) blive urolig

うさぎ 兎 〈動〉(野生の) hare (飼育の) kanin

うし 牛(雌牛) ko (雄牛) tyr (去勢牛) okse —飼い cowboy, røgter —小屋 kostald

うじ 蛆 〈虫〉 maddike, larve

うしお 潮 flod, tidevand

うしなう 失う miste, tabe, savne (チャンスを逃がす) gå glip af 〔chance〕

うしろ 後ろ(場所) bagved, bagsiden —の席 bagsæde —足 bagben —で/に bag〔ved〕tilbage —むきに baglæns, bagvendt

うず 渦 strømhvirvel

うすあかり 薄明り(微光・たそがれ) tusmørke, skumring (夜明けの) morgengry

うすい 薄い(厚さが) tynd (色が) bleg, farveløs (コーヒーなどが) tynd (興味が) knap

うずくまる krybe sammen, trykke sig, sætte sig på hug

うすぐもりの 薄曇りの letskyet

うすぐらい 薄暗い halvmørk, dunkel, mat

うすげしょう 薄化粧 diskret makeup

うずま・き 渦巻き hvirvel, hurtigt omløb, malstrøm —く hvirvle, snurre 〔rundt〕

うすめ・た 薄めた udtyndet, fortyndet —る udtyn-

de, fortynde
うずめる 埋める(葬る) begrave, jorde （埋め立てる）fylde op （充塡する）tanke fuldt, fylde op
うずら 鶉〈鳥〉vagtel
うそ 嘘 løgn —をつく lyve —の falsk, løgnagtig —発見器 løgnedetektor —つき løgner —つき女 løgnerske
うそ 〈鳥〉dompap
うた 歌(歌謡) sang （詩歌）digt, poesi （韻文）vers —う synge, oplæse, recitere
うたが・い 疑い(疑念) tvivl, usikkerhed （疑問）tvivl, spørgsmål （不信）mistro —う(疑念) tvivle på, være mistænksom over for —いのない utvivlsom, ubestridelig —いなく utvivlsomt
うち 内(内部) det indre af ngt., iblandt ngn. （家）hus, hjem —に(時) inden （場所）indenfor （二つの中で）〔i〕mellem （三つ以上の）blandt
うちあける 打ち明ける(事情など) betro, overlade （秘密を）afsløre （告白する）tilstå, bekende
うちあわせ 打ち合わせ forberedende møde, aftale, konsultation —する lave aftale, holde et forberedende møde
うちうみ 内海 indsø, bugt
うちがわ 内側 inderside —の indvendig, indvortes —に inde〔n〕i, indvendigt, indvortes
うちきず 打ち傷 mærke af slag, blåt mærke
うちきな 内気な sky, bly, undselig
うちけ・し 打ち消し benægtelse, negation —す fornægte, nægte, bestride, benægte
うちこむ 打ち込む(釘を) slå søm i （弾丸を）skyde i （テニスなどで）smashe （熱中する）vise entusiasme for
うちとけ・る 打ち解ける være familiær〔med〕, gøre sig fortrolig med —た oprigtig, åbenhjertig —て話す tale familiært/fortroligt
うちとる 討ち取る tilfangetage, arrestere, dræbe
うちのめ・す tilintetgøre —された tilintetgjort

うちポケット 内ポケット　side lomme

うちゅう 宇宙　univers, kosmos　—の universal, kosmisk　—飛行 rumfart, rumflyvning　—船 rumfartøj, rumskib　—飛行士 kosmonaut, rumpilot　—基地 rumstation

うちょうてん 有頂天　ekstase, begejstring, trance　—の ekstatisk, begejstret　—になる blive henrykt

うちわ 団扇　rund vifte

うちわ 内輪（一家内）inden familie　（内部）inderside　—から indefra　—の privat

うつ 打つ（たたく）slå på, ramme　（撃つ）skyde, angribe　（討つ）undertvinge, underkue, bekæmpe　（心を）gøre indtryk af/på　（野球で）slå　（テニスなどで）smashe

うっかり （不注意で）skødesløst, uforsigtigt　（ぼんやりして）uforvarende　（軽率に）ubetænksomt

うつくし・い 美しい　smuk, skøn, pæn, vakker　—さ skønhed　—く smukt

うつ・す 写す（写真を）tage〔fotografi/film〕, fotografere　（コピーする）kopiere, skrive af　（模写する）afbilde, reproducere　（投影する）reflektere, afspejle　—し afskrift　—しをとる afskrive　（映す）projicere

うつす 移す（移転する）flytte, overføre　（入れ替える）flytte, erstatte　（病気を）inficere

うったえる 訴える（訴訟する）sagsøge, anklage　（苦情などを）beklage, klage　（心に）opfordre

うっとうしい （陰気な）melankolsk, trøsteløs, dyster, mørk　（不愉快な）ubehagelig, kedelig, kedsommelig　（曇った）skyet, uklar, overtrukken

うっとり （ぼう然とした）bortkommen, fraværende　（恍惚とした）henrykt, ekstatisk

うつぶせに・なる ligge med ansigtet nedad　—倒れる falde ned med ansigtet imod

うつむ・いて （眼を伏せて）med nedslagne øjne, med sænket blik　—く（首を垂れる）stå med sænket pande　（眼を伏せる）sænke øjne, sænke blik

うつりかわ・り 移り変わり　forandring, overgang　—

る forandre sig
うつりぎな 移り気な ombyttelig, uberegnelig, lunefuld
うつる 移る(移転する) flytte〔til〕（転じる）skifte, overflytte（病気が）smitte, inficeres
うつる 写る(投影する) reflekteres（鏡に）spejle sig（写真・映画などが）blive taget（似合う）passe, anstå sig
うつろな 虚ろな udtryksløs
うつわ 器(容器) beholder, kar（才能）talent, evne, begavelse, anlæg
うで 腕 arm 前— underarm 二の— overarm（腕力）styrke, kraft —を組む lægge armene over kors, gå arm i arm
うでずくで 腕ずくで med vold
うでどけい 腕時計 armbåndsur
うでまえ 腕前 behændighed, dygtighed, begavelse
うでわ 腕輪 armbind
うてん 雨天 regnvejr —順延 opsættelse/udsættelse〔til første godt vejr〕—一体操場 gymnastikhal
うながす 促す anspore, presse, forlange, formå, opmuntre
うなぎ 鰻〈魚〉ål —のかばやき grillstegt ål med soja
うなされる have mareridt
うなずく 頷く nikke
うなる 唸る（猛獣が）brøle, vræle（犬などが）tude, gø（ねこなどが）knurre
うに 〈海〉søpindsvin
うぬぼれ 自惚れ indbildskhed, selvglæde, selvgodhed —の強い indbildsk, selvglad, selvgod, selvtilfreds
うね・り (大波) bølge, vove, dønning（波が）—る bølge, svaje
うのみにする sluge
うは 右派 højre, de konservative（保守派の）konservativ

うば 乳母 amme

うばう 奪う fratage, frarøve （略奪する） plyndre, udplyndre （心を） erobre, vinde ngs. hjerte

うま 馬 hest 小— pony, føl めす—に hoppe, hunhest 種— hingst —小屋 hestestald —に乗る bestige en hest, ride

うまい （おいしい）smage godt, være lækker/dejlig （上手な）dygtig, behændig, fiks, flink

うまく （首尾よく）heldigvis, lykkeligvis, til alt held

うまれ 生まれ(出生) fødsel, herkomst （家系）æt, slægt, byrd —る være født, fødes —変わる genfødes —つきの medfødt

うみ 海 hav, sø （大洋）ocean —が荒い søen er hård —釣り havfiskeri

うみ 膿〈医〉materie, væske, suppuration

うむ 産む・生む (出産する) føde 〔børn〕, nedkomme (動物が) avle, barsle, kælve （にわとりなどが卵を）lægge æg （生じる）frembringe, producere

うむ （化膿する）væske, bulne

うめ 梅〈植〉blommetræ —の実 frugten af blommetræet —干し konserveret blomme

うめあわせ 埋め合わせ kompensation, godtgørelse, erstatning —る erstatte, betale tilbage, gøre fyldest for, kompensere, godtgøre

うめ・き 呻き støn, gisp —く stønne, gispe, hive

うめる 埋める begrave, jorde （充てんする）fylde, farsere, opfylde, stoppe

うもう 羽毛 fjer （綿毛）dun

うやうやしい 恭しい ærbødig, respektfuld

うやまう 敬う respektere, agte, holde i ære, ære, have respekt for

うよくの 右翼の højreorienteret, konservativ

うら 裏(裏面) bagsiden, den bagerste —側 bagside （足の）fodsål —門 bagindgang （衣服の）for（社会の）vrang —書き endossering —返しにする vende vrangen ud på, vende om —をかく overliste

うらぎる 裏切る forråde, svigte, svige

うらぐち 裏口 bagvej —営業 smughandel
うらな・い 占い spådom —い師 spåmand 女—い師 spåkone —う spå
うらにわ 裏庭 baggård
うらみ 恨み(憎悪) afsky, had (怨恨) harm, vrede (敵意) fjendskab, fjentlig indstilling. —をはらす hævne
うらむ 恨む hade, bære nag til, afsky
うらや・む 羨む misunde, bære avind mod, avindes —ましい misundelig, avindsyg
うららかな livlig, humørfyldt, glad
ウラン uran
うり 瓜〈植〉 melon —二つ lig
うり 売り(販売) salg —手 ekspedient, sælger —子(女) ekspeditrice —場 salgbod —出し åbningssalg, udsalg, rabat —上げ salg, omsætning —上げ帳 regnskabsbog —切れ udsolgt
うりかけきん 売掛金 kredit
うりょう 雨量 regnmængde —計 regnmåler
うる 売る(販売する) sælge (裏切る) svigte, svige, forråde (けんかを) kives, skændes
うる 得る få, opnå, tjene (知識などを) erhverve〔sig〕
うるうどし 閏年 skudår
うるお・い 潤い(湿気) fugt —う(湿る) blive fugtig (利益を受ける) høste fordel af, drage nytte af —す vande
うるさ・い (騒々しい) larmende, buldrende (しつこい) vrangvillig, stædig —く言う gøre vrøvl, plage
うるし 漆 lak —の木 laktræ —塗りの lakeret
うれい 憂い sorg
うれし・い 嬉しい glad, lykkelig, tilfreds —さ lykke, glæde —涙 glædeståre —さのあまり overvældet af lykke —がる blive glad, blive fortryllet —がらせる gøre ngn. glad, gøre ngn. lykkelig
うれのこり 売れ残り usolgt ting (婚期を逸した女) lille gammel kone, gammel jomfru (婚期を逸する)

forblive ugift
うれゆき 売れ行き salg, bortsalg, afsætning ―が良い/悪い god/dårlig afsætning
うれる 売れる(物が) blive solgt, sælges godt (名が) blive populær/kendt/berømt.
うろうろする være rastløs
うろこ 鱗 skæl ―が眼から落ちた der faldt skæl fra mine øjne
うろたえ・る tabe hovedet, blive forvirret, miste besindelsen ―て i forvirring
うろつく drive omkring, vanke omkring
うわがき 上書き overskrift (宛名) adresse ―を書く adressere, skrive adresse
うわき 浮気 utroskab ―をする være utro ―な utro
うわぎ 上着 overtøj, jakke, frakke
うわぐすり 釉薬 glasur
うわさ 噂 rygte, sladder ―する fortælle rygter, løbe med sladder
うわぬり 上塗り overtræk.
うわのそらの うわの空の adspredt, åndsfraværende, distræt
うわべ 上辺(外面) eksteriør, yderside (表面) overflade (外観) udseende ―の ydre, udvendig, udvortes
うわまわる 上回る overtræffe, overstige
うわやく 上役 overordnet〔person〕.
うん 運(運命) skæbne, lod ―がいい heldig, vellykket ―が悪い uheldig, ulykkelig
うんえい 運営 ledelse, administration ―する lede, administrere
うんが 運河 kanal (堀割) grøft
うんこうする 運行する manøvrere, sætte ngt. i gang (天体が) kredse, gøre kredsgang
うんざりする væmmes/ækles ved
うんそう 運送 transport ―会社 transportfirma, budservice ―費 transportkost ―保険 transportforsikring

- **うんちん** 運賃 fragtafgift, transportudgift （旅客の）billetpris 　―精算所 kontor for afgiftsjustering 　―表 afgiftsliste, prisliste 　―無料 afgiftsfri
- **うんてん** 運転（機械の）betjening af maskine （自動車などの）bilkørsel 　―する（機械を）betjene maskine （自動車などを）køre bil 　―手（機械の）operatør （自動車などの）fører
- **うんどう** 運動（物体の）bevægelse （政治的な）kampagne （人などの）motion （スポーツ）sportsudøvelse, idræt. スポーツをする dyrke sport/motion 　―会 sportsstævne 　―選手 atlet, sportsudøver 　―場 idrætspark （学校の）skolegård （屋内の）gymnastikhal 　―不足 utilstrækkelighed med motion, magelighed
- **うんぱん** 運搬 transport, befordring 　―する transportere, befordre
- **うんめい** 運命 skæbne, lod, tilskikkelse
- **うんも** 雲母 marieglas
- **うんゆ** 運輸　→うんそう・うんぱん(運送, 運搬)
- **うんよう** 運用 anvendelse, udnyttelse 　―する anvende, udnytte, sysselsætte

え

- **え** 柄（道具の）håndtag, skaft （ほうきの）kosteskaft
- **え** 絵 billede, maleri 　さし― illustration 　―を画く male 　―を画くこと maleri 　―のような malerisk, pittoresk
- **…へ** (…の中へ) i, ind, ind i (…へ向って) til, mod (…の方向へ) i retning〔af〕
- **エア** luft, atmosfære 　―ポケット lufthul 　―メイル luftpost 　―コン klimaanlæg, luftkonditionering
- **えい** 〈魚〉rokke
- **えいえん** 永遠 evighed, evindelighed 　―の evig (不

えいが 死の) udødelig —に〔for〕evigt
えいが 映画 film, bio〔graf〕 —化 filmatisering, filme —俳優(男) filmskuespiller (女) filmskuespillerinde —監督 filminstruktør
えいが 栄華 ære, herlighed, glæde
えいかいわ 英会話 engelsk konversation
えいかく 鋭角 〈数〉 spids vinkel
えいかん 栄冠 sejr
えいきゅう 永久 evighed (不変) bestandighed —磁石 permanent magnet —に for bestandig, 〔for〕 evigt
えいきょう 影響 indflydelse, effekt, påvirkning —する(結果を与える) påvirke, øve indflydelse, have effekt —力の大きい indflydelsesrig —を受けて under indflydelse af
えいぎょう 営業 erhvervsmæssige aktiviteter, affære, salg —部 salgsafdeling —所 kontor —時間 åbningstid —する drive et erhverv
えいご 英語 engelsk〔sprog〕 —で på engelsk
えいこう 栄光 glorie, herlighed, glans
えいこく 英国 England, Storbritannien —人(男) englænder (女) englænderinde —の engelsk, britisk
えいじしんぶん 英字新聞 avis på engelsk
えいしゃ 映写 projektion —する projicere〔på〕 —機 projektor, lysbilledapparat, fremviser —幕 skærm
えいじゅう 永住 fast bopæl
えいせい 衛生 hygiejne, sanitet —的な hygiejnisk, sanitær —帯 hygiejnebind
えいせい 衛星 satellit 人工— kunstig satellit —都市 satellitby —国家 satellitstat
えいせいちゅうりつ 永世中立 varig neutralitet
えいぞう 映像 image, billede
えいぞく 永続 bestandighed, uforgængelighed, langvarighed —的な varig, bestandig —する bestå, have bestand, have varighed, vedvare
えいびんな 鋭敏な skarp, skarpsindig, hvas

エイプリルフール 1. april, aprilsnar
えいへい 衛兵 hovedvagt
えいみん 永眠 den sidste hvile, døden —する sove ind, dø
えいゆう 英雄(男) helt (女) heltinde. —的な heltemodig
えいよう 栄養 ernæring, næring —のある næringsholdig —価 næringsværdi —物 næringsmiddel —士 ernæringsfysiolog —が足りない underernæret
えいり 営利 gevinst, fortjenste, profit —的な kommerciel udbytterrig, givtig, profitabel —主義 kommercialisme
えいりな 鋭利な skarp, hvas
えいわじてん 英和辞典 engelsk-japansk ordbog
エーテル æter
エーデルワイス edelweiss
えがお 笑顔 smilende ansigt （笑みを浮かべる） smile over ansigtet
えがく 描く（鉛筆・ペンなどで）tegne, afbilde （彩色で）male （描写する）afmale, skildre
えき 益(利益) profit, gevinst （効用）nytte, fordel —のある fordelagtig, gavnlig —する gavne, være til gavn for
えき 駅 〔jernbane〕station —長 stationsforstander —員 stationsmedarbejder, stationsbetjent
エキス ekstrakt, essens
エキストラ ekstra
えきたい 液体 væske —燃料 flydende brændsel
えきちょう 益鳥 nyttig fugl
えくぼ 笑くぼ smilehul
えぐる （のみなどで）udhule, stemme ud
エクレア flødeskumskage
エゴイスト （利己主義者）egoist （自己中心主義者）egocentriker
えこじな （つむじまがりの）vanskelig, genstridig
えさ 餌 føde, 〔dyre〕foder, mad〔d〕ing （釣りの）

agn, ma〔d〕ding (おとり) lokkemad
エジプト Egypten, Ægypten 　一人 egypter, ægypter 　一の egyptisk, ægyptisk.
エスカレーター rullende trappe
エスペラント esperanto
えぞまつ　えぞ松〈植〉〔rød〕gran
えだ　枝 gren 　小— kvist
エチオピア Etiopien 　一人 etiopier 　一の etiopisk
エチケット　(ラベル) etiket〔te〕　(礼儀) etikette
エックスせん　X線 røntgenstråler 　一写真 røntgenfotografering
エッセー essay
えつらんしつ　閲覧室 læsesal
えて　得手 éns styrke, stærke side, stolthed
エナメル emalje
エネルギー energi 　一に富んだ energisk
えのぐ　絵の具 farve〔stof〕(水彩用の) vandfarve (油絵用の) oliefarve 　一箱 farvelade 　一を塗る male
えはがき　絵葉書 postkort med billede, prospektkort
えび　蝦・海老〈魚〉いせ— hummer 車— reje 小— reje 　一フライ stegt reje, indbagt reje
エピソード episode, anekdote.
えふだ　絵札 billedkort
えふで　絵筆 pensel
エプロン forklæde
えほん　絵本 billedbog
エメラルド smaragd
えもいわれぬ　得も言われぬ ubeskrivelig, fortræffelig
えもの　獲物(狩猟で鳥の) vildt (獣の) vildt, stykke vildt (捕獲高) fangst (略奪品) bytte
えもん　衣紋(ドレス) dragt (スーツ) sæt tøj (婦人用ワンピース) kjole 　一かけ knage
えら　(魚の) gælle
エラー　(野球などの) fejl, fejltagelse 　一する tage fejl, forveksle
えらい　偉い(偉大な) fremtrædende, fremragende,

eminent, stor（非凡な）unik, enestående, særegen（驚くべき）forbavsende（ひどい）afskyelig, forfærdelig, uhyggelig

えらぶ 選ぶ(選択する) vælge （選び出す）udvælge, udse（えり分ける）skelne mellem, sortere（…の方を）foretrække

えり 襟・衿(洋服の) krave （シャツの）flip ―首 nakkeskind, nakke ―巻き halstørklæde（婦人用）stola, boa

えりごのみ 選り好み(好みのうるさい) kræsen, fordringsfuld ―する være kræsen

えりわける 選り分ける skelne mellem, sortere.

える 得る(到達する) opnå, få（受け取る）erholde（獲得する）erhverve, få（勝利を）vinde

エレベーター elevator

えん 円(円形) cirkel ―運動 kredsgang ―周 cirkel, omkreds ―盤 rund skive, diskos ―卓会議 rundbordssamtale

えん 円(貨幣) yen ―高 høj yenkurs ―安 lav yenkurs ―建て kursnotering i yen

えん 縁(関係) relation, forbindelse （宿縁）skæbne, bestemmelse

えんいん 遠因 fjern årsag

えんえきほう 演繹法 deduktion

えんえんと （炎が）flammende〔ild〕, luende（道が）〔slyngende sig〕i fjern

えんかい 沿海 kyst

えんかい 宴会 fest, gilde, banket ―を開く holde en fest

えんがわ 縁側 veranda

えんがん 沿岸 kyst, strand ―航路 kystfart ―地方 kyststrækning

えんき 延期 udsættelse, opsættelse ―する udsætte, opsætte ―になる blive udsat

えんぎ 縁起(前兆) omen, forbud ―の良い gunstig, lykkebringende ―物 tradition

えんぎ 演技 optræden, spil ―者 optrædende

えんきんほう　遠近法　perspektiv
えんけい　円形　cirkel　—の cirkelformet, cirkulær
えんけい　遠景　fjernt syn/blik
えんげい　園芸　havedyrkning, havebrug, havearbejde, gartneri　—家 havedyrker, gartner
えんげい　演芸　underholdning　—会 forestilling, variete　—場 teater
えんげき　演劇　skuespil, teater〔stykke〕　—部 teaterklub
えんこ　縁故　slægtskab
えんこん　怨恨　modvilje, antipati, nag, had
えんさん　塩酸　saltsyre
えんし　遠視　langsynethed　—の langsynet
えんしゅう　円周　cirkel, omkreds
えんしゅう　演習(練習)　øvelse, praktik　(軍隊の) manøvre　—する øve, praktisere　(軍隊が) manøvrere
えんしゅつ　演出　iscenesættelse, instruktion, regi　—者 regissør, producer, iscenesætter　—する producere, iscenesætte
えんじょ　援助　hjælp, bistand, støtte　—者 velynder, protektor, sponsor　—する hjælpe, bistå, understøtte
えんしょう　炎症　betændelse, inflammation　—を起こす blive inflammeret/betændt
えんしょうする　延焼する　ilden/branden spreder sig
えんじる　演じる(劇を)　spille, lave en scene　(役を) spille rollen
エンジン　motor　—の故障 motorstop
えんしん・りょく　遠心力　centrifugalkraft　—〔分離〕機 centrifuge
えんすい　塩水　saltvand　(海水) havvand
えんすい　円錐　kegle
えんぜつ　演説　tale　(講義・講演) foredrag, forelæsning　—する tale　—家 taler, veltaler　—法 retorik
えんせんの　沿線の　langs〔med〕jernbane
えんそ　塩素　klor　塩〔素〕化物 klorid

えんそう 演奏 musikalsk opførelse, koncert ―する spille, give koncert ―会 koncert
えんそく 遠足 udflugt, ekskursion, picnic ―する gøre udflugt/picnic
えんだん 演壇 talerstol, tribune, estrade
えんちゃく 延着 sen ankomst
えんちゅう 円柱 kolonne, pille
えんちょう 延長 forlængelse, udvidelse ―する forlænge ―戦(スポーツの) forlængt kamp
えんちょくの 鉛直の lodret, vertikal
えんでん 塩田 saltleje, saltaflejring
えんとう 円筒 cylinder
えんどう 豌豆 〈植〉 ært
えんとつ 煙突 skorsten ―掃除人 skorstenfejer
えんばく えん麦 〈植〉 havre
えんばん 円盤 rund skive (競技用の) diskos ―投げ diskoskast ―投げ選手 diskoskaster
えんぴつ 鉛筆 blyant ―入れ pennalhus ―削り blyantsspidser 色― farveblyant
えんびふく 燕尾服 〔herre〕kjole
えんぽう 遠方 〔stor〕 fjernhed, lang afstand ―の fjern, fjerntliggende ―に på afstand, langt 〔fra〕, langt borte
えんまん 円満 perfektion, fuldkommenhed ―な perfekt, fuldkommen, lykkelig, mild
えんゆうかい 園遊会 havefest
えんりょ 遠慮 tilbageholdenhed, reservation, beskedenhed (ちゅうちょ) tøven ―する være tilbageholdende ―なく uden at holde sig tilbage ―しないで下さい hold dig ikke tilbage

お

お 尾 hale きつねなどの太い— rævehale くじゃくなどの— halefjer
オアシス oase
おい 甥 bro〔der〕søn, søstersøn, nevø
おい 老い høj alder, alderdom
おいかける 追い掛ける forfølge, sætte efter
おいかぜ 追い風 rygvind
おいこす 追い越す overhale, indhente og passere (近道して) indhente (より秀れる) være fornemmere end, være ngn. overlegen
おいしい lækker, velsmagende, delikat, dejlig —もの(ごちそう) delikatesse
おいだす 追い出す forjage, jage væk, smide ud (解雇する) afskedige (妻を) skille sig fra 〔sin fru〕
おいつく 追い付く indhente, overhale
おいはぎ 追い剝ぎ landevejsrøver
おいる 老いる blive gammel
おう 追う jage 〔væk〕, forfølge, løbe efter
おう 負う(背負う) bære, trække over skuldrene (恩義を) stå i taknem〔me〕lighedsgæld til (借金を) stå i gæld til (義務を) være forpligtet til (罪を) anklages for, være beskyldt for
おう 王, 王様 konge, monark —冠 krone —国 kongedømme, kongerige —室 kongefamilie —家/—朝 dynasti
おうい 王位 trone —継承者 tronfølger —につく trone
おうえん 応援(援助) hjælp, bistand (選挙などの) støtte —する hjælpe, bistå (競技など声援する) råbe hurra, heppe 選挙などの—する støtte
おうぎ 扇 vifte
おうきゅう・の 応急の(急場の) nødig —処置・手当

て nødig behandling, nødhjælp, førstehjælp
- **おうごん** 黄金 guld —時代 guldalder, glansperiode
- **おうし** 雄牛 tyr （雌牛）ko
- **おうじ** 王子 prins （王女）prinsesse
- **おうしゅう** 欧州 Europa —人 europæer —化する europæisere —の europæisk
- **おうじる** 応じる（答える）svare, besvare （要求に）imødekomme, tilfredsstille, rette sig efter （受け入れる）acceptere, adlyde （反応する）reagere （募集などに）tilmelde sig, tegne sig for, ansøge om
- **おうしん** 往診 sygebesøg, lægebesøg —料 honorar for sygebesøg
- **おうせつ** 応接 modtagelse, reception —する modtage —係 receptionist —室 modtagelsesværelse —間 salon
- **おうだん・する** 横断する krydse over〔fx. gade〕—歩道 fodgængerovergang
- **おうちゃくな** 横着な lad, doven
- **おうとう** 応答 svar —する svare på 質疑— spørgsmål og svar
- **おうねつびょう** 黄熱病〈病〉gul feber
- **おうねんに** 往年に i gamle dage, i forgangen tid
- **おうふく** 往復 tur-retur —切符 returbillet —する gå/køre frem og tilbage —葉書 dobbelt brevkort
- **おうへい** 横柄 hovmod —な hovmodig, overmodig
- **おうぼ** 応募 ansøgning, tilmelding, abonnement —する ansøge,〔til〕melde sig
- **おうむ** 〈鳥〉papegøje
- **おうよう** 応用〔praktisk〕anvendelse, praksis —する bruge i praksis, anvende —化学 anvendt kemi
- **おうらい** 往来 kommen og gåen （通行）trafik （道路）vei, gade
- **おうりょう** 横領 underslæb, besvigelse, usurpation —する tiltage sig, tilrive sig, tilrane sig, usurpere
- **おうりょく** 応力 spænding
- **おうレンズ** 凹レンズ konkav linse （凸レンズ）

koveks linse

おえる 終える　abslutte, blive færdig med

おおあめ 大雨　øsregn, plaskregn　(突然の) skybrud　(にわか雨) byge, skylle

おおい 覆い・被い　beskyttelse, overtræk　—をする dække, belægge, hylle　—をとる afdække, afsløre

おおい 多い (数が) mange, talrig　(量が) meget

おおいに 大いに (特別に) særlig, især, synderlig (ikkeと共に用いる)

おおう 覆う・被う (かぶせる) dække, tildække　(おおい隠す) dølge, skjule　(さえぎる) skærme, beskytte

おおうりだし 大売り出し　realisation, udsalg

おおおとこ 大男　kæmpe, jætte

おおかじ 大火事　storbrand

おおかた 大方 (多分)　sandsynligvis, måske

おおがた 大型　stor størrelse　—の i stor størrelse

おおかみ 狼 〈動〉ulv

おおかれすくなかれ 多かれ少なかれ　mere eller mindre

おおきい 大きい (形が)　stor　(巨大な) jættestor, kolossal, kæmpemæssig　(広大な) vidtstrakt, udstrakt　(強大な) mægtig, indflydelsesrig, stor

おおきさ 大きさ　størrelse

おおく・の 多くの (数が) mange, talrige, i stort tal　(量が) meget　—は (たいてい) generelt, almindeligvis, sædvanligvis　(主として) hovedsagelig, for størstedelen

おおくら・しょう 大蔵省　finansministerium　—大臣 finansminister

おおげさ・な 大袈裟な　overdreven, højtravende　—に overdrevet　—に言う overdrive, gøre blæst af

オーケストラ 〈楽〉orkester

おおごえ 大声　høj røst　—で med høj røst　—の højrøstet

おおざけのみ 大酒飲み　drukkenbold, solderist

おおざっぱな 大ざっぱな　løselig, i store træk

おおし・い 雄々しい(男らしい) mandlig （勇敢な）modig, tapper （騎士道的な）ridderlig ー くも mandligt, tappert
おおすぎる 多過ぎる være for meget/mange
おおすじ 大筋 sammendrag, sammenfatning, resumé
オーストラリア Australien ー人 australier ーの／英語〔の〕australsk
オーストリア Østrig ー人 østriger ーの østrigsk
おおずる 応ずる→おうじる
おおぜい 大勢 mange mennesker ーの stort antal ーで i stort antal
おおそうじする 大掃除する gøre hovedrengøring
おおだいこ 大太鼓 stortromme （小太鼓）lilletromme （ドラム）tromme
オーデコロン eau de cologne
おおどうぐ 大道具 scenearrangement
オートバイ motorcykel
オートミール havregryn
オートメーション automation, automatisering ーの automatisk ー化する automatisere
オーバー overfrakke （婦人用の）kåbe
オーバーシューズ galoche
オーバーホール grundigt eftersyn, hovedreparation
おおひろま 大広間 hovedhal, storsal
オープンサンド smørrebrød
オーボエ 〈楽〉obo ー奏者 oboist
おおみず 大水 oversvømmelse
おおみそか 大晦日 nytårsaftensdag
おおむかし 大昔(太古) fortid （古代ギリシャ・ローマ時代・その頃の文物）antik
おおむぎ 大麦 byg ーの穂 bygaks
おおむね for det meste, generelt, i reglen, formentlig, måske
おおめにみる 大目に見る overse, se gennem fingrene med, se stort på
おおもじ 大文字 stort bogstav

おおもの 大物　stor kanon, betydningsfuld person, ping
おおや 大家　husvært
おおやけ 公　offentlighed　—の offentlig（公式の）officiel（正式の）formal　—に offentligt, officielt
おおゆき 大雪　høj sne
おおよそ　omtrent, cirka, næsten
オール　（ボートの）åre
オール　（すべての）alle
オールドミス　gammel jomfru, lille gammel kone
オーロラ　polarlys, nordlys
おおわらい 大笑いする　le skraldende/støjende/højrøstet/skraldgrine
おか 丘・岡　bakke, høj, hævning, knold, tue
おかあさん お母さん　mor
おかげ お蔭(恩恵) gunst, yndest　（助力）hjælp, bistand（後援）støtte　—で tak udmærket（…の世話で）gennem ngs. venlig/formidling
おかしい（おもしろい）morsom, interessant, sjov（こっけいな）komisk, lystig（変な）sær, besynderlig, kuriøs（怪しい）mistænkelig, tvivlsom
おかす 犯す(罪を) begå, forøve（法律・規則を）bryde, overtræde（女を犯す）voldtage, skænde
おかす 侵す(侵入する) lægge beslag〔på〕, gøre indgreb i（権利など侵害する）krænke
おがみたおす 拝み倒す　overtale, bevæge
おがむ 拝む　tilbede, bede til, dyrke
おがわ 小川　bæk,〔lille〕å
おかわり お代わり(食事の) anden portion（飲み物の）anden kop〔kaffe〕, en kop til　—する bede om〔… en/… til〕
おかん 悪寒　koldfeber
おき 沖　åben sø　—で i åben søen
おきあがる 起き上がる　stå op〔af sengen〕（元気を取りもどす）tage sig sammen
おきかえる 置き換える　erstatte, udskifte
おきて 掟(規則) regel, forskrift（法律）lov, ret（規

定) bestemmelse, statut （戒律）bud
おきどけい 置き時計 bordklokke, taffelur
おぎな・う 補う(欠損を) erstatte, udfylde, forsyne med（埋め合わせる）godtgøre, kompensere（補充する）komplettere（補償）kompensation, godtgørelse
…**おきに** 置きに intervallængde 1 m— for hver meter 1日— hver anden dag 1年— hvert andet år
おきもの 置物 ornamentering af
おきゃくさん お客さん gæst, kunde
おきる 起きる(起床する) stå op （眼が覚める）vågne op（事件などが）hænde, ske
おきわすれる 置き忘れる glemme, forlægge（後に残す）efterlade sig
おく 置く(物を) lægge, sætte, placere 残して— efterlade sig 備えて— udruste, forsyne sig そっとして— efterlade i fred 一目— gøre ngt. med henblik på senere nytte, sørge for at
おく 措く opgive, afbryde, lægge til side, undtage
おく 奥 indre af ngt., ngs. dyb —に入る komme indenfor
おく 億 〔tæller for〕100 millioner
おくがい 屋外 fri luft —の frilufts-, udendørs —で udendør, i fri luft
おくさん 奥さん〔din〕kone, huset frue （未知の）frue
おくじょう 屋上 tag, hustag
おくそくする 憶測する gætte, formode
おくち 奥地 det indre〔af land〕
おくないの 屋内の indendørs —遊戯 indendørs lege
おくびょう 憶病 frygt, nervøsitet —な bange, kujonagtig —者 kujon, kryster
おくまんちょうじゃ 億万長者 mangemillionær
おくゆかしい 奥ゆかしい forfinet
おくゆき 奥行き dyb〔de〕—のある dyb
おくりさき 送り先 adresse
おくりじょう 送り状 faktura
おくりもの 贈り物 gave, present, skænk

おくる 送る(発送する) sende til/med, befordre (送金する) remittere (使いの者を) skikke (見送る) følge med (月・日を過ごす) tilbringe

おくる 贈る(贈呈する) give, overgive, aflevere (授与する) forære

おくれる 遅れる(定刻に) være for sent, komme for sent 乗り— komme for sent til (時勢に後れる) falde bagud, være for langsom

おけ 桶 tønde, anker

おこさん お子さん 〔dit〕 barn, 〔dine〕 børn

おこす 起こす vække (倒れていたものを) rejse … を引き— forårsage, afstedkomme

おこす 興す(組織化する) organisere (事業などを) etablere, oprette

おごそかな 厳かな højtidelig, alvorsfuld

おこた・る 怠る forsømme, forspilde, negligere —り勝ちの forsømmelig, efterladen, glemsom —りない omhyggelig, samvittighedsfuld, vagtsom

おこな・う 行う gøre (振る舞う) opføre sig, bære sig ad (実施する) afholde, udføre (実行する) gennemføre virkeliggøre —い(行動) handling, akt, aktion, dåd, id (行状) opførsel, fremtræden

おこなわれる 行われる(実行される) blive virkeliggjort/forrettet

おこらせる 怒らせる fornærme, forarge

おごり 奢り(ぜいたく) luksus, ekstravagance, ødselhed (ぜいたくする) ekstravagere, ødsle (高慢) højmod, storsind (ごちそうする) byde ngn. på 〔middag〕, traktere, beværte

おこりっぽい 怒りっぽい vredladen, hidsig

おこる 起こる(事件などが) hænde, ske, opstå (戦争が) bryde ud (火事が) ilden er løs

おこる 興る have held med sig, have fremgang

おこる 怒る blive vred 〔over〕, blive rasende 〔på〕, skælde ud, vredes

おごる (いばる) være storsnudet/stolt (他人に金を払ってやる) spendere

おさえ 押さえ・抑え(重し) tyngde （にらみ) kontrol, opsyn, myndighed (圧力) pres, tryk

おさえる 押さえる・抑える holde [fast], holde nede, presse ned (押さえつける) tvinge, presse, knuge (抑制する) kontrollere (鎮圧する) nedslå, betynge, undertrykke (音など) dæmpe

おさない 幼い(年少の) lille, ung （子供らしい)barnlig, barnagtig

おさなともだち 幼友達 barndomsven

おさまる 納まる(納入される) få leveret （うまく入る) have tilpas plads at ordne en sak på

おさまる 治まる(静まる) falde til ro （平和になる) have fred (鎮圧される) blive undertrykt (終結する) komme til en afslutning (気が) berolige sig

おさまる 修まる(素行が) bedre sig, overvinde sine dårlige vaner

おさめる 納める(納金する) betale （納品する) levere, forsyne （収納する) lægge på plads, lukke (収蔵する) beholde, opbevare, lagre (終結する) abslutte

おさめる 治める styre, regere, herske over, undertrykke

おさめる 修める studere, færdiggøre, kontrolle

おさらい (復習) gennemgang af lektie, repetition —する gå igennem lektie, repetere

おし (物の言えない) stumhed —の stum

おじ 伯父・叔父 [min] onkel, morbror, farbror

おしあう 押し合う puffes/skubbes [hinanden]

おしい 惜しい(残念な) beklagelig, skuffende

おじいさん お爺さん(祖父) [din] bedstefar, farfar, morfar (よその) ældre mand, gubbe, gamling

おしいる 押し入る bryde sig ind i, trænge ind i （侵入する) lægge beslag [på], gøre indgreb i

おしいれ 押し入れ klædekammer, garderobe

おしえ 教え(教訓) lære, lektion (教義) doktrin, dogme

おしえご 教え子 elev

おしえる 教える lære, undervise, fortælle （教育す

る) opdrage, uddanne (知らせる) fortælle, lade vide, meddele, informere (説明する) forklare

おじぎ お辞儀 buk 深く―する gøre et dybt buk

おしこむ 押し込む (詰める) pakke, stoppe, proppe (監禁する) sætte i fængsel, indespærre

おしだす 押し出す presse ud (追い出す) trænge en ud

おしつける 押しつける presse, tvinge

おしつぶす 押し潰す knuse, slå itu

おしどり 鴛鴦 〈鳥〉 mandarinand ―夫婦 forelsket par

おしのける 押し退ける støde til side, trænge ud

おしのつよい 押しの強い pågående, påtrængende

おしべ 雄しべ støvdrager

おしむ 惜しむ(出し惜しむ) være påholdende med, knibe på, være nærig (残念に思う) beklage, fortryde, ynke

おしめ ble

おしゃぶり sut

おしゃべり snak, sludder, hyggesnak ―の人 snakkesalig person, sludrechatol ―する snakke, passiare, vrøvle

おしゃれ お洒落 mode, prunk ―な smart, smuk ―をする pryde, pynte, smykke ―な人 laps, snob, modeherre

おじょうさん お嬢さん 〔din〕 datter, pige, frøken

おしょく 汚職 bestikkelse

おしろい お白粉 〔ansigts〕pudder

おす 押す puffe, skubbe (圧する) presse, trykke (捺印する) stemple, præge

おす 推す(推薦する) anbefale, rekommandere (指名する) udnævne, nominere

おす 雄・牡 han ―の han-

おせじ お世辞 kompliment, smiger ―をいう smigre ―をいう人 smigrer

おせっかい お節介 indblanding, overdreven nidkærhed ―な emsig, gelassen

おそい 遅い(時刻が) sen (速度が) langsom, sendrægtig (のろい) træg, sendrægtig

おそう 襲う(襲撃する) anfalde, attakere (病気などが) pådrage sig, angrive

おそまつさま (ご馳走様でしたの答え) velbekomme, åh nej, det var et simpelt måltid

おそらく 恐らく formentlig, nok, sandsynligvis

おそれ 恐れ frygt, rædsel, angst (懸念) ængstelse, uro, røre (危険) fare, risiko

おそれい・る 恐れ入る(恐縮する) tusind tak, det er alt for meget (圧倒される) blive overvældet (はずかしい) være forlegen —りますが… undskyld men …

おそれ・る 恐れる frygte, være bange for, ængstes for, være ræd for …を—て af frygte for

おそろし・い 恐ろしい(こわい) frygtelig, skræmmende, afskyelig, forfærdelig, forskrækkelig (ぞっとする) forfærdelig (凶悪な) grusom, bestialsk, djævelsk —く forskrækkelig〔t〕, forfærdelig〔t〕

おそわる 教わる lære, tage lærdom af, få undervisning

オゾン ozon

おたがい・の お互いの(2人) gensidig, indbyrdes —に gensidig, indbyrdes

おだて 煽て æggende, ophidsende —る(扇動する) agitere, opvigle, ophidse

おたふくかぜ おたふく風邪〈病〉fåresyge

おたまじゃくし 〈動〉haletudse

おだやか・な 穏やかな mild, rolig, fredelig (天候など) stille —に rolig〔t〕, fredeligt —ならぬ alarmerende, alvorlig

おちいる 落ち入る・陥る falde ud i (落城する) falde

おちつき 落ち着き selvbeherskning, sindsro —のある behersket, adstadig, stille, rolig —のない nervøs, rastløs, urolig

おちつく 落ち着く(心が) blive afslappet, afdæmpe (定住する) bosætte sig (あらしなど静まる) bedage〔sig〕, stilne af, lægge sig

おちば 落ち葉 faldt løv, løvfald

おちぶれる 落ちぶれる blive ruineret, blotte for penge, synke ned i fattigdom

おちる 落ちる falde〔ned〕(落第する) dumpe (沈む) synke (日が沈む) gå ned

おっちょこちょいの tankeløs, tanketom

おっと 夫〔min〕〔ægte〕mand

おっとせい 〈動〉sæl

おつり お釣り byttepenge, småpenge

おてあらい お手洗い toilet

おでき (吹出物) udslæt (はれもの) svulst

おてん 汚点 plet, blækklat, bommert

おてんば お転婆 uregerlig pige, vildkat, vildbasse

おと 音 lyd (騒音・雑音) støj, bulder (ごう音) knald, brag ―をたてる smælde, støje, lave en lyd すごい―をたてる brage, knalde

おとうさん お父さん〔din〕far

おとうと 弟〔min/din〕lillebror

おどか・す true (こわがらす) forskrække, skræmme ―し trussel

おとぎ・ばなし お伽話 fabel, eventyr ―の国 alfeland, eventyrverden

おとくい お得意(顧客) kunde, klient (得手) éns stærk side, styrke

おどけ (冗談) spøg, skæmt (道化者) bajads, klovn ―た komisk, lystig ―て for skæmt, for sjovs skyld

おとこ 男 mand ―の子 dreng, ung mand ―やもめ enkemand (奴) fyr, karl ―の mandig, mandlig ―らしく manligt, modigt ―らしい― et rigtigt mandfolk

おとしあな 落し穴 faldgrube, fælde ―にかかる fanges i en fælde

おとしだま お年玉 nytårsgave til børn

おとしもの 落とし物(遺失物) mistet sag, glemte sager

おとす 落とす droppe, lade falde, smide fra sig (速度など) sænke (失う) tabe, miste (品質など)

forværre, forringe
おとずれ 訪れ(訪問) besøg, visit **—る** besøge, opsøge, visitere
おととい 一昨日 i forgårs
おととし 一昨年 i forfjor
おとな 大人 voksen **—の** voksen **—びた** tidligt moden, tidligt udviklet, gammelklog
おとなし・い behagelig, sød, blid (従順な) lydig, underdanig (行儀のよい) ordentlig (動物など慣れた) tam **—く** lydigt, adstadigt, føjeligt
おとも お供(従者) følge (取り巻き) påhæng (随行員) suite, følge **—する** følge〔med〕, ledsage
おとり 囮 lokkedue, lokkefugl
おど・り 踊り dans **—る** danse en dans
おどりば 踊り場(階段の)〔trappe〕afsats
おとる 劣る være underlegen/mindreværdig
おとろえる 衰える svækkes, forfalde (弱まる) blive svag/spinkel
おどろ・かせる 驚かせる overraske, forbløffe, forskrække (驚嘆する) forundre sig, blive forbavset **—くべき** forbavsende, forbløffende
おなか お腹 mave **—が一杯** jeg er mæt **—が痛い** have mavepine **—をこわす** få dårlig mave **—がすく** blive sulten
おなじ 同じ(同一の) samme, identisk (同様な) lignennde, lig (同様に) på samme måde (…に相当する) modsvare **—く** ligeledes, ligeså, på samme måde, tilsvarende
おに 鬼 dæmon, djævel, spøgelse **—ごっこをする** lege tagfat
おにいさん お兄さん 〔din〕 storebro〔de〕r
おにぎり お握り risbolle
おね 尾根 bjergkam, bakkekam
おねえさん お姉さん 〔din〕 storesøster
おの 斧 økse 手— lille økse, håndøkse
おのおの 各々 hver, hver i sær, enhvers
おのぼりさん お上りさん én der er kommet ind med

4-toget, bondeknold i storbyen, besøgende fra landet
おのれ 己 en selv —の egen —を知る kende sig selv
おば 伯母・叔母 〔min〕moster, faster （よそのおばさん）tante
おばあさん 〔din〕bedstemor, farmo〔de〕r, mormo〔de〕r, （老婆）en gammel kvinde/kone （よそのおばあさん）ældre dame
オパール opal
おはよう お早う god morgen！
おび 帯 bælte, skærf （馬などの腹帯）gjord
おひとよし お人好し en venlig menneske （だまされやすい人）lettroende person —の skikkelig, god, beskeden
おびる 帯びる have på, bære
おびれ 尾びれ halefinne
オファー （競売の）bud
オブザーバー observatør
オペラ opera —グラス teaterkikkert —座 operahus
オペレッタ kort opera, operette
おぼえ 覚え minde, ihukommelse, erindring …した —がある have en erindring om at —書 note, huskeseddel, memorandum —る have i erindringen, huske på, lære, lære udenad
おぼつかない utilpas, urolig
おぼれる 溺れる drukne
おぼろげな vag, utydelig
おまえ お前（きみ）du —の din/dit/dine —を/に/と dig —ら I
おまけ （追加）ngt. ekstra —に oven i købet
おまたせしました お待たせしました undskyld, jeg har ladet Dem vente
おまもり お守り amulet, lykkeskilling
おまわりさん お巡りさん politibetjent
おみやげ お土産 gave, souvenir
オムレツ omelet
おめでとう （誕生日など）tillykke, 〔min〕hjerteligste

lykønskning
おもい 重い(重量が) tung (重大な) alvorlig, vigtig (気分が) blive nedstemt/tungsindig
おもい 思い tanke (感情) følelse, emotion (願望) ønske, længsel (心の中) hjerte
おもいあがった 思い上った indbildsk, arrogant
おもいがけな・い 思い掛けない uventet, overraskende, uforudset —く uforudseligt, tilfældig〔t〕
おもいきって 思いきって resolut, beslutsomt, urokkeligt
おもいきる 思い切る(断念する) opgive, forlade
おもいだす 思い出す genkalde sig, erindre, huske, tænke tilbage på, blive mindet om
おもいちがい 思い違い misforståelse, fejltagelse
おもいつき 思いつき påhit, indfald
おもいで 思い出 erindring, minde
おもいやり 思いやり hensynsfuldhed, omsorg, medfølelse, deltagelse, sympati —のある hensynsfuld, venlig, sympatisk —のない usympatisk, selvrådig, uvenlig
おもう 思う(考える) mene, tænke, antage (信ずる) tro, forvente (想像する) tænke sig (…とばかり思っていた) troede altid at …しようと— tænke på at gøre, overveje at gøre
おもさ 重さ vægt, tyngde —を測る veje …の—だ veje
おもしろい 面白い interessant, morsom, fornøjelig (楽しい) behagelig, hyggelig (陽気な) lystig
おもだった 重立った ledende, fornem
おもちゃ 玩具 legetøj
おもて 表(表面) overflade, flade (外面) ydre (貨幣などの) forside af (外側) yderside (前面) forside (建物などの正面) facade (戸外) udendørs, ude, frilufts-
おも・な 主な vigtigste, hoved- —に hovedsagelig, væsentlig〔t〕
おもに 重荷 en tung byrde, tung belastning —となる tyngende, overvægtig (心の) bedrøvelig,

besværlig
おもむろに 徐に(ゆっくりと) langsomt, sindigt (徐々に) efterhånden, lidt efter lidt, gradvis
おもり 重り(釣などの) lod
おもわず 思わず ufrivillig〔t〕, uforsætlig
おもわれる 思われる tykkes, synes〔om〕, forekomme (他人に) virke som (みなされる) anses som/for, betragtes som
おもんじる 重んじる(重視する) vurdere, skønne, tillægge stort værd (尊重する) tage hensyn til, respektere, vurdere
おや 親 forældre 父— fa〔de〕r 母— mo〔de〕r (トランプなどの) uddelere, kortgiver (ばくちの) croupier —知らず(歯) visdomstand
おやがいしゃ 親会社 moderselskab
おやかた 親方 husbond, chef, mester, formand
おやこ 親子 forældre og børn
おやじ 親父 〔min〕 far
おやすみ (あいさつ) godnat
おやつ お八つ forfriskning〔er〕, mellemmåltid om eftermiddagen
おやぶん 親分 chef, leder
おやゆび 親指 tommeltot, tommelfinger (足の) storetå
およぐ 泳ぐ svømme (浮遊する) flyde
およそ 凡そ(大体) omtrent, cirka, næsten (たいてい) i regel
および 及び og, samt
およぶ 及ぶ(達する) nå frem til, nå (総額が) beløbe sig til (わたる) strække sig, udvides (広がる) sprede sig, brede sig
オラトリオ 〈楽〉 oratorium
オランダ Nederland, Holland —人 nederlænder, hollænder —の/語〔の〕 nederlandsk, hollandsk
おり 檻(猛獣などの) bur (家畜の) kvægbesætning, ladegård, kostald (監房) celle, fængsel
おり 織り tekstil, stof

おり 折り(折畳み) fold （ひだ）læg, rynke （機会）tilfælde またの― en anden gang
おりあい 折り合い gensidige relationer （妥協）kompromis
オリーブ 〈植〉oliventræ ―色 olivenfarvet ―油 olivenolie
おりえり 折り襟 revers
おりじ 織り地 vævet tøj, tekstil
おりたた・む 折り畳む folde, lægge sammen ―み式の sammenklappelig, folde-
おりめ 折り目 fold, bukning （ズボンの）〔presse〕-fold ―をつける folde, bukke （ズボンに）presse ― 正しい(丁重な) artig, høflig, sømmelig
おりもの 織物 tekstil, vævet stof ―工場 tekstilfabrik
おりる 下りる・降りる(高所から) komme ned fra （階段などを）gå ned ad （乗り物から）stige af （飛行機が着陸する）lande （霜が）det bliver 〔rim〕frost
オリンピック olympiade ―の olympisk
おる 折る folde, bukke （木の実・枝などを）knække, brække
おる 織る væve （機(はた)を）arbejde ved vævestol
オルガン 〔パイプ〕― 〈楽〉〔pibe〕orgel
オルゴール spilledåse
オレンジ appelsin ―色〔の〕orange
おろか・な 愚かな dum, tåbelig, fjollet, fjottet, ufornuftig ―にも dumt, idiotisk ―者 dåre, idiot
おろし 卸〔売り〕engrossalg, engroshandel ―業者 grosserer ―価格 engrospris ―売りする sælge en gros
おろす 降ろす tage ned, løfte ned （荷を）losse （上陸させる）landsætte （いかりを）ankre, kaste anker （下げる）sænke （お金を）hæve 〔penge〕
おろそかな uforsigtig, skødesløs, overfladisk
おわり 終り afslutning, slutning, ende （結末）resultat, udfald, facit （月・年などの）udgang ―の sluttelig ―に sluttelig, til slut

おわる　終る sluttle, afslutte, holde op med at　(…の結果になる) resultere i
おわれている　追われている　—獣 forfulgt vilddyr
おん　恩(親切) venlighed, velgørenhed　(好意) yndest, gunst, bevågenhed　—人 velynder, protektor　—知らずの utaknem〔me〕lig　—返し taknem〔me〕lighedsbevis, gengæld for venlighed
おんがく　音楽 musik　—家 musiker　—会 koncert
おんきゅう　恩給 pension　—生活者 pensionist
おんけい　恩恵 favør, yndest, bevågenhed
おんけんな　穏健な moderat, mådeholden〔de〕
おんしつ　温室 drivhus, væksthus
おんしゃ　恩赦 amnesti, tilgivelse
おんしょう　恩賞 belønning
おんじょうのある　温情のある varmhjertet
オンス　unse〔短〕oz
おんすいそうち　温水装置 vandvarmer
おんせい　音声 lyd, røst, stemme　—が高い højlydt, lydelig　(かん高い) skrigende, skingrende　—学 fonetik　—学者 fonetiker
おんせん　温泉 varm kilde　—場 kursted
おんそく　音速 lydens hastighed　—の壁 lydmur　超— overlyd　超—の supersonisk
おんたい　温帯 tempereret zone
おんど　温度 temperatur　—が上がる/下がる temperaturen stiger/falder　—が高い/低い temperaturen er høj/lav
おんど　音頭　—をとる angive takten
おんどくする　音読する læse højt
おんどり　雄鳥 hane　(去勢した) kapun
おんな　女(女性) kvinde, dame　—の kvindelig　—らしい kvindeagtig　—主人 værtinde, bestyrerinde
おんぱ　音波 lydbølge
おんぷ　音符 〈楽〉 node
オンブツマン　ombudsmand
おんわな　温和な(性格が) mild, blid, fredsommelig　(天候が) mildt, stille　(意見が) moderat

か

- **か** 香 lugt, duft （芳香）vellugt, herlig duft
- **か** 科(部) afdeling, department （大学の）fakultet ―目 emne （動・植物の）familie
- **か** 課 afdeling, sektion
- **か** 蚊 〈虫〉myg, moskito ―に食われる/さされる blive stukket af 〔mange〕myg
- **か** 可(成績が) temmelig god, tilfredstillende
- **…か…** （あるいは）eller, enten … eller …
- **が** （けれども・しかし）men, alligevel, derimod
- **が** 蛾 〈虫〉møl, natsværmer
- **ガーゼ** gaze, flor, tyl
- **カーディガン** 〔dame〕trøje, cardigan
- **カーテン** gardin ―をひく(閉める) trække gardinerne for ―をかける hænge gardinerne op
- **カード** kort (spille-, visit-, indbydelses-) ―電話 korttelefon
- **カーニバル** karneval
- **カーネーション** 〈植〉nellike
- **カーバイド** 〈化〉karbid
- **カーブ** kurve, krumning
- **カーフェリー** bilfærge
- **かい** 回(度数) tæller for gange, omgang, runde, tur 今― denne gang 次― næste gang
- **かい** 会(会合) sammenkomst, møde （集まり）gruppe af mennesker, forening （研究会）studiegruppe
- **かい** 貝 skal〔dyr〕, muslingeskal (巻き貝) konkylie
- **かい** 櫂 åre, padleåre
- **かい** 界 -verden, gruppe, kreds
- **かい** 階 tæller for etager/sal 上の/下の― etagen ovenpå/nedenunder
- **がい** 害 skade, fortræd, overlast ―する gøre

fortræd, skade —のある skadelig
かいいれる 買い入れる købe ind
かいいん 会員 medlem, foreningsmedlem
かいうん 海運 søfart —界 søfartkreds —会社 rederifirma
かいおうせい 海王星 Neptun
かいが 絵画 maleri, billede —的な pittoresk, malerisk
がいか 外貨 udenlandsk valuta, fremmede penge
がいか 凱歌 triumfsang
かいかい 開会 åbning [af et møde], begyndelse —式 åbningsceremoni —の辞 åbningstale
がいかい 外界 den ydre verden
かいがい・の 海外の udenlands[k], oversøisk —事業部 afdeling for udlandshandel (海外の支店) filial i udlandet —旅行 udenlandsrejse
かいかく 改革 reform, fornyelse —する reformere —者 reformator —の reformatorisk
かいかつ・な 快活な glad, munter, begejstret, oprømt —に gladelig, villigt, muntert
かいがら 貝殻 muslingeskal, konkylie
かいかん 会館 forsamlingshus
かいがん 海岸 kyst, strand [bred] —線 kystlinie
がいかん 外観 udseende, syn, øjesyn, ydre
かいぎ 会議 møde, konference —を開く holde møde, afholde en konference 円卓— rundbordssamtale —場 konferencesal, kongressal —室 mødelokale
かいぎ 懐疑 tvivl, skepsis —的な skeptisk —論者 skeptiker
かいきせん 回帰線 (南) Stenbukkens vendekreds (北) Krebsens vendekreds
かいきゅう 階級 (社会の) socialgruppe, social klasse, stand (インドの) kaste (地位・序列) rang (等級) grad (学年) klasse (卒業年次) årgang (ボクシングなどの) vægtklasse —闘争 klassekamp
かいきょう 回教 Islam, muhamedanisme —の mu-

hamedansk —国 muslimsk land —徒 islamite, muslim
かいきょう 海峡 stræde, sund
かいぎょう・する 開業する åbne affære, starte affæresvirksomhed（医師・弁護士が）åbne praksis —医 praktiserende læge
かいぐん 海軍 flåde, søværn, marine —士官 søofficer, flådeofficer —の flåde-, marine-, søværn-
かいけい 会計(出納) regning, regnskab —簿 regnskabsbog —検査 revision —年度 regnskabsår —係 kasserer（女の）kassererske（勘定）optælling, sammentælling, regning（勘定を払う）betale regningen
かいけつ 解決 løsning, udvej, opgørelse —する løse 〔en opgave〕, klare —策 metode 〔for problemløsning〕, fremgangsmåde
かいけん 会見 interview —する interviewe —する人 interviewer
がいけん 外見 udseende, aspekt
かいげんれい 戒厳令 militærstyre, militær undtagelsestilstand
かいこ 蚕〈虫〉 silkeorm —を飼う opfostre silkeorm
かいこ 回顧 erindring, memoirer, genkaldelse, reminiscens —する se tilbage, tænke tilbage, reflektere —録 mindeskrift
かいこ 解雇 afskedigelse, afsked —する afskedige, afsætte —手当 afskedigelsesløn
かいご 悔悟 anger, samvittighedsnag
かいごう 会合 møde, sammenkomst, forsamling —する møde, samle sig
がいこう 外交 diplomati —的な diplomatisk —官 diplomat, gesandt —政策 diplomatisk fremgangsmåde/taktik, udenrigspolitik —問題 diplomatisk sag/problem, udenrigspolitisk sag
がいこうてきな 外向的な udadvendt
かいこく 戒告 advarsel, varsel —する give varsel om

がいこく 外国 andet land, udlandet (pl.) —の udenlandsk —語 fremmedsprog —人 udlænding, fremmed —為替 fremmed valuta, måde at veksle valuta på —製品 ngt. der er fremstillet i udlandet, udenlandsk producerede varer (pl.) —貿易 udenrigshandel —郵便 udenlandspost

がいこつ 骸骨 skelet

かいこん 開墾 〔skov〕rydning （干拓） inddæmning —する rydde skov, inddæmme

かいさいする 開催する holde et møde

かいさつ 改札 billetkontrol —する（検札する） kontrollere billetter（集札する）samle billetter —係 billetkontrollør —口 billetind- og udgang ved stationer, billetkontrol〔sted〕

かいさん 解散（会社・議会などの）opløsning （会合の）opbrud （部隊の動員解除）hjemsendelse —する bryde op, opløse

がいさん 概算 grov beregning —する vurdere grovt

かいし 開始 begyndelse, start

がいし 外資 udenlandske investering, udlandsk kapital —導入 indførelse af udenlandsk kapital —系企業 datterfirma af udenlandsk koncern

がいして 概して almindeligvis, for det meste （原則として）i reglen, som regel

かいしめる 買い占める kontrollere markedet af, frembringe corner af

かいしゃ 会社 firma, 〔aktie〕selskab, kompani —員 firmaansat —に入る blive ansat i et firma —に勤めている være ansat i et firma —をやめさせる sige op fra et firma

かいしゃく 解釈（判断）tolkning, omdømme （翻訳）oversættelse, translation （説明）forklaring, tydning —する tolke, forklare, tyde

かいしゅう 回収（撤回）ophævelse, tilbagetrækning, inddragelse （集金）indkassering, indsamling —する ophæve, inddrage, indkassere, indsamle

かいしゅう 改宗 konversion, omvendelse —する

omvende sig, konvertere af
がいしゅつ 外出 udgang —する gå ud —している være ude —禁止 udgangsforbud
かいしょう 解消 opløsning, nedbrydning —する opløse〔sig〕, ophæve
かいじょう 会場 mødested〔for begivenhed〕
がいしょう 外相 udenrigsminister
かいじょうほけん 海上保険 søforsikring
かいじょする 解除する afskaffe, ophæve（解禁する）frigive（放免する）frikende
かいしん 改新 fornyelse, reform
かいしん 改心 forbedring, introspektion, selviagttagelse —する bedre sig（後悔する）angre, fortryde
がいじん 外人 udlænding, fremmed
かいず 海図 søkort
かいすい 海水 havvand —着 badedragt —浴 havbad —浴場 badested, badestrand
かいすう 回数 antal gange（たびたび・ひんぱん）hyppighed, frekvens —券 klippkort, rabatkort, rabatbillet
がいすうで 概数で i rund tal
かいする 解する tolke, tyde
がいする 害する skade（感情を）fortrædige（傷をつける）såre
かいせい 改正(修正) revision. rettelse, forbedring, ændring, reform —する revidere, rette, reformere
かいせい 快晴 fint vejr, godt vejr
かいせき 解析〈数〉analyse —する analysere —幾何学 analytisk geometri
かいせつ 解説 forklaring, kommentar —する forklare —者 kommentator
かいせん 海戦 flådeslag
かいぜん 改善 forbedring, reform —する forbedre, reformere
がいせん 凱旋 triumftog —する triumfere, marchere i triumf —将軍 triumfator —門 triumfbue

かいそう 海草 tang, havplante
かいそう 回想 hukommelse, erindring, minde —する minde, se tilbage —録 memoirer (pl.), selvbiografi
かいぞう 改造 omordning, ændring —する omordne, ændre, forandre
かいぞく 海賊 pirat, sørøver —を働く bedrive sørøveri —船 piratskib
かいそくでんしゃ 快速電車 højhastighedstog
かいたい 解体(分解) opløsning, dekomposition （組織の）desorganisation —する opløse (機械などを) demontere
かいたく 開拓(開発) opdyrkning〔af nyt land〕, exploitering (開墾)〔skov〕rydning, kultivering —する opdyrke, exploitere, kolonisere —者 pioner, kolonist
かいだん 会談 konference, konversation, samtale —する konferere, diskutere
かいだん 怪談 spøgelseshistorie
かいだん 階段 trappe, trappetrin —を登る gå op ad trappe —を降りる gå ned ad trappe —教室 amfiteatralsk forelæsningssal/foredragssal
がいたん・する 概嘆する dybt beklage, begræde, sørge〔over〕 —すべき beklagelsesværdig, bedrøvelig
かいちく 改築 genopbygning, ombygning —する genopbygge, ombygge （修理する）reparere, istandsætte, oppudse
かいちゅう 回虫〈虫〉rundorm
かいちゅう 懐中 lomme, barm —電灯 lommelampe —時計 lommeur —物 tegnebog, portemonnæ
がいちゅう 害虫 skadeligt insekt, skadedyr
かいちょう 会長 formand for komité/forening
かいつう・する 開通する(新線が) åbnes for trafik (不通線が) genåbne〔s〕for service/trafik —式 åbningsceremoni
かいづか 貝塚 køkkenmødding

かいて 買い手 køber
かいてい 改訂 revision, omarbejdelse —する revidere, omarbejde 〔en bog〕 —版 omarbejdet oplag/edition
かいてい 海底 havbund —電線 undervandskabel —トンネル undervandstunnel
かいてい 開廷 retsmøde
かいてき 快適 hygge, 〔vel〕behag —な hyggelig, velbehagelig, tilfredsstillende, rar, veltilpas
かいてん 回転 omdrejning, omløb, rotation —する rotere 〔om〕, kredse, snurre 〔rundt〕 —椅子 svingstol —ドア svingdør —式出入口 korsbom —資金 driftkapital, løbendekapital
がいでん 外電 udenrigstelegram （報道）udenrigsnyheder
かいてんする 開店する åbne affære/butik
ガイド （人）guide, fremmedfører, omviser （本）rejsefører, rejsehåndbog
かいとう 回答 svar —する svare
かいとう 解答 løsning af et problem —する løse, give svar på
かいどう 街道 landevej, hovedvej
がいとう 外套 overfrakke, kappe
がいとう 外灯 gadebelysning
がいとうする 該当する modsvare （法令に）anvendes loven
かいどくする 解読する dechifrere, tolke, tyde
かいならす 飼い慣らす tæmme
かいなん 海難 skibbrud, forlis, søulykke —報告 søforklaring
がいねん 概念 forestilling, opfattelse, begreb, idé —的な begrebsmæssig 誤った— vrangforestilling （固定観念）en fiks idé
かいはつ 開発 udvikling, forbedring
かいばつ 海抜 ... m over havoverfladen 〔短〕o.h.
かいひ 会費 medlemsgebyr, kontigent, avgift
かいひ・する 回避する sky, undgå, blive fra/kvit —

がいぶ 78

的な undgående, undvigende
がいぶ 外部 ydre, ydreside, udvendig side (外界) den ydre verden —の udvendig, ydre
かいふく 回復(病気の) forbedring, helbredelse tilbagehentning, —する(病人が) blive helbredt, komme sig, komme på fode (取り返す) få tilkendt, sikre sig, inddrive (経済的に) genvinde [balancen]
かいぶつ 怪物 monster, uhyre (幽霊) spøgelse, fantom (なぞの人) gådefuld person
かいへいたい 海兵隊 marineinfanteri
かいほう 解放 befrielse, frigørelse —する løslade, frigøre, befri
かいほう 介抱 pasning, pleje, varetagelse —する pleje, passe, se efter
かいぼう 解剖(医学上の)(検死) obduktion, autopsi, ligsyn, dissektion —する obducere, sprætte op —学 anatomi
がいむ 外務 udenrigs affære —大臣 udenrigsminister —省 udenrigsministerium
かいめい 改名 navneændring
かいめつ 壊滅 udslettelse —する blive udslettet
かいめん 海面 havets overflade
がいめん 外面 ydreside, udvendig side
かいもの 買い物 indkøb —をする købe ind —に行く gå på indkøb —かご/袋 indkøbstaske, bæreepose —カート indkøbsvogn (買い主) køber
がいゆう 外遊 udenlandsrejse —する rejse udenlands, tage på en udenlandsrejse, rejse til udlandet
かいゆうけん 回遊券 rundrejsebillet
かいよう 潰瘍〈病〉 ulcus, åbent sår 胃— mavesår
かいよう・がく 海洋学 oceanografi —生物学 marinbiologi
がいらい・の 外来の(外国からの) udenlandsk (輸入した) importeret —患者 ambulant patient —語 fremmedord
かいらく 快楽 glæde, nydelse, forlystelse, fornøjelse —主義 hedonisme, epikuræisme —を追う søge

efter behag
かいらん 回覧 cirkulære —する cirkulere —板 rundskrivelse
がいりゃく 概略 skitse, grundrids, layout, råudkast —の skitsemæssig, skematisk
かいりゅう 海流 havstrøm
かいりょう 改良 reform, forbedring —する reformere, forbedre
かいるい 貝類 musling, skaldyr
カイロ Kairo
がいろ 街路 gade, allé, boulevard
かいわ 会話 samtale, konversation —をする samtale
かう 買う(購入する) købe, handle (買いだめする) hamstre (価値・能力などを認める) vurdere, skønne på (けんかを買う・挑発する) udfordre
かう 飼う opdrætte 〔dyr〕, holde, avle
ガウン (夜用) 〔finere〕kjole (職業用) 〔embeds〕-kappe, akademikers kappe
カウンター (空港・銀行などの) skranke (ボクシングなどの) modstød, modangreb
かえす 返す(返却する) levere tilbage, aflevere, returnere, give tilbage (返送する) sende tilbage (返金する) betale tilbage (元の位置に) lægge tilbage (報いる) gengælde, belønne
かえす 帰す sende 〔menneske〕 tilbage (再び…する) gøre igen
かえって 却って tværtimod, faktisk
かえで 楓 〈植〉 løn, ahorn
かえり 帰り hjemkomst, tilbagevenden —道に på tilbageveien, på vej tilbage
かえりみ・る 省みる・顧みる tænke tilbage på, se tilbage på (反省する) overveje, have betænkeligheder —ない ignorere, blæse en lang march, ikke bryde sig om
かえる 変える(変更する) forandre, ændre (改める) reformere, forbedre

かえる 代える(交換する・交代させる) skifte 〔til〕, bytte (置き換える) erstatte (着がえる) skifte tøj

かえる 帰る komme retur, vende tilbage, vende hjem (いとまごいする) tage afsked med

かえる 孵る(卵が) klække

かえる 蛙〈動〉frø

かお 顔 ansigt —つき ansigtsudtryk, udseende —色 ansigtsfarve, hudfarve (人相) fysiognomi

かおあわせ 顔合わせ(紹介) introduktion, præsentation

かおやく 顔役 chef, mester, leder, pamper

かおり 薫り・香り lugt, duft (芳香) vellugt —の良い vellugtende

がか 画家 kunstmaler, maler

がか 画架 staffeli

かがい 加害 overfald, angreb (殺害) mord —者 angriber (殺害者) morder

かがいの 課外の uden for pensum, ekstra 〔undervisningskursus〕 —の読みもの bøger uden for undervisningsplan

かかえる 抱える(持つ) holde ngt. under armen (難問など) bære (仕事を) være belastet af

かかく 価格 pris, værdi —戦争 priskrig —表 prisliste

かがく 科学 videnskab —的な videnskabelig —者 videnskabsmand —博物館 videnskabsmuseum

かがく 化学 kemi —的な kemisk —者 kemiker —工業 kemisk industri —繊維 kemofiber —薬品 kemikalie —反応 kemisk reaktion —変化 kemisk ændring —記号 kemisk symbol —作用 kemisk virkning —肥料 kunstgødning

かかげる 掲げる(掲揚する) hejse 〔flaget〕

かかし 案山子 fugleskræmsel

かかと 踵 hæl 〔på fodtøj〕

かがみ 鏡 speil (姿見) større speil

かがむ 屈む bøje sig, lude (うずくまる) sætte sig på hug

かがや・く 輝く skinne, lyse, stråle ―かしい strålende, udmærket
かかり 係 rolle, hverv ―の人 den ansvarshavende ―員 den ansvarlige person ―長 kontorchef
かかる (時間が) vare, tage (お金が) koste (鍵が) smække (垂れる・ぶらさがる) hænge (わな・計略に) blive fangt i en snare (電話が) få et 〔telefon〕-samtale (病気に) blive syg (医者に) konsultere en læge 水がはね― blive stænkt (疑いが) blive mistænkt 仕事などに取り― begynde at gøre ngt. (灰色がかる) blive grålig
かがる (靴下などをつくろう) stoppe 〔strømper〕
かかわる (関係する) angå, vedrøre, hænge sammen 〔med〕, være relevant for
かき 柿 〈植〉 sharontræ ―の実 sharonfrugt, daddelblomme
かき 夏季 sommerperiode, sommersæson
かき 牡蠣 〈動〉 østers ―フライ stegt østers ―がら østersskal
かぎ 鍵 nøgle, lås ―をかける/あける låse i/op ―穴 nøglehul ―束 nøgleknippe ―っ子 nøglebarn
かぎ 鉤 hage, krog ―形の kroget, krum ―鼻 kroget næse
かきかえ 書き換え(書き直し) omskrivning (更新) fornyelse ―る omskrive
かきかた 書き方(習字・書道) kalligrafi, skrivekunst (書きぶり) stil
かきとめ 書留 anbefalet 〔post〕, rekommandert brev ―で出す sende anbefalet ―料金 registreringsgebyr
かきと・り 書取 diktat ―る skrive ned, tage mod diktat ―らせる diktere
かきとる 掻き取る skrabe
かきなおす 書き直す(清書する) renskrive (書き換える) omskrive
かきね 垣根 hegn, gærde (生け垣) hæk
かきゅう 下級(社会的に) underklasse, arbeider-

かぎょう

〔klasse〕 —の lavere （年少の） junior —生 elever i lavere klasser —裁判所 underret

かぎょう 家業 familiens næringsvej —を営む drive sin affære, have en butik —を継ぐ fortsætte sin fars affære

かぎり 限り（限界） begrænsning, grænse —無く uendeligt, ubegrænset 私の知っている—では så vidt jeg ved

かぎる 限る begrænse, afgrænse, demarkere

かきん 家禽 fjerkræ

かく 欠く（不足する） mangle, savne （ものの端などこわす） bryde （くだく） knuse, slå ud （怠る） forsømme, blæse en lang march

かく 書く（字を） skrive （描写する） beskrive, skildre （詩を） digte （書き取らせる） diktere （文を） forfatte （スケッチなど描く） tegne （絵を） male

かく 掻く（ひっかく） rive, ridse, klø sig （こする） skrabe

かく （汗を） svede

かく 各 hver —駅電車 bumletog

かく 角（角度） vinkel 四— kvadrat, firkant 将棋の— løber i skakbrik

かく 核（細胞・原子の） kerne （果物の） kerne —物理学 kernefysik —家族 kernefamilie

かく 格（文法の） kasus

かぐ （匂いを） lugte〔til〕

かぐ 家具 møbel —一式 møblement —を備えつける møblere

がく 額（掛額） ramme 絵を—に入れる indramme et billede 金— pengebeløb 総— en summa

がく （花の） bægerblad

がくい 学位 akademisk grad

かくいつ 画一 ensartethed, ensretning —的な ensartet, ensrettet

かくうの 架空の（想像上の） indbildt, tænkt, visionnær （つくりあげた） opdigtet, fiktiv

かくえきでんしゃ 各駅電車 lokaltog, bumletog

かくぎ 閣議 ministerråd
がくぎょう 学業 éns studium, skolearbejde —を修める fuldføre sine studier
がくげいかい 学芸会 skolekomedie
かくげつ 隔月 hver anden måned
かくげん 格言 ordsprog, aforisme, mundheld
かくご 覚悟(心構え) beredvillighed, beredskab (決心) beslutsomhed, beslutning (あきらめ) resignation, opgivelse —する beslutte, bestemme 〔sig til〕, resolvere (観念している) være resigneret/opgivende
がくさいてきな 学際的な tværvidenskabelig
かくざとう 角砂糖 stykke/hugget sukker
かくさん 拡散 udspredning, diffusion —する spredes, diffundere
かくじ 各自(各人) hver person, enhver —の enhvers, hver
がくし 学士 candidatus 〔短〕 cand.
がくしき 学識 lærdom, vidende —のある lærd, kundskabsrig —経験者 kyndig og erfaren mand
かくし〔た〕 隠し〔た〕 skjult, hemmelig
かくじつ 確実 sikkerhed, tryghed —な bestemt, sikker —に trygt —にする stille sikkerhed, garantere
かくじつに 隔日に hver anden dag
かくして på denne måde, således
かくじの 各自の hver
がくしゃ 学者 forsker, videnskabsmand —らしい som sømmer sig for videnskabsmand
かくじゅう 拡充 udvidelse, udbredelse —する udvides, udbredes
がくしゅう 学習 studie af ngt., oplæring —する studere ngt., forske
かくしゅ・の 各種の hver slags, forskellige slags —学校 fagskole
かくしょうする 確証する bekræfte
かくしん 確信〔fast〕overbevisning, bestemt tro —

かくしん

する være overbevist〔om〕, have fast tro på

かくしん 革新 fornyelse, reform —党 progressivt parti

かくす 隠す(姿・物を) gemme, skjule, dølge (おおい隠す) tække, dække (保護する) beskytte

がくせい 学生 studerende —時代 studietid —服 skoleuniform —運動 studenterbevægelse —寮 studenterkollegium 女子— studine

かくせいいでん 隔世遺伝 atavisme

かくせいき 拡声器 højttaler, megafon

がくせつ 学説 teori

かくだい 拡大 forstørrelse, ekspansion —する forstørre, ekspandere, udvide, optrappe —鏡 forstørrelsesglas, lup

がくたい 楽隊 orkester (吹奏楽団) messingorkester

がくだん 楽団 musikkorps, band

かくだんとう 核弾頭 atomsprængladning

かくち 各地 hvert sted, forskellige steder

かくちょう 拡張 udvidelse, ekspansion —する udvide, ekspandere, eskalere

がくちょう 学長(大学の) rektor

かくてい 確定(決定) afgørelse, beslutning, fastsættelse —する bestemme, fastsætte

カクテル cocktail —ドレス cocktailkjole

かくど 角度 vinkel (視点) synspunkt

かくとく 獲得 anskaffelse, erhvervelse —する anskaffe, erhverve, opnå

かくにん 確認 bekræftelse, attest —する bekræfte, bevidne, attestere

がくねん 学年(学級) 〔skole〕klasse —度 skoleår

かくのうこ 格納庫(飛行機などの) hangar

がくひ 学費 skolepenge

がくふ 楽譜(譜面) noder (一枚の) nodeark (総譜) partitur

がくぶ 学部 fakultet —長 dekan

がくぶち 額縁 〔billed〕ramme

かくへいき 核兵器 atomvåben
かくべつに 格別に overordentlig〔t〕, exceptionelt, usædvanlig〔t〕
かくほ 確保 opretholdelse, vedligeholdelse —する opretholde, sikre, garantere
かくめい 革命 revolution 産業— den industrielle revolution —的な revolutionær, epokgørende
がくめん 額面(価格) pålydende værdi, nominelt værd
がくもん 学問(勉強) indlæring, studium, videnskab —的な akademisk, videnskabelig, forskningsmæssig (学識) videnskabelige kundskaber (pl.)
がくゆう 学友 skolekammerat
かくり 隔離 isolation
かくりつ 確率 sandsynlighed
かくりつ 確立 etablering, oprettelse
がくりょく 学力 kundskab —がある kyndig, kundskabsrig —がない ukyndig
かくれが 隠れ家 gemmested, skjulested
がくれき 学歴 skoleforløb, akademisk baggrund
かくれ・る 隠れる skjule sig, dølge sig (避難する) flygte —て skjult
かくれんぼう 隠れん坊 〔lege〕 skjul
かけ 賭(かけること) hasardspil, væddemål (金など)賭ける spille hasard, sætte på spil〔om pengsum〕 —で負ける miste, spille sin formue væk (投機) spekulation (投機する) spekulere
かげ 影(反映) genskin, reflektion —絵 silhuet, skyggebillede
かげ 陰 skygge —で/に skjult, i skygge —のような skyggeagtig
がけ 崖 brink, stejl, skråning
…がけ 掛け(割) …掛け ti procent 定価の8掛けで til 80 procent af fast pris …の帰り—に på hjemvejen
かけあし 駆け足 løb, spring (馬の) galop —旅行 lyntur (馬を駆けさせる) sætte i galop —で i spring
かけい 家計(経済) husholdning (生計) levned, ud-

komme —簿 husholdningsbog —費 husholdningspenge

かけうりする 掛け売りする kreditere〔for〕

かげき 歌劇 opera 小— operette —場 operahus

かげき・な 過激な(極端な) ekstrem, yderlig〔gående〕(急進的な) radikal (乱暴な) voldsom, voldelig —主義者 radikaler

がけくずれ 崖崩れ jordskred

かげぐち 陰口 bagtalelse —をきく bagtale, bagvaske, beklikke

かけざん 掛け算 multiplikation —をする multiplicere —の記号(×) multiplikationstegn

かけず 掛図(地図) vægkort (絵)〔væg〕planche

かけぢゃや 掛け茶屋 vejkant tehus

かけつ 可決 godkendelse, antagelse —する godkende, antage

かけっこ (子供の) race —をする løbe om kamp〔med〕

かけで 掛けで på kredit

かけひき 駆け引き(策略) taktik, manøvre 値段の—する købslå, prange

かけぶとん 掛け布団 dyne〔betræk〕

かけら (破片) fragment, brudstykke

か け・る 欠ける(不足する) mangle, briste, fattes (こわれる) revne, briste (月が)〔måne〕formørkes —ている bristende, mangelfuld, brøstfældig, ufuldstændig

かける 掛ける(つるす) hænge〔op〕(絵などを) udstille (眼鏡を) tage på〔briller〕(カバーなどを) dække med (掛け算をする) gange (5 gange 3＝15), multiplicere (鍵を) låse (心配を) besvære (電話を) telefonere (お金を費やす) forbruge

かける 駆ける løbe

かげろう 〈虫〉døgnflue

かこ 過去(過ぎた昔) fortid —の forløben (文法の) præteritum, datid (かつての・元の) forhenværende, tidligere

かご 籠(鳥かご) bur くず— papirkurv 編み— kurv —の鳥 burfugl
かこいち 囲い地 indhegning
かこう 囲う(取りまく) omringe, omgive, omkredse (貯蔵する) lagre, bevare
かこう 加工 bearbejdning, forædling —する bearbejde, forædle, forarbejde
かこう 下降 fald, nedgang 景気の—期 nedgangstid —する stige ned, gå ned
かこう 河口 〔flod〕munding
かごう 化合 kemisk forening/forbindelse —する forene kemiskt —物 kemisk sammensætning
がごう 雅号 pseudonym
かこうがん 花崗岩 granit
かこく 苛酷 grusomhed, hensynsløshed —な grusom, grum, hård
かこぶんし 過去分詞 〈文法〉præteritum participium
かこむ 囲む(取り巻く) omringe, omgive (軍隊が) belejre (さくで) indhegne (かこい・かきね) hegn, gærde
かさ 傘(雨がさ) paraply (日がさ) parasol —立て paraplystativ —をさす holde en paraply op —をすぼめる slå en paraply ned
かさ 笠(かぶるかさ) halmhat (電灯の) lampeskærm
かさ 嵩(容積) volumen (船などの) drægtighed (量) kvantitet, mængde —ばった voluminøs
かさい 火災 brand, ildløs (大火事) konflagration, storbrand —報知器 brandalarm —保険 brandforsikring
かざぐるま 風車(おもちゃの) lille sol (製粉所) vindmølle
かささぎ 〈鳥〉skade
かさねる 重ねる stable op, hobe op, putte ngt. oven på ngt. andet
かざみ 風見〔どり〕veirhane
かざむき 風向き vindretning (形勢) situation (機

嫌) humør, sindsstemning
- **かざ・る** 飾る(美しくする) dekorere, (ud)smykke, pryde （文章などを）forskønne （陳列する）udstille, skilte med （気どる）anstille sig som om —り〔物〕ornament, dekoration
- **かざん** 火山 vulkan —の vulkansk —爆発 vulkanbrud
- **かし** 樫〈植〉eg, egetræ
- **かし** 仮死 skindød
- **かし** 貸し udlån （売掛金）kredit 質— udlejning —切りバス charterbus —船 udlejningsbåd —出し udlån —出す udlåne —切り reservering —切る reservere, bestille
- **かし** 菓子(総称) konditorivarer (pl,) 生— kage (キャンディー類) slik, sukkergodt —屋 konditori, kagebutik, slikbutik
- **かじ** 舵(かじ板) ror （舵輪）rat —を取る styre
- **かじ** 火事 〔ilde〕brand, ildløs —になる bryde i brand —が起きる ild bryder ud —を消す slukke en brand —場 brandsted
- **かじ** 家事 husligt arbejde, husholdning —をする skøtte hjem
- **がし** 餓死 at dø af sult —する sulte ihjel
- **かしこい** 賢い intelligent, snedig, kløgtig
- **かしこまりました** （店員が客に対し）ja, så gerne
- **かしこまる** （従う）adlyde, lystre （命令に）parere ordre（行儀よくする）makke ret
- **かしつ** 過失(失策) fejl, fejltagelse （思い違い）forveksling （不慮の）ulykke, uheld （怠慢）forsømmelighed, skødesløshed
- **かしつけ** 貸付け udlån, långivning —金 lån
- **かしま** 貸間 rum til leje, udlejningsværelse
- **かしや** 貸家 lejebolig, lejehus
- **かしゃ** 貨車 godsvogn
- **かじや** 鍛冶屋 smed
- **かしゅ** 歌手(男) sanger （女）sangerinde
- **かじゅ** 果樹 frugttræ —園 frugt〔træ〕have, frugt

plantage
かじゅう 果汁 saft
かしょ 個所(場所) plads, sted, punkt (部分) del, portion (文章・曲などの) passage
かじょう 過剰 overflod, overflødighed ―の overflødig, overskydende ―人口 overbefolkning
がしょう 画商 kunsthandler
がじょう 賀状 lykønskningskort
かしら 頭(頭部) hoved (首領) chef, leder (親分) boss
かじる gnave, bide (かむ) tygge
かしん 家臣(封建時代の) vasal, undersåt
かす 貸す(金品を) udlåne (賃貸しする) leje, lease
かず 数 tal, antal ―を数える tælle ―の多い mange (無数の) utallig, utællelig ―の揃った fuldtallig
ガス (燃料) gas ―オーブン gasovn (濃霧) tyk tåge
かずかずの 数々の mange, forskellige, adskillige
かすか・な 幽かな・微かな uklar, utydelig, fjern ―に uklart, utydeligt
カスタネット 〈楽〉 kastagneter (通常 pl.)
カステラ sukkerbrødskage
かすみ 霞 dis, tåge ―のかかった diset, tåget
かすむ 霞む(かすんで見える) synes〔at være〕diset
かすれる (声が) blive hæs (ペンが) blive ujævn (文字が) blive uklar
かぜ 風 vind, blæst (微風) brise (突風) vindstød, kastevind ―が吹く det blæser〔op〕―がやむ vinden tager af (風下) læ, læside
かぜ 風邪 forkølelse ―をひく blive forkølet ―声 hæshed, hæs stemme ―薬 medicin mod forkølelse
かせい 火星 Mars
かせい 家政 husholdning ―婦 husholderske, husjomfru (寮母・家政婦長) husmo〔de〕r
かぜい 課税 beskatning (税) skat ―する beskatte, lægge skat på, sætte i skat ―品 skatskyldig vare ―評価 skatteansættelse
かせき 化石 fossil

かせ・ぐ

かせ・ぐ 稼ぐ(働く) arbejde〔hård〕(生計を立てる) arbejde for sit ophold, fortjene, brødføde (金を)tjene〔penge〕 ―ぎ(働き) arbejde ―ぎ手 familieforsørger ―ぎ高 fortjeneste, indkomst

かせつ 仮説〈論〉 hypotese, antagelse ―的な hypotetisk

かせつ 架設 anlæggelse, opførelse ―する opføre, anlægge

カセット・テープ kassettebånd ―プレーヤー kassettespiller

かせん 河川 floder, strømme, elve (pl.)

かせん 化繊(化学繊維) syntetisk fiber, kemofiber

かそう 仮装 forklædning, maskering ―する forklæde〔sig〕, maskere〔sig〕

かそう 下層 lavere lag ―階級 underklasse, arbejderklasse

かそう 火葬 ligbrænding ―場 ligbrændingsanstalt

かぞえ・る 数える tælle (計算する) regne, kalkulere ―切れない utallig

かぞく 家族 familie ―的な familiær ―手当て familietillæg

かそくする 加速する accelerere

かそ・の 過疎の tyndt befolket, folkefattig ―地 tyndtbefolket egn, folkefattig egn

ガソリン benzin ―スタンド benzinstation, servicestation ―エンジン benzinmotor

かた 型(形状) form, snit (大きさ) størrelse (模様) mønster (形式) formalitet (様式・書式) formular ひな― model 鋳―〔støbe〕form (担保) pant, sikkerhed ―にはまった stereotyp, sædvanemæssig, konventionel

かた 肩 skulder ―にかつぐ bære på skulderen ―がこる skuldrene stivner (肩甲骨) skulderblad ―幅 skulderbredde ―幅が広い bredskuldret

かた 方(方法) måde at 話し― måde at tale på やり― måde at gøre ngt. på 歩き― gangart 漢字などの読み― læsemåde (気付け) C/O

かた 片 den ene, én
かた・い 堅い・固い （木・石など）hård （肉など）sej （堅固な）fast, stærk, solid （堅実な）stiv （意志の強い）karakterfast, viljekraftig, standhaftig （品行方正の）ordentlig, retskaffen （信頼に足る）pålidelig, samvittighedsfuld （きつい）stram, trang, tæt ―くなる stivne, blive hård, [for]hærdes
かだい 課題(題目) emne, tema, opgave, motiv （練習問題）øvelse, træning （宿題）lektier, hjemmearbejde （宿題を出す）give lektier for （宿題をする）lave lektier （仕事）opgave, hverv, opdrag （職務）ombud
かたいなか 片田舎 langt ude på landet
かたおもい 片思い ugengældt kærlighed
かたがき 肩書き overskrift, [arbejds]titel
かたき 敵 fjende, modstander
かたく・そうさ 家宅捜査 husundersøgelse ―侵入 indbrud
かたくるしい 堅苦しい（形式ばった）formel, formalistisk, ceremoniel, højtidelig （ぎこちない）stiv
かたさ 堅さ hårdhed
かたち 形 form, stil
かたづける 片付ける rydde op （整頓する）bringe orden i, gøre i orden （一掃する）oprømme, tømme, rydde af vejen [bort/væk], skaffe af vejen （殺す）døde, dræbe
かたつむり 蝸牛 〈虫〉 snegl
かて 片手 én hånd ―で med én hånd
かたな 刀 sværd, sabel, værge （フェンシングの）kårde
かたまり 塊 klods, blok （くつ底などについた）雪の― klumpe （しこり・こぶ）knude, knast
かたまる 固まる stivne, blive fast, størkne
かたみ 形見 erindring, minde
かたみち 片道 den ene vej ―切符 enkeltbillet
かたむく 傾く hælde, lude, skåne （船が）få slagside, krænge （太陽が）gå ned
かたむける 傾ける læne [op/ad], tippe （耳を）lytte

til, tage notis af
かためる 固める gøre hårdt/fast, forstærke, styrke, konsolidere
かたらう 語らう snakke〔med〕
かたり 語り fortælling —手 fortæller
かたる 語る fortælle, berette, meddele
カタル〈病〉katar
カタログ katalog, fortegnelse
かたわ 片輪(奇形) legemsfejl, skavank (肉体的障害) fysisk handikap/handicap
かたわら 傍ら(そば) side (…のほかに) udenfor, desuden (…する一方) me〔de〕ns, under det at, imedens (…の横に) ved, ved siden af
かだん 花壇 blomsterbed
かち 勝ち sejr〔i en konkurrence〕, triumf —を得る sejre, triumfere —を譲る afstå sejr
かち 価値 værdi —がある værdifuld 高い— stor værdi 低い— lille værdi —がない værdiløs —を認める værdsætte
…がち (とかく…しがちである) være tilbøjelig til at
かちきな 勝気な viljestærk, karakterfast, standhaftig
かちく 家畜 husdyr, kreatur (畜牛) kvæg 牛馬の—小屋 ladegård kvægbesætning (牛小屋) kostald (豚小屋) svinesti (鶏小屋) hønsehus
がちゃがちゃさせる skramle, rasle
かちょう 課長 sektionschef
がちょう 鵞鳥〈鳥〉gås
かつ 勝つ(勝利を得る) vinde, sejre (打ち負かす) slå〔tilbage〕, besejre (克服する) overvinde (優る) overtræffe
かつ 且つ(さらに) endvidere, desuden, fremdeles
がっか 学科(科目) undervisningsfag, studiefag, emne (授業) lektion (学課) lektie
がっかい 学会 institut, akademi
かっかざん 活火山 en vulkan i virksomhed, virk-

som vulkan
がっかり (落胆・失望) skuffelse ―する blive skuffet, tabe modet
かっき 活気 styrke, energi, 〔livs〕kraft, vitalitet ―のある kraftfuld, livfuld, aktiv ―のない uvirksom, inaktiv, passiv, sløj ―づく blive virksom, blive aktiv
がっき 学期 semester (2学期制の)
がっき 楽器 musikinstrument
かっきてきな 画期的な epokegørende
がっきゅう・いいん 学級委員 præfekt ―担任 klasselærer
かつぐ 担ぐ(になう) bære på skulderen (迷信を) være overtroisk (だます) lure, bedrage, svige
かっけ 脚気〈病〉beriberi
かっこ 括弧(丸の) parentes (角の)〔skarpe〕klammer 「 」japanske parenteser
かっこう 格好(形) form, facon (見かけ) udseende, ydre ―の(適当な) lempelig, passende ―のよい se smart ud ―よく見える se sund ud ―の悪い uformelig, klodset
かっこう 滑降(スキーの) nedstigning ―競技 styrtløb
かっこう 郭公〈鳥〉gøg
がっこう 学校(施設) skole (単科大学) højskole (総合大学) universitet ―給食 skolebespisning ―教育 skoleundervisning ―長 skolebestyrer
かっこく 各国 hvert land, alle lande
かっこ・たる 確固たる resolut, bestemt ―として resolut, bestemt
かっさい 喝采 applaus, bifald ―する applaudere, hylde
かつじ 活字 trykte bogstaver, type ―を組む sætte op typer
かっしゃ 滑車 skive
がっしゅく 合宿 træningslejr
がっしょう 合唱 korsang ―する synge i kor ―隊

kor, korsanger
かつじょうする 割譲する overlade 〔til〕, afstå
かっしょくの 褐色の brun
かっそう 滑走(飛行機などの) svæveflyvning, tur i svævefly ―する svæveflyve over, glide, rulle (氷上を) glide, rutsche ―路(飛行機の) landingsbane (氷上の) glidebane
がっそう 合奏 koncert, samklang, sammenspil, ensamble ―する optræde samlet 二部― duet 三部― trio 四部― kvartet
かっちゅう 甲冑 rusting
かつて 曾て én gang, tidligere, forud ―の ex-, tidligere, foregående (この前の) forgangen
かって 勝手(台所) køkken ―口 køkkendør (自分の意志) ens egen vilje ―な forsætlig, selvisk, egenrådig ―に selvisk, til egen fordel (無断で) uden tilståelse
カット (木版画・さし絵)〔træ〕snit (映画などの) beskæring, klip ―する(削除する) klippe 〔ud〕, udelade
かっとう 葛藤 tvist, vrøvl, uenighed ―を生じる tvistes, opstå forvikling imellem
かつどう 活動(活躍) aktivitet, virksomhed ―的な aktiv, virksom, energisk ―する være aktiv/virksom, tage aktiv del i ―家 aktivist ―力 energi, kraft, aktivitet
かっと・なる (怒る) blive vred 〔over〕, blive rasende 〔på〕 ―なって i udbrud af vrede
かっぱつ 活発 livlighed, fyrighed, vigør ―な livlig, frisk, fyrig ―に livligt, friskt, raskt
カップ (優勝杯) mesterskabspokal, trofæ
がっぺい 合併 sammenslutning, fusion, inkorporation ―する forene, sammenslutte, inkorporere
かつぼう 渇望 længsel, attrå ―する længes, attrå, hyge efter
かつやく 活躍 aktivitet, virksomhed, aktion ―する aktivisere, sætte i gang

かつら 鬘 paryk ー をつける gå med paryk
かつりょく 活力 vitalitet, livfuldhed,
カツレツ kotelet ポークー flæskkotelet
かてい 家庭 hjem （家政）husholdning （家族）familie ーを持つ stifte familie ー環境 hjemlig omgivelse ー的な hjemlig, huslig ー生活 familieliv ー教師(男) huslærer （女）huslærerinde ー医 huslæge
かてい 仮定 antagelse, hypotese, postulat ーする formode, antage ー的な hypotetisk, antaget, forudsat
かてい 過程 proces, forløb （段階）stadium
かてい 課程 kursus, læseplan
かど 角 hjørne, vrå 町ー gadehjørne
かど 過度 overdrivelse, umådehold ーの umådeholden〔de〕, overdreven ーに umådeholden〔de〕, overdrevent
かとう・な 下等な mindreværdig, underlegen, lavere （下品な）vulgær, tarvelig, simpel ー動物 laverestående dyr
かとき 過渡期 overgangsperiode, overgangsstadium
かとりせんこう 蚊取線香 myggerøgelse
カトリック （教会）katolsk kirke ー教 katolicisme ー信者 katolik
かない 家内 〔min〕kone
かな・う 適う・叶う(…ができる) kan gøre, være i stand til at, klare sig 願いなどがー gå i opfyldelse, blive til virkelighed ーわない(人が主語) savne kraft at gøre, være ud stand til at, kan ikke klare (物が主語) være ud ens kraft
かなぐ 金具(家具などの) beslag
かなしい 悲しい sørgelig〔affære〕, bedrøvet, ked af det （哀れな）stakkels, miserabel（沈んだ）nedstemt, melankolsk, vemodig
かなしみ 悲しみ vemod, sorg （悲哀）beklagelse, bedrøvelse（悲嘆）jammer, bedrøvelse

かなしむ 悲しむ sørge over, begræde
カナダ Canada —人 canadier —の canadisk
かなづち 金槌 hammer —でたたく hamre
かなもの 金物 jern- og stålvarer (pl.), isenkram-〔varer〕 —屋 isenkramforretning（屑鉄屋）jernhandler
かならず 必ず helt sikkert, uden tvivl, uafvendeligt（必然的に）nødvendigvis（例外なく）uden undtagelse, undtagelsesløst
かならずしも 必ずしも （ikke）nødvendigvis
かなり nogenlunde, ret, temmelig, forholdsvis（比較的に）relativt（おおよそ）cirka —の ikke ubetydelig, betragtelig, rimelig —よい acceptabel, temmelig god, ret god
カナリア〈鳥〉kanariefugl
かに 蟹〈動〉krabbe —の爪 krabbeklo
かにゅう 加入 tiltrædelse, indtræden（電話などの）subskription, abonnement —する indtræde（電話などに）subskribere, abonnere（条約などに）tiltræde
かね 金（金属）metal （金銭）penge（財産）formue, ejendom, værdier（金額）pengebeløb, summa —を払う betale penge —がない have ingen penge, være fattig —をなくす miste penge
かね 鐘 klokke（お寺の）gongong —を鳴らす ringe på en klokke —が鳴る klokke ringer —を突く ringe med en klokke/gongong
かねかし 金貸し（人）pengeudlåner （高利貸し）ågerkarl, udnytter（事）pengeudlånsforretning —をする låne ud penge, udlåne penge
かねて 予て(前に) forud, tidligere, ved tidligere lejlighed —の den omtalte/tiltænkte
かねもち 金持ち rig person （大金持ち・富豪）millionær（億万長者）milliardær —の rig, formuende
かのう 可能 mulighed —な mulig（実行できる）gennemførlig —性 mulighed
かのじょ 彼女 hun, kvindelig kæreste —の hendes

—を/に/と hende
かば　河馬　〈動〉flodhest
カバー　(おおい) overdækning, dække, betræk　(本の) bogbind　(ベッドの) senge tæppe
かばう　庇う　forsvare, beskytte
かはん　河畔　flodbred, område langs flod
かばん　鞄　mappe, taske　折り— portefølie　旅行— håndkuffert, vadsæk　大型— stor kuffert
かはんすう　過半数　flertal, majoritet　—を占める være i majoritet　—による決定 majoritetsbeslutning
かび　黴　mug　—のはえた muggen
かび　華美 (はなやかさ) glans, pragt　(虚飾) prunk, tant, forfængelighed　—な pragtfuld
がびょう　画鋲　stift
かびん　花瓶　vase
かびんな　過敏な　følsom, modtagelig, ømfindtlig
かぶ　株(切り株) stump, stub　—式 aktie　—券 aktiebevis　—式会社 aktieselskab　—主 aktionær, aktieejer　—主総会 aktionærmøde, aktionær-forsamling　—価 aktiekurs
かぶ　蕪　〈植〉roe
がふ　画布　kanvas
かふくぶ　下腹部　underliv
かふされる　下付される　bevilges, tillades
カフス　manchet　—ボタン manchetknap
かぶと　甲・冑・兜　hjelm
かぶとむし　かぶと虫　bille
かぶる　被る(帽子などを) tage på sig　(ふとんなどを) drage over hoved　(水などを) hælde vand over sig, skylle sig　(ほこりなどを) blive støvet
かふん　花粉　pollen, blomsterstøv
かべ　壁　væg, mur　(仕切り) adskillelse, skillevæg　—紙 tapet
かへい　貨幣(通貨) penge, valuta　(硬貨) mønt　(紙幣) seddel　—価値 pengeværd
かべん　花弁　kronblad
かぼちゃ　南瓜　〈植〉græskar

かま 釜 kedel, ovn （ソースパン・シチューなべ）kasserolle（やかん・なべ）kedel（かまど）ovn
かま 鎌(農具)(草刈用の) segl, le （大がま）le
がま 〈動〉〔skrub〕tudse 〈植〉dunhammer, lysesiv
かまう 構う(気にかける) bryde sig om, bekymre sig om (注意する) tage notis af, være varsom om (相手する) underhandle med (見守る・世話する) se efter, tilse, tage en hånd i med (…しようがかまいません) det er lige meget om, jeg er ligeglad med om (…してもかまいません) jeg bekymrer mig ikke selv om det er lige meget, jeg er ligeglad (…しなくてもかまいません) det er i orden selvom du ikke
かまえ 構え(構造) struktur, opbygning （態度）positur, stilling ―る(構造的に) konstruere, bygge, lave (競技などで特定の姿勢に) stille sig
かまきり 〈虫〉knæler
がまん 我慢 tålmodighed, udholdenhed ―する være tålmodig ―強い tålmodig, tålelig（寛容な）fordragelig, tolerant
かみ 神 多神教(神道)の― guddom 一神教の― Gud Fader, Gud Herren 女― gudinde ―の guddommelig
かみ 紙 papir （紙葉）ark ―入れ børs, portemonnæ ―くず papiraffald, papir〔s〕lap ―くずかご papirkurv ―袋 papir〔s〕pose
かみ 髪 hår ―型 frisure ―を洗う vaske hår ―を刈る klippe ngs. hår, få sit hår klippet ―を伸ばす lade håret gro ―をとかす rede ngs./sit hår ―を編む flette ―油 brillantine
かみそり 剃刀 barberkniv, ragekniv
かみつな 過密な(建物が) tætbebygget （人口が）tætbefolket
かみなり 雷 torden, tordenvejr ―が鳴る det tordner ―が落ちる et lyn slår ned
かみばさみ 紙挟み(クリップ) papirklemme
かむ (鼻を) pudse næse
かむ 嚙む(かみつく) bide i （そしゃくする）tygge

på（かじる）gnave（波が岩を）støde imod
ガム （チューインガム）tyggegummi
カムフラージュ comouflage, kamuflage （偽装する）comouflere, kamuflere
かめ 亀〈動〉skildpadde —の甲 skildpaddeskal
かめ 瓶（取っ手つきの）kande, kar〔med håndtag〕, krus（取っ手なしの）krukke, kar〔uden håndtag〕（つぼ）potte
かめい 仮名 pseudonym, falsk navn
かめいこく 加盟国 medlemsstat
カメラ kamera —に収める fotografere —マン fotograf, kameramand
カメレオン〈動〉kamæleon
かめん 仮面 maske —舞踏会 maskebal, maskerade, karneval
かも 鴨〈鳥〉〔vild〕and （だまされやすい人）lettroende/godtroende stakkel
かもく 科目・課目 emne, fag （教育課程）undervisningsfag, kursus 必修— obligatorisk fag 選択— valgfrit kursus/fag
かもしか 羚羊〈動〉antilope
…かもしれない måske, kanske, kanhænde
かもつ 貨物 gods, last —自動車 lastbil, truck —列車 godstog —船 lastdamper —運賃 fragt
かもめ 鴎〈鳥〉måge, stormmåge
かや 蚊帳 moskitonet
かやく 火薬 krudt —庫 krudtmagasin
かゆい 痒い kløende （むずむずする）det klør
かよう 通う（往復する）gå frem og tilbage （電車・バスなど）pendle （船が）krydse mellem （通学・通勤する）gå i skole, gå til arbejdet （血が）kredse
かようきょく 歌謡曲 popmusik
がようし 画用紙 tegnepapir
かようび 火曜日 tirsdag
かよわい か弱い spæd, spinkel, ømtålelig
から 殻（穀物の）skal （貝・果実の）skal （堅果の）nøddeskal（卵の）æggeskal

…から (場所) fra, af (時) siden, after at (原料) af (理由) og derfor, så derfor
がら 柄(服地の) mønster, design
カラー (色) farve ―写真 farvefotografi ―映画 farvefilm ―テレビ farve-tv
カラー (えり) krave (えり首をつかむ) tage én i kraven
からい 辛い(胡椒など) bidende, krydret, stærk, skarp 塩― salt (塩気のある) saltagtig (ひどい) bitter, intens, kraftig, streng
からかう drille, lave sjov, gøre nar af
がらくた stads, skidteri, miskmask
からし 辛子 sennep
からす 烏〈鳥〉krage (不吉の兆とされる) ravn
ガラス glas 窓― vinduesrude (時計の) urglas ―器 glasvarer (pl.) ―繊維 glasfiber
からだ 体(身体) krop, legeme (体格) fysik (体質) konstitution (身長) legemshøjde ―の kropslig, fysisk
からつゆ 空梅雨 tør regntid
…からには eftersom, nu da, fordi
から・の 空の tom, vakant (中空の) hul ―にする tømme ―になる blive tom/vakant ―ふかし tomgang ―びん tom flaske ―ばこ tom æske/kasse
からまつ 落葉松〈植〉lærk
がらん 伽藍 katedral
かり 雁〈鳥〉vildgås
かり 狩り jagt ―をする jage ―に行く gå på jagt
かり 借り lån, gæld ―入れ〔ind〕lån ―入れる låne, leje ―物 lånesag ―がある være skyldig, skylde
カリ 加里 kalium
かりいれ 刈り入れ indhøstning, udbytte ―る indhøste, høste ―時 høst
かりとる 刈り取る(刈り倒す) slå, meje
かりぬい 仮縫い rining, rimpning ―する ri, rimpe
かり・の 仮の(臨時の) midlertidig, lejlighedsvis,

provisorisk （まにあわせの）provisorisk, kortvarig ―に temporært, tilfældigvis, som stedfortræder （試験的に）forsøgsvis ―営業所 tilfældigt kontor

カリフラワー 〈植〉blomkål

がりべんか がり勉家（点取り虫） karakterjæger

かりゅう 下流 nedre løb

かりる 借りる（借用する）låne （賃借りする）leje, hyre （使用する）anvende, benytte

かる 刈る（髪を）klippe hår （羊毛などを）klippe et får （穀物を）meje （草を）klippe （樹木を剪定する）trimme （伐採する）pudse （形よく切り取る）beskære

かる・い 軽い（重さが）let, fjerlet （軽微な）mild, let ubetydelig （楽な）let, enkel ―く let, enkelt

カルシウム kalcium, calcium

カルテ lægeattest

かれ 彼 han, mandlig kæreste ―の〔もの〕hans ―に/を/と ham

かれい 鰈〈魚〉fladfisk

カレー karry ―ライス karry-ris, karry med ris

ガレージ garage

かれら 彼等 de ―の deres ―に/を/と dem

かれ・る 枯れる（草木が）blive tør, visne ―木 vissent træ ―葉 vissent blad （熟成した）moden

かれる 涸れる（水が）tørre （尽きる）være forbrugt, udtømme

カレンダー kalender

かろう 過労 overanstrengelse, belastning ―になる blive overanstrengt

がろう 画廊 〔kunst〕galleri, utstillingslokale

かろうじて kun lige akkurat, med nød og næppe

カロリー kalorie ―不足の kaloriefattig

かろんじる 軽んじる（軽視する）forsømme, negligere, bagatellisere, blæse en lang march, lade hånt om （軽蔑する）foragte, se ned på

かわ 河・川 flod, elv, å （小川）bæk, vandløb ―端 flodbred ―口 flodmunding ―上 flods øvre løb ―下 flods nedre løb ―原 udtørret flodseng

かわ 皮(皮膚) hud （獣皮）skind（樹皮）bark（果物・じゃがいもなどの）skræl（なめし革）læder（毛皮）pels（樹皮をむく）afbarke（動物の毛皮など）flå（刃物ではぐ）skrælle（なめし革の製品）lædervarer (pl.)（革細工）læderarbejde

がわ 側 side 左— venstre side 北— den nordige side

かわいい 可愛い(愛らしい) sød, charmant, elskelig（美しい）vakker, lille og nydelig, pæn

かわいがる 可愛がる holde af, elske （愛撫する）kærtegne, kæle

かわいそうな （あわれな）sølle, ynkelig, ynkeværdig, stakkels（悲しむべき）sørgelig, vemodig, bedrøvet（みじめな）elendig, ussel

かわいらしい →かわいい

かわかす 乾かす tørre

かわ・く 乾く tørre ud, blive tør —き tørre, tørring —いた tørrt

かわ・く 渇く blive tørstig, tørste —き tørst

かわせ 為替 postanvisning, pengeveksling, veksel 外国— fremmed valuta 郵便— postanvisning —相場 vekselkurs

かわった 変った(違った) ulig, afvigende, anderledes（色々の）forskellig[t] fra（特別の）særlig, speciel（異常な）usædvanlig, abnorm（奇妙な）egendommelig, fremmed 一風— original, sær

かわつり 川釣り flodfiskeri —をする fiske i en flod

かわと 革砥 〔stryge〕rem

かわら 瓦 tegl, tagsten —屋根 tegltag —ぶきの teglhængt, tegltæk〔ke〕t

かわり 代わり(代役) erstatning for en anden person …の—に til erstatning for, til gengæld …する—に i stedet for at（後任）afløser（代替）erstatning

かわり 変わり(変化) ændring, forandring（修正）modifikation —やすい(気まぐれな) vankelmodig, vægelsindet

かわる 代わる erstatte, stå i stedet for, afløse （交代

する〕skifte, afløse
かわる 変わる(変化する) ændre sig, forandre （交々至る）skifte
かわるがわるに på skift （順番に）i tur og orden
かん 缶 dunk, 〔konserves〕dåse, blikdåse
かん 巻(本の) bind, volumen （映画の）〔film〕rulle
かん 棺 ligkiste
かん 管 rør, tube
がん 癌 〈病〉 cancer, kræft
がん 雁 〈鳥〉 vildgås
かんい 簡易 enkelhed ―な enkel ―にする forenkle ―住宅 enkelt hus, forenklet hus
かんか 感化 indflydelse, påvirkning, inspiration ―する påvirke, tilskynde, inspirere
がんか 眼科 oftalmologi, øjenlægevidenskab ―医 øjenlæge
かんがい 灌漑 vanding, overrisling ―する vande, overrisle, forsyne med vand
かんがえ 考え tanke, tænkning （思案）overvejelse, meditation （熟考）eftertanke （観念）begreb, idé, forestilling （意図）hensigt （意見）anskuelse, opinion （判断）bedømmelse, omdømme （期待）forventning, forhåbning （願望）ønske, begær （想像）indbild, blændværk, fantasi〔er〕 ―深い dybsindig, tankefuld, eftertænksom ―違い misforståelse, fejlagtig begreb ―方 tænkemåde ―る tænke over, tænke på どう―ますか hvad mener du om det? ―直す skifte mening ―つく finde på
かんかく 間隔(空間の) afstand （時間の）interval, mellemrum
かんかく 感覚 sansning, fornemmelse, sans : følelse ―的な sanselig, håndgribelig
かんかつ 管轄 jurisdiktion ―官庁 vedkommende myndigheder, behørige myndigheder
かんがっき 管楽器 blæse instrument
カンガルー 〈動〉 kænguru
かんき 換気 ventilation, luftfornyelse ―する

ventilere, lufte —扇 ventilator
かんき 寒気 kuld, frost
かんきゃく 観客 tilskuer, tilhører, publikum （劇場などの）teatergænger —席 siddeplads, bænk
がんきゅう 眼球 øjeæble
かんきょう 環境 omgivelse, miljø
がんきょうに 頑強に ihærdigt, stædigt, standhaftigt
かんきん 監禁 fængsel, fangenskab —する fængsle, anholde, spærre inde
がんきん 元金 kapital ローンの— hovedstol
がんぐ 玩具 legetøj
かんけい 関係 forbindelse, relation （男女の）forhold —する have forbindelse med, vedrøre —のない irrelevant, ligegyldig, uvedkommende —代名詞 relativpronomen
かんげい 歓迎 velkomst —する byde velkommen
かんげき 感激 stærk følelse, sindsbevægelse —する blive dybt berørt, føle ngt. stærkt
かんけつ 完結 fuldendelse, afslutning, færdiggørelse —する afslutte, fuldende, færdiggøre
かんけつ 簡潔 korthed —な kortfattet, koncis
かんげん 還元 reduktion —する（化学的に）deoxydere （もとに戻す）bringe tilbage
かんげん 諫言 formaning, tilrettevisning
かんげんがく 管弦楽 orkestermusik —団 orkester
かんげんすれば 換言すれば med andre ord, det vil sige
かんこ 歓呼 hurraråb —する råbe hurra —の嵐 bifaldsstorm
かんご 看護 omhu, pleje, pasning, varetagelse —する pleje, passe, sørge for, tilse —婦 sygeplejerske, plejerske
がんこ 頑固（強情）halsstarrighed, stædighed —な stivnakket, stædig, stivsindet, egensindig
かんこう 刊行 udgivelse, publikation —する publicere, udgive 定期—物 tidsskrift, periodisk publikation

かんこう 観光 sightseeing, turisme —旅行 sightseeingtur —客 turist, sightseer —バス turistbus, turvogn —する se på seværdigheder —に行く sightsee
かんこく 勧告 råd, rådgivning, anbefaling —する råde til, anbefale til
かんこく 韓国 Sydkorea
かんごく 監獄 fængsel
かんさ 監査 inspektion, revision —役 revisor
かんさつ 観察 iagttagelse, observation —する iagttage, se på, observere, studere —者 iagttagere, observatør
かんさん 換算 omregning —率(為替レート) valutakurs —する omregne til
かんし 監視 overvågning, opsyn —する overvåge, bevogte
かんし 冠詞 〈文法〉 artikel 定— bestemt artikel 不定— ubestemt artikel
かんじ 感じ sanseindtryk, sansning, fornemmelse, følelse —やすい følsom, modtagelig, ømfindtlig —の鈍い træg, sløv
かんじ 漢字 kinesiske skrifttegn 当用— vanligt forekommende kinesiske skrifttegn
がんしき 眼識 skarpsynethed, indsigt, kritiskt øje
がんじつ 元日 nytårsdag
かんしゃ 感謝 taknem[me]lighed —する være taknem[me]lig over, takke —の祈り taksigelse
かんじゃ 患者 patient
かんしゃく —を起こす miste selvbeherskelsen
かんしゅう 観衆 tilskuer (聴衆) publikum, tilhører
かんしゅう 慣習 vane, skik —的な sædvanlig, vanlig
かんじゅせい 感受性 følsomhed, modtagelighed —の強い følsom, modtagelig, delikat
がんしょ 願書 skriftlig ansøgning, ansøgningsblanket —を出す ansøge
かんしょう 鑑賞 værdsættelse, vurdering —する skønne på, værdsætte, vurdere

かんしょう 干渉 intervention, indgriben —する intervenere, gribe ind, mægle

かんしょう 感傷 sentimentalitet, melankoli —的な sentimental, melankolsk, følsom, tungsindig

かんじょう 勘定 optælling, sammentælling, regning —を頼む bede om regningen —をする tælle —を支払う betale regningen

かんじょう 感情 følelse, stemning, sindstilstand, humør —的な følelsesbetonet, følelsesladet —を害した fornærmet

かんしょうき 緩衝器 buffer, puffer

かんしょくをする 間食をする spise mellem måltiderne

かんじる 感じる fornemme, føle, sanse

かんしん 感心 beundring, tilbedelse —する beundre, tilbede —な beundringsværdig

かんしん 歓心 gunst, favør —を買う indsmigre sig, indynde sig hos

かんしん 関心 bekymring, interesse —を持つ være bekymret over, optage af, interessere i

かんすう 関数〈数〉funktion

かんする 関する (…について) angående, hvad angår, om …に—かぎり for så vidt som angår

かんせい 完成 fuldendelse, fuldførelse, afslutning —する blive færdigt, afsluttes —品(既製品) færdigvarer (pl.)

かんせい 歓声 jubel, glædesskrig

かんせい 慣性 inerti —の法則 inertiens lov

かんぜい 関税 told —を払う betale told

かんせつ 関節 led —炎 ledegigt

かんせつ 間接 indirekthed —的な indirekte —税 indirekte skatter (pl.)

かんせん 幹線(鉄道の) hovedlinie —道路 hovedvej

かんせん 感染 infektion, smitte —させる inficere, smitte —する blive smittet

かんぜん 完全 fuldkommenhed, fuldstændighed —な perfekt, fuldstændig, komplet, grundig —無欠

absolut fuldkommenhed
かんそう 感想 tanke, indtryk
かんそう 乾燥 tørring —した（乾いた）tør —する tørre —器 tørreapparat —剤 sikkativ, tørrelse
かんぞう 肝臓 〈医〉 lever
かんそく 観測 observation, iagttagelse —する observere, iagttage —者 observator —所 observatorium
かんそん 寒村 afsidesliggende/fattig landsby
かんたい 歓待 hjertelig velkomst
かんたい 艦隊 flåde
かんたい 寒帯 den kølige/kolde zone, polarzone
かんだい 寛大 generøsitet, storsind, tolerance —な generøs, storsindet, tolerant, gavmild
かんだかい 甲高い skarp, skinger
かんたく 干拓 inddæmning —地 inddæmmet land
かんたん 感嘆 beundring, tilbedelse —する beundre, forundre sig, tilbede —すべき beundringsværdig, underfuld —詞（間投詞）interjektion, udråbsord
かんたん 簡単 enkelhed, korthed —な let, enkel, simpel（簡明な）kortfattet, lakonisk（簡潔な）koncis, fyndig —にする forenkle, forkorte
かんだん 歓談 behagelig samtale
がんたん 元旦 nytårsdag
かんだんけい 寒暖計（温度計） termometer
かんちがい 勘違い misforståelse, fejltagelse —する misforstå, begå en fejltagelse
かんちゅう 寒中 årets koldeste tid
かんちょう 官庁 regeringskontor, embede
かんちょう 干潮 ebbe, lavvande
かんちょうざい 灌腸剤 lavement, klyster
かんつう 姦通 ægteskabsbrud, utroskab
かんつう 貫通 gennemboring —する gennembore, spidde
かんづく 感付く have på fornemmelsen, fornemme
かんづめ 缶詰 dåsemad, konserves

かんてつ 貫徹 gennemførelse —する gennemføre, sætte igennem
かんてん 観点 synspunkt, mening
かんでんち 乾電池 tørbatteri, tørelement
かんどう 感動 indtryk, bevægelse —する blive/være rørt/bevæget —しやすい letbevægelig
かんとく 監督(すること) kontrol, overvågning, instruktion (する人) manager (劇場などの) impresario
かんな 鉋 høvl —をかける høvle —屑 høvlspån
かんない 管内 jurisdiktion, embeds område, virkefelt
カンニングする snyde
かんぬき 閂 rigel, slå
かんねつし 感熱紙 termopapir
かんねん 観念(概念) ide/idé, forestilling (あきらめ) resignation —した resigneret —する resignere —的な forbilledlig, ideel —論 idealisme
かんぱ 寒波 kuldebølge
かんぱい 乾杯 skål —しましょう lad os skåle (間投詞) skål!
かんぱい 完敗 totalt nederlag —する lide et knusende nederlag
カンバス (絵画用) lærred
かんばつ 旱魃 tørke —にあった tørkeramt
がんばる blive ved, holde ved (がんばって下さい) hold ved, gør dig umage
かんばん 看板 skilt —屋 skiltemaler
かんぱん 甲板 dæk 上/前— fordæk 後— agterdæk
かんびょう 看病 pleje, omhu, omsorg —する pleje, passe, være omhyggelig med —人 sygeplejer (看護婦) sygeplejerske
がんびょう 眼病 øjensygdom
かんぶ 幹部 leder, ledelse
かんぶつ 乾物 tør proviant, tørret kost —屋(雑貨も商う) urtekræmmer, kolonialhandler
かんぶん 漢文 klassisk kinesisk litteratur

かんぺきな 完ぺきな perfekt, fejlfri, fuldstændig
かんべつ 鑑別 identifikation
かんべん 勘弁 tilgivelse, undskyldning —する tilgive, forlade
かんぼう 監房 celle, fængsel
かんぼう 官房 sekretariat
かんぽう 官報 statstidende
がんぼう 願望 ønske, begær （切望）attrå
かんぼく 灌木(低木) busk —林 buskads, krat
かんまん 干満 ebbe og flod
かんもん 関門 hindring, barriere
がんやく 丸薬 pille （錠剤）tablet
かんゆう 勧誘 invitation, agitation （投票の）stemmehvervning —する invitere, indbyde
かんよう 慣用 sædvane, praksis （言語の）sprogbrug —の sædvanlig, traditionel —語句 idiom —語句の idiomatisk
かんよう 寛容 tolerance, storsindethed —な tolerant, storsindet, højmodig
かんよする 関与する deltage i, tage del i
がんらい 元来 oprindelig
かんらくがい 歓楽街 forlystelseskvarter
かんらん 観覧 vue, udsigt —する se på, betragte —券(入場券) adgangsbillet —者 tilskuer —席 sæde, plads —車 pariserhjul, ballongynge
かんり 管理 ledelse, administration, management —職 ledende stilling, bureaukratstilling —者 administrator, forvalter —する administrere, forvalte
がんり 元利 kapital og renter
かんりゃくか 簡略化 forkortelse, forenkling
かんりゅう 寒流 kold strøm
かんりょう 官僚 bureaukrat —政治 bureaukrati
かんりょう 完了 afslutning, fuldendelse, færdiggørelse —する afslutte, fuldføre, gøre færdig
かんれい 慣例 skik og brug, sædvane
かんれいぜんせん 寒冷前線 koldfront
かんれん 関連 forbindelse, association, relation —

かんわ する henføre til, relatere, angå ーして angående, i forbindelse med ー性 relevans

かんわ 緩和 lindring, mildning, lettelse ーする lindre, mildne, lette

き

- **き** 木・樹 træ ーの træ（木製の）af træ
- **き** 気(精神・心) ånd, hjerte ー分 humør, sindsstemning（意志）vilje（意向）hensigt, sigte ー質 temperament ーをつける passe på, være forsigtig/opmærksom på ーを失う besvime ーが小さい ikke modig, frygtsom, bange ーが散る blive distraheret ーが早い overilet, forhastet ーがすすまない være uvilligt til ーが弱い være ubeslutsom, have en svag personlighed ーが変わる skifte holdning, skifte mening ーがきく være betænksom, være kvik ーが短い hidsig, ivrig ーが向く have lyst til ーがあう komme godt ud af det med hinanden …のーがある være interesseret i …のーがする have på fornemmelsen …にーがつく bemærke ーに入る kunne lide, være tilfreds med ーにかかる være bekymret over, være generet af ーにさわる blive fornærmet ーにする bekymre sig ーにしない være ligeglad med …がーになる være generet af, være urolig over
- **ギア** gear ーボックス gearkasse 自動車のーを…に入れる sætte bil i … gear
- **きあい** 気合い(空手などの) råb
- **きあつ** 気圧 lufttryk ー計 barometer
- **ぎあん** 議案 proposition（動議）motion
- **キー** (鍵・かぎ) nøgle
- **きいちご** 木苺〈植〉hindbær
- **きいと** 生糸 råsilke
- **きいろ** 黄色 gul farve ーの gul
- **ぎいん** 議員(国会の) parlamentsmedlem （府・県の）

præfekturrådsmedlem (市・町・村の) byrådsmedlem
きいんする 起因する　forårsage, opstå af, være årsag til
きえる 消える(消失する) forsvinde　(消滅する) uddø　火・灯などが— gå ud, slukkes
ぎえんきん 義援金　donation, bidrag
きおく 記憶 erindring, hukommelse, minde　—する huske〔på〕, erindre sig　—力 hukommelse〔sevne〕　—すべき mindeværdig, uforglemmelig
きおん 気温 temperatur　—があがる/さがる temperatur stiger/falder
きか 幾何〈数〉geometri
きか 帰化　naturalisering, opnåelse af statsborgerskab　—させる naturalisere, give indfødsret　—する opnå/få statsborgerskab　—人 person med indfødsret
きかい 機会　chance, mulighed, lejlighed
きかい 機械 maskine　—類 maskinel, maskineri (器械) apparat　—学 mekanik　—化 mekanisering　—工場 maskinværksted
きがい 危害　skade, afbræk, fortræd　—を与える skade, fortrædige, volde skade
ぎかい 議会(国会) folketing　(府県の) amtsråd (市・町・村の) byråd　—の開会 session　—の(大臣への)質問 interpellation　—政治 parlamentarisk regeringsform
きかえる 着替える　skifte〔tøj〕, klæde om
きかがく 幾何学 geometri〔punkter/linjer/flader/legemer〕—的な geometrisk
きがかり 気懸り bekymring, frygt　—である bekymre sig om, frygte
きかく 規格 norm, standard　—化する standardisere　—品 standardartikel
きかく 企画 plan, planlægning　—室 planlægningsafdeling, markedsføringsafdeling
きがく 器楽　instrumentalmusik
きがね・な 気兼な　tilbageholdende　—する være

きがる・な 気軽な glad, munter, beredvillig —に gladelig, beredvillig〔t〕

きかん 気管 〈医〉luftrør —支炎 luftrørskatar, bronkitis

きかん 期間 tidsperiode, længden af en tidsperiode

きかん 器官 organ

きかん 機関(機械) maskine (手段) middel, redskab (組織) system (設備) faciliteter (団体) institution —車 lokomotiv —士 lokomotivfører, maskinist —銃 maskingevær —長 maskinofficer, maskinchef

きかん 汽缶 dampkedel

きかん 旗艦 flagskib

きかんし 季刊誌 kvartalsskrift

きき 危機 krise, knibe —に陥った kriseramt —を脱する komme over en krise

きぎ 木々 flere træer, hvert træ

ききいる 聞き入る lytte opmærksomt til

ききいれる 聞き入れる lytte til, acceptere

ききちがえる 聞き違える høre forkert

ききて 聞き手 tilhører, den lyttende (聴衆) auditrium, tilhører

ききどころ 聞き処 det springende punkt

きき・とり 聞き取り(練習) lytteøvelse —取る opfatte hvad ngn. siger —取れない uhørlig

ききもらす 聞き洩らす ikke opfatte

ききょう 帰郷 hjemkomst —する køre hjem, komme hjem

きぎょう 企業 forretning, virksomhed, foretagende —化する organisere som en forretning —心に富む foretagsom, virkelysten

ぎきょうだい 義兄弟 svoger

ぎきょく 戯曲 drama, skuespil —化 dramatisering —化する dramatisere —家 dramatiker, skuespilforfatter

ききん 基金 〔legat〕stiftelse, fond, en fonds besiddelser

ききん 飢饉 hungersnød （払底） knaphed, mangel
ききんぞく 貴金属 ædelmetal
きく 効く have effekt〔på〕, virke〔mod〕
きく 利く fungere, virke
きく 聞く lytte, høre （質問する）spørge いうことを—（従う）adlyde （聞こえる）kan høres （それはだれから聞いたか）hvem har du hørt det fra？
きく 菊〈植〉krysantemum
きぐ 器具 apparat
きぐ 危惧 bange anelser, bekymring〔er〕
きぐつ 木靴 træsko
きけい 奇形 misdannelse, skævhed, dysmorfi —の misdannet, vanskabt
ぎけい 義兄 ældre svoger
きげき 喜劇 komedie —役者/俳優 komiker —的な komisk
ぎけつ 議決（決定）afgørelse, beslutning （通過・承認）godkendelse, bifald —する bestemme, beslutte —権 valgret, stemmeret
きけん 危険 fare, risiko —を冒す risikere —な farlig, risikabel, risikobetonet —地帯 farezone
きけん 棄権（投票の）afståelse〔fra at stemme〕, undladelse af at stemme （権利の）afståelse〔fra sin ret〕—する afstå, undlade, avholde sig〔fra at stemme〕
きげん 起源 oprindelse, begyndelse
きげん 期限 gyldighedsperiode, tidsfrist —が切れる（満期になる）udløbe, forfalde 支払— forfaldsdag 有効— gyldighedsperiode
きげん 機嫌 humør, lune —がいい/悪い i godt/dårligt humør ご—いかが？ hvordan har du det〔humørmæssigt〕？
きげん 紀元 tidsalder, epoke, æra （年数）år —前 før vor tidsregning, før kristus —後 efter vor tidsregning, efter kristus
きご 季語（俳句の） det ord der angiver årstiden
きこう 気候 klima （天気）vejr
きこう 紀行 rejsebeskrivelse

きこう 寄港 anløbning ―地 anløbshavn
きごう 記号 tegn, symbol, mærke ―論 semiotik
ぎこう 技巧 kunst
きこえる 聞こえる(人が主語)〔kan〕høres her （音が）være hørbar, være hørlig（響く）lyde（有名である）være berømt, være velkendt
きこく 帰国 hjemvenden til ens eget land ―する vende hjem til sit eget land, repatriere
ぎごく 疑獄 bestikkelsessag, bestikkelsesskandale
きごこち 着心地 fornemmelse af at have tøj på
ぎこちない stiv, kejtet
きこり 樵夫 brændehugger, skovhugger
きざし 兆し tegn, symptom
きざな krukket, affekteret, forstilt
きざむ 刻む(切り刻む) skære, hugge, hakke, snitte（彫刻する）mejsle, gravere, indridse 心に― indprente, præge
きし 岸(海・湖の) kyst, strand （河・川の）flodbred, område langs flod
きし 騎士 ridder （騎手）ridende ―道 ridderskab
きじ 雉〈鳥〉fasan
きじ 生地(布) klæde, tøj, stof （織布）væv 塗物の― base
きじ 記事(新聞の) artikel i avis/blad, nyhed, stof ―差止め nedlægge trykkeforbud mod
ぎし 技師 ingeniør, tekniker 建築― arkitekt 土木― civilingeniør
ぎし 義歯 forloren/kunstige tænder, protese
ぎじ 議事(日程) dagsorden （話合い）forhandlinger (pl.) ―堂(国会の) parlamentsbygning ―録 protokol
ぎじ… 擬似… pseudo-
ぎしき 儀式(式典) ceremoni （宗教上の）kult, gudstjeneste, andagt, ritual ―をとり行う forrette
きしつ 気質 tendens, naturel, temperament, gemyt
きじつ 期日 bestemt dag （期限）frist, forfaldsdag
きしむ 軋む knirke, hvine, pibe

きしゃ 汽車 damptog （列車）tog （列車に乗る/を降りる）stige på/af et tog —賃 togbilletpris

きしゃ 記者(新聞・雑誌の) journalist, redaktør 探訪— reporter （特派員）korrespondent —会見 pressekonference

きじゅうき 起重機 kran

きしゅくする 寄宿する indlogere sig

きじゅつ 奇術 tryllekunst, magi, trolddom —師 tryllekunstner, troldmand, magiker

ぎじゅつ 技術 teknologi, teknisk knowhow, teknik —部 afdeling for teknisk udvikling —革新 teknologisk udvikling —者 tekniker, ingeniør

きじゅん 規準 standard, målestok （判断の）kriterium （根拠・基礎）basis

きしょう 記章 medalje （徽章）badge, mærke, emblem

きしょう 気象 vejr, vejrlig —情報 vejrmelding —庁 meteorologisk institut —衛星 vejrsatellit —学 meteorologi

ぎしょう 偽証 falsk vidnesbyrd —する vidne falsk, afgive falsk vidneforklaring

キス kys —する kysse

きず 傷(品物の) skade [på en vare], fejl （けが）sår —つける skade, såre —つけられた skadelidt —が治る læge —を治す helbrede —つきやすい sårbar, ømtålelig —あと ar

きすう 奇数 ulige tal （偶数）lige tal

きすう 基数 kardinaltal

きずく 築く opbygge, konstruere, bygge

きずな 絆 bånd, fobindelse

きせい 寄生 parasitisme —する snylte —物 parasit, snylter —動物 snyltedyr —植物 snylteplante

きせい 規制 kontrol, regulering —する kontrollere, regulere

ぎせい 犠牲 opofring, offer （いけにえ）offer, syndebuk —にする ofre —になる opofre sig

きせい・の 既製の færdig, færdiggjort, fabriksfrem-

stillet —服 færdigsyet tøj —料理 færdigret —品 færdigvare, fabriksvare
きせき 基石 grundsten, hjørnesten
きせき 奇跡 mirakel, under —的な mirakuløs, underfuld
きせつ 季節 årstid, sæson —的な sæsonmæssig —風 monsun —外れ uden for sæsonen —労働者 sæsonarbejder
きぜつ 気絶 besvimelse, afmagt —する besvime, falde i afmagt
きせる 着せる påklæde 罪を— lægge/skyde skylden på ngn.
きせる (煙草の) pibe
きせん 汽船 dampskib, damper
ぎぜん 偽善 hykleri, forstillelse —者 hykler, farisæer —的な hyklerisk, forstilt
きぜんとした 毅然とした ubestikkelig, uanfægtet
きそ 基礎 fundament, basis, grundlag —的な fundamental, grundlæggende —を置く fundamentere, grundere, grundlægge
きそ 起訴 påtale, tiltale, anklage —する anklage, lægge sag an —状 anklageskrift
きそう 競う konkurrere, kappes
きぞう 寄贈 donation, gave, bidrag —する donere, bidrage —品 gave, skænk —者 donator, bidragyder
ぎぞう 偽造 forfalskning, efterligning —する forfalske, efterligne —者 forfalsker
きそく 規則 regel, lov —を守る overholde reglerne —を破る omgå regel —的な regelmæssig, systematisk —正しい regelbunden —違反 lovbrud
きぞく 貴族 adelsmand, aristokrati —の/的な ædel, aristokratisk (公爵) hertug (伯爵) greve (男爵) friherre
きた 北 nord —の nordlig —側 nordside, nordlig side/bred —半球 den nordlige halvkugle —風 nordenvind —向き den side der vender mod nord
ギター 〈楽〉 guitar —奏者 guitarist

きたい 気体 gas, luftart —の luftformig, gasformig
きたい 期待 forventning, håb —する forvente, glæde sig til, håbe
きたえる 鍛える(刀剣・鉄など) smede （体を）træne, øve（訓練する）eksercere
きたかいきせん 北回帰線 Krebsens vendekreds
きたく 帰宅 hjemkomst —する vende hjem, komme hjem
きたす 来たす(…の結果をもたらす) forårsage, føre til
きだて 気立て temperament
きたない 汚い(不潔な) snavset, uren （ずうずうしい）fræk （卑しい）nedrig, lav, gemen
きたる 来たる(次の) næste, kommende
きち 基地 base, støttepunkt
きち 機知 fyndighed, forstand, kvikhed —に富んだ kvik, forstandig
きちがい 気違い(精神病) sindssyge, sindssygdom (狂気) galskab, vanvid —の vanvittig (狂人) sindssyg person (精神病院) sindssygehospital
きちょう 基調 hovedtanke （音楽の）grundtone
きちょう 機長 flykaptajn
ぎちょう 議長 formand, mødeleder
きちょう・な 貴重な værdifuld, kostbar —品 værdigenstand
きちょうめんな 几帳面な omhyggelig, metodisk, ordentlig（時間的に）punktlig
きちんと ordentlig〔t〕, ryddeligt（時間通りに）punktlig〔t〕
きつい （きびしい）stramtandet, stram （きゅうくつな）stram, trang, indskrænket（はげしい）intensiv, heftig
きつえん 喫煙 rygning —する ryge —室 rygesalon, rygeværelse —者 ryger —車 ryge〔r〕kupe, ryge〔r〕-kupé —席 rygerplads （禁煙）rygeforbud
きづか・い 気遣い uro, ængstelse, omtænksomhed —う ænse, bekymre sig om, være omtænksom

きっかけ anledning, lejlighed …を―に benytte sig af, med … som anledning

きっかり just, eksakt, præcis

きづく 気付く opfatte, indse, blive opmærksom〔på〕, kende

きっさてん 喫茶店 tehus, kaffebar

きつつき 〈鳥〉spætte

きって 切手 郵便― frimærke ―をはる klistre frimærke på ―収集 frimærkesamling, filateli ―収集家 frimærkesamler, filatelist

きっと sikkert, sandsynligvis, nok

きつね 狐 〈動〉ræv ―の毛皮 rævepels（悪賢い人の意味もある） ―狩り rævejagt

きっぷ 切符 billet （切り取り式）kupon ―売場 billetkontor ―売場の窓口 billethul, billetluge

きっぽう 吉報 den glade nyhed, godt nyt

きづよい 気強い opmuntrende, opløftende, trøsterig

きてい 規定 forordning, forskrift, bestemmelse, regel ―する foreskrive, forordne

きてき 汽笛 dampfløjte, sirene ―を鳴らす pibe

きてん 起点 udgangspunkt, startpunkt

きてん 機転 kvikhed, adræthed ―のきく kvik, adræt, slagfærdig, snarrådig

きと 帰途 hjemvej ―につく gå hjem

きどう 軌道（天体の）omløb, kredsløb （鉄道の）jernbanespor ―に乗る（人工衛星が）komme ind i sit omløb（仕事が）komme i gang

きどうぶたい 機動部隊 kommandostyrke

きとくである 危篤である ligge på sit yderste, være kritisk〔tilstand〕

きど・る 気取る være affekteret/krukket, skabe sig ―り屋 skabekrukke

きにいる 気に入る（満足する）være tilfreds/fornøjet（好きである）sværme for, være forelsket i/begejstret for, holde af

きにゅう 記入 entre, entré, indføring ―する skrive ind i, indføre, registrere ―洩れ forsømmelse, und-

ladelse
きぬ 絹 silke ―糸 silketråd ―織物 silkestof ―製品 silketøj
きねん 記念 fælles minde/erindring ―に til minde om ―する mindes ―日 årsdag〔for en begivenhed〕―品 souvenir ―祭 mindesfest ―切手 mindesfrimærke, jubilæumsfrimærke ―碑 monument
ぎねん 疑念 tvivl, mistanke
きのう 昨日 i går
きのう 機能 funktion ―的な funktionel
きのう 帰納〔法〕induktion
ぎのう 技能(能力) evne, kunnen （こつ）håndelag ―のある dygtig, behændig, fiks
きのきいた 気のきいた sindrig, fyndig, opvakt, smart（結構な）fin, udmærket
きのこ 茸〈植〉svamp （食用の）champignon 毒― giftig svamp
きのせい 気のせい indbildning
きのどく・な 気の毒な(あわれな) stakkels, ynkelig, ynkværdig (不幸な) beklagelig, ulykkelig ―に思う beklage, ynke
きのり 気乗り interesse ―する være interesseret i, have lyst til
きば 牙(象など) elfenben （おおかみなどの）hugtand
きはく・な 希薄な(薄い) tynd （うすめられた）opspædt, udtyndet (過疎の) folkefattig ―にする(薄める) fortynde
きはつ 揮発 forflygtigelse ―させる forflygtige ―油 benzin
きばつな 奇抜な original, særegen （平凡でない）usædvanlig, sjælden
きばらし 気晴らし rekreation, forfriskelse, underholdning ―をする more sig〔over〕, underholde sig, adsprede sig
きびし・い 厳しい(厳格な) streng, striks （激しい）

heftig, intens (か酷な) hård, barsk ー さ strenghed ー く strengt (生活など)ーくなる strenges
きひん 気品 gratie, ynde ー のある graciøs, yndig
きびん・な 機敏な rask, adræt, hurtig, kløgtig ー に raskt, hurtigt
きふ 寄付 bidrag, donation ー する bidrage, donere ー 者 donator, bidragyder ー 金 donationsbeløb
ぎふ 義父 svigerfa〔de〕r
きふじん 貴婦人 adelsdame, adelsfrue
きぶん 気分 sindstilstand, stemning, atmosfære, humør ー が悪い føle sig dårligt tilpas, være i dårligt humør, føle sig syg
きへい 騎兵〔隊〕 kavaleri, rytteri ー 中隊 eskadron
きべん 詭弁 sofisme ー 家 sofist ー の sofistisk, spidsfindig
きぼ 規模 virkefelt, skala (範囲) virkefelt, rammen ー を大きくする udvide rammen 大きなーになる blive i stor skala
ぎぼ 義母 svigermo〔de〕r
きぼう 希望 håb, ønske …を ー する håbe på ngt., ønske
きほん 基本 basis, fundament, grund (基準) standard, kriterium ー 的な fundamental, grundlæggende ー 給 grundløn
きまえ 気前 generositet, gavmildhed ー のよい generøs, gavmild, rundhåndet
きまぐれ 気紛れ nykke, lune, påfund ー な lunefuld ー である have nykker
きまつ 期末 terminafslutning ー 試験 eksamen sidst i semesteret ー 報告 terminsvidnesbyrd
きまま・な 気ままな selvrådig, egenmægtig, lunefuld ー に selvrådigt, egenmægtigt
きまり 決まり afgørelse, regel, beslutning ー 文句 kliché, fast frase
きまりがわるい generende, pinlig, ubehagelig, kejtet
きまる 決まる blive besluttet/afgjort/fastsat (話がつく) komme overens〔om〕

ぎまん 欺瞞 svig, bedrageri
きみ 君 du ー の din/dit/dine ー を/と/に dig
きみ 気味 tendens, fornemmelse, drag
きみ 黄味 æggeblomme
きみじか 気短か(短気) hidsighed ー な hidsig, ubehersket, irritabel (性急な) hidsig, utålmodig
きみつ 機密 hemmelighed ー の hemmelig
きみつの 気密の lufttæt
きみょうな 奇妙な sær, underlig, kuriøs, besynderlig
きみわるい 気味悪い væmmelig, uhyggelig
ぎむ 義務 forpligtelse, pligt ー 教育 obligatorisk uddannelse ー 的な obligatorisk ー を負わせる forpligte
きむずかしい 気難しい kræsen, overforfinet
きめる 決める beslutte, afgøre, fastsætte
きもち 気持ち følelse, fornemmelse, humør ー のよい behagelig, hyggelig ー の悪い utilpas, ubekvem, ubehagelig
きもの 着物 kimono (衣服) klæder, klædedragt
ぎもん 疑問(疑念) tvivl, mistanke (質問) spørgsmål, spørgen ー のある tvivlsom, usikker ー 符 spørgsmålstegn
きやく 規約(規則) regel, lov, bestemmelse (協約) overensstemmelse, overenskomst, aftale
きゃく 客 訪問ー besøgende 招待ー gæst 顧ー kunde, stamgæst (聴衆・観客) tilhører, auditorium ー 間 gæstestue, gæsteværelse
ぎゃく 逆(さかさ) modsætning, det modsatte, det omvendte (裏側) vrangen ー の modsat, omvendt ー にする omvende, vende 〔op og ned på ngt.〕
きゃくいんきょうじゅ 客員教授 gæsteprofessor
ぎゃくさつ 虐殺 slagtning, massakre ー する slagte, dræbe, massakrere
きゃくしゃ 客車 passagervogn
きゃくしょく 脚色 dramatisering ー する dramatisere

ぎゃくせつ 逆説 paradoks ―的な paradoksal
ぎゃくたい 虐待 umenneskelig/grusom behandling ―する behandle umenneskeligt/grusomt
ぎゃくてん 逆転 venden op og ned på ―する blive vendt på hovedet
きゃくほん 脚本 drejebog, manuskript ―家 dramatiker, skuespilforfatter
きゃしゃな spinkel, skør, skrøbelig
きゃたつ 脚立 trappestige
きゃっか 却下 afslag ―する afslå
きゃっかん 客観 objektivitet ―的な objektiv ―的に objektivt
ぎゃっきょう 逆境 modgang, ulykke, vanskelighed
ぎゃっこうか 逆効果 modsat effekt
ぎゃっこうせん 逆光線 modlys
キャバレー kabaret
キャベツ 〈植〉 kål
キャラメル karamel
ギャラリー galleri
ギャング （1人）gangster （1団）liga, røverband
キャンセル afbud, afbestilling ―する sende afbud, afbestille, tilbagekalde
キャンデー søde sager, godter, slik
キャンバス （油絵用） lærred
キャンピングカー camping vogn
キャンプ camping, lejr ―する lejre sig ―場 lejrsted ―ファイヤ lejrbål
きゅう 急（危急） nødstilfælde, nødsfald, uforudselig hændelse ―な（突然の）pludselig（険しい）stejl（流れの早い）hurtig ―に umiddelbart（いそいで）hastigt, hurtigt
きゅう 級 klasse, grad
きゅう 九 ni ―番目〔の〕niende
きゅうあく 旧悪 gammel forseelse, fortids synder
きゅうえん 救援 redning ―隊 redningskorps
きゅうか 休暇 ferie ―をとる feriere, have/holde/tage ferie

きゅうかく 嗅覚 lugtesans
きゅうがく 休学 midlertidig fravær fra skole
きゅうかざん 休火山 sovende vulkan
きゅうかん 急患 nødsfalds patient
きゅうきゅう 救急 førstehjælp —箱 forbindskasse —資材・薬 forbindsstof —車 ambulance —病院 lægevagt
きゅうきょう 旧教 katolicisme —信者 katolik —の katolsk
きゅうぎょう 休業 lukning 本日— Lukket i dag —日 dag hvor en forretning er lukket
きゅうきょく 究極 yderste konsekvens —の sidst, endelig, oprindelig
きゅうくつな 窮屈な(狭苦しい) indeklemt, trang (格式ばった) formel (堅苦しい) stiv
きゅうけい 休憩 pause, hvil, frikvarter —する hvile sig —室 hvilested (劇場などの) foyer
きゅうけい 求刑 sagsøgning
きゅうげきな 急激な pludselig, abrupt (過激な) radikal, ekstrem
きゅうこう 休講 indstilling af lektion/forelæsning —する indstille en lektion/forelæsning
きゅうこう 急行 ekspres〔tog/bus〕—券 eksprestogs billet —列車 hurtigtog —する(いそぐ) ile, skynde sig, haste
きゅうこうか 急降下 styrt
きゅうこん 求婚 frieri —する fri —者 frier
きゅうこん 球根(ゆりなどの)〔blomster〕løg, svibel (じゃがいもなどの) knold
きゅうさい 救済 hjælp, redning, støtte —する hjælpe, støtte
きゅうし 休止 afbrydelse, stop, pause —する afbryde, stoppe, pausere
きゅうし 急死 pludselig dødsfald —する dø pludselig
きゅうし 臼歯 kindtand
きゅうじ 給仕(食堂の) kyper, opvarter (女性の)

servitrice（ホテルなどの）stikirenddreng, bydreng（事務室の）kontorbud

きゅうしき 旧式　gammel/gammeldags stil, gammel model　—な gammeldags, umoderne

きゅうじつ 休日　fridag, helligdag

きゅうしゃめん 急斜面　stejl bakke

きゅうしゅう 吸収　absorption（消化）assimilation　—する absorbere（吸い取る）opsuge（消化する）assimilere

きゅうじゅう 九十　niti, halvfems

きゅうじょ 救助　redning, hjælp（解放）befrielse　—する redde, hjælpe（解放する）befri　—船（ボート）redningsbåd

きゅうじょう 宮城　kejserplads

きゅうじょう 球場　baseballstadion

きゅうしょく 休職　orlov, fritagelse fra arbejde

きゅうしょく 給食（学校の）skolemåltid, skolebespisning

きゅうしょく 求職　jobsøgning　—する søge arbejde

きゅうじん 求人〔広告〕（事務所の窓の張り紙などに）stilling ledig（新聞の3行広告などの）rubrikannonce

きゅうしん・てきな 急進的な　radikal, ekstrem　—思想 radikale ideer　—主義 radikalisme　—派 radikale partier

きゅうしんりょく 求心力　centripetalkraft

きゅうす 急須　tepotte

きゅうすい 給水　vandforsyning　—する forsyne med vand　—管 forsyningslinje

きゅうする 窮する（貧乏する）blive fattig（当惑する）være med tab, være rådvild（言葉を失う）savne ord, ikke kunne finde ord

きゅうせい 急性　akut　—の akut　—病 akut sygdom

きゅうせい 救世　frelse　—軍 Frelsens Hær

きゅうせき 旧跡　historisk sted

きゅうせん 休戦　våbenstilstand, våbenhvile　—する indlede våbenstilstand

きゅうそく 休息　hvile, rist, ro　—する hvile sig,

holde hvil
きゅうそくの　急速の　hurtig, hastig, rap, rask
きゅうだい・する　及第する　tage eksamen
きゅうだんする　糾弾する　anklage (for embedsmisbrug/højforræderi), kritisere, dadle
きゅうち　旧知　en gammel ven, barndomsven
きゅうちょう　級長　ordensduks（クラスでトップの子）duks
きゅうてい　宮廷　hof　—牧師 hofpræst　—詩人 hofdigter　—長(式部官) hofmarskal
きゅうでん　宮殿　palads（比較的小規模の）palæ
きゅうに　急に　pludselig, med ét, med én gang
ぎゅうにく　牛肉　oksekød
ぎゅうにゅう　牛乳　komælk　—びん mælkeflaske　—配達 levering af mælk
きゅうば　急場　nødsituation, nødsfald, nødstilfælde　—の kritisk, påtrængende　—に i nødsfald
キューバ　Cuba　—人 cubaner　—の cubansk
きゅうびょう　急病　akut sygdom　—人 patient med akut sygdom
ぎゆうへい　義勇兵　de frivillige
きゅうへん　急変　radikal ændring, omsving（悪化）forværring
きゅうほう　急報　presserende rapport　—する rapportere hurtig〔t〕（火災など）alarmere
きゅうぼうする　窮乏する　træffe i fattigdom, være i pengeknaphed
きゅうめい　究明　udforskning, undersøgelse　—する udforske, undersøge
きゅうめい・ぐ　救命具　rednings・bælte/vest　—胴衣（ジャケット）redningsvest　—艇 redningsbåd　—ブイ rednings・bøje/krans/stol
きゅうやくせいしょ　旧約聖書　Det Gamle Testamente
きゅうゆ　給油　oljeforsyning
きゅうゆう　旧友　en gammel ven, barndomsven
きゅうゆう　級友　klassekammerat

きゅうよ 給与 løn, 〔af〕lønning —水準 lønningsniveau

きゅうよう 休養 afslapning, rekreation, hvile —する rekreere sig, hvile sig

きゅうよう 急用 hasteærinde, hastesag

きゅうり 胡瓜〈植〉agurk

きゅうりょう 給料 løn, 〔af〕lønning —日 lønningsdag

きよ 寄与 bidrag —する bidrage

きよ・い 清い(清らかな) ren, klar, utilsmudset (潔白な) hæderlig, uskyldig (清純な) kysk, ren —まる blive renset —める rengøre

きよう 器用 håndelag, dygtighed —な fingernem, behændig

きよう 紀要 bulletin

きょう 今日 i dag —という日 dagen i dag 先週の— i dag for en uge siden 来週の— i dag om en uge —中に under dagens løb —は何日ですか hvilken dato er det i dag? —は何曜日ですか hvilken ugedag er det i dag?

ぎょう 行(文章の) tekstlinie

ぎょう 行(僧などの苦行) askese, afholdenhed, spægelse —者 asket

きょうあくな 凶悪な grum, barbarisk, bestialsk

きょうい 驚異 under, mirakel —的な overraskende, forbavsende, beundringsværdig

きょうい 胸囲 omkreds/omfang af bryst

きょうい 脅威 trussel, intimidering

きょういく 教育 uddannelse, oplæring, instruktion, undervisning —する uddanne —費 uddannelsesudgifter, skolepenge —機関 uddannelesesinstitution (大学・専門学校などの) læreanstalt —者 pædagog, lærer —映画 undervisningsfilm, pædagogisk film —論 opdragelsesfilosofi, undervisningsteori, pædagogik —大学 seminarium

きょういん 教員 skolelærer, lærer (女性の) lærerinde

きょうえい 競泳 svømmekonkurrence —者 svømmer（女性の）svømmerske
きょうかい 協会 forening, selskab
きょうかい 教会 kirke —の墓地 kirkegård
きょうかい 境界 grænse, demarkation, skel
ぎょうかい 業界 forretningsverden
きょうがく 共学 fællesundervisning〔for piger og drenge〕
きょうがく 驚愕 bestyrtelse, forskrækkelse
きょうかしょ 教科書 lærebog, skolebog, håndbog
きょうか・する 強化するforstærke, fæstne, befæste —食品 beriget mad,〔vitaminer〕tilsat føde
きょうかん 共感 sympati, medfølelse —する sympatisere —を得る vinde ngs. sympati
ぎょうかん 行間 rækkeafstand, linieafstand
きょうき 狂気 vanvid, afsind, galskab —のような gal, vanvittig
きょうぎ 協議 konference, rådslagning —する konsultere, rådslå —会 konference, rådsforsamling, møde
きょうぎ 競技 sportskamp, konkurrence, kamp —大会 sportsstævne（試合）turnering —選手 idrætfolk —場 idrætplads, stadion
きょうぎ 教義 doktrin, trossætning, dogme
ぎょうぎ 行儀 fremtræden, opførsel, adfærd —のよい ordentlig, sømmelig, velopdragen —作法 etikette, maner, manér, opførsel —の悪い uordentlig, uhøflig, uopdragen
きょうきゅう 供給 forsyning, tilførsel, leverance —する forsyne, tilføre, levere
きょうく 教区 sogn —付きの牧師 sognepræst
きょうぐう 境遇 omstændighed, forhold（環境）miljø, omgivelse（運命）skæbne, lod
きょうくん 教訓（教え）undervisning（訓話）lærdom —的な lærerig, belærende
ぎょうけつする 凝結する stivne, fryse, blive fast, kondensere

きょうけん 狂犬 gal hund —病 rabies
きょうけんな 強健な kraftfuld, kraftig, stærk
きょうこう 恐慌 panik, frygt, ballade —の panisk —におそわれる blive grebet af panik
きょうごう 強豪 veteran
きょうこう・な 強硬な fast, bestemt, urokkelig —に fast, bestemt
きょうこく 峡谷 dal
きょうこく 強国 stormagt
きょうこな 強固な stærk, holdbar, solid
きょうざい 教材 undervisningsmateriale
きょうさく 凶作 dårlig/fattig høst/udbytte
きょうさん・しゅぎ 共産主義 kommunisme —主義者 kommunist —主義の kommunistisk —党 kommunistparti
きょうし 教師 lærer, instruktør —をしている være lærer, være ansat som lærer
ぎょうじ 行事 begivenhed, hændelse
ぎょうしする 凝視する stive〔på〕, glo〔på〕
きょうしつ 教室 klasseværelse
ぎょうしゃ 業者 næringsdrivende, handlende
きょうじゃく 強弱 styrke og svaghed
きょうじゅ 教授(すること) undervisning (人) professor —職 professorat —夫人 professorinde 名誉— professor emeritus
きょうしゅう 郷愁 hjemlængsel, nostalgi
ぎょうしゅく 凝縮 kondensation, fortættning —する kondensere, fortætte sig —器 kondensator
きょうしゅくする 恐縮する være taknem〔me〕lig over for, stå i〔taknem〔me〕ligheds〕gæld til
きょうじゅする 享受する nyde, være i besiddelse af, få
きょうしゅつ 供出 levering〔kvota〕
ぎょうじょう 行状 gerning, dåd, handling
ぎょうしょう・する 行商する drive gadehandel, sælge fra dør til dør —人 handelsmand, bissekræmmer, dørsælger

きょうしん 狂信 fanatisme —者 fanatiker —の fanatisk

きょうしん 共振 resonans

きょうじん 狂人 dåre, sindssyg

きょうせい 強制 tvang, pres —する tvinge, betvinge —収容する tvangsindlægge —労働 tvangsarbejde

ぎょうせい 行政 administration, forvaltning —の administrativ —官 administrator —法 forvaltningsret

きょうせい・する 矯正する rette til, korrigere, forbedre, reformere

ぎょうせき 業績 resultat af en indsats

きょうそう 競争 rivaliseren, kappestrid, konkurrence —する konkurrere, kappes —に勝つ/負ける vinde/tabe en konkurrence —相手 medbejler, konkurrent

きょうそう 競走 〔kap〕løb —する løbe om kap

きょうぞう 胸像 buste （半身像）brystbillede

きょうそうきょく 協奏曲 〈楽〉 koncert

きょうそう・な 強壮な stærk, kraftig —剤 styrkende drik

きょうそん 共存 sameksistens —する eksistere samtidig, bestå sammen, sameksistere

きょうだい 兄弟 bro〔de〕r （姉妹）søster 義理の— svoger —姉妹 søskende

きょうだい 鏡台 kommode med spejl

きょうだいな 強大な mægtig, indflydelsesrig, stor og særdeles

きょうたくする 供託する deponere

きょうたん 驚嘆 beundring, under, imponerthed —すべき beundringsværdig, imponerende —する blive imponeret

きょうだん 教壇（学校の）estrade, kateder （教会の）prædikestol

きょうだん 教団 trossamfund

きょうちくとう 夾竹桃 〈植〉 oleander

きょうちょう 協調 samarbejde, harmoni ―する samarbejde, harmonisere
きょうちょう 強調 eftertryk, understregning ―する lægge eftertryk, betone
きょうつうの 共通の fælles ―切符(バス・電車などの) fællesbillet
きょうてい 協定 overenskomst, overensstemmelse, pagt ―する komme overens, stemme overens
ぎょうてん 仰天 forbløffelse, forskrækkelse ―させる forbløffe, forskrække
きょうど 郷土 hjemstavn, fødestavn
きょうとう 教頭 skoleinspektør
きょうどう 共同・協同 fællesskab, samarbejde, partnerskab ―の offentlig, fælles ―経営者 fælles management partner ―便所 offentlig/fælles toilet ―墓地 kirkegård 協同組合 andelsforening 協同組合員 andelshaver ―募金 indsamling
きょうばい 競売 auktion ―する auktionere〔bort〕―人 auktionarius, auktionsholder
きょうはく 脅迫 trussel, intimidering ―する true, intimidere ―状 trusselsbrev ―的な truende
きょうはん 共犯 medskyldighed ―の medskyldig ―者 medskyldig
きょうふ 恐怖 frygt, angst ―の frygtelig, forfærdelig ―症 fobi
きょうぶ 胸部 bryst〔kasse〕―疾患 brystsygdom
きょうふう 強風 kuling (13.9〜24.4m/s)
きょうほ 競歩 kapgang ―選手 kapganger
きょうぼう 共謀 sammensværgelse, intrige ―する sammensværge sig, intrige
きょうぼうな 凶暴な brutal, voldsom
きょうみ 興味 interesse …に―がある/…に―を持っている være interesseret i, interessere sig for ―をさます dæmpe, nedslå
ぎょうむていけいする 業務提携する binde sammen〔med〕
きょうめい 共鳴 resonans

きょうゆう 共有 sammenføjningseje —の fælles — 財産 fælleseje —する eje sammen

きょうよう 教養 dannelse, uddannelse, kultur —のある dannet, uddannet —のない udannet

きょうらく 亨楽 fornøjelse, forlystelse —する forlyste sig, fornøje sig, more sig —追求の forlystelsessyg, fornøjelsessyg —的な fornøjelig —主義 epikuræisme

きょうり 郷里 hjemstavn, hjemegn, fødested

きょうりょうな 狭量な smålig (偏見に満ちた) fordomsfuld

きょうりょく 協力 samarbejde, samvirke —する samarbejde, samvirke —者 medvirkende

ぎょうれつ 行列(行進) optog, procession (行進する) paradere (人・車などの列) kø, række —をつくる stille sig/stå i kø

きょうれつな 強烈な intensiv, stærk, frygtelig

きょうわ・こく 共和国 republik —〔主義〕の republikansk —党 det republikanske parti

きょえい 虚栄 forfængelighed, pyntesyge (見えっぱりの) forfængelig, pyntesyg

きょか 許可 tilladelse, godkendelse, permission —する godkende, tillade 不— underkendelse

きょぎ 虚偽 falskhed, usandhed, forløjethed —の falsk, usand

ぎょ・ぎょう 漁業 fiskeindustri —場 fiskested —肉 fiskekød —船 fiskerbåd —村 fiskerby

きょく 曲(楽曲) musikstykke, melodi, komposition

きょく 局 afdeling, kontor, bureau —長 leder af et offentligt kontor, afdelingsleder —員 medarbejder på offentligt kontor —外者 udenforstående, tredjepart

きょくげい 曲芸 akrobatik, gøgl —師 akrobat, gøgler

きょくげん 極限 yderste grænse

きょくせつする 曲折する(川などが) slynge sig

きょくせん 曲線 kurve

きょくたん 極端 endepunkt, pol, ekstremitet, yderlighed —な ekstrem, yderst, yderlig —に ekstremt

きょくち 極地 polarland —探険 polarekspedition, polarforskning

きょくてん 極点 højdepunkt, zenit

きょくど・の 極度の yderst, yderlig —に til det yderst, yderligt

きょくばん 局番(電話の) præfiksnummer

きょくびの 極微の mikroskopisk, uendelig lille

きょくめん 局面(情勢) fase, beliggenhed, stilling, situation

きょくりょく 極力 efter bedste evne, af yderste evne

きょこう 虚構 opspind, fiktion

きょこう 挙行 afholdelse 〔af ceremoni〕, fremførelse, opførelse —する afholde, fremføre, opføre

きょしきする 挙式する(結婚などの) vie, indvie

きょじゃくな 虚弱な svag, svagelig, ømtålelig

きょじゅう 居住 bosættelse, ophold —する bo, bosætte sig, opholde sig —地 bopæl, opholdssted

きょしゅする 挙手する hæve hånden, røre hatten 〔som hilsen〕

きょしょう 巨匠 virtuos, autoritet, stor mester

ぎょじょう 漁場 fiskested

きょじん 巨人 jætte, gigant

きょしんたんかいな 虚心坦懐な uforbeholden, oprigtig

きょすう 虚数 〈数〉imaginært tal

ぎょする 御する(馬車を) køre (あやつる) manøvrere, manipulere (制御する) kontrollere, styre

きょぜつ 拒絶 afslag, tilbagevisning, nægtelse —する afslå, tilbagevise

ぎょせん 漁船 fiskerbåd

ぎょそん 漁村 fiskerby

きょだいな 巨大な vældig, kolossal

きょっかい 曲解 forvanskning, fordrejelse —する

forvanske, fordreje
ぎょっとする blive forskrækket/skræmt
きょどう 挙動(振る舞い) adfærd, opførsel （行為） gerning, handling, dåd
きょねん 去年 i fjor, sidste år —の春 sidste forår
きょひ 拒否 afslag, nægtelse —する afslå, nægte —権 veto〔ret〕
ぎょふ 漁夫 fisker
きよめる 清める rense, rengøre, lutre
ぎょらい 魚雷 torpedo —艇 torpedobåd
きょり 距離 afstand, distance
きょろきょろする se sig om〔kring〕
きらい 機雷 mine
きらい・な 嫌いな væmmelig, frastødende, afskyelig …の—がある have tendens til at være …しすぎる—がある have tendens til at gøre ngt. for meget
きらう 嫌う afsky, hade
きらきらする glitre, skinne, stråle
きらくな 気楽な ubekymret, sorgløs, optimistisk
きり 錐(もみきり) vridbor, søgebor （突きぎり） syl (ハンドドリル) håndboremaskine （地面用） jordbor
きり 霧 dis, tåge —が晴れる tågen letter —がかかる det bliver tåget —のかかった diset, tåget
ぎり 義理 pligt, løfte
きりあげ 切り上げ oprunding （平価の） opskrivning, revaluering —る(やめる) afslutte
きりかえる 切り換える・切り替える skifte over, forny
きりかぶ 切株(木の) træstub （稲などの） stub〔be〕
きりきず 切り傷 snitsår
きりぎりす 〈虫〉(いなご・ばったの類) græshoppe
きりさげ 切り下げ nedrunding （平価の） nedskrivning, devaluering
ギリシャ Grækenland —人 græker —の/語〔の〕 græsk
キリスト Jesus Kristus —教 kristendom —教の kristelig, kristen —教徒 kristen

きりたおす 切り倒す fælde
きりつ 起立(号令) stå op, rejs —する rejse sig
きりつ 規律 disciplin, ordning —正しい ordentlig, ryddelig
きりとる 切り取る klippe ud
きりぬき 切り抜き udklip —帳(スクラップブック) udklipsbog
きりぬける 切り抜ける klare sig, begå sig, bjærge sig
ぎりの 義理の —兄弟 svoger —姉妹 svigerinde —父 svigerfa〔de〕r —母 svigermo〔de〕r —娘 svigerdatter —息子 svigersøn
きりふき 霧吹き sprøjte, spray〔flaske〕, forstøver
きりふだ 切り札(トランプの) trumf
きりゅう 気流 luftstrøm
きりょう 器量(容ぼう) udseende, ansigtstræk (才能) talent, formåen, dygtighed
ぎりょう 技量 formåen, dygtighed
きりょく 気力(元気) vitalitet (活力) energi —のある energisk, vital —を失わせるような nedslående, afskrækkende
キリン 〈動〉giraf —児 snilde
きる 切る skære (たたき切る) hugge (手足など切断する) lemlæste (刃物で切り刻む) hakke (のこぎりで) save (はさみで) klippe (切り倒す) fælde (切符を) klippe (スイッチを) slukke (電話を) ringe af (トランプを) blande (石などを切り刻む) bryde
きる 着る tage 〔tøj〕 på, klæde sig i 罪を— påtage sig skylden
きれ 切れ(布) stofstykke, klæde, stof (小片) stykke, bitte (断片) fragment (薄片) skive
きれい・な (美しい) køn, pæn, smuk, vakker (清潔な) ren (澄んだ) klar (きちんとした) ordentlig, ryddelig —にする gøre pænt/rent, gøre ngt. fuldstændigt
きれつ 亀裂 sprække, revne —が入る sprække, revne

きれる 切れる(鋭利である) være skarp, skære sig, blive kappet over, brydes (電話が) blive afbrudt (査証などの期限が) udløbe 売り— blive udsolgt (…がつきる) slippe op

キロ —メートル kilometer —グラム kilogram

きろ 帰路 hjemvej

きろく 記録 fortegnelse, journal, dokument (スポーツの) rekord —する registrere 世界— verdensrekord —をつくる sætte rekord —保持者 rekordindehaver —映画 dokumentarfilm

ぎろん 議論 argument, diskussion, debat —する diskutere, argumentere

きわ 際 rand, kant, side

きわだたす 際立たす udmærke, adskille, kendetegne

きわだつ 際立つ fremtræde, udmærke sig

きわまる 極まる nå et ende punkt

きわめて 極めて meget, overordentlig〔t〕

きわめる 極める gå til de yderste

きん 金 guld —の gylden, guld-

ぎん 銀 sølv —の sølv-

きんいつ 均一 enhed, uniformitet —にする uniformere, gøre ensartet

きんいろ 金色 guldfarve

ぎんいろ 銀色 sølv〔farve〕

きんえん 禁煙(掲示) rygning forbudt, Tobaksrygning ikke tilladt !, ikkerygning —席 ikkerygerplads —室 ikkerygerværelse —する holde op med at ryge

きんか 金貨 guldmønt

ぎんか 銀貨 sølvmønt

ぎんが 銀河 Mælkevejen, galakse

きんかい 金塊 guldbarre〔r〕

きんがく 金額 pengesum, 〔penge〕beløb

きんがん 近眼 nærsynethed —の nærsynet

きんかんがっき 金管楽器 messinginstrument

きんきゅう・の 緊急の kritisk, hastende, travl, nødig —動議 presserende forslag/motion —着陸 nødlan-

きんぎょ 136

ding —措置 nødhjælp —ブレーキ nødbremse —の場合に i nødsfald —停止 nødstop
きんぎょ 金魚 guldfisk
キング (トランプの) konge
きんげん 金言 maksime, sentens, grundsætning, bevinget ord
きんげんな 謹厳な alvorlig, streng, højtidelig
きんこ 金庫 pengeskab, pengekiste, opbevaringsboks
きんこ 禁固 fængsling
きんこう 均衡 balance, ligevægt —をとる balancere, passe
きんこう 近郊 forstad, omegen
ぎんこう 銀行 bank —家 bankier —員 bankmand, bankassistent —業界 bankvæsen —強盗 bankrøveri
きんこんしき 金婚式 guldbryllup
ぎんこんしき 銀婚式 sølvbryllup
きんし 近視 nærsynethed —の nærsynet
きんし 禁止 forbud —する forbyde
きんじさん 禁治産 umyndiggørelse —者にする umyndiggøre
きんしつ 均質 homogenitet, ensartethed —な homogen, ensartet
きんじつ 近日 snarlig, om kort tid —中に om en af dagene, om ngl. dage
きんしゅ 禁酒 afholdenhed fra alkohol
きんしゅく 緊縮(財政的な) finanspolitisk hestekur, økonomisk stramning, sparetid
きんじょ 近所 omegen, nabolag —の人 nabo …の—に i nærheden af
ぎんしょう 吟唱 recitation —する recitere
きんじる 禁じる forbyde, bandlyse
きんせい 均整 afvejning, symmetri, balance, ligevægt —のとれた symmetrisk, balanceret
きんせい 禁制 forbud, tabu —の forbudt —にする forbyde —品 kontrabande

きんせい 近世 nyeretid —の nyeretidens
きんせい 金星 Venus
きんせん 金銭 penge —上の monetær, pekuniær —登録器 kasseapparat
きんせんか 〈植〉morgenfrue
きんぞく 金属 metal —の metal- —工業 metalindustri
きんだい 近代 moderne tid, nyere tid —的な moderne —化 modernisering —史 nyere tids historie —思想 moderne tænkemåde/ideologi —国家 moderne stat
きんちょう 緊張 anspændelse —する være nervøs/anspændt
きんとう 均等 lighed, ligevægt （一致）sammenfald
きんにく 筋肉 muskel —のある muskuløs —組織 muskulatur —労働者 kropsarbejder
きんねん 近年 de senere år
きんぱつ 金髪 blondt hår —の blondt —の女性 blondine
きんべん 勤勉 flid, hårdt arbejde —な flittig, arbejdsom, ihærdig
きんぽうげ 〈植〉smørblomst
きんむ 勤務 pligt, opgave, tjeneste, service, arbejde —する gøre tjeneste, tjene, arbejde —先 kontorplads, arbejdsplads —時間 kontortid, arbejdstid
きんメダル 金メダル guldmedalje
きんめっきする 金めっきする forgylde
きんもつ 禁物 tabu, ngt. forbudt
きんゆ 禁輸 import- el. export-forbud
きんゆう 金融 finansvæsen —引き締め finansiel stramning, kreditstramning —緩和 finansiel lettelse, kreditlettelse —業者 financier —市場 pengemarked
きんようび 金曜日 fredag
きんり 金利 〔bank〕rente
きんろう 勤労 flid, anstrengelse, arbejde —者 arbejder —階級 arbejderklassen

く

- く 九 ni 第一の niende
- く 区 bydel
- く 句 frase
- ぐあい 具合い(状態) tilstand, omstændighed (体の) fysisk tilstand, helbred
- くい 杭 stolpe, pæl
- クイーン (トランプの) dame
- クイズ quiz, spørgekonkurrence —をする quizze
- くいすぎ 食い過ぎた overmæt
- くいちがい 食い違い misforståelse, uoverensstemmelse
- くいつく 食いつく bide, snappe
- くいとめる 食い止める hindre, stoppe
- くいもの 食い物(たべもの) madvarer(pl.), proviant (犠牲) offer
- くう 食う(食べる) spise, æde (常食する) leve på がつがつ— æde (消費する) forbruge
- くうかん 空間 tomt område, rum
- くうき 空気 luft (雰囲気) atmosfære —銃 luftbøsse —調和 luftkonditionering
- くうきょな 空虚 tom, forgængelig, hul
- くうぐん 空軍 luftvåben, flyvevåben —基地 luftbase —力 luftstyrke
- くうこう 空港 lufthavn
- くうしゃ 空車 ledig taxa
- くうしゅう 空襲 luftangreb, flyangreb —警報 luftalarm
- ぐうすう 偶数 lige tal (奇数) ulige tal
- ぐうぜん 偶然 tilfælde —の tilfældig —に tilfældigt
- くうぜんの 空前の uden modstykke, eksempelløs
- くうそう 空想 fantasi, indbildning, dagdrøm —する

fantasere, indbilde, dagdrømme —的な fantastisk, indbildt —家 dagdrømmer
ぐうぞう 偶像 idol, afgud
くうちゅう 空中 luft, sky —の luft- —戦 luftslag —楼閣 luftkastel
くうちょう 空調 luftkonditionering
クーデター statskup
くうどう 空洞 udhulning
くうはく 空白 tomrum, ikke beskrevet/bemalet del af papir
くうふく 空腹 hunger —の hungrig
クーポン kupon
くうゆ 空輸 lufttransport, luftfart —する transportere ad luftvej
クーラー køler ワイン— vinkøler
くうろ 空路 luftrute —で ad luftvej
ぐうわ 寓話 fabel, allegori
くかく 区画 område, sektion, afdeling
くがつ 九月 september
くかん 区間 strækning
くき 茎 stilk, stængel
くぎ 釘 nagle 大— spiger —で止める nagle, spigre
くぎ・る 区切る(文章などを) interpunktere (仕切る) afmærke, opdele (止める) stoppe, standse —り interpunktion, ophold (終わり) afslutning, ende
くく 九々 multiplikationstabel, gangetabel
くぐる komme igennem, passere (法を) omgå, gå udenom
くけい 矩形 rektangel —の rektangulær
くさ 草 græs (雑草) ukrudt (薬草) lægeplant —の生えた græsbevokset, græsgroet —刈り mejning (雑草を取る) rense for ukrudt —取り lugning, udlugning —の根(運動) græsrods
くさい 臭い(悪臭の) stinkende, ildelugtende (胸がむかむかするような) modbydelig (悪臭をはなつ) stinke 汗— svedlugtende (怪しい) tvivlsom,

mistænkelig

くさび 楔 kile —形文字 kileskrift

くさり 鎖 kæde, lænke —でつなぐ kæde sammen, binde (犬の) kobbel

くさ・る 腐る(腐敗する) rådne 〔op〕, frønnes, mørne —った rådden, trøsket, frønnet 気が—る blive deprimeret/beklemt/nedstemt —りやすい forgængelig, forkrænkelig

くし 櫛 kam —けずる rede

くし 串 spid, pind —に刺す spidde, stikke

くじ lotteri, lod —引きで ved lodtrækning —を引く trække lod om

くじく 挫く(手足など) vride, forvride (気を) gøre modfalden

くじゃく 孔雀 〈鳥〉 påfugl (雄の) påfuglhan (雌の) påfuglhøne —の羽根 påfuglfjer

くしゃみ nysen, nys —が出る ngn. nyser —をする nyse

くじゅう 九十 niti, halvfems

くじょ 駆除 udryddelse —する udrydde

くじょう 苦情 klage, indsigelse —の種 klagemål —を言う klage over, gøre indsigelse —処理委員会 klagenævn

くじら 鯨 〈動〉 hval

くしん 苦心 umage, møje, anstrengelse —する gøre sig umage/anstrengelser, anstrenge sig

くず 屑 affald, skrab, stads (ぼろ) klud, las —かご papirkurv —屋 kludekræmmer —拾い kludesamler

ぐずぐずする (のろい) være langsom/ugidelig (ちゅうちょする) være tvivlrådig, betænke sig, tøve

くすくす・わらい くすくす笑い fnisen —笑う fnise (皮肉に) klukke

くすぐ・る kilde —ったい kilden

くずす 崩す(破壊する) ødelægge, nedbryde, nedrive (両替する) veksle

くすのき 楠 〈植〉 kamfertræ

くすぶる 燻る ryge, ose

くすり 薬 medicin, lægemiddel（丸薬・錠剤）pille, tablet（軟こう）salve —屋 apotek, farmaci —を飲む tage medicin —指(左手の) ringfinger

くずれる 崩れる(こわれる) blive nedbrudt, ødelægges（くずれる）falde sammen, forværres（形が）blive deformeret（天気が）blive omslag i vejret（相場が）blive kursfald/baisse

くすんだ mørk, dyster

くせ 癖 vane 悪い— uvane（弱味）svaghed

くだ 管 rør, tube

ぐたい・てきな 具体的な konkret, håndgribelig —化 virkeliggørelse, legemliggørelse, materialisering —化する virkeliggøre

くだく 砕く slå i småstykker, knuse（粉砕機で）male, pulverisere

くだける 砕ける gå i småstykker

くださる 下さる(与える) give（…して下さい）vær〔så〕venlig at, må jeg bede om

くだす 下す sænke

くたびれる blive træt/udmattet

くだもの 果物 frugt —屋 frugtbutik

くだらない kedelig, kedsommelig, triviel, betydningsløs, værdiløs

くだり 下り nedstigning, nedadskrånen …が—になる hælde nedad —列車 tog der går fra hovedstaden

くだる 下る komme ned〔fra〕, stige ned（首都から）rejse fra hovedstad（降参する）give sig, overgive sig

くち 口(人・動物の) mund —に合う passer til munden（容器の）åbning

くちえ 口絵 frontispice

くちがる 口軽 snaksomhed —な snaksom, sludrevorn —な人 sludrechatol, sludrehoved, snakkehoved

くちく・する 駆逐する udvise, udstøde, fordrive —艦 destroyer

くちごたえ 口答え næsvist/uforskammet gensvar —する svare igen

くちごもる 口籠る stamme, mumle
くちづたえ 口伝え(口授) mundtlig instruktion, mundtlig undervisning (伝承) mundtlig tradition
くちばし 嘴 næb
くちひげ 口ひげ overskæg
くちびる 唇 læbe
くちぶえ 口笛 fløjt —を吹く fløjte
くちぶり 口振り(言い方) talemåde, udtryk (ほのめかし) antydning, vink
くちべに 口紅 læbestift, rouge
くちまね 口真似 efterlignen —する efterligne
くちょう 口調(語調) tone, klang —の良い velklingende, rytmisk
くち・る 朽る visne, rådne —た vissen, rådden
くつ 靴(短ぐつ) sko (深ぐつ・長ぐつ) støvle (編み上げぐつ) snørestøvle —ずみ skocreme, skosværte —ブラシ skobørste —ひも skobånd, snørebånd —べら skohorn —職人 skomager —屋 skotøjsforretning —磨き skopudsemiddel —をはく/ぬぐ tage sko på/af
くつう 苦痛 lidelse, smerte, pine —に満ちた smertefuld —をやわらげる smertestillende (鎮痛剤) smertestillende middel
くつがえ・る 覆る vælte, kæntre —す vælte, kæntre
くっきりと distinkt, klart (目立って) mærkeligt, markant
くつした 靴下(短い) sok (長い) strømpe
くつじゅう 屈従 underkastelse, indordning —する underkaste sig, undergive sig
くつじょく 屈辱 ydmygelse, fornærmelse —的な ydmygende, fornærmelig
クッション pude, hynde
くっせつ 屈折 brydning
くったく 屈託 bekymring, ængstelse —のない sorgfri, ubekymret
くっつける fæstne (にかわなどで) lime (のりなどで) klistre

くっぷくする 屈服する underkaste sig, føje sig efter én, give sig
くつろぐ 寛ぐ gøre sig hjemmevant, koble af, slappe af, hygge sig
くとう 句読 interpunktion ―法 tegnsætning ―点 skilletegn
くどく 口説く bejle til, lægge an på, forføre
ぐどん 愚鈍 dumhed, dårskab, tåbe ―な dum, tåbelig, bøvet
くなん 苦難 lidelse, plage
くに 国 land (国家) stat (故国) hjemland, fædreland
くねる bugte sig (道・川など) slynge sig
くのう 苦悩 smerte, plage, pine
くばる 配る(分配する) uddele, fordele, distribuere (配達する) levere
くび 首 hals (うなじ) nakke (打ち首にする) halshugge ―になる blive fyret (解雇する) afskedige ―を絞める kvæle, kværke ―飾り halsbånd
ぐびする 具備する være forsynet/udrustet med, besidde
くびわ 首輪(犬の) halsbånd
ぐぶ 供奉(の一行) følge, suite
くふう 工夫 opfindelse, påfund ―する udtænke, tilvejebringe
くぶん 区分 opdeling (分類) klassifikation, klassificering ―する dele op (分類する) klassificere
くべつ 区別 forskel AとBの― forskellen på A og B ―する skelne, adskille
くぼ・み 窪み fordybning, grav, grube, hul ―んだ hul, konkav ―む udhule, gøre hul
くま 熊 〈動〉 bjørn
くまで 熊手 rive ―でかく rive
くみ 組(学級) skoleklasse (グループ) gruppe, hold (…団) bande (茶器などの)(セット) sæt
くみあい 組合 fagforening, forbund 同業― lav
くみあわせ 組み合わせ kombination, sammenstil-

くみたて

ling —る sætte sammen, sammenføje, kombinere
くみたて 組み立て samling af enkeltdele, sammensætning —る samle enkeltdele, sammensætte (機械を取りつける) montere, installere
くみつく 組み付く brydes, kæmpe med
くむ 汲む(ひしゃくで) øse (ポンプで) pumpe
くむ 組む(両手を) folde, krydse (髪・麦など編む) flette (競技で対戦する) kappes med
くも 雲 sky (暗雲) skydække —のない skyfri
くも 蜘蛛 〈虫〉 edderkop —の巣 edderkoppespind
くもつ 供物 offer —台 alter
くも・り 曇り overskyet —る blive overskyet
くやし・い 悔しい irriterende, forargelig, beklagelig —がる blive fornærmet over, forarges over
くやみ 悔み(哀悼) kondolence —をいう kondolere お—申し上げます må jeg kondolere
くやむ 悔む fortryde, sørge over
くよう 供養 mindehøjtidelighed 〔for afdød〕 —する holde en gudstjeneste
くよくよする græmme sig, bekymre sig 〔om〕
くら 倉・蔵 lagerbygning, lager, magasin 穀— silo
くら 鞍 sadel —をおく sadle —をはずす sadle af
くらい 暗い mørk, dunkel (不案内) være fremmed for (陰気な) dyster
くらい 位 (およそ) cirka, omkring, mere eller mindre, omtrent …と同じ— så ... som, så ... at この—のこと så meget som, i det mindste
グライダー svævefly, svæveplan
グラインダー sliber, slibemaskine
グラウンド idrætsplads
くらがり 暗がり mørke
クラクション (自動車の) 〔automobil〕horn
くらげ 〈海〉 vandmand, gople
くらし 暮らし dagligliv, liv, eksistens
グラジオラス 〈植〉 gladiolus
クラシックおんがく クラシック音楽 klassisk musik

くらす 暮らす leve, tjene til livet ophold 経済的になんとか— klare sig
クラス (学級) klasse (級友) klassekammerat
グラス glas
クラッカー (お菓子の) kiks
クラッチ kobling
くらに 倉荷 lagervare
グラビア gravure, gravør
クラブ (団体) klub 学校などの—活動 klubaktivitet (ゴルフの) golfkølle (トランプの) klør
グラフ diagram —用紙 millimeterpapir
グラフィック grafik —の grafisk
くらべる 比べる sammenligne, jævnføre (対比させる) modstille
グラマースクール latinskole (ラテン語・ギリシャ語などを教える学校)
くらむ 眩む svimle (私は目まいを感ずる) det svimler for mig, jeg blive fortumlet 目の—ような svimlende, svimmel
グラム (重さの) gram
くらやみ 暗闇 mørke
グランドピアノ 〈楽〉flygel
くり 栗〈植〉kastanie —色の kastaniebrun
くりあわせる 繰り合わせる arrangere, tilrettelægge
クリーニング (洗濯) vask, vaskning —屋 vaskeri
クリーム (食品) fløde シュー— flødebolle アイス— flødeis (化粧品) ansigtscreme
くりかえ・す 繰り返す gentage, repetere —して gentagne gange, mange gange, igen og igen —し句 refræn
クリスチャン kristen
クリスマス jul —イブ juleaften —カード julekort —プレゼント julegave
クリップ (紙をとめる) papirklemme (髪用) hårklemme
くりぬく くり抜く udhule, bore ud
グリル (簡易食堂) grill〔room〕

くる 来る komme （到着する）ankomme〔til〕, nå （近づく）nærme sig （季節など）komme tilbage もどって— vende tilbage

くるう 狂う blive vanvittig/tosset/gal （機械が）blive i ulave

グループ gruppe —を作る gruppere —で gruppevis

グルコース （ぶどう糖）druesukker, glukose

くるし・い 苦しい smertende, smertefuld, pinefuld —み kvaler, lidelser, plage —む lide af/under, føle smerte —める torturere, pine, genere, plage

くるぶし 踝 ankel〔knude〕

くるま 車(車輪) hjul （乗り物）køretøj med hjul, vogn （自動車）bil —椅子 rullestol —寄せ bislag, vindfang

くるまえび 車えび〈魚〉〔stor〕reje

くるみ 胡桃〈植〉valnød —割り nøddeknækker

くるむ （赤ん坊などを）svøbe

くれ 暮れ aftenstid, mørkning, solnedgang （年の）årets slutning

グレープフルーツ 〈植〉grapefrugt

クレーム reklamation, krav —をつける reklamere, gøre krav på

クレーンしゃ クレーン車 kranvogn

クレジット kredit

クレヨン farveblyant, oliekridt, farvekridt

くれる 暮れる blive mørkt, komme til en afslutning （日が暮れた）solen er gået ned

くれる （与える）give, betænke med, begave med, donere, skænke …して— en underordnet gør ngt. for mig

ぐれんたい 愚連隊 bande, slæng, gadebande

くろ 黒 sort farve —い sort —字 overskud —幕 person bag scenen, indflydelsesrig person der holder sig i kulisserne

くろう 苦労 slid, møje, besvær, lidelse, bekymring —する have det hårdt, slide —苦労の多い møjsommelig, slidsom, besværlig

- **くろうと** 玄人 ekspert, professionel, veteran, specialist
- **クローネ** (北欧諸国の貨幣単位) krone
- **クローバー** 〈植〉 kløver
- **クロール** (水泳の) crawl〔svømning〕 —で泳ぐ crawle
- **クロスワード** krydsord, krydsogtværs〔opgave〕
- **くろだい** 黒鯛 〈魚〉 guldbrasen
- **クロッカス** 〈植〉 krokus
- **くろビール** 黒ビール porter
- **くわ** 鍬 hakke, lugejern —を入れる hakke
- **くわ** 桑 〈植〉(実) morbær (木) morbærtræ
- **くわえる** 加える øge, forøge, addere (合計する) summere op (含める) inkludere AにBを— tilføje B til A, lægge B til A 危害を— skade 打撃を— slå et slag for —に desuden, endvidere
- **くわし・い** 詳しい detaljeret, udførlig, minutiøs: være velbevandret i, vide meget om —く i〔de mindste〕detaljer
- **くわせる** 食わせる(動物などに) made, fodre
- **くわだて** 企て(企画) plan, planlægning, projekt (試み) forsøg, prøve —る projektere, planlægge (試みる) forsøge, prøve
- **くわわる** 加わる(加入する) blive medlem af, melde sig ind i (参加する) tage del i, deltage
- **ぐん** 群(家畜などの) flok, hjord (人の) folkemængde, opløb, vrimmel —をなす flokke sig, flokkes, samle sig
- **ぐんい** 軍医 militærlæge
- **くんいく** 訓育 skoling, træning, opdragelse, tugt, disciplin
- **くんかい** 訓戒 tilrettevisning, formaning (戒告) advarsel —する tilrettevise, formane (戒告する) advare
- **ぐんかん** 軍艦 krigsskib, orlogsskib
- **ぐんこう** 軍港 marinehavn
- **ぐんこく・しゅぎ** 軍国主義 militarisme —化 milita-

risering
くんじ 訓辞 formaning —する formane
ぐんじ 軍事 militære affærer(pl.)
くんしゅ 君主 hersker, statholder —国 kongedømme, monarki
ぐんしゅう 群集・群衆 folkemængde, menneskeskare, vrimmel, opløb
ぐんしゅく 軍縮 nedrustning, afrustning —する nedruste, afruste
くんしょう 勲章 medalje, orden〔sdekoration〕
ぐんじん 軍人(兵士) soldat (歩兵) infanteri (海軍の) marineinfanterist (将校) officer
ぐんたい 軍隊 hær, tropper, militær —に入る blive hvervet
ぐんとう 群島 øgruppe, øhav, arkipelag, skærgård
ぐんとう 軍刀 sværd (騎兵などの使う) sabel
ぐんび 軍備 bevæbning, udrustning —拡張 oprustning —縮小 nedrustning
くんれい 訓令 instruktion, forholdsordre
くんれん 訓練 øvelse, træning —する øve, træne

け

け 毛 hår (毛皮) pels (羊毛) uld (羽毛) fjer (綿毛) dun —深い stærkt behåret
けい 刑 straf (処罰) sanktion
けいい 敬意 agtelse, respekt —を表わす stige i ens agtelse —を失う synke i ens agtelse
けいえい 経営 administration, ledelse, styring, drift —する drive, lede —者 topleder —学 management
けいえんする 敬遠する undgå, holde sig på lang afstand of, gå langt uden om
けいおんがく 軽音楽 let musik
けいか 経過 forløb 時日が—する gå, lide
けいかい 警戒 vagt —する bevogte, stå vagt, være

på vagt, holde vagt

けいかい・な 軽快な let, flydende, glat —に let, glat

けいかく 計画 plan, projekt, arrangement, program —する planlægge, projektere —的な planmæssig —された planlagt —者 planlægger —経済 planøkonomi

けいかん 警官 politibetjent, politifunktionær, politimand —隊 politistyrke, politiopbud —立合いで i nærværelse af en politibetjent

けいき 景気 konjunkturer, 〔økonomisk〕 klima (活気) livagtighed, livlighed —をつける stimulere, oplive —後退 vigende konjunkturer, lavkonjunktur

けいき 契機 tilfælde, chance, vendepunkt

けいき 計器 måleinstrument

けいきんぞく 軽金属 letmetal

けいく 警句 epigram

けいぐ 敬具 med venlig hilsen, Deres ærbødige

けいけん 経験 oplevelse, erfaring —がある have oplevet —がない have ikke oplevet —する opleve, erfare —を積む samle erfaring

けいげん 軽減 indskrænkning, nedsættelse —する indskrænke, nedsætte (和らげる) lindre, mildne

けいけんな 敬虔な from, gudfrygtig, andagtsfuld

けいこ 稽古(練習) øvelse, træning —する øve, træne, praktisere —場 øvelses plads

けいご 敬語 ærbødigt/respektfuld/høfligt udtryk/sprog

けいこう 傾向 tendens, tilbøjelighed …の—がある være tilbøjelig til at (好み) lyst (性向) disposition

けいこうぎょう 軽工業 let industri, småindustri

けいこうとう 蛍光灯 lysstofrør

けいこく 警告 advarsel, formaning —する advare, formane, varsko

けいざい 経済 økonomi (財政) finanser (倹約) opsparing —的な økonomisk, finansiel —状態 økonomisk situation —成長率 økonomisk vækstrate —政策 økonomisk politik —欄(新聞など

けいさいする の) finansspalte ー学 økonomi ー学部 økonomisk institut

けいさいする 掲載する indføre, sætte ind i〔avis〕, publisere

けいさつ 警察 politi ー官 politibetjent ー犬 politihund ー署 politistation

けいさん 計算 beregning, regnskab, kalkulation ーする kalkulere, regne ーが合う tallene stemmer ー機 regnemaskine ー尺 regnestok

けいし 罫紙 linieret papir

けいじ 刑事 detektiv, kriminalbetjent ー上の kriminel ー事件 straffe sag

けいじ 掲示 opslag, opmærksomhed, meddelelse ーする bemærke, anmelde, vise opmærksomhed ー板 opslagstavle

けいしき 形式 måde, form, formalitet ー的な formel ー主義 formalisme ー主義者 formalist

けいじじょう・の 形而上の metafysisk ー学 metafysik

けいしゃ 傾斜 skråning, hældning ーした skrå, hældende ーさせる/する skråne, hælde ー面 skråplan

げいじゅつ 芸術 kunst（美術）skønne kunster ー〔作〕品 kunstværk ー写真 kunstfoto ー家 kunstner, artist

けいしょう 軽傷 let skade ーを負う blive let skadet

けいしょう 継承 succession, efterfølge ーする arve ー順位 arvefølge ー権 arveret ー者 arvtager,〔tron〕arving

けいじょうひ 経常費 løbende udgifter

けいず 系図 stamtræ

けいすう 係数〈数〉koefficient

けいせい 形成 udformning ーする danne, udgøre, tage form

けいせい 形勢 forhold, omstændighed, miljø, tilstand, vilkår

けいせき 形跡 spor

けいそう 係争 strid, uenighed
けいぞく 継続 fortsættelse, videreførelse ―する fortsætte, viderefør ―的な kontinuerlig, uafbrudt, vedvarende, konstant
けいそつ 軽率 hast, hastværk, letsindighed ―な overilet, uoverlagt, letsindig, hensynsløs, ubetænksom
けいたい 形態 form, konfiguration
けいだい 境内 〔Shinto〕helligdoms grund, tempels grund
けいたい・する 携帯する bære, føre med sig ―用 bærbar, flytbar, transportabel ―品〔personlige〕ejendele, habengut ―品預り所 garderobe ―電話 trådløs telefon, mobiltelefon
けいだんれん 経団連(デンマークの) Dansk Arbejdsgiverforening
けいちょうする 傾聴する høre efter, lytte efter
けいてき 警笛 alarm, pibe (自動車の) tudehorn ―を鳴らす alarmere, pibe 自動車が―を鳴らす tude
けいと 毛糸 uldgarn ―のくつした uldstrømpe ―製品 uldvarer
けいど 経度 længde〔grad〕
けいとう 系統(組織) system (血統) stamtræ, afstamning, nedstamning ―的に systematisk〔t〕, planmæssigt
けいば 競馬 hestevæddeløb ―馬 væddeløbshest ―場 væddeløbsbane ―に賭ける vædde på en hest
けいはくな 軽薄な(浮薄な) letsindig, frivol (不誠実な) uærlig, uoprigtig (移り気な) omskiftelig, uberegnelig
けいはつ 啓発 oplysning ―する oplyse
けいばつ 刑罰 straf ―に処する straffe, afpasse straffen efter forbrydelsen
けいはんざい 軽犯罪 mindre/små forbrydelser, forseelse
けいひ 経費 udgift, kost
けいび 警備 vagt, skildvagt, garde ―する vogte,

gardere —員 vogter
けいびな 軽微な let, ikke særlig, ubetydelig, mild
けいひん 景品 præmie, gave （追加）addition, addering
げいひんかん 迎賓館 gæstehus
けいふ 継父 stedfa〔de〕r
けいべつ 軽蔑 foragt, despekt, ringeagt —する foragte, ringeagte, kimse at, nedvurdere —的な foragtelig, spotsk
けいぼ 継母 stedmo〔de〕r
けいほう 刑法 kriminalret
けいほう 警報 alarm, advarsel, varsel
けいぼう 警棒 politistav
けいむしょ 刑務所 fængsel
けいもう 啓蒙 oplysning —する oplyse, undervise —的な oplysende （18世紀欧州の）啓蒙運動/時代 oplysningstiden
けいやく 契約 aftale, kontrakt —者 kontrahent —をする skrive kontrakt, kontrahere —を結ぶ indgå kontrakt —を守る stå ved sine kontraktlige forpligtelse —を破る bryde en kontrakt
けいゆ・する 経由する passere, gå/køre forbi —で via, gennem, over
けいよう 形容（修飾） modificering, modifikation, omformning （比喩）metafor（叙述）beskrivelse —する（修飾する） modificere （比喩的に言う）omskrive （叙述する） beskrive —詞 adjektiv, tillægsord
けいり 経理 regnskab, administration —部 regnskabsafdeling
けいりゃく 計略（戦略） strategi, krigslist —にかける forlede, lure
けいりん 競輪 cykelløb —場 væddeløbsbane〔for cykel〕 —選手 cykelrytter
けいるい 係累 dependent (person der er økonomisk afhængig af én), behæftelse
けいれい 敬礼（軍隊の） honnør （お辞儀）buk, bøjning —する hilse

けいれき 経歴 karriere, personalhistorie
けいれん 痙れん krampe, krampetrækning, spasme ―の krampagtig, spasmodisk
ケーキ kage
ケース (場合) tilfælde (事件) sag (申し立て) påstand (箱) kasse, æske
ゲートル gamache
ケーブルカー kabeltrukket vogn, kabelbane
ゲーム spil, kamp ―セット sæt- og matchbold
けおりもの 毛織物 uldtøj
けが 怪我(負傷) sår, skade ―をした såred ―をさせる såre, skade ―をする komme til skade ―人 såret, tilskadekommen (戦争での) de sårede
げか 外科 kirurgi, kirurgisk afdeling
けがわ 毛皮 pels ―のコート pelsfrakke, pelskåbe ―の帽子 pelshue ―商 pelshandler
げき 劇 skuespil, drama ―場 skuespilhus, teater ―作家 skuespilforfatter, dramatiker
げきか 激化 intensivering ―する intensivere
げきせん 激戦 voldsomt slag
げきする 激する(興奮する) ophidse, ægge (怒る) blive arg, rase, vredes
げきたいする 撃退する slå tilbage, drive tilbage
げきど 激怒 raseri, vrede ―した rasende ―する vredes, rase
げきむ 激務 hårdt arbejde
げきりゅう 激流 hurtig strøm
げきれい 激励 opmuntring ―する opmuntre, kvikke op, oplive
げきれつ 激烈 heftighed, fremfusehed ―な heftig, fremfusende, fremfarende
けさ 今朝 denne morgen, i morges
げざい 下剤 afføringsmiddel, laksativ
けし 罌粟〈植〉valmue ―粒 valmuefrø
げし 夏至 sommersolhverv, sankthansdag, midsommer
けしいん 消印 poststempel ―を押す poststemple

けしかける (犬などを) pudse〔en hund〕på én, hidse op (扇動する) ophidse

けしき 景色 landskab, udsigt, sceneri

けしゴム 消しゴム viskelæder —で消す viske〔ud〕

げしゃする 下車する stige af〔toget〕途中—する gøre et ophold〔under rejse〕

げしゅく 下宿 logi, lejet værelse —する bo til leje på et værelse, indlogere sig〔hos〕—人 logerende, pensionær —屋 pensionat

げじゅんに 下旬に mod slutningen af

けしょう 化粧(顔の) makeup, sminke —品 kosmetik —室 toiletrum —台 toiletbord —品店 parfumeri

けす 消す(火・照明・電気などを) slukke for 吹き— blæse ud (削除する) slette (根絶する) udrydde ぬぐい— radere (ふき取る) viske ud

げすい 下水 afløb, dræn —溝 kloak —管 afløbrør (排水する) dræne

けずる 削る(刃物で) skære ned (かんなで) høvle (こする・みがく) skrabe, gnave (鉛筆などを) hvæsse, spidse (削除する) udelukke, udelade

げせんする 下船する gå i land, gå fra borde

げぞめ 毛染め farvning

けだか・い 気高い værdig, ædel, nobel —さ værdighed, ædelhed

げたばこ 下駄箱 skoskab

けだもの 獣 bæst, 〔vild〕dyr

けち (けちをつけること) dadelsyge —をつける dadle, kritisere —をつけたがる dadelsyg, dømmesyg (物惜しみ) fedteri, gerrighed —な nærig, gnieragtig, gerrig —ん坊 gnier (卑しい) simpel, gemen

ケチャップ ketchup

けつあつ 血圧 blodtryk —計 blodtryksmåler 高/低— højt/lavt blodtryk

けつい 決意 beslutning —する beslutte sig

けついん 欠員 ledig stilling

けつえき 血液　blod　―型 blodtype　―銀行 blodbank　―検査 blodprøve

けつえん 血縁　blodslægtskab　―の blod〔s〕beslægtet

けっか 結果　resultat, udfald　（成果）frembringelse, produkt

けっかいする 決壊する　bryde sammen, falde sammen

けっかく 結核〈病〉tuberkulose　―性の tuberkuløs　―患者 tuberkulosepatient　―療養所 tuberkulosesanatorium

けっかん 血管　blodkar

けっかん 欠陥　fejl, mangel, brist　―商品 fejlvare　―のある fejlagtig

げっかん・し 月刊誌　månedsblad, magasin　―の månedlig

けつぎ 決議　resolution, beslutning　―する beslutte　―を採択する vedtage en beslutning

げっきゅう 月給　månedsløn

けっきょく 結局　til sidst, endelig, når alt kommer til alt, til syvende og sidst

げっけい 月経　menstruation, menses

げっけい・かん 月桂冠　laurbærkrans　―樹 laurbær〔træ〕

けっこう 結構（もう十分です）　nej tak〔til tibud om mad/drikke/hjælp〕　―な udmærket, god, rask（おいしい）lækker, velsmagende

けつごう 結合　forbindelse, forening　―する forbinde, forene

げっこう 月光　måneskin, måneskær

けっこん 結婚　ægteskab　―する gifte sig〔med〕　―式 bryllup〔sceremoni〕　―行進曲 bryllupsmarch

けっさく 傑作　mesterstykke, mesterværk

けっさん 決算　〔konto〕opgørelse,〔års〕regnskab〔for firma/stat〕

けっして 決して〔…ない〕　aldrig, overhovedet ikke, under ingen omstændigheder

げっしゃ 月謝 〔måneds〕honorar 〔for undervisning〕, undervisningsgebyr

けっしゅう 結集 koncentration （活動の）〔virksomheds〕sammenslutning

けっしゅつした 傑出した fremstående, prominent

けっしょう 決勝 finale —点 mål —点を入れる score sejrmålet 準— semifinale

けっしょう 結晶 krystal —化する krystallisere〔s〕 —化 krystallisation, krystallisering

げっしょく 月食 måneformørkelse

けっしん 決心 beslutning, resolution —する beslutte sig, foresætte sig, resolvere

けっせき 欠席 fravær, udeblivelse —する ikke være tilstede, være fraværende —者 de fraværende

けつぞく 血族 kødelig beslægtethed

けっそん 欠損 underskud, tab

けつだん 決断 afgørelse, bestemmelse, beslutning —する afgøre, bestemme, beslutte sig

けっちん 血沈 〈医〉 blodsænkning

けってい 決定 beslutning, afgørelse —する beslutte, afgøre, bestemme —的な afgørende, bestemt

けってん 欠点 fejl, mangel, ulempe, brist （弱点） svaghed —のある fejlagtig, forkert —のない fejlfri, dadelfri

けっとう 血統 stamme, æt, slægt

けっとう 決闘 duel —する duellere

けっぱく 潔白(無罪) uskyldighed （清廉） renhed （無垢） renhed （無罪の） uskyldig （無垢な） pletfri, uskyldig （清廉な） ren, renfærdig

げっぷ 月賦 månedsbetaling （分割払い） afdrag —で買う afbetale ngt. i månedlige rater （分割払いで払う） afdrage på, betale af på

ゲップ ræb —する ræbe

けつぼう 欠乏(不足) mangel, savn, afsavn, brist —する savne, mangle （なしですます） undvære

げっぽう 月報 månedsblad

けつまつ 結末(終わり) afslutning, ende, finale, slut

(落着) afgørelse, bilæggelse (和解) forlig —がつく blive bilagt, få slut på

げつようび 月曜日 mandag

けつろん 結論 konklusion, slutning —する konkludere, slutte —に達する nå til en konklusion

げねつざい 解熱剤 febernedsættende midler

けねん 懸念 ængstelse, frygt —する ænse, frygte, bekymre sig om

けばけばし・い farverig, prunkende, pyntet, broget —さ prunk, pynt

けびょう 仮病 fingeret sygdom —を使う hykle sygdom

げひん 下品 vulgaritet —な vulgær, nærig, gemen

けぶかい 毛深い stærkt behåret, håret

けむし 毛虫 larve, kålorm

けむ・り 煙 røg —る ryge (くすぶる) ulme

けもの 獣 udyr, vildt dyr, bæst —のような dyrisk, brutal

げらく 下落 nedgang

げり 下痢 〈病〉 diarré

けりがついた være afsluttet/løst

ける 蹴る sparke (拒絶する) nægte, afslå, forkaste

げれつな 下劣な vulgær, gemen, nærig

けれども men, imidlertid, dog

ゲレンデ (スキーの) skibakke

けわしい 険しい(山など) stejl, brat (状況など) brat, streng (顔付きなど) stram, snæver, streng

けん 券(切符) billet

けん 県 amt, præfektur

けん 剣 sværd (軍刀) sabel 銃— bajonet 短— dolk

けん 腱 〈医〉 sene

けん 圏 sfære

けん 兼 samtidig, og: desuden, endvidere

げん 弦(弓の) buestreng 〈数〉 korde —楽器 strengeinstrument, strygeinstrument

けんあくな 険悪な(事態が) alvorlig, betænkelig, urolig (天候が) truende, foruroligende (危険な) far-

lig, risikobetonet
げんあん 原案 oprindeligt udkast/plan （議会の）lovforslag
けんい 権威 magt, autoritet, myndighed （大家）mester, autoritet, ekspert
げんいん 原因 årsag, anledning （発端）udspring, kilde（根源）kilde, grundlag …の—となる forårsage
けんいんする 牽引する trække i, hale i, hive, drage —車 traktor, trailer
げんえい 幻影 hallucination, blændværk
けんえき 検疫 karantæne —をする sætte/holde i karantæne —所 karantænestation
けんえつ 検閲(点検) inspektion, mønstring, undersøgelse 軍隊などが—する holde mønstring （出版物・映画などの）censur
けんお 嫌悪 afsky, afsmag, aversion, had —する afsky, hade, væmmes ved —すべき afskyelig, afskyværdig, forbandet
けんおんき 検温器 klinisk termometer
けんか 喧嘩(口論) trætte, skænderi 口論する trættes, skændes （なぐり合い）slagsmål （つかみ合いする）slås〔med/mod〕 —早い trættekær, kivagtig
げんか 原価 produktionsomkostning, indkøbspris, kostpris
げんが 原画 originalværk
けんかい 県会 præfekturforsamling
けんかい 見解(意見) anskuelse, mening （見地・視点）synspunkt, standpunkt
げんかい 限界 begrænsning, grænse —の begrænset —値 grænseværdi
けんがく 見学 feltstudier, besøg, tur —旅行 studierejse —する studiebesøge, observere （体操の時間などに）—する se på, være tilskuer
げんかく 厳格 strenghed, rigor —な streng, hård, drakonisk, striks
げんかく 幻覚 hallucination, blændværk, illusion

げんかしょうきゃくひ 減価償却費 afskrivningsbeløb

げんがっき 弦楽器 strygeinstrument, strengeinstrument

げんかん 玄関 indgang, entré 張り出し— vindfang — の間 hal, vestibule —一番 portvagt, dørvogter

けんぎ 嫌疑 mistænksomhed, mistillid, mistro, mistanke —をかける fatte mistanke til/om, mistænkeliggøre —を受ける blive mistænkt for

げんき 元気 helbred, vitalitet, sundhed, kraft お—ですか har du det godt, hvordan har du det お—で hav de godt —な sund, rask, ved godt helbred, i godt humør, livlig —のない nedstemt, kraftløs —づける opmuntre, spore, stimulere —を回復させる vederkvæge

けんきゅう 研究 studium, forskning —する studere, forske —費 forskningsudgifter(pl.) —所 forskningslaboratorium, forskningsinstitut —室 laboratorium, arbejdsværelse —資料 forskningsmateriale —活動 forskningsaktiviteter(pl.) —会 studiegruppe, forening til studium af ngt. —報告 forskningsrapport

げんきゅう 減給 lønningsreduktion

げんきゅう 言及 hentydning, omtale —する hentyde〔til〕, omtale

けんぎょう 兼業 bijob —する have et bijob

けんぎょな 謙虚な beskeden, fordringsløs, mådeholden

げんきん 現金 kontanter(pl.) —払い kontant betaling（現なま）bummelummer(pl.) —にする hæve

げんきん 厳禁 strengt forbud

げんけい 原型 prototype, grundform

けんげん 権限 autoritet, magt, beføjelse —を与える bemyndige, berettige, autorisere

げんご 言語 sprog —学 sprogvidenskab, lingvistik, filologi —学者 filolog, lingvist —に絶した uudsigelig, ubeskrivelig

けんこう 健康 helbred, sundhed, helse〔n〕 —状態

helbredstilstand —診断 helbredsundersøgelse —保険 sygeforsikring —によい/悪い godt/dårligt for helbredet —な sund, frisk, karsk
- **げんこう** 原稿 manuskript, håndskrift（草案）udkast, koncept
- **けんこうこつ** 肩甲骨〈医〉skulderblad
- **げんこうはん** 現行犯で på fersk gerning
- **げんこく** 原告 sagsøger, klager
- **げんこつ** 拳骨 knytnæve
- **けんご・な** 堅固な stærk, solid, holdbar, kraftig, sikker —に stærkt, solidt, sikkert, kraftigt
- **けんさ** 検査 undersøgelse, test, granskning, gennemgang —する undersøge, granske, kontrollere 会計— revision 会計—官 revisor
- **げんざい** 現在 nu, nutiden, i øjeblikket —の nuværende, nutidig, moderne〈文法〉—の nutids —完了 perfektum, førnutid —分詞 præsens perticipium, nutids tillængsmåde
- **げんさく** 原作 original —者 forfatter
- **けんさつする** 検札する billettere
- **げんさんち** 原産地 oprindelses・sted/land
- **けんし** 検死 ligsyn —する holde ligsyn
- **けんし** 絹糸 silke tråd
- **けんじ** 検事〔offentlig〕anklager —総長 rigsadvokat, rigsanklager
- **げんし** 原子 atom —核 atomkerne —爆弾 atombombe —力 atomenergi, atomkraft —物理学 atomfysik —量 atomvægt —力発電所 atomkraftværk, kernekraftværk —力船 atomskib —炉 atomreaktor
- **げんじつ** 現実 realitet, fakta, faktiske omstændigheder, virkelighed —に reelt, faktisk, virkelig —の reel, faktisk, virkelig —化する realisere, virkeliggøre —主義 realisme
- **けんじつ・な** 堅実な stadig, konstant, fast, stabil, sikker —に stadig, sikkert
- **げんし・てきな** 原始的な primitiv, oprindelig —時代

urtid　一林 urskov　一人 urmenneske
げんしゅ　元首　monark, hersker, regent
けんしゅう　研修　praktik, kursus　一生 praktikant, kursist　一期間 praktikperiode, kursusperiode　一旅行 studiebesøg, studietur
けんじゅう　拳銃　pistol　（連発の）revolver
げんじゅうな　厳重な　striks, streng, hård　一に striks
げんじゅうみん　原住民　indfødt, urbefolkning
げんしゅく　厳粛　højtidelighed　一な højtidelig　一に højtideligt, værdigt
けんじゅつ　剣術　fægtning　一士 fægter　一をする fægte
けんしょう　懸賞　pris, præmie, belønning　一をかける værdsætte, sætte pris på
けんしょう　憲章　charter, erklæring, pagt
けんしょう　検証　eftervisning, verifikation, inspektion
げんしょう　現象　fænomen, foreteelse
げんしょう　減少　aftagen, nedgang, fald　一する aftage, falde, gå ned
げんじょう　現状　nuværende forhold/situation
げんしょく　原色　grundfarve, primærfarve
けんしん　検診　medicinsk undersøgelse
けんしん　献身　opofrelse, hengivelse　一する opofre sig, devovere sig, ofre sig, hengive sig: hellige　一的な opofrende, uegoistisk
けんじん　賢人　viis mand, klog mand
けんしんれい　堅信礼　konfirmation　一を受ける人 konfirmand　一を施す konfirmere
げんすい　元帥(陸軍の)　øverstbefalende　（海軍の）storadmiral
げんせ　現世　denne verden, dette liv
げんぜい　減税　skattenedsættelse
げんせいりん　原生林　urskov
けんせき　譴責　reprimand, irettesættelse　一する give én en reprimand, reprimandere, irettesætte
けんせつ　建設　opførelse, anlæggelse, konstruktion

けんぜん —する opføre, anlægge, konstruere —的な konstruktiv, opbyggelig（創造的な）skabende —会社 entreprenørfirma —工事 anlægsarbejde

けんぜん 健全 sundhed, helbred —な sund, karsk, rask

げんせんちょうしゅうぜい 源泉徴収税 kildeskat, kildebeskatning

げんそ 元素 element, grundstof

けんそう 喧噪 larm, konstant støj

けんぞう 建造 konstruktion, bygning —する konstruere, bygge

げんそう 幻想 hallucination, fantasi, illusion, vision —的な fantastisk, visionær, illusorisk

げんぞう 現像（写真の）fremkaldelse —する fremkalde —液 fremkalder〔væske〕

げんそく 原則 regel, princip, grundsætning —として i reglen, i princip

げんそく 減速 hastighedssænkning, opbremsning

けんそん 謙遜 ydmyghed, underdanighed —な ydmyg, beskeden, underdanig —する ydmyge sig, være beskeden/fordringsløs

げんそんする 現存する eksistere, findes, foreligge, bestå

けんたい 倦怠 træthed, mødighed —した træt, mødig —を感ずる trættes, blive træt

げんたい 減退 formindskelse, nedgang, fald —させる reducere, formindske, nedsætte 食欲が—する aftage appetit

げんだい 現代 moderne tider, nutiden, vore dage —の nutidlig, nutids- —的な moderne —人 moderne menneske, nutidsmenneske —劇 moderne spil

けんち 見地 synspunkt, standpunkt

けんちく 建築 byggeri, arkitektur —する bygge —会社 byggefirma, arkitektfirma —学 arkitektur —技術 bygningsteknik —家 arkitekt —工事 byggearbejde —様式 byggestil —材料 byggematerialer

けんちじ 県知事 guvernør for et præfektur/amt,

amtmand
けんちょう 県庁 præfekturkontor
けんちょな 顕著な fremtrædende, fremstående, mærkelig, udmærket
けんてい 検定 officiel godkendelse, autorisation, sanktionering ―する autorisere, sanktionere ―試験 eksamen med henblik på opnåelse af autorisation
けんてい 献呈 dedikation, tilegnelse ―する dedicere, tilegne
げんてい 限定 begrænsning (制限) grænse, skel ―する begrænse, afgrænse ―された begrænset
げんてん 減点 nedsættelse (注意点) anmærkning ―する nedsætte attest/bevis, give anmærkning
げんど 限度 grænse, begrænsning ―を設ける sætte en grænse for
けんとう 検討 undersøgelse, granskning ―する undersøge, granske
けんとう 見当 mål ―がつかない anse det ikke, anse ikke hvordan ―違いの irrelevant, uvedkommende, fejldirigeret
けんとう 拳闘 boksning ―する bokse ―選手 bokser ―試合 boksekamp
けんどう 県道 præfekturvej, amtsvej
けんどう 剣道 japansk sværdkamp
げんとう 幻灯 lysbillede ―器 lysbilledapparat
げんどうりょく 原動力 drivkraft (推進力) fremdrift
げんば 現場 sted (殺人の) mordsted (犯罪などの) åsted (建築の)〔bygge〕grund ―労働者 feltarbejder, markarbejder
げんばく 原爆 atombombe
けんび 兼備 kombination ―する kombinere
けんびきょう 顕微鏡 mikroskop
けんぷ 絹布 silkestof, silketøj ―の af silke
けんぶつ 見物 sightseeing (ガイド付きの) omvisning, rundvisning ―する se på seværdigheder ―人 (名所などの) sightseer, turist, tilrejsende (観客)

tilskuer, tilhører (傍観する) være tilskuer, se på, se til (傍観者) tilskuer
けんぶん 見聞(知識) viden, kundskab, kendskab (経験) oplevelse, erfaring (観察) iagttagelse, observation
けんぺい 憲兵 militærpoliti —隊 militærpoliti
けんぽう 憲法 forfatning, konstitution (基本法) grundlov —上の konstitutionel
げんぽう 減法 subtraktion, fratrækning
げんみつ・な 厳密な striks, streng, rigorøs —に言えば strengt taget, egentlig talt
けんめい 賢明 forstand, intelligens —な forstandig, intelligent, klog (思慮のある) fornuftig, eftertænksom, omtænksom (得策な) fordelagtig, gavnlig
げんめい 言明 erklæring, udtalelse —する erklære, udtale
げんめつ 幻滅 desillusionering, skuffelse —を感ずる desillusionere, skuffe
げんや 原野 vildmark
けんやく 倹約 sparsommelighed, sparsomhed —な sparsommelig, sparsom, husholderisk, økonomisk
げんゆ 原油 råolie
けんり 権利 rettighed, krav (請求権) fordring, krav (特権) privilegium —を与える bemyndige (借家などの)—金 penge under bordet
げんり 原理 〔grund〕princip, teori
けんりつの 県立の præfektural, præfektur-, amts-
げんりょう 原料 råvarer, råmateriale, stof
けんりょく 権力 magt, indflydelse —をつかむ tage magten —欲 magtbegær —欲の強い magtsyg —闘争 magtkamp
けんろうな 堅牢な solid, slidstærk, holdbar
げんろん 言論 ytring, udsagn —の自由 ytringsfrihed —機関 massemedium
げんわく・される 眩惑される lade sig blænde af, blive blændet —するような blændende

こ

- こ 子 barn, unge （男児）dreng, gut （女児）pige, jente（子犬）hvalp（子猫）killing
- こ 個 stykke
- こ 故 afdød —B氏 afdøde hr. B.
- こ 弧 〈数〉segment
- ご 五 fem 第一の femte 第一列 femte kolonne
- ご 語 ord 専門— term 言— sprog
- ご 後 efter 以— siden（遅く）senere 1時間—に en time senere, om en time 数年— efter/om et par år
- こい 恋 kærlighed —する elske, blive forelsket i, få kær（好きだ）holde af, have kær —人 kæreste（男）elsker（女）elskerinde —がたき（男）rival（女）rivalinde
- こい 鯉〈魚〉karpe
- こい 故意 forsæt, overlæg —に forsætligt, bevidst, med vilje —の forsætlig, overlagt —でない utilsigtet, uforsætlig
- こい 濃い(色が) mørk, dyb （味などが）stærk（霧などが）tæt, tyktflydende
- ごい 語彙 ordforråd
- こいし 小石 småsten （砂利）grus
- こいびと 恋人 kæreste （男）elsker（女）elskerinde
- こう 請う bede〔om〕, ansøge, anmode om
- ごう 壕 voldgrav
- ごう 業 karma
- こうあつ 高圧(電気の) højspænding —危険 højspænding! berøring livsfarlig!（空気・蒸気の）højtryk（圧制）undertrykkelse —的な egenmægtig
- こうあん 公安 offentlig sikkerhed,〔den offentlige〕ro og orden
- こうあん 考案 ide, indfald, opfindelse —する opfin-

de, finde på, udtænke —者 opfinder
こうい 好意 god vilje, venlighed —ある venlig, venskabelig
こうい 校医 skolelæge
こうい 行為 handling, opførsel
こうい 皇位 kejsertrone
ごうい 合意 enighed, overenskomst, aftale
こういう denne slags, en sådan
ごういんに 強引に(力ずくで) med magt, med vold (権力で) med myndighed (無理に) ufornuftigt
こうう 降雨 regn, nedbør (夕立) byge, skylle (雷雨) tordenbyge, torden skylle (みぞれ) slud (こぬか雨) støvregn —量 nedbørsmængde —計 regnmåler
ごうう 豪雨 stærk regn, kraftig regnbyge, skylregn, bløder, plaskregn
こううん 幸運 held, lykke, glæde —な lykkelig, heldig, glad (この上なく幸福な) lyksalig —にも lykkeligvis, heldigvis
こううんき 耕運機 kultivator
こうえい 光栄 ære, berømmelse, hæder —ある ærefuld, berømmelig, hæderfuld
こうえき 公益(施設) almennytte —事業 almennytte, offentlige værker/foretagender
こうえん 公園 park (庭園) have
こうえん 公演 〔offentlig〕 forestilling
こうえん 講演 forelæsning, foredrag, tale —する holde foredrag for
こうえん 後援 beskyttelse, støtte —する beskytte, støtte, sponsorere —者(芸術などの) mæcen, sponsor, protektor
ごうおん 轟音 knald, smæld, detonation
こうか 効果 effekt, virkning (結果) resultat —のある effektiv, virkningsfuld
こうか 硬化 hærdning, størkning —剤 hærder —する hærde, gøre hård (自ら) blive fast, størkne (態度など) gøre/blive forhærdet, bestyrke〔s〕
こうか 硬貨 mønt

こうか　校歌　skolesang
こうかい　後悔　anger　—する fortryde, angre
こうかい　航海　skibsfart, søfart, sejlads（巡航）krydstogt, sejltur　—する navigere, sejle　—術 navigationskunst　一等一士 første styrmand/navigatør
こうかい　公海　åbent hav〔uden for territorialgrænserne〕
こうかい　公開　offentliggørelse, bekendtgørelse　—する offentliggøre, bekendtgøre（陳列する）udstille, fremvise
こうがい　公害（汚染）　forurening
こうがい　郊外　forstad, omegn　—の住民 forstadsbeboer　— 交通機関 pendulkørsel
こうがい　口蓋〈医〉gane
ごうがい　号外　ekstranummer, ekstraudgave（特別号）særnummer
こうかいどう　公会堂　offentlig hal, rådhushal
こうがく　工学　ingeniørvidenskab　—部 teknisk fakultet
こうがく　光学　optik　—器械 optiskt instrument
ごうかく　合格　godkendelse　—する bestå eksamen/undersøgelse　不—となる dumpe, blive afvist/diskvalificeret
こうかくどうぶつ　甲殻動物　skaldyr（2枚貝）toskallede dyr　（巻き貝）konkylie
こうかだいがく　工科大学　teknisk højskole
こうかつな　狡猾な　listig, snedig
こうかてきな　効果的な　effektiv, virkningsfuld
ごうか・な　豪華な(すばらしい) strålende, storartet, prægtig, luksuøs（きらびやかな）pragtfuld, prunkende　—版 luksusudgave
こうかん　交換　udveksling, bytte　—する udveksle, bytte　物々— tuskhandel, byttehandel
こうかん　鋼管　stålrør
こうがん　厚顔　frækhed, påtrængenhed, uforskammethed　—な fræk, påtrængende, uforskammet

こうき　香気　vellugt, duft
こうぎ　抗議　protest, indsigelse　(反対) opposition, genmæle　—する protestere, imødegå
こうぎ　講義　forelæsning, foredrag　—する forelæse
こうきあつ　高気圧　højtryk
こうきしん　好奇心　nysgerrighed, nyfigenhed　—の強い nysgerrig, nyfigen
こうきな　高貴な　ædel, nobel
こうきに　好機に　ved et lykketræf
こうきゅう　高級　høj rang　—の af høj klasse, førsteklasses　—官吏　fornem embedsmand, højstående embedsmand
こうきゅうび　公休日　〔regelret〕fridag
こうきょ　皇居　kejserpalads, kongeslot
こうきょう　好況　fremgang, højkonjunktur
こうきょう　公共　almindelighed, publikum　—の almen, offentlig　—事業 samfundstjeneste, tjenesteydelser over for offentligheden
こうぎょう　工業　industri, industrierhverv　—の industriel　—技術 industriel teknologi　—化する industrialisere　—専門学校 teknisk skole　—大学 teknologisk institut
こうぎょう　興業　industriel virksomhed
こうぎょう　鉱業　mineindustri, minedrift
こうぎょう　興行(芝居などの) opførelse, spil　(公演) forestilling　—主 impresario
こうきょうがく　交響楽/曲〈楽〉symfoni　—団 symfoniorkester
ごうきん　合金　legering　—をつくる legere
こうくう　航空　luftfart, flyvning　—〔郵〕便 luftpost　—〔路〕便 flyveforbindelse, luftrute　—券 fly〔ve〕billet　—機 flyvemaskine　—会社 flyveselskab　—母艦 hangarskib
こうけい　光景　udsigt, vue, syn
こうけい　口径　kaliber
こうけい　後継　efterfølgelse　(王位の) tronfølge (相続) arvefølge　—者 efterfølger　(王位の) tronfølger

(遺産の) arvtager, arving

こうぎい 工芸 teknologi 手— kunsthåndværk —の teknologisk —品 teknologiske produkter (pl.) 手—品 kunsthåndværk

ごうけい 合計 total, 〔samlet〕 sum —する tælle sammen

こうけいき 好景気 opsving, højkonjunktur

こうげき 攻撃 angreb, anfald (急襲) razzia —する angribe …から—を受ける blive angrebet af —的な offensiv, angrebs-, fornærmelig

こうけつ 高潔 ædelhed, noblesse —な ædel, nobel

こうけつあつ 高血圧 〈病〉 forhøjet blodtryk

こうけん 貢献 bidrag, medvirken, tjenest —する bidrage til, tjene, medvirke —的な medvirkende

こうげん 高原 højslette, plateau

こうげん 公言 offentlig erklæring, redegørelse

こうけん・にん 後見人 formynder, værge —(すること) formynderskab

こうご 口語 kollokvialisme, udtryk fra dagligsproget, brug af dagligsprog —の kollokvial, som bruges i daglig tale

ごうご 豪語 praleri, pral, stolthed —する prale, bryste sig

こうこう 孝行 〔barns〕 lydighed/hengivenhed

こうこう 高校 gymnasium, gymnasieskole —生 gymnasieelev

こうごう 皇后 〔Japans〕 kejserinde —陛下 Hendes Majestæt, Kejserinden

こうこがく 考古学 arkæologi —の arkæologisk —者 arkæolog

こうこく 広告 annonce, reklame —する annoncere, reklamere (宣伝) publicitet, reklame 新聞などの—欄 reklamer —業者 annonceagent —主 annoncør

こうこく 公告 tilkendegivelse, kundgørelse —する tilkendegive, kundgøre

こうこつ 恍惚 trance, ekstase —とした ekstatisk, henrykt —状態になる falde i trance —とさせる

henrykke
こうさ 交差 krydsning, skæring —点 vejkryds, skæringspunkt —する krydse 立体— overskæring
こうざ 口座 konto —を開く åbne en konto i en bank —主 kontohaver
こうざ 講座 forelæsning, foredrag, kursus
こうさい 公債 offentlig lån （国債）statslån（地方債）kommunallån
こうさい 交際 samvær, omgang —する omgås
こうさく 耕作 opdyrkning〔af jord〕, agerbrug —する opdyrke, dyrke op —物 jordens produkter
こうさく 工作 konstruktion, fremstilling （製作）fabrikation —する konstruere, fremstille （学科の）håndværk, håndarbejde —機械 værktøjmaskine （策動）manipulation
こうさつ 考察 overvejelse, eftertanke —する overtænke, overveje
こうざん 高山 højfjeld —植物 alpeplante, alpeblomst, alpin flora —病 højdesyge
こうざん 鉱山 mine, grube
こうし 子牛 kalv
こうし 格子 gitter —戸 gitterdør —窓 gittervindue —細工 gitterværk
こうし 講師 lektor, foredragsholder
こうし 公使 minister —館 legation
こうじ 工事（建築の）byggearbejde —現場 byggeplads（道路の）vejarbejde（補修）reparation —中 under konstruktion
こうしき 公式（数学などの）formel —的な formel （儀礼）ceremoni, ritual
こうしつ 皇室〔Japans〕kejserfamilie, kongefamilie
こうじつ 口実 påskud, undskyldning
こうしゃ 後者 sidstnævnte〔person〕
こうしゃ 校舎 skolebygning
こうしゃく 侯爵 markis（夫人 markise）公爵 hertug（夫人 hertuginde）公爵の領地 hertugdømme

こうしゃほう　高射砲　luftværnskanon
こうしゅう　講習　kort kursus, intensivt kursus
こうしゅう　公衆　almenhed　—の almen, almindelig
—衛生 offentlig sanitet　—心 samfundsånd, samfundssind　—電話 mønttelefon, telefonboks
こうじょ　控除　fradrag　—する fradrage, trække fra
こうじょ　皇女　kejserlig prinsesse
こうしょう　交渉　forhandling, underhandling　—する forhandle〔med〕, underhandle
こうしょう　考証　〔historisk〕forskning, undersøgelse　—する forske, studere, undersøge
こうじょう　工場　fabrik, virksomhed　—長 fabriksdirektør, fabrikschef　—製の fabriksfremstillet　—廃棄物 fabriksaffald
こうじょう　向上　opstigning, forbedring, fremskridt, udvikling　—心 ambition, stræbsomhed　—心のある ambitiøs, stræbsom
ごうじょう　強情　stædighed, påståelighed　—な stædig, påståelig
こうじょうせん　甲状腺　〈医〉skjoldbruskkirtel
こうしょうな　高尚な　ædel, sublim, fornem　（上品な）nobel, forfinet, raffineret
こうしょうにん　公証人　notarius publicus
こうしょく・の　好色の　erotisk, elskovs-　—文学 pornografisk litteratur
こうしん　行進　march, parade　—する marchere, paradere　—曲 march
こうしん　更新　fornyelse
こうしん　後進(学生の後輩)　yngre elev　—性 uudviklethed, træghed
こうすい　香水　parfume　—をつける parfumere　—びん parfumeflaske
こうすい　硬水　hårdt vand
こうずい　洪水　oversvømmelse　—が起こる oversvømme, overskylle　ノアの— syndfloden
こうせい　厚生　offentlighedens tarv, velfærd　—大臣 socialminister　—省 socialministerium

こうせい 校正 korrektur —する læse korrektur
こうせい 構成 struktur, sammensætning, opbygning, konstruktion, komposition —分子 bestanddel, komponent —する sammensætte, konstruere
こうせい 恒星 fiksstjerne
こうせい 攻勢 offensiv, angreb —的な offensiv, angrebs- —に出る tage offensiven, angribe, gøre angreb
こうせい 後世(人) efterverdenen
こうせい 公正 retfærdighed, ret（公平）upartiskhed —な retfædig（公平な）upartisk（客観的な）objektiv（合理的な）rimelig
こうせい 更生(社会復帰) genoptagelse —する genoptage
ごうせい 合成 sammensætning, syntese —する sammensætte（化学的に）syntetisere —の（化学的な）syntetisk
こうせき 功績 dåd, heltegerning, bedrift, udmærkelse
こうせき 鉱石 malm （鉱物）mineral（昔のラジオの）krystal
こうせん 光線 stråle
こうせん 鉱泉 mineralkilde
こうせん 口銭 provision, mæglergebyr, mæglerløn
こうぜん・の 公然の offentlig, åben —と offentlig, åbent
こうそ 公訴(訴追) stævning, påtale, anklage —する stævne, påtale
こうそ 酵素 gær[stof]
こうそ 控訴 appel —する appelere, rette en appel til —状 ansøgning om appel
こうそう 構想 ide, plan, skitse, udkast
こうぞう 構造 sammensætning, opbygning, struktur, konstruktion
こうそく 校則 skolereglement
こうそく 拘束 restriktion, begrænsning —する begrænse, indskrænke —力 bindende virkning/

kraft
こうぞく 皇族 kejserfamilie
こうそくど 高速度 stor/høj hastighed —で med stor hastighed —映画 højhastighedsfilm
こうそくどうろ 高速道路 motorvej, højhastighedsvej
こうたい 交代 afløsning, skifte —する afløse, skifte(s) —者 afløser, efterfølger（代理人）vikar
こうたい 後退(退却) tilbagetog, retræte —する drage tilbage, trække sig tilbage
こうたいごう 皇太后 enkedronning, enkekejserinde
こうたいし 皇太子 kronprins —妃 kronprinsesse
こうだい・な 広大な enorm, kolossal, gigantisk —無辺の grænseløs, uendelig
こうたく 光沢 glans, skær —のある blændende, skærende —を出す polere〔op〕, pudse
こうち 耕地 dyrkbar jord, opdyrket jord
こうちゃ 紅茶 te —茶碗 tekop —一杯 en kop te
こうちょう 校長(小・中学・高校の) rektor〔på en skole〕, skoleinspektør
こうちょうかい 公聴会 høring
こうちょく・する 硬直する stivne, størkne —した stiv, størknet
こうつう 交通(往来) trafik, færdsel （運輸）transport —機関 transportfaciliteter(pl.), trafikmiddel —規則 trafiklov —違反 trafikforseelse —信号 lyssignal, lyskurv —整理 trafikregulering, lysregulering —事故 trafikuheld, trafikulykke —費 transportomkostninger, rejseomkostninger —渋滞 trafikprop, trafiksammenbrud
こうつごうな 好都合な passende, belejlig, hensigtsmæssig, egnet
こうてい 皇帝 kejser —の kejserlig
こうてい 工程 proces, fremstillingsproces
こうてい 肯定 bekræftelse, samtykke —する bekræfte, samtykke —的な bekræftende
こうでいする 拘泥する være kræsen/fordringsfuld

こうていぶあい　公定歩合　diskonto
こうてつ　鋼鉄　stål
こうてん　公転　omløb, omdrejning　—する dreje(s) rundt
こうてん　好転　forbedring　(経済的な) opsving　—する blive bedre/mere favorabel
こうてんてきな　後天的な　erhvervet
こうど　高度(高さ)　højde　—な(進んだ) fremskudt, fremskreden, avanceret　—計 højdemåler
こうどう　行動　handling, aktion, dåd　—する handle, bære sig ad　—的な handlingsmættet　—半径 aktionsradius
こうどう　講堂　auditorium, foredragssal
ごうとう　強盗(人)　røver, indbrudstyv, bandit　(行為) røveri, indbrud　—を働く røve, stjæle
ごうどう　合同　sammenslutning, forening　(政党の) koalition (共同体) fællesskab　—する sammenslutte, sammensmelte, forene
こうとうさせる　降等させる　degradere
こうとう・の　口頭の　mundtlig　—試問 mundtlig eksamen/prøve
こうとう・の　高等の　højstående, avanceret　—学校 gymnasium　—学校の生徒(高校生) gymnasieelev　—裁判所 landsret　—裁判所判事 landsretsdommer　—動物 højstående dyrart
こうどく　購読　abonnement, subskription　—料 abonnementsafgift　—者 abonnent, subskribent (女性の) abonnine　—する abonnere, subskribere
こうとくしん　公徳心　samfundssind
こうない　港内　i havn
こうない　構内(鉄道の駅などの)　jernbaneområde
こうにゅう　購入　køb　—する købe, handle　—者 køber
こうにん　公認　offentlig erkendelse/indrømmelse　—する autorisere, give fuldmagt/autorisation/bevilling, bemyndige　—会計士 autoriseret revisor　—記録 offentlig erkendt rekord　—候補者 en nomineret

kandidat
こうにん　後任　efterfølger, afløser
こうねん　光年　lysår
こうねんき　更年期　overgangsalder
こうのとり　〈鳥〉stork
こうは　光波　lysbølge
こうば　工場　værksted, fabrik, mindre virksomhed, enmanvirksomhed
こうはい　後輩(学生の)　yngre elev, junior
こうはい　荒廃　ødelæggelse, ruin　―させる ødelægge, ruinere　―した ødelagt
こうばい　購買　køb
こうばい　勾配(傾斜)　skråning　けわしい― skrænt (鉄道・道路の) stigning
こうはん　公判　retssag, retsforhandling　―に付する foretage retssag　(訴訟を起こす) foranstalte et sagsanlæg
こうはん　後半　senere halvdel, anden halvdel
こうばん　交番　lokal politistation
こうひょう　公表(公布)　kundgørelse, offentlig tilkendegivelse (発表) kundgørelse, offentliggørelse　―する kundgøre, offentliggøre, udfærdige
こうひょう　好評　god/velvillig kritik　―を博する gøre populær, vinde〔almindeligt〕bifald　―である være populær
こうふ　工夫　〔jord- og beton〕arbejder
こうふ　坑夫　grubearbejder
こうふく　幸福　lykke, glæde　―な glad, lykkelig
こうふく　降伏　kapitulation, underkastelse　―する kapitulere, underkaste sig, overgive sig
こうふする　公布する　kundgøre, udfærdige
こうぶつ　好物　éns livret
こうぶつ　鉱物　mineral　―の mineralsk　―学 mineralogi
こうふん　興奮　sindsbevægelse, ophidselse, spænding　―している heftig, hidsig, ubehersket　―させるような(映画・本など) spændende, nervepirren-

de —させる ægge, anspore, hidse —する hidse sig op

こうへい 公平 retfærdighed, upartiskhed —な retfærdig, upartisk, fair, ærlig

ごうべん 合弁 sammenslutning

こうほ 候補(立候補) kandidatur —者 kandidat, ansøger, stillingsansøger —に立つ kandidere, stille op til valg

こうぼ 酵母 gær

こうほう 公報 kommunike, 〔officiel〕 meddelelse

こうぼう 興亡 opgang og nedgang

ごうほう 合法 lovlighed, legitimitet —的な lovlig, lovmedhold〔el〕ig, lovmæssig —化する lovliggøre, legitimere

こうま 小馬 pony （子馬）føl, fole 雄の— plag 雌の— ung hoppe

こうまん 高慢 stolthed, arrogance, hovmod —な stolt, hovmodig, arrogant, fornem

ごうまん 傲慢 hovmod, arrogance —な hovmodig, arrogant

こうみょう 光明(光) lys （希望）et svagt håb

こうみょう 功名 hæder, fortjeneste, berømmelse, ry —心 ambition, ærgerrighed —心のある ambitiøs, ærgerrig

こうみょう・な 巧妙な fyndig, sindrig, skikkelig —に fyndigt, skikkeligt

こうみん 公民 medborger —館 medborgerhus （学科としての）—科 medborgerkundskab

こうむ 公務 offentligt hverv —員 offentligt ansat, tjenestemand, embedsmand

こうむる 被る（罰など受ける）pådrage sig, lide （危険などに曝される）udsætte sig for, underkaste sig

こうめい 高名 berømmelse, hæder —な berømt, kendt, hæderfuld

こうもく 項目 artikel （論文・文学などの章）kapitel （簿記の）post

こうもり 蝙蝠 〈動〉flagermus —がさ paraply

こうもん 肛門 〈医〉 anus, endetarmsåbning
ごうもん 拷問 tortur, pinsel
こうやく 膏薬(はり薬) plaster （ぬり薬）salve
こうやく 公約 offentligt løfte —する give offentligt løfte
こうゆう 校友 skolekammerat —会 elevforening
こうよう 公用 offentligt hverv —で på embedes vegne
こうよう 紅葉 efterårsløv
こうよう 効用 nytte, anvendelse （効能）nytte, effekt, virkning
こうようじゅ 広葉樹 løvtræ
こうらく 行楽 udflugt, ekskursion, tur —地 udflugtsområde —に行く ture, turnere
こうり 小売 detail〔salg〕 —店 detailhandel —価格 detailpris, udsalgspris —する sælge en detail
こうり 高利 høj rente, ågerrente —貸し〔業者〕ågerkarl —貸しをする ågre
こうり 功利 nytte, nyttiggørelse —的な nyttig（目的にかなった）formålstjenlig —主義 utilitarisme
ごうり・か 合理化 rationalisering —化する rationalisere —性 rationalitet —主義 rationalisme —的な rationel, fornuftig, fornuftmæssig
こうりつ 効率 effektivitet, funktionsdygtighed —的な effektiv —化する effektivisere
こうりつ 公立 det offentlige —の offentlig（国立の）statslig, statens- (市立の) kommunal
こうりゅう 交流(電気の) vekselstrøm
ごうりゅう 合流する flyde sammen, forenes
こうりょ 考慮 overvejelse, omtanke —する overveje, tænke over
こうりょう 香料(化粧品の) parfume （香辛料）krydderi
こうりょうとした 荒涼とした ødelagt, øde
こうりょく 効力 effekt, virkning —のある effektiv, virkningsfuld
こうりん 後輪(自動車などの) baghjul

こうりん 光輪(後光) glorie, strålekrans
こうりんせつ 降臨節 advent
こうろ 航路 skibsforbindelse (旅客機の) flyforbindelse (一般的に) kurs, rute
こうろう 功労 fortjeneste, værd[i], fortrin
こうろん 口論 skænderi, trætte, kiv —する skændes [med], trættes —好きの kivagtig
こうろん 公論 almindelig omdømme/mening
こうわ 講和 fredsslutning (和解) forsoning, forlig —する slutte fred —条約 fredstraktat, fredsaftale
こえ 声 stemme, røst, mæle 小—で話す tale lavmælt 大—で話す tale højlydt —変り[stemmes-]overgang 叫び— skrig (小鳥のさえずり) kvidder 虫などの— snurren
ごえい 護衛 livvagt, eskorte, garde —する beskytte, forsvare, holde vagt ved —(する人) beskytter, vogter —兵 vagt (王宮の)—兵 hovedvagt
こえだ 小枝 kvist, lille gren
こえび 小えび〈魚〉reje
こえ・る 肥える blive fed (土地が) blive frugtbar —た(体の) fed, tyk (土地の) frugtbar
こえる 越える krydse henover, gå over, springe over, passere
こえる 超える overstige (…よりまさる・しのぐ) overgå (一線を) overskride
コークス koks
ゴーグル beskyttelsesbriller (スキー用など) snebriller
コース (道) vej (軌道・ゴルフなどのコース) bane (行程) løb (課程) fag, kursus
コースター ølbrik
コート (上衣) frakke レイン— regnfrakke (婦人用の) kåbe (テニスなどの) tennisbane
コード (ひも・綱) reb, snøre (電話などの) snor, ledning (ロープ) tov
コーヒー kaffe —豆 kaffebønne —ポット kaffekande
コーラス (合唱)〈楽〉kor

こおり 氷 is —すべり skøjteløb —のような(冷たい) iskold (視線など) isnende —で覆われた islagt —水 isvand — 枕 ispose
こおる 凍る fryse
ゴール (目的) formål （スポーツなどの）mål —キーパー målmand
コールタール stenkulstjære
コールドクリーム koldkrem
こおろぎ 〈虫〉fårekylling
コーンフレーク cornflakes
ごかい 誤解 misforståelse —する misforstå —をまねくような vildledende
こがいしゃ 子会社 datterfirma
こがいで 戸外で udendørs, under åben himmel
コカイン kokain
ごがく 語学 sprogstudier, sprogforskning, lingvistik (言語学) filologi, sprogvidenskab
こかげ 木陰 skygge af træ —で i skyggen af et træ, under et træ
こがす 焦がす svide〔med ild〕, brænde （日光浴で皮膚を）焦がした solbrændt
こがたな 小刀 kniv, lommekniv
こがたの 小形の af lille størrelse, lomme-
ごがつ 五月 maj
こがらな 小柄な lille af statur
こがれる 焦がれる(あこがれる) længes〔efter〕, hige efter (恋をする) forelske sig〔i〕
こがわせ 小為替 postanvisning
こがん 湖岸 søbred
ごき 語気 tone やさしい— sagte tone —を強めて話す tale eftertrykkeligt
こぎって 小切手 check —帳 checkhæfte, checkbog —で払う betale med check —に裏書きする skrive bag på en check —を振り出す trække en check, udstede en check
こきゃく 顧客 kunde, aftager （弁護士などの）klient

こきゅう　呼吸 åndedræt, ånde　—する ånde　—が苦しい have åndedrætsbesvær　—器 åndedrætsorgan　—運動 åndedrætsøvelse
こきょう　故郷 fødested, hjemstavn, fødehjem　—に帰る begive sig til hjem, komme hjem
こぐ　漕ぐ ro　ボートを— ro en båd
ごく　overordentlig, yderst, særdeles
こくおう　国王 konge　(君主) monark, suveræn
こくがい・に　国外に udenlands　—追放 deportation　—の udenrigsk, udenlandsk
こくご　国語 det nationale sprog　母— modersmål（デンマーク語）dansk（日本語）japansk
こくさい　国債(負債) statsgæld　(証券) statsobligation
こくさい・の　国際の/的な international　—電話 international telefonsamtale　—人 kosmopolit　—結婚 giftermål mellem to personer fra forskellige lande　—問題 internationalt problem, diplomatisk sag　—連合 De Forenede Nationer〔短〕FN
こくさん　国産〔品〕 varer fremstillet indenlands
こくじ　告示 kundgørelse, bekendtgørelse　—する kundgøre, bekendtgøre
こくじん　黒人 neger　—女性 negerinde　—系の negroid　—霊歌〔åndelige〕negere sange
こくせい　国勢 national tilstand　—調査 folketælling, mandtal　—調査を行う holde mandtal
こくせき　国籍 nationalitet, statsborgerskab　—を取得する erholde nationalitet　—を喪失する tabe/miste nationalitet　—を与える nationalisere
こくそ　告訴 anklage, sagsanlæg　—する lægge sag an, anklage
こくそう　穀倉 kornmagasin, kornloft
こくそう　国葬 statsbegravelse
こくたん　黒檀〈植〉ibenholt
こくてん　黒点 mørk plet　太陽の— solplet
こくど　国土 land
こくどう　国道 statsvej, hovedvej, landevej

こくないの 国内の indenlandsk, indenrigs
こくはく 告白 tilståelse, bekendelse, skrifte —する tilstå, bekende, skrifte
こくはつ 告発 klage, anklage, sigtelse —する klage, anklage —人(原告) klager, sagsøger
こくばん 黒板 〔væg〕tavle —ふき tavleklud, viskelæder
こくひ 国費 statsudgift〔er〕
こくびゃく 黒白 sort og hvid, ret og uret
こくひん 国賓 officiel gæst
こくふく 克服 overvindelse, betvingelse —する overvinde, betvinge, besejre
こくぶんがく 国文学 japansk litteratur
こくべつ 告別 afsked, farvel —する tage afsked 〔med〕, sige farvel 〔til〕 —式 begravelsesritual
こくほう 国宝 nationalt klenodie, nationalskat 人間— levende nationalt klenodie, levende nationalskat
こくほう 国法 grundlov
こくぼう 国防 〔nationalt〕 forsvar, defensiv, landeværn
こくみん 国民 borger, folk, folkeslag, nation —総生産 bruttonationalprodukt —感情 nationalfølelse —年金 folkepension —性 nationalkarakter —高等学校 folkehøjskole
こくもつ 穀物 korn (hvede, ris etc), sæd
こくゆう・の 国有の statslig, national —化する nationalisere
ごくらく 極楽 paradis —のような paradisisk —鳥 paradisfugl
こくりつ・の 国立の stats-, national —公園 nationalpark —劇場 nationalteater —学校 statsskole
こくれん 国連 De Forenede Nationer 〔短〕FN
こけ 苔 〈植〉 mos —むした mosagtig, mosgroet
こけい・の 固形の solid, fast —食品 fast føde —燃料 fast brændstof

こげちゃいろ 焦茶色 mørkebrun, umbra
こげ・る 焦げる svides —た svedet, brændet
ごげん 語源 etymologi
ここ (場所) her —の heraf —から herfra —に/へ herhen, hit —で heri —かしこに hist og her
ここ 個々 individ (人の) enkeltmenneske —の enkelt, individuel —に enhver
ここ 古語 gammeldags udtryk
ごご 午後 eftermiddag —に om eftermidagen
ココア kakao
こごえ・る 凍える fryse —死ぬ fryse ihjel —た forfrossen
ここく 故国 fædreland, hjemland
ここち 心地(感じ) følelse (気分) humør —よい behagelig, yndig, hyggelig
こごと 小言(おしかり) skænd, irettesættelse (不平) beklagelser, klage (とがめ) dadel —をいう skælde ud —をいわれる blive skældt ud
こごむ 屈む bøje sig [forover], sætte sig på hug
こころ 心(心情) hjerte, sind (感覚) sans (感情) følelse, humør, fornemmelse (精神) mentalitet, ånd (意志) vilje (考え) ide —がけ sindelag —細い ulykkelig, fortvivlet, modfalden, hjælpeløs —をうつ (感動する) røre sig, få et indtryk af —を奪う erobre, vinde [ngs. hjerte]
こころいくまで 心行くまで tilstrækkelig, nok
こころざ・し 志(大望) ambition, aspiration (目的) hensigt, formål, forsæt (希望) ønske, begær (決意) beslutning (好意) venlighed, velvilje (贈り物) present, gave —す have til hensigt
こころづけ 心付け drikkepenge, belønning
こころみ 試み test, forsøg, prøve —る forsøge, prøve, eksperimentere —に forsøgsvis
こころもち 心持ち(感じ) følelse (気分) humør, sindsstemning (少し) smule, gran
こころよ・い 快い rar, behagelig —く gerne, villigt
ござ tynd stråmåtte

ごさい 後妻 hustru i andet ægteskab, éns anden hustru
こざいくする 小細工する gå og lumske, forfalske
こさく 小作 forpagtning —する forpagte —人 forpagter —地 forpagtergård —料 forpagtningsafgift
こさめ 小雨 støvregn, småregn （こぬか雨）finregn
こざら 小皿 asiet
ごさん 誤算 fejlvurdering, fejlskøn —する fejlvurdere
こし 腰（身体の）hofte, liv, midje （ウェストライン）talje —をかける sætte sig, sidde〔ned〕—を抜かす lamme〔s〕, paralyseres —の低い beskeden, ærbar —元 hofdame — 痛 lumbago, hekseskud
こじ 孤児 et forældreløst barn —になる blive forældreløs
こじあける こじ開ける bryde op
こしかけ 腰掛け stol （長いす）bænk （ソファー）sofa —る sidde〔ned〕, sætte sig
こじき 乞食（人）tigger （行為）tiggeri —する tigge —根性 nedrighed
こしつ 固執 fastholdelse —する holde fast ved, fastholde
ゴシック・スタイル gotik —の gotisk
ごじゅう 五十 femti, halvtreds
ごじゅうそう 五重奏 kvintet
ごじゅん 語順 ordstilling
ごじょ 互助 gensidig hjælp
こしょう 胡椒 peber —入れ peberbøsse —をきかす pebre
こしょう 故障（破損）skade （欠陥）fejl （瓦解）sammenbrud （支障）hindring —する gå i stykke, bryde sammen
ごしょく 誤植 trykfeil —表 trykfejlsliste
こしらえる fremstille, fremskaffe
こじん 個人 én person, individ （私人）private —の individuel —的な personlig, privat —教授 privatundervisning, enetimer —教授を受ける læse privat —

企業 enmandsvirksomhed —主義 individualisme
- こす 越す(越えて行く) gå over, krydse〔henover〕, passere (年月を) tilbringe (まさる) overstige, overgå, overskride
- こす 濾す filtrere, sive
- こすい 湖水 sø, indsø
- こずえ 梢 trækrone, trætop
- こする 擦る gnide, skrabe (ブラシで) brøste (こすって温める) gnubbe (こすって磨く) skrubbe
- こせい 個性 individualitet, personlighed
- ごせい 悟性 forstand, forståelse
- こせき 戸籍 folkeregister〔et〕
- こせき 古跡 historisk plads, mindesmærke (廃虚) ruin
- こぜに 小銭 småpenge, småmønt
- こせん 古銭 gamle mønter
- ごぜん 午前 formiddag —に(今日の) i formiddags
- こせんきょう 跨線橋 bjælkebro
- ごそうする 護送する eskortere
- こそこそと i smug, i skjul〔af〕, i det skjulte (しのび足で歩く) snige —話す tale i hemmelighed
- こたい 固体 fast stof, fast legeme —の fast〔form〕
- こだい 古代 fortid, oldtid, gamle tider —の i/fra fortiden/oldtiden, fortids-, ældgammel —の遺物 fortidslevninger
- こだいこ 小太鼓 lilletromme
- こだいもうそう 誇大妄想 storhedsvanvid
- こたえ 答え(返答) svar (応答) genmæle, svar (解答) løsning, besvarelse —る svare på ngt.: løse, besvare (反論する) gendrive imødegå
- こだま 谺 ekko, genlyd —する give ekko, genlyde
- こだわる forhindre, være imod
- ごちそう 御馳走(祝宴) festmåltid (おいしい料理) lækker ret (もてなし) underholdning —する(もてなす) beværte, traktere, byde en på —になる blive beværtet —さま tak for mad
- こちゃく・する 固着する sætte fast (糊で) klistre

―剤（定着液など）fiksativ
ごちゃごちゃ・の forvirret, konfus, fortumlet ―に i uorden ―にする bringe i uorden, volde virvar
こちょう 誇張 overdrivelse （修辞の）hyperbel ―する overdrive, gøre blæst af ―的な overdreven, umådeholden〔de〕
こちょう 胡蝶 sommerfugl
こちら・に （場所）her, på dette sted （このあたりに）heromkring ―側 denne side ―へ herhen ―の方 denne her ―さま denne person （当方）vi, jeg （電話で）―は…です Det er ...
こつ tag, håndelag, greb
こっか 国家 stat, nation, land ―主義 nationalisme ―公務員 statsembedsmand
こっか 国歌 nationalmelodi, nationalsang
こっかい 国会 parlament （デンマークの）Folketinget ―議員 parlamentsmedlem （デンマークの）folketingsmand ―議事堂 parlamentsbygningen
こづかい 小遣い〔銭〕 lommepenge, nålepenge
こっかく 骨格 skelet
こっき 国旗 nationalflag ―を掲げる hejse et nationalflag
こっきょう 国境 landegrænse ―線 grænselinie
コック （料理人）kok （水道・たるなどの）hane ―見習い（男）kokkedreng （女）kokkepige
こっけい 滑稽 sjov, skæmt, morskab, narrestreg ―な komisk, morsom, latterlig
こっこ 国庫 statskasse〔n〕 ―補助 statshjælp
こっこう 国交 diplomatisk forbindelse
こっこくと 刻々と hver time
こっせつ 骨折 benbrud, fraktur, knoglebrud
こっそり〔と〕 i det skjulte, stjålent, i al hemmlighed （そっと）tyst
こづつみ 小包 pakke ―郵便 pakkepost
こっている 凝っている hengiven, absorberet, tilbøjelig
こっとう 骨董〔品〕 antikvitet, oldtidsminde ―屋/店

antikvitetshandel —収集家 antkvitetssamler
こつばん 骨盤〈医〉bækken
コップ glas, bæger, kop （大型の）krus, ølkrus
こて 鏝（裁縫用）strygejern （理髪用）krøllejern（左官用）murske
こてい 固定 fastlæggelse, fastsættelse —する fæstne, blive fæstnet, sidde fast, fikse —観念 fiks ide, besættelse, tvangstanke —資産税 kommuneskat
こてん 古典（作品・研究者）klassiker —的な/の klassisk —音楽 klassisk musik
こと 事（事柄）sag, ting …する— det at … （問題）spørgsmål （事実）faktum, omstændighed （事情）omstændighed （出来事）hændelse, begivenhed, tilfælde （事故）ulykke, ulykkestilfælde （面倒）besværlighed, bekymring, kludder, vrøvl
ことう 孤島 fjern〔tliggende〕ø, øde ø
こどう 鼓動 hjerteslag
こどうぐ 小道具（演劇などの）rekvisit
こどく 孤独 ensomhed, enlighed —な ensom, alene, enlig
ことごとく 悉く alt, alting
ことさらに 殊更に specielt, særegent
ことし 今年 i år —の夏 i sommer
ことづけ 言付け afsendelse af mundtlig besked/meddelelse —する sende en mundtlig besked
ことなる 異なる være anderledes/usædvanlig/forskellig （等しくない）være ulige
ことに 殊に（とりわけ）især, specielt, særegent （によりも）fremfor alt （格別に）overordentlig
…ごとに hver 日—に hver dag …する— for hver gang ngt. sker
ことば 言葉（単語）ord （文章）sætning （言語）sprog （表現）udtryk
こども 子供 barn （赤ん坊）baby （男の子）dreng, gut （女の子）pige, jomfru, tøs （息子）søn （娘）datter —部屋 børneværelse —服 børnetøj —らしい barn-

lig —の頃 barndom
ことり 小鳥 småfugle(pl.)
ことわざ 諺 ordsprog （格言）maksime, aforisme （伝説）legende
ことわ・り 断り afslag, forkastelse, vægring, nægtelse —る（拒絶する）afslå, vægre sig, forkaste, nægte （取り消す）sende/melde afbud （放棄する）afstå（辞退する）afbøje （言い訳）undskyldning
こな 粉（穀類の）mel （粉末）pulver 米の— rismel 小麦の— hvedemel —ミルク mælkepulver —石鹼 sæbepulver, vaskepulver —薬 pulver —屋 møller
こなごなに・する 粉々にする smuldre, pulverisere —なる pudre sig
こなゆき 粉雪 løs sne
こにもつ 小荷物 postforsendelse —取扱所 rejsegodsekspedition
ごにん 誤認 misforståelse, fejltagelse —する misforstå, tage fejl af
こねこ 小猫 killing〈幼児語〉mis, missekat, pus
こねる 捏る ælte 理屈を— anvende spidsfindighed
この denne, dette —間 den anden dag, for ngn. tid siden —頃 nu til dags, for nylig —頃の nuværende —まえ sidste gang —つぎ næste gang, en anden gang —へんに i nærheden
このましい 好ましい ønskelig, god, attråværdig
この・み 好み forkærlighed （食べ物の）smag （楽しみ）behag （傾向）tilbøjelighed —む kunne lide —んで frivilligt
こばいにん 故買人 hæler
こはく 琥珀 rav
こばむ 拒む（拒絶する） afslå, vægre sig, forkaste, nægte （反対する）opponere, modarbejde
こはん 湖畔 søbred
ごはん 御飯〔kogte〕ris —を炊く koge ris （食事）mad
コピー kopi —する kopiere
こひつじ 子羊〈動〉lam

こびと 小人 dværg, lilleput （幼児）pusling
ごびゅう 誤謬 fejl, fejltagelse
こぶ 瘤(打撲による) bule （らくだなど背中の）pukkel（木の）knast（しこり）knude（はれもの）svulst, byld
こふう 古風 gamle skikke, gammel stil —な gammeldags
ごふくや 呉服屋(人) manufaktur handler （店）manufakturhandel
こぶし 拳 〔knyt〕næve —を固める knytte næve
こぶする 鼓舞する inspirere, befrugte, indgive
こぶとりの 小太りの buttet, trind
こぶね 小舟 ege, jolle （はしけ）pram
こべつ・に 戸別に fra dør til dør —訪問販売する sælge ved dørene —訪問販売人 dørsælger
コペンハーゲン København —の郊外列車 S-tog
ごほう 誤報 falsk meddelelse （虚報）avisand
ごぼう 〈植〉burre
こぼす 零す(水などを) spilde, dryppe （涙を）fælde tårer （不平を）klage, påtale
こぼれる 零れる(溢れる) flyde over （したたる）dryppe（粉などまき散る）sprede（まき散らす）strø
こま 独楽 〔snurre〕top
ごま 胡麻 〈植〉sesam 開け— sesam luk dig op! —油 sesamolie
こまかい 細かい(小さい) lille, mikroskopisk, fin （詳細な）detaljeret（あら探しの）smålig（ささいな）ubetydelig, uvigtig（金銭に）nærig
ごまかす 誤魔化す(だます) narre, snyde （だまし取る）bedrage（着服する）begå underslæb, tilegne sig（隠す）dølge, gemme（小細工する）lumske sig, forfalske
こまぎれ 細切れ(肉などの) hakket kød
こまく 鼓膜(耳の) trommehinde
こまた 小股 trip —に歩く trippe —をすくわれる 〔få til at〕snuble/falde
こまどり 駒鳥 〈鳥〉rødhals, rødkælk

こまもの 小間物 galanterivarer (pl.), kortevarer (pl.) —店 galanterihandel
こま・る 困る blive forlegen/vred/bekymret, komme i en vanskelig situation …しては—ります det vil genere mig hvis du, det er et problem hvis —りました jeg har et problem それは—りましたね det var vel nok ærgerligt —らす forvirre, gøre forlegen
ごみ 芥(ごみ) snav (ちり・ほこり) støv (かす) affald, skrot (台所の生ごみ) køkkenaffald (ほこりをたてる) støve —箱 affaldsspand —袋 affaldspose
こみあげる 込み上げる(感情が) blive rørende, fylde af sindsbevægelse (むかつく) have kvalme
こみいる 込み入る(紛糾する) være kompliceret, vikle sig ind i, blive indviklet
こみち 小道 sti, gangsti, gyde (路地) stræde
こむ 込む・混む blive 〔over〕fyldt 〔af mennesker〕
ゴム gummi —ひも gummibånd, elastik —輪 gummibånd, elastik 消し— viskelæder
こむぎ 小麦 hvede —粉 hvedemel —色の lysebrun
こめ 米 rå ris, riskorn —粒 risengryn
こめかみ 〈医〉 tinding
ごめん・なさい 御免なさい(すみません) undskyld, jeg beklager —下さい(入ってもいいですか) må jeg komme indenfor? (どなたかいらっしゃいますか) hallo, er der ngn. hjemme?
こもり 子守(人) barneplejerske (仕事) børnepasning —歌 vuggesang, vuggevise
こもん 顧問 vejleder, rådgiver —弁護士 en juridisk rådgiver
こや 小屋 hytte, bod, barak (納屋) skur (牛・馬の) ladegård, kostald (鶏の) hønsegård, hønsehus (見世物の) telt (芝居の) lille teater
こやぎ 子山羊 〈動〉 gedekid, kid
ごやく 誤訳 fejloversættelse, gal oversættelse —する oversætte fejl
こやし 肥やし gødning, møg —をやる gøde
こやす 肥やす(地味を) gøde, opfede (家畜などを)

opfede（富ませる）berige
こやま 小山 høj, bakke
こゆう・の 固有の karakteristisk, speciel, egen （生来の）medfødt （本来の）original ―名詞 egennavn, proprium
こゆび 小指（手の）lillefinger （足の）lilletå
こよう 雇用 beskæftigelse, ansættelse, syssel〔sættelse〕 ―する ansætte, sysselsætte ―主 arbejdsgiver ―主連盟 arbejdsgiverforening
コヨーテ 〈動〉 prærieulv
こよみ 暦 kalender, almanak
こらえる 堪える（がまんする）udholde, udstå, bære （対処する）klare
ごらく 娯楽 fornøjelse, forlystelse, glæde ―場 spillehal （屋外の）forlystelsespark, tivoli
こらしめ 懲らしめ straf, sanktion ―る straffe, afstraffe
こりしょうの 凝り性の kræsen, forvænt, overforfinet
こりつ 孤立 isolation ―した isoleret, ensom ―する være isoleret/ensom ―させる isolere, udskille
こりょする 顧慮する tage hensyn til, lægge vægt på
ゴリラ 〈動〉 gorilla
こる 凝る（硬直する）stivne, blive stiv （打ち込む）hellige〔sig〕（服装などに）være snobbet
コルク kork ―栓 korkprop
コルセット korset
ゴルフ golf ―コース golfbane ―クラブ golfkølle ―をする人 golfspiller
これ denne ting her ―で hermed ―から fra nu af, fremover ―からの fremtidig, kommende ―から先 herefter ―まで（今まで）hidtil, indtil nu （ここまで）hit, herhen （呼びかけ）se her, halløj
コレクション samling, kollektion
コレクトコール （電話の）modtageren betaler
コレラ 〈病〉 kolera ―菌 kolerabacille
ごろ 頃（時）cirka, omkring

ごろ 語呂(よい) velklang, vellyd —のよい velklingende —が悪い uharmonisk
ころがす 転がす trille, snurre (倒す) fælde, slå ned
ころがる 転がる rulle ned, falde om (…から転がり落ちる) falde ned fra
ころす 殺す dræbe, slå ihjel, aflive (虐殺する) myrde (屠殺する) slagte (抑制する) afholde
コロッケ kroket
ごろねする ごろ寝する tage sig en lur
ころぶ 転ぶ ramle, falde, trille, snuble
こわい 怖い・恐い forfærdelig, frygtelig, forskrækkelig, skræmmende, skræmt (気味が悪い) afskyelig, fæl, uhyggelig
こわいろ 声色 stemmeefterligning, imitation af en andens stemme
こわが・る 怖がる・恐がる være bange/ræd for, blive skræmt —らせる forskrække, skræmme
こわす 壊す(破壊する) bryde, ødelægge, tilintetgøre (損害を与える) skade (狂わす) bringe i ulave, køre ned (健康を) vakle helbred, blive syg
こわば・る 強張る stivne, hærdne —った stiv, hærdet
こわれる 壊れる(砕ける) gå sønder/itu, gå i stykker (破損する) blive skadet
こん 紺 marineblå
こん 根 〈数〉rod
こんいな 懇意な fortrolig, intim, familiær
こんがらかる blive indviklet, bringe i urede
こんがん 懇願 opfordring, henvendelse, andragende —する andrage 〔om〕, anmode 〔om〕
こんき 根気 udholdenhed, ihærdighed —のよい udholdende, ihærdig
こんき 婚期 giftefærdig alder —を逸した女性 gammel jomfru
こんきゅう 困窮(貧困) fattigdom, afsavn, armod (困苦) nød, knibe —している være fattig/arm, lide nød

こんきょ　根拠　grundlag, grundvold, basis　(実例) belæg (典拠) kilde　—のある velbegrundet, velfunderet　—のない grundløs, urimelig (不当な) ubillig　—地 base
ごんぎょう　勤行　andagtsøvelse, gudstjeneste
こんく　困苦　nød, knibe, besvær, møje
コンクール　konkurrence
コンクリート　beton　鉄筋— armeret beton　—ミキサー betonblandemaskine
ごんげ　権化　personifikation
こんけつ　混血　raceblanding　(黒白人) mulat (欧亜人) eurasier　—の halvblods, af blandet race
こんげつ　今月　denne måned　—中に i løbet af denne måned
こんげん　根元・根源　oprindelse, ophav, kilde
こんご　今後　〔i〕tiden fremover, herefter　—の fremtidig, kommende　—は i fremtiden, fremdeles
こんごう　混合　blanding　—する blande
コンサート　〈楽〉koncert
こんさい　根菜　rodfrugter(pl.)
こんざつ　混雑　trængsel, vrimmel　(混乱) forvirring, uorden (乱雑) roderi　—する trænges, flokkes
こんしゅう　今週　denne uge　—中に i løbet af denne uge
こんすい　昏睡　koma, dyb bevidstløshed
こんせき　根跡　spor, mærke
こんぜつ　根絶　udslettelse, udryddelse　—する udslette, udrydde
コンソメ　consommé
こんだて　献立(食物の)　menukort, spisekort, menu (手配) arrangement, forberedelse
こんちくしょう　こん畜生！　så for satan!, satans også!
こんちゅう　昆虫　insekt　—学 entomologi　—採集 insektsamling
こんど　今度　denne gang　(このつぎ) næste gang, snart (最近) for nylig, i den senere tid

こんどう 混同 blanding （混乱）forvirring, uorden ―する blande sammen

ゴンドラ gondol

コントラバス 〈楽〉kontrabas

こんとん 混沌 kaos, forvirring ―とした kaotisk, forvirret

こんな denne slags, sådan〔som〕

こんなに så meget〔som dette〕, så, i den grad

こんなん 困難 besvær, bryderi, vanskelighed ―な besværlig, brydsom, vanskelig ―に打ち勝つ overvinde

こんにち 今日 nu om dage, idag （現今の）nuværende, nutidens ―は（挨拶）goddag

コンパ sammenskudsgilde, lille fest

コンパートメント （客車の）kupé

コンパクト （化粧用の）〔lille〕pudderdåse

コンパス （両脚器）passer （ら針盤）kompas

こんばん 今晩 i aften ―は（挨拶）godaften

コンビーフ sprængt oksekød

コンビニ døgnkiosk, døgnbutik

コンピューター datamaskine, computer

こんぼう 棍棒 knortekæp

こんぽん 根本 grund〔lag〕, basis, rod （根元）kilde, ophav （本質）væsen ―的な væsentlig, grundlæggende, fundamental ―的に i bund og grund

コンマ komma

こんや 今夜 i aften, i nat

こんやく 婚約 forlovelse ―する forlove sig〔med〕―者〔ens〕forlovede ―指輪 forlovelsesring ―期間 forlovelsestid ―を破棄する hæve forlovelse

こんらん 混乱 uorden, kaos, sammenblanding, forvirring ―する blive forvirret ―させる forvirre

こんりゅう 建立 opbygning ―する bygge op, konstruere

こんわく 困惑 forlegenhed, bryderi ―させる bringe en i forlegenhed

さ

さ 差 forskel, adskillelse —がある der er forskel —をつける adskille sig
さあ 〔間投詞〕nå!, kom nu! (ためらい) tjah
サーカス cirkus —小屋 cirkustelt
サークル cirkel, kreds
サービス (奉仕) god betjening, service —する betjene, varte op, servere —料(レストランなどの) drikkepenge
サーブする (テニスなどで) serve (サーバー) server
さい 犀〈動〉næsehorn
さい 際 hvor, når, da あのーに ved den lejlighed, i det tilfælde …にーして på et tidspunkt hvor
さい 才(才能) talent, evner(pl.) —がある have talent —のある dygtig, talentfuld, begavet 天— geni
さい- 再〔接頭語〕gen-, om-, over-
さいあいの 最愛の højt elsket
さいあく 最悪 det værste —の場合に i værste fald
ざいあく 罪悪(宗教・道徳的な) synd (法律上の) forbrydelse, brøde
さいえん 菜園 køkkenhave
さいかい 再会 gensyn, genforening —する mødes igen
さいかい 再開 genåbning, genoptagelse —する genoptage
さいがい 災害 ulykke, uheld 大— katastrofe —保険 ulykkesforsikring
ざいかい 財界 finansverden, finanskredse
ざいがく・する 在学する gå i skolen, studere ved universitetet —中に i éns skoletid
さいかくにん 再確認 bekræftelse
さいきん 最近 for nylig, i den senere tid (現代的な) moderne, nutidig, nymodens

さいきん 細菌 bakterie, bacille, virus —学 bakteriologi

さいく 細工(製作) håndværk〔sarbejde〕(手工芸) håndværk, kunsthåndværk, håndarbejde (術策) trick, kneb, fif, fidus (術策を用いる) bedrage, dreje én knap, forbryde sig mod, forstille sig

さいくつ 採掘 minedrift, minearbejde —する grave efter, bryde〔malm〕—権 ret til at bearbejde et malmleje

サイクリング cykling —する gøre en cykeltur

さいくん 細君 〔ens〕kone

さいぐんび 再軍備 genoprustning —する genopruste

さいけつ 裁決 dom, afgørelse

さいけつ 採決 afstemning —する stemme om

さいげつ 歳月 tiden

さいけん 再建 genopbygning —する genopbygge

さいけん 債権 obligation, fordring, tilgodehavende, kredit —者 fordringshaver, kreditor

さいけん 債券 kredit, obligation

ざいげん 財源 indtægtskilde (資金) kapital, fund

さいご 最後 den sidste, ngt. ultimativt —の sidst〔e〕, ultimativ〔e〕 —に til sidst, endelig —まで til de sidste, til ende

ざいこ 在庫 lager —品 varelager —調べ lageroptælling, beholdningsopgørelse

さいこう 最高 den højeste, ngt. ekstremt, maksimum —の højeste —裁判所 Højesteret —裁判所判事 højesteretsdommer —学府 universitet, højeste læreanstalt —速度 højeste hastighed

さいこう 再興(復活) genoplivelse, genoplivning, genopførelse —する genoplive〔s〕, genopføre

さいこう 再考 genovervejelse —する genoverveje, tage op til revision

さい・ころ 骰子 terning —は投げられた terningerne er kastet

さいこん 再婚 andet ægteskab —する gifte sig igen

さいさん 再三 igen og igen, gentagne gange
さいさん 採算 profit
ざいさん 財産 aktiver, formue, værdier, ejendom ―目録 inventar〔ie〕liste ―税 formueskat ―家 rigmand, velhaver
さいし 妻子 familie, 〔ens〕kone og børn
さいしあい 再試合 omkamp
さいじつ 祭日 〔national〕helligdag
さいして 際して på et tidspunkt hvor
さいしゅう 採集 samling〔af fx. sommerfugle〕(植物の) plukning ―する samle på (花などを) plukke
さいしゅう 最終 den sidste ―の sidste ―的には yderst
さいしゅつ 歳出 årlige udgifter (pl.)
さいしょ 最初 den første, begyndelsen ―の først, oprindelig ―に for det første ―は i begyndelsen
さいしょう 最小 den mindste, minimum ―の mindst ―公倍数 mindste fællesmultiplum ―公分母 laveste fællesnævner
さいしょう 宰相 premierminister, statsminister
さいじょう 最上 den bedste ―の bedst ―品 kvalitetsvare (文法の)―級 superativ
さいしょく 菜食 plantekost, vegetarmad ―主義者 vegetarianer
さいしん 最新 den nyeste ―の nyest〔e〕 ―式 den nyeste mode/stil
サイズ mål
ざいせい 財政 økonomiske forhold, finanssager ―の finansiel
さいせいき 最盛期(全盛期) guldalder (出さかり) sæson
さいせん 再選 genvalg ―を目指す søge genvalg
さいぜん 最善 éns bedste ―をつくす gøre sit bedste
さいそく 催促 anmodning, begæring, efterspørgsel ―する anmode om, begære, presse
サイダー cider

さいだい 最大 den største, maksimum —の størst〔e〕 —限度にする maksimere —公約数 største fællesdivisor
ざいたくする 在宅する være hjemme
さいたん 最短 den korteste —の kortest〔e〕 —距離 korteste afstand
さいだん 裁断(洋服の) skæring (裁決) dom, afgørelse —する skære (裁決する) dømme, afgøre —師 tilskærer
さいだん 祭壇 alter
ざいだん 財団 fond, stiftelse
さいちゅうに 最中に midt under, midt imens
さいてい 最低 den laveste, minimum (最悪) den værste —賃金 minimalløn —価格 minimalpris
さいてい 裁定 retskendelse
さいてき 最適 den bedste, det meste passende
さいてん 採点 anmærkning (競技の) antal, scoring —する give karakter for, censurere (競技の) score
さいなむ 苛む pine, plage, tortere
さいなん 災難(不幸) uheld, ulykke (災禍) ulykke, katastrofe
さいにゅう 歳入 årlige 〔stats〕indkomst/〔stats〕indtægt
ざいにん 罪人(法律上の) forbryder, gerningsmand (未決の) den anklagede (既決の) straffefange (宗教上の) synder
さいねんちょうしゃ 最年長者 ældste person
さいのう 才能 talent, evne —がある have talent —のある dygtig, talentfuld, begavet —を伸ばす dyrke sine evner
さいばい 栽培 dyrkning, avl, kultur
さいはつ 再発(病気などの) tilbagefald
ざいばつ 財閥 finansgruppe (富裕階級) plutokrati (資本家) pengemand, kapitalist
さいはっこうする 再発行する genudsende, genoptrykke
さいばん 裁判 retssag, dom —する dømme —官

さいひょうせん　　198

dommer　—長 retsformand, retspræsident　—所 domhus, retsbygning, retsinstans（法廷）domstol（判決）dom（裁定）retskendelse

さいひょうせん　砕氷船 isbryder

さいふ　財布〔penge〕pung, portemonnæ

サイフォン　sifon

さいへん　細片・砕片（石の）skærver (pl.)（木・骨・ガラスなどの）splint

さいへんせい　再編成 omgruppering, omorganisering　—する omgruppere, omorganisere

さいほう　裁縫 syning（仕立て）skrædderi　—する sy　—台 sybord　—材料 syartikler (pl.)

さいぼう　細胞 celle　—学 celleforskning　—組織 cellevæv　—核 cellekerne

さいまつ　歳末 ende af år, års ende

さいみん　催眠 hypnose　—術をかける hypnotisere　—術師 hypnotisør　—剤 sovepille, sovemiddel

さいむ　債務 gæld, skyld　—者 skyldner

ざいもく　材木 tømmer, træ　—置場 tømmerplad　—商人 tømmerhandler

さいよう　採用 accept, optagelse（雇うこと）antagelse, ansættelse　—する acceptere, ansætte

ざいりょう　材料 materiale, stof（原料）råmateriale, ingredienser (pl.)（資料）data, kildeskrift, kildested

さいれい　祭礼 ritual, højtid, festival　—の rituel, høytidelig

サイレン　sirene

サイロ　silo

さいろく　採録 notering, nedskrivning　—する notere

さいわい　幸い held, lykke, glæde　—な lykkelig, glad, heldig　—に heldigvis

サイン（署名）underskrift, signatur（合図）signal, tegn（暗号）chifferskrift（正弦）〈数〉sinus（署名する）underskrive, signere（合図する）signalere, give tegn

サウナ〔finsk〕badstue

…さえ selv, enda ……—すれば hvis blot, hvis bare
さえぎる 遮る forhindre, afbryde
さえずる 囀る kvidre, trille —声 kvidder
さお 竿 stang, stok 竹— bambusstok —秤 bismer
さか 坂 bakke, skråning, hældning 上り— opadgående skråning, stigende vej 下り— nedadgående skråning, faldende vej
さかい 境(境目) grænse (国境) statsgrænse —を接する grænse〔op〕til
さかえ 栄え(繁栄) velstand, succes, blomstring —る have succes, blomstre, trives (栄華) ære, herlighed, glans
さがく 差額 margen/margin
さかさま・の 逆さまの omvendt, inverteret (上下が)— vendt op og ned —に omvendt, vendt op og ned —にする vende op og ned på, vende om på (うしろ・まえに) omvendt med bageste del frem
さがす 探す・捜す lede efter, søge〔efter〕, se efter (捜索する・追跡する) spore
さかずき 杯・盃 vinglas, 〔drikke〕bæger, pokal —を干す tømme vinglas
さかだち 逆立ち(両手だけの) håndstand
さかだつ 逆立つ(毛が) rejse børster
さかな 魚 fisk —を取る fange fisk —を釣る fiske —釣り fisketur —屋(店) fiskehandel, fiskebutik —の卵 rogn —料理 fiskeret (肴・酒のつまみ) ngt. at spise, mundfuld mad
さかのぼる 遡る(川を) gå op〔pe〕ad floden, gå mod strømmen (昔に) gå tilbage〔til〕
さかば 酒場 bar, værtshus, kro (下級の) knejpe
さからう 逆らう(反対する) opponere〔mod〕, modsætte sig (反ばくする) bestride, modsige (従順でない) være ulydig
さかり 盛り(絶頂) højdepunkt (人生の)〔livets〕bedste tid (花の) i fuldt flor —場 forlystelseskvarter
さがる 下がる(垂れ下がる) hænge nedad (低下す

さかん 左官 murer
さかん・な 盛んな(隆盛の) blomstrende, fremgangsrig (活気のある) livagtig, virksom —になる blomstre, gøre fremgang, trives (活発になる) blive livagtig/virksom
さき 先(先端) spids, 〔den forreste〕ende (目的) mål (未来) fremtiden (以前に) tidligere, forudgående (前の) forhenværende —に først (おさきにどうぞ) værsågod at gå først (おさきに失礼) undskyld jeg 〔gør ngt.〕først
さぎ 鷺 〈鳥〉 hejre
さぎ 詐欺 bedrageri, bedrag, svindel (偽造) falskneri —をする bedrage, lure —師 bedrager, svindler
さきおととい 一昨昨日 for tre dage siden
さきがけ 先駆け initiativtager, frontløber, pioner
さきごろ 先頃 for ngn. tid siden (先日) forleden dag (近頃) for nylig
さきどりする 先取りする tage forskud 〔på〕
さきばらい 先払い(前払い) forudbetaling —する give forskud, betale forud
さきほど 先程 for lidt siden
さきゅう 砂丘 klit, mile
さぎょう 作業 værk, arbejde —場 værksted, arbejdsplads —服 arbejdstøj (仕事着) overall
さきん 砂金 guldstøv
さきんずる 先んずる komme forud for, komme i forkøbet
さく 咲く blomstre, stå/være i blomst/flor
さく 裂く(引き破る) rive itu, flænge (細かく) flunse (割る) kløve, flække
さく 柵 gærde, hegn —で囲う omgærde —の戸・木戸 led, låge
さくいん 索引 indeks, register, indholdsfortegnelse —をつける forsyne med register/indholdsfortegnelse
さくげん 削減 nedskæring, reduktion —する skære

ned, reducere
さくじつ 昨日 i går
さくししゃ 作詞者 sangskriver, tekstforfatter
さくしゃ 作者(著者) forfatter (作曲者) komponist (芸術作品の) kunstner
さくしゅ 搾取 udnyttelse, rovdrift —する eksploitere, udnytte, udbytte
さくじょ 削除 eliminering, udelukkelse, udeladelse —する eliminere, udelukke〔fra〕, udelade
さくせん 作戦(戦術) taktik, strategi (軍隊の) militær manøvre —計画 taktisk/strategisk planlægning
さくどう 策動 politisk manøvrering, manipulering —する manipulere
さくねん 昨年 sidste år, i fjor
さくばん 昨晩 i går aftes, sidste nat
さくひん 作品 værk, arbejde, produkt 芸術— kunstværk
さくぶん 作文(文章) essay, skrift (作ること) forfatterskab (学科の) stil
さくもつ 作物(農作物) landbrugsprodukt (収穫) høst, indhøstning, 〔høst〕udbytte, afgrøde —をつくる frembringe, avle, producere
さくや 昨夜 i går aftes, sidste nat
さくら 桜(木) kirsebær〔træ〕 —の花 kirsebær
さくらそう 桜草〈植〉 primula, kodriver
さくらんぼ 桜桃 spansk kirsebær
さくりゃく 策略 list, kneb, trick, kunstgreb (戦略) strategi —家 intrigemager (戦略家) strateg
ざくろ 拓榴〈植〉 granatæble —石 granat
さけ 鮭〈魚〉 laks
さけ 酒 spiritus, spirituøs drik (日本酒) sake (焼酒) japansk 〔ris〕brændevin (ぶどう酒) vin (アルコール性飲料) alkoholiske drikke —を飲む drikke sake —飲み en drikkende person, dranker 酒屋 spiritusforretning —醸造所 sake bryggeri
さけい・する 左傾する hælde til venstre —的な ven-

さけ・び 叫び (大声での) råb, udråb (高い声での) skrig, hvin —ぶ råbe, skrige, hvine (わめく) vræle

さけめ 裂目 revne, sprække, kløft, spalte

さける 裂ける revne, sprække, kløves, blive revet over (破裂する) briste, knække

さける 避ける (よける) undvige, afvende, undgå (嫌って) sky (近づかない) holde sig fra

さげる 下げる (つるす) hænge (綱で降ろす) fire ned (音を) dæmpe, sænke (値段などを) nedsætte (位を) degradere (軍刀などを) bære [på], holde (片付ける) tage ngt. bort, rydde

さげん 左舷 bagbord

さこつ 鎖骨〈医〉kraveben

ささいな 些細な ubetydelig, uvigtig, uanselig —こと ubetydelighed, bagatel, småsag

ささえ 支え (支持) støtte, hjælp (支柱) støtte, søjle, afstiver —る støtte, understøtte, holde oppe

ささげ・る 捧げる (いけにえなど) ofre, hellige, give (献呈する) dedicere, tilegne —物 offer, offergave

ささつ 査察 efterforskning —する efterforske

さざなみ 細波 krusning, bølgeslag

ささやかな lillebitte

ささや・く 囁く hviske, mumle —き hvisken, mumlen

さじ 匙 ske 茶— teske —一杯 skefuld —加減 (手加減) tolerance, hensyn (処方) ordination

さしあげる 差し上げる (持ち上げる) løfte, hæve (進呈する) give, overrække, overgive, overlade

さしあたり 差し当たり (当分) foreløbig (目下) for tiden, for/i øjeblikket

さしえ 挿絵 illustration —入りの illustreret

さしおさえ 差し押さえ arrest, beslaglæggelse

ざしき 座敷 lokale (客間) gæstestue, salon

さじきせき さじき席 balkon

さしこ・み 差し込み (挿入) indsættelse (電気の) prop (病気の) spasme, krampetrækning (腹痛の)

kneb, kolik —む(挿入する) sætte ind, indføje (光が) skinne ind (痛む) have kneb/kolik/krampe
さししめす 指し示す vise, pege〔på〕
さしず 指図 instruks, ordre —する instruere, befale
さしせま・る 差し迫る være i hælene på, være nær —った overhængende, presserende, trængende
さしだ・す 差し出す(提出する) overlade, overgive, forelægge (腕を) strække (手紙などを) sende〔af〕(為替を) oversende —し人 afsender
さしつかえ 差し支え(支障) hindring, forhindring (不便) ulempe, besvær, ulejlighed (困難) vanskelighed, møje —る(支障がある) lægge sig hindrende i vejen〔for〕, spærre for (不便を感じる) ulejlige sig (困難がある) have vanskeligt ved at gøre ngt. —なければ hvis der ikke er ngt. til hinder for det, hvis du ikke har ngn. invendinger
さしでがましい 差し出がましい geskæftig, påtrængende, nærgående
さしひかえる 差し控える afholde sig fra
さしひ・き 差し引き(勘定) balance (控除) fradrag —く fradrage, diskontere —き残高 saldo
さしものし 指物師 snedker
さしょう 査証 visum —が必要である der kræves visum
ざしょうする 座礁する grundstøde, sætte/støde på grund
さす 刺す gennembore, stikke (虫などが) prikke, bide (縫う) sy
さす 指す(指摘する) pege på, udpege 指— pege med, rette
さす 差す(水などを) hælde〔i〕, tømme over i (日が) skinne (潮が) stige
さす (傘を) slå op/holde〔paraply〕(刀を腰に) tage på〔sværd〕
さす 砂州 sandbanke
さすが trods alt —に som man kunne forvente
さずかる 授かる modtage, få (聖職などを) blive ind-

viet
さずける 授ける give〔tilladelse〕 （教える）instruere i, undervise i

ざせき 座席 sæde, plads （教会の）kirkestol —につく tage plads, sætte sig —〔指定〕券 pladsbillet —の予約 pladsbestilling

ざせつ 挫折 tilbageslag, bagslag （計画などが）—する blive tilintetgjort, mislykkes （気分が）—する blive nedslagen/skuffet —させる tilintetgøre, skuffe

…させる （強制して）tvinge ngn. at gøre, lade ngn. gøre, få ngn. til at （許可して）få/give lov til at, tillade ngn. at gøre

ざぜん 座禅 siddende meditation

させんする 左遷する relegere, forvise （降格させる）degradere

さぞ （きっと）uden tvivl, utvivlsomt

さそう 誘う（招く）invitere, indbyde （誘惑する）lokke, forlede

さそり 〈虫〉skorpion

さだめ 定め regel, lov

さだめし utvivlsomt: måske, muligvis

さだ・める 定める（決める）bestemme, afgøre （規則など）stifte, indrette, fastsætte —まる（決まる）blive bestemt/afgjort/besluttet/fastsat —まった fastslået, fastsat

ざだん 座談 konversation〔ved bordet〕 —会 samkvem med diskussion

さつ 札 pengeseddel —入れ seddelmappe —束 seddelbundt

さつ 冊(本の部数) kopi, eksemplar

さつえい 撮影 fotografering, filmoptagelse —する fotografere, tage et billede （映画を）filmatisere —者/技師 fotograf —所 filmstudie

ざつおん 雑音 støj, bulder, larm, spektakel

さっか 作家 forfatter, skribent （作詩家）digter

ざっか 雑貨 dagligvarer (pl.) —店 kolonialhandel,

urtekræmmer
サッカー fodbold —場 fodboldbane —の試合 fodboldkamp
さつがい 殺害 mord, drab —者 morder, drabsmand —する myrde, dræbe
さっかく 錯覚 misforståelse, illusion, hallucination
さっき for et øjeblik siden, for ngn. tid siden
ざっきちょう 雑記帳 notesbog
さっきょく 作曲 komposition —家 komponist —する komponere
さっきん 殺菌 desinfektion, sterilisation 低温— pasteurisering —する desinficere, sterilisere 低温—する pasteurisere —剤 desinfektionsmiddel
ざっくばらんの åben, oprigtig, uforbeholden, åbenhjertig
さっこん 昨今 den seneste tid, for nylig
ざっし 雑誌 blad, tidsskrift, magasin 月刊誌 månedsblad —記者 bladskribent
ざつじ 雑事 diverse, diverse anliggender (pl.) 身辺— al slags privatanliggender (pl.)
ざっしゅ 雑種 krydsning (動・植物の) hybrid (動物の) bastard —の af blandet afstamning, hybrid, bastard —をつくる krydse
さっしん 刷新 fornyelse, reform
さつじん 殺人 mord, drab —事件 mordsag —者(犯人) morder, drabsmand
さっする 察する gætte, indse
ざつぜんと 雑然と i uorden, i urede —した uordentlig, rodet
ざっそう 雑草 ukrudt〔splante〕 —をとる rense for ukrudt, luge
さっそく 早速 straks, øjeblikkelig
ざつたな 雑多な al slags, alle hånde, diverse
ざつだん 雑談 småsnak, sludder, snak —する småsnakke, sludre, snadre, snakke
さっちゅうざい 殺虫剤 insektmiddel, insektdræbende middel

さっと (急に) pludselig (さっさと) hurtigt
ざっと (大略) ungefær, cirka, omkring (簡単に) i korthed, kort sagt
ざっとう 雑踏 trængsel, stimmel —する trænges, stimle sammen
ざつな 雑な skødesløs, sjusket, tankeløs, nonchalant
さっぱり overhovedet ikke
ざっぴ 雑費 diverse udgifter (pl.)
さっぷうけい 殺風景 smagløshed, vulgaritet —な smagløs, vulgær (わびしい) trist, bedrøvelig (退屈な) kedelig, ludkedelig
さつまいも 薩摩芋 sød kartoffel, batat〔rod〕
ざつよう 雑用 diverse, diverse anliggender (pl.)
さて nå, men
さてい 査定 vurdering, taksering (評価) værdsættelse —する vurdere, revidere, værdsætte
さと 里 landsby (結婚した女性の) barndomshjem —子 plejebarn —心 hjemve
さとう 砂糖 sukker (ざらめ(粉末砂糖)) strøsukker 角— hugget sukker —大根 sukkerroe —きび sukkerrør —入れ/つぼ sukkerskål
さと・る 悟る forstå, indse, erkende —りを開く blive åndeligt opvækket/opvakt
さなぎ 〈虫〉puppe
さなだあみ 真田編み fletning
さなだむし 〈虫〉bændelorm
サナトリウム sanatorium
さは 左派 venstre —の venstredrejet, venstreorienteret, venstrevendt
さば 鯖 〈魚〉makrel
さば・く 裁く(裁決する) dømme, afsige/forkynde/fælde dom 〔over〕 —き(判決) dom, domfældelse, 〔retslig〕afgørelse
さばく 捌く(処理する) behandle, handle (売る) sælge, afhænde
さばく 砂漠 ørken

さび 錆 rust —る ruste —がつく blive rusten —止め（処理）rustbeskyttelse

さびし・い 寂しい（見棄てられた）øde, forladt （孤独な）ensom, afsides, alene —さ ensomhed —がる føle sig ensom

ざひょう 座標 〈数〉koordinat —系 koordinatsystem

サファイア safir

ざぶとん 座布団 siddepude

サフラン 〈植〉safran

さべつ 差別 diskrimination —待遇 forskelbehandling （偏見）fordom, præjudice —する diskriminere, forskelsbehandle

さほう 作法 etikette, gode manérer

サボタージュ sabotage —する sabotere, øve sabotage mod

さぼてん 〈植〉kaktus

さぼる （仕事を）forsømme sit arbejde （学校を）skulke fra skole （講義を）blæse forelæsning et stykke

ざぼん 〈植〉pompelmus

サマースクール sommerskole

さます 冷ます（冷却する）køle, afkøle, svale （興味を）dæmpe, nedslå, afkøle

さます 覚ます（眼を）vågne （酔いを）blive ædru/nøgtern （迷いを）besinde sig

さまたげ 妨げ forhindring, hæmning —る forhindre, hæmme

さまよう vandre omkring, streife om, flakke om

さむ・い 寒い kølig, kold —気 kuldegysning —気がする fryse —空 kold luft, koldt vejr —さ kulde

さめ 鮫 〈魚〉haj

さめる 冷める（冷たくなる）køle af, blive kold （熱心さが）svale, beroligе sig, falde til ro

さめる 褪める（色が）blegne （物が）miste sin farve

さめる 覚める（目が）vågne op, blive vækket （迷いから）vågne af illusion （酔いが）blive ædru/nøgtern

さも (…のように) som om
さもないと ellers
さもん 査問 udforskning, undersøgelse, forhør —する udforske, forhøre
さや 莢〈植〉skede, bælg
さや 鞘(刀の) skede —を抜く trække af skeden —におさめる stikke i skeden —取り(業) mæglerforretning (人) mægler
さやいんげん 〈植〉snittebønne
さやえんどう 〈植〉markært
ざやく 座薬 stikpille
さよう 作用(はたらき) virkning, aktion (影響) virkning, effekt (機能) funktion —する påvirke, gøre effekt
さようなら farvel, adjø —する sige farvel/adjø〔til〕
さよく・の 左翼の venstrefløjs-, venstreorienteret —的な venstreorienteret
さよなきどり 〈鳥〉(ナイチンゲール) nattergal
さら 皿(深い) dyb tallerken (どんぶり) skål (浅い) tallerken 肉— flad tallerken (紅茶などの) underkop —に分ける servere —洗い(仕事) opvask (人) opvasker —洗い機 opvaskemaskine
さらいげつ 再来月 måneden efter næste måned
さらいしゅう 再来週 ugen efter næste uge
さらいねん 再来年 året efter næste år
ざらざらする grov, ujævn, ru
さらさらと (木の葉が鳴る) pusle (小川が) pible, risle
さら・す 晒す(漂白する) blege, affarve —し粉 blegemiddel, affarvningsmiddel
さらす 曝す(風雨・日光に) udsætte for
サラダ salat —菜 salat
さらに 更に〔接続詞として〕om igen, forfra, endvidere〔副詞として〕endnu mere, igen
サラリー løn, afløning —マン lønarbejder, flipproletar
ざりがに 〈魚〉krebs

さりげなく nonchalant, ladende som ingenting
さる 去る(離れる) forlade, evakuere, rømme （見捨てる）efterlade, forlade, svigte（時が）forløbe, hengå
さる 猿〈動〉abe —ぐつわ mundkurv —まねする efterabe
サルビア 〈植〉salvia
サルモネラ （口蹄疫）〈病〉salmonella〔bakterie〕
サロン （客間）salon
サロン （腰布）sarong
さわ 沢 sump, morads
さわかい 茶話会 teselskab
さわがしい 騒がしい støjende, larmende
さわ・ぎ 騒ぎ(騒音) støj, larm （騒動）tumult, ballade —ぐ støje, larme, råbe op, lave ballade
ざわつく være larmende/støjende （木の葉などが）pusle, rasle, knitre
さわやかな 爽やかな forfriskende, frisk （弁舌が）veltalende, velartikuleret
さわり 障り forhindring
さわ・る 触る røre〔ved〕, berøre —り(聞かせどころ) det springende punkt
さん 三 tre 第三の tredje 三回 tre gange 三倍の trefoldig 三重の tredobbelt 三次元の tredimensional 三位一体 treenigheden
さん 酸 syre —性の syrlig, sur
さんいん 産院 fødeklinik
さんか 参加 deltagelse, indtræden —する deltage, tage del i, indtræde i, tilslutte sig —者 deltager
さんか 産科 obstetrik —医 obstetriker
さんか 酸化 oxidering, iltning —する oxidere
さんかく 三角 trekant —形の trekantet 直角—形 retvinklet trekant —関数 trigonometrisk funktion —定規 trekant —錐 tresidet pyramide —関係(男女の) den evige trekant
さんがく 産額 produktionsmængde, tilvirkningsstørrelse
ざんがく 残額 saldo, balance

さんかくす 三角州 delta
さんがつ 三月 marts
さんかん 参観 besøg —する besøge, aflægge/gøre besøg hos
さんぎいん 参議院 overhus〔et〕
さんきゃく 三脚 stativ
さんぎょう 産業 industri —の industriel —革命 industriens gennembrud —スパイ industrispionage
ざんぎょう 残業 overarbejde, ekstraarbejde —手当 overarbejdspenge —する have overarbejde
ざんきん 残金 balance, overskud
サングラス solbriller
ざんげ 懺悔(告白) bekendelse, tilståelse —する bekende, tilstå (悔悟) ruelse, anger
さんご 珊瑚 koral —礁 koralrev —島 koraløい
さんこう 参考 reference, henvisning —書 opslagsværk, håndbog —にする referere til, henvise, rådføre sig med —人 vidne (目撃者) øjenvidne
ざんこく 残酷 grusomhed, bestialitet, brutalitet —な grusom, bestialsk, brutal
さんざいした 散在した spredt (ところどころに) pletvis (あちこちに) hist og her
さんざし 山査子〈植〉hvidtjørn
さんし 蚕糸 silketråd
さんじ 賛辞 lovord (賞賛) ros, berømmelse
ざんじ 暫時 stund, for en tid
さんじかん 参事官 kontorchef i ministerium (大使館の) ambassaderåd
さんじせいげん 産児制限 fødselskontrol
さんじゅう 三十 treti, tredive 第— tredivte
さんじゅう・の 三重の tredobbelt —奏/唱 trio
さんしゅつする 産出する producere〔s〕, tilvirke〔s〕
さんしょう 参照 reference, henvisning (比較) jævnførelse —する referere til, henvise (比較する) jævnføre
さんしょく 蚕食 indtrængen〔på〕

さんしょくすみれ　三色すみれ〈植〉stedmo〔de〕r-blomst

さんすい　山水　landskab〔med bjerge og vand〕　—画 landskabsmaleri

さんすう　算数(計算) kalkulation, beregning　(算術) aritmetik, regnekunst

さんせい　賛成(同意) bifald, godkendelse　(一致) enighed, overenskomst　(支持) støtte〔til et synspunkt〕　—する bifalde, godkende (支持する) støtte　—を得る få/finde bifald　—者 velynder

さんせい　酸性 surhed　—の sur, syrlig　—にする syrne

さんせいけん　参政権 stemmeret, valgret　婦人— stemmeret for kvinder

ざんせつ　残雪 overlevende/forblivende sne

さんそ　酸素 ilt

ざんそん　残存 overlevelse　—する overleve

ざんだか　残高　saldo, balance

サンタクロース　julemanden, julenisse

サンダル　sandal

さんだん　散弾　hagl

さんだんとび　三段跳び　trespring

さんだんろんぽう　三段論法　syllogisme

さんち　山地　bjergland, bjerggegn

さんち　産地(産物の)　produktionssted

さんちょう　山頂　bjergtop, fjeldtinde

ざんてい・てきの　暫定的の　provisorisk, temporær, overgangs-　—予算 provisorisk budget　—協定 modus vivendi

サンドイッチ　sandwich　—マン sandwichmand

ざんねん　残念 skuffelse, fortrydelse　—な beklagelig, skuffende, ked af　—に思う beklage, skuffe, fortryde　—ですが desværre, men ...

さんば　産婆　jordemoder

さんばし　桟橋 landingsbro, anløbsbro　(突堤) mole, kaj

さんぱつ　散髪　klipning　—する(床屋で) blive

klippet
さんび 賛美 lovprisning, forherligelse —する lovprise, forherlige —歌 salme, hymne
さんぴ 賛否 bifald eller afslag —を問う foretage/skride til afstemning, votere
さんぷく 山腹 bjergskråning, klippskråning
さんぶつ 産物 〔fremstillet〕produkt (成果) resultat, frugt
さんぶん 散文 prosa —的な prosaisk —詩 prosadigt
さんぽ 散歩 spadseretur, promenade —する gå en tur, promenere, flanere
さんぼう 参謀 stab (軍の) stabsofficer —本部 generalstab (相談役) rådgiver
さんまいめ 三枚目 komiker
さんみ 酸味 surhed, surhedsgrad, syrlig smag —がある sur, syrlig
さんみゃく 山脈 bjergkæde
さんめんきじ 三面記事 diverse lokale nyheder
さんめんきょう 三面鏡 trefløjet speil
ざんよ 残余 rest, levn, overskud
ざんりゅうする 残留する forblive, opholde sig
さんりんしゃ 三輪車 trehjulet cykel
さんれつ 参列 tilstedeværelse, nærværelse —する være til stede, deltage —者 tilstedværende, deltager

し

し 四 fire 第一の fjerde
し 市 by, storby, stad (自治都市) kommune —の (地方自治体の) kommunal
し 死 død, dødsfald, bortgang —んだ hedenfarn, hedengangen 仮— skindød —後の posthum
し 詩 poesi, digt (韻文) vers —人 poet —をつくる skrive et digt, digte

し …氏 hr. …
じ 字(文字) skrifttegn, tegn, bogstaver, symboler —が上手／下手 har en god/dårlig håndskrift —をくずして書く skrive skråskrift/græsskrift
じ 時 8時 kl. 8 10時5分まえ 5 minutter i 10 10時5分過ぎ 5 minutter over 10 (時間) time
じ 痔〈病〉 hæmor[ro]ider
じぁ nå, men så
しあい 試合 [sports]kamp, konkurrence, kappestrid (ボクシングなどの) match (勝ち抜きの) turnering —する kappes [med], matche —結果 kampens udfald
しあ・げ 仕上げ afslutning —げる gøre færdigt, fuldføre, afslutte, fuldbringe —がる blive færdigt/fuldført
しあわせ 幸せ lykke, held —を願う ønske ngn. held og lykke —な lykkelig
しあん 思案 overvejelse, eftertanke —する overveje —している være eftertænksom
じい 侍医 livlæge
じいうんどう 示威運動 demonstration —の列 demonstrationstog —する demonstrere —者 demonstrant
しいか 詩歌 poesi
しいく 飼育 opdræt, avl, opfostring —する opdrætte, avle, opfostre —場 avlsgård (馬の) stutteri
じいしき 自意識 selverkendelse —の強い(人前を気にする) genert, forlegen (自分本位の) selvoptaget
シーズン sæson
シーソー vippe —で遊ぶ vippe
しいたけ 椎茸 干し— tørrede svampe
シート (切手などの) ark
シード (競技などでの) seede —選手 seedet spiller
ジーパン cowboysbukser, nickers
しい・る 強いる tvinge, nøde, presse —て under tvang/pres

しいれ 仕入れ lagring, indkøb —る føre på lager （在庫）lager, beholdning
しいん 子音 konsonant
じいん 寺院 buddhistisk tempel （キリスト教の）katedral, domkirke
しうんてん 試運転 prøvekørsel
しえい 市営(市当局) kommune —の kommunal —電車 kommunale sporveje
じえい 自衛 selvforsvar, nødværge —隊 selvforsvarsstyrke
じえいの 自営の selvforsørgende （自給自足の）selvforsynende
ジェット・き ジェット機 jetfly —戦闘機 jetjager —コースター rutschebane, rutsjebane
シェパード （犬）schæferhund
ジェリー gelé —状の geléagtig
しお 塩 salt —辛い salt —気のある saltholdig —入れ saltbøsse —味をつける salte —水 saltvand, saltopløsning
しお 潮(潮水) tidevand 高— højvande, flod〔bølge〕引き— ebbe —の干満 ebbe og flod —時 lejlighed, chance
しおくり 仕送り forsendelse af penge〔fra forældre til udeboende børn〕
しおり 栞(本挟み) bogmærke （案内）vejledning
しおれ・る 萎れる(植物が) visne （花が）afblomstre —た vissen, afblomstret （心が）blive modfalden/nedslået
しか 鹿 〈動〉hjort （のろじか）rådyr （へらじか）elg —皮 hjorteskind —の角 hjortetakker
しか 市価 markedspris
しか 歯科 tandlægevidenskab —医 tandlæge
…しか kun, ikke andet/mere end
じか 時価 gangbar pris, aktuel pris
しかい 市会 byråd —議員 byrådsmedlem
しかい 視界 synsfelt, udsigt —に入る blive synlig
しかい 司会 dirigering —者 ordstyrer, mødeleder,

しがい 市外 forstad —の forstads- —の住民 forstadsbeboer
しがい 市街 stad, kommune （街路）gade, vej —電車 sporvogn —戦 gadekamp
しがい 死骸 lig
しがいせん 紫外線 ultraviolet stråle
しかえし 仕返し hævn, gengæld —する tage hævn over, gengælde
しかく 四角 firkant —の firkantet
しかく 視角 synsvinkel
しかく 資格 egenskab, kvalifikation, kompetence …の—で i egenskab af …の—がある have kompetence til, være kvalificeret
じかく 自覚 bevidsthed, selvforståelse, selvindsigt —する bevidstgøre
しかけ 仕掛け mekanisme, mekanik （トリック）kneb
しかざん 死火山 slukket vulkan
しかし〔ながら〕 men, men ikke desto mindre, alligevel, imidlertid
じがぞう 自画像 selvportræt
しかた 仕方 metode, måde at gøre ngt. på, udvej, middel —がない det er der ikke ngt. at gøre ved —なく ugerne
しがつ 四月 april —ばか aprilsnar
しがみつく klynge sig fast〔til〕, hold sig fast〔ved〕
しかめっつら forvreden ansigt, grimasse —をする skære grimasser
しかも （その上）og desuden, tilmed, endvidere （にもかかわらず）og alligevel
じかよう 自家用 til privatbrug —車 privatbil
しかる 叱る skælde ud, irettesætte, bebrejde
しかるに 然るに men ikke desto mindre, alligevel, på denne måde
シガレット cigaret —ケース cigaretetui
しかん 士官 officer —学校 militær akademi, krigs-

akademi
しがん 志願(願望) ønske, attrå, længsel （申し込み）ansøgning, anmodning ―する ansøge, anmode, melde sig frivilligt ―者 ansøger, aspirant, kandidat
じかん 次官 viceminister
じかん 時間 tidspunkt, tid, tidsrum, time ―表 tidstabel, tidsplan ―割り tidsplan, skema ―を守る være til tiden, være punktlig ―に間に合う være i tide ―を延ばす forlænge et tidsrum, udsætte ―に遅れる være for sent ―の正確な punktlig ―通りに punktlig, i tide
しき 四季 de fire årstider
しき 式(儀式) ceremoni, højtidelighed, ritual, ritus (型・風) -stil, -type （数学の） ligning （化学の） kemisk formel ―場 ceremonihal
しき 指揮 kommando, befaling, ledelse （命令）kommando, befaling （指図）direktiv, ledelse ―する kommandere, befale ―者(楽団の) dirigent, kapelmester ―台 podium ―棒 taktstok
しき 士気 moral
じき 時期・時季 årstid, sæson
じき 磁気 magnetisme
じき 磁器 porcelæn
じき 直き〔に〕(すぐに) straks, umiddelbart （即座に）på stående fod （まもなく）snart, om kort tid
じぎ 時宜 ―を得た belejlig, passende
しきい 敷居 tærskel
しきかわ 敷皮(くつの) bindsål
しききん 敷金 indskud〔til bolig〕, depositum
しきさい 色彩 farve, lød
しきそ 色素 pigment
しきたり (慣例) skik og brug, sædvane
しきち 敷地 byggeplads, tomt
しきふ 敷布 lagen
しきぶかん 式部官 ceremonimester
しきふく 式服 højtidsdragt
しきべつ 識別 skelnen, sondring ―する skelne,

sondre
しきもう 色盲 farveblindhed —の farveblind
しきもの 敷物 tæppe
しきゅう 子宮 〈医〉 livmo[de]r —がん livmo[de]r-kræft
しきゅう 支給 tilførsel, tildeling —する tilføre, tildele, forsørge
しきゅう 至急 hast[værk], jag —の travl, presserende, hurtig —に i hast, straks —電報 iltelegram
じきゅう 持久[力] udholdenhed —する udholde, modstå, tåle —力のある udholdelig, tålelig
じきゅう 自給 selvhjælp, selvforsyning —の selvforsørgende, selverhvervende, selvhjulpen —自足 selverhverv
しきょう 市況 stemning på aktiemarkedet, konjunktur
しきょう 司教 biskop （司祭・牧師）præst
しぎょう 始業 start [på arbejde e.l.] —式 åbningsfest
じぎょう 事業（仕事）forehavende, foretagende, virksomhed （計画）projekt —家 forretningsmand —団 organisation som oprettes i henhold til særlov under statslige/lokale myndigheder
じきょく 時局 situation （情勢）konjunktur （危機の情勢）kritisk situation
しき・り 仕切り mellemvæg, skærm —る opdele, adskille （放射線などを）skærme [imod]
しきりに （しばしば）ofte, gang på gang, hyppig[t] （絶えず）stadig, uophørlig[t] （熱心に）ivrigt, entusiastisk
しきん 資金 kapital, fond
しきんせき 試金石 prøvesten
しく 敷く （じゅうたんなどを）brede ud, lægge （鉄道などを）udvide （石など道に）brolægge
じく 軸（心棒）aksel （植物の）stilk, stængel （巻物）rulle
しぐさ 仕草 gestus, gebærde

しくじる （失敗する）mislykkes, fejle, begå fejl
じぐち 地口(語呂合わせ) ordleg, vits
しくはっくする 四苦八苦する pines, vånde sig, lide meget
シクラメン〈植〉alpeviol
しけい 死刑 dødsstraf —執行 henrettelse —執行人 bøddel —執行人の助手 rakker —台 galge
しげき 刺激〔すること〕stimulus, pirring, spore, ansporing —する stimulere, anspore (鼓舞する) ægge, tilskynde —をうける blive stimuleret af —剤 stimulans, pirringsmiddel
しげ・み 茂み tæt krat, busk （木立ち）lund, småskov —る vokse tæt/frodigt, trives
しけん 試験 eksamen, undersøgelse, test （実験）eksperiment, forsøg —する teste, prøve, eksaminere —を受ける tage en eksamen —地獄 eksamensræs —官 eksaminator
しげん 資源 naturlige ressourcer (pl.)
じけん 事件(できごと) hændelse, begivenhed, tildragelse （訴訟の）sag, proces （犯罪）forbrydelse （事故）ulykke, uheld —を解明する opklare forbrydelser
じげん 次元 dimension
しご 死後 tiden efter ngs. død —の posthum
しご 死語 dødt sprog
じこ 自己 én selv, sig selv, jeg —中心 egoisme, selvoptagethed —批判 selvkritik —満足 selvtilfredshed —紹介 præsentation of én selv —主張 selvhævdelse
じこ 事故 ulykke, uheld
じご 事後に/の ex post facto —承諾 ex post facto sanktion
しこう 志向 hensigt, intention
しこう 施行 iværksættelse, udførelse, udøvelse.
しこう 思考 overvejelse, betænkning （黙想）kontemplation —する overveje, betænke, pønse på
じこう 時効 præskription —にかかる præskribere,

erklære ugyldig　—によって得た権利 hævd
じごう　次号　næste nummer
じこく　時刻 tidspunkt　—は？ hvad/hvor mange er klokkan?　—表 tidsplan (列車などの) togplan, køreplan
じごく　地獄 helvede　—のような/に helvedes　—に落ちろ！ gå ad helvede til!
しごせん　子午線　meridian
しごと　仕事 (労働) arbejde　(職) job, profession, stilling, syssel (天職) kald　—をする jobbe, sysle, arbejde
しさ　示唆 forslag　—する foreslå, antyde
じさ　時差 tidsforskel
しさい　司祭　præst
しさく　思索 meditation, dyb overvejelse　—する meditere, spekulere　—的な tænksom, kontemplativ, mediterende
じさくのう　自作農　selvstændig landmand
しさつ　視察 inspektion, mønstring, eftersyn　—する inspicere, mønstre, holde opsyn　—者/官 inspektør, kontrollør　—旅行 inspektionsrejse
じさつ　自殺 selvmord　—未遂 selvmordsforsøg
しさん　資産　ejendom, formue, aktiver, ejendele
じさん・する　持参する（持っていく）tage ngt. med（持ってくる）komme med, føre med sig　—金 (女から男へ) medgift（結婚の翌朝夫から妻への贈物) morgengave　—人 overbringer（小切手などの）indehaver, ihændehaver
しし　獅子 〈動〉 løve　雌の— løvinde
しじ　支持 støtte, bistand, understøttelse　—する støtte, bistå, understøtte　—者 tilhænger, supporter
しじ　私事　privatsag
しじ　指示 anvisning, direktiv, forskrift（指図）instruktion, befaling　—する anvise, instruere　—代名詞 demonstrativt pronomen
じじ　時事 aktuelle begivenheder/hændelser, aktualiteter (pl.)　—の aktuel　—解説者 kom-

mentator
しじする 師事する studere under
じじつ 事実 sandhed, faktum, kendsgerning (現実) realitet —を話す sige sandheden —を伝える berette fakta —の faktisk, virkelig
ししゃ 支社 filial, afdeling
ししゃ 使者 sendebud, bud (使節) gesandt
ししゃ 死者 afdøde
じしゃく 磁石 magnet (羅針盤) kompas
ししゃも 〈魚〉lodde
じしゅ 自主 selvstændighed, uafhængighed —的な selvstændig, uafhængig —規制 selvjustits
ししゅう 刺繡 broderi —する brodere〔på〕
ししゅう 詩集 digtsamling (名詩選) antologi
しじゅう 四十 fyrre〔tyve〕第—の fyrretyvende
しじゅう 始終(いつも) altid, hele tiden, ofte (絶えず) konstant, stadig, uafbrudt (ときどき) af og til
じしゅう 自習 studeren på egen hånd, selvstudier, lektielæsning —する studere selv, læse sig selv
じじゅう 侍従 kammerherre
しじゅうがら 四十雀〈鳥〉mejse
しじゅうそう 四重奏 kvartet
ししゅつ 支出 udgift, bekostning —する betale〔ud〕, spendere (多額の) lægge ud —額 udgift〔er〕, omkostning〔er〕
ししゅんき 思春期 pubertet
ししょ 司書 bibliotekar
じしょ 辞書 ordbog, leksikon
じしょ 地所 gods, jordgods, fast ejendom
じじょ 次女 éns anden datter
ししょう 師匠 læremester
しじょう 市場 marked —占有率 markedsandel —価格 markedspris
しじょう 詩情 poetisk stemning
しじょう 史上 i historie —に名をとどめる forevige i historien, gå over i historien
じしょう 自称の selvudnævnt —する påstå sig

være, forklare sig være

じじょう 事情 situation, omstændigheder, tingenes tilstand（状況）forhold　—に通じている velunderrettet

ししょうしゃ 死傷者 tilskadekomne (pl.)

ししょく 試食 prøvesmagning　—する smage, prøve

じしょく 辞職 tilbagetræden, opsigelse, afsked　—する opsige sin plads, trække tilbage, tage sin afsked

じじょでん 自叙伝 selvbiografi

ししょばこ 私書箱 postboks

ししん 私心 egocentricitet, selvoptagethed

ししん 私信 brev, privat meddelelse

しじん 詩人 digter

じしん 地震 jordskælv　—計 seismograf　—学 seismologi

じしん 自信 selvtillid, selvsikkerhed　—がつく få selvtillid　—を失う tabe modet

じしん 自身 selv　私— jeg selv

しすう 指数〈数〉exponent　物価— pristal, prisindeks

しずかな 静かな（音のたたない）stille, tyst, tavs（平穏な）rolig, fredelig

しずく 滴 dråbe, sjat

しずけさ 静けさ stilhed, tavshed（平静）ro, stilhed

じすべり 地滑り jordskred

しずまる 静まる falde til ro, stilne af（嵐など）bedage sig

しずむ 沈む（水中に）gå ned, synke（気分が）nedstemme, blive bedrøvet/nedslået

しずめる 静める berolige, dæmpe（なぐさめる）trøste

じする 辞する træde tilbage fra

しせい 市政 kommune〔n〕

しせい 施政 administration　—方針 politiske principper

しせい 姿勢 stilling, holdning（態度）attitude, pose

じせい　時勢　tendens/trend af tider
じせい　時制〈文法〉tempus　—変化 tempusbøjning
じせい　自制 selvkontrol, selvbeherskelse　—する beherske sig　—を保つ bevare sin selvbeherskelse　—を失う miste sin selvbeherskelse
しせいじ　私生児(婚外児)　barn født uden for ægteskab, illegitimt barn, uægte barn
しせき　史跡　historisk plads, mindesmærke, historiske ruiner (pl.)
じせき　事績(成果・業績)　indsats, præstation
しせつ　使節 gesandt, minister, udsending　—団 delegation
しせつ　施設 anlæg, indretning　公共— anstalt, institution (設備) udrustning
しせん　支線(鉄道の)　sidebane
しせん　視線　blik, øjekast
しぜん　自然 natur　—の/な naturlig　—に/と naturligt　超—な overnaturlig　—現象 naturbegivenhed, naturfænomen　—科学 naturvidenskab　—淘汰 naturlig udvælgelse
じぜん　慈善 velgørenhed, barmhjertighed　—の velgørenheds, barmhjertig, velvillig　—行為 barmhjertighedsgerning　—家 velgører
じぜん・に　事前に forud, i forvejen, på forhånd　—の a priori　—通告 forhåndsmeddelelse　—警告 varsko
しそう　思想 tanke, ide, ideologi　—家 tænker, filosof
しそうのうろう　歯槽膿漏〈病〉paradentose
じそく　時速 hastighed i timen　—60キロ tres kilometer i timen
じぞく　持続 fortsættelse, vedvaren, bestående　—する bestå, fortsætte, vare, holde sig　—的な fortsat, vedvarende
しそん　子孫　efterkommer, ætling, afkom
じそんしん　自尊心　selvagtelse, stolthed
した　下　under, nedenunder

した 舌 tunge ―を出す stikke tungen ud ―打ち tungeklik, smæk med tungen ―鼓 smæk med læberne
したい 死体 lig, afsjælet legeme （死骸）kadaver （動物の）kadaver （ミイラ）mumie （水死体）strandvasker
…したい ville〔gøre〕, ønske〔at gøre〕
しだい 次第(順序) rækkefølge ―に gradvis, lidt efter lidt
じたい 辞退 vægring, nægtelse ―する frabede sig, sige nej tak til, melde afbud, vægre sig
じたい 字体 skrifttype
じたい 自体 éns egen krop, selv
じだい 時代(時期) tidsalder, periode 学生― studentertid 明治― meijiperioden ―劇 historisk drama/stykke, samuraidrama ―遅れの umoderne, gammeldags, gammelmodig ―の要求に合った tidssvarende, nymodens ―錯誤 anakronisme
したう 慕う være hengiven, føle hengivenhed for （思い焦れる）længes, smægte （好きだ）holde af
したうけ 下請け〔業者〕underentreprenør
したが・う 従う(後に続く) følge efter （服従する）adlyde, lyde, efterkomme （屈服する）underkaste sig ―える(服従させる) underkaste
したがき 下書き kladde ―する skitsere
したがって 従って og derfor, følgelig …に― adlydende, ifølge, i henhold til, under
したがれい 舌がれい〈魚〉søtunge
したぎ 下着 undertøj
したく 支度 forberedelse, arrangement ―する forberede 身― udrustning, udstyrelse 身―する klæde sig i
じたく 自宅 mit eget hus/hjem
したし・い 親しい(人間関係で) nær, intim （密接な）tæt （友好的な）venskabelig ―み venskab, intimitet, venlighed ―く venskabeligt, intimt ―む kunne lide, synes om, blive venner med

したじき 下敷き underlag
したしらべ 下調べ forundersøgelse ―する forberede
したたる 滴る dryppe （汗・涙など）rinde（しみ出る）sive
したて 仕立て skrædderi （婦人服の）dameskrædderi（裁縫）syning ―の skræddersyet ―る skrædderere（縫う）sy ―屋 skrædder（婦人服の）dameskrædderinde
したはら 下腹 bug, underliv
したびらめ 舌鮃 〈魚〉søtunge
したまち 下町 midtby〔en〕, centrum, forretningskvarter
したまわる 下回る være mindre end, undergå
しだん 師団 division
じだん 示談 ikke-retslig overenskomst/ordning, akkord ―にする gøre akkord med, akkordere
しち 七 syv 第一の syvende
しち 質 pant ―屋 pantelåner〔forretning〕, lånekontor ―に置く pantsætte
じち 自治 autonomi, selvbestemmelse ―の autonomisk ―権 selvstyre
しちがつ 七月 juli
しちけん 質権 hypotek, prioritet, panteret
しちじゅう 七十 syvti, halvfjerds 第一の halvfjerdsindstyvende
しちめんちょう 七面鳥 〈鳥〉kalkun
しちゅう 支柱 støtte
シチュー ragout, sammenkogt ret
しちょう 市長 borgmester
しちょうかく 視聴覚 syns- og høresans ―教育 audiovisuel undervisning
しつ 室 rum, værelse, lokale
しつ 質（品質）kvalitet, egenskab （性質）natur
じつ 実（真実）sandhed ―の sand, virkelige
しつい 失意 skuffelse, fortvivlelse
じっか 実家 fædrene hjem

しっかく 失格 diskvalifikation —させる diskvalificere
しっかり fast, solidt —した人 person med begge ben på jorden —と持つ tage et solidt greb om ngt.
しっかん 疾患 sygdom, dårligdom, sot （発作）anfald （伝染病）epidemi
しっき 漆器 lakarbejde〔r〕, lakmaleri
しっき 湿気 fugt （湿度）fugtighed —のある fugtig
しつぎ 質疑 spørgsmål, spørgen （国会で大臣への）interpellation
しつぎょう 失業 arbejdsløshed —者 de arbejdsløse, de arbejdsledige —する blive arbejdsløs —中である være uden arbejde —の arbejdsløs, arbejdsledig —保険 arbejdsløshedsforsikring
じっきょう 実況 stedfindende hændelse/begivenhed —放送 radio-/TV-spredning/udsendelse af stedfindende hændelse
じつぎょう 実業（商業）forretning, handel （産業）industri —の forretnings-, handels-, forretningsmæssig —家 forretningsdrivende, forretningsmand, handelsmand —界 handelsverdenen
しっくい 漆喰 mørtel, puds —を塗る rappe
しつけ 躾 opdragelse, socialisering （訓練）øvelse, træning
しっけ 湿気 fugt （湿度）fugtighed —のある fugtig
じっけん 実験 forsøg, eksperiment —する teste, eksperimentere —室 laboratorium
じっけん 実権 virkelig magt
じつげん 実現 realisering, iværksættelse —する blive realiseret —される realisere, opfylde
しつこい vrangvillig, stædig （しつような）stivsindet, stivnakket, hårdnakket （うるさい）besværlig, støjende （色が）prangende, broget, stærk （味が）tung, vammel, kvalmende, stærk
しっこう 執行 udførelse 死刑の— henrettelse （遂行）gennemførelse —する føre ud i livet, gennemføre —猶予 prøveløsladelse, betinget dom —猶予中

under tilsyn

じっこう 実行 virkeliggørelse, realisering, effektuering, eksekvering, gennemføring, udførelse —する realisere, udføre i praksis, gennemføre, bringe i anvendelse

しっこうする 失効する bortfalde, blive ugyldig, udløbe

じっさい 実際(現実) virkelighed, realitet, faktisk tilstand (真実) sandhed —の/に virkelig, faktisk

じつざい 実在 eksistens (存在) tilværelse —論 realisme

しっさく 失策 fejl, fejltagelse —する fejle, begå fejl

じっし 実施 gennemføring, udførelse —する gennemføre, udføre

じっし 実子 livsarving

じっしつ 実質(本質) væsen, substans —的な substantiel, reel —上 i praksis

じっしゅう 実習 praktik

じつじょう 実情 de virkelige forhold/beliggenhed/situation

しっしょく 失職 arbejdsløshed —する blive arbejdsløs

しっしん 失神 trance, bevidstløshed —する falde i trance, besvime

しっせき 叱責 bebrejdelse, irettesættelse —する bebrejde, irettesætte, dadle

じっせん 実践 praktik —する praktisere, sætte i værket, iværksætte

しっそ 質素 fordringsløshed, enkelhed —な fordringsløs, enkel, selvudslettende

しっそうする 疾走する fare〔af sted〕, løbe

じつぞん 実存 eksistens, tilværelse —主義 eksistentialisme

じったい 実体 substans, oprindelig form

じっち 実地 praksis, udøvelse

しっと 嫉妬 jalousi —深い jaloux —する være jaloux

しつど 湿度 [luft]fugtighed —計 fugtighedsmåler, hygrometer

じっと (静かに) roligt, stille (我慢強く) tålmodigt —している være stille, forblive rolig

しつない 室内 inden døre, indendørs —の hjemme-, indendørs —で hjemme, indendørs —楽 kammermusik

じつに 実に(真に) virkelig, faktisk (確かに) sikkert, trygt (非常に) meget, yderst

じつ・は 実は faktisk så, virkelig —を言えば når jeg skal sige sandheden

しっぱい 失敗 uheld, nederlag 大— fiasko —する mislykkes [i/med], slå/tage fejl

じっぴ 実費 virkelig udgift (原価) indkøbspris (原価で) til indkøbspris

しっぷ 湿布 kompres

しっぷう 疾風 kuling (14〜24m/sek)

じつぶつ 実物 rigtig vare (本物) ægte vare —大の i naturlig størrelse

しっぽ 尻尾 hale (末端) ende

しつぼう 失望 skuffelse, fortvivlelse, håbløshed —する skuffe, fortvivle

しっぽうやき 七宝焼 cloisonné

しつむ 執務 arbejde —する arbejde —時間 arbejdstid

しつめい 失明 tabe af syn[sevne] —する blive blind

しつもん 質問 spørgsmål, spørgen (国会で大臣への) interpellation —する spørge, forhøre (くわしく) udfritte

じつよう 実用 praktisk anvendelse —的な praktisk

じつり 実利 virkelig fordel (有用性) nyttiggørelse, anvendelighed —的な anvendelig, nyttig

しつりょう 質量 masse

じつりょく 実力 evne, styrke, dygtighed —のある dygtig, begavet, kapabel

しつれい 失礼 uhøflighed, brøde —な uhøflig, ubehøvlet, grov —ですが,… undskyld, men … —します De må have mig undskyldt〔jeg må gå nu〕(他家を訪問のとき) undskyld jeg ulejliger Dem

じつれい 実例 eksempel —で説明する illustrere

しつれん 失恋 ulykkelig kærlighed —する have kærestesorg

してい 指定 udpegning —する udpege —席 reserveret plads (指名) udnævnelse

してい 師弟 lærer og elev

…しているあいだ medens/mens, imedens/imens, i løbet af

してき 指摘 udpegning, påpegning —する udpege, påpege, pointere

してきな 詩的な poetisk

してきな 私的な privat, personlig, enkelt

…してくれる gøre ngt. for ngn., besvære sig med at gøre

してつ 私鉄 privat jernbane

…しては (割には) med hensyn til, i betragtning af

…しても いくら…— hvor〔meget〕… end …

してん 支店 filial, afdeling —長(銀行などの) filialbestyrer (一般に) filialchef

しでん 市電 sporvogn —の路線 sporvej

じてん 時点 tidspunkt

じてん 事典 opslagsværk, encyklopædi

じてん 辞典 ordbog, leksikon

じてんしゃ 自転車 cykel —に乗る bestige en cykel, cykle —に乗っていく køre på cykel

しと 使徒 apostel —言行録 apostlenes gerninger

しどう 指導 vejledning, ledelse —する vejlede, lede —者 leder

じどう 児童 barn, drenge og piger (生徒) elev —文学 børnebog

じどう 自動 —改札機 billetkontrolautomat —販売機〔selvbetjenings〕automat —引き出し機 kontantautomat —化 automatisering —の automatisk

じどうしゃ 自動車 bil, auto〔mobil〕 —を運転する

køre bil —運転者 bilist —修理工場 bilværksted —事故 bilulykke —専用道路 motorgade
しとうな 至当な rimelig, skellig, forsvarlig
しとげる 仕遂げる udføre, fuldføre, afslutte
しとやかな 淑かな graciøs, yndig
しな 品 vare, artikel （品質）kvalitet
しない 市内 inden for bygrænsen —に/で inde i byen
しない 竹刀 bambussværd
…しない gøre ikke
しなう 撓う bøjelig, smidig
しなび・る 萎びる visne （しぼむ）skrumpe ind/sammen —た vissen
しなもの 品物 (pl.) varer, artikler
シナモン kanel
しなやかな smidig, bøjelig （柔軟な）blød
シナリオ drejebog
じなん 次男 den næstældste søn, éns anden søn
…しにくい vanskelig at, svær at
しにものぐるいの 死に物狂いの desperat, rasende （気違い沙汰の）vanvittig
しぬ 死ぬ dø, aflide, gå bort, forgå, falde fra (etc) ぽっくり— falde død om
じぬし 地主 godsejer
しのぐ 凌ぐ（耐える）udholde, udstå, tåle （切り抜ける）klare sig, begå sig （防ぐ）beskytte （越える）overtræffe, overskride
しのび・あしで 忍び足で med snigende skridt —込む snige sig —泣く hulke —寄る smyge sig ind til
しのぶ 忍ぶ(忍耐する) udholde, udstå, bære （隠れる）gemme sig, skjule sig
しのぶ 偲ぶ erindre sig, mindes, huske
じば 磁場 magnetfelt
しはい 支配 kontrol, ledelse, styring, regeringsførelse —する lede, styre, regere —人 leder —者 regent, guvernør
しばい 芝居(演劇) drama, teaterstykke, skuespil

（演技）teaterforestilling —好き teatergænger —をする（演ずる）spille, optræde （ふりをする）foregive, give som påskud

じはく 自白 bekendelse, erkendelse, tilståelse —する bekende, erkende, tilstå

しばしば ofte, mange gange, af og til, nu og da

しはつ 始発 første morgen tog/bus —駅 startestation

じはつてきに 自発的に frivillig〔t〕, godvillig〔t〕

しばふ 芝生 〔græs〕plæne

しはら・い 支払い betaling —う betale （手形などを）honorere —い不能 insolvens —い期限 frist for indbetaling

しばらく （少しの間）et øjeblik, stund （当分）indtil videre, fremover —してから efter et kort øjeblik —でしたね det er nok længe siden

しばる 縛る binde fast （拘束する）indskrænke, holde tilbage, begrænse （捕える）fange, arrestere

しはん 師範 master, lærer —学校 seminarium

しはん 市販 markedsføring —する markedsføre

じばん 地盤（基礎）grund, grundlag （地面の）fundament （勢力範囲）interessesfære, virkefelt （選挙の）valgkreds

じひ 慈悲 barmhjertighed, miskundhed, medfølelse （神の）nåde —深い barmhjertig, miskundelig, medfølende, nådig

じひ 自費 egne udgifter, egne bekostninger —で på egne bekostninger

じびいんこうかい 耳鼻咽喉科医 øre-, næse- og halsspecialist

じびき 字引き ordbog

じびょう 持病 kronisk sygdom

しびれ 痺れ lammelse, paralyse —る blive lammet （けいれん）krampe〔trækning〕（けいれんを起こす）få krampe

しぶ 支部 underafdeling, undergruppe

じふ 自負 stolthed, selvtillid —する være stolt,

have selvtillid
- **しぶ・い** 渋い(味が) bitter, astringerende, sammensnerpende (ぶどう酒など) ru (気むずかしい顔の) trist, mut (地味な) adstadig, fredelig, stille ―み elegance, smagfuldhed
- **しぶき** 飛沫 plask, stænk ―を飛ばす plaske, stænke
- **しふく** 私服 civilt tøj ―の civilklædt
- **ジプシー** sigøjner (女性の) sigøjnerske
- **しぶつ** 私物 personlig ejendom
- **じぶつ** 事物 sager og ting
- **ジフテリア** 〈病〉 difteri〔tis〕
- **じぶん** 自分〔自身〕én selv, sig selv, selv ―で(ひとりだけで) alene (個人的に) personlig (独立して) uafhængigt ―勝手な selvisk, egoistisk
- **しへい** 紙幣 seddel, seddelpenge ―用財布(札入れ) seddelmappe
- **しほう** 司法 retspleje, justits ―の retslig, juridisk, lovformelig ―権 domsmyndighed, domsret ―制度 retsorden
- **しぼう** 死亡 død, bortgang ―する dø, aflide, gå bort, forgå, falde fra ―者 de døde, den døde ―率 dødelighedsprocent ―証明 dødsattest ―記事 nekrolog
- **しぼう** 志望 ønske, lyst, begær, attrå (大望) ambition ―する ønske, have/få lyst til, begære ―者 ansøger
- **しぼう** 脂肪 fedt (獣脂) talg ―を含む fedtholdig ―含有量 fedtindhold ―酸 fedtsyre
- **しぼむ** 萎む visne (風船などが) lukke luft ud〔af〕(自信が) miste selvsikkerheden (景気が) udsætte for deflation
- **しぼ・り** 絞り(染める) farvning ind i broget mønster (写真の) blænde〔r〕, iris ―る(レンズを) blænde 搾る vride (果物など) presse〔saft af frugt〕(乳を) malke (叱る) skænde, skælde ud
- **しほん** 資本 kapital (基金) fond ―家 financier,

kapitalist —主義 kapitalisme
しま 島 ø （岩礁）skær（小島）holm —国 ørige（島民）øboer
しま 縞 stribe —の stribet（木目模様の）året —馬 zebra —りす jordegern
しまい 姉妹 søster —都市 venskabsby, søsterby —編 seriepublikation
しまう 仕舞う（終える）afslutte, slutte （片づける）lægge på plads, pakke væk （仕上げる）gøre ngt. fuldstændig færdigt 不注意で…して— gøre ngt. uforvarende
しまつ 始末（物事の結果）tingenes resultat —する（処理する）håndtere en sag, rydde op（整理する）ordne en sag
しまった！（失敗だ・畜生）〔så〕for pokker!, det var 〔da〕ærgerligt
しまり 締まり 取り— kontrol, regulering 戸—する låse, skyde slåen for —のない løsagtig, slap（だらしない）letfærdig —屋 sparsom person
しまる 締まる（錠が）blive låste （気持が）være i spænding （節約する）spare, spinke og spare, oplægge
じまん 自慢 stolthed, pral —する være stolt af, prale med —料理 specialitet
しみ 染み（汚点）plet, plamage, klat —をつける plette —のある plettet —のない pletfri
しみ 紙魚〈虫〉bogorm
じみな 地味な enkel, ensfarvet （控え目な）afdæmpet, diskret, behersket
シミュレーター simulator
しみる 染みる（しみこむ）sive ind 〔i〕
しみん 市民 bybo, borger, bybefolkning
じむ 事務 kontorarbejde —員 kontorist —室/所 kontor —所長 kontorchef （国連などの）—総長 generalsekretær —局 kontor, sekretariat —的な forretningsmæssig, praktisk, saglig
しめい 使命 mission, kald （義務）pligt

しめい 氏名 〔hans〕 fulde navn
しめい 指名 udnævnelse, nominering —する udnævne, nominere, udpege
じめいの 自明の selvklar, indlysende, selvfølgelig —理 grundsætning, selvindlysende sandhed
しめき・り 締め切り(原稿などの) deadline (期限) frist (扉などの) stængning —り〔の掲示〕stænget —り日(手形など) forfaldsdag, sidste frist —る(原稿などを)〔fristen〕går ud (扉などを) stænge
しめす 示す vise, fremvise, give udtryk for (指摘する) pege på, påvise
しめだす 閉めだす lukke ude, udelukke
しめつ・さす 死滅さす tilintetgøre, udslette —する dø ud
しめる 占める indtage, optage (占領する) okkupere, besætte
しめる 湿る blive fugtig
しめる 締める(ベルトなどを) stramme, tage på 〔bælte e.l.〕(扉などを) lukke, stænge
しめん 紙面 plads —の都合で på grund af pladsmangel, af pladshensyn
じめん 地面 jordoverflade
しめんの 四面の firsidet
しも 霜 rimfrost, frost —がおりる det bliver 〔rim〕frost
しもん 指紋 fingeraftryk
しや 視野 synsfelt, synskreds
じゃあく 邪悪 ondskab, arrigskab —な ondskabsfuld, ondsindet, arrig
ジャーナリ・スト journalist —ズム journalistik
しゃいん 社員 medarbejder 〔ved privat firma〕, ansat〔te〕, arbejdstager, personale
しゃかい 社会 samfund —的な social, samfundsmæssig —環境 socialt miljø —科(教科の) samfundsfag —問題 samfundsproblem —生活 samfundsliv —主義 socialisme —復帰 rehabilitering
しゃかい・がく 社会学 sociologi —学部 sociologisk

じゃがいも　　　　　　　234

じゃがいも （馬鈴薯）〈植〉kartoffel　—の粉 kartoffelmel　すりつぶした— kartoffelmos
しゃがむ　sidde på hug
しゃがれごえ　嗄声　hæs røst, rusten stemme
じゃき　邪気　ondskab, arrigskab　—のない uskyldig, troskyldig, naiv
じゃきょう　邪教　kætteri　—徒 kætter （異教信奉）hedenskab （異教徒）hedning
しゃく　癪〈病〉spasme　—な/にさわる〔形〕provokatorisk, provokerende, udfordende　—にさわる（感ずる）blive fornærmet/forarget/irriteret
しゃくざい　借財　lån, gæld
しゃくし　杓子　slev
しやくしょ　市役所　rådhus
じゃくたい　弱体　skrøbelighed　—の/な kassabel, skrøbelig （老いぼれの）udlevet
じゃぐち　蛇口　〔vand〕hane
じゃくてん　弱点　akilleshæl, ømt/svagt punkt　（欠点）fejl, mangel, ulempe
しゃくどう　赤銅　kobber- og guldlegering
しゃくねつ　灼熱　hvidglødning　—の hvidglødende
しゃくはち　尺八　bambusfløjte
しゃくほう　釈放　løsladelse, frigivelse　—する løslade, frigive
しゃくめい　釈明　forklaring, retfærdiggørelse　—する forklare, retfærdiggøre
しゃくや　借家　lejet hus, lejebolig
しゃくやく　芍薬〈植〉pæon
しゃくよう　借用　lån （借金）gæld　—する låne （借金する）komme i gæld　—証書 gældsbrev, gældsbevis
しゃげき　射撃　skydning　—する skyde （射殺する）skyde ned　—術 skydefærdighed　—練習場 skydebane
ジャケツ　trøje, vest, pullover
しゃこ　車庫　garage
しゃこう　社交　socialt samkvem, selskab　—的な

selskabelig —家 selskabsmand —界 selskabsliv —ダンス selskabsdans
しゃざい 謝罪 undskyldning　—する undskylde, bede én undskylde（ごめんなさい）undskyld！
しゃさつする 射殺する skyde ned
しゃじつ 写実〔主義〕realisme （現実）virkelighed —的な realistisk, naturtro, virkelig
しゃしょう 車掌 konduktør
しゃしん 写真 fotografi, foto —をとる tage et billede, fotografere —機 kamera, fotografiapparat —帳 foto〔grafi〕album —屋 fotohandler
ジャズ 〈楽〉jazz　—バンド jazzband
ジャスミン 〈植〉jasmin
しゃせい 写生 skitsetegning, tegning af naturisceneri —する skitsere, tegne naturisceneri
しゃせつ 社説 avisleder, lederartikel
しゃぜつ 謝絶 afslag, forkastelse —する afslå, afvise, betakke sig, forkaste
しゃせん 斜線 skrå/skæv linie
しゃせん 車線 vognbane, kørebane
しゃたい 車体 karrosseri
しゃたく 社宅 firmabolig
しゃだん 遮断 afskærmning, isolation —する afskærme, isolere —器（電気の）afbryder —機（踏切の）jernbaneoverskæring led
しゃちょう 社長 direktør, præsident
シャツ ワイ— skjorte （下着）undertrøje
じゃっかんの 若干の nogle
しゃっきん 借金 lån, gæld, skyld　—する låne, komme i gæld, skylde —取り pågående inkassator
ジャック （トランプの）knægt
しゃっくり hikke —する hikke
シャッター （カメラの）lukker （よろい戸）skodde —を押す lukke（よろい戸を閉める）skodde
しゃどう 車道 kørebane, vognbane
じゃどう 邪道 last, misbrug, synd
しゃべる 喋る snakke, pladre, skvadre

シャベル skovl, skuffe —ですくう skovle, skuffe

じゃま 邪魔 hindring, indblanden, afbrydelse (迷惑) ulejlighed —になる blive til besvær/ulejlighed —をする genere, hindre, obstruere —な generende, hæmmende, spærrende お—します undskyld jeg forstyrrer Dem お—しました undskyld jeg har ulejliget Dem

ジャム marmelade, syltetøj —にする sylte

じゃり 砂利 grus, ral —をまく gruse, sande

しゃりょう 車両 køretøj, befordringsmiddel

しゃりん 車輪 hjul

しゃれ 洒落(冗談) skæmt, vits, vittighed (軽口) kvikhed 駄— brander (語呂合わせ) ordspil —をいう skæmte

しゃれい 謝礼(感謝) tak (報酬) vederlag, honorar, belønning —する belønne, vederlægge

シャワー douche, styrtebad, bruse〔bad〕 —を浴びる douche, tage bruse〔bad〕

シャンソン 〈楽〉chanson

シャンデリア lysekrone

シャンパン champagne

ジャンボき ジャンボ機 jumbojet

しゅ 種 slags, sort (動・植物の) art, species

しゅ 主(主人) herre, husbond (キリスト) Gud, Jesus (君主) monark, konge, suveræn (首領) chef, leder, høvding —として hovedsagelig, fortrinsvis

しゅい 首位 førsteplads, topposition —を守る besætte førstepladsen

しゆう 私有 privateje —の privatejet

しゅう 州(大陸の) kontinent, verdensdel (行政の) stat, amt

しゅう 週 uge

じゆう 自由 frihed —な fri —に frivilligt, af egen vilje, frit —意志 fri vilje, spontanitet —時間 fritid, ledig tid —化 liberalisering —経済 liberal/åben økonomi —主義 liberalisme

じゅう 十 ti 第—の tiende

じゅう 銃 bøsse （小銃）gevær
…じゅう …中 hele 世界— hele verden 1日— hele dagen 2年— hele to år
…じゅう …重の -fold, dobbelt 二—の tofold, dobbelt 三—の trefold, tredobbelt
しゅうい 周囲（環境）omgivelser, miljø （外周）periferi（周辺）omkreds
じゅうい 獣医 veterinær, dyrlæge
じゅういち 十一 elleve 第—の ellevte
じゅういちがつ 十一月 november
しゅうえき 収益 provenu, udbytte, fortjeneste —のある lukrativ, profitabel
じゅうおく 十億 milliard
しゅうかい 集会 møde, forsamling, sammenkomst —する holde møde, komme sammen —所 forsamlingssal, mødelokale
しゅうかく 収穫 høst, udbytte —する høste, meje —期 høsttid —機械（コンバイン）mejetærsker（刈り取り機）mejemaskine —高〔høst〕udbytte, avl, afgrøde
しゅうがく・する 就学する gå i skole, begynder skole —児童 skolebarn —年齢 skolealder —義務のある skolepligtig
しゅうがくりょこう 修学旅行 skolerejse
じゅうがつ 十月 oktober
しゅうかん 習慣（習性）vane, sædvane （しきたり）skik, sæd —的な（通例の）sædvanemæssig （いつもの）sædvanlig
しゅうかん 週刊 ugeskrift —の ugentlig —誌 ugeblad —紙 ugeavis
しゅうかん 週間 uge, periode på en uge
しゅうき 秋気 efterårsluft
しゅうき 臭気 stinkende lugt, lugtgener —消し deodorant, lugtfjerner
しゅうき 周期 periode, kredsløb, cyklus —的な periodisk
しゅうぎ 祝儀 festligholdelse （チップ）drikkepen-

ge
しゅうぎいん 衆議院 Repræsentanternes Hus, Underhuset ―議長 formand i underhuset
しゅうきゅう 週給 ugeløn
しゅうきゅう 蹴球 fodbold ―場 fodboldbane ―チーム fodboldhold ―選手 fodboldspiller
じゅうきょ 住居 bolig, bopæl （滞在地）opholdssted
しゅうきょう 宗教 religion ―団体 religiøs gruppe ―家（牧師）præst（修道僧）munk（尼僧）nonne ―学 religionsvidenskab ―改革 Reformationen ―の派 sekt
しゅうぎょう 修業 stræben efter viden, studium ―する studere, få en uddannelse ―証書 diplom
しゅうぎょう 終業 fyraften （学校の）skoleslut
しゅうぎょう 就業 arbejde ―時間 arbejdstid ―規則 regler på en arbejdsplads
じゅうぎょういん 従業員 ansat
しゅうきょく 終局 slut, ende, finale ―の slut, endelig, sidst
しゅうきん 集金 pengeopkrævning, pengeindsamling, indkassering ―する opkræve〔penge〕, indsamle〔penge〕, indkassere ―人 opkræver（借金取り）inkassator
じゅうく 十九 nitten 第―の nittende
しゅうけい 集計 sammentælling, total ―する tælle/regne/lægge sammen
しゅうげき 襲撃 angreb, anfald, aggression ―する angribe, anfalde
じゅうご 十五 femten 第―の femtende
しゅうごう 集合 forsamling, møde ―する forsamles, mødes〔efter aftale〕―場所 mødested
じゅうこう 銃口 munding
じゅうこうぎょう 重工業 sværindustri
しゅうさい 秀才 geni, begavelse, talent
じょうさん 十三 tretten 第―の trettende
しゅうし 収支 saldo, balance
しゅうし 修士（文科系の） cand.-mag.〔短〕MA （理

科系の）cand.-scient. 〔短〕MS　—課程 kandidat eksamen
しゅうし　終止 slut, afslutning, ophør　—する slutte, afslutte　—符（文法の）punktum （一般的な）fuldstændigt stop/ophør
しゅうし　終始 fra begyndelse til slut
しゅうじ　習字 skønskrift, kalligrafering
じゅうし　十四 fjorten　第一の fjortende
じゅうじ　十字 kors, kryds　—架（キリストの）korsets træ, krucifiks　—形の korsformet　—軍 korstog　—路 korsvej
じゅうじする　従事する involvere sig i, følge 〔kald〕
じゅうしち　十七 sytten　第一の syttende
しゅうじつ　終日 hele dagen
しゅうじつ　週日 ugedag
しゅうじほう　修辞法 retorik
じゅうしゃ　従者 tilhænger, følgesvend, ledsager
しゅうしゅう　収集 samling, kollektion　—する samle　—家 samler　—狂 samlermani
しゅうしゅく　収縮 krympning, svind　—する krympe, svinde ind
じゅうじゅん　従順 lydighed, obediens　—な lydig, som retter sig efter, underdanig
じゅうしょ　住所 opholdssted, hjemsted （宛名）adress　—録 adresseliste
じゅうしょう　重傷 alvorlig kvæstelse/skade　—を負う blive hårdt kvæstet
しゅうしょく　修飾 udsmykning　—する udsmykke
しゅうしょく　就職 jobsøgning, ansættelse　—する søge/finde et job, blive ansat
しゅうしん　終身 hele livet　—の livslang
しゅうじん　囚人 fange, fængslet （逮捕者）anholdt, arrestant
じゅうしん　重心 tyngdepunkt
じゅうしん　銃身 løb
ジュース　（果汁）saft （テニスでの）lige 40-40 （ゲームでの）toer

しゅうせい 修正 modifikation, ændring, korrektion ―する modificere, ændre, korrigere, revidere ―案 ændringsforslag

しゅうせい 習性 vane, sædvane, skik

じゅうぜい 重税 høje skatter ―を課す lægge høje skatter på

しゅうせん 終戦 krigsafslutning （戦後期）efterkrigstiden

しゅうぜん 修繕 reparation, lapperi, overhaling ―する bedre, bøde, istandsætte, lappe ―費 reparationsomkostninger

じゅうぞく 従属 underordning, undergivning ―的な underordnet, undergiven ―させる underordne, underkaste ―する underkaste sig ―節〈文法〉 bisætning

じゅうたい 渋滞 ophold, forsinkelse

じゅうたい 重体 alvorlig/kritisk tilstand ―である være alvorlig〔t〕/svært syg

じゅうだい・な 重大な betydningsfuld, vigtig ―事件 alvorlig hændelse ―性 betydning, vigtighed

じゅうたく 住宅 hus, bolig ―地 boligområde ―事情 boligforhold ―不足 boligmangel

しゅうだん 集団 gruppe （群衆）folkemasse（動物などの）flok, hjord ―をつくる gruppere ―で massevis af, i massevis

じゅうたん 絨毯 gulvtæppe （通路の）løber

しゅうち 羞恥 generthed, undseelse ―心 blusel

しゅうちの 周知の som alle ved, som er almindeligt kendt, velbekendt

しゅうちゃく 執着 ihærdighed ―心の強い vedholdende, ihærdig

しゅうちゃく 終着 endemål, endeligt bestemmelsessted ―駅 endestation, terminus

しゅうちゅう 集中 koncentration ―する koncentrere sig ―講義 intensivt kursus

しゅうちょう 酋長 høvding

しゅうてん 終点 terminus, endestation

じゅうてん 重点 vigtigt punkt …に—をおく lægge vægt på at〔undersøge〕
じゅうてん 充填 opfyldning —する udfylde, fylde（歯に）plombere〔en tand〕
しゅうでんしゃ 終電車 sidste tog
じゅうでんする 充電する oplade
しゅうと 舅 svigerfar
しゅうと 宗徒 tilhænger, troende
しゅうどう・いん 修道院 kloster —士 munk —尼/女 nonne
しゅうとくする 習得する lære, beherske
しゅうとくぶつ 拾得物 fundne sager
しゅうとめ 姑 svigermor
じゅうなんな 柔軟な blød, bøjelig
じゅうに 十二 tolv 第—の tolvte
…じゅうに under, i løbet af
じゅうにがつ 十二月 december
じゅうにしちょう 十二指腸〈医〉tolvfingertarm
しゅうにゅう 収入 indkomst, løn （売り上げ）salg —が多い/少ない indkomst er høj/lav —印紙 stempelmærke
しゅうにん 就任 tiltrædelse〔i offentlig embede〕—する tiltræde —式 indvielse
じゅうにん 住人 indbygger, beboer
しゅうねん 執念(執着) stærk tilbøjelighed （復讐心）hævn, gengæld —深い（しつこい）ihærdig, stædig, stivnakket （復讐心に燃えた）hævngerrig, hadsk
しゅうは 周波 svingning —数 frekvens
しゅうは 宗派 sekt
しゅうはいにん 集配人 postbud
じゅうはち 十八 atten 第—の attende
じゅうひ 獣皮 skind （毛皮）pels
じゅうびょう 重病 alvorlig/svær sygdom —患者 alvorligt syg patient
しゅうぶん 秋分 efterårsjævndøgn
しゅうぶん 醜聞 skandale, dårligt rygte

じゅうぶんな 十分な nok, helt igennem, grundig, fuldstændig

しゅうへん 周辺 omgivelser (pl.), udkant

しゅうまつ 週末 weekend ―旅行 weekendtur

じゅうみん 住民 beboer, indbygger ―登録 folkeregistrering

しゅうや 終夜 hele natten, natten igennem

じゅうやく 重役 direktør, leder ―会 bestyrelsesmøde, direktionsmøde

じゅうゆ 重油 tykolje (原油) råolje, uraffineret olje

しゅうゆう 周遊 rundtur ―券 rundrejsebillet

しゅうよう 収容 indkvartering, indlogering ―する indkvartere, indlogere ―所 indkvarteringssted

しゅうよう 修養 uddannelse, træning, øvelse, selvdisciplin ―する gøre kultivering/uddannelse, øve sig

じゅうよう 重要 betydning, vigtighed ―な betydningsfuld, vigtig ―書類 vigtige papirer (pl.) ―産業 (基幹産業) nøgleindustri

しゅうらい 襲来 indtrængen, invasion, angreb, overfald

じゅうらい 従来 hidtil, som før ―の traditionel, gængs, sædvanlig, tidligere

しゅうり 修理 reparation, lapperi, overhaling ―する reparere, bøde, lappe ―工場 reparationsværksted (自動車の) bilværksted

しゅうりょう 終了 afslutning, slut, ende ―する slutte, ende, konkludere, tage slut

じゅうりょう 重量 tyngde, vægt ―あげ vægtløftning ―あげ選手 vægtløfter

じゅうりょく 重力 tyngdekraft, gravitation

シュールレアリズム surrealisme ―の surrealistisk

しゅうれっしゃ 終列車 sidste tog

じゅうろく 十六 seksten 第―の sekstende

しゅうわい 収賄 modtagning af bestikkelse/stikpenge, koruption ―する tage imod stikpenge,

modtage bestikkelser
しゅえい 守衛　vagt〔mandskab〕, portner
じゅえき 樹液　saft
しゅえん 主演　hovedrollen
しゅかく 主格〈文法〉nominativ
しゅかん 主観 subjektivitet　—的な subjektiv　—論 subjektivisme
しゅき 手記　mindeskrift
しゅぎ 主義 princip　(教義) doktrin, dogme　…— -isme　共産— kommunisme
じゅきゅう 需給　udbud og efterspørgsel
しゅぎょう 修行　〔religiøs〕 skoling, træning, disciplin　—する øve sig
じゅきょう 儒教　kun〔g〕futsianisme
じゅぎょう 授業　undervisning, instruktion, time 〔i skole〕　—時間 timer 〔i skole〕　—料 skolepenge
しゅぎょく 珠玉　juvel, ædelsten, klenodie, perle
じゅく 塾　terpeskole　(予備校) forberedelsesskole
しゅくえん 祝宴　banket, gæstebud, festmåltid, gilde
しゅくが 祝賀 festligholdelse, festivitas, fejring　—する gratulere 〔til〕, celebrere, feste
じゅくご 熟語 idiom　—集 parlør
しゅくじ 祝辞　hyldesttale
じゅくしする 熟視する　stirre/glo på
しゅくじつ 祝日　〔national〕 helligdag
しゅくしょう 縮小 besparelse, nedskæring　—する afkorte, mindske, nedskære (抜粋する) sammendrage (短縮する) forkorte　軍備— nedrustning
しゅくず 縮図 miniature　人生の— livet i miniature
じゅくすい 熟睡 dyb søvn　—する falde i dyb søvn, sove godt, sove som en sten　—している ligge i dyb søvn
じゅく・する 熟する　blive moden, modne〔s〕　—してない umoden
しゅくせい 粛正　udrensning
じゅくせい 熟成 modenhed　—する blive moden, modne〔s〕　—した moden

しゅくだい 宿題 lektier (pl.), hjemmearbejde —を出す give lektier for —する lave/læse lektier

じゅくたつ 熟達 dygtighed, kyndighed —する blive dygtig/kyndig

しゅくちょく 宿直 nattevagt —する holde nattevagt

しゅくてん 祝典 fest —を挙行する feste

しゅくでん 祝電 lykønskningstelegram —を打つ sende lykønskningstelegram

しゅくはい 祝杯 lykønskningsskål

しゅくはく 宿泊 overnatning, indkvartering —する overnatte, bo til leje, indkvartere sig hos én, opholde sig —所 logi, indkvartering

しゅくふく 祝福 velsignelse —する velsigne, give sin velsignelse til

しゅくめい 宿命 skæbne, lod, tilskikkelse —的な skæbnebestemt, fatal, skæbnesvanger

じゅくりょ 熟慮 overvejelse, betænkning —する overveje, betænke, tage i betænkning at (考えこんでいる) eftertænksom

じゅくれん 熟練 dygtighed, kyndighed —した dygtig, kyndig —者 kyndig mand, ekspert —工 faglært arbejder

しゅげい 手芸 kunsthåndværk, håndarbejde —品 håndarbejde

しゅけん 主権 suverænitet, hegemoni, herskermagt —を有する〔形〕suveræn —者 suveræn, hersker

じゅけん・する 受験する gå op til eksamen, være til eksamen —生 eksaminand

しゅご 主語〈文法〉subjekt

しゅこう 手工 håndarbejde, håndværk —品 håndarbejde, håndværk

しゅさい 主催 sponsorering —する sponsorere —者 sponsor (発起人) ophavsmand

しゅざい 取材 dataindsamling —する indsamle data

しゅさんち 主産地 hovedprodukt distrikt/område

しゅし 趣旨 betydning, egentlig mening, hovedindhold

しゅし 種子 såsæd, frø

じゅし 樹脂 harpiks　—状の harpiksagtig

しゅじゅう 主従 hersker og vasal, herre og dreng, mester og læredreng/lærling

しゅじゅつ 手術 kirurgi, operation　—する operere, gennemgå en operation　—を受ける blive opereret, lade sig operere　—医 kirurg　—室 operationsstue

しゅじゅの 種々の forskellige, diverse, alle slags, adskillige

しゅしょう 主将(競技の) kaptajn, holdleder

しゅしょう 首相 premierminister, statsminister

じゅしょう 受賞 prismodtagelse, prisuddeling　—する vinde en pris, modtage pris　—者 pris[mod]tager

しゅしょく 主食 vigtigste levnedsmidler (pl.), hovednæringsmiddel

しゅしん 主審(レスリングなどの) dommer

しゅじん 主人 herre（雇い主）arbejdsgiver（一家の）husbond（宿屋などの）(男) vært（女）værtinde（夫）[ægte]mand　—公(小説などの) hovedperson（男）helt（女）heltinde

じゅしん 受信 modtagning af et telegram　—する modtage et telegram, tage imod besked　—機 modtager　—人 adressat, modtager

しゅす (織) satin

じゅず 数珠 perlebånd, perlerad, rosenkrans　—つなぎにする binde bånd om, perle

しゅせい 守勢 defensiv, forsvar, beskyttelse　—的な defensiv, forsvarlig　—に立つ være i defensiven

しゅせき 首席(席) chefstilling （クラスで）nummer et af éns klass, duks（党のリーダー）partiformand　—全権 chefdelegeret

しゅぞく 種族(人種) race, stamme, slægt（動・植物の）art

しゅたい 主体〈哲〉subjekt （中核）kærne　—性 selvstændighed, uafhængighed

しゅだい 主題 tema, emne ー歌(映画などの) gennemgående musikalsk tema (テーマ音楽) kendingsmelodi

じゅだく 受諾 accept, godkendelse ーする acceptere, godkende

しゅだん 手段 middel 〔til at opnå ngt.〕, fremgangsmåde (便法) udvej

じゅちゅうする 受注する modtage bestillinger (pl.)

しゅちょう 主張 påstand (立場) synspunkt, standpunkt (強調) fremhævelse, eftertryk, emfase ーする påstå, insistere på

しゅつえん 出演 optræden, fremtræden ーする optræde ー者 skuespiller ー料 løn

しゅっか 出荷 forsendelse, sending ーする forsende, sende

しゅっか 出火 ildløs

しゅっきん 出勤 fremmøde på arbejde ーする gå/være på arbejde

しゅっけつ 出血 blødning ーする bløde ー多量で死ぬ forbløde ー販売 salg til underpris

しゅつげん 出現 fremtræden, optræden ーする fremtræde, optræde, vise sig

じゅつご 述語 〈文法〉 prædikat (術語) teknisk udtryk/term

しゅっこう 出港・出航 afsejling ーする afsejle 〔fra〕, sejle af 〔sted〕

じゅっこう 熟考 overvejelse, betænkning ーする overveje, betænke, tage i betænkning at, fundere

しゅっこくカード 出国カード indskibningskort

じゅつさく 術策 kneb, kunstgreb

しゅっさつ 出札 billet salg ー口 billethul, billetluge ー係 billetkontrollør

しゅっさん 出産 fødsel, barsel (分娩) nedkomst, forløsning ーする føde, bringe til verden, barsle, nedkomme ー証明 fødselsattest

しゅっし 出資 investering, finansiering ーする investere ー者 investor, financier

しゅつじょう 出場 deltagelse （出席）nærvær[else], tilstedeværelse —する deltage, have del i, være part i —者 deltager, participant

しゅっしん 出身 det at udgå [fra universitet]

しゅっせ 出世 fremskridt, fremgang （昇進）forfremmelse, advancement —する blive forfremmet til, blive udnævnt

しゅっせい 出生 fødsel, barsel —する føde, barsle —率 fødselsprocent, fødsel tal —地 fødeegn, fødehjem

しゅっせき 出席 fremmøde, tilstedeværelse —をとる råbe op —する møde op, deltage —簿 mødeliste —者 deltager, fremmødt, tilstedeværende

しゅっちょう 出張 forretningsrejse —で…にいる være i … på forretningsrejse —所 afdelingskontor

しゅっぱつ 出発 afgang, start （旅行の）afrejse —する afgå, starte, afrejse [til], rejse af sted —点 startplads, startpunkt —係（競技の）starter

しゅっぱん 出帆 afsejling —する afsejle

しゅっぱん 出版 udgivelse, publikation —する udgive, publicere —社 forlag, forlægger —物 tryksager (pl.) —の自由 trykkefrihed

しゅっぴ 出費 udgifter (pl.)

しゅっぴん 出品 udstilling, opvisning —する udstille, opvise —物 udstillingsgenstand

しゅと 首都 hovedstad, residensstad

しゅとう 種痘 vaccination, indpodning —する vaccinere [imod], indpode

じゅどう・てきな 受動的な passiv —態〈文法〉passiv

しゅとく 取得 anskaffelse, erhvervelse —する anskaffe sig, erhverve sig （購入する）købe

しゅとして 主として hovedsagelig, alt i alt, fortrinsvis, i hovedsagen

しゅにん 主任 arbejdsleder, formand

ジュネーブ Genève

しゅび 守備 forsvar, beskyttelse, defensiv —をする forsvare, beskytte

しゅび 首尾(結果) resultat, udfald （始めから終りまで）fra begyndelsen til enden —よく heldigvis, glædeligvis, lykkeligvis
じゅひ 樹皮 bark
しゅひつ 主筆 chefredaktør
しゅひん 主賓 hædersgæst
しゅふ 主婦 husmor （妻）hustru （女主人）værtinde
しゅふ 首府 hovedstad, residensstad
しゅぼうしゃ 首謀者 anstifter （反乱の）oprørsleder
しゅみ 趣味 hobby, [fritids]interesse （好み）smag —を持つ have interesse for, have interesse i at
シュミーズ chemise, særk, underkjole
じゅみょう 寿命 livstid
しゅもく 種目(種類) sort, slags （分野）sektor （競技の）idrætsgren
じゅもく 樹木 træ —の茂った træbevokset
しゅやく 主役(役) hovedrolle [i skuespil] （役者）（男）skuespiller （女）skuespillerinde
じゅよ 授与 tildeling [af pris] —する tildele [pris], skænke
しゅよう 腫瘍 〈病〉tumor, svulst
じゅよう 需要 efterspørgsel —と供給 forsyning og efterspørgsel —がある det er efterspørgsel [efter] これらの品々の—は大きい disse varer er meget efterspurgt
しゅよう・な 主要な hoved-, vigtig, væsentlig, vægtig —産業 nøgleindustri —産物 hovedprodukt —人物（ドラマ・小説などの）（男）helt （女）heltinde
ジュラルミン duraluminium
しゅりゅう 主流 hovedstrøm —派 hovedklike
しゅりょう 狩猟 jagt —に行く gå på jagt —する jagte —地 jagtgrund, jagtterræn —犬 jagthund
しゅりょう 首領 chef, leder, høvding
しゅりょく 主力 hovedstyrke —を注ぐ koncentrere sig om
しゅるい 種類 art, slags 色々の—がある der er forskellige slags [af/blandt] —別にする sortere, ind-

dele, klassificere

しゅろ 棕櫚〈植〉palme

じゅわき 受話器(電話の) telefonrør, modtagedel —を取る tage telefonen〔når den ringer〕 —を置く lægge røret på

しゅわん 手腕 evne, kraft, begavelse, dygtighed —のある dygtig, kyndig, behændig —家 talent, talentfuld person

じゅんい 順位 rangorden, rang, grad

じゅんえき 純益〔金〕 nettofortjeneste, nettoindtægt

しゅんが 春画 obskønt billede, pornografi

じゅんかい 巡回 patrulje, runde —する patruljere〔i〕 —中の på patruljering (パトカー) patruljevogn —図書館 ambulant bibliotek

じゅんかつゆ 潤滑油 smøremiddel

しゅんかん 瞬間 øjeblik, moment —的の/な øjeblikkelig, momentan —的に øjeblikkelig, på et øjeblik, momentvis

じゅんかん 循環 cirkulation, rotation (天体などの) omløb, kredsløb —する rotere, cirkulere, kredse —小数〈数〉periodisk decimalbrøk

じゅんきゅう 準急 lokalt hurtigtog

じゅんきょう 殉教 martyrium (殉死) martyrdød —者 martyr

じゅんぎょう 巡業 turné —する turnere, være på turné, rejse rundt

じゅんきん 純金 ren/ægte guld

じゅんけっしょう 準決勝 semifinale 準— kvartfinale

じゅんさ 巡査 〔politi〕betjent, gadebetjent, politimand

じゅんじょ 順序 rækkefølge, orden (手続き) procedure (手順) fremgangsmåde —だった ordentlig, systematisk —正しく i god orden, ordentlig〔t〕, systematisk〔t〕

じゅんしん 純真 naivitet, godtroenhed —な naiv, godtroende

じゅんすい 純粋 renhed, ægthed　—な ren, ægte（本当の）sand（動物の純血種の）fuldblods

じゅんちょう・な 順調な gunstig, belejlig, fordelagtig　—に gunstig, belejligt

じゅんな 純な uskyldig

じゅんのう 順応 tilpasning　—する tilpasse　—困難な tilpasningsvanskelig　—力/性 tilpasningsevne

じゅんばん 順番 tur, rad　—に på omgang, efter tur, i tur og orden（交代で）skiftevis, vekselvis

じゅんび 準備 forberedelse, foranstaltning　—する forberede, belave sig på, præparere

しゅんぶん 春分 forårsjævndøgn

じゅんもう 純毛 ren uld　—の af ren uld

じゅんよう 巡洋 kryds〔togt〕　—艦 krydser

じゅんれい 巡礼〔の旅〕 pilgrimsfærd, pilgrimsrejse, valfart　—者 pilgrim　—する valfarte

じゅんれつ 順列〈数〉permutation

じゅんろ 順路 ordinær vej

じょい 女医 kvindelig læge　（婦人科医）kvindelæge

しよう 使用 anvendelse, brug　—する anvende, bruge　—済みの aflagt　—者 konsument, forbruger　—人 arbejdstager　—法 brugsanvisning　—中（トイレ・電話など）optaget　—料 leje〔for〕

しよう 私用(自分用) privat brug　（私事）privatsag, privatanliggende　—の/で privat

しょう 賞 pris, belønning　—をとる vinde prisen　—を与える prisbelønne

しょう 省(官庁の) regeringskontor, ministerium, department

しょう 章(本の) kapitel　記— mærke, emblem

しょう 商〈数〉kvotient

じよう 滋養 næring　—のある nærende　—物 næringsmiddel

じょう 情（感情）følelse, stemning　（愛情）kærlighed, hengivenhed（同情）sympati, medfølelse（情緒）emotion　—のある godhjertet

じょう 錠(錠前) lås, hængelås, lukke　—をかける

låse〔af/ned〕 —を開ける låse op —剤 tablet, pille (トローチ) pastil
じょう 条(個条) artikler (pl.)
しょういだん 焼夷弾 brandbombe
じょういん 上院 overhuset, senat
じょうえい 上映 forevisning —する forevise en film
じょうえん 上演 opførelse〔om skuespil〕 —する opføre
しょうか 唱歌 sang
しょうか 消化 fordøjelse —する fordøje —器官 fordøjelsesorgan —剤 fordøjelsesmiddel —のよい/悪い let/vanskelig at fordøje —不良 dårlig fordøjelse
しょうか 消火 ildslukning —器 ildslukker, slukningsapparat —設備 ildslukningsanlæg —栓 brandhane, standrør —する slukke ilden（火事は消えた）ilden sluknede
しょうか 商科(学課の) handelsfag —大学 handelshøjskole
しょうが 生姜〈植〉ingefær
しょうかい 商会 firma
しょうかい 紹介 præsentation, introduktion AをBに—する introducere/præsentere A for B —状 introduktionsbrev
しょうかい 照会 forespørgsel —する forespørge, gøre forespørgsel
しょうがい 生涯 liv, karriere, hele livet —の på livstid, livslang —教育 livslang uddannelse
しょうがい 渉外 PR, public relations, informationsvirksomhed
しょうがい 障害 forhindring（身体上の）handicap —〔物〕競走 forhindringsløb —者(身体上の) en handicappet
しょうがい 傷害 skade —保険 ulykkesforsikring
しょうがく 商学 handelsvidenskab —士 civiløkonom —部 handelsvidenskabeligt fakultet
しょうがく・きん 奨学金 stipendium, studielegat —

生(—金受給者) stipendiat
しょうがくせい 小学生 underskoleelev
しょうがつ 正月 det nye år, nytårsferie (元旦) nytårsdag
しょうがっこう 小学校 underskole, grundskole
しょうかん 償還 tilbagebetaling
しょうかん 召喚 tilsigelse, indkaldelse (外交官など本国へ) hjemkalde〔lse〕 —する tilsige, indkalde
じょうかん 上官 〔højere〕officer
しょうき 正気 bevidsthed, fornemmelse, sans —の (意識の確かな) nøgtern, normal, fornuftig (酔っていない) ædru, nøgtern
しょうぎ 将棋 〔japansk〕 skak —の駒 skakbrik —盤 skakbræt
しょうぎ 床机 skammel
じょうき 蒸気 damp —機関 dampmaskine —機関車 damplokomotiv —缶(ボイラー) dampkedel
じょうぎ 定規 lineal 三角— vinkel〔lineal〕, trekant
じょうきげん 上機嫌 godt humør/lune —で i godt humør/lune
じょうきの 上記の ovennævnt, ovenstående
しょうきゃく 償却(返金) tilbagebetaling 減価— afskrivning —する betale tilbage, afskrive
じょうきゃく 乗客 passager
しょうきゅう 昇級 befordring, forfremmelse —する blive befordret/forfremmet
しょうきゅう 昇給 lønforhøjelse —する få lønforhøjelse
じょうきゅう 上級 høj rang, overklasse —の højere (将校など) højerestående —学校 højere læreanstalt —生 elev på højere trin, ældre student
しょうぎょう 商業 handel —の handels-, kommerciel —学校 handelsskole —高校 handelsgymnasium —大学 handelshøjskole —会議所 handelskammer
じょうきょう 状況 omstændighed, tilstand, beskaffenhed, forhold
しょうきょくてき・な 消極的な negativ, passiv —に

negativt, passivt
しょうきん 賞金 belønning, 〔penge〕pris, premie
じょうきん 常勤 fast ansættelse ―の fastansat
じょうくう 上空 himmel ―で på himlen
しょうぐん 将軍 general
じょうげ 上下 foroven og forneden
しょうげき 衝撃 stød, chok, impuls ―をやわらげる tage stødet af
しょうけん 証券 værdipapirer (pl.) ―取引所 fondsbørs
しょうげん 証言 vidneudsagn, vidneforklaring ―する vidne, afgive vidneudsagn ―者 vidner
じょうけん 条件 vilkår, betingelser ―付きの betinget 〔af〕 無―の betingelsesløs ―反射 betinget refleks
しょうこ 証拠 bevis, vidnesbyrd, holdepunkt ―をたてる bevise, bekræfte, påvise ―書類/物件 beviseligheder (pl.), bevismateriale
しょうご 正午 middag〔stid〕, kl. 12 ―頃に ved middagstid
じょうご 漏斗 tragt
しょうこう 将校 officer
しょうこう 症候 〈医〉 symptom
しょうこう 商工(商工業) handel og industri, erhvervsliv ―会議所 handels- og industrikammer
しょうごう 称号 betegnelse, titel 〔på person〕
しょうごう 照合 kollation, sammenligning ―する kollationere, sammenligne
じょうこう 条項 artikler (pl.), bestemmelse
しょうこうぐち 昇降口(客船などの) kahytstrappe
しょうこうぐん 症候群 〈病〉 syndrom
しょうこうする 焼香する brænde røgelse for
しょうこうねつ 猩紅熱 〈病〉 scarlatina
じょうこく 上告 appel ―する appellere
しょうさい 詳細 detalje, enkelthed ―の/に detaljeret
しょうさい 商才 forretningssans, forretningstalent

じょうざい 錠剤 tablet （丸薬）pille
しょうさん 称賛 ros, berømmelse, pris —する berømme, beundre, prise
しょうじ 障子 papirdør, papirvindue, papirskærm
じょうし 上司 overordnet
じょうし 城址 fæstningsruin
しょうじき 正直 ærlighed, oprigtighed —な ærlig, oprigtig, redelig —に ærligt —言えば ærligt talt
じょうしき 常識 sund fornuft —的な fornuftig, ordinær, praktisk
しょうしつ 焼失 ødelæggelse ved brand —する brænde ned, nedbrænde, blive brændt ned
しょうしみん 小市民 småborger —的な småborgerlig
しょうしゃ 商社 handelshus, handelskompagni, handelsselskab
しょうしゃ 勝者 vinder, triumfator, champion
じょうしゃ・する 乗車する stå på toget, stige på〔toget〕 —券 passagerbillet —賃 billetpris
じょうじゅ 成就 fuldbyrdelse, opfyldelse, gennemførelse —する fuldbyrde, gå i opfyldelse, gennemføre
しょうしゅう 召集 indkaldelse, stævning, tilsigelse —する indkalde, stævne sammen, tilsige, sammenkalde
しょうじゅう 小銃 gevær, bøsse —弾 geværkugle
じょうしゅう 常習 vane, sædvane —の vanemæssig, sædvanlig —犯 vaneforbryder
じょうしゅびの 上首尾の lykkelig, heldig
じょうじゅんに 上旬に i begyndelsen af
しょうしょ 証書 dokument, papir, skrift （証明書）certifikat, attest〔for〕
しょうじょ 少女 〔ung〕pige
しょうしょう 少々 en smule, lidt —お待ち下さい vær venlig at vente et øjeblik
しょうじょう 症状(容態) patients tilstand （徴候）symtom

しょうじょう 賞状 certifikat for fordel （免状）diplom（推薦状）anbefalingsskrivelse
しょうじょう 猩猩〈動〉orangutang
じょうじょう… 情状しゃくりょうの余地のある formildende〔omstændigheder〕
じょうしょく 常食 dagligkost ーとする leve mest på〔ris〕
しょうしん 昇進 forfremmelse ーする blive forfremmet〔til〕
しょうしん 傷心 sorg, bedrøvelse ーの sorgbetynget, bedrøvet, nedslået
しょうじん 精進 omhyggelighed, koncentration, flid ーする koncentrere sig（菜食主義）vegetarisme
しょうしんしょうめいの 正真正銘の virkelig, ægte
じょうしんする 上申する henstille, forelægge
しょうしん・な 小心な（臆病な）bange, fej （用心深い）omhyggelig, forsigtig, omsorgsfuld ー者 kujon, kryster, bangebuks
じょうず 上手 dygtighed, behændighed ーな dygtig, behændig ーな人 mester, ekspert ーになる blive dygtig
しょうすう 小数〈数〉decimal〔brøk〕ー点 decimalpunkt, decimalkomma
しょうすう 少数 lille antal, minoritet, mindretal ー派/党 minoritet ー意見 minoritets/fåtals mening/anskuelse
しょうする …と称する（呼ぶ）kalde, navngive （…と見せかける）foregive （病気のふりをして）under foregivende af sygdom（主張する）påstå, insistere på
しょうずる 生ずる（産出する）producere, fremstille （発生する）hænde, indtræffe, opstå （ひき起こす）foranledige, forårsage
じょうずる 乗ずる（倍する）multiplicere, mangefoldiggøre（2倍にする）fordoble（つけこむ）udnytte, drage nytte af
じょうせい 情勢 tingenes tilstand, situation, stilling

しょうせつ 小説(長篇の) roman (短篇の) historie, novelle (物語) fortælling ―家 forfatter 短篇―家 novellist
しょうせん 商船 handelsskib ―隊 handelsflåde
じょうせん 乗船 ombord ―中の ombordværende (乗船客) de ombordværende ―する gå ombord ―させる(人を) tage ... ombord (貨物を) laste ombord
しょうぞう 肖像 portræt, [bryst]billede, kontrafej
じょうそう 上層(地層などの) øvre lag (大気の) de øvre luftlag (建物の) øvre etager ―階級 overklassen (pl.)
じょうそう 情操 følelse, følelsesudtryk, følesans (感受性) følsomhed
じょうぞう 醸造 brygning ―する brygge (蒸留する) destillere ―所 bryggeri
しょうそく 消息 nyhed, underretning, information ―がある høre fra en, få underretning om at ―通の velunderrettet
しょうたい 正体 ens ret egenskab, ens sandt jeg ―を現わす afsløre sig som, vise ens ret egenskab
しょうたい 招待 indbydelse, invitation ―する indbyde, invitere ―を受ける modtage en invitation ―状 skriftlig invitation, indbydelseskort ―客 de indbudte (pl.)
しょうたい 小隊 peloton, deling
じょうたい 状態 tilstand, situation, forhold
じょうたい 常態 normal tilstand
しょうだく 承諾 samtykke, godkendelse ―する være enig i, bifalde, godkende
しょうたくち 沼沢地 sumpgrund, sumpland
じょうたつ 上達 fremskridt, fremtrængen, forbedring ―する gøre fremskridt, forbedre, dygtiggøre sig ―している være dygtig/behændig
しょうだん 商談 forretningssamtale, forhandling
じょうだん 冗談 vittighed, spøg, vits, sjov ―をいう spøge ―に for sjovs skyld
しょうち 承知(知っていること) kendskab [til en

sag〕(許可) tilladelse (同意) samtykke —する få at vide, give tilladelse til, samtykke i
じょうちゅう 条虫 bændelorm, båndorm
じょうちょ 情緒 sindsbevægelse, rørelse, emotion —的な rørende, emotionel
しょうちょう 象徴 symbol —する symbolisere —的な symbolsk
しょうちょう 小腸 〈医〉 tyndtarm
しょうてん 商店 butik, forretning (売店) biks, bod, kiosk (露店) stade (百貨店) varehus —主 indehaver —街 forretningskvarter, butiksarkade, butiksstrøg
しょうてん 焦点 brændpunkt, fokus —を合わす bringe i fokus —距離 brændvidde
じょうてんき 上天気 godt vejr
じょうと 譲渡 overladelse, overdragelse —する overlade, overdrage
しょうとう 小刀 kort sværd
しょうどう 衝動 tilskyndelse, impuls, incitament —的に impulsivt —買い impulskøb
しょうどう 唱導 anbefaling, forfægtelse
しょうとうする 消灯する slukke lys
じょうとうな 上等な førstklasses, udmærket, fortræffelig
しょうどく 消毒 desinfektion —する desinficere, sterilisere —薬/剤 desinfektionsmiddel
しょうとつ 衝突 kollision, sammenstød (交通事故) trafikuheld, trafikulykke (紛争) konflikt —する kollidere med, støde sammen (意見が) skændes med
しょうにかい 小児科医 børnelæge
しょうにん 使用人 ansatte, lønarbejder, arbejdstager
しょうにん 承認 godkendelse, approbation (承諾) samtykke, minde (認可) tilladelse (賛同) genklang, medhold —する godkende, approbere, godtage
しょうにん 商人 handelsmand, købmand
しょうにん 証人 vidne (保証人) kautionist —席 vidneskranke

じょうにん・の 常任の permanent ―委員 medlem af stående komité

じょうねつ 情熱 lidenskab, passion ―的な lidenskabelig, passioneret

しょうねん 少年 dreng, ung mand ―時代 drengealderen, drengeår ―犯罪 ungdomsforbryder ―法 ungdomslov

しょうのう 樟脳 kamfer

しょうのう 小脳 〈医〉 lillehjernen

じょうば 乗馬 ridning ―馬 ridehest ―する ride ―の ridende ―くつ ridestøvle (騎手) ridende, rytter

しょうはい 勝敗(勝負などの結果) udfald, sejr eller nederlag

しょうばい 商売 handel, forretninger (pl.) ―する handle, gøre forretninger ―人 handelsmand, købmand

しょうばつ 賞罰 belønning og straf

じょうはつ 蒸発 fordampning ―する fordampe (消え去る) forsvinde

しょうひ 消費 forbrug, konsum ―する konsumere, forbruge ―者 konsument, forbruger ―財 konsumvarer

じょうひ 冗費 unødig/unødvendig udgift, ødselhed, spild

しょうひょう 商標 varemærke, firmamærke

しょうひん 商品 vare, handelsvare ―見本 vareprøve ―券 gavekort ―開発 produktudvikling

しょうひん 賞品 præmie (賞金の場合も) pris ―を与える præmiere ―獲得者 præmietager

じょうひんな 上品な elegant, fornem, graciøs

しょうぶ 勝負 afgørelse 〔i en kappestrid〕, match, 〔sports〕kamp ―する matche, konkurrere ―がつく nå til en afgørelse (決闘) duel (決闘する) duellere

しょうぶ 菖蒲 〈植〉 kalmus はな― iris

じょうふ 情婦 elskerinde

しょうふく 承服 indrømmelse underkastelse ―する underkaste sig, anerkende 〔synspunkt〕

しょうふだ 正札 prisseddel, prismærke
じょうぶな 丈夫な(体が) stærk (健康な) sund, frisk (頑丈な) solid, fast (耐久力のある) holdbar
しょうぶん 性分 anlæg, evner
しょうへいする 招聘する frembyde, tilbyde
じょうへき 城壁 slotsmur
しょうべん 小便 urin, pis 〈幼児語〉 tis ―する urinere, lade vandet, pisse 〈幼児語〉 tisse
じょうほ 譲歩 indrømmelse, kompromis, koncession ―する indrømme, koncessionere
しょうほう 商法 handelslov
しょうぼう 消防 brandbekæmpelse, brandværn (消火) slukning ―士 brandmand ―隊 brandvæsen ―署 brandstation ―車 brandbil
じょうほう 情報 information, underretning ―処理 elektronisk databehandling 〔短〕 edb
じょうほう 乗法 〈数〉 multiplikation
じょうまえ 錠前 lås ―屋 låsesmed
しょうみの 正味の netto ―重量 nettovægt
じょうみゃく 静脈 〈医〉 blodåre, vene ―注射 indsprøjtning i en åre
じょうむ 常務 ledende direktør
じょうむいん 乗務員 mandskab
しょうめい 証明 bevis, vidnesbyrd ―する bekræfte 〔udsagen〕, bevise ―書 diplom, certifikate, bevis, attest
しょうめい 照明 belysning, oplysning, illumination ―する oplyse, illuminere 舞台― scenebelysning ―係 belysningsmester
しょうめつ 消滅(消失) forsvinden (絶滅) udslettning, tilintetgørelse ―する forsvinde, slukkes (死滅する) dø ud (失効する) forfalde (崩壊する) forfalde
しょうめん 正面 front, forside (建物の) facade …の―に foran ―衝突 frontalt sammenstød
しょうもう 消耗 udslid, forslidthed ―した udslidt, forslidt ―する udslide ―品 forbrugsvarer (pl.)
しょうもん 証文 kontrakt, aftale 借用― gældsbevis,

じょうやく　　　　　　　260

　gældsbrev
じょうやく 条約 traktat, pagt, aftale 　—を結ぶ indgå/slutte en pagt〔med〕—国 signatarmagt
しょうゆ 醬油 soyasovs
しょうよ 賞与 bonus, løntillæg
じょうよ 剰余 overskud, overmål （差引残高）saldo
しょうよう 商用 erhverv, forretning —で i forretningsanliggende —語 handelsudtryk
じょうようしゃ 乗用車 personbil
しょうらい 将来 fremtid, eftertid —の fremtidig —計画 fremtidsplan —有望な lovende, håbefuld
しょうり 勝利 sejr, triumf —を得る sejre, vinde —者 vinder, sejrherre
じょうり 条理 logik, fornuft
じょうりく 上陸 landing, ilandsætning —する lande, stige i land（台風など）hjemsøge
しょうりゃく 省略 udeladelse, forkortelse —する udelade, forkorte, undlade
じょうりゅう 上流(川の) øvre strækning af flod, flodens øvre løb（社会の）overklasse —社会 overklassen, fornemme cirkler (pl.)
じょうりゅう 蒸留 destillation —する destillere —水 destilleret vand —酒 spiritus
しょうりょう 少量 en lille kvantitet, en smule
しょうりょくか 省力化 arbejdsbesparelse
じょうりょく・の 常緑 vintergrøn, stedsegrøn —樹 stedsegrøn vækst/træ
しょうれい 奨励 opmuntring, fremme —する opmuntre, fremme
じょうれん 常連 stamkunde, stamgæst
じょうろ 如露 vandkande
しょえん 初演 førsteopførelse, uropførelse
じょおう 女王 dronning —蜂(ばち) bidronning
ショーウィンドー udstillingsvindue
ジョーカー （トランプの）joker
ショート （電気の）kortslutning —する kortslutte
ショール sjal

しょか 初夏 forsommer
しょか 書架 stativ
じょがい 除外 undtagelse, diskvalifikation —する gøre en undtagelse, diskvalificere（免除）befrielse（免除する）befri
しょがくしゃ 初学者 nybegynder, novice
じょがく・せい 女学生 skolepige —校 pigeskole
しょかん 所感 indtryk —を述べる berette sit indtryk
しょかん 書簡 brev（文通）korrespondance —箋 brevpapir
じょかん 女官 hofdame
しょき 初期 begyndelse —の tidlig …の—に at begynde med, i førstningen
しょき 書記 sekretær, kontorist
しょき 暑気 hedebølge
しょきゅう 初級 begyndertrin, begynderklasse
じょきゅう 女給 opvartningsjomfru, servitrice
じょきょうし 女教師 kvindelig lærer, lærerinde
じょきょうじゅ 助教授 assisterende professor（準教授(助教授と教授の間)）docent
じょきょく 序曲〈楽〉forspil, ouverture
じょきょする 除去する fjerne, blive af med
しょく 職(仕事) arbejde, ansættelse, erhverv, job —業 sysselsættelse, kald 官公— embede, tjeneste —務 pligt, hverv —の自由 næringsfrihed —を探す/失う søge/miste sit job
しょくいん 職員 ansat, personale
しょくえん 食塩 bordsalt —入れ saltkar —水 saltopløsning
しょくぎょう 職業 profession, stilling, erhverv —安定所 arbejdsformidling —病 erhvervssygdom —教育 erhvervsuddannelse, fagoplæring
しょくじ 食事 måltid（正餐）middag —する indtage et måltid, få mad —の用意する(調理する) lave mad, forberede et måltid —の後片付けをする rydde bordet, tage〔ud〕af bordet

しょくしゅ 触手 tentakel, følehorn
しょくぜんしゅ 食前酒 aperitif
しょくだい 燭台 lysestage
しょくたく 食卓 spisebord —につく sætte sig til bords, sidde til bords —塩 bordsalt
しょくどう 食堂 kantine, spisehal （家庭の） spisestue 学生— studenternes spisehal （レストラン） restaurant （パブ） værtshus —車 spisevogn
しょくどう 食道 〈医〉 spiserør
しょくにん 職人 dygtig fagmand, håndværker —気質 fin håndværksmæssig udførelse, faglig dygtighed
しょくば 職場 arbejdsplads, arbejdsværelse （工場の） værksted —大会 værkstedsmøde
しょくひん 食品 levnedsmidler (pl.) —店 kolonialhandler, urtekræmmer —工場 fødevareindustri, levnedsmiddelindustri
しょくぶつ 植物 plante, vækst —界 planteverden —群 flora —園 botanisk have —採集 plantesamling —学 botanik
しょくみん 植民 kolonisering —する kolonisere —者 nybygger —地 koloni
しょくむ 職務 arbejde, pligt, hverv, opgave —を怠る forsømme sin pligt
しょくもつ 食物 fødevarer (pl.), levnedsmidler (pl.) kost, føde, mad
しょくよう・の 食用の spiselig, spise-, konsum- —油 madolie, spiseolie
しょくよく 食欲 appetit —がある med god appetit —がない appetitløs —をそそるような appetitvækkende
しょくりょう 食料 madvare, fødevarer (pl.), forsyninger (pl.) —品 fødevarer (pl.), mad —品店 kolonialhandler, urtekræmmer, købmandsforretning
しょくりょう 食糧 mad, levnedsmidler (pl.), proviant —を供給する proviantere, forsyne med levnedmidler —不足 proviantmangel

しょくりん 植林 skovplantning —する plante skov/træ
しょくん 諸君(呼びかけ) mine 〔damer og〕herrer
しょけい 処刑 henrettelse, eksekution —する henrette, eksekvere —場 rettersted
しょけん 所見 synspunkt, anskuelse, mening —を述べる udtrykke sin anskuelse
じょげん 序言 prolog, forord
じょげん 助言 et lille råd, forslag, rådslagning —する råde, foreslå
じょこう 女工 fabrikspige
じょこう 徐行(掲示) mindsk farten —する sagtne farten, sætte farten ned
しょこく 諸国 forskellige/alle/mange lande
しょさい 書斎 studereværelse, læseværelse, studerekammer
しょざい 所在 (人の) opholdssted (物の) gemmested —を突き止める lokalisere —地 hjemsted, opholdssted
じょさいない 如才ない taktfuld (愛想のよい) elskværdig (交際上手な) selskabelig (世話好きな) imødekommende
じょさんぷ 助産婦 jordemoder
しょじ 所持 at have på sig, besiddelse, eje —する have på sig, besidde, eje
しょじ 諸事 forskellige anliggender
じょし 助詞 〈文法〉 partikel
じょし 女子 pige, kvinde, hunkøn —の kvindelig —学生 kvindelig studerende/elev —大学 kvindeuniversitet —寮 kvindekollegium —店員 ekspeditrice
しょしき 書式 formular, bestemt form —通りに i behørig form
じょじし 叙事詩 epos
じょしゅ 助手 hjælper, assistent
しょしゅう 初秋 tidligt efterår
じょじゅつ 叙述 beskrivelse —する beskrive, be-

rette
しょじょ 処女 jomfru (純潔) uskyld —航海 jomfrurejse —作(小説の) debutroman
じょじょう・し 叙情詩 lyrik —詩人 lyriker —的な lyrisk
じょじょに 徐々に gradvis, efterhånden, lidt efter lidt
しょしんしゃ 初心者 nybegynder, novice
じょすう 序数 〈数〉ordenstal
しょする 処する tage sig af, håndtere (刑を) afsige dom over, dømme
じょせい 女性 kvinde, hunkøn —の kvindelig —的な feminin —主人公 heltinde —解放運動 kvindebevægelsen
しょせき 書籍 bøger (pl.) —店 boghandel, boglade
しょせつ 諸説 forskellige teorier (pl.)
じょせつ 序説 indledning, forord
じょせつ・する 除雪する kaste/rydde/skovle sne —車 snebil
じょそうする 除草する luge
しょぞく 所属 tilhørsforhold …に—する høre til/under, være tilknyttet —の tilhørende
しょたい 所帯 husholdning, hjem —主 husfader —道具 husholdningsartikler (pl.)
しょたいめん 初対面 første møde
しょち 処置 forholdsregel, behandling —する tage sine forholdsregler, behandle
しょちゅう 暑中 højsommer, midsommer
じょちゅう 女中 tjenestepige, husassistent
しょちょう 所長 leder, direktør
じょちょうする 助長する fremme, gavne
しょっかく 触覚 følesans —の taktil
しょっかく 触角(昆虫の) følehorn, tentakel
しょっき 食器 tallerkener, service —棚 skab, skænk —洗い器 opvaskemaskine
しょっき 織機 væv, vævemaskine
ジョッキ 〔drikke〕krus, ølkrus

ショック chok, oprevethed ー を与える chokere, forskrække, opskræmme ー を受ける blive chokeret over

しょっけん 食券 madbillet

しょっこう 職工 faglært arbejder（職人）håndværker（職長）formand

しょてん 書店 boghandel, boglade

じょてんいん 女店員 butiksdame, butiksfrøken, ekspeditrice

しょとう 初冬 tidlig vinter

しょとう 諸島 øgruppe, arkipelag

しょどう 書道 kalligrafi, skønskrift

じょどうし 助動詞〈文法〉hjælpeverbum

しょとう・の 初等の elementær, primær ー 教育 grundskoleundervisning

しょとく 所得 indkomst, indtægt ー 税 indkomstskat ー 源 indtægtskilde

しょばつ 処罰 afstraffelse ー する afstraffe, straffe

しょはん 初版 første udgave/oplag

しょはん 初犯 første forhold/forseelse

しょひょう 書評 boganmeldelse

しょぶん 処分（処置）rådighed, disposition（廃棄）afskaffelse, kassation（処罰）straf ー する råde over, tage sig af, ordne, kassere, skaffe af vejen, straffe

じょぶん 序文 forord, indledning, fortale

しょほ 初歩〔de〕første skridt, begynderstadiet ー の basis-, grund-, elementær

しょほう 処方 ordination ー する ordinere ー 箋(せん) recept

じょほう 除法〈数〉division

じょまく 除幕 afsløring, afdækning ー する afsløre, afdække ー 式 afsløringsceremoni

しょみん 庶民〔almindelig〕folk ー 的な folkelig, populær

しょむ 庶務 almindelig anliggende, kontor gøremål

しょめい 署名 underskrift, signatur ー する under-

skrive, signere(頭文字だけで) parafere —国(調印国) signatarmagt —運動 underskriftskampagne
しょめい 書名 bogtitel
じょめい 除名 eksklusion, udstødelse —する ekskludere, udstøde
しょもつ 書物 bog
しょゆう 所有 ejerskab, eje —する eje —権 ejendomsret —者 ejer —物 ejendele (pl.)
じょゆう 女優 skuespillerinde, aktrice
しょよう 所用 ærinde, anliggende
しょようの 所要の nødvendig, fornøden
しょり 処理 håndtering, behandling, ordning —する håndtere, behandle, ordne(改良する)forædle, bedre(加工する)bearbejde
じょりゅう・の 女流の kvindelig, feminin —作家 kvindelig forfatter, forfatterinde
じょりょく 助力 hjælp, bistand (協力) samarbejde —する hjælpe, bistå
しょるい 書類 dokument, papir
じょろん 序論 indledning, forord
しらが・の 白髪の hvidhåret —まじりの gråhåret
しらかば 白樺〈植〉birk
しらける 白ける blive ødelagt
しらこ 白子 mælke
じらす 焦らす irritere, ærgre, tirre
しらずに 知らずに uforsætligt, ubevidst, ufrivillig〔t〕
しらせ 知らせ(公表) bekendtgørelse, annonce, erklæring —る informere, bekendtgøre, annoncere (個人的に) fortælle, lade vide, meddele
しらふの 素面の ædru, nøgtern, sober
しらべ 調べ(調査)undersøgelse, inspektion (調子) tone, melodi —る undersøge(見つけ出す)finde ud af, slå op(聞きただす)forhøre(下調べする)forberede
しらみ 虱〈虫〉lus —つぶしに en efter en, enkeltvis
しられる 知られる blive kendt
しり 尻(体の)bagdel, hofte (動物の)gump(おしま

い) ende (船尾) agter (尻尾) hale 子供の—をたたく smække/klapse〔barnet〕på bagdel
シリア Syrien
しりあい 知り合い bekendtskab, bekendt —です kende ngn. …と—になる stifte bekendtskab med, lære at kende
じりき 自力 selvhjælp, egne anstrengelser (pl.) —で med egne anstrengelser, ved egen hjælp —本願 forløsning gennem selvhjælp
しりごみ 尻込み betænkning, tøven, nølen —する vige tilbage, svigte, tage tilbage, nøle
しりぞく 退く(後退する) trække sig tilbage (退却する) foretage et tilbagetog, retirere (引退する) afgå, trække sig tilbage
しりぞける 退ける(追い払う) drive tilbage (拒絶する) afslå, nægte, vægre sig〔ved〕(否決する) forkaste, tilbagevise (保留する) opholde
じりつ 自立(独立) uafhængighed (自活) selvforsørgelse —する blive uafhængig (自活する) forsørge sig selv
しりつの 市立の bymæssig, by-, stad-, kommunal
しりつ・の 私立の privat, ikke-statslig —大学 privat universitet
しりゅう 支流 biflod
しりょ 思慮 betænksomhed, hensyn, eftertænksomhed (慎重さ) forsigtighed —のある fintfølende, betænksom, hensynsfuld —深い diskret, forsigtig
しりょう 資料 data, materiale (文書) dokument —を集める samle materiale〔til〕
しりょう 飼料 foder, æde
しりょく 視力 syn, synsevne —の optisk —検査 synsprøve
しりょく 資力 kapital, fond (個人的な) midler (pl.)
しりょく 死力 desperat/yderst anstrengelse —をつくす gøre sit yderste, anstrenge sig til det yderste
シリング shilling
しる 知る erkende, finde ud af, vide 知っている

kende, vide (判る) forstå (知られている限りは) så vidt vides
しる 汁(果実の) saft (吸い物) suppe
シルエット silhouet
シルクハット silkehat, cylinder〔hat〕, høj hat
しるし 印 tegn, mærke (商標) varemærke (表象) symbol (記章) medalje (痕跡) mindelse (徴候) symtom (記念) ihukommelse, minde …の—として som/til tegn på —をつける mærke, markere
しるす 記す skrive op, notere (記述する) beskrive
しれい 司令 kommando —部 kommandocentral, hovedkvarter —官 kommandør
しれい 指令 instruktion, ordre, direktiv, forordning —する instruere, forordne
じれったい 焦れったい irriterende, opirrende, utålelig
しれる 知れる blive kendt (発覚する) blive afsløret (…だとわかる) befinde sig
しれん 試練 genvordighed, møje, besvær
ジレンマ dilemma, knibe, bryderi, klemme —に陥いる være i klemme, komme i knibe
しろ 白(白色) hvid farve (白い) hvid (無罪の) uskyldig, uden skyld i (顔など青白い) bleg (髪が) hvidthåret
しろ 城 slot, borg (とりで) fæstning
しろあり 白蟻 〈虫〉 termit
しろうと 素人 amatør, dilettant (初心者) nybegynder, novice (門外漢) lægmand —考え amatøragtig tankegang
しろくま 白熊 〈動〉 isbjørn
しろくろの 白黒の(映画・TVなどの) sort-hvid
じろじろみる glo〔på〕, stirre〔på〕
シロップ sirup
しろっぽい 白っぽい hvidlig
しろぶどうしゅ 白ぶどう酒 hvidvin
じろん 持論 éns næret mening
しわ 皺(顔の) rynke, fold (すじ・みぞ) fure, rende,

rille 　—がよる rynke, folde, krølle
しわがれ・る　嗄れる blive hæs　—声 hæs stemme
しわざ　仕業 handling, akt, dåd（愚行）dårskab, tåbelighed
しん　芯（果物の）kerne　（鉛筆の）bly　(そうそくの) væge（帯の）stopning
じんあい　仁愛 velvilje, menneskekærlighed
しんい　真意 virkelig hensigt
じんいん　人員 personale　—整理 personaleindskrænkning
じんえい　陣営 lejr　保守— konservativ kreds/parti
しんえんな　深遠な dyb, dybsindig, inderlig
しんおう　震央 epicentrum, seismisk centrum
しんか　真価 virkeligt værd, virkelig fortjeneste
しんか　進化(生物の) evolution, udvikling　—する udvikle sig　—論 udviklingslære
しんか　臣下 undersåt　（家来）vasal
しんがい　侵害 krænkelse, fornærmelse　—する krænke, fornærme
しんがく　神学 teologi　—者 teolog
しんがく　進学 optagelse på højere læreanstalt
じんかく　人格 personlighed, karakter
しんがっき　新学期 nyt skoleår
しんかん　新刊 ny publikation, nyudkommen skrift　—書 ny bog
しんかん　森閑 tavshed, stilhed
しんかんせん　新幹線 ny superekspres
しんぎ　審議 overvejelse, drøftelse, eftertanke　—する overveje, undersøge, drøfte
じんぎ　仁義 retfærdighed, humanisme
しんきいってんする　心機一転する blive et nyt menneske, skifte mening, komme på andre tanker
しんきじく　新機軸 nydannelse, fornyelse, nyskabelse
しんきゅう　進級 oprykning〔til næste klasse〕, forfremmelse　—する oprykke, rykke op
しんきゅうの　新旧の nye og gamle

しんきょう 新教 protestantisme —徒 protestant
しんく 辛苦 besvær, møje, genvordighed
しんぐ 寝具 sengetøj, sengeklæder
しんくう 真空 vakuum —管 vakuumrør
しんくの 深紅の karmoisin〔rød〕
しんけい 神経 nerve —系 nervesystem —過敏な overfølsom —質 nervøst gemyt —がにぶい være ufølsom/sløv/tykhudet —が鋭い være følsom/nervøs/tyndhudet —痛 neuralgi, nervesmerter
しんげき 新劇 ny drama
しんけん 真剣 alvor —な alvorlig, seriøs
しんけん 親権 forældremyndighed —者 person med forældremyndighed
じんけん 人絹 kunstsilke, rayon
じんけん 人権 menneskeret, menneskerettighed —じゅうりん undertrykkelse af menneskerettighed —剥奪 fredløshed —剥奪する gøre fredløs
しんげんち 震源地 epicentrum, seismisk centrum
じんけんひ 人件費 personaleudgifter, lønudgifter (pl.)
しんご 新語 nyt ord/udtryk
しんこう 信仰 tro —する tro på —告白 trosbekendelse —心の厚い gudelig, gudfrygtig
しんこう 進行 fremskridt, avancement, fremdrift —する bevæge sig fremad, gå fremad, avancere —係 programleder —中の pågående —形〈文法〉 progressiv/udvidet form
しんごう 信号 signal, trafiklys —を送る signalere —灯 signallygte —機 alarmapparat
じんこう 人口 befolkning〔stal〕 —調査 folketælling —過剰 overbefolkning
しんこう・の 新興の fremskriden, opblomstrende —国 udviklingsland
じんこう・の 人工の kunstig, uægte, artificiel —衛星 kunstig satellit
しんこきゅう 深呼吸 dybt åndedrag
しんこく 申告 erklæring, udtalelse —する erklære,

しんこくな 深刻な alvorlig, betydningsfuld, seriøs
しんこん 新婚 nygift —夫婦 de nygifte —旅行 bryllupsrejse
しんさ 審査 undersøgelse, inspektion —する undersøge, inspicere —員 undersøger, eksaminator, inspektør, dommer
じんざい 人材 menneskelige ressourcer, talentfuld person
しんさつ 診察 lægelig undersøgelse, lægebehandling —する foretage en lægelig undersøgelse —を受ける gå til læge —室 konsultationsværelse
しんし 紳士 gentleman —的な ridderlig, artig, høvisk —録 blåbog —服 herreekvipering
じんじ 人事 personaleadministration —部 personaleafdeling —移動 personskifte
しんしき 新式 ny model, ny stil —の moderne, nytidig, nymodens
しんしつ 寝室 soveværelse, sovekammer
しんじつ 真実 sandhed, virkelighed —の sand, virkelig（本物の）ægte
しんじゃ 信者 troende （キリスト教の）kristen （仏教の）buddhist （崇拝者）tilbeder （支持者）tilhænger
じんじゃ 神社 〔shinto〕helligdom, shintotempel
しんじゅ 真珠 perle —貝 perlemusling —の首飾り perlehalsbånd
じんしゅ 人種 race —的偏見 racefordom —差別 racediskrimination —隔離 raceadskillelse
しんじゅう 心中 dobbelt kærlighedsselvmord
しんしゅてきな 進取的な progressiv
しんじょう 心情 hjerte, emotion
しんじょう 身上（みのうえ）skæbne, lod （とりえ）fortjenstfuldhed
しんしょうしゃ 身障者 en handicappet
じんじょうの 尋常の ordinær, normal, almindelig —でない ualmindelig, ekstraordinær
しんしょく 浸食 erosion, ætsning —する erodere,

ætse

しんじ・る 信じる(本当と思う) tro (信仰する) tro på (信用する) tro (信頼する) stole på, tro, have tillid til —難い utrolig

しんしん 心身 krop og sjæl/sind

しんじん 新人 nytilkommen, nyt ansigt

しんしん・の 新進の opadgående, fremgangsrig (末頼もしい) lovende —気鋭の dygtig og stræbsom

しんすい 進水 søsætning, stabelafløbning —させる søsætte, lade et skib løbe af stabelen —する løbe af stabelen —式 søsætningsceremoni

しんずい 真髄 kerne, essens

しんすい・する 浸水する sænke sig undervand, blive oversvømmet —家屋 oversvømmet hus

しんせい 申請 ansøgning, andragende —する ansøge, andrage om, bede

じんせい 人生 〔menneskes〕liv, tilværelse —観 livsanskuelse, livsfilosofi —の縮図 livet i miniature

しんせいな 神聖な hellig, guddommelig

しんせいひん 新製品 nyt produkt

しんせき 親戚 slægtning (親類縁者) slægtninge (pl.)

しんせつ 親切 venlighed, betænksomhed —な venlig, betænksom —に venlig, betænksomt

しんせつ・の 新設の nyoprettet, nystiftet —する oprette, stifte

しんぜん 親善 venskab

しんせん・な 新鮮な ny, frisk —味 friskhed —にする opfriske, vederkvæge

しんそう 真相 sandhed, rigtighed

しんぞう 心臓 〈医〉 hjerte —病 hjertesygdom, hjerteonde —麻痺 hjertelammelse —発作 hjerteanfald (図太さ) frækhed

じんぞう 腎臓 〈医〉 nyre —病 nyresygdom —結石 nyregrus, nyresten —移植 nyretransplantation

じんぞうの 人造の kunstig, kunstlet (模造の) imiteret, efterlignet (合成の) syntetisk

じんそく・な 迅速な hurtig, rask, prompte （機敏な）omgående（回復など）snarlig —に hurtigt, rask, prompte

しんたい 身体 krop, legeme —の kroplig, fysisk —検査 lægeundersøgelse, lægeeksamen（警察などの）kropvisitation —障害 legemefejl —障害の vanfør, handicappet

しんだい 寝台 seng （船・列車などの）køje〔seng〕（子供用の）barneseng —車 sovevogn —券 sovepladsbillet

じんたい 人体 menneskekrop

しんたく 神託 orakel （予言）profeti

しんたん 薪炭 〔husholdnings〕brændsel

しんだん 診断 diagnose, diagnosticering —書 lægeattest, lægeerklæring（処方箋）〔læge〕recept

しんちく 新築〔家屋〕nybygning —する bygge hus（増築する）bygge til på et hus

しんちゅう 真鍮 messing

しんちゅう・する 進駐する stationere, anbringe —軍 okkupationsmagten

しんちょう 身長 legemshøjde, statur —を測る måle〔et menneskes〕højde

しんちょう 慎重 forsigtighed, varlighed, varsomhed —な forsigtig, omhyggelig, varlig, varsom —に forsigtigt, omhyggelig〔t〕, varsomt

しんちんたいしゃ 新陳代謝 metabolisme, stofskifte

しんてい 進呈 overladelse, foræring, donation —する overlade, give, forære

しんてん 親展（封筒の表書きに）privat, konfidentiel —書 et konfidentielt brev

しんてん 進展 udvikling, evolution

しんでん・ず 心電図 kardiogram —計 kardiograf

しんど 深度 dybde —を測る lodde dybde

しんど 震度 seismisk intensitet

しんとう 浸透 gennemtrængning, indtrængen —する gennemtrænge, trænge ind

しんどう 神童 vidunderbarn

しんどう 振動 vibration, sving, oscillation —する vibrere, svinge, oscillere

しんどう 震動 vibration, skælven —する vibrere, skælve（地震計）seismograf

じんどう 人道(人倫) menneskelighed, humanitet —主義 humanisme, menneskekærlighed

しんと・した dødsstille —する være dødsstille

しんにち 親日 projapanisme —の projapanisk

しんにゅう 侵入 invasion, indfald —する invadere, falde ind（泥棒など）bryde ind —者 fremmed undertrykker, overfaldsmand

しんにゅうせい 新入生(大学の) nyimmatrikuleret, rus

しんにん 信任 fortrøstning, tillid —状 kreditiv

しんねん 新年 nytår, nyt år —度 nyt år —宴会 nytårsfest

しんねん 信念 overbevisning, tro

しん・の 真の virkelig, sand, faktisk （本物の）ægte —に virkelig, sandelig, minsandten

しんぱい 心配 bekymringer, frygt, uro （配慮）omsorg, omtanke …に—をかける volde bekymringer for —する bekymre sig, frygte, bryde sig om

シンバル 〈楽〉cymbal, bækken

しんぱん 審判(すること) voldgift, dom （人）voldgiftsmand, dommer —席 dommerstol 最後の—の日 den yderste dag

しんぴ 神秘 mysterium （なぞ）gåde —的な mysteriøs, mystisk（なぞのような）gådefuld

しんぴん 新品 ny vare, nyhed —の ny

しんぷ 神父 katolsk præst, pater

しんぷ 新婦 brud〔ved bryluppet〕

じんぶつ 人物(人) personlighed （人柄）karakter, karakteregenskab, personlighed（人材）dygtig person, talent, begavelse —画 portræt

しんぶん 新聞 avis,〔dag〕blad —記事 avisartikel —切り抜き avisudklip —記者〔avis〕journalist —社 bladhus —配達人 avisbud —売子 avisdreng, avismand

じんぶん・かがく 人文科学 humaniora　―主義 humanisme

しんぺんざつじ 身辺雑事 alle hånde / al slags privatanliggende

しんぽ 進歩 fremskridt, fremgang　（発展）udvikling　（改善）forbedring　―する gøre fremskridt〔med〕―的な fremskridtsvenlig（革新主義の）reformvenlig

しんぼう 心棒〔hjul〕aksel（軸）skaft

しんぼう 辛抱 tålmodighed, udholdenhed　―する være tålmodig/udholdende

じんぼう 人望 popularitet　―のある populær

シンボル symbol　―とする symbolisere

しんまい 新米 ny〔årets〕ris

じんましん 蕁麻疹〈病〉nældefeber

しんみつ 親密 intimitet, fortrolighed　―な intim, fortrolig, venskabelig　―になる blive fortrolig/intim med

じんみゃく 人脈 personlige forbindelse

しんみん 臣民 undersåt

じんみん 人民 folk　―戦線 folkefront

じんめい 人名 personlig navn　―辞典 blå bog, biografisk opslagsbog　―録 adressebog

しんもん 審問 retslig forhør/undersøgelse　―する ransage

じんもん 尋問 forhør, inkvisition　―する forhøre, spørge, inkvirere

しんや 深夜 midnat, mørk nat

しんやくせいしょ 新約聖書 Det Nye Testamente

しんゆう 親友 nær/intim/god ven

しんよう 信用 tillid, fidus, tiltro Aに―がある nyde A's tillid　―できる pålidelig, troværdig　―を得る vinde ngs. tillid　―する stole på ngn.　―を失う tabe ngs. tillid　―組合 kreditforening　―状 rembous, remburs

しんようじゅ 針葉樹 nåletræ

しんらい 信頼 tillid　―する have tillid til, stole på

—できる pålidelig, troværdig
しんらつな 辛辣な bitter
しんらばんしょう 森羅万象 univers, verden, al nature
しんり 心理(状態) mentalitet, psykologisk tilstand —的な mental, psykologisk —学 psykologi —学者 psykolog 群集— massepsykose
しんり 真理 sandhed —の探究者 sandhedsøger
しんりゃく 侵略 invasion, anfald, angreb —する invadere, anfalde, angribe —者 voldherre
しんりょう・しょ 診療所 sanatorium —費 hospitalsregning
しんりょく 新緑 frisk grønhed —の候 sæson af frisk grønhed
じんりょく 人力 mandskraft
じんりょく 尽力(努力) anstrengelser(pl.), bestræbelser(pl.), stræben —する anstrenge sig, bestræbe sig, stræbe
しんりん 森林 skov —監督官 statsskovrider
しんるい 親類 slægtning, slægtninge (pl.) —関係 slægtskab
じんるい 人類 menneskelighed, humanitet, menneskeracen —学 antropologi
しんろ 進路 retning, sigtning, kurs (学習の) kursus
しんろう 新郎 brudgom —付添人 brudesvend
しんわ 神話 myte —学 mytologi

す

す 州 sandbanke
す 巣(鳥の) rede (獣の穴) hule (冬眠用の) hi (くもの) spindelvæv (はちの) bikube —をつくる bygge rede
す 酢 eddike
ず 図 tegning, diagram, kort 設計— plan (さし絵)

illustration
すあし 素足 bare fødder
ずあん 図案 design, formgivning, tegning, mønster
すい 酸い sur, syrlig ーミルク pisket tykmælk
すい 粋(精華) essens, ekstrakt
すいい 水位 vandstand （標準）standard, niveau ー計 vandmåler
スイートピー 〈植〉latyrus, ærteblomst
ずいい・な 随意な fri, frivillig ーに efter behag
ずいいん 随員 følge, ledsager, suite （腰巾着）påhæng
すいえい 水泳 svømning （水浴）bade ーする svømme ー着 bade dragt ーパンツ badebukser (pl.), svømmebukser (pl.) ープール svømmebassin, svømmepøl （泳者）svømmer
すいか 西瓜 〈植〉vandmelon
すいがい 水害 skade ved vand （洪水）oversvømmelse
すいかする 誰可する anråbe "hvem der?"
すいがら 吸いがら cigaretstump, cigaretskod
すいぎゅう 水牛 〈動〉bøffel （野牛）bison
すいぎん 水銀 kviksølv
すいげん 水源 kilde
すいこう 遂行 fuldbyrdelse, fuldendelse, opfyldelse ーする fuldbyrde, fuldende, opfylde, gennemføre, udføre
ずいこう 随行 ledsagelse ーする ledsage, følge, eskortere ー員 ledsager, følge, suite
すいこうする 推敲する pudse, forfine, forbedre
すいこむ 吸い込む(気体を) ånde ind, indånde （液体を）absorbere, suge op
すいさい・が 水彩画 akvarel ー画家 akvarelmaler ー絵の具 vandfarve
すいさつ 推察 gisning, antagelse ーする gætte, gisne, antage
すいさん 水産 fiskeri ー物 fiskeriprodukt ー学 fiskerividenskab ー業 fiskeindustri

すいじ 炊事 madlavning —する lave mad —場 køkken

すいしゃ 水車 vandhjul —小屋 vandmølle

すいじゃく 衰弱 svaghed, svagelighed, svækkelse —する blive svag/udtæret/udmarvet, svækkes

すいじゅん 水準 niveau, standard (水位) vandstand

すいしょう 水晶 krystal —のよう〔に透明〕な krystalklar —のような krystallinsk

すいじょうき 水蒸気 〔vand〕damp —を出す dampe (蒸気) em (窓ガラスなどにつく)凝縮した— dug

すいじょうスキー 水上スキー vandski

すいしん 推進 fremdrivning, fremdrift —する drive, fremskynde, forfremme —力 drivkraft 船の—機 propeller

スイス Schweiz, Svejts —人 schweizer, svejtser —の schweizisk, svejtsisk

すいせい 水星 Merkur

すいせい 彗星 komet

すいせん 推薦 anbefaling, henstilling, indstilling —する anbefale, tilråde —状 skriftlig anbefaling, introduktionsskrivelse, skudsmål

すいせん 垂線 〈数〉vinkelret linje

すいせん 水仙 〈植〉(一般的に) narcis (黄色の) påskelilje (白の) pinselilje

すいそ 水素 brint, hydrogen —爆弾 brintbombe

すいそう 水槽 vandbeholder, cisterne

すいぞう 膵臓 〈医〉bugspytkirtel

すいそう・がっき 吹奏楽器 messinginstrument —楽団 hornorkester

すいそく 推測 gisning, formodning, gætning —する gisne, gætte, formode

すいぞくかん 水族館 akvarium

すいたい 衰退 forfald, afkræftelse, svækkelse —する forfalde, afkræftes, svækkes

すいちょく・の 垂直の lodret, vertikal, vinkelret —線 vertikal/vinkelret linje

スイッチ strømafbryder　—を入れる dreje op　—を切る afbryde

すいてい 推定　forudsætning, formodning, antagelse（推論）deduktion, slutning　—する formode, antage, forudsætte

すいとう 水筒　vandflaske, feltflaske（魔法びん）termoflaske

すいどう 水道　vandledning, vandforsyning　—設備 vandværk（海峡）sund

すいとう・ぼ 出納簿　kassebog　—係 kasserer

すいとりがみ 吸取紙　klatpapir, trækpapir

すいはんき 炊飯器　riskoger

すいび 衰微　tilbagegang, forfald　—する forfalde, afkræftes, dale

ずいひつ 随筆　essay　—家 essayist

すいふ 水夫　sømand, matros　—になる gå til søs

ずいぶん 随分(かなり) temmelig, nogenlunde, relativt（とても）ganske, meget（極端に）overordentlig（とてもよい）udmærket, fortræffelig

すいへい 水平　vandlinie　—な vandret, horisontal　—線 horisont

すいへい 水兵　sømand, marinesoldat　—帽 madroshue

すいみん 睡眠　søvn　—をとる sove, falde i søvn（うたたね）blund, lur, slummer（熟睡）dyb søvn　—薬/剤 sovedråber, sovemedicin, sovemiddel, sovepille

すいめん 水面　vandoverflade, vandflade

すいもの 吸い物　suppe

すいもん 水門　sluse

すいようび 水曜日　onsdag

すいり 推理　ræsonnement, logisk tænkning　—する ræsonere, udlede　—小説 detektivroman, kriminalroman

すいりきがく 水力学　hydraulik, vandbygning

すいりょう 推量　gæt, formodning　—する gætte, formode

すいりょく 水力　vandkraft　—発電所 vandkraftanlæg

すいれん 睡蓮 〈植〉 åkande, nøkkerose

すいろん 推論 〔følge〕slutning —する udlede, ræsonere

すう 吸う（タフィー・指などを）sutte på （ストローで）suge （たばこの煙などを）inhalere

すう 数 tal, antal, nummer —字 ciffer, taltegn —日 adskillige dage —千人 flere tusinde mennesker

スウェーデン Sverige, Sverrig —人 svensker —の/語〔の〕svensk

すうがく 数学 matematik —の matematisk —者 matematiker

すうききょう 枢機卿 kardinal

すうきな 数奇な ulykkelig, stakkels, bedrøvet, ulyksalig

すうこうな 崇高な ædel, værdig, sublim, nobel

すうし 数詞 〈文法〉talord

すうじ 数字 numerisk tegn, taltegn, ciffer

すうじつ 数日 nogle dage —来 lige siden nogle dage, i de seneste dage

すうじゅうの 数十の i snesevis af

ずうずうし・い 図々しい uforskammet, fræk, skamløs —さ uforskammethed, frækhed

スーツ kostume, klædedragt （婦人用の）kjole, dragt —ケース kuffert

スーパー〔マーケット〕 selvbetjening〔sbutik〕, supermarked

すうはい 崇拝 dyrkelse, tilbedelse —する tilbede, ære, dyrke —者 tilbeder, beundrer, dyrker

スープ suppe

すえ 末（時間的な）slutning （行為の）afslutningen af en handling

すえつける 据え付ける montere, installere

すえっこ 末っ子 yngste barn

すえる 据える sætte, placere （ある地位に）udnævne

ずが 図画 tegnekunst, tegning （絵）〔tegnet〕billede

—を描く tegne **—用紙** tegnepapir **—教室** 〔kunst-og〕formingslokale （スケッチブック）tegnebog
スカート nederdel （ペチコート）skørt
スカーフ halstørklæde
ずかい 図解 diagram, illustration **—する** illustrere
ずがい 頭蓋 kranium **—骨** hovedskal, kranium
すがお 素顔 usminket ansigt
すかし vandmærke
すがすがしい 清々しい frisk （風など）opfriskende
すがた 姿 udseende, fremtræden, form, figur, skikkelse **—見** stor spejl
すがる 縋る(まといつく) klynge sig til （依存する）være afhængig（哀願する）bede ngn. indstændigt 〔om at〕, anråbe
すかれる 好かれる være vellidt 〔af〕
スカンディナビア Skandinavien **—人** skandinav **—の** skandinavisk
すき 隙(すきま) åbning, glug （割れ目）revne, sprække （余地）plads, råderum （機会）tilfælde, chance **—間風** gennemtræk
すき 鋤 spade, plov
すき 好き(好み) tilbøjelighed, interesse
すぎ 杉 〈植〉〔japansk〕ceder, cryptomeria
…すぎ 過ぎ(時間) over 10時5分過ぎ fem minutter over 10 遠—もせず近—もしない være hverken for fjern eller for tæt på
スキー （器具）ski （滑走）skiløb **—場** skibakke **—リフト** skilift **—服** skidragt **—くつ** skistøvle （スキーヤー）skiløber
すきとおる 透き通る blive gennemsigtig （透明な）gennemsigtig, klar （半透明の）gennemskinnelig
すきま 隙間 åbning, glug （割れ目）revne, sprække （余地）plads, råderum **—風** gennemtræk
すきみする 隙見する(ちらと見る) kigge （のぞき見する）titte
すぎる 過ぎる(時が) lide, forløbe 通り— passere, gå for vidt, overskride …し— overdrive, være for

meget 食べ— foræde sig 値が高— være for dyr 高さが高— være for høj …に過ぎない ikke andet end, ikke mere end

ずきん 頭巾 hætte
すく 好く synes om, holde af, kunne lide
すく 梳く(髪を) rede
すく 空く(からになる) blive tom (ひまになる) blive ledig
すく・い 救い redning, undsætning, hjælp —う(救助する) redde, undsætte (助ける) hjælpe, bistå (宗教的に) frelse
すくう 掬う(ひしゃくなどで) øse
スクーター scooter, motorcykel
すくない 少ない(数の) få, ikke mange (二・三の) et par, nogle (量の) lidt, smule (めったにない) sjælden (乏しい) knap, ringe
すくなくとも 少なくとも i det mindste, i al fald
すぐに 直ぐに(ただちに) umiddelbart, straks, øjeblikkelig (まもなく) snart, om kort tid (容易に) let, ikke vanskelig
すぐり 〈植〉 stikkelsbær
スクリーン skærm (映画の) lærred
スクリュー (ねじ) skrue, bolt (船の) skibsskrue, propeller
すぐれ・る 優れる(まさる) være overlegen 〔til ngt.〕, overtræffe (気分が) befinde sig godt, have det godt —た(傑出した) fremstående, vigtig, fremskudt, prominent
スケート skøjte —をする løbe på skøjter —場 skøjtebane (スケーター) skøjter —ぐつ skøjtestøvler (pl.) —ボード skøjteboard
スケジュール plan, tidsplan (仕事の) arbejdsplan (輸送などの) fartplan, køreplan
スケッチ (写生) skitse, tegning —する skitsere, tegne —ブック skitsebog, tegnebog
すごい 凄い(恐ろしい) rædselsfuld, forfærdelig, uhyggelig (びっくりするような) forbløffende (すば

らしい) pragtfuld, vidunderlig
- **すごく** （極端に）ekstremt, særdeles
- **すこし** 少し（数）få （量）lidt （もの）smule （時間）øjeblik （距離）kort stykke vej —もない ikke det mindste, overhovedet intet —ずつ så småt, lidt efter lidt
- **すごす** 過ごす（時を）fordrive tiden （くつろぐ）slappe af （度を）overdrive, gå over gevind, gå for vidt
- **スコットランド** Skotland —人 skotte —の/語〔の〕skotsk
- **スコラてつがく** スコラ哲学 skolastik
- **すごろく** 双六 japansk backgammon
- **すじ** 筋（線）linie, linje （条）strimmel, rand （繊維）fiber （腱）sene （小説などの）plot （話の）grundtræk 血— herkomst, afstamning （条理）logik, fornuft （方面）retning, sigtning
- **すしづめで** 寿司詰めで som sild i en tønde
- **ずじょう** 頭上 over hoved, foroven
- **すす** 煤 sod —だらけの sodet —を払う sode〔til〕
- **すず** 鈴 klokke —を鳴らす ring med klokke
- **すず** 錫 tin, blik —箔 stanniol,〔alu〕folie
- **すずかけのき** すずかけの木〈植〉platantræ
- **すすぐ** 濯ぐ skylle （洗う）vaske （洗い流す）spule
- **すずしい** 涼しい kølig —さ kølighed （寒さ）kulde
- **すす・む** 進む（前進する）bevæge sig fremad, avancere （進歩する）forbedre, udvikle, gå frem （進級する）blive befordret （時計が）uret går for stærkt （時計が遅れる）uret går dårligt （気が）være tilbøjelig/sindet til at —んだ fremskreden, avanceret —んで frivilligt, på eget initiativ
- **すずめ** 雀〈鳥〉spurv
- **すずめばち** 〈虫〉hveps
- **すすめる** 進める（前進させる）flytte/rykke frem （推進する）befordre （促進する）fremme, stimulere, begunstige
- **すすめる** 勧める（推薦する）rekommendere, anbefale

すずらん 284

(提案する) foreslå, indstille (忠告する) råde (奨励する) opmuntre, fremme (提供する) tilbyde (差し出す) fremlægge
すずらん 鈴蘭 〈植〉 liljekonval
すすりな・く 啜り泣く hulke —き hulk, hulken
すする 啜る nippe 〔til〕, suge
すそ 裾(衣服の) skød, slæb
スター stjerne (映画の) filmstjerne
スタート start, begyndelse, igangsætning —する starte, begynde, indlede —係 starter, igangsætter
スタイル stil (姿) figur, skikkelse, gestalt
スタジオ studie
ずたずたに i stykker, i laser —切る skære i stykker
すたれる 廃れる(習慣・流行などが) blive umoderne (不用になる) blive afskaffet, gå af brug
スタンド (観覧席) tilskuerplads (ランプ) bordlampe —プレーする føre sig frem 〔på påfaldende måde〕
スタンプ (郵便切手) frimærke (日付印) datostempel (日付印を押す) datomærke
スチュワーデス stewardesse
…ずつ 〔til〕 hver, pr., ad gange
ずつう 頭痛 〈病〉 hovedpine
すっかり fuldstændig, totalt, helt og aldeles
ズック (帆布) sejldug (絵のカンバス) lærred
ずっと (形容詞を強めて) langt, meget —古い meget ældre —良い langt bedst, meget bedre (継続して) hele tiden, helt
すっぱい 酸っぱい sur, syrlig
すてきな 素敵な fin, dejlig, udmærket, underbar
すてご 捨て子 forladt barn (拾った) hittebarn
ステッキ kæp, stok, stav
すでで 素手で med bare hænder
すでに 既に allerede, tidligere, før
すてる 捨てる 投げ— kaste bort, slænge, smide væk (廃棄する) kassere 見— svigte ごみなど— dumpe (あきらめる) overgive (捨てどころ) lossepads

ステレオ stereo　―の　sterofonisk　―セット　stereoanlæg
ステンドグラス　glasmosaik
ストーブ　kamin, kakkelovn　(いろり) pejs　―をたく　have ild i kakkelovnen
ストック　(スキーの) skistav
ストックホルム　Stockholm
ストップ　(止まれ！) stop!, hold!
ストライキ　strejke, arbejdsnedlæggelse　―をする　strejke, nedlægge arbejdet, gå i strejke　(スト破り) strejkebryder　―を中止する　afblæse strejke
ストレプトマイシン　streptomycin
すな　砂　sand　(子供の遊び場)―場　sandkasse　―浜　sandstrand　―嵐　sandstorm
すなお・な　素直な(従順な) lydig, underdanig　(行儀のよい) artig, høflig　(温和な) blid, mild　―に　blidt, mildt
スナップしゃしん　スナップ写真　snapshot
すなわち　即ち　det vil sige〔短〕dvs, d.v.s., nemlig
すねる　være fornærmet〔på〕, være sur
ずのう　頭脳　hjerne, hoved, forstand　(思考能力) tænkeevne　(脳みそ) pære　―明晰な　begavet, klog, intelligent　―労働者　åndsarbejder
スパイ　spion　―する　spionere
スパゲッティ　spaghetti
ずばぬけた　ずば抜けた　overlegen, afgjort　(とても) langt, meget
すばや・い　素早い　hurtig, snar, hastig, rask　―く　snart, hurtig〔t〕
すばらしい　素晴らしい　pragtfuld, vidunderlig, strålende
スパン　(橋梁の支柱間隔) spændvidde
スピーカー　høj〔t〕taler
スピード　hastighed, fart　―を出す/落とす　sætte farten op/ned　フルーで　i fuld fart　―制限　hastighedsgrænse, fartbegrænsning　―メーター　hastighedsmåler, fartmåler　―違反　overtrædelse af

hastighedsgrænse, fartoverskridelse

ずひょう 図表 diagram, tabel

スプーン ske —1杯 skefuld

ずぶと・い 図太い fræk, uforskammet —さ frækhed

ずぶぬれ・の gennemvåd, drivvåd, drivende våd —になる blive gennemvåd/drivvåd

スペイン Spanien —人(男) spanier (女) spanierinde —の/語〔の〕spansk

スペード (トランプの) spar

すべて alt —の alle —に(完全に) fuldstændigt (まったく) helt og holdent (少しも…ない) slet ikke

すべらす 滑らす lade glide 〔ned〕 足を— miste fodfæstet 口を—(失言する) fortale sig, forsnakke sig

すべりだい すべり台 rutsjebane, glidebane

すべる 滑る glide (スケートで) løbe på skøjter (スキーで) stå på ski

すべる 統べる(統括する) kontrollere, beherske

スポーツ sport, idræt —大会 idrætstævne —マン idrætmand, sportsfolk —精神 sportsånd

すぼめる gøre smallere, folde samman (傘を) slå ned 〔paraply〕

ずぼらな sjusket, forsømmelig

ズボン bukser (pl.) —下 underbenklæder, underbukser (pl.) —をはく/ぬぐ tage bukser på/af —吊り 〔bukse〕seler

スポンサー sponsor, økonomisk bagmand, velynder

すまい 住居 hjem, bolig (住所) bopæl, opholdssted, adresse

すまう 住まう bo, leve

すます 済ます(終える) afslutte, gøre 〔en〕 ende på, ophøre (完成する) fuldbringe, fuldføre (片付ける) ordne (返済する) tilbagebetale (間に合わす) klare sig med

すます 澄ます(水などを) rense, lutre (耳を) lytte, høre på/efter (気どる) være affekteret/krukket,

skabe sig（平気でいる）være ubekymret/uberørt/ligegyldigt
すみ 炭 trækul —を焼く（つくる）fremstille trækul
すみ 隅 hjørne, krog （角）vinkel
すみ 墨 tusch —絵 blæktegning
すみごこち 住み心地 komfort —のよい komfortabel
すみません undskyld!, pardon, tilgiv —が undskyld men ...
すみやか・な 速やかな hurtig, rask （即座の）omgående, straks（機知に富んだ）vittig —に straks, snart
すみれ 〈植〉viol 三色— stedmoderblomst
すむ 住む bo, leve
すむ 済む（終る）afsluttes, ende, blive færdig（解決する）være løset/opklaret（到達する）nå
すむ 澄む blive ren/klar 澄んだ klar, ren（透明な）gennemsigtig
ずめん 図面 tegning, skitse
すもも 李〈植〉kræge （せいようすもも）blomme
スライド lysbillede
すらすらと（順調に）glad, jævnt （よどみなく）flydende（容易に）let
スラックス slacks, lange bukser
すらりと（順調に）glad, jævnt （容易に）let —とした slank（やせた）spinkel, tynd
スランプ nedgang i interesse
すり 掏摸 lommetyv —をやる begå lommetyveri
すりきず 擦り傷 hudafskrabning, rift
すりきれ・る 擦り切れる slide af, iturive —た udslidt, afrakket
スリッパ tøffel, morgensko, hjemmesko
すりなおす 刷り直す genoptrykke, trykke om
すりへらす すり減らす slide ned
スリル gys, spænding —のある spændende（映画などのスリラーもの）thriller, gyser
する（行う）gøre, udføre （つくる）lave（試みる）for-

する søge（遊ぶ）lege, spille 練習— øve, træne 行動— handle, agere 従事— engagere sig, sysselsætte sig med 病気— blive syg（身につける）have på（時間がたつ）gå（1時間すると）når det er gået en time（…の価格である）koste（…にきめる）beslutte sig for

する 刷る trykke

する 擦る（こする）gnide, gnubbe （やすりで）file （マッチを）tænde en tændstik（失う）tabe, miste

ずるい 狡い snu, fiffig, listig （うさんくさい）lusket

…するかぎり for så vidt

…すると og så

するど・い 鋭い（鋭利な）skarp （先のとがった）spids（考えなど）hurtigt tænkende, skarp（辛らつな）hvas —さ skarphed

…するやいなや så snart som

ずるやすみ ずる休み pjækkeri —する pjække

ずれ divergens

スレート skifer —で（屋根を）ふく tække med skifer

すれすれに（距離的に）nær hen til（時間的に）knap og nap, netop, knebent

すれちがう 擦れ違う passere hinanden

すれる gnide mod

スローガン slagord, prolle, slogan

すわる 座る sætte sig〔ned〕, sidde ned （度胸が）være dristig/beslutsom

ずんぐりした undersætsig, lavstammet

すんだ 澄んだ klar

すんなりした bøjelig （ほっそりした）slank（しなやかな）smidig

すんぽう 寸法 mål, udstrækning, omfang —をとる tage mål af en

せ

- **せ** 背(背部) ryg　山の― bjergryg　―たけ højde　―が高い/低い være høj/lille　―が伸びる 〔ngs.〕 højde øges, man vokser　―骨 rygrad
- **せい** 生 (存在) eksistens, væsen, tilværelse
- **せい** 性 køn, sex　本― natur, væsen　―差別 kønsdiskrimination　―交 samleje, kønslig omgang (セクハラ) sexchikane
- **せい** 姓 familienavn, efternavn, tilnavn
- **せい** 背 →せ 背
- **せい** 精(精霊) ånd, sjæl　―力 energi, vitalitet　―を出す arbejde energisk/hårdt, anstrenge sig　―をつける styrke, give én krafter
- **…せい** の―で(理由・原因で) på grund af, for ens skyld　―だ skyldes　―にする skylden ligger hos
- **…せい** …製(材料を示す) være lavet af 〔plastic〕(場所を示す) være fremstillet i 〔et land〕
- **ぜい** 税 skat　―金 afgift, skat　―込み給料 bruttoløn, løn før/med skat　課―する lægge skat på　―を払う betale skat　―率 skatteprocent　脱― skattesnyderi
- **せいい** 誠意 oprigtighed, ærlighed, god tro, trofasthed　―のある oprigtig, ærlig,　―をもって oprigtig〔t〕, ærlig〔t〕
- **せいうけい** 晴雨計 barometer
- **せいうん** 星雲 stjernetåge
- **せいえき** 精液 sæd, sperm
- **せいえん** 声援 støtte, opmuntring, hurraråb　―する støtte, opmuntre, hyle, råbe hurra
- **せいおう** 西欧 Europa, Vesteuropa
- **せいか** 青果 grøn〔t〕sager og frugt
- **せいか** 盛夏 høj sommer, midsommer
- **せいか** 成果 resultat, facit, udfald　(効果) virkning

—をあげる resultere, ende
せいかい 正解 korrekt/ret svar 〔間投詞〕korrekt!, ja!
せいかい 政界 politiske kredse/verden
せいかがく 生化学 biokemi
せいかく 正確 nøjagtighed, præcision —な nøjagtig, præcis, eksakt (時間的に) punktlig —に nøjagtig〔t〕, præcis
せいかく 性格 personlighed, gemyt, karakter, natur —が良い god〔person〕—が合う kunne enes, komme godt ud af det med hinanden
せいがく 声楽 〈楽〉vokalmusik, sang —家(男) sanger (女) sangerinde
せいかつ 生活 liv, dagligt liv —する tjene til føden, leve …で—する bo i/på/ved ... —が苦しい have svært ved at få økonomien til at holde —費 leveomkostninger (pl.)
せいがん 請願 ansøgning —する ansøge, indgive anmodning om
ぜいかん 税関〔署〕toldbod, toldkammer, toldsted —吏 toldbetjent, tolder —申告書 tolddeklaration —検査 toldeftersyn, toldkontrol
せいき 世紀 århundrede, sekel 21— enogtyvende århundrede —末 århundredeskifte
せいき 生気 vitalitet, vigør, livagtighed —のある vital, i fuld vigør, livagtig —のない sjælløs, mat, træg
せいぎ 正義 ret, retfærdighed —の retfærdig, rimelig (合法な) retlig, retmæssig
せいきゅう 請求 krav, regning, efterspørgsel —する sende regning〔til〕, afkræve —を受ける modtage en regning —書 nota, regning
せいきゅうな 性急な ivrig, essig, hidsig, overilet
せいぎょ 制御 kontrol, regulering —する kontrollere, regulere, styre
せいきょうと 清教徒 puritaner
せいきょく 政局 politisk situation

ぜいきん　税金　skat, afgift　—逃避 skatteflugt
せいけい　生計　udkomme, livets ophold, levebrød　—をたてる tjene til udkommet　—費 leveomkostninger (pl.)
せいけい　西経　vestlængde
せいけいげか　整形外科　ortopædi, plastisk kirurgi　—手術 plastisk operation
せいけつ　清潔　hygiejne, renhed　—な ren, renlig (衛生的な) hygiejnisk
せいけん　政見　politisk anskuelse
せいけん　政権　politisk magt　—を握る få/tage/gribe magten　—を失う miste/tabe magten
せいげん　制限　begrænsning, grænse　—する begrænse, indskrænke, limitere　—時間 tidsgrænse　—速度 hastighedsbegrænsning
せいげん　正弦　〈数〉sinus
せいご　正誤　rettelse, berigtigelse, korrektion　—表 trykfejlsliste
せいこう　性行　〔menneskes〕adfærd, handlemåde, karakter
せいこう　成功　succes, medgang, held, fremgang　—する have succes 〔med〕, have medgang　—を祈ります jeg ønsker Dem held og lykke
せいこう　精巧　ngt. kunstfærdigt 〔håndarbejde〕　—な kunstfærdig, udsøgt, udførlig
せいこう　性交　samleje, kønslig omgang
せいざ　星座　konstellation, stjernebillede　—表 stjernekort
せいさい　制裁　afstraffelse, straf　—を加える afstraffe, straffe
せいざい　製材　savning　—所 savskæreri, savværk
せいさく　政策　strategi, politik, linie　—をたてる formulere en politik　—をとる føre en politik
せいさく　製作　produktion, fremstilling　—する producere, fremstille　—費 produktionsomkostninger　—所 fabrik
せいざする　正座する　at sidde på knæ med rank ryg

せいさん 生産 produktion —する producere —高 produktion (収穫) udbytte —技術 fremstillingsteknologi —性 produktivitet —者 producent —物 produkter (pl.) —費 produktions omkostning —過剰 overproduktion

せいさん 清算 afvikling, likvidation —する likvidere, træde i likvidation, opgøre 運賃—所 kontor for afgiftsjustering

せいさん 正餐 middag

せいさんな 凄惨な forfærdelig, uhyggelig

せいし 生死 liv og død (運命) skæbne, bestemmelse (安否) sikkerhed

せいし 製紙 papirfremstilling —工場 papirfabrik, papirmølle

せいし 制止 stop, standsning (ブレーキをかけること) bremsning —する bremse, standse

せいし 静止 stilstand, ro

せいじ 政治 politik, regering —的な politisk —を行う føre politik, regere —団体 politisk organisation —家 politiker —活動 politiske aktiviteter —運動 politisk bevægelse —学 politologi

せいしき 聖式(洗礼など) sakramente

せいしき・の 正式の officiel, formel, passende til lejligheden —に officielt, formelt, passende

せいしつ 性質(生れつきの) temperament, natur, karakter (物の) egenskab, kvaliteter (pl.) (気質) sind, sindelag

せいじつ 誠実 oprigtighed, trofasthed, ærlighed —な oprigtig, trofast, ærlig, samvittighedsfuld

せいじゃ 聖者 (男) helgen (女) helgeninde —のような helgenlignende

ぜいじゃくな 脆弱な skør, skrøbelig, forgængelig

せいしゅく 静粛 stilhed, ro, tavshed —な stilfærdig, rolig, tavs —に stilfærdigt, rolig, tavst

せいじゅく 成熟 modenhed —した moden (成長した) voksen (早熟の) fremmelig —する blive moden

せいしゅん 青春 ungdommens vår, ungdom —の

ungdommelig, ung ―時代 ungdomsdage ―時代の思い出 ungdomserindringer (pl.)
せいじゅん 清純 renhed, kyskhed ―な ren, kysk
せいしょ 聖書 bibel
せいしょ 清書 renskrift, renskrivning
せいしょう 斉唱 enstemmig sang ―で歌う synge enstemmigt/unisont
せいじょう 正常 normal ―な normal ―化する normalisere
せいしょうねん 青少年 unge mennesker, ungdommen, den unge generation
せいしょく 生殖 genskabelse, genfremstilling, forplantning ―する genskabe, reproducere, forplante ―器 kønsorgan
せいしん 精神 sind, ånd （意志）vilje ―状態 sindstilstand ―力 åndelig styrke, sindsstyrke ―病 sindssygdom, sindssyge ―的な åndelig, mental
せいじん 成人〔の〕voksen, fuldvoksen, udvokset ―する blive voksen ―教育 voksenundervisning
せいじん 聖人 helgen （女の）helgeninde
せいしんせいいで 誠心誠意で helhjertet, engageret
せいず 製図 tegning ―する tegne ―板 tegnebræt
せいすい 盛衰 medgang og modgang
せいすい 清水 rent vand
せいずい 精髄 væsen, ånd, kerne, kvintessens
せいすう 整数 〈数〉heltal
せいぜい 精々 til de yderst, så vidt muligt
せいせい・する 精製する raffinere, rense （石油などの）―所 raffinaderi
せいせいどうどうと 正々堂々と ærligt og redeligt, med rette, retfærdigvis
せいせき 成績 resultat, facit, udfald（学校の）karakterer (pl.) ―があがる få bedre karakterer 良い― gode karakterer 抜群に良い― udmærkelse ―が下がる få dårligere karakterer 悪い― dårlige karakterer 通信簿(成績表) karakterbog
せいぜん・とした 整然とした ordentlig, ordnet,

metodisk, systematisk, regelmæssig —と systematiskt, regelmæssigt

せいぞう 製造 fremstilling〔af et produkt〕, produktion, fabrikation —元 produktionssted —所 fabrik —する fabrikere, tilvirke, producere

せいそうけん 成層圏 stratosfære

せいぞん 生存 eksistens, tilværelse —する eksistere, opretholde livet（生き残る）overleve

せいたい 声帯 stemmebånd

せいだいな 盛大な（繁栄している） fremgangsrig, blomstrende, lykkelig, heldig, storslået

ぜいたく 贅沢 luksus, ødselhed —な ekstravagant, luksuriøs, luksuøs, ødsel —品 luksusartikel

せいだす 精出す anstrenge sig, arbejde energisk

せいちゅう 成虫〈虫〉fuldt udviklet insekt

せいちょう 成長(主として植物以外の) vækst, opvækst 生長(主として植物の) vækst, grøde（進化・発展）udvikling —する vokse〔op/til〕(発展する) udvikle

せいつうする 精通する være fortrolig med, være hjemmevant i, være bevandret i

せいてい 制定 forordning, bestemmelse —する forordne, bestemme

せいてつ 製鉄 jernproduktion —業 jernindustri

せいてん 晴天 godt vejr, klart vejr

せいと 生徒 skoleelev （男）skoledreng （女）skolepige

せいど 制度 system, institution, indretning 教育— undervisningssystem

せいとう 正当 ret, rigtighed, sandhed, retfærdighed —な ret, rigtig, retfærdig, sand —防衛 nødværgeret —性 berettigelse

せいとう 政党 〔politisk〕parti —政治(議会政治) parlamentarisme —党主 partiformand

せいどう 青銅 bronze —〔器〕時代 bronzealder

せいどう 聖堂(儒教の) kun〔g〕futsiansk tempel (カトリックの) domkirke

せいとうは 正統派 ortodoksi, rettroenhed —の ortodoks, rettroende

せいとかいいいん 生徒会委員 elevrådsmedlem

せいとん 整頓 ordning, rydning —する ordne, rydde up, gøre i stand —されている være smukt ordnet

せいねん 成年 myndighedsalder —に達する blive myndig, opnå myndig alder

せいねん 青年 yngre menneske, unge, ungdom〔men〕 —らしい ungdommelig

せいねんがっぴ 生年月日 fødselsdato

せいのう 性能 kapacitet （効率） effektivitet （能力） kompetence （性質） beskaffenhed, egenskab

せいばつ 征伐 straffeekspedition

せいはんたい 正反対 det diametralte modsatte —の diametralt modsat

せいび 整備 arrangement, udrustning —する udstyre, forsyne, arrangere 地上—員 ground personale, flyvemekaniker

せいびょう 性病〈病〉 kønssygdom, venerisk sygdom （梅毒） syfilis （淋病） gonorré

せいひれい 正比例〈数〉 ligefrem proportional

せいひん 製品 〔fremstillet〕 produkt, frembringelser 輸入— importerede varer

せいふ 政府 regering, administration —機関 regeringsorgan （内閣） kabinet

せいふう 西風 vestenvind

せいふく 制服 uniform

せいふく 征服 erobring, besejring —する erobre, bemægtige sig, besætte —者 erobrer, sejrherre

せいぶげき 西部劇 western, cowboyfilm

せいぶつ 生物 levende væsen, 〔planter og dyr〕 —学 biologi —界 biologisk verden/gruppe

せいぶつ 静物〔画〕 〔kunst〕 stilleben

せいふん 製粉 mal〔n〕ing —所 kværn —業者 møller —する kværne, knuse

せいぶん 成分 komponent, bestanddel, ingredient

せいへん 政変 regeringsomdannelse
せいぼ 聖母 Jomfru Maria
せいぼ 歳暮(贈り物) 〔クリスマスプレゼント julegave〕
せいほう 製法 proces
せいほう 西方 vestlig retning, Vesten
せいぼう 制帽 uniformskasket
せいほうけい 正方形 〔regelbunden〕 kvadrat/firkant
せいほん 製本 bogbinding —所 bogbinderi —された hæftet
せいまい 精米 risfodermel, rispolering
せいみつ 精密 præcision, nøjagtighed —な præcis, nøjagtig —に præcist, nøjagtig〔t〕 —機械 præcisionsinstrument
ぜいむしょ 税務署 skattevæsen
せいめい 生命 liv (魂) sjæl (存在) væsen, tilværelse —保険 livsforsikring
せいめい 声明 erklæring, proklamation —する erklære, proklamere
せいめい 姓名 fuldt navn
せいもん 正門 hovedindgang, hovedport
せいもんへいさ 声門閉鎖 stød
せいやく 誓約 ed, løfte —する aflægge ed, sværge
せいゆしょ 製油所 olieraffinaderi
せいよう 西洋 Vesten —の vestlig —人 vesterlænding —料理 vestlig mad
せいよう 静養 hvil〔e〕, afspænding, rist —する hvile ud, rekreere sig (病後に) genvinde
せいようなし 西洋梨 pære
せいよく 性欲 seksuel lyst, seksualdrift, kønsdrift
せいらいの 生来の ifølge sin natur (持って生れた) medfødt (自然の) naturlig
せいり 生理(月経) menstruation —帯 menstruationsbind —がある menstruere —休暇 fraværelse på grund af menstruation —学 fysyologi —学的な fysyologisk

せいり 整理 〔om〕ordning, omarbejde, arrangement, regulering —する〔om〕ordne, bringe i orden, arrangere （人員を）mindske personel （交通を）ordne/regulere trafik （会社を）likvidere —たんす kommode, dragkiste

せいりつ 成立(存立) eksistens, bestået （締結）slutning, konklusion （存立する）eksistere, bestå （締結する）slutte, afslutte

せいりょういんりょうすい 清涼飲料水 læskedrik

せいりょく 勢力(権力) magt, indflydelse （権威）autoritet （力）styrke, kraft —のある magtfuld, indflydelsesrig —闘争 magtkamp —範囲 magtområde

せいりょく 精力 energi, vitalitet, vigør —的な energisk, vital

せいれい 精励 flid, arbejdsomhed —する gøre sig megen flid, være arbejdsom

せいれいこうりんさい 聖霊降臨祭 pinse

せいれき 西暦 vestlig tidsregning, tiden efter Kristus

せいれつする 整列する stå på 〔rad og〕række, ligge på linie

せいれんな 清廉な ren, ukrænkelig

セイロン Ceylon(現在はSri Lanka) —の srilankansk

セーター sweater

セーラーふく セーラー服 sømandsbluse

セールスマン købmand, forretningsmand

せおう 背負う bære på ryggen

せおよぎ 背泳 rygsvømning

せかい 世界 verden, jorden （地球）klode —地図 verdenskort —記録 verdensrekord —選手権 verdensmesterskab —史 verdenshistorie —大戦 verdenskrig —観 verdensanskuelse —平和 verdensfred —的な international, mellemfolkelig

せき 席(座席) sæde, plads —につく indtage sin plads, sætte sig 〔ned〕, sidde ned —について下さい vær venlig at indtage jeres pladser —を立つ rejse sig fra sin plads —を離れる forlade sin plads —にもどる vende tilbage til sin plads —を譲る overlade sin plads til en anden

せき 咳 hoste〔n〕 —をする hoste —止め（錠剤）hostepastil（シロップ）hostesaft

せき 堰 dæmning —止めする dæmme op

せき 積〈数〉produkt

せきえい 石英 kvarts

せきが 石画 helleristning

せきがいせん 赤外線 infrarøde stråler

せきさいする 積載する laste（船に）indlade（積荷をおろす）losse

せきじゅうじ 赤十字 Røde Kors

せきしょ 関所 checkpost, vagt

せきずい 脊髄〈医〉rygmarv

せきたてられる være opjaget

せきたん 石炭 kul —箱/庫 kulkasse —産業 kulindustri, kulminedrift

せきつい 脊椎〈医〉rygsøjle（胸椎）ryghvirvel —動物 hvirveldyr

せきどう 赤道 ækvator —の ækvatorial

せきにん 責任 ansvar, forpligtelse（義務）pligt —がある være ansvarlig for, være ansvarshavende —感 ansvarsfølelse

せきはん 石版〔画〕litografi —〔画〕家 litograf

せきむ 責務 pligt

せきめん・する 赤面する rødme —した rødmende

せきゆ 石油 petroleum, olie（原油）råolie —資源 olieressourcer (pl.) —精製 olieraffinering —化学 petrokemi —タンカー olietankskib —ストーブ oliekamin

せきり 赤痢〈病〉dysenteri

セクハラ sexchikane

せけん 世間 samfundet, civilisationen（公衆）offentligheden, folk（一般大衆）almenhed —話 småsnak

せこ 世故 verdslighed —にたけた verdsligsindet

…せざるをえない kunne ikke lade være med at
せすじ 背筋 musklerne langs rygraden
ゼスチャー gestus, gestik, gebærde
ぜせい 是正 korrektion, forbedring, revision, berigtigelse —する korrigere, forbedre, revidere, berigtige
せたい 世帯 husstand —道具 husholdningsartikler (pl.)
せだい 世代 generation, slægtled 若い— den yngre generation 古い— forrige generation —交代 generationsskifte
せつ 説(意見) opfattelse 学— teori (うわさ) rygte
せつ 節(場合) tilfælde 季— sæson, årstid (文章の) paragraf, sætning (詩の) strofe, stanze —義 trofasthed, pligttroskab
ぜつえん 絶縁(電気の) isolering —する isolere (縁を切る) afbryde forbindelser med, skille
せっかい 切開 snit
せっかい 石灰 kalk —石 kalksten 生— brændt kalk 消— læsket kalk
せつがい 雪害 sneskade, skade forvoldt af snefald
せっかく 折角 med stort besvær/ulejlighed —ですが det er pænt af Dem, men … —の besværlig, eftertragtet (親切な) venlig (わざわざ) med vilje, med flid, venligt
せっかち 性急 ivrighed, utålmodighed, heftighed —な utålmodig, ivrig, heftig
せっかん 折檻 prygl, stryg —する prygle, banke [af], afklapse
せつがんする 接岸する(船が) lægge til land
せっき 石器 stenredskab —時代 stenalder
せつぎ 節義 trofasthed, pligttroskab
せっきょう 説教〔moral〕 prædiken —する prædike, holde en prædiken —師 prædikant —壇 prædikestol
せっきょく・てきな 積極的な aktiv, handlekraftig, aggressiv, positiv —性 foretagsomhed —的に uden

せっきん 接近 tilnærmelse, optræk —する nærme sig（目的物などに）komme i nærheden af —戦 nærkamp

ぜっくする 絶句する forstumme

せっけい 設計 plan, design —図 plan, tegning（建築などの）bygningstegning —する lægge en plan, tegne en plan

せっけっきゅう 赤血球 rødt blodlegeme

せっけん 石鹸 sæbe（固形の）hård sæbe, toiletsæbe —粉 sæbepulver 洗濯— vaskesæbe

せっこう 石膏 gips —ボード gipsplade —像 gipsfigur

せつごうさせる 接合させる fæste（備えつける）anbringe

ぜっこうする 絶交する afbryde forbindelsen med（関係を断つ）sætte ud af forbindelse

ぜっこうの 絶好の fortræffelig, udmærket —機会 en enestående chance/lejlighed

せっし 摂氏 celsius —温度計 celsiustermometer

せっしゅ 接種〈医〉indpodning, vaccination —する indpode, vaccinere

せっしゅ 節酒 mådeholden[de] druk

せっしゅする 摂取する indtage（吸収する）optage（文化などを）assimilere

せつじょ 切除〈医〉bortskæring, bortoperation —する bortskære, bortoperere

せっしょう 摂政 regent

せっしょく 接触 berøring, kontakt —する berøre, kontakte —感染 smitte

せっする 接する berøre, komme i kontakt med（お客に）betjene（隣接する）grænse [op] til, være tilgrænsende（応接する）tage imod, modtage

せっせい 節制 mådeholdenhed, tilbageholdenhed —する være mådeholden/tilbageholden —のない umådeholden

せっせいする 摂生する(養生する) passe på sit helbred

せっせと （一生懸命に）flittigt, ihærdig〔t〕 （しばしば）ofte, tit

せっせん 接線・切線 〈数〉tangent

せっせん 接戦 næsten jævnbyrdig strid

ぜっせん 舌戦 ordveksling, ordstrid, skænderi

せつぞく 接続 forbindelse, sammensætning, sammenføjning —する sammensætte, sammenkæde, have forbindelse med —駅 jernbaneknudepunkt

せつぞくし 接続詞 〈文法〉konjunktion, bindeord

せったい 接待 velkomst, modtagelse, traktement —する beværte, traktere

ぜったい 絶対〔権力〕magtfuldkommenhed —の/的な absolut —に absolut, uden diskussion, helt afgjort, helt og holdent —多数 absolut flertal —安静 komplet hvile —禁酒 absolutisme —論 absolutisme

ぜつだいな 絶大な kolossal, enorm, umådelig

せつだん 切断 skæring —する skære（たたき切る）hugge

せっち 設置 grundlæggelse, anlæggelse, etablering —する grundlægge, anlægge, etablere

ぜっちょう 絶頂（山頂）bjergtop （頂点）højdepunkt, klimaks

せってい 設定 etablering, oprettelse, installation —する operette, etablere

セット （道具立て）opsætning （食器などの）service （テレビなどの）apparat

せっとう 窃盗 tyveri —犯 tyv, røver —を働く stjæle, optræde som tyv

せっとうご 接頭語 〈文法〉præfiks, forstavelse

せっとく 説得 overtalelse —する overtale, besnakke, bevæge, omstemme —力 overtalelsesevne

せつない 切ない smertelig, smertefuld, pinlig

せっぱく 切迫 påtrængenhed —した påtrængende, indstændig

せっぱん 折半 halvering —する halvere

せつび 設備 udstyr, faciliteter (pl.), udrustning —

する udstyre med, udruste med
せつびご 接尾語〈文法〉suffiks, endelse
せっぷん 接吻 kys —する kysse (互いに) kysses
ぜっぺき 絶壁 brat klippevæg, klint （急坂の）stejl, brat（急坂）skråning
せっぺん 雪片 snefnug
せつぼう 切望 længsel（渇望）tørste —する længes, tørste efter
ぜつぼう 絶望 fortvivlelse, håbløshed —する fortvivle over, opgive håbet —的な fortvivlende, håbløs, desperat
せつめい 説明 forklaring, redegørelse —する forklare, redegøre (実例をあげて) illustrere, belyse —書 beskrivelse
ぜつめつ 絶滅 udslettelse, udryddelse, tilintetgørelse …を—させる udslette, udrydde, tilintetgøre (死に絶える) dø ud, forgå
せつやく 節約 besparelse, sparsommelighed —する spare, økonomisere, være sparsom
せつりつ 設立 etablering, grundlæggelse, stiftelse —する etablere, grundlægge, stifte —者 grundlægger, stifter
せともの 瀬戸物 porcelæn, keramik
せなか 背中 ryg —を伸ばす strække sig, ranke sig
ぜにん 是認 billigelse, godkendelse, bifald
ゼネスト generalstrejke
せばまる 狭まる blive trang
ぜひ 是非(善悪) godt eller ondt, rigtigt eller forkert (かならず) for enhver pris, på enhver mulig måde, af al magt, for alt i verden —ない uundgåelig, ufravigelig
せびれ 背びれ(魚の) pigstråle
せびろ 背広 dragt, habit
せぼね 背骨 rygrad
せまい 狭い(場所的に) trang, lille （細い）smal, snæver（限られた）begrænset
せまる 迫る(押しつける) tvinge, presse, trænge （近

づく）nærme sig（限界にある）være lige på grænsen
せみ 蟬〈虫〉〔sang〕cikade
せむし pukkelryg —の pukkelrygget
せめて i det mindste, mindst
せめる 攻める angribe, anfalde （攻めこむ）invade, overfalde
せめる 責める(非難する) bebrejde, dadle, klandre（さいなむ）pine, tortere
セメント cement —ミキサー cementblander —工場 cementfabrik
せり 競り auktion, bortauktionering —で売る sælge ved auktion, bortauktionere —手 auktionarius, auktionsleder
せりあ・う 競り合う(賞などを) kappes med, konkurrere（せりで値を）byde〔ved auktion〕—い(スポーツの) kamp（コンクールでの）konkurrence
せりふ 台詞 replik —をつける sufflere —をつける人 sufflør
セルフタイマー selvudløser
セルロイド celluloid
セレナード 〈楽〉serenade
ゼロ nul —点 nulpunkt
セロファン cellofan
セロリー 〈植〉selleri
せろん 世論(意見) opinion, offentlig mening —調査 opinionsundersøgelse
せわ 世話(面倒) hjælp, tjeneste —する tage sig af, sørge for お—になりました De har været meget venlig imod mig, mange tak for Deres venlighed —人(発起人) initiativtager（調停者）mægler（保護者）beskytter（後援者）velynder, patron（代弁者）fortaler
せん 千 tusind —当りの数値 promille
せん 栓(コルクの) kork （びんの）〔flaske〕prop, korkprop （水道の）〔vand〕hane, tap （ガスなどの）stophane （たるの）tap —抜き proptrækker
せん 腺〈医〉kirtel 甲状— thyreoidea, skjoldbrusk-

kirtel
せん 線 linie, linje（軌道）bane, spor, vej（航路）søvej（電線）ledning —を引く trække op, tegne linie
ぜん 善 godhed （美徳）dyd
ぜん 全… al, alle, alt （部分に対して）hel〔e〕（完全な）fuldstændig —世界 hele verden
ぜん 前…（以前の）tidligere, forhenværende, eks-
ぜんあく 善悪 godt og ondt, rigtig〔t〕og forkert, dyd og synd
せんい 繊維 fiber, tave 化学— kemisk fiber —工業 tekstilindustri —製品 tekstilvarer (pl.)
せんい 船医 skibslæge
ぜんい 善意 god mening, god hensigt —の/で i god tro
せんいん 船員 sømand, matros （乗務員）mandskab
ぜんいん 全員 alle medlemmer （全社員）alle ansatte
ぜんえい 前衛（芸術の）avantgarde
せんえつ 僭越 formastelighed, formastelse, uforskammethed —な formastelig, uforskammet, overmodig
せんおうな 専横な egenmægtig, vilkårlig
せんか 戦禍 krigsskade
せんか 専科 specielt kursus
せんかい 旋回 omdrejning
ぜんかい 全快 fuldstændig helbredelse —する blive helbredt fuldstændig
ぜんかい 前回 sidste gang —の senest, foregående
せんがく 浅学 overfladisk kendskab
ぜんがく 全額 hele beløbet, i alt
ぜんがくれん 全学連 National Student Federation
せんかん 戦艦 slagskib
ぜんきの 前記の ovennævnt, ovenstående
せんきゃく 船客 passager på et skib —名簿 passagerliste, passagerfortegnelse
せんきょ 選挙 valg —する vælge, stemme —権 stemmeret, valgret —区 valgkreds —運動 valg-

kamp〔agne〕 —違反 valgsvindel —民/人 vælger
せんきょうし 宣教師 missionær
ぜんけい 全景 panorama
せんげつ 先月 sidste måned
せんけん 浅見 overfladisk betragtning
せんけん 先見 forudseenhed, fremsyn —する forudse —の明のある forudseende, fremsynet —の明のない kortsynet
せんげん 宣言 erklæring, manifest —する erklære, manifestere, kundgøre —書 manifest, kundgørelse
ぜんけん 全権 fuldmagt —大使 befuldmægtiget ambassadør —を委任する befuldmægtige
せんご 戦後 efterkrigstid —の efterkrigs-
ぜんご 前後(場所) frem og tilbage (文章の) kontekst (時) det der kommer før og efter (おおよそ) omkring, cirka —不覚になる blive bevidstløs
せんこう 専攻 hovedfag〔på universitetet〕, speciale —する specialisere sig, fordybe sig〔i〕
せんこう 選考 optagelse
せんこう 線香 røgelsepind —をたく ofre én røgelse —花火 legetøjsfyrværkeri —花火のような kortlivet, kortvarig
ぜんこう 全校 hele skolen —生徒 samtlige elever
ぜんこう 善行 god gerning
せんこうする 洗鉱する(砂金など) vaske
せんこく 宣告 dom —する afsige dom, dømme (有罪を) domfælde
ぜんこく 全国 hele landet 日本— hele Japan —民 hele folket〔i et land〕 —的な landsomfattende, national
せんさい 戦災 krigsskade —孤児 forældreløs barn gennem krig —地 krigsskadet område
せんざい 洗剤 vaskepulver, rengøringsmiddel, opvaskemiddel
ぜんさい 前菜 hors-dóeuvre, forret
ぜんざいさん 全財産 total formue
せんさいな 繊細な fin, fintfølende, subtil, delikat

(感じやすい) følsom, modtagelig
せんし 戦死 krigsdødsfald —者 falden soldat, krigsdødsfald
せんじ 戦時 krigstid —中 i krigstid, under krigsforhold
せんしじだい 先史時代 forhistorisk tid
せんしつ 船室 kahyt, kabine
せんじつ 先日 forleden [dag], den anden dag —はどうも tak for sidst (最近) for nylig
せんしゃ 戦車 kampvogn
ぜんしゃ 前者 den førstnævnte, den første
せんしゅ 船首 forstavn
せんしゅ 選手 sportsmand, atlet, idrætsmand —権 mesterskab
せんしゅう 先週 sidste uge —の今日 idag for en uge siden
せんしゅう 選集 udvalgte stykker [af], selektion (主として詩の) antologi
ぜんしゅう 全集 samlede værker
せんしゅけん 選手権 mesterskab
せんじゅつ 戦術 taktik, strategi —上の/で taktisk, strategisk —家 taktiker, strateg[iker]
せんしゅつする 選出する udvælge, udse [sig]
ぜんじゅつの 前述の ovennævnt, ovenstående
せんじょう 戦場 slagmark, krigsskueplads —に臨む gå til krigsskueplads
ぜんしょうする 全焼する nedbrænde, brænde ned
せんじん 先人 foregangsmand, pioner, banebryder
ぜんしん 全身 hele kroppen
ぜんしん 前進 fremadskriden, fremgang, fremskridt (改善) forbedring —する rykke fremad, gå videre, skride frem —基地 fremskudt base
ぜんしん 漸進 stigende trinvis/gradvis —する gå fremad trinvis —的な/に trinvis, gradvis
せんしん・の 先進の udviklet —国 udviklet land, industrialiseret land (発展途上国) udviklingsland
せんしん・の 専心の helhjertet (徹底的に) i sjæl og

sind —する bekræftige sig med, hellige sig, koncentrere sig om
センス sans（好み）smag（精神）ånd …の—がある have sans for
せんす 扇子 sammenfoldelig vifte
せんすい 潜水 dykning —する dykke（浮上する）dykke op —夫 dykker —服 dykkerdragt —艦 ubåd, undervandsbåd
せんせい 先生 lærer（教師）underviser, instruktør（医者）doktor, læge
せんせい 専制 enevælde, diktatur（全体主義）totalitarisme（暴政）voldsherredømme
せんせい 宣誓 ed, sværgen —する aflægge ed〔på〕, sværge（偽誓）falsk ed
ぜんせい 全盛 højdepunktet af fremgang/lykke —を極める nå højdepunktet af fremgang —時代 blomstringstid, glansperiode, guldalder（人生の）sin bedste alder
せんせいじゅつ 占星術 astrologi, horoskop
センセーショナルな opsigtsvækkende, dramatisk
ぜんせかい 全世界 hele verden
せんせん 宣戦 krigserklæring —する erklære krig
せんせん 戦線 〔krigs〕front
せんぜん 戦前 førkrigstid —の førkrigs-
ぜんせん 前線 front
ぜんぜん 全然 fuldstændig, helt og holdent（否定）slet ikke, ikke overhovedet, ingenlunde
せんぞ 先祖 stamfa〔de〕r, forfa〔de〕r, forfædre (pl.) —伝来の fædrene —伝来の財産 fædrenearv
せんそう 戦争 krig —している være i krig —する kriges（戦闘）slag（闘争）strid —放棄 afkald på at føre krig
ぜんそうきょく 前奏曲 〈楽〉præludium
ぜんそく 喘息 〈病〉brinkitis, astma
ぜんそくりょくで 全速力で i fuld fart
ぜんたい 全体 det hele, alt —の al, hele
せんたく 洗濯 tøjvask —する vaske tøj —機 vas-

せんたく kemaskine —物 vasketøj —屋 vaskeri —婦 vaskekone

せんたく 選択 valg —する vælge —科目 valgfrit kursus/fag

せんだって 先達て forleden〔dag〕, den anden dag, for ikke længe siden

せんたん 先端 top, højdepunkt, spids —の(最新の) nymodens, nytids, moderne (流行の) fashionabel —技術 højteknologi

せんち 戦地 front —勤務 felttjeneste

ぜんちし 前置詞〈文法〉præposition, forholdsord

センチ〔メートル〕 centimeter

せんちょう 船長 kaptajn, skibfører

ぜんちょう 前兆 forbud, varsel, omen (病気の) symptom

ぜんてい 前提 præmis, forudsætning (出発点) udgangspunkt

せんてつ 銑鉄 pigjern, råjern

せんでん 宣伝 annoncering, reklame, propaganda —する reklamere, annoncere —ビラ flyveblad, brochure

せんてんてきな 先天的な medfødt, apriori〔sk〕(遺伝的な) nedarvet, arvelig

ぜんと 前途 fremtid, fremtidsudsigter (pl.) —有望な lovende, løfterig

せんとう 銭湯 offentlig badeanstalt

せんとう 先頭(の人) den forreste, leder (先端) spids —に立つ(スポーツで) ligge forrest (行列の) gå forrest i optoget (指導する) gå forrest, lede

せんとう 尖塔 spir

せんとう 戦闘 slag, træfning, sammenstød —員 kriger —部隊 kamptropper (pl.) —機 jagerfly, kampfly

せんどう 扇動 anstiftelse, agitation —する anstifte, agitere —者 anstifter, agitator

せんどう 船頭 bådfører

セントラルヒーティング centralvarme

せんにゅうかん 先入観 forudfattet mening, fordom
ぜんにん 善人 god person
ぜんにんしゃ 前任者 forgænger
せんにんの 専任の fuldtidsansat, heltids- —講師 ordinær lærer
せんぬき 栓抜き flaskeåbner
せんねん 先年 for ngl. år siden
ぜんのう 前納 forskudsbetaling —する betale forskudsvis, betale på forhånd
ぜんのうの 全能の almægtig, altformående
せんばい 専売 monopol, eneforhandling —権を得る monopolisere
せんぱい 先輩 ældre kollega, senior
せんぱく 浅薄 overfladiskhed, letsindighed —な overfladisk, forsømmelig, letsindig (表面的な) periferisk
せんばつ 選抜 valg, udvalg —する vælge, udvælge, udtage (スポーツの)—チーム udvalgte spillere
せんぱつする 洗髪する vaske håret
せんばん 旋盤 drejebænk —で削る dreje —工 drejer
ぜんぱん 全般 det hele —の almen
ぜんぱん 前半 det første halve, den første omgang
ぜんぶ 全部 det hele —の al〔t〕, alle, hel —で(合計で) i alt (一緒で) alt i alt
せんぷう 旋風 hvirvelvind
せんぷうき 扇風機 elektrisk vifte
せんぷく 潜伏 hemmeligholdelse, fortielse
せんべい 煎餅 riskiks
せんべつ 餞別 afskedsgave
ぜんぺん 前編 første del
せんぼう 羨望 misundelse, skinsyge —の misundelig, skinsyg —する misunde
せんぽう 先方 modpart
ぜんぽう 前方 front —の frontal —へ/に fremad, frem
ぜんまい 〈植〉 kongebregne

ぜんまい 発条(ばね) fjeder ―を巻く drive med en fjeder ―仕掛け urværk
せんむ 専務 administrerende direktør
せんめい 鮮明 klarhed, tydelighed ―な klar, tydelig (TVなどの) skarp ―度(TVなどの) skarphed
ぜんめつ 全滅 udslettelse, tilintetgørelse, ødelæggelse ―する blive udslettet/tilintetgjort/ødelagt
ぜんめん 前面 facade, forside
せんめん・する 洗面する vaske ansigt ―器 håndvask, vaskekumme (洗濯用たらい) vaskebalje ―台 servante ―所 toilet
ぜんめんてき・な 全面的な gennemgående, altomfattende ―に totalt, gennemgående
せんもん 専門 speciale, specialitet ―の speciel ―家 specialist, ekspert〔på〕 ―用語 term, terminologi, fagord ―書 faglitteratur ―学校 fagskole
せんやく 先約 tidligere løfte/aftale ―がある være optaget af tidligere løfte
せんゆう 専有〔権〕 monopol, privilegium
せんゆう 占有 besættelse, besiddelse ―する besætte, tage i besiddelse ―者 besætter
せんよう 専用 eneret, eksklusion, ngt. privat ―の privat
ぜんよう 善用 god anvendelse ―する anvende vel
せんりつ 旋律〈楽〉melodi ―的な melodisk, melodiøs
せんりつ 戦慄 skælven, rystelse, forfærdelse ―する skælve, ryste, forfærde, gyse ―的な forfærdet, forskrækkelig, rystende
せんりゃく 戦略 strategi (戦術) taktik ―家 strateg ―的な/に strategisk
ぜんりゃく 前略(手紙で) i hast
せんりょう 占領 okkupation, besættelse ―する okkupere, besætte ―軍 besættelsestropper, okkupationshær

せんりょう 染料 farvestof （顔料）pigment
ぜんりょう 善良 godhed —な god, dygtig（親切な）venlig
ぜんりょく 全力 alle kræfter (pl.) —をつくす lægge alle kræfter〔i〕
ぜんりん 前輪(自動車などの) forhjul
せんれい 先例 præcedens, fortilfælde, præjudikat —をつくる skabe præcedens —のない uden præcedens, eksempelløs
せんれい 洗礼 dåb —を施す døbe, kristne —を受ける blive døbt
ぜんれい 前例→せんれい （先例)
せんれん・する 洗練する forfine, raffinere —された forfinet, raffineret, sleben
せんろ 線路 jernbanespor, jernbaneskinne —工夫 sporlægger, banearbejder —を敷く bygge af jernbane
ぜんわん 前腕 underarm

そ

そあくな 粗悪な dårlig, grovkornet, underlødig
そう （返事）（肯定）ja（否定）nej —ですか jaså（そんなに）sådan, på den måde
…そう （…のように見える）synes, se ud （…とのうわさ）det siges at, man siger at, det forlyder at
そう 僧 munk, buddhistisk præst —正 biskop 大—正 ærkebiskop, ærkebisp —衣 præstekjole
そう 層 lag 社会— samfundsklasse 知識— intelligent klasse, de intellektuelle
ぞう 象〈動〉elefant —の鼻 elefantsnabel —牙 elfenben
ぞう 像 statue, figur 肖— portræt
そうあん 草案 udkast, skitse
そうい 相違 forskel, uoverensstemmelse,

modsætning, ulighed(変化) variation …に—して i uoverensstemmelse med, til forskel fra …に—ない det er ingen tvivl om at det er —する skille sig ud fra

そうい 創意 originalitet, oprindelighed —に富む original, rig på originalitet, oprindelig

そういん 総員 fuldt mandskab, hele besætningen, alle mand

ぞういんする 増員する forøge personaler

そうえん 荘園 sædegård, herregård

ぞうお 憎悪 had, afsky —する hade, afsky

そうおうな 相応な(適した) passende (穏当な) lempelig (妥当な) rimelig, forsvarlig, tilbørlig

そうおん 騒音 bulder, støj, ståhej, larm (騒動) opstandelse, spektakel —を出す gøre ståhej, støje, lave støj

ぞうか 増加 forøgelse, stigning —する øges, stige —率 stigningstakt

ぞうか 造化 skabelse (創世記) skabelseshistorien

ぞうか 造花 kunstige blomster (pl.)

そうかい 総会 generalforsamling 臨時— ekstraordinær generalforsamling

そうかいてい 掃海艇 minestryger

そうかい・な 爽快な opfriskende, forfriskende —になる blive opfrisket/forfrisket

そうがく 総額 hele〔beløb〕(総計) totalitet —で totalt

ぞうがく 増額 forøgelse af beløb —する forøges, tiltage

そうかつ 総括 sammendrag, sammenfatning —する sammendrage, sammenfatte, resumere —していえば i det store og hele, stort set —的な total, generel

そうかん 壮観 storartet/storslået syn/udsigt —を呈する tilbyde storartet syn

ぞうかん 増刊 ekstranummer

そうがんきょう 双眼鏡 〔prisme〕kikkert

そうかんする 送還する repatriere, skikke tilbage
そうぎ 争議(ストライキ) strejke, arbejdsstandsning 労働— arbejdskonflikt arbejdsstridighed, arbejdskamp (紛争) konflikt, tvist, strid (不和) uenighed
そうぎ 葬儀 begravelse, begravelseshøjtidelighed —屋 begravelsesforretning (埋葬する) begrave, jordfæste
ぞうきばやし 雑木林 buskads, krat, tykning, kratskov
そうきゅうに 早急に ekspres, meget hurtigt, snarest
ぞうきょう 増強 forstærkning —する forstærke (コンクリートなど) armere
そうきん 送金 pengeforsendelse, anvisning [på penge], pengeoverførsel, remisse —する remittere, tilstille, oversende —人 afsender [af remisse] (受取人) remittent
ぞうきん 雑巾 gulvklud, støveklud
そうぐうする 遭遇する træffe sig, ramme, komme til at, møde
ぞうげ 象牙 elfenben —細工 elfenbensarbejde —の塔 elfenbenstårn
そうけい 総計 totalsum, totalbeløb —する summere op, sammenfatte
そうけい 早計 forhastelse, ubetænksomhed —な forhastet, overilet, ubetænksom
そうげいデッキ 送迎デッキ tilskuerdæk
ぞうけいびじゅつ 造形美術 plastisk kunst
そうげん 草原 eng, græsmark (北米の) prærie (南米の) pampas (中央アジアの) steppe
ぞうげんする 増減する øge eller mindske (河川が) stige eller synke
そうけんな 壮健な frisk, sund, ved godt helbred
そうこ 倉庫 lagerrum, pakhus, magasin
そうこう 操行 opførsel, adfærd
そうごう 総合 samling, syntese —する samle, syntetisere —的な syntetisk —大学 universitet

そうごの 相互の/に gensidig —作用 gensidigt virke —援助 gensidig hjælp

そうごん 荘厳 højtidelighed, sublimitet —な højtidelig, sublim

そうさ 操作 håndtering, manipulation, manøvrering —する håndtere, manipulere, manøvre〔re〕

そうさい 総裁 præsident, formand

そうさく 創作 〔litterært〕værk, kreativt arbejde —する skabe（詩など）digte —的な skabende —力 skaberkraft

そうさく 捜索 gennemsøgning, eftersøgning —する gennemsøge, ransage —隊 eftersøgningshold, eftersøgningsekspedition —令状 ransagningskendelse

ぞうさん 増産 produktionstilvækst, produktionsstigning —する øge produktionen

そうし 創始 grundlæggelse, skabelse（設立）indstiftelse —する grundlægge, skabe（設立する）indstifte —者 grundlægger, skaber

そうじ 掃除 rengøring, rensning, oprydning —する gøre rent, rense, rengøre —婦 rengøringskone（家庭の）rengøringsdame —機 rengøringsmaskine, støvsuger

ぞうし 増資 kapitalforøgelse —する forøge kapital

そうしき 葬式 begravelse（埋葬）jordfæstelse

そうじしょく 総辞職 fratrædelse/tilbagetræden på én gang —する frasige sig på én gang

そうしつ 喪失 tab, spild —する tabe, spilde, miste, forspilde

そうじて 総じて i almindelighed, for det meste, i det hele taget

そうしゃ 走者 løber

そうしゃじょう 操車場 rangerterræn, rangerbanegård

そうじゅう 操縦 manøvrering, styring —する manøvrere, styre（自動車を）køre bil（船を）lodse/styre skib（飛行機を）føre flyvemaskine —士（飛行機の）pilot —席（飛行機の）førerkabine

そうじゅく 早熟 fremmelighed, gammelklogskab —の tidligt moden, 〔for〕tidligt udviklet, gammelklog, fremmelig
そうしゅけん 宗主権 overhøjhed
そうしゅん 早春 det tidlige forår
そうしょ 叢書 serie, række
そうしょ 草書 simplificeret/løbende kanji-skrift
ぞうしょ 蔵書 bogsamling —家 bogsamler
そうしょう 宗匠 mester, lærer
ぞうしょう 蔵相 finansminister
そうしょく 装飾 ornament, udsmykning, dekoration —する ornamentere, udsmykke, dekorere
そうしれいぶ 総司令部 hovedkvarter
ぞうしん 増進 forfremmelse, ophøjelse, oprykning —する forfremme, ophøje, oprykke
そうしんぐ 装身具 smykke, prydelse
そうすう 総数 hele antal
そうすれば/そうすると og så, og videre, i så fald
ぞうぜい 増税 skatteforhøjelse —する hæve skatterne
そうせん 造船 skibsbygning —所 skibsbyggeri, skibsværft
そうせんきょ 総選挙 parlamentsvalg, folketingsvalg
そうぞう 創造 skabelse, skabning, kreering —する skabe, kreere —力 skaberevne
そうぞう 想像 indbildning, fantasi —する bilde sig ind, forestille sig, tænke sig —力 indbildningskraft, forestillingsevne —的な fantasifuld, fantasirig
そうぞうしい 騒々しい støjende, larmende
そうそうに 早々に straks
そうぞく 相続 arv, arvefølge —する arve —権 arveret —人 arving, arvtager
そうだい 壮大 pragt, pomp —な pragtfuld, pompøs, storslået, storartet
ぞうだい 増大 stigning, forøgelse, forstørrelse —する øge〔s〕, forøge〔s〕, stige, forstørre

そうたい・てきな 相対的な relativ —的に relativt —性原理 relativitetsteori —主義 relativisme

そうだつせん 争奪戦 konkurrence

そうだん 相談 rådføring, konsultation（談話・おしゃべり）samtale, snak, sludder —する rådføre sig〔med〕, konsultere —役 rådgiver, konsulent

そうち 装置 apparatur（設備）udstyr, udrustning —を据え付ける installere（設備を取りつける）udstyre, montere

ぞうちく 増築 tilbygning, udbygning —する tilbygge, udbygge

そうちょう 早朝 tidlig morgen —に tidligt om morgenen

そうちょう 総長 rektor, præsident 事務— generalsekretær

ぞうちょう 増長 overmod, arrogance

そうちょう・な 荘重な højtidelig, alvorlig —に højtideligt, alvorlig〔t〕

そうてい 装丁 indbinding —する indbinde

そうてい 想定 hypotese, antagelse, forudsætning

ぞうてい 贈呈 foræring, overladelse（栄誉などの）hædersgave —する forære, overlade, give

そうてん 争点 stridspunkt

そうどう 騒動(騒ぎ) opstandelse, ballade, tumult（混乱）forvirring, uorden（争議）konflikt（暴動）oprør, opstand —を起こす opstå, lave tumult, gøre oprør

そうとう・な 相当な(適当な) passende, belejlig（かなりの）betydelig, anstændig（どちらかといえば）temmelig（よく似た）lige, modsvarende（充分な）tilstrækkelig, tilfredsstillende —する modsvare

そうなん 遭難 ulykke, ulykkestilfælde, katastrofe（船の）skibbrud —する forulykke, forlise, komme til skade（船が）lide skibbrud —者 skadelidt person,〔ulykkes〕offer（生存者）overlevende

そうにゅう 挿入 indsættelse, indskydning —する indsætte, indskyde —句 parentes

そうねん 壮年 manddom, mandfolk
そうば 相場(市価) markedspris (時価) løbende pris, gangbar pris (投機) spekulation (評価) vurdering, værdsættelse
そうはく・の 蒼白の bleg —になる blegne
そうばん 早晩 før eller senere, med tiden
そうび 装備 udrustning —する udruste
そうべつ 送別 afsked, farvel —会 afskedsgilde
ぞうほ 増補 udvidelse —版 udvidet udgave
そうほう 双方 det begge —の begge (相互の) gensidig
そうほん 草本 urt, plante
そうめいな 聡明な klog, intelligent, forstandig
ぞうよする 贈与する give, forære (寄付する) forlene med
ぞうり 草履 sandaler
そうり〔だいじん〕 総理〔大臣〕premierminister, statsminister
そうりつ 創立 etablering, stiftelse, grundlæggelse —する etablere, stifte, grundlægge
そうりょう 送料 porto (貨物の) fragt
そうりょうじ 総領事 generalkonsul —館 generalkonsulate
そうりょく 総力 sammenhobede kræfter —で af alle kræfter
そうれい 壮麗 pragt, pomp —な pragtfuld, pompøs
そうろ 走路 〔løbs〕bane
そうろん 総論 resumé, hovedtræk
そうろん 争論 disput, skænderi, trætte —する disputere, skændes, trættes
そうわ 挿話 episode
ぞうわい 贈賄 bestikkelse —する bestikke
そえる 添える vedlægge ved
そえんになる 疎遠になる blive fremmede for hinanden, komme bort〔fra〕
ソース sovs
ソーセージ pølse フランクフルト— bajersk pølse

ソーダ soda ー水 sodavand 苛性ー kaustisk natron
そかい 疎開 evakuering, rømning ーする evakuere, rømme
そがい 疎外 fjernelse, køligt forhold, misstemning ーする fjerne, gøre fremmed, give den kolde skulder
そがい 阻害 hindring, spærring (抑制) hæmning ーする hindre, afskære, sætte bom for, hæmme
そきゅう 遡及 tilbagevirkende kraft ーする virke tilbagevirkende
そく 足 〔et〕par くつ2ー to par sko
ぞく 賊 盗ー tyv, røver 海ー sørøver, pirat 山ー bandit (ギャング) bande (反徒) rebel, oprører
そくい 即位 kroning ーさせる krone〔en til konge〕ーする arve krone ー式 kroning〔sceremoni〕
ぞくご 俗語(口語) daglig tale, dagligt udtryk (卑語) slang
そくざ・に 即座に straks, umiddelbart, øjeblikkelig, med det samme ーの umiddelbar, øjeblikkelig
そくし 即死 øjeblikkelig død ーする blive død øjeblikkelig, blive dræbt på stedet, omkomme på stedet
そくじ 即時 straks, umiddelbart ー払い kontant betaling
そくじつ 即日 samme dag
そくしん 促進 fremme, aktivering ーする fremme, aktivere, aktivisere, være befordrende for
ぞくじん 俗人(僧に対して) lægmand (俗物) vulgær person, snob
ぞくする 属する(所属する) tilhøre, høre til, være en del af (分類上) klassificeres〔som〕
そくせいさいばい 促成栽培 drivhusdyrkning, drivhusdrivning
そくせき 即席 improvisation ーの improviseret ーで øjeblikkelig ー曲/演奏/演説 impromptu ー料理 fast food
そくせん 側線(スポーツ・鉄道などの) sidelinie
ぞくぞくと 続々と i følge med, en efter en
そくたつ 速達 ekspresforsendelse ー郵便 ekspres-

brev

そくてい 測定 måling ―する måle, sondere (歩測する) skridte af (深さを) lodde

そくど 速度 hastighed, fart (高速) høj hastighed (低速) lav hastighed ―をあげる/落とす forøge/sænke hastigheden ―制限 hastighedsgrænse ―計 hastighedsmåler

そくとう 即答 omgående svar ―する svare omgående

そくばく 束縛 lænke, tvang, bøjle ―する lænke, holde tilbage, spærre

ぞくへん 続編 fortsættelse (連載物) føljeton

そくめん 側面 side, flanke (横顔) profil (局面) aspekt ―攻撃する falde fjenden i flanken

そくりょう 測量 mål, landmåling, kortlægning ―する måle, opmåle, kortlægge (水深を) lodde ―士 landmåler

そくりょく 速力 hastighed, fart 全―で i fuld fart

そくろう 側廊(教会の) midtergang

ソケット (電気の) stikkontakt, stikdåse

そこ 底 bunden af (海の) [havets]dyb (くつの) sål ―知れない bundløs (深遠な) dybsindig ―力 potentiel energi ―値 laveste pris, bundpris

そこ 其処 der ―にだれがいるか？ hvem er der？ ―にいるのはだれか？ hvem der？ ―から derfra (したがって) derfor ―ここに her og der, rundt omkring

そこう 素行 opførsel, adfærd, fremfærd ―がおさまる bedre sig, overvinde sine dårlige vaner

そこく 祖国 fædreland, hjemland ―愛 fædrelandskærlighed

そこなう/そこねる 損う skade (相手の感情を) krænke, fornærme (健康を) skade sit helbred …し― mislykkes, fejle

そこひ 内障〈病〉katarakt

そさい 蔬菜 grøn[t]sager, køkkenurt ―の vegetabilsk ―畑 køkkenhave

そざい 素材 materiale, emne, stof

そし 阻止 spærring, hinder, ophold —する spærre, hindre（保留する）opholde

そしき 組織(集まり) organisation （体系）system （構造）struktur （構成）konstruktion （生物の）væv —する sætte i system, danne en struktur —的な systematisk

そしつ 素質 〔menneskes〕natur, karakter, anlæg （才能）evne （本質）væsen （体質）konstitution （傾向）tendens

そして og så, derefter

そしゃく 咀嚼 tygning —する tygge

そしょう 訴訟 saganlæg, påtale, tiltale, anklage —を起こす anlægge sag mod én, påtale, anklage

そし・り 謗り(非難) bagtalelse, bagvaskelse, injurie, bebrejdelse —る tale ondt om, bagtale, injuriere

そすう 素数 〈数〉 primtal

そせい 組成 komposition, sammensætning

そぜい 租税(税金) skat, afgift （課税）beskatning, sætning i skat

そせん 祖先 forfa〔de〕r, forfædre (pl.), stamfa〔de〕r

そそぐ 注ぐ(びんなどに注ぎこむ) hælde〔på〕（こぼす）spilde （流れる）flyde, rinde （はねかける）stænke （集中する）koncentrere sig〔om〕

そそっかしい skødesløs （軽率な）ubetænksom （早過ぎる）forhastet

そそのかす 唆す opvigle, ophidse

そだち 育ち(誕生) fødsel （素性）herkomst （家系）byrd —のよい velopdragen

そだつ 育つ vokse op, blive ældre

そだて・る 育てる(養育する) pleje （子供を) opdrage （動物など）holde —の親 plejeforældre (pl.)

そち 措置 foranstaltning, skridt, forholdsregel —をとる foranstalte

そちら・へ derhen, den retning —の方角 den der —に der —のかた den person

ぞっか 俗化 vulgarisering, forfladigelse —する vulgarisere, gøre vulgær, forfladige

そっき 速記 stenografi —する stenografere —者 stenograf

そっきょう 即興 improvisation —でやる improvisere

そつぎょう 卒業 dimission, afgangseksamen —する blive dimitteret 〔fra〕, tage afgangseksamen —論文 afhandling som man skriver som del af afgangseksamen, speciale —生 kandidat fra underskole/mellemskole —試験 afsluttende eksamen, afgangseksamen —式 afgangsceremoni ved højere læreanstalt, højtidelighed efter eksamen —証書 afgangsbevis

そっきん 側近〔者〕 nær bekendt, fortrolig （取り巻き）påhæng

ソックス et par sok

そっくり （全部）det hele, totalt, fuldt （よく似た）fuldstændig ligesom, akkurat det samme

ぞっこう 続行 fortsættelse —する fortsætte 〔med〕

そっこうしょ 測候所 〔meteorologisk〕 observatorium, vejrstation

ぞっこく 属国 lydland, lydstat

そっちゅう 卒中 〈病〉 hjerneblødning, slag〔tilfælde〕, apopleksi

そっちょく 率直 ligefremhed, åbenhjertighed —な ligefrem, oprigtig, åbenhjertig

そって に沿って（平行に） parallelt 〔med〕 に—langs med, ad

そっと （静かに）blidt, stille （こっそり）i smug, hemmeligt

そっとう 卒倒 besvimelse —する besvime, falde i afmagt

ぞっと・する （恐怖・嫌悪・寒さなどで）gyse （恐怖で）frygte, dirre （震える）sitre, skælve —させるような gyselig

そっぽをむく 外方を向く vende en ryggen

そで 袖 ærme —口 manchet —にする slå op med

そと 外（外側）yderside （外側の）yderst （外面）eks-

teriør（戸外）udenfor（戸外で）i det fri, udendørs
そなえ 備え（準備）forberedelse （防備）forsvar — る（準備する）forberede（防備する）forsvare（たくわえる）lagre, spare
そなえる 供える ofre 〔til guddom〕
ソナタ 〈楽〉sonate
そなわる 備わる være forsynet med, have
その den der, det der （前述の）ovennævnt —他の øvrig
そのうえ その上 desuden, dertil
そのうちに その内に（近いうちに）om kort tid, snart （他日）i den nærmeste fremtid, i nær fremtid
そのかんに その間に i mellemtiden, imidlertid, i den tid （時がくれば）i tidens fylde
そのくせ その癖 alligevel, dog, ikke desto mindre
そのご その後 derefter, senere （以来）siden —の efterfølgende, påfølgende
そのこと その事 den der, det der, dette faktum
そのころ その頃 på den tiden, da
そのため その為（理由）derfor, på grund af （結果）følgelig （目的）for at, med den hensigt
そのとおり その通り præcis 〔lige〕så
そのとき その時 da, i det tilfælde
そば 側・傍 side, nærhed （付近）nærhed, nabolag, naboskab —に ved siden af, i nærheden af
そばかす fregne
そびえる 聳える tårne sig op 〔over〕
そびれる gå glip af en chance for at
そふ 祖父 〔min〕bedstefar, morfar, farfar
ソファー sofa
ソプラノ 〈楽〉sopran
そぼ 祖母 〔min〕bedstemor, mormor, farmor
そぼく 素朴 enkelhed, simplicitet —な enkel, bramfri, prunkløs, simpel, troskyldig
そまつ・な 粗末な tarvelig, knap, fattig, ringe —にする blæse en lang march, være revnende ligeglad med （仕事などいい加減にする）sløse, sjuske, und-

lade（無視する）forsømme, negligere
そむく 背く（従わない）være ulydig mod, ikke adlyde（違反する）overtræde, krænke（裏切る）svige, bedrage（反逆する）gøre oprør〔mod〕（反論する）imødegå, protestere
そめる 染める farve 顔を— rødme
そや 粗野 råhed, grovhed —な rå, grov, sjusket
そよかぜ 微風 brise
そよぐ（さらさら鳴る）pusle （ゆらぐ）gynge, svaje, vaje
そら 空 himmel, luft 心も—で（うれしくて）henrykt, i den syvende himmel （ぼんやりして）åndsfraværende, distræt —で（暗記して）udenad —色 himmelblå —涙 krokodilletårer —寝 rævesøvn —笑い forstilt latter —とぼける forstille sig, lade som om, anstille sig
そらす 逸らす（注意など他に）aflede, bortlede, distrahere（受け流す）afbøde, parere
そらまめ 蚕豆〈植〉bønnevikke, høstebønne
そり slæde（小型の）kælk（馬そり）kane
そる 反る bøje tilbage （偉がる）være opblæst/vigtig
そる 剃る（ひげを）barbere sig, rage （剃ってもらう）blive barberet
それ den, den der, det der —の dens, dets, sin, sit —だから følgelig, og derfor —で og derfor, som følge deraf, derpå, og så —でも alligevel —では men så, nå —どころか tværtimod, omvendt —じゃ også det —から derefter, og derpå, og så, og desuden —も også det —なら i så fald —に og desuden —はそうと for resten —ゆえ〔に〕følgelig, og derfor —はいけませんね nej, det går skam ikke an, det er sandelig også for galt, det var ærgerligt/synd〔for dig〕, det var sandelig ikke så godt
それいらい それ以来 siden, derefter
それがし 某（ある人）en eller anden, en vis person 鈴木— en vis hr. Suzuki

それぞれ 夫れ夫れ hver især, respektive, enhver —の enhvers

それどころか tværtimod, omvendt

それとなくいう antyde forblommet/ubemærket at

それとも eller

それる 逸れる vende sig bort （話などが）afvige fra （弾丸などが）skyde feil, ikke ramme

ソれん ソ連 Sovjetunionen

そ・う 揃う（集まる）samles, mødes （一様になる）blive jævn/uniform （つり合う）matche, passe （完全になる）blive komplet/fuldstændig （音楽などが調和する）være i harmoni —える（並べる）placere side om/ved side （商品を）udstille〔på〕（集める）samle （人を）sammenkalde （寄付・資料などを）indsamle （まとめる）sammenfatte, resumere

そろそろ gradvis, lidt efter lidt, så småt （間もなく）snart, inden længe

そろばん 算盤 abacus, kuglerammme

そわそわする være rastløs/nervøs

そん 損（損失）tab, spild （不利）ugunst, ulempe （損害）skade, fortræd, tab —な ugunstig —をする lide〔et〕tab （失う）gå tabt, gå glip af

そんえき 損益 gevinst og tab

そんがい 損害 skade, tab, fortræd —賠償 skadeserstatning

そんけい 尊敬 beundring, respekt, agtelse —する beundre, respektere —すべき agtværdig, respektabel

そんざい 存在 tilværelse, eksistens —する være til, eksistere —している forekommende, som〔fore〕-findes

ぞんざいな （雑な）skødesløs, sjusket （不注意な）ligegyldig, ubetænksom （失礼な）uartig, nærgående

そんしつ 損失 tab

そんしょう 損傷 skade

そんぞく 存続 fortsættelse —する vare ved, fortsætte

そんだい 尊大 hovmod, stolthed, arrogance, overlegenhed —な arrogant, hovmodig, overlegen
そんちょう 村長 leder af landsby
そんちょう 尊重 respekt, højagtelse —する højagte, respektere
そんとく 損得 gevinst og tab —ずくで for penge, for beregnende grund
そんな en sådan, den slags —に i den grad, i en sådan grad —にない ikke så meget/mange
ぞんぶんに 存分に så meget man lyster
そんみん 村民 landsbybeboer

た

た 田 rismark
た 他 fremmed-, en anden —の anden, andet, andre, øvrig —に desuden
ダース dusin
タール tjære —を塗る tjære
ターンテーブル drejeskive
タイ Thailand —国人 thailænder —国の thailandsk —語 thai〔landsk〕
たい 鯛〈魚〉brasen
たい 対(互角の) i ligevægt, lige, jævnbyrdig (同点) samme point/punkt (競技・訴訟などで) versus, mod
たい 隊(一団) kompagni (団体) trop, korps (仲間) selskab, gruppe —を組む gruppere
だい 題(主題) tema, emne 表— titel 話— samtaleemne
だい 台 足おき— skammel —座 piedestal 支え— støtte
だい 代(支払うお金) betaling, pris 部屋— værelsesleje (料金) takst 世— generation 時— alder, tidsalder, tid
だい 大(大きいこと) storhed —の stor, anselig 巨

ダイアルする 326

―な uhyre, vældig, kolossal ―問題 alvorligt spørgsmål ―計画 storartet projekt ―平原 vidtstrakt slette

ダイアルする （電話で）dreje, trykke

だいあん 代案 alternativ

たいい 大意(要旨) sammenfatning, resumé, sammendrag

たいい 退位 abdikation ―する abdicere ―させる afsætte, detronisere

たいいく 体育 idræt, fysisk træning, gymnastik ―館 gymnastikhus, gymnastiklokale, gymnastiksal

だいいち 第一 nummer et, nr. et, den første ―の først ―に først

たいいん 退院 udskrivning 〔fra〕 ―する blive udskrevet

たいいん 隊員 deltager i 〔en ekspeditionsgruppe〕

ダイエット diæt, slankekost ―する holde diæt

たいおう 対応 overensstemmelse, korrespondens ―する svare til

たいおん 体温 kropstemperatur ―を測る tage éns temperatur ―計 kropstemperaturmålapparat, 〔læge〕termometer

たいか 大火 konflagration, 〔kæmpe〕brand, ildebrand

たいか 大家(権威者) autoritet, stor mester

たいか 退化 degeneration, tilbagegang ―する degenerere, udarte

たいかい 大会 møde med mange deltagere, konference （スポーツの）sportsstævne （総会）alment møde, generalforsamling

たいがい 大概 for det meste, generelt, i reglen （たぶん）formentlig, måske, kanske

たいがい・てきな 対外的な udenrigs, udenlands, udenlandsk ―政策 udenrigspolitik ―貿易 udenrigshandel

たいかく 体格 kropsbygning, fysisk form

たいがく 退学 det at droppe ud af skolen （大学か

ら) relegation —する droppe ud af skolen —させる relegere
だいがく 大学(総合の) universitet (単科の) højskole —生 universitetsstuderende —院 videregående studier (学部長) dekan (学長) [universitets]rektor
たいかく・の 対角の diagonal —線 diagonal
たいか・の 耐火の ildfast, brandfri —性の brandsikker —れんが ildfast[mur]sten, ildfast keramik —建築 brandsikker bygning
たいがん 対岸 modsat strand
たいかんしき 戴冠式 kronings[ceremoni]
たいき 大気 atmosfære, luft
だいぎいん 代議員 ombudsmand, delegeret, repræsentant
だいきぎょう 大企業 stor virksomhed
だいぎし 代議士 parlamentsmedlem, rigsdagsmand, folketingsmedlem
たいきする 待機する afvente, holde sig parat
たいきゃく 退却 tilbagetog, tilbagetrækning, retræte —する tilbagetrække, trække sig tilbage
たいぎゃくざい 大逆罪 højforræderi
たいきゅう 耐久 udholdenhed —力 modstandskraft, sejhed (持久力) varighed, holdbarhed —力のある/持久力のある udholdelig, holdbar
たいきん 大金 mange penge
だいきん 代金(代価) pris (費用) udgift (謝礼) honorar (勘定書) regning, nota
だいく 大工 tømrer, bygningssnedker (指物師) snedker —仕事をする tømre, snedkerere
たいぐう 待遇 behandling (ホテルなどの客あつかい) service (接待) modtagelse
たいくつ 退屈 kedsomhed —な kedelig, kedsommelig —する kede sig, trættes —させる trætte
たいぐん 大群(人の) en bunke/hob mennesker, skare (動物の) en stor hjord/flok
たいけい 体系 system —的な systematisk, metodisk, skematisk —化する systematisere, organisere

たいけい 体刑 korporlig revselse/afstraffelse
たいけい 隊形(編成) formering
たいけつ 対決 konfrontation —する konfrontere med, stå ansigt til ansigt med
たいけん 体験 erfaring, oplevelse —する erfare oplevelse —的な erfaringsmæssig
たいこ 太鼓 tromme —腹の buget, udbu[g]et —を打つ tromme
たいこ 太古 forhistorisk tid, for evigheder siden
たいこう 対抗 opposition, konfrontation —する opponere, modstå —策 modtræk, modforanstaltning
だいこう 代行 stedfortræder, befuldmægtiget —する træde i stedet for en anden
だいこん 大根 〈植〉 radise, ræddike
たいざい 滞在 ophold —する opholde sig et sted —地 opholdssted —許可 opholdstilladelse
だいざい 題材(絵画の) motiv (小説などの) materiale
たいさく 対策 modforholdsregel, indgreb
だいさん・の 第三の tredje —者 tredjemand —世界 den tredje verden (局外者) udenforstående
たいし 大使 ambassadør —館 ambassade (特使) speciel[t] sendebud/envoyé/udsending
たいし 大志 ambition, ærgerrighed
たいじ 退治(征服) underlæggelse, undertvingelse (支配) kontrol (撲滅) udryddelse —する underlægge, undertvinge, tæmme, udrydde
たいじ 胎児 foster
だいし 台紙(写真などの) underlagskarton (厚紙) pap
だいじ 大事(重大事) alvorlig hændelse (危機) krise (大切な) værdifuld, vigtig
だいしきょう 大司教 ærkebis[ko]p
たいした 大した(多くの) mange, meget (重要な) betydelig, vigtig (非常な) overordentlig, ekstraordinær —事 ting af stor betydning, stor ting

たいじんかんけい

―事ではない det er ikke noget særligt
たいしつ 体質 konstitution ―が弱い〔ngs.〕konstitution er svagelig/svækket
たいして 大して 〔ikke〕meget,〔ikke〕særlig
たいして 対して →たいする(対する)
だいじゃ 大蛇 stor slange
たいしゃく 貸借 ind- og udlån, lejer og udlejer ―対照〔表〕kontoudskrift, statusopgørelse
たいしゅう 大衆 masse, almindelige mennesker, folk ―向きの populær ―文学 populær litteratur 一般― almenheden, publikum
たいじゅう 体重 legemsvægt ―を測る veje sig/andre ―計 vægt
たいしょう 対称 symmetri ―的な symmetrisk
たいしょう 対照(比較) sammenligning, jævnførelse ―する konstrastere, sætte op over for hinanden
たいしょう 対象 emne, målgruppe, objekt
たいしょう 大将(陸軍) general (海軍) admiral (首領) chef, leder
たいしょう 隊商 karavane
だいしょう 代價 erstatning, vederlag (代用品) surrogat ―する erstatte, opveje …の―として til vederlag for
たいじょうする 退場する levne lokalet, gå sin vej
だいじょうぶな 大丈夫な(安全な) helt sikkert, uden risiko, tryg (確実な) sikker, bestemt (確実に) sikkert, bestemt
たいしょく 大食 frådseri, grådighed, forslugenhed ―の forslugen, grådig ―する frådse, forsluge sig ―家 frådser, ædedolk
たいしょく 退職 afgang, fratræden (年金生活への) pensionering ―金 engangsbeløb der udbetales ved pensionering, fratrædensløn ―する fratræde (定年で) afgå
だいじん 大臣 minister
たいじんかんけい 対人関係 personlige forbindelser/forhold, tilknytning

だいず 大豆〈植〉sojabønne
たいすう 対数〈数〉logaritme
だいすう 代数〈数〉algebra ―方程式 algebraisk ligning
だいすきな 大好きな som ngn. virkelig godt kan lide, være helt vild med
たいする 対する（面する）vende〔imod〕（対決させる）konfrontere, stille en ansigt til ansigt med（比較する）sammenligne〔med〕（お客さんに）modtage（反抗する）modsætte sig, opponere imod …に対して（…に関して）angående（対比して）i modsætning til（相対して）overfor
たいせい 体制 samfundssystemet
たいせい 大勢(形勢) almen tilstand/stilling （趨勢）〔tids〕tendens/tilbøjelighed/retning
だいせいどう 大聖堂 domkirke
たいせいよう 大西洋 Atlanterhavet
たいせき 体積 volumen, kubikindhold （容積）rumfang（容量）kapacitet
たいせき 堆積 ophovning, lagring ―する samles, ophoves, akkumlere
たいせつ・な 大切な værdifuld, værdsat, skattet （重要な）vigtig, alvorlig ―にする（尊重する）respektere, værdsætte（気をつける）være forsigtig/varsom/opmærksom
たいせん 大戦 stor krig, verdenskrig 第一次世界― Første Verdenskrig 第二次世界― Anden Verdenskrig
たいせんする 対戦する kappes〔med〕, konkurrere, møde
たいぜんとした 泰然とした rolig, fattet
たいそう 体操 gymnastik 器械― redskabsgymnastik, redskabsøvelse ―する gymnasticere ―選手/教師 gymnast
たいそう 大層(非常に) overordentlig〔t〕（すばらしく）udmærket, fortræffeligt ―な数 et stort antal ―な量 mængde, masse

たいだ 怠惰 dovenskab, ladhed —な doven, lad
だいたい 大体(概して) i hovedtræk, i det store〔og〕hele (要点) hovedpunkt (原案) udkast (草案) skitse —の(一般の) almen (主要の) hovedsagelig —において(概して) i almindelighed, overhovedet (およそ) omtrent, næsten
だいだい 代々 gennem generationer
だいだい 橙〈植〉pomerans —色 pomeransgul
だいだいてき・な 大々的な stor skala —に i stor skala, stort anlagt, i stor stil
だいたすう 大多数 majoritet, flertal
たいだん 対談 samtale, dialog (会話) konversation (会見) interview —する samtale〔med/om〕
だいたん 大胆 dristighed, frejdighed, kækhed —な dristig, frejdig, kæk (進取的な) foretagsom (厚顔な) fræk, uforskammet —に dristig〔t〕, frejdigt, uden frygt
だいち 大地 mark, jord
だいち 台地(高原) højslette, plateau (高台) terrasse, højde, bakke
たいちょう 隊長 kaptajn, leder, befalingsmand
だいちょう 大腸〈医〉tyktarm
タイツ strømpebukser (pl.)
たいてい 大抵(通常) i reglen, som regel, almindelig〔vis〕, i almindelighed, generelt, sædvanligvis (たぶん) formodentlig, måske, sandsynligvis (ほとんど) næsten —の almen, mest (多数の) flertallet af, de fleste
だいていたく 大邸宅 herskabshus
たいど 態度 attitude, holdning, stilling, positur (行儀) opførsel, adfærd
たいとう 台頭 fremtræden, optræden —する fremtræde, optræde
たいとう 対等 jævning, ligestilling —の jævn, jævnbyrdig, ligestillet, lige —に ligelig —で på lige vilkår, på lige fod
だいとうりょう 大統領 præsident

だいどころ 台所 køkken —用品 køkkengrej, husgeråd, køkkentøj —のごみ køkkenaffald, skrald

だいなしにする 台無しにする spolere, ruinere, forøde, ødelægge

ダイナマイト dynamit

だいに 第二 anden, andet —に for det andet

たいのう 滞納 udeblivet betaling, resterende skyld —する forsinke sin betaling, udsætte om betaling —金 renter〔for for sent betalt skat〕

だいのう 大脳〈医〉cerebrum, storhjerne〔n〕

ダイバー dykker

たいはい 退廃(堕落) dekadence, koruption (衰退) forfald, undergang —する forfalde, svækkes, blive korrupt

たいはする 大破する forøde grundig, blive skadet alvorlig〔t〕

たいばつ 体罰 legemsstraf, prygl, ave —を加える tugte, ave, straffe korporligt

たいはん 大半 størstedelen

たいひ 対比 kontrast —する kontrastere

タイピスト maskinskriver, skrivemaskindame

たいひせん 退避線 sidespor

たいびょう 大病 alvorlig sygdom —になる blive alvorlig syg

だいひょう 代表(事) repræsentation (人) repræsentant, delegeret —する repræsentere —的な typisk —団 delegation (スポーツなどの)(国の) landshold (その他の) udvalgt hold

だいぶ 大分 en hel del, det meste, meget, temmelig

たいふう 台風 tyfon, orkan, hvirvelstorm

だいぶぶん 大部分 det meste, størstedelen, en stor del …の— en stor del af, flertallet —は for det meste

タイプライター skrivemaskine —を打つ skrive på maskine

たいへいよう 太平洋 Stillehavet

たいへん 大変(大いに) meget (大きく) helt —な

(多くの) mange (大量の) meget (深刻な) alvorlig, vanskelig, svær (驚くべき) forfærdelig, overvældende

だいべん 大便 afføring, ekskrementer (pl.)

たいほ 逮捕 arrestation, anholdelse —する arrestere, anholde (押収する) beslaglægge —者 arrestant —状 arrestordre

たいほ 退歩 tilbagegang

たいほう 大砲 kanon, artilleri

だいほん 台本 tekstbog, drejebog, manuskript

たいま 大麻 〈植〉hamp (薬) hash

たいまつ 松明 fakkel, håndlygte

たいまん 怠慢 forsømmelighed, efterladenhed, sjuskeri —な forsømmelig, efterladen〔de〕, sjusket (不注意な) uagtsom, uforsigtig

タイム (時間) tid —をとる beregne tid —カード kontrolkort, afstemplingskort til kontrolur

だいめいし 代名詞 〈文法〉 pronomen, stedord

たいめん 対面 møde, samtale

たいめん 体面 (名誉) ære, hæder (名声) gode rygte, anseelse (威厳) værdighed (体裁) udseende, stil —にかかわる det gælder ens hæder

タイヤ 〔bil〕dæk

ダイヤ (列車の) tidsplan, tidstabel (トランプの) ruder (宝石の) diamant

ダイヤル (電話の) nummerskive

たいよ 貸与 udlån, udlejning —する låne ud

たいよう 太陽 Solen, sol —系 solsystem

たいよう 大洋 ocean —航路の oceangående —航路の船 oceandamper

だいよう・する 代用する give erstatning for, erstatte —品 erstatningsvare, substitut, surrogat

たいらかな 平らかな(平面的な) flad, glat (安らかな) fredelig, fredfyldt

たいらげる 平らげる(平定する) erobre, besejre (飲食する) spise og drikke, indtage måltid

たいら・な 平らな(平滑な) jævn, glat (水平な) hori-

sontal, vandret（偏平な）flad, jævn —に jævnt
- **だいり** 代理 repræsentation, vikar —人 repræsentant, stedfortræder, befuldmægtiget —の repræsentativ, befuldmægtiget —となる repræsentere, træde i stedet for en anden —店 agent, forhandler
- **たいりく** 大陸 kontinent, fastland —の kontinental —棚 kontinentalsokkel, fastlandssokkel —間弾道弾 langdistanceraket〔短〕ICBM
- **だいりせき** 大理石 marmor —像 marmorstøtte
- **たいりつ** 対立 konfrontation, opposition, modstand —者 opponent, modstander —する konfrontere, opponere
- **たいりゃく** 大略(概要) sammendrag, oversigt, sammenfatning (摘要) resumé, sammenfatning (おおよそ) omtrent, næsten, cirka
- **たいりゅう** 対流 konvektion
- **たいりょう** 大量 stor mængde, store kvantiteter (pl.) —生産 masseproduktion —生産する masseproducere, serieproducere, lave på samlebånd
- **たいりょう** 大漁 en god fangst
- **たいりょく** 体力 fysisk styrke/kraft
- **タイル** tegl, flise —を張る stryge tegl —張りの tegltækt, teglhængt, flisebelagt —の床 flisegulv
- **たいわ** 対話 samtale, konversation, dialog —する tale med, samtale med, konversere
- **たいわん** 台湾 Formosa —人 formosaner
- **たうえ** 田植 udplantning af risplanter, risplantning
- **だえき** 唾液 spyt —を吐く spytte
- **たえず** 絶えず uafbrudt, uophørlig, konstant, ustandselig (いつも) altid, hele tiden
- **たえま** 絶え間 afbrydelse, pause, ophold
- **たえ・る** 耐える(がまんする) udholde, bære, døje, modstå (適する) passe, være egnet/passende for —られない ulidelig, uudholdelig
- **たえる** 絶える(死滅する) dø ud, udslettes, blive tilintetgjort （終わる）ophøre, afslutte （中断する）

afbryde
だえん 楕円 ellipse, oval —〔形〕の elliptisk, oval
たおす 倒す（転倒させる） kaste omkuld, styrte ngt. ned, vælte 切り— fælde（滅ぼす）tilintetgøre, ødelægge
タオル håndklæde
たおれる 倒れる falde sammen, bryde sammen, vælte, falde om（病気などで）segne, blive syg, kollabere（死ぬ）dø, afgå ved døden（滅びる）gå under, forgå, forfalde（破産する）blive ruineret, gå konkurs
たか 鷹〈鳥〉høg （はやぶさ）falk
だが（しかし）men, imidlertid, alligevel, men ikke desto mindre（一方では）på den anden side（同時に）samtidig〔t〕
たか・い 高い（地位・山・家・温度など）høj （背が）lang（高価な）dyr, kostbar（音声が）højlydt（かん高い）skarp —める højne —まる stige
たがい 互い hinanden, gensidig, begge/alle parter —に gensidigt —の gensidig, fælles
だかい 打開 udvej, gennembrud
たかくてき・な 多角的な mangesidet, rigt facetteret, forskelligartet —農業 varieret landbrug
たがくの 多額の et stort beløb af, anselig pengesum af
たかさ 高さ højde …の—がある være på højde med
たかだい 高台 højdedrag, forhøjning, bakke
だがっき 打楽器〈楽〉slaginstrument
たかとび 高飛び（逃亡）flygtning, rømning —する flygte, rømme —込み（水泳の）udspring
たかとび 高跳び højdespring 棒— stangspring
たかね 高値 høj pris
たかぶる 高ぶる（いばる）prale, være stolt/overmodig（心が）blive løftet op, være hævet over
たか・まる 高まる stige, øge （気分が）blive ophøjet —める hæve, løfte〔på〕
たがやす 耕す pløje, opdyrke

たから 宝 skat, ngt. værdifuldt, klenodie (財宝) rigdom —くじ 〔velgørenheds〕lotteri

だから og derfor, følgelig, så (…のために) på grund af, eftersom, fordi

たき 滝 vandfald 大— katarakt 小— kaskade

だきあう 抱き合う omfavne hinanden

たきぎ 薪 ved

タキシード smoking

だきすべき 唾棄すべき forkastelig

だきょう 妥協 enighed, overenskomst, kompromis —する kompromittere —的な kompromitterende —のない kompromisløs

たく 焚く(火を) tænde (炊く) koge 〔ris〕

たく 卓 bord

だく 抱く omfavne, holde 〔om〕

たくえつした 卓越した overordentlig, udmærket, fortræffelig

たくさんの 沢山の(多量の) stor mængde, masse, meget (多数の) mange, flertals- (充分の/に) tilstrækkelig, nok

タクシー taxa, droschebil —運転手 taxachauffør —を呼ぶ ringe efter en taxa

たくじしょ 託児所 daghjem

たくち 宅地 〔bygge〕grund

タグボート bugserbåd

たくましい 逞しい brav, kæk, modig, robust, kraftig

たくみ・な 巧みな dygtig, behændig, fiks —に dygtig〔t〕, behændigt —さ dygtighed, behændighed

たくら・み 企み plan, skema (悪計) komplot, intrige, konspiration —む planere (陰謀を) intrigere, stifte 〔komplot〕, konspirere

たくわえ 貯え(貯蔵) beholdning, lager (在庫) forråd (貯金) opsparing —る lagre, spare

たけ 丈 længde, højde

たけ 竹 bambus —細工 bambusarbejde —かご bambuskurv —林 bambuskrat —やぶ bambuslund

―馬 stylte

…だけ (…ばかり) kun, som den/det eneste, blot, bare, ene og alene できる― så mange/meget man kan/vil, alt hvad man kan …すればする― jo mere … des mere ―しか ikke mere end

だげき 打撃(たたくこと) slag (精神的な) chok (損害) skade ―を与える slå til

だけつ 妥結 overenskomst, overenskommelse, forlig ―する komme overens, bringe i overenskommelse med, slutte forlig med

たこ 凧 drage ―をあげる sætte drage op

たこ (皮膚にできる) vable, ligtorn

たこ 蛸〈魚〉[ottearmet] blæksprutte

だこうする 蛇行する bugte sig, slynge sig

たこく 他国(外国) andre lande ―の fremmed, udenlandsk

たさいな 多彩な broget, mangefarvet, farverig

ださんてき 打算的 beregning, egeninteresse ―な beregnende, egoistisk

たしか・な 確かな(確実な) sikker, vis (疑いのない) utvivlsom, ustridelig (確定的な) bestemt, definitiv (正確な) rigtig, (時間に正確な) punktlig (信頼できる) pålidelig, tilforladelig (安全な) sikker ―に sikkert, bestemt, rigtig[t], ganske vist (疑いなく) utvivlsomt (必ず) ufejlbarlig, absolut

たしかめる 確かめる verificere, checke, forvisse sig [om]

たしざん 足し算 addition, addering, sammenlægning ―する addere, sammenlægge

たじつ 他日 en [vakker] dag, ngn. dag (近日中) om kort tid, en af dagene

だしぬけに 出し抜けに(突然) pludselig (思いがけずに) uventet, uformodet (予告なしに) uden opmærksomhed

だしゃ 打者(野球などの) slåer

だしゅ 舵手 rorgænger

たしょう 多少(数) nogle (量) lille (金額) små

beløb（多かれ少なかれ）mere eller mindre（かなり）et vist antal, en vis mængde, temmelig

たしんきょう 多神教 polyteisme

だしんする 打診する sondere

たす 足す tilføje〔til〕, addere, legge sammen（補う）kompensere, erstatte

だす 出す 手などさし— strække（手渡す）overlade 取り— tage ud 送り— sende ud, sætte ud（提示する）vise, fremlægge（提出する）indlevere, indgive（報告などを）overlade（出品する）udstille, fremvise（ショーウィンドーに）skilte med（声を）udtale, ytre（食物を）servere mad（…し始める）begynde at

たすう 多数 stort antal, flertal（過半数）majoritet —決 flertalsafgørelse —の mange, flertals-

たすか・る 助かる blive reddet/hjulpet —りました det var vel nok godt

たすけ 助け hjælp, bistand（解放）befrielse（後援）støtte, understøttelse —る hjælpe, bistå（救助する）undsætte, redde（後援する）〔under〕støtte —合う hjælpes ad

たずさえる 携える medbringe, tage med〔sig〕

たずねる 訪ねる besøge, opsøge（立ち寄る）aflægge besøge i/hos, tage ind på

たずねる 尋ねる(捜査する) søge/lede efter（求める）kræve, ønske, stræbe/tragte efter（問う）spørge om, få underretning om

だせい 惰性(物理の) inerti（たるんでいること）træghed, slaphed

たそがれ 黄昏 tusmørke, skumring, halvmørke

ただ 唯(単に) kun, alene（普通の）vanlig, ordinær, almindelig（無料の）fri, gratis（無料で）gratis

ただいの 多大の anselig, betydelig, bemærkelsesværdig

ただいま 只今(現在) nu, fornærværende, for tiden（すぐに）straks, med det samme, på øjeblikket（帰宅したときに）hej, så er jeg her igen

たたか・い 戦い(戦争) krig（戦闘・闘争）strid, kamp

たたかう (一騎討ち・決闘) duel —う kæmpe [mod], stride (戦争する) kriges, føre krig

たたく 叩く(打つ) slå på, banke på (太鼓などを) tromme (シロフォンなどを) spille på (軽く—・拍手する) klappe 激しく— banke, hamre, dunke ぴしゃりと— smælde, smække, knalde (攻撃する) anfalde, angribe (酷評する) kritisere, dadle

ただごと ただ事ではない [det] er ikke trivielt, [det] er ngt. særligt

ただし 但し men, imidlertid, dog, alligevel —書き forbehold, vilkår

ただしい 正しい rigtig, korrekt (公正な) retfærdig, retmæssig (正直な) oprigtig, ærlig (真実の) sand, ægte (正確な/に) eksakt, præcis

ただす 正す rette, korrigere (調整する) justere, afpasse (矯正する) reformere, kurere (修正する) revidere

ただちに 直ちに øjeblikkelig, straks, med det samme

だだっこの 駄々っ子の forkælet

たたみ 畳 tatami-måtter —を敷く behænge/dække med måtter

たたむ 畳む 折り— folde, lægge sammen (閉じる) lukke, standse (畳んだものを広げる) folde ud

ただよう 漂う svømme, flyde

たたり forbandelse

ただれ・る 爛れる(傷が) blive øm —目 betændte øjne

たち 太刀 langt sværd

たちあう 立ち会う være tilsted

たちあがる 立ち上がる(起立する) rejse sig, stå op (奮起する) stræbe, beflitte sig

たちいり 立ち入り adgang —禁止 adgang forbudt

たちおうじょうする 立ち往生する(立ち止まる) standse, stoppe (当惑する) være forvirret/perpleks

たちぎき 立ち聞き aflytning —する(偶然) høre tilfældigt

たちさる 立ち去る　levne, gå ud af, gå væk
たちせき 立ち席　ståplads
たちどまる 立ち止まる　stoppe, holde hvil, standse
たちなおる 立ち直る　komme sig, fatte sig　(意識が) komme til bevidsthed igen　(相場が) blive bedre
たちの・く 立ち退く (引っ越す) flytte　(撤退する) evakuere, rømme　(軍隊が) foretage et tilbagetog　(避難する) finde beskyttelse mod, flygte　—き flugt, evakuering, rømning
たちば 立場 (立脚地) status, position, ståsted　(状態) situation　(見地) synspunkt　(態度) holdning, indstilling
たちはだかる 立ちはだかる (面と向かう)　stille en ansigt til ansigt med　(ふさがる) være i vejen
たちばな 橘〈植〉mandarin
たちまち 忽ち　på et øjeblik, øjeblikkelig　(急に) pludselig, hastigt　(すぐに) straks, umiddelbart
たちむかう 立ち向う (直面する) stille en ansigt til ansigt med, konfrontere med　(反対する) modsætte sig, opponere imod　(戦う) kæmpe med, stride imod, bekæmpe
だちょう 駝鳥〈鳥〉struds
たちよる 立ち寄る (ちょっとのぞく) se ind, kigge indenfor　(訪問する) besøge, aflægge besøg i/hos
たつ 建つ(建てられる) blive bygget
たつ 経つ(時が) forløbe, gå〔om tid〕, lide
たつ 裁つ(裁断する) skære af　(たたき切る) hugge af
たつ 断つ(切断する) hugge af, skære af　(遮断する) afspærre, lukke　(やめる) slutte, afstå fra
たつ 絶つ(関係を) afskære forbindelsen til, bryde med　(たばこなど控える) afholde sig fra　(抹殺する) udslette, udrydde
たつ 立つ(起立する) rejse sig, stå op　(建立する) bygge, konstruere　(設立する) indrette, oprette, stifte　(出発する) starte　(計画が) udforme, udarbejde　(とげが) stikke　(波が) bølgerne går højt　(さざなみ

が) kruse
だつい・する 脱衣する klæde [sig] af ―場 omklædningsrum
たついの 達意の forståelig, begribelig (わかりやすい) tydelig, klar
たっきゅう 卓球 bordtennis, pingpong
たづくりの 手作りの håndlavet
だっこく・する 脱穀する tærske ―機 tærsker, tærskemaskine
だっしめん 脱脂綿 bomuld, vat
たっしゃな 達者な(壮健な) sund, ved godt helbred, stærk (巧みな) dygtig, øvet
だっしゅつ 脱出 rømning, flugt ―する undslippe, slippe bort, rømme, flygte
たつじん 達人 ekspert, veteran
だっすいする 脱水する dehydrere (乾かす) tørre (排水する) afvande, dræne
たっする 達する(到達する) nå frem [til] (金額が) beløbe sig til (達成する) opnå, opfylde, fuldbyrde
だっする 脱する(脱け出る) slippe bort, rømme, flygte (除外する) udelukke, ekskludere
たっせい 達成 opnåelse, erhvervelse, fuldbyrdelse ―する opnå, erhverve, opfylde, fuldbyrde
だつぜい 脱税 skattesvig
だっせん 脱線(列車の) afsporing ―する afspore 話の― afvigelse [fra] 話が―する afvige fra
だっそう 脱走 rømning, flugt (兵・船員など) desertion ―する desertere, rømme, flygte ―兵 desertør
たった kun, bare, ene ―今 netop, for/i øjeblikket
だったい 脱退 udtræden, løsrivelse ―する udtræde, løsrive sig
だって (だが) men, skønt, dog, alligevel (やはり) stadig, også, som tidligere (なぜなら) eftersom, fordi, derfor (…でさえ) endog (…もまた) ligeledes
たづな 手綱 tøjle ―であやつる tøjle
たっぷり (充分) fyld til randen, [mere end] nok, tilstrækkeligt, til fulde (たくさん) til overfuld,

rigelig, frodig
たつまき 竜巻 tornado, hvirvelstorm
たて 縦(長さ) længde (高さ) højde ーの lodret, vertikal ーに lodret, vertikalt
たて 楯 skjold
たてかえ 立て替え(前貸し) forskudsbetaling ーる (代って支払う) bestride/afholde for anden
たてかける 立て掛ける hælde/stille/stå skråt (もたれかかる) stille/støtte〔sig〕, læne〔sig〕af
たてこう 縦坑 skakt
たてごと 竪琴〈楽〉lyre
たてじま 縦縞 stribet på langs
たてまえ 建て前(棟上げ祝い) rejsegilde (原則) grundprincip
たてまし 建て増し tilbygning, anneks, udbygning ーする tilbygge, udbygge
たてもの 建物 bygning, hus
たてる 建てる bygge, konstruere, rejse
たてる 立てる(起こす) rejse op (旗などを) hæve (計画などを) planere, udforme, projektere
だとうする 打倒する fælde,〔om〕styrte (ひっくりかえす) vælte/kaste omkuld
だとうな 妥当な rimelig, berettiget, fornuftig, retfærdig
たとえ selv om, om også, skønt, forudsat at
たとえ 例え(隠喩) metafor (直喩) lignelse (寓話) allegori, fabel (ことわざ) ordsprog, talemåde
たとえ・ば 例えば for eksempel, såsom ーる sammenligne med, ligne med, tale metaforisk
たどたどし・い 辿々しい vaklende, stolprende ーく vaklende
たどる 辿る følge〔efter〕, spore
たな 棚 hylde 網ー net 書ー reol (ぶどうなどの) hylde ー上げする henlægge, udsætte
たなおろし 棚卸し lageropgørelse
たに 谷〔間〕dal ー底 afgrund, bunden af en dal/kløft ー川 flod i bunden af en dal

だに 〈虫〉〔blod〕mide, flåt
たにん 他人 andre mennesker （未知の人）fremmed 赤の— person uden for slægtning/pårørende
たぬき 狸 〈動〉grævling
たね 種(種子) frø （核種）kerne —まき såsæd （種畜）avlsdyr （血統）æt, stamme, stævn （仕掛け）trick, fidus, kneb （トランプ手品の）kunst〔stykke〕（材料）〔rå〕materiale （原因）årsag, anledning （主題）tema, emne
たねうま 種馬 hingst
たの 他の anden, andet, andre
たのし・い 楽しい fornøjelig, behagelig, hyggelig （こっけいな）sjov （陽気な）munter （面白い）morsom —み morskab, fornøjelse （趣味）hobby —む more sig, have det rart —ませる underholde, more, fornøje
たの・み 頼み(依頼) anmodning, ansøgning, begæring —む bede〔om〕, forlange （委託する）betro
たのもしい 頼もしい(頼みになる) pålidelig, troværdig, tilforladelig （有望な）lovende, forhåbningsfuld
たば 束 knippe, bundt （バナナ・ぶどうなどの房）klase （穀物の）neg （たきぎの）knippe —ねる bundte, binde sammen
たばこ 煙草 tobak —の木 tobaksplante 紙巻— cigaret 葉巻き— cigar 刻み— skåret tobak —を吸う ryge —屋 tobakskiosk
たはた 田畑 mark
たび 旅 rejse, tur, turné —に出る tage på en rejse —をする rejse, turnere —人 rejsende —先 rejsemål
たび 度 gang …する—に hver gang この— denne gang …の—に hver gang, når som helst
たびたび 度々 gang på gang, ofte
だぶだぶの （服について）for store〔klæder〕, rummelig
ダブル dobbelt （ブリッジで）dobling —ベッド dob-

beltseng テニスなどの—ス double

たぶん 多分(おそらく) måske, antagelig, formodentlig, sandsynligvis, kanske —の(多くの) meget, mange —に overmåde, overordentlig〔t〕

たべもの 食べ物 mad, madvarer (pl.), kost (食事) måltid (食事する) indtage et måltid (食欲) madlyst (料理する) lave mad (糧食) proviant, føde (飼料) foder, æde

たべ・る 食べる spise, indtage がつがつ— æde (常食とする) leve på, ernære sig af —られる spiselig たらふく—る spise sig mæt —過ぎる foræde sig, æde umådelig, forspise sig —てしまう æde op

たほう 他方 en anden side/retning, modsat side/retning (相手) modpart

たぼうな 多忙な travl, optaget, beskæftiget

だぼくしょう 打撲傷 slag, kvæstelse (青いあざ) blåt mærke

たま 球 bold, globus —を打つ slå til, ramme en bold〔med et bat〕(球根・玉ねぎ) løg (電球)〔el〕-pære (珠玉) ædelsten, juvel (弾丸) kugle (小銃弾) geværkugle (散弾) hagl

たまげる 魂消る blive skræmte, blive forskrækket/forskræmt

たまご 卵 æg —を産む lægge æg —がかえる et æg klækker —をかえす udruge —焼き omelet —の目玉焼き spejlet æg —形の ægformet, oval —の黄味 æggeblomme —の白味 æggehvide (魚介類の) rogn

たましい 魂 sjæl, ånd —を入れかえる omvende sig —を奪う fortrylle, fascinere, bedåre

だます 騙す(あざむく) bedrage, narre, svige (裏切る) svige, forråde (あばく) røbe (密告する) angive

たまたま 偶々(偶然) tilfældigvis, uventet —の uforudset

たまつき 玉突き billard

だまって 黙って tavst, uden at sige ngt., uden varsel

たまに 偶に lejlighedsvis, til tiden, nu og da, en gang imellem

たまねぎ 玉葱〈植〉løg

たまもの 賜物 gave, skænk, present （天の賜）velsignelse

たまらない 堪らない（耐えられない）uudholdelig, utålelig, ulidelig （押え切れない）kan ikke lade være med at （渇望する）længes efter, hige efter

たまる 溜まる（蓄積する）akkumlere[s], ophobe （宿題・家賃など）hobe sig op （物品が）samle sig, samles, lagres （お金が）blive [stadig] rigere （借金が）komme i stadig dybere gæld

だま・る 黙る blive tyst, tie ―っている tie stille ―って i tavshed, i smug, tavst ―らせる bringe til tavshed （無断で）uden lov/tilladelse （説明もなく）uden forklaring

ダム dæmning, dige ―をつくる bygge dæmning over, inddæmme

ため （理由・原因）grund, årsag （目的）formål …の―に på grund af/at, for at, med det formål at, for ngs. skyld

だめ 駄目！（間投詞）fy!

ためいき 溜息 suk ―をつく sukke

ためし （先例）forekomst, tilfælde, eksempel …した―がない have aldrig

ため・す 試す forsøge, teste, prøve ―し forsøg [på], prøve （実験する）eksperimentere

だめ・な 駄目な（役に立たない）ubrugelig, uanvendelig, unyttig （望みのない）desperat, fortvivlet （不可能な）umulig ―にする fordærve, depravere 甘やかして―にする forkvakle, spolere, forkæle 計画などが―になる mislykkes, gå i brok, fejle, klikke

ために 為に（利益）for ens skyld, til fordel for, på ngs. vegne （目的）for at （この目的で）i denne hensigt （原因・理由）på grund af/at, med det formål at （結果）som følge af

ためら・う være i tvivl, betænke sig, tøve ―わずに uden tvivl, beslutsom ―い tøven, vaklen, betænkelighed, ubeslutsomhed

ためる 溜める(貯蔵する) forvare, lagre (貯蓄する) spare (集める) samle (寄付などを) indsamle (蓄積する) samle sammen, ophobe

たもつ 保つ(保持する) opretholde, vedligeholde, bevare (支える) støtte, holde oppe, understøtte

たもと 袂 ærme (橋の) brohoved —を分つ tage afsked med, skilles

たやす 絶やす udslette, udrydde

たやす・い 容易い let, enkel —く let, enkelt, uden vanskelighed

たよう・な 多様な varieret, forskellig —性 variation, forskellighed

たより 便り(手紙) brev (新聞などでの) nyheder (pl.) (文通) korrespondence (情報) information —をする skrive et brev til én, korrespondere —がある få brev fra, høre fra

たよ・る 頼る afhænge af, modtage hjælp fra, ty til én —り(信頼) lid, fortrøstning —りになる pålidelig, tilforladelig

たら 鱈〈魚〉torsk —こ torskrogn —漁 torskfiskeri

たらい 盥 vaskebalje

だらく 堕落 degeneration, forfald, udartning —する degenerere, forfalde, udarte —した degenereret, forfalden (身を落とす) synke ned til at blive (無思慮に生きる) leve letsindig[t] —させる føre på afveje, føre/lede i fristelse

…だらけ sølet ind i, fuld af [fx. fejl]

だらしない sjusket, uordentlig (無精な) lad (不注意な) skødesløs, uagtsom (服装など) sjusket, rodet (汚れた) forurenet

たらす 垂らす(こぼす) spilde, dryppe

たらふくたべる たらふく食べる spise sig mæt

ダリア 〈植〉dahlia

たりょう 多量 stor mængde, en hel del

たりる 足りる være nok, være tilstrækkelig

だりん 舵輪 ror

たる 樽 tønde, fad 小— anker
だる・い føle〔sig〕træt/sløv —そうな sløvet
たる・む 弛む(気分的に) blive dvask/ugidelig, slappe af —ませる(ベルトなど) afspænde, slappe〔s〕, løsne〔s〕 —んだ træg, ugidelig, sløv
だれ 誰 —が/に/を hvem —の hvis —も alle sammen —もない ingen —でも hvem som helst, alle —か en eller anden, nogen, nogle (pl.)
たれる 垂れる(ぶら下がる) hænge ned (滴が) dryppe
だろう være velsagtens/sandsynligvis, nok, vistnok (…かしら) mon, gad〔nok〕vide (おそらく) måske, kanske, kanhænde
たわむ 撓む bøje sig
たわむれ 戯れ(遊戯) leg, spil (冗談) spøg, skæmt (気まぐれ) nykke, lune (男女の) flirt —る lege, spille: spøge, skæmte (男女が) flirte
たわめる 撓める bøje
たわら 俵 taske af strå
たん 痰 flegma —を吐く hoste op flegma —つぼ spyttebakke
だん 段 trin (階段) trappe (新聞の欄) kolumne, spalte (階級) klasse, rang, grad (文の区切り) interpunktion, skilletegn
だん 壇(台) podium, estrade, platform 演— talerstol, tribun 教— kateder 祭— alter
だんあつ 弾圧 undertrykkelse —する undertrykke, tyrannisere —的な indeklemt, repressiv, undertrykkende
たんい 単位(測定の)〔måle〕enhed (授業の) point, kursusbevis
たんいつ 単一 enhed (単純) enkelhed —の ene-, enkelt (個々の) individuel (均質の) homogen
たんか 単価 stykpris 生産— produktionsomkostninger pr. styk
たんか 担架 båre
タンカー tankbåd (石油用) olietankskib

だんかい 段階 stadium, fase （発展の） udviklingstrin

だんがい 断崖 afgrund, kløft, slugt

だんがい 弾劾 beskyldning, anklage —する beskylde, anklage, klandre

たんがん 嘆願 bøn, andragende, anmodning —する gøre/holde bøn, bønfalde, nedbede, påkalde —書 skriftlig ansøgning, bønskrift

だんがん 弾丸 kugle （小銃の）geværkugle（弾薬筒）patron（砲弾）granat, kanonkugle（発砲）skud

たんき 短気 utålmodighed —な utålmodig（おこりっぽい）hidsig, stikken（おこっている）fornærmet（敏感な）ømfindtlig —を起こす tabe tålmodighed, gøre ondt, blive hidsig

たんき 短期 kort tid —間 kort periode —大学 2-årigt universitet/college

たんきゅう 探究(研究) forskning, studium （追求）undersøgelse —する studere, forske, undersøge

たんきょり 短距離 kort afstand —競争 sprinterløb

タンク （戦車）stridsvogn, kampvogn（油槽）olietank（貯槽）beholder, reservoir

たんぐつ 短靴 sko

だんけつ 団結 enhed, solidaritet （協調）sammenhold（連合）sammenslutning —する solidarisere sig, forene sig —権 foreningsret

たんけん 探険 ekspedition, opdagelsesrejse —する tage på opdagelsesrejse〔r〕i

だんげん 断言 hævdelse, bedyrelse, erklæring —する hævde, bedyre

たんご 単語 ord, glose （語い）ordforråd, ordliste

タンゴ 〈楽〉tango —を踊る danse tango

たんこう 炭鉱 kulmine

だんこ・として 断固として resolut —とした fast, bestemt, resolut

ダンサー （男）danser（女）danserinde —達 de dansende

たんさん 炭酸 kulsyre —ガス kuldioxide —水

kulsyrevand, sodavand
だんし 男子　dreng, gut, knægt
だんじき 断食　faste　—する faste
たんしゅく 短縮　nedsættelse, indskrænkning, afkortning　—する nedsætte, indskrænke, afkorte
たんじゅん 単純　simpelhed, naivitet, enkelhed　—な simpel, naiv, enkel
たんしょ 短所　svaghed, svag side, fejl
だんじょ 男女　begge køn, han- og hunkøn, mænd og kvinder (pl.)　—平等 ligestilling〔mellem kønnene〕　—同権 ligeret〔mellem kønnene〕
たんじょう 誕生　fødsel　—日 fødselsdag　—石 lykkesten
だんしょう 談笑　behagelig samtale　—する føre en behagelig samtale
たんしょうとう 探照灯　lyskaster, søgelys
たんしん 短針(時計の)　timeviser
たんしん・の 単身の　ensom, uden familie　—赴任 udstationering uden familien
たんす 箪笥　kommode, dragkiste
ダンス dans, bal　—をする danse〔med〕　—ホール dansesal, balsal（公共の）danselokale　—パーティ bal
たんすい 淡水　ferskvand　—魚 ferskvandsfisk
たんすう 単数〈文法〉ental
だんせい 男性　mand, hankøn〈文法〉maskulinum　—の mandlig　—的な mandig（女性で男性っぽい）mandhaftig
たんせき 胆石〈医〉galdesten
たんせん 単線(鉄道の)　enkeltsporet jernbane
だんぜん 断然(明確に)　afgjort, ubestridelig〔t〕, bestemt
たんそ 炭素　kulstof　含水—(炭水化物)kulhydrat
だんそう 断層　forkastning
たんそく 嘆息　suk　—する sukke
だんぞく・する 断続する　vise sig med mellemrum　—的な som viser sig med mellemrum, periodisk

tilbagevendende（不規則的な）uregelmæssig

だんたい 団体 selskab, gruppe af mennesker, forening（組織）organisation —旅行 grupperejse, selskabsrejse —交渉 kollektivaftale —競技 holdkonkurrence

だんだん 段々（しだいに）gradvis, lidt efter lidt, skridt for skridt, efterhånden（ますます多く）mere og mere（ますます少なく）mindre og mindre

だんち 団地 boligkompleks

たんちょう 単調 ensformighed, monotoni（たいくつ）kedsomhed —な ensformig, monoton, indholdsløs（たいくつな）kedelig, kedsommelig, fad

たんてい 探偵（人）detektiv, opdager, snushane（事）efterforskning, afsløring —小説 detektivroman, kriminalroman

だんてい 断定 fastsættelse, afslutning（結論）slutresultat, konklusion —する fastslå, fastsætte, bestemme

たんとう 担当 ansvar —する være ansvarlig for, tage sig af —者 ansvarshavende mand —当局 vedkommande myndigheder

たんとう 短刀 dolk, daggert, kort sværd

たんどく 単独 uafhængighed, selvstændighed —で alene, selvstændig, uden hjælp —の separat, individuel, solo-, enlig

たん・に 単に kun, blot, bare —なる blot, ren

たんにん 担任 opdrag, opgave —する påtage sig —の先生 klasselærer

だんねん 断念 afkald, frasigelse —する give op, give afkald på, frasige sig —させる fraråde

たんのう 胆のう〈医〉galdeblære

たんのう・な 堪能な dygtig, behændig —する være fuldt tilfreds med, tilfredsstille med

たんぱ 短波 kortbølge —放送 kortbølgesendning

たんぱくしつ 蛋白質 protein, æggehvidestof（卵白）æggehvide

たんぱくな 淡白な åben, oprigtig, ligefrem（無関心

な) ligeglad〔af〕, ligegyldig（率直に）uden omsvøb, åbenhjertig〔t〕
だんぱん 談判 forhandling （私的な・秘密の）underhåndsforhandling —する forhandle, aftale
ダンピング （商売で）dumping —する dumpe, sælge til dumpingpris
ダンプカー lastvogn med tippelad, tipvogn
たんぺん 短編〔小説〕novelle —小説家 novelleforfatter, novellist
だんぺん 断片 stykke, fragment （パンなどのかけら）bid（少量のもの）skærv —的な fragmentarisk
たんぼ 田圃 rismark
たんぽ 担保 sikkerhed, kaution, pant —に入れる pantsætte, stille sikkerhed for
だんぼう 暖房 opvarmning, varme —をつける tænde for varmen —している varmen er tændt —設備 opvarmningsapparat —装置 opvarmningssystem
たんぽぽ 蒲公英〈植〉mælkebøtte
たんめい 短命 kort liv —の kortvarig
だんめん 断面 tværsnit, sektion —積 tværsnitsareal
たんもの 反物 tøj, tekstil
だんやく 弾薬 ammunition
だんらく 段落(文章の) slutning af afsnit （物事の）skridt, trin
だんりゅう 暖流 varm〔hav〕strøm
だんりょく 弾力 elasticitet （融通性）fleksibilitet, bøjelighed —のある elastisk, bøjelig
たんれん 鍛練(心身の) disciplin, træning （金属の）smedning, hærdning —する（心身を）disciplinere, træne, øve（金属を）smede, hærde
だんろ 暖炉 kamin （壁炉）ildsted
だんわ 談話 samtale, snak, konversation —する tale sammen, konversere —室 salon, selskabssal, selskabslokaler (pl.)

ち

- **ち** 血 blod —が出る bløde —の/染めの blodig —走った blodskudt —の気の多い hidsig, opfarende —の気のない bleg, askegrå, farveløs —に飢えた blodtørstig
- **ち** 地(土地) jord, mark 陸— land —形(地勢) terræn, topografi
- **ちあん** 治安 offentlig fred, retssikkerhed
- **ちい** 地位 rang, position, status, stilling
- **ちいき** 地域 region, område （地区）distrikt —的な lokal, regional —差 regional afvigelse, lokal forskel
- **ちいさい** 小さい(形が) lille, små (pl.) （微細な）mikroskopisk （ささいな）uvæsentlig, bagatelagtig, ubetydelig （幼い）barnlig, infantil, pueril
- **チーズ** ost
- **チーム** gruppe, hold, team
- **ちえ** 知恵(理知) intelligens, forstand （賢明）klogskab, skarpsindighed （機知）kvikhed —のある intelligent, forstandig, klog, skarpsindig, kvik
- **チェス** （西洋将棋）skak —をする spille skak —のこま skakbrik —の盤 skakbræt
- **チェック・する** kontrollere, tilse —模様の ternet (ひし形模様の) rudet　ホテルなどで—インする indskrive sig —アウトする checke ud
- **チェロ** 〈楽〉 cello —奏者 cellist
- **ちえん** 遅延 forsinkelse, forhaling —する forsinke, forhale
- **ちか** 地下 under jordens overflade, undergrund —2階 2 etage under jorden —道 fodgængertunnel, perronundergang, underføring —鉄 undergrundsbane —室 kælderlokale —水 grundvand —運動 underjordisk bevægelse
- **ちか・い** 近い(時間的に) snart, nær （距離が）nær

(関係が) nær, tæt (ほとんど) næsten —く nært, tæt (近傍) nærhed, nabolag —ごろ for nylig, nu om dage —うちに i nær fremtid —道 genvej, smutvej
ちか・い 誓い ed, sværgen —う aflægge ed〔på〕, sværge (約束する) love (保証する) forsikre
ちが・い 違い(相違) forskel, ulighed 間—い fejltagelse —う(相違する) være anderledes/forskellig-〔e〕/uenig 間—えた forkert, usand, falsk, ikke rigtig
ちかく 地殻 jordskorpen
ちかく 知覚(認識) fornemmelse, sansning, perception (意識) bevidsthed —する fornemme, sanse, opfatte —神経 følenerve
ちがく 地学 geofysik
ちかごろ 近頃(近来) for nylig, nu om dage, i den senere tid —の senere (近代の) moderne, nutidig
ちかづき 近付き at gøre bekendtskab —になる stifte bekendtskab〔med〕 —にくい utilgængelig, umedgørlig —やすい tilgængelig, til at få fat i
ちかづく 近付く(場所・時間が) nærme sig〔til〕 (親しくなる) gøre sig fortrolig med, blive〔gode〕venner med
ちかしつ, ちかてつ →ちか(地下)
ちかみち 近道 genvej, smutvej
ちから 力(体力) fysisk kraft/styrke (物の) kraft, styrke (能力) evne (才能) begavelse, talent —強い mægtig (影響力のある) indflydelsesrig —持ち kraftkarl
ちきゅう 地球 jorden, jordkloden —物理学 geofysik —儀 jordglobus, terrestrisk jord/globus
ちぎ・る 契る(誓う) aflægge ed〔på〕, sværge (約束する) love (保証する) forsikre —り forsikring, løfte (友誼) venskab
チキン (料理に使う) kylling —カレーライス kylling i karry med ris
ちく 地区 distrikt (地域) region, område
ちくおんき 蓄音機 grammofon
ちくごやく 逐語訳 ordret/bogstavelig oversættelse

ちくしょう 畜生(動物・四足獣) bestie ―のような bestialsk, brutal (ののしり) fan, pokker, djævel
ちくせき 蓄積 〔ind〕samling, opsamling, ophobning ―する samle sammen, indsamle, ophobe, akkumlere
ちくぞう 築造 konstruktion
ちくちく・する blive stikkende i ―刺す stikke
ちくでんき 蓄電器 kondensator
ちくでんち 蓄電池 batteri
チケット billet ―売り場/窓口 billethul, billetluge
ちこく 遅刻 forsinkelse ―する komme for sent
ちじ 知事(県の) guvernør for et præfektur, amtmand
ちしき 知識 viden, kundskab (情報) information ―人 intellektuel, de dannede (pl.) ―階級/層 det dannede selskab
ちしつ 地質 geologisk egenskab, jordens beskaffenhed ―学 geologi
ちしゃ 知者 vis/klog mand
ちじょう 地上 jordens overflade ―に over/på jordens overflade ―権 brugsret
ちじょく 恥辱 skam, skandale, vanære (侮辱) fornærmelse, injurie〔r〕, 〔ære〕krænkelse ―を与える vanære, bringe skam over
ちじん 知人 bekendt, kending
ちず 地図 kort ―書 atlas (海図) søkort
ちすじ 血筋(家系) slægtskabslinie, stamme, æt (血族) kødelig slægtning
ちせい 知性 intelligens, forstand
ちそう 地層 geologiskt lag
ちたい 地帯 zone, region, område
ちち 父〔親〕 fader, 〔min〕far ―らしい faderlig ―方の fædrene
ちち 乳 mælk (母乳) modermælk (乳ぶさ) kvindebryst ―を飲ませる amme, die, give die ―首 brystvorte, dievorte (動物の) patte (おしゃぶり) sut
ちぢ・む 縮む krympe, sammensnerpe sig, trække sig sammen (短くなる) blive kortere (しわがよる)

rynke, blive rynket —める(短縮する) afkorte, forkorte (縮小する) indskrænke, nedsætte (省略する) udelade, forkorte (衣服を) gøre mindre, forkorte

ちちゅうかい 地中海 Middelhavet

ちぢれ・る 縮れる(髪が) blive lokket, kruse sig (紙などしわになる) krølle, rynke

ちつ 腟 skede, vagina

ちつじょ 秩序 orden (規律) disciplin, orden (体系) system —のある ordentlig, ryddelig

ちっそ 窒素 kvælstof —肥料 kvælstofgødning

ちっそく 窒息 kvælning —する kvæles〔af〕, blive kvalt〔i〕

チップ (心づけ) drikkepenge, belønning (野球の) let slag

ちてきな 知的な intellektuel, forstandig, fornuftig, klog

ちてん 地点 punkt, plads, sted

ちどうせつ 地動説(太陽中心説) heliocentrisk teori

ちどり 千鳥〈鳥〉hjejle

ちのう 知能 intellekt, intelligens —検査 intelligensprøve —指数 intelligenskvotient

ちぶさ 乳房 kvindebryst

チフス 〈病〉tyfus

ちへいせん 地平線 horisont

ちほう 地方 område, region, provins (いなか) provinsen, landet —自治体 lokal/autonom organisation, amtskommune —裁判所 underret, byret

ちみ 地味 jordsmon, jordbund —の肥えた frugtbar

ちみつ 緻密 nøjagtighed, præcision —な præcis minutiøs, nøjagtig (正確な) eksakt, nøjagtig (精巧な) detaljeret, grundig, udførlig

ちめい 地名 stednavn

ちめい・てきな 致命的な fatal, dødelig —傷 dødeligt sår

ちゃ 茶(木) tebusk (飲料) te —を入れる tilberede te, skænke te —畑 teplantage —の湯 teceremoni

ちゃいろ 茶色 〔lys〕brun

ちゃかす 茶化す spøge med, drille en, holde en for nar

ちゃくがんする 着眼する lægge mærke til, fæste sin opmærksomhed på, tage hensyn til

ちゃくじつ・な 着実な stabil, fast, solid, stadig (頼りになる) pålidelig (忠実な) trofast (信頼できる) troende (健全な) sund —に stadig, stabilt

ちゃくしゅする 着手する sætte i [at], starte

ちゃくせきする 着席する sætte sig ned, tage plads

ちゃくだんきょり 着弾距離 skudvidde

ちゃくちゃくと 着々と skridt for skridt, stadig

ちゃくようする 着用する iføre sig, iklæde sig, bære

ちゃくりく 着陸 flylanding —する lande 不時— nødlanding 不時—する nødlande 胴体— mavelanding

ちゃさじ 茶匙 teske —一杯 teskefuld

ちゃしつ 茶室 terum [til teceremoni]

ちゃのま 茶の間 dagligstue

ちゃぶだい ちゃぶ台 [lavt] spisebord

ちゃ・や 茶屋(茶商) tehandler —店 tehus (料理屋) restaurant

ちゃわん 茶碗 tekrus [uden hank], risskål

チャンス chance, tilfælde 絶好の— gode chancer, gunstig lejlighed

ちゆ 治癒 helbredelse, [helse]bod —する(病気が治る) læge, blive rask, komme sig [af] (病気を治す) helbrede, kurere, læge, råde bod på

ちゅう 注 anmærkning, kommentar

…ちゅう 中(…の間) under 進行— i løbet af (…のうちで) blandt, mellem

ちゅうい 注意(注目) opmærksomhed, forsigtighed (用心) påpasselighed, varsomhed, advarsel —する være opmærksom/forsigtig/påpasselig/advare mod, gøre opmærksom på —深い opmærksom, forsigtig —を引く vække opmærksomhed

チューインガム tyggegummi

ちゅうおう 中央 centrum, midte —の central

ちゅうがえり 宙返り saltomortale, kolbøtte （飛行機の）loop ー する slå en kolbøtte
ちゅうかく 中核 kerne
ちゅうがくせい 中学生 mellemskoleelev
ちゅうがっこう 中学校 mellemskole, 7〜9klasse
ちゅうかりょうり 中華料理 kinesisk mad〔kunst〕
ちゅうかん 中間 midt, 〔i〕mellem （場所的な）mellemrum（期間的な）mellemtid ー の mellemliggende（中位の）middel, middelmådig（距離的に）halvvejs ー試験 eksamen midt i semesteret
ちゅうかんし 中間子 meson
ちゅうぎ 忠義 loyalitet, trofasthed ー な loyal, trofast
ちゅうきんとう 中近東 Den nære orient, mellemøsten ー諸国 de midtøstlige stater
ちゅうくらいの 中位の（能力的に）middelmådig （まあまあの）moderat （適当な）tilpas, passende （平均的な）gennemsnitlig, middel-
ちゅうけい 中継 relæ ー局 relæstation
ちゅうこく 忠告 〔godt〕råd, vejledning （訓戒）formaning （叱責）tilrettevisning ー する råde, vejlede, tilråde: formane, tilrettvise
ちゅうごく 中国 Kina ー人(男) kineser （女）kineserinde ー語 kinesisk sprog ー の kinesisk
ちゅうこ・の 中古の brugt （本の）antikvarisk〔bog〕(使用済みの) aflagt ー車 brugtbil
ちゅうさい 仲裁 mægling, mellemkomst （裁判所などによる）voldgift, voldgiftskendelse ー する mægle, forlige ー人 mægler （調停官）forligsmand
ちゅうさんかいきゅう 中産階級 middelklasse
ちゅうし 中止 afbrydelse, stop, indstilling ー する afbryde, stoppe, indstille
ちゅうじえん 中耳炎〈病〉mellemørebetændelse
ちゅうじつ 忠実 trofasthed, ærlighed ー な trofast, ærlig ー に trofast, ærligt
ちゅうしゃ 注射 indsprøjtning ー器 sprøjte ー する〔ind〕sprøjte

ちゅうしゃ 駐車 parkering〔af bil〕 —する parkere —場 parkeringsplads —禁止 parkeringsforbud —違反 ulovlig parkering

ちゅうしゃく 注釈 anmærkning

ちゅうじゅんに 中旬に omkring midten af, medio

ちゅうしょう 中小 lille til mellemstor —企業 små og mellemstore virksomheder

ちゅうしょう 中傷 bagtalelse, bagvaskelse, sladder —する bagtale, bagvaske, sladre —者 bagtaler, sladderkælling

ちゅうしょう 抽象 abstraktion —的な/に abstrakt —芸術 abstrakt kunst —名詞〈文法〉abstrakt

ちゅうしょく 昼食(正餐) middagsmad, middagsmåltid (弁当などの軽食) frokost, lunch

ちゅうしん 中心 center, midte, centrum (中核) kerne —線 midterlinje, midtlinie 円の— cirkels centrum —人物 leder, anfører

ちゅうすいえん 虫垂炎〈病〉blindtarmsbetændelse

ちゅうせい 忠誠 loyalitet, troskab

ちゅうせい 中世 middelalder

ちゅうせい 中性〈文法〉neutrum, intetkøn

ちゅうせいし 中性子 neutron

ちゅうぜつ 中絶 abort (犯罪的な) fosterfordrivelse —する abortere, få foretaget abort

ちゅうせん 抽せん lotteri —する trække lotteriet —で当る vinde i lotteriet —券 lotteriseddel

ちゅうぞうする 鋳造する støbe (硬貨を) udmønte, præge

ちゅうだん 中断 afbrydelse —する afbryde —される blive afbrudt

ちゅうちょ 躊躇 betænkning, tøven (疑念) tvivl —する tøve, betænke sig

ちゅうてつ 鋳鉄 støbejern (鋳鋼) støbestål

ちゅうどく 中毒 forgiftning —する forgiftes, blive forgiftet

ちゅうとで 中途で halvvejs, på halvvejen

ちゅうとはんぱな 中途半端な som befinder sig

midtvejs
ちゅうねんの 中年の midaldrende
ちゅうぶ 中部 den centrale del —地方 centralt distrikt
チューブ （歯みがきなどの）tube （ガス管などの）rør（自転車などの）slange〔i dæk〕
ちゅうぶるの 中古の brugt —車 brugtbil, brugtvogn（古本を買う）købe bøgerne brugt, købe antikvarisk bog
ちゅうもく 注目 opmærksomhed —する bemærke —すべき bemærkelsesværdig, mærkelig
ちゅうもん 注文(誂え) bestilling, ordre —する bestille（要求）begæring, anmodning, krav（要求する）begære, anmode, gøre krav på（願望）ønske, attrå（願望する）ønske, attrå —を受ける modtage bestillinger〔på〕
ちゅうや 昼夜 dag og nat, døgn —兼行で働く arbejde døgnet rundt
ちゅうよう 中庸(適度) mådehold, moderation —の徳 den gyldne middelvej —を得た mådelig, tilpas, passende
ちゅうりつ 中立 neutralitet, upartiskhed —の neutral, upartisk 永世— varig neutralitet
チューリッヒ Zürich
チューリップ 〈植〉tulipan
ちゅうりゅうかいきゅう 中流階級 middelklasse
ちゅうわ 中和 neutralisation（毒などの）neutralisering, afgiftning —する neutralisere, afgifte
ちょう 兆(兆候) symptom, tegn, jærtegn（数の）trillion (10^{12})
ちょう 長(首長) høvding, chef, leder （長所）merit, éns stærke side
ちょう 腸 tarm （内臓）indre organer, indvolde (pl.) 大— tyktarm 小— tyndtarm 直— endtarm 盲— blindtarm
ちょう 蝶〔々〕sommerfugl （蛾）natsværmer
ちょういん 調印 signatur, underskrift —する

ちょうえき signere, underskrive, undertegne —国 signatarmagt

ちょうえき 懲役 fængselsstraf, strafarbejde —に服する komme i fængsel —・兵役など努めあげる have udtjent

ちょうおんそくの 超音速の overlyds-

ちょうおんぱ 超音波 overlydsbølge, ultralyd

ちょうか 超過 overskud, overmål （重量の）overvægt —する blive over, overskride —額(余剰額) overskud —の overskydende —勤務 overtid —勤務手当て overtidsbetaling

ちょうかく 聴覚 hørelse

ちょうかん 朝刊 morgenavis

ちょうかん 長官 sekretær

ちょうかんず 鳥瞰図 fugleperspektiv

ちょうき 長期 langtid —の langtids-, langfristet —療養 langtidsmedicinsk behandling —計画 langtidsplan

ちょうきょりの 長距離の langdistance-, udenbys-

ちょうけし 帳消し strygning 〔af regnskab〕, sletning

ちょうこう 兆候(病気の) symptom （一般の）tegn, jærtegn（暗示）antydning

ちょうこう 聴講 nærværelse af en forelæsning —生 tilhører

ちょうこく 彫刻 skulptur, billedhuggerkunst （彫像）statue （小像）statuette （胴体の）torso —する hugge, lave skulptur af —家 billedhugger

ちょうさ 調査 undersøgelse （踏査）udforskning —をする undersøge, udforske —団 undersøgelseskomité —報告 undersøgelsesrapport —用紙 undersøgelsesskema

ちょうし 調子(音色) tone （リズム）rytme （旋律）melodi （音のピッチ）tonehøjde （体の状態）tilstand, kondition —のよい harmonisk, rytmisk （体の）frisk —が出ない ikke yde sit bedste

ちょうじかん 長時間 lang tid

ちょうしゅ 聴取 lytning, hørelse —する lytte〔efter/til〕, høre　ラジオ—料 radiolicensafgift
ちょうしゅう 徴収 oppebørsel, indkassering —する oppebære, indkassere（徴税する）beskatte
ちょうしゅう 聴衆 tilhører, auditorium
ちょうしょ 長所〔ngs.〕stærke side, styrke, merit
ちょうじょ 長女 éns ældste datter
ちょうしょう 嘲笑 hånlatter, hånligt smil —する håne, foragte —的な hånlig, fuld af foragt
ちょうじょう 頂上 top（山などの）bjergtop（頂点）højdepunkt（天頂）zenit
ちょうしょく 朝食 morgenmad
ちょうしん 長針(時計の) minutviser
ちょうじん 超人 supermand
ちょうしんき 聴診器 stetoskop
ちょうぜい 徴税 skatteopkrævning, skatteoppebørsel —する oppebære skatte, beskatte
ちょうせいする 調整する justere afpasse, ordne（楽器を）stemme
ちょうせつ 調節 regulering, justering —する regulere, justere —できる indstillelig, justerbar, regulerbar
ちょうせん 朝鮮 Korea　—人 koreaner　—語/の koreansk
ちょうせん 挑戦 udfordring, udæskning —する udfordre〔til〕, udæske
ちょうぞう 彫像 statue（小像）statuette
ちょうたつ 調達 forsyning（供給）tilførsel, udbud, leverance —する forsyne sig, skaffe til veje
ちょうたんぱ 超短波 ultrakort bølge
ちょうちょう 町長 borgmester for mindre by
ちょうちょう 蝶々 sommerfugl
ちょうちん 提灯 papirslygte —(たいまつ)行列 fakkeltog
ちょうつがい 蝶番 hængsel
ちょうてい 調停 mægling, mellemkomst（裁判などによる）voldgift —する mægle, afgøre ved voldgift

—者 mægler, mellemmand, voldgiftdommer
ちょうてん 頂点 højdepunkt, klimaks, top
ちょうでん 弔電 kondolencetelegram
ちょうど 丁度 præcis, just, netop
ちょうとっきゅう 超特急 lyntog
ちょうない 町内 by, gader, kvarter
ちょうなん 長男 éns ældste søn
ちょうにん 町人(江戸時代の) handelsmænd (職人) håndværkere (pl.)
ちょうば 帳場(店の) 〔penge〕kasse (旅館などの) kasse, kontor
ちょうば 跳馬(体操の) hest
ちょうはつ 徴発 rekvisition —する rekvirere
ちょうはつ 挑発 provokation, tilskyndelse —する provokere, tilskynde —的な provokatorisk, udfordrende —者 provokatør, fredsforstyrrer
ちょうばつ 懲罰 afstraffelse, straf —する afstraffe, straffe, irettesætte
ちょうふく 重複(繰り返し) gentagelse (二重) fordobling (余計) overflødighed —する gentage, fordoble
ちょうへい 徴兵 udskrivning, værnepligt —する indkalde, udskrive —制度 almindelig værnepligt —を忌避する unddrage sig sin værnepligt
ちょうへんしょうせつ 長編小説 roman
ちょうぼ 帳簿 regnskabsbog —に記入する bogføre —をつける bogføre, føre regnskab
ちょうぼう 眺望(景色) vue, udsigt, udsyn
ちょうほうけい 長方形 rektangel —の rektangulær, aflang
ちょうほう・な 重宝な bekvem 〔af〕, brugbar, nyttig, praktisk, behændig —がる finde en sag behændig/praktisk
ちょうみ・する 調味する smage (薬味をきかす) krydre —料 smagsstof (薬味) krydderi
ちょうみん 町民 bybo, indbygger 〔i lille kommune/landsby〕

ちょうめい 長命 langt liv —の langlivet
ちょうめん 帳面(帳簿) regnskabsbog (雑記帳) skrivebog, optegnelse
ちょうやく 跳躍 spring, hop, sæt —する springe, hoppe
ちょうり 調理 madlavning （料理法）kogkunst —する lave mad —台(ユニット) køkkenelement —道具 køkkenudstyr —人(男) kok (女) kokkepige
ちょうりゅう 潮流(海流) tidevand, ebbe og flod (風潮) trend, tendens
ちょうりょく 張力 spænding, strækning
ちょうりょく 聴力 hørelse, høreevne
ちょうろう 長老 senior, en ældre (教会などの) ældste
ちょうろう 嘲弄 latterliggørelse, hånlatter, hånligt smil —する latterliggøre, håne
ちょうわ 調和 harmoni, samklang —する harmonere, stemme overens, harmonisere
チョーク kridt
ちょきん 貯金(すること) opsparing （お金）sparepenge (pl.), besparelse —する spare penge, spare op (預金する) indsætte〔penge〕—をおろす tage penge ud —箱 sparebøsse (豚の形の) sparegris
ちょくご 直後(時間的に)〔øjeblikket〕lige efter (場所的に)〔stedet〕lige bagved
ちょくせつ 直接 direkthed, ligefremhed —に direkte, ligefrem〔t〕(私的に) personligt —の direkte, ligefrem
ちょくせん 直線 ret linie —の ret, retliniet
ちょくちょう 直腸 〈医〉 endetarm
ちょくつうれっしゃ 直通列車 gennemgående tog
ちょくばい 直売 umiddelbart salg, direkte salg
ちょくめんする 直面する stille en ansigt til ansigt med, konfrontere med
ちょくやく 直訳 ordret oversættelse
ちょくゆ 直喩 lignelse
ちょくりつ・の 直立の lodret, opret〔stående〕 (人

の) oprejst —する rejse op
ちょくりゅう 直流(電気の) jævnstrøm
チョコレート chokolade —色〔の〕chokoladebrun
ちょさく 著作(著述) forfatterskab —活動 skribentvirksomhed (著書) skrift, bog —権 ophavsret
ちょしゃ 著者 forfatter, skribent
ちょじゅつ 著述 →ちょさく(著作)
ちょしょ 著書 〔litterært〕værk, skrift, bog
ちょすいち 貯水池 vandbassin, vandreservoir
ちょぞう 貯蔵 lagring, lager, magasinering —する lagre, lagerføre, magasinere, oplagre —庫 lagerbygning, magasin —室 lagerrum
ちょちく 貯蓄 opsparing, besparelse, sparepenge —する spare penge, spare op
ちょっかく 直角 ret vinkel —の retvinklet —三角形 retvinklet trekant
ちょっかん 直観 intuition —する opfatte intuitivt/umiddelbart —的な intuitiv
チョッキ vest
ちょっけい 直径 diameter, tværmål
ちょっこうびん 直行便(旅客機の) direktfly
ちょっと (呼びかけ) halløj (少し・わずか) lidt, en smule (しばらく) en liden stund, et øjeblik (かなり) temmelig
ちょめい・な 著名な berømt, velkendt —になる blive berømt/kendt
ちらか・す 散らかす(物を) bringe i uorden, rode —る komme i uorden
ちらし 散らし(ビラ) brochure, flyveblad
ちらす 散らす(きき散らす) sprede (ふりまく) udbrede (ふりかける) strø, pudre
ちり 塵(ほこり) støv (ごみ) smuds, affald (屑) skrab
ちり 地理〔学〕geografi —〔学〕の geografisk
チリー Chile —人 chilener —の chilensk —硝石 chilesalpeter

ちりがみ 塵紙 toiletpapir, tissue
ちりぢりになる 散り散りになる(ばらばらになる) spredes, fordele sig (別々に) separat
ちりめん 縮緬 〔silk〕crepe, krep —じわ fine rynke/fold
ちりょう 治療 medicinsk/læge behandling —する kurere, helbrede (看病する) pleje —法 behandlingsmåde, lægemiddel, forholdsregel
ちる 散る(枯葉などが) falde (散らばる) spredes, blive strøet ud 気が— blive distraheret
ちんあげ 賃上げ lønforhøjelse, lønforbedring
ちんあつする 鎮圧する nedslå, underkue, undertrykke
ちんか 沈下(地面の) jordfald —する synke
ちんがし 賃貸し udlejning —する udleje
ちんか・する 鎮火する slukkes, gå ud
ちんぎん 賃金 løn, lønning —要求 lønkrav —凍結 lønstop —労働者 lønarbejder, lønmodtager
ちんしごと 賃仕事 job, stykke arbejde, akkordarbejde (出来高払いの) akkordlønnet —をする få ngt. i akkord, arbejde på akkord
ちんしもっこう 沈思黙考 meditation, dybe overvejelse —する meditere, gruble, grunde over
ちんじゅつ 陳述 forklaring, fremstilling —する forklare, fremstille
ちんじょう 陳情 andragende, anmodning (告訴) appel, påtale (抗議) protest —する anmode, andrage, appellere
ちんせいざい 鎮静剤 beroligende middel
ちんたい 沈滞 stagnation, stillestående (停止) standsning —する stagnere, deprimere sig —した(気分) deprimeret
ちんちゃく 沈着 åndsnærværelse, besindighed, beherskelse —な besindig, behersket, adstadig
ちんちょうする 珍重する værdsætte, vurdere
ちんつうざい 鎮痛剤 smertestillende middel
ちんでん 沈殿 udfældning, bundfældning —する

udfælde sig, få til at bundfældes, aflejre sig —物 sediment, bundfald, aflejring

チンパンジー 〈動〉chimpanse

ちんぼつ 沈没 synkning, forlis —する synke, forlise

ちんみ 珍味 lækkerbisken, lækkeri (調理ずみのごちそう) delikatesse —の lækker

ちんもく 沈黙 tavshed, stilhed (無口) ordknaphed —した tyst, tavs —する tystne —させる gøre én tavs —は金 tavshed er guld

ちんれつ 陳列 udstilling, fremvisning —する udstille, skilte med, fremvise —だな udstillingsmontre —室 udstillingslokale —窓 udstillingsvindue

つ

つい (うっかり) uafvidende, ubevidst (このまえ) forleden, [for] nylig

つい 対 par —で parvis

ついか 追加 tilføjelse, tillæg, supplement —する føje til, lægge til

ついきゅう 追求 stræben, forfølgelse —する stræbe efter, forfølge

ついきゅう 追究(学問などの) undersøgelse, forskning —する undersøge, forske (尋問) forhør (尋問する) forhøre, holde/optage forhør over

ついしけん 追試験 kompletteringseksamen

ついしょう 追従(へつらい) smiger, virak —する smigre, indsmigre sig〔hos〕 —する人 smigrer

ついしん 追伸 P.S. (post scriptum), efterskrift

ついせき 追跡 forfølgelse, jagt —する forfølge, sætte efter, jage, jagte —者 forfølger

ついたて 衝立 skærm —で仕切る afskærme

ついて …に就いて(関して) om, angående, betræffende (…と共に) med (一緒に) tilsammen (…に従って) efter (…の下に) under (ごとに) per, i

[uge], om [året] …に—は i den forbindelse
ついで 序(機会) lejlighed, chance　—に ved samme lejlighed, i forbigående　—の節 når det passer Dem/jer
ついている (ゲームなどで) heldig [i spil]
ついとう 追悼 sorg, bedrøvelse　—する sørge [over], bære sorg　—式 mindegudstjeneste
ついとつする 追突する køre ind i bilen bagfra
ついに 遂に(とうとう) sluttelig, endelig (最後に) til slut/sidst
ついばむ 啄む hakke, pikke, plukke
ついほう 追放(国外へ) eksil, udvisning, deportation　—する eksilere, udvise
ついやす 費やす bruge [penge], spendere (消費する) forbruge, konsumere (浪費する) ødsle, være flot med
ついらく 墜落 fald (飛行機の) flyveulykke, flyvekatastrofe　—する falde ned [i]
つうか 通貨 møntfod, valuta　—の膨張 inflation　強い— hård valuta
つうか 通過 passage, overgang　—する passere, gå igennem　議案が—する godkende
つうかいな 痛快な(愉快な) [meget] spændende, interessant, fornøjelig
つうがく 通学 skolegang　—する gå i skole　—カバン skoletaske
つうかん 通関 toldklarering　—検査 toldkontrol この品に関税を払わなくてはいけませんか? skal der betales told af denne vare?
つうかんする 痛感する føle intenst
つうぎょうしている 通暁している beherske, være bevandret i, være velunderrettet
つうきん 通勤 pendling　—する pendle, gå/køre til kontoret/arbejdet (定期券で) med månedskort/sæsonkort
つうこう 通行 passage, trafik　—する passere, trafikere　—人 trafikant, vejfarende　右側— holde til

højre —止め gennemgang forbudt

つうさんしょう 通産省 samfærdselsministerium

つうじて …を通じて 一週間を— en hel uge igennem (…の助けで) ved hjælp af

つうしょう 通商 udenrigshandel, udenrigsfart —する engagere i udenrigshandel —条約 handelsaftale, handelstraktat

つうじょう 通常 almindeligvis, i almindighed —の almindelig, sædvanlig —国会 ordinær rigsdagssamling

つうじる 通じる(物事をよく知る) være vel fortrolig med, være velkendt (意志が) være forståelig/begribelig (通行できる) passere, være fremkommelig, komme igennem (電気を) elektrificere, elektrisere (電話が) det går at ringe

つうしん 通信 kommunikation —する kommunikere (文通) korrespondance, brevveksling (文通する) korrespondere, stå i brevveksling〔med〕 —機関 kommunikationsmiddel —員 korrespondent —社 nyhedsbureau —簿(生徒の) meddelelsesbog, kontaktbog

つうせつ・な 痛切な intens〔iv〕, skarp, gennemtrængende, heftig (熱烈な) entusiastisk, passioneret —に intensivt, skarpt, gennemtrængende

つうぞく・てきな 通俗的な populær, almindelig —的に på hverdagssprog, populært —小説 populær novelle, underholdningsroman

つうち 通知 informering〔om〕, meddelelse, advis, annonce —する informere〔om〕, meddele, advisere, underrette —表(生徒の) meddelelsesbog

つうちょう 通帳(銀行などの) bankbog

ツーピース (婦人服の) todelt kjole

つうふう 通風(部屋などの) ventilation, luftning —する ventilere, lufte ud —装置 ventilator

つうふう 痛風〈病〉gigt, podagra

つうやく 通訳(すること) tolkning —する tolke —者 tolk

つうよう 通用 almindelig brug（貨幣の）pengecirkulation（流通）cirkulation, omløb —する gælde, være i omløb（お金などが）være gangbar/gyldig（言葉が）være gængs

つうれい 通例 sædvane, brug, skik, sæd, vane —の vanlig, ordinær, sædvanemæssig —は〔på〕vanligvis, i reglen

つうろ 通路 korridor, gang, passage（列車・劇場などの）midtvej —側座席 sæde ud mod midtergangen

つうわ 通話 telefonsamtale —口 telefonrør

つえ 杖 stok, kæp（ささえ）støtte

つか 塚 høj（堆積）dynge, bunke（古墳）gravhøj 貝— skaldynge

つかい 使い（用件）ærinde, opdrag —の者 bud, bydrenge（持参人）overbringer, bærer

つか・う 使う anvende〔til/som〕, bruge —い方 anvendelsesmåde —い捨てカメラ engangskamera

つかえる 仕える opvarte, betjene, servere for

つかま・える 捕まえる fange（逮捕する）arrestere, pågribe —る blive pågrebet

つかむ 摑む gribe, fange（理解する）begribe, forstå, fatte

つかれ 疲れ træthed —た træt —る trættes, blive træt

つき 月（天体の）måne（暦の）måned —ロケット måneraket 満— fuldmåne

つき 突き puf（乱暴な）skub（突く）puffe, skubbe

つぎ 継ぎ（布）lap —を当てる lappe

つぎ 次 den næste, den følgende —に dernæste, derpå —の næste（隣接の）tilstødende, nærboende（第二の）anden, andet（第二に）for det andet（次々と）en ad gangen, efter hinanden（順番に）efter tur

つきあ・い 付き合い（交際）selskab（性的な意味も）omgang —う holde en med selskab, omgås

つきあた・る 突き当たる（衝突する）kollidere, støde sammen（行き止まる）være blindgade/blindgyde —り enden af gaden

つきがけ 月掛け månedlig afbetaling, månedsbetaling

つぎき 接ぎ木 〔ind〕podning ―する〔ind〕pode

つきさす 突き刺す gennembore, stikke (刺し殺す) stikke ihjel

つきそ・う 付き添う pleje, passe, være omhyggelig med (奉仕する) betjene, opvarte (護衛する) eskortere (あとに従う) følge ―い(仕事) pleje, opvartning, betjening (従者) opvarter, følge (随行員) suit (子供・病人の)(男) plejer (女) plejerske (護衛) eskorte, beskytter

つきだす 突き出す drive ud, skyde ud (警察などに) overlade (引き渡す) udlevere (テラスなど突き出たもの) fremspring

つきとおす 突き通す bore igennem, stikke ngt. igennem

つきはなす 突き放す støde fra sig (たたいて) støde af (追い出す) udstøde (見捨てる) overgive, lade i stikken

つきみそう 月見草 〈植〉natlys

つぎめ 継ぎ目 fuge (関節) led (縫い目) søm ―のない sømløs

つきる 尽きる(無くなる) være slut (終わる) slutte, afslutte

つく 付く(付着する) klæbe, klistre (くっつける) hænge fast (一緒になる) hænge sammen 〔med〕, sidde fast på, følge med (よごす) plette 火が― ild bryder ud …に気が― lægge mærke til (気がつく人) hensynsfuldt menneske

つく 突く støde, puffe (乱暴に) skubbe, stikke(刃物で) gennembore (針で) prikke (頭で) støde (攻撃する) anfalde, angribe

つく 着く・就く(身を置く) 〔ind〕tage plads (地位など占める) besætte (到着する) ankomme til (到達する) nå 〔op til〕, opnå (従事する) være sysselsat med, drive 〔handel〕 (始める) starte, sætte i at (値が) koste (眼に) kan ses af (席に) tage en plads, sætte

sig〔ned〕(根が) slå rod, fæste rod (解決が) løsning nås
つく (決心が) beslutning tages (話が) enighed opnås (電灯などが) blive tændt
つぐ 注ぐ hælde (一杯に) fylde på
つぐ 継ぐ(継承する) efterfølge (遺産を) arve (継ぎをあてる) lappe
つぐ 接ぐ(接合する) sammenføje
つぐ 次ぐ(次の地位につく) rangere efter
つくえ 机 skrivebord —に向う sidde ved sit skrivebord
つくす 尽す(無くす) udtømme (消費する) forbruge, opbruge 売り— få solgt ud, sælge ud (尽力する) anstrenge sig, gøre sit yderste
つくづく fuldkommen, intensivt
つぐなう 償う godtgøre, kompensere, erstatte (罪を) sone
つぐみ 〈鳥〉 drossel
つくり 造り opbygning, struktur
つくりごと 作りごと fiktion, påfund, opdigt
つくりばなし 作り話 opdigtet historie (物語) historie, saga
つくる 作る・造る(製造する) fremstille, fabrikere (建造する) bygge, konstruere (創造する) skabe (鋳造する) gyde (硬貨を) præge (書類などを) affatte, sætte op, skrive (栽培する) dyrke (子をこしらえる) avle (形を) forme, udgøre (食事を) lave mad (養成する) fostre, uddanne (設立する) grundlægge, etablere, stifte (規則を) fastsætte (最高記録を) sætte rekord
つくろう 繕う(修理する) reparere, bøde, bedre (くつ下などかがる) stoppe〔strømpe〕(継ぎをあてる) lappe (ごまかす) sminke, besmykke
つけ 付け(勘定書) regning, nota 日— dato 5月3日付けの手紙 et brev dateret den tredje maj
つげ 柘植 〈植〉 bukketorn
つげぐちする 告げ口する sladre, forråde (秘密をば

らす) afsløre
つけくわえる 付け加える tilføje, føje til, tilsætte
つけこむ 付け込む(無知などに) udnytte, drage nytte af
つけもの 漬物 syltede/saltede grøn〔t〕sager
つける 付ける(取りつける) fæstne 〔til〕, hæfte 〔på〕, montere 縫い— sy 〔på〕 塗り— smøre 〔på〕 (にかわで) lime 〔på〕 (電灯などを) tænde (バッジなどを) tage på (味を) tilsmage (気を) passe på, være forsigtig (名前を) give et navn (値段を) sætte en pris på (点数を) give karakter (ラジオ・テレビを) sætte på (尾行する) skygge (乗物を) køre frem for
つける 着ける(服など身に) tage 〔tøj〕 på, bære
つげる 告げる informere, meddele (公表する) bekendtgøre, forkynde, annoncere (忠告する) advare, advisere
つごう 都合(事情) omstændigheder (pl.) (機会) lejlighed (手配) arrangement (融通) tilpasning —がいい/悪い passe 〔mig〕 godt/dårligt —する arrangere, ordne (お金を) låne 〔penge〕 (調達する) skaffe, erhverve
つた 蔦〈植〉 vedbend, efeu —かずら〈植〉 slingplante
つたう 伝う(たどって行く) gå langs med
つたえる 伝える(伝達する) fortælle videre, meddele, rapportere (伝授する) formidle (熱・電気などを) lede (新しいものなどを) indføre (後に残す) efterlade (宗教を伝道する) missionere
つたない 拙い(不器用な) klodset, kejtet, plump
つたわる 伝わる(伝承される) blive videreformidlet (広がる) spredes, udbredes (熱・電気などが) ledes (循環する) cirkulere (伝来される) indføre
つち 土 jord, mark (腐葉土) muld (粘土) ler (泥) dynd, mudder —を起こす pløje
つち 槌(金属製の) hammer (木製の) klub
つつ 筒(管) rør, pibe
つっきる 突っ切る korse sig, gå tværs over

つ〔っ〕つく　突〔っ〕つく(鳥が) pikke, hakke, plukke (そそのかす) opvigle, ægge (こらしめる) tugte, ave

つづく　続く(継続する) fortsætte med　(後継する) efterfølge, afløse (持続する) bestå, vare, holde sig (維持する) vedligeholde (隣接する) grænse til, ligge ved

つづけ・る　続ける fortsætte med　—て fortløbende, uafbrudt

つっこむ　突っ込む stikke ind, trænge sig på　(貫く) gennembore, trænge igennem (没頭する) dykke ned i, koncentrere sig om

つつじ〈植〉azalea

つつしみ　慎み(謙譲) fordringsløshed, beskedenhed (慎重) forsigtighed, betænksomhed (自制) selvbeherskelse　—深い fordringsløs, beskeden, undselig

つつましい　慎ましい →つつしみ(—深い)

つつみ　包み(小さい) pakke　(手荷物) kolli (pl.) (大きい) balle (束) bylt, bundt　—紙 indpakningspapir

つつみ　堤 flodbred, åbred, banke

つつむ　包む pakke ind i　(梱包する) emballere

つづめる　約める sammentrække, forkorte

つづ・る　綴る(語を) stave, bogstavere　(文章を) skrive, affatte, komponere (とじる) binde　—り stavning, stavemåde　—り方(教科の) fristil

つどう　集う mødes, samles

つとめ　勤め(任務) tjeneste, pligt　(職業) erhverv, arbejde (仕事) job, arbejde (勤行) andagt, gudstjeneste　—先 arbejdsplads　—口 ansættelse, plads　—人 kontorfolk, arbejdstager

つとめる　勤める・努める(勤務する) tjene, være ansat hos (尽くす) udføre service (役を) spille en rolle　(努力する) anstrenge sig, gøre sig umage, beflitte sig på, stræbe efter

つな　綱 line, tov　(細い) reb (ひも) snor, streng, lidse (弦) streng　—引きをする trække tov

つながる　繋がる blive forbundet

つなぐ　(結ぶ) binde, knytte sammen　(馬を) tøjre (船

つなげる

を〕fortøje（電話を）foretage en opringning（車両を）koble [sammen]（鎖で）kæde sammen, lænke（維持する）beholde, opretholde（手と手を）tage i hånden

つなげる →つなぐ

つなみ 津波 [seismisk] flodbølge

つね・の 常の vanlig, ordinær, almen（習慣的な）sædvanlig ―に altid, bestandig（絶えず）uafbrudt（通例）sædvanligvis, i reglen（習慣的に）af [gammel] vane

つねる 抓る knibe

つの 角(動物の) horn （触角）tentakel, følehorn

つば 唾 spyt ―を吐く spytte

つば (帽子の) [hatte]skygge

つばき 椿 〈植〉kamelia

つばさ 翼 vinge ―のある vinget

つばめ 燕 〈鳥〉svale

つぶ 粒 korn, partikel （水滴）dråbe

つぶす 潰す(砕く) smadre, knuse, slå ned/itu

つぶやく mumle, hviske

つぶれる 潰れる(砕ける) smadres, knuses（倒産する）gå konkurs, blive ruineret（抹消される）udslettes（全滅される）tilintetgøres

つぼ 壺 krukke, potte 骨― urne （花びん）vase

つぼみ 蕾 blomsterknop, blomst i knop

つま 妻(家内) hustru （一般的に）kone

つまさき 爪先 tåspids, tå ―で歩く gå på tæerne

つましい (倹約した) sparsom, frugal （けちな）karrig, gnieragtig（乏しい）knap, kneben

つまずく 躓く snuble over （失敗する）mislykkes, fejle（大失敗する）gøre fiasko

つまだつ 爪立つ stå på tæerne

つまみ (軽い食べ物) snacks （酒の）pindemad, mundfuld mad

つまみだす (物を) kaste bort, slynge ud af （人を）kaste ud

つまむ 摘まむ plukke （味見する）smage på

つまようじ 爪楊枝 tandstykke
つまらない 詰まらない(取るに足らない) triviel, bagatelagtig, ubetydelig, ringe (無価値の) værdiløs (役に立たない) udygtig, uanvendelig (面白くない) uinteressant, kedelig (ばかげた) dum, tåbelig (くだらぬこと) stads, pjank
つまり (結局) til sidst, endelig, når alt kommer til alt (要するに) kort sagt, kort og godt(すなわち) det vil sige 〔短〕dvs, d.v.s.
つまる 詰まる(一杯になる) blive fuld/proppet, stoppes (ふさがる) spærres afskæres, blokeres (短縮する) forkorte (減少する) formindskes (縮む) krympe 行き— komme galt af sted (窮乏する) gøre fattig
つみ 罪(法律上の) forbrydelse, kriminalitet (宗教・道徳上の) synd (落ち度) skyld 軽い— brøde, forseelse (冒瀆) ugudelighed (とがめ) daddel —な syndig, skyldig, forbryderisk —人 synder, forbryder —を負う anklages
つみかさねる 積み重ねる stable, bunke/hobe sammen
つみき 積み木 byggeklods
つみに 積み荷 last, læs, ladning
つむ 摘む/摘み集める plukke (はさみなどで) klippe, trimme
つむ 積む stakke på/ved/i, hobe sammen (積載する) laste, lade (貯える) spare (貯槽に積みこむ) fylde på
つむぎいと 紬ぎ糸 garn
つむぐ 紡ぐ spinde
つむじかぜ 旋風 hvirvelvind
つむじまがりの stædig, stejl
つめ 爪 negl (猛禽・ねこ・かになどかぎのような) klo (牛馬などの) hov (琴などの) plekter (爪先) tåspids —切り negleklipper —切りはさみ neglesaks —を切る klippe negle
つめこ・む 詰め込む proppe, stoppe 〔ind i〕 (人を)

fylde til trængsel (腹に) opæde, sluge grådigt ―み勉強する terpe, læse op〔til eksamen〕
つめたい 冷たい kold, afkølet, kølig
つめ・る 詰める proppe, stoppe〔ind i〕(満たす) fylde (缶に) konservere (びんに) hælde på flasker, aftappe (息を) holde vejret ―綿 vat
つもり 積もり(意志) hensigt, vilje, mening (目的) formål, endemål, øjemed (目標) sigte, mål, øjemed (動機) motiv, bevægende grund, årsag (予期) forventning, forhåbning ―である ville, gide, ønske
つもる 積もる(堆積する) hobe sig op, samle sig sammen (利息など) løbe på (雪が) sne til
つや 通夜〔døds〕nattevågen, nattevagt ―をする holde vagt
つや 艶(光沢) glans, skin ―のある glansfuld, skinnende ―を出す give glans (磨いて) polere, pudse
つゆ 梅雨 regntid
つゆ 露 dug ―の玉 dugdråbe
つよ・い 強い(強力な) stærk, mægtig, kraftig (強健な) robust, bastant (堅牢な) holdbar, solid 英語など―い god til (耐火性の) brandsikker (健康な) sund, frisk ―さ styrke, kraft, force ―まる blive stærkere ―める forstærke, bestyrke, befæste ―く stærkt, mægtig〔t〕, kraftig〔t〕(元気よく) energisk, livligt (激しく) voldsomt, voldeligt, heftigt
つら 面 ansigt, forside
つら・い 辛い hård, besværlig, smertelig, bitter (耐え難い) uudholdelig (要求のきびしい) krævende ―さ(苦痛) pine, lidelse, smerte, plage ―くあたる behandle ngn. ilde/uvenligt/grusom〔t〕
つらなる 連なる ligge/stå på række
つらぬく 貫く(貫通する) gennembore, trænge igennem (貫徹する) gennemføre, fuldbyrde
つらねる 連ねる lægge/stille på række
つらら 氷柱 istap
つり 釣(魚つり) medning, fiskeri (魚つりをする) mede, fiske ―糸 medesnor, fiskesnøre ―ざお

medestang, fiskestang —道具 medetøj, fiskegrejer —船 fiskerbåd —銭 byttepenge, småpenge

つりあ・い 釣り合い(均衡) balance, ligevægt (均整) symmetri (平均) gennemsnit, middel (比例) proportion, forhold —う balancere〔med〕, bringe i ligevægt (似合う) passe, anstå sig

つりかわ 吊り皮 strop

つりばし 吊り橋 hængebro

つりわ 吊り輪(体操の) ringe (pl.)

つる 蔓 vinranke (つるくさ) ranke (眼鏡の) brillestang

つる 鶴〈鳥〉trane

つるす 吊す hænge〔op〕

つるつるした glat, slibrig

つるはし 鶴嘴 hakke

つれ 連れ følgesvend, ledsager —る tage ngn. med, få følgeskab af —て i takt med, i overensstemmelse

つんぼ 聾(耳が不自由) døvhed —の(耳の不自由な) døv

て

て 手 hånd (腕) arm (犬・ねこなどの) pote (くまなどの) lab (人手) arbejder, hjælp (手段) middel, måde (悪だくみ) kneb, list (将棋などの) træk (技量) evne, begavelse (種類) slags, art (手数) besvær, bryderi (世話) omsorg, pleje (書き方) kalligraf, håndskrift (方向) retning (側) side —を洗う vaske hænder —を振る vinke —を引く(連れる) føre ved hånden —を叩く klappe —が届く man kan nå

…で (場所) i, ved, hos (時間) inden, på (価格) for (基準) efter (原因) af, på grund af, (原料) af, fra (手段) gennem, med, på

であ・う 出会う(人と) møde (なにかと) træffe〔på〕(よくないことに) ramme, falde —い møde

てあたりしだい 手当り次第　på må og få, på slump, usystematisk

てあて 手当て(治療)　medicinsk behandling, lægebehandling　—する behandle en patient (包帯を巻く) bandagere, forbinde 手当(給与) løn (日当) dagpenge 夏季などの特別— bidrag, tilskud (用意) forberedelse, anstalter (pl.)

てあらい 手洗い　toilet

てあら・い 手荒い　rå, grov (乱暴な) voldsom, heftig —く råt, heftigt, voldsomt

ていあん 提案　forslag, opfordring　—する foreslå, agte

ティーポット　tepotte

ていいん 定員　fast antal, fast ansættelse (職員の) antalet ordinær personale (乗り物・劇場などの座席数) siddepladser (pl.)

ていえん 庭園　have　(大きな) park　—師 gartner

ていおう 帝王　kejser, suveræn, konge　—切開 kejsersnit

ていか 定価　fast pris　—表 prisliste

ていか 低下　fald, nedgang (急落) tilbagegang (沈下) synkning (価格の) nedgang (品質・環境などの) forringelse, værdiforringelse (悪化) forværring　—する falde, synke, forværre

ていがく 停学　midlertidig frakendelse fra skole, inddragelse fra skole

ていかん 定款　vedtægter

ていかんし 定冠詞〈文法〉den bestemte artikel

ていき 定期　fast periode, regelmæssighed　—の regelmæssig, periodisk　—に regelmæssigt, periodisk　—券 periodekort, månedskort, sæsonkort　—検査 regelmæssig inspektion/check/undersøgelse　—刊行物 tidsskrift, periodisk skrift　—船 liner, rutebåd, linieskib　—バス rutebil, bus　—旅客機 rutefly

ていぎ 定義　definition　—する definere

ていぎ 提議　forslag　—する foreslå

ていきあつ 低気圧　lavtryk

ていきゅう 庭球 tennis —をする spille tennis —ラケット tennisketsjer

ていきゅうな 低級な lav, lavtstående (下劣な) vulgær, gemen, ukultiveret

ていきゅうび 定休日 〔regelbunden〕 fridag

ていきょう 提供 tilbud (供給) udbud 特価— billigt tilbud —する tilbyde, udbyde 証拠を—する levere bevis, skaffe beviser imod

ていくう 低空 lav højde

ていけい 提携 samarbejde, kollaboration —する samarbejde 〔med〕, arbejde sammen, handle i overensstemmelse/samarbejde med

ていけつ 締結 slutning, konklusion —する slutte, konkludere

ていこう 抵抗(反抗) modstand, modværge (防御) forsvar, nødværge (反対) opposition (電気の) modstand —する yde modstand —を受ける møde modstand —力 modstandsevne, modstandskraft —運動 modstandsbevægelse —し難い uimodståelig

ていこく 帝国 kejserdømme, kejserrige, imperium —の kejserlig —主義 imperialisme

ていさい 体裁(みなり) påklædning (外見) udseende —のよい nydelig, pæn, passende —の悪い upassende, uanstændig

ていさつ 偵察 rekognoscering —する rekognoscere, spejde —機 rekognosceringsfly〔vemaskine〕

ていし 停止 stop, standsning (中断) afbrydelse, ophold —する standse, gå i stå, holde inde, stoppe (休止する) indstille

ていじ 定時 en times tid —の periodisk, regelbunden

ていじ 提示 fremlægning, fremvisning —する fremlægge, fremvise

ていしゃ 停車 ophold, stop —する standses ved en station 10分間—する gøre et ophold på 10 minutter —場 jernbanestation

ていしゅ 亭主 ægtemand (旦那) herre, mester

ていじゅう 定住 bosættelse —する bosætte sig, fæste bo〔lig〕, slå sig 〔ned〕 —地 opholdssted —許可 opholdstilladelse
ていしゅつ 提出(論文の) fremlæggelse af afhandling (申請書の) indsendelse af ansøgning —する fremlægge, fremsætte, indsende (辞表を) indgive sin afskedsansøgning (答案を) overlade. (証拠を) skaffe beviser imod
ていしょう 提唱(提議) forslag, fremstilling (唱導) forfægtelse —する foreslå, forfægte
ていしょく 定食 dagens ret, table d'hôte, fast menu
ていしょくする 抵触する være uforenelig 〔med〕, stride imod ngt.
ていしょとく 低所得 lavindkomst
ていじろ 丁字路 T-kryds
でいすい 泥酔 drukkenskab, fylderi, drikfældighed —した fordrukken (アル中になった) forfalden —者 dranker, drukkenbolt
ていせい 訂正 korrektur, revision —する rette 〔på〕, korrigere, berigtige, forbedre
ていせいちょう 低成長 misvækst
ていせつ 定説(確立された) fastslået teori (一般の) almindelig anerkendt teori
ていせつな 貞節な trofast, kysk
ていせん 停戦 våbenstilstand (休戦) våbenhvile —する slutte våbenstilstand
ていそう 貞操 troskab, kyskhed
ていそくすう 定足数 beslutningsdygtigt antal —に達している være beslutningsdygtig
ていたい 停滞 stagnation, stilstand —する forsumpe, stå i stampe, stagnere
ていたい 手痛い hård, svær, vanskelig (きびしい) streng
ていたく 邸宅 herregård, hovedgård
でいたん 泥炭 tørv
ていち 低地 sænkning, lavland (谷) dal
ていちゃくする 定着する slå rod, slå sig ned et

ていちょう 丁重 artighed, høflighed —な artig, høflig —に artigt, høfligt
ていちょう 低調(低い音調) lav stemme/tone/røst (不振) træghed, mathed, stilstand —な træg, mat, langsom
ていでん 停電 strømafbrydelse
ていど 程度(度合い) grad, omfang, måde (標準) niveau, standard (限度) grænse, begrænsning (等級) grad あの—に med måde, i 〔en〕 sådan udstrækning —が高い/低い høj/lav grad
ていとう 抵当 sikkerhed, hypotek, pant —物件 sikkerhed, hypotek, pant —流れ ejendom hvis indløsningsret er forklarets ophævet —借りする belåne
ていとく 提督 admiral
ていとんする 停頓する stagnere
ていねい 丁寧 artighed, høflighed —な artig, høflig, omhyggelig (うやうやしい) ærbødig (注意深い) forsigtig, opmærksom
ていねん 定年 pensionsalder, aldersgrænse
ていねん 丁年(成年) myndighed〔salder〕
ていのう 低能 dumhed, tåbelighed, enfold —な dum, uintelligent, åndssvækket —者 idiot, tosse〔-hoved〕, torsk
ていはく 停泊 ankring, fortøjning —する ankre, ligge for anker, fortøje —地 ankerplads
ていひょう 定評 værdsættelse, vurdering, påskønnelse —のある vurderet, værdsat 悪評で—のある notorisk, vitterlig
ていぼう 堤防 banke, vold, dæmning
ていぼく 低木 busk (やぶ・茂み) krat
ていり 定理 〈数〉teorem, læresætning
でいり 出入り til- og afgang, kommen og gåen, trafik
ていりゅうじょ 停留所(バスなどの) stoppested
ていれ 手入れ(修繕) reparation (世話) omhu, om-

sorg (維持) vedligeholdelse —する reparere, vedligeholde 警察の— politirazzia 警察が—する foretage razzia 〔i〕
デート stævnemøde —の約束をする aftale 〔stævne〕møde med —をする gå ud sammen/med
テープ tape (歓送用の) papirstrimmel (接着用の) klisterstrimmel (録音用の) bånd (競走用の) målsnor —レコーダー båndoptager —レコーダーに録音する optage, indspille på bånd 決勝点で—を切る løbe i mål
テーブル bord —かけ/クロス borddug ベッドの横の小— natbord
テーマ tema, emne
ておくれの 手遅れの være sent på den (病気が) uhelbredelig 〔fordi der er gået for lang tid〕
ておけ 手桶 spand, balje
てがかり 手掛かり (つかみ所) fæste, tag (事件の) nøgle, ledetråd (痕跡) spor
てがける 手掛ける (取り扱う) handle, foretage sig (経験がある) have erfaring (養育する) opfostre, have i sin varetægt (世話する) varetage, tage sig af
でかける 出かける gå, drage afsted 〔til〕, tage ud 〔på〕 散歩に— tage ud og gå en tur
てかげん 手加減 diskretion, opmærksomhed (考慮) overvejelse
てがた 手形 (お金についての) gældbrev, veksel, regning (手の形) håndaftryk
てがみ 手紙 brev (簡単な) billet —を書く skrive et brev 〔til〕 —を出す sende/poste et brev —のやり取りをする brevveksle
てがら 手柄 fortjeneste, bedrift —をたてる udmærke sig, excellere
てがる・な 手軽な (容易な) let, enkel (簡単な) enkel, ukompliceret (略式の) uformel. fordringsløs (安値の) billig, rimelig (とるにたりない) uanselig —に let, uformelt
てき 敵 fjende (相手) modpart, modstander (競争

者）medbejler（男）rival（女）rivalinde　—を追う forfølge fjende　—と戦う bekæmpe en fjende　—国 fjendeland　—意 fjendskab, fjendtlig indstilling　—意を感じている fjendtligsindet（悪意）ondskab, ond hensigt

できあがる 出来上がる blive færdig （用意が）være rede/forberedet

てきおう 適応 tilpasning, afpasning （適合）tillempelse, tillempning　—させる tilpasse, afpasse, tillempe

てきかくの 適格の kvalificeret, passende, belejlig

てきごう 適合 tillempelse, tillempning　—させる tillempe, afpasse

できごと 出来事 begivenhed, hændelse, tilfælde （イベント）mærkelig/vigtig begivenhed, stor oplevelse

できし・する 溺死する drukne　—者 en druknende, druknedød

てきしゅ 敵手 modstander, opponent

テキスト tekst〔bog〕

てきする 適する passe, være belejlig/forenelig

てきせい 適性 egnethed, evne, talent　—検査 lærenemhed test, egnethedsprøve

てきせいな 適正な passende, korrekt

てきせつ 適切 relevans, betimelighed, hensigtsmæssighed　—な relevant, sagen vedkommende, velvalgt〔udtryk〕, rammende, passende〔tidspunkt〕　—に passende

できそこない 出来損い misfoster （恥知らず）usling （やくざ）afskum　—の（形が）vanskabt

てきたい 敵対 fjendtlighed　—する være fjendtlig, bekæmpe

できたての 出来たての ny, nylavet, frisk （パンなど焼きたての）nybagt

てきちゅうする 的中する træffe, ramme　夢などが — gå i opfyldelse　想像が— gisne ret, blive bekræftet

てきど 適度 passende mængde/grad —に moderat —の moderat, passende, mådeholden〔de〕

てきとう・な 適当な passende, hensigtmæssig, egnet (妥当な) skellig, rimelig (時宜にかなった) passende, belejlig —に belejligt, hensigtsmæssigt

てきにん 適任 egnethed —の egnet, kvalificeret, behørig

てきぱき・と hurtig〔t〕, rask væk, skyndsomt —した hurtig, rask, skyndsom

てきはつ 摘発 afsløring (告発) påtale, tiltale —する afsløre

てきよう 適用 anvendelse, brug —する anvende

てきよう 摘要 sammenfatning, sammendrag, skitse

でき・る 出来る (可能である) kunne, være i stand til, være mulig (将来) blive gjort/lavet/bygget ここに家が— her vil der blive bygget et hus (生産・製造される) produceres, fremstilles —ている (完了) være færdig/afsluttet/lavet/bygget (成績がよい) få gode karakterer (上達している) være dygtig/behændig, beherske

できるだけ så ... som muligt —多く så meget som muligt

てぎわ 手際 behændighed, smidighed (細工の) faglig dygtighed, kyndighed (かけひきの) taktik, manøvre —よく behændigt, smidigt

でぐち 出口 udgang

テクニック teknik

てくび 手首 håndled

てこ 梃子 løftestang, vægtstang —入れする støtte —台 støttepunkt for løftestang —でこじあける brække op

でこぼこ 凸凹 ujævnhed —の ujævn, knudret, ru

てごろな 手頃な behændig, håndterlig (便利な) behændig, bekvem (値段が) mådeholden〔de〕, rimelig (サイズが) overkommelig, håndterlig

デザート dessert

デザイナー formgiver, tegner, designer

デザイン formgivning, tegning, design
…でさえ endog, til og med
てさき 手先(指) fingerspids (お先棒) blind makker (スパイ) spion, hemmelig agent
てさげ 手提げ(婦人用) håndtaske (学童用) skoletaske ―金庫 bærbar pengeskab
でし 弟子(門弟) elev, discipel, lærling (徒弟) læredreng
てじかな →てぢか・な(手近な)
てした 手下 underordnet, tilhænger
てじな 手品 tryllekunst, trylleri (妖術) trolddom ―師 tryllekunstner ―をする lave tryllekunst, trylle
でしゃば・る 出しゃばる trænge sig på, være næsvis ―り næsvished ―り屋 påtrængende mand (女の) frøken næsvis (おせっかいな) emsig
てじゅん 手順 rækkefølge, trin, rutine
てじょう 手錠 håndjern ―をかける lægge håndjern på en
…でしょう formode, tro
てすう 手数 besvær, vrøvl (骨折り) møje, genvordighed, plage ―料 afgift, salær, omkostninger (pl.), kommission (口銭) mæglergebyr, mæglerløn
ですぎた 出過ぎた næsvis, påtrængende, nærgående ―こと næsvished, nærgåenhed
テスト test, prøve ―する teste, prøve ―ケース prøvesag, principiel sag
てすり 手摺り gelænder, rækværk, balustrade
てだすけ 手助け hjælp, assistent ―する hjælpe, assistere [ved]
でたらめ sjuskeri, upålidelighed, vrøvl, vås ―な sjusket, upålidelig ―に tilfældigt, sjusket, upåliteligt, på må og få ―を言う snakke vrøvl
てちがい 手違い(まちがい) fejl, forkert (さしさわり) hindring ―を生ずる gå forkert, få ngt. i den gale hals
てぢか・な 手近な(近くの) nærliggende (よく知っている) bekendt, velkendt ―に nær, tæt til

てちょう 手帳 notesbog, lommekalender
てつ 鉄 (鋼鉄) stål, jern ―かぶと stålhjelm ―棒 jernstang (体操用の)ræk, reck ―管 jernrør
てっかい 撤回 tilbagekaldelse, ophævelse ―する tilbagekalde, ophæve, trække tilbage
てっかく 的確 præcision, nøjagtighed ―な eksakt, præcis, nøjagtig
てつがく 哲学 filosofi ―者 filosof ―的な filosofisk
デッキ (船の) dæk
てっきじだい 鉄器時代 jernalder
てっきょう 鉄橋 jernbro, jernbanebro
てっきん 鉄筋 armering, forstærkning ―コンクリート armeret beton, jern beton
てづくりの 手作りの håndlavet
てつけきん 手付金 penge på hånden
てっこう 鉄鉱 jernmalm
てっこう 鉄鋼 jern og stål
てっこうしょ 鉄工所 jernværk
デッサン skitse, rids
てつじょうもう 鉄条網 pigtråd〔hegn〕, pigtrådspærring
てっする 徹する(没頭する) fordybe sig i, sætte sig ind i 夜を― 〔gøre ngt.〕 hele natten
てつせい・の 鉄製の jern- (鋼鉄製の) stål- ―品 jernvarer (pl.) (金物) isenkram
てったい 撤退 evakuering, rømning ―する evakuere, rømme 〔fra〕, trække sig tilbage
てつだ・い 手伝い hjælp, assistance (人) assistent, medhjælper (店員) kommis, kontormand ―う hjælpe 〔med〕, assistere
てつづき 手続き fremgangsmåde, procedure (形式) formaliteter (pl.) ―をする følge en procedure
てってい 徹底 grundighed, fuldstændiggørelse ―的な grundig, fuldstændig ―的に grundig〔t〕, fuldstændig ―する være grundig, fuldstændiggøre
てつどう 鉄道 jernbane ―便で med jernbanen ―の駅 jernbanestation ―網 jernbanenet ―公安官 jern-

banepolitibetjent —事故 jernbaneulykke, togulykke
てっとうてつび 徹頭徹尾(ことごとく) grundig〔t〕(終始) fra begyndelsen til enden (どの点から見ても) i alle henseender
てっぱい 撤廃 afskaffelse, nedlæggelse —する afskaffe, nedlægge, sløjfe
てっぺん top, tinde
てつぼう 鉄棒 jernstang (体操用の) ræk, reck
てっぽう 鉄砲 gevær, riffel, bøsse —玉 geværkugle
てつめんぴな 鉄面皮な fræk, uforskammet
てつや 徹夜 hele natten —で natten igennem —する gøre ngt. hele natten
てづる 手蔓(関係) personligt forhold, forbindelse mellem (世話) varetagelse (引き) gode forbindelse …の—で gennem ngs. indflydelse
てどり 手取り løn efter skattefradrag, nettoløn
…でなければ ellers, i modsat fald
てなずける 手なずける(動物を) tæmme (人を) vinne ngs. hjerte
テニス tennis —コート tennisbane —選手 tennisspiller —ラケット tennisketsjer
てにもつ 手荷物 håndbagage, rejsetaske (所持品) effecter (pl.), ejendele (pl.) —預かり所 garderobe, bagageopbevaring
てぬぐい 手拭い håndklæde (おしぼり) minihåndklæde —を絞る vride håndklæde —掛け håndklædestang, håndklædestativ
テノール 〈楽〉 tenor —歌手 tenorsanger
てのひら 掌 håndflade
デパート stormagasin, varehus
てはじめ 手始め begyndelse, start —に i begyndelsen, til at begynde med
てはず 手筈 anordning, foranstaltning, forholdsregel
てばな・す 手放す(持ち物を) gøre det af med, afhænde, afsætte (仕事など) frasige sig sit arbejde (家族を) efterlade sig, lade sig skille fra —しで(露

骨に）åbent, uden reservation（自転車など手を離して）〔cykle〕uden at holde sig i〔styrestang〕

てびき 手引き（指導）vejledning, orientering, oplysning（紹介）introduktion, præsentation, fremstilling（案内書）guidebog（旅行の）rejsehåndbog（入門書）begynderbog

てひどい 手酷い ubarmhjertig, skånselsløs

デビュー debut —する have debut

てびろ・い 手広い omfattende, vidtgående（家など）rummelig, stor —く i vid udstrækning, vidt og bredt

てぶくろ 手袋 handske（親指だけ離れた・ミトン）vante —をはめる/とる tage handske på/af —をする bære handsker

でぶの korpulent, tyk, buttet

てぶらの/で 手ぶらの/で tomhændet

てぶり 手振り（身振り—）gestus, gestik, gebærde

デフレ deflation, nedgang

てほん 手本（模範）model〔til efterfølgelse〕, mønster, eksempel〔på hvordan〕（見本）eksempel（商品見本）vareprøve（習字の）mønster

デマ et løst rygte

でまど 出窓 karapvindue

てまね 手真似 gestus, gebærde, gestik —する gestikulere

てまわし 手回し（準備）forberedelse（手はず）anordning, foranstaltning —する anordne, forberede

てまわりひん 手回り品（所持品）ejendele (pl.), effecter (pl.)（手荷物）håndbagage, rejsetaske

てみじかに 手短かに kortvarigt, kort og godt, kort sagt

でむかえ 出迎え møde〔nde〕, velkomst（要人の）reception —る møde〔med den bedste vilje〕, gå/løbe en i møde

デモ demonstration —をやる demonstrere —行進 demonstrationstog —参加者 demonstrant

…でも（でさえ） endog〔så〕, til og med それ— al-

ligevel, dog, endda, men（…もまた）selv 先生—間違える selv lærere tager fejl 雨—行きます selv i tilfælde af regn tager vi afsted だれ— hvem som helst, alle og hver どこ— hvor som helst いつ— når som helst, altid, uanset hvornår（同様なもの）eller lignende コーヒー—いかが har De lyst til kaffe eller lignende A—B—かまいません jeg er ligeglad med om det er A eller B Aでもなん— A og alt muligt
てもとに 手元に ved hånden
てら 寺 tempel
てらう 衒う(誇示する) prale, berømme sig af （装う）hykle, lade som om, foregive
てらす 照らす(光が) belyse, lyse op （点灯する）tænde（劇場で照明を）sætte lys
テラス terrasse —ハウス rækkehus
デリケートな ømfindtlig, ømtålelig, sart
テリヤ （犬）terrier
てりゅうだん 手榴弾 håndgranat
てる 照る skinne, stråle （晴天である）det er fint vejr
でる 出る(外に) gå ud （出現する）komme frem, vise sig, optræde（出席する）være nærværende ved, overvære（参加する）deltage i（勤める）gøre tjeneste, arbejde （道が…に通じる）lade/føre til （出版される）publiceres（売れる）sælges godt（産出する）produceres, fabrikeres, fremstilles（出発する）starte, rejse af sted（風が）blæse（洪水になる）oversvømme（芽・葉が）spire, skyde op, vokse（料理が）blive betjent
てれくさい 照れ臭い genert, forlegen
テレタイプ fjernskriver
テレビ fjernsyn, tv —受像機 fjernsynsapparat —を見る se fjernsyn —に出る komme/optræde i fjernsyn
テレフォンカード telekort
てれる 照れる skamme sig, være forlegen
テロ terrorisme —リスト terrorist

てわたす 手渡す overlade [til], overdrage
てん 天(空) himmel —の himmelsk
てん 点(記号の) punkt, prik (句読点のコンマ) komma (競技の) point, stilling (斑点) plet, plamage (品物の数) antal, stykke (学校の成績) point, karakter —がいい/悪い gode/dårlige karakterer (観点) standpunkt, synspunkt どの—から見ても i alle henseender
てん 貂〈動〉くろ— sobel, zobel くろ—の皮 sobelskind しろ— hermelin しろ—の皮 hermelinsskind
でんあつ 電圧 spænding, voltstyrke —降下 spændingfald —計 voltmeter 高— højspænding 高—危険! højspænding! berøring livsfarlig!
てんいん 店員 kommis, kontormand (男) ekspedient (女) ekspeditrice
でんえん 田園 mark, have (郊外) forstad —の pastral-, idyllisk —都市 villaby, haveby —生活 landliv
てんか 転嫁 at bebrejde ngn. i stedet for den skyldige —する give én skylden for ngt.
てんか 天下 hele landet, hele verden
てんか 点火 antænding —する antænde —栓 tændrør
てんか 転化 forandring —する forandre
でんか 電化 elekrificering —する elekrificere
てんかい 展開(進展) udvikling —する udvikle, sprede, udbrede
てんか・する 添加する tilsætte —物 tilsætning
てんかん 〈病〉epilepsi —患者 epileptiker
てんかん 転換 omdannelse, forvandling (改宗・転向) omvendelse, konvertering —する omdanne, forvandle (改宗・転向する) omvende sig 気分—する koble af/fra (換気する) ventilere, lufte —期 vendepunkt (思春期) pubertetsalder
てんき 天気(天候) vejr (晴天) godt vejr (悪天候) dårligt vejr (風雨) vejr og vind —概況 vejrforhold (pl.) —予報・情報 vejrspådom, vejrudsigt, vejrmel-

ding —図 vejrkort
でんき 電気 elektricitet —の elektrisk（電灯）elektrisk lys/lampe（電灯をつける/消す）tænde/slukke for lyset —かみそり elektrisk barbermaskine —機関車 elektrisk lokomotiv, ellokomotiv —工学 elektroingeniør-videnskab, elektroteknik —料 el-afgift —料を払う betale el-regning —製品 el-artikler —炊飯器 elektrisk riskoger —調理器 elektrisk komfur, elkomfur —時計 elektrisk klokke/ur —暖房 elektrisk opvarmning —ストーブ elektrisk ovn —分解 elektrolyse（電極）elektrode
でんき 伝記 biografi, levnedsbeskrivelse —作家 biograf, levnedsskildrer —物語 biografisk roman
でんきゅう 電球 elektrisk pære
てんきょ 転居 flytning —する flytte —通知する anmelde flytning —先 ny adresse（引っ越し会社）flytteforretning
てんきょ 典拠 kilde, kildeskrift
てんぎょう 転業 skift af arbejdsplads —する skifte arbejde
てんきん 転勤 forflyttelse（人事移動）omplacering —する forflyttes
でんぐりかえる でんぐり返る vælte, vende sig op og ned
てんけい 典型 type, model —的な typisk（模範的な）mønstergyldig, eksemplarisk
てんけん 点検 inspektion
てんこ 点呼 navneopråb
てんこう 天候 vejr, vejrlig
てんこう 転向 omvendelse, konvertering —する omvende sig, konvertere
てんこう 転校 skoleskift —する skifte skole/uddannelsessted, flytte fra/over en skole til en anden
てんごく 天国 himmerig〔e〕, Paradis, Guds rige
でんごん 伝言 meddelelse, bud —する sende bud til
てんさい 天才（才能）geni, talent, begavelse（人）geni, snilde —的な genial, begavet, talentfuld

てんさい 天災 naturkatastrofe （不可抗力） uundgåelighed
てんさい 甜菜〈植〉sukkerroe ―糖 roesukker
てんさく 添削 korrigering, rettelse ―する korrigere, rette（眼を通す）granske, se over〔på〕
てんし 天使 engel ―の〔ような〕englelig, engleagtig
てんじ 点字 brailleskrift, punktskrift
てんじ 展示 udstilling, fremvisning ―する udstille, skilte med, fremvise ―会 udstilling, opvisning（動物などの）〔dyr〕skue
でんし 電子 elektron ―工学 elektronik ―の elektronisk ―計算機 elektronregnemaskine, elektronregner, elektronisk databehandling〔短〕edb ―音楽 elektronmusik ―顕微鏡 elektronmikroskop ―工業 elektronikindustri ―レンジ mikro〔bølge-〕ovn
でんじは 電磁波 elektromagnetisk bølge
てんしゃ 転写 afskrift, kopi ―する skrive af, kopiere
でんしゃ 電車 el-drevet tog, S-tog（市街電車）sporvogn ―の乗車賃 sporvognspenge ―の停留所 sporvognsstoppested
てんしゅかく 天守閣 borgtårn
でんじゅする 伝授する indlede/indføre et hemmelig kunnen, undervise
てんじょう 天井 loft ―桟敷 galleri
てんじょういん 添乗員 rejseleder
てんしょく 天職 kald, beskæftigelse, erhverv
てんしょくする 転職する skifte arbejde
でんしょばと 伝書鳩 brevdue
でんしん 電信 telegraf ―術 telegrafi ―を送る telegrafere〔til〕
てんしんらんまんな 天真爛漫な naiv
てんすう 点数(成績) point, karakter （競技の）〔antal〕point, stilling（野球などの）〔antal〕scoringer

てんせい 天性(性質) naturligt anlæg, talent ー の naturlig, medfødt, apriori〔sk〕

でんせつ 伝説 legende, saga, overlevering ー的な legendarisk, traditionel

でんせん 電線 elektrisk ledning (高圧線) kraftledning 海底ー undervandskabel

でんせん 伝染(接触・間接共) smitte ー病 smitsom sygdom ーする(病気が) smitte (病気をうつされる) blive smittet af en sygdom ー性の smittende ー病患者 smittebærer, smittespreder ー源 smittekilde

てんそう 転送 videresendelse ー先 videresendelsesadress

でんそう 電送 elektrisk overførelse ーする overføre billede ー写真 telefoto, fjernfotograf

てんたい 天体 himmellegeme ー観測 astronomisk observation/iagttagelse

でんたく 電卓 regnemaskine

でんたつ 伝達 overførelse, meddelelse, anmeldelse ーする overføre, meddele (知識などを) bibringe

てんち 転地 luftforandring ーする flytte for luftforandring

でんち 電池 〔elektrisk〕 batteri

でんちく 電蓄 elektrisk grammofon

でんちゅう 電柱 elektrisk ledningsmast, telegrafstang

てんてつ・き 転轍器 sporskifte ーする rangere, køre ind på andet spor

テント telt ーを張る rejse et telt, slå et telt op (キャンプする) ligge/bo i telt ーをたたむ tage et telt ned

でんとう 伝統 tradition, overlevering, sædvane ー的な traditionel, sædvanlig, sædvanemæssig

でんとう 電灯 elektrisk lys/lampe ーをつける/消す tænde/slukke for lyset

でんどう 伝導 ledning

でんどう 伝道 forkyndelse, mission ーする forkynde, missionere ー師 forkynder, missionær, prædikant

てんどうせつ 天動説 geocentrisk teori
てんとうむし てんとう虫〈虫〉mariehøne
てんとりむし 点取り虫 bogorm, karakterjæger
てんにん 転任 placering på ny post
でんねつき 電熱器(調理用) elektrisk kogeplade, elvarmer
てんねん 天然 natur ーの naturlig (野性の) vildtvoksende ーに naturligt ー記念物 naturmindesmærke ー資源 naturrigdomme (pl.)
てんねんとう 天然痘〈病〉kopper
てんのう 天皇 kejseren〔af Japan〕ー陛下 "Hans Majestæt Kejseren"〔af Japan〕
てんのうせい 天王星 Uramus
でんぱ 電波 elektrisk bølge ー探知機 radar
でんぱする 伝播する udsprede
てんぴ 天火 ovn
でんぴょう 伝票 gældsbevis
てんびん 天秤 vægt ー棒 vægtstang
てんぷく 転覆 omstyrtelse (船が)ーする kæntre ーさせる omstyrte, fælde, vælte
てんぷする 添付する vedføje, tilføje
てんぶん 天分(天性) natur (天賦の才) medfødt begavelse, talent ーのある begavet, talentfuld
でんぷん 澱粉 stivelse ー質の/を含む stivelseholdig
てんぼう 展望 udsigt, panorama ー台 udsigtstårn, observatorium ー車 observationsvogn, udsigtsvogn〔med gennemsigtigt tag〕ーする tage et overblik over, have udsigt til
でんぽう 電報 telegram ーを打つ telegrafere, sende telegram ー用紙 telegramblanket ー為替 telegrafisk postgiro
デンマーク Danmark ー人 dansker ーの/語〔の〕dansk ーびいきの dansksindet
てんもんがく 天文学 astronomi ーの astronomisk ー者 astronom ー台 observatorium
でんらいした 伝来した indført〔i〕
てんらん・する 展覧する udstille, vise, skilte med ー

会 udstilling, opvisning —会場 udstillingslokale —物 udstillingsgenstand
でんりゅう 電流 elektrisk strøm —計 amperemeter
でんりょく 電力 elektrisk kraft, elkraft —会社 elektrisk kraft kompagni
でんわ 電話 telefon —をかける/する telefonere, ringe op —を切る ringe af, lægge røret på —番号 telefonnummer —帳 telefonbog —料 telefonafgift —料を払う betale telefonregning —ですよ〔Det er〕telefon til dig

と

と （および）og, samt（と共に）med, sammen med（…と比較して）sammenlignet med（…と同じ）samme som（…と違って）til forskel fra（…として）som（…としても）selv om（…とすると）når, da, hvis... så（…といっても）men alligevel（とはいえ）imidlertid, selvom
と 戸(扉) dør 引き— skydedør (窓の) vindue (柵などの木戸) låge 格子— gitterdør —を開ける/閉める åbne/lukke døren
ど 度(温度・角度などの) grad (度数・回数の) gang 適— mådehold —を過ごす overdrive, gå over gevind
ドア dør
とあみ 投網 kastegarn
とい 樋 vandledning, rørledning fra tag
とい 問い spørgsmål, forespørgsel —かける stille et spørgsmål —に答える besvare et spørgsmål
といあわせ 問い合わせ forespørgsel, henvendelse —る forespørge om, forhøre sig
といし 砥石 slibesten
といただす 問いただす udspørge, forhøre
ドイツ Tyskland —人 tysker —の/語〔の〕tysk —

トイレット toilet

嫌い tyskerhad —びいき tysksindet, tyskvenlig

とう 問う forespørge （問題にする）sætte et problem under debat（罪に）anklage ngn. for

とう 党(党派) politisk parti 徒— fraktion（派閥）klike —員 partifælle, partimedlem

とう 等(等級) grad, klasse —々(など) og så videre, og så fremdeles, og således videre

とう 塔 tårn （教会の）kirketårn（回教寺院の）minaret

とう 籐〈植〉rotting, spanskrør

とう 頭 hoved

とう 十 ti

どう 胴 bul, krop （船・飛行機などの）skrog

どう 銅 kobber —線 kobbertråd

どう 同(同一の) den samme —様の lignende —人 samme person

どう （いかに）hvorledes, hvordan, på hvilken måde —いたしまして ingen årsag, jeg beder, det var så lidt —にか på en eller anden måde …か—か〔om det er sådan at …〕eller ej —にも・—しても på ingen måde —なりましたか hvad er der sket med —しましたか hvad er der sket, hvad er der hændt dig —かしましたか er det sket ngt., er de ngt. galt —あろうとも for enhver pris —見ても uden hensyn til —ですか hvordan går det, hvad mener du om det

とうあ 東亜 Østasien

とうあさ 遠浅 grundt vand

とうあん 答案 eksamenspapir, besvarelse

どうい 同意(賛成) samtykke, indvilligelse, godkendelse —する samtykke, indvillige, godkende, blive enige —語 synonym

どうい 胴衣 kjoleliv

どういげんそ 同位元素 isotop

とういじょう 糖衣錠 sukret tablet

とういす 籐椅子 kurvestol, rørstol

どういたしまして →どう

とういつ 統一 (単一) enhed (一様) ensformighed (単一化) forening, ensretning (標準化) ensretning, standardisering —する(観点など) forene (国土を) samle (精神を) koncentrere [sig om]

どういつ 同一 identitet —の identisk, samme (同様の) lignende

どういん 動員 mobilisering, opbydelse —する mobilisere, opbyde

とうえい 投影 skygge, projektion —する projicere [på] —器(スライドなどの) projektor

とうか 灯火 belysning —管制 mørklægning

どうか 同化 assimilation —する assimilere —作用 anabolisme

どうか 銅貨 kobbermønt

どうか (ぜひ・なんとか) for enhver pris …か— [om det er sådan at...] eller ej —かしている ngt. er galt/forkert med

とうかいする 倒壊する falde ned

どうかせん 導火線 lunte (誘因) anstiftelse

とうかつ 統括 generalisering —する generalisere

とうがらし 唐辛子 cayennepeber

どうがん 童顔 barneansigt

とうき 冬期 vintersæson

とうき 陶器 keramik, lertøj —の keramisk —工場 keramikerværksted, keramisk fabrik (陶芸) den keramiske kunst

とうき 登記 registrering —する registrere, få registreret —所 registreringsbureau, registreringskontor

とうき 投機 spekulation —で på spekulation, i spekulationshensigt —する spekulere —師 spekulant

とうき 騰貴 prisstigning —する stige, gå op [med]

とうぎ 討議 drøftelse, diskussion, debat —する diskutere, debattere

どうき 動悸 hjertebanken —がする banke om hjerte

どうき 動機 motiv, grund, bevæggrund —を与える motivere —のない umotiveret

どうぎ　動議　motion, lovforslag　緊急— presserende motion　—を提出する motionere
どうぎ　道義　moralprincip, etik
どうぎご　同義語　synonym
とうきゅう　等級　grad, klasse　—をつける gradere, ordne gradvis（分類する）klassificere, inddele i grupper
とうきゅう　投球　boldkastning （野球の投手）boldkaster
とうぎゅう　闘牛　tyrefægtning　—士 tyrefægter, matador
どうきゅう　同級　samme klasse　—生 klassekammerat
とうぎょ　統御　regerende, forvaltning, kontrol
どうぎょう　同業　samme slags forretning, lige forretningsvirksomhed　—組合 handelsforbindelse inden sammevirksomhed　—者(個人) kollega, arbejdskammerat
とうきょく　当局　ansvarlige myndighederne　学校—skolemyndighederne
どうきょ・する　同居する　bo sammen, dele bolig　—人 logerende （間借り・間貸しする）logere
どうぐ　道具　værktøj, redskab （器械）apparatur（器具）instrument （家具）møbel, møblement　—箱 værktøjskasse
どうくつ　洞窟　grotte
とうげ　峠　bjergpas （危機）krise （絶頂）højdpunkt, top　—を越す gå over et pas（危機を過ぎる）komme over en krise
どうけ　道化　lystighed, løjer （おどけた）løjerlig　—師 klovn　—師を演ずる spille klovn, klovne　—芝居 farce
とうけい　東経　østlig længde
とうけい　統計　statistik　—学 statistik　—上の statistisk　—学者 statistiker
とうげい　陶芸　den keramiske kunst
どうけん　同権　ligestilling, lige rettighed　男女—

ligestilling for mand og kvinde, kønnenes ligeberettigelse

とうこう 投稿 indlæg (寄稿) bidrag ―する bidrage med artikler, skrive artikler for ―者 bidragyder

とうこう 登校 skolegang ―する gå i skole ―拒否症 skolefobi

とうごう 統合(統一) enhed (結合) sammenslutning, sammensætning ―する forene, sammenslutte, sammensætte

どうこう 瞳孔 pupil

どうこう・する 同行する gøre os selskab, gå tilsammen ―者 selskab (お供) følgesvend

とうさ 踏査 udforskning ―する udforske

どうさ 動作 rørelse, bevægelse (振る舞い) opførsel, manér

とうざいなんぼく 東西南北 øst, vest, syd og nord

とうさく 盗作 plagiat

どうさつ 洞察 indsigt, indblik ―力のある fremsynet, forudseende

とうざ・の 当座の(一時の) lejlighedsvis, midlertidig (今の) nuværende ―は for nærværende ―しのぎに som lejlighedsvis hjælp, for at klare sig fremover ―預金 checkkonto

とうさん 倒産 konkurs, insolvens ―した insolvent ―する gå konkurs

どうさん 動産 løsøre, personlig ejendom 不― fast ejendom

どうざん 銅山 kobbermine

とうし 投資 investering, placering 〔af penge〕 ―する investere, placere penge ―信託 investeringsforening

とうし 凍死 død af kulde (植物の) kuldedød ―する fryse ihjel, dø af kulde

とうし 闘志 kamplyst, kampglæde ―満々な kamplysten

とうじ 冬至 vintersolhverv

とうじ 当時〔は〕 dengang, på den tid —の datiden, daværende

とうじ 答辞 svarsanførelse —を述べる fremføre en hilsen til svar

とうじ 湯治 kurbad〔ved varm kilde〕

どうし 動詞〈文法〉verbum, udsagnsord 他— transitiv verbum 自— intransitiv verbum

どうし 同志 kammerat（仕事上の同僚）kollega

どうじ 同時 samtidighed —に samtidig med, ved samme lejlighed —の simultan（一時に）på én gang, på samme gang —通訳 simultantolkning —通訳する simultantolke —性の synkronisk

とうじしゃ 当事者 vedkommende, den pågældende（利害関係者）de interesseret, interessenter (pl.)

どうじだい・に 同時代に under samme tidsalder —の samtidig —の人 hans samtid

とうじつ 当日 den pågældende dag

どうして（なぜ）hvorfor, af vilken grund（どうやって）hvordan, hvor〔ledes〕, på vilken måde —も（ぜひ）uanset hvad, for enhver pris（無条件で）uvilkårligt（必ず）ufejlbarlig

とうしゃ 謄写〔版〕mimeograf —する mimeografere

とうしゅ 党主 partiformand, partileder

とうしゅ 投手(野球の)〔bold〕kaster

とうしょ 投書 indlæg〔i avis/blad〕, indsendelse —する indsende —欄 læserbreve —者 indsender

とうしょう 凍傷 forfrysning, frost 足の— forfrysninger i fødderne

とうじょう 登場〔scene〕optræden, fremtræden —する optræde〔på scene〕, fremtræde —人物 de optrædende 初—（デビュー）første optræden

とうじょう 搭乗 ombordstigning —券 boarding kort/pas —手続き check-in

どうじょう 同上 ditto —の ens, ensartet, forskelsløs, lig〔med〕

どうじょう 同情 medfølelse, medlidenhed, sympati

—する have medlidenhed, sympatisere〔med〕—者 sympatisør —心のある varmhjertet, medlidende
とうしん 刀身 sværdklinge
とうしん 答申 betænkning
どうしん 童心 barnesind
とうすい 陶酔 beruselse, rus, ekstase —する beruse, få sig en rus
どうせ （結局）til slut, i alle fald, hvor som helst
とうせい 統制 kontrol, regulering —する regulere, kontrollere —経済 planøkonomi
とうせい 当世 nutid, vor tidsalder —風の nutidig, moderne
どうせい 同棲 samliv
とうせつ 当節 nu til dags, i vore dage
とうせん 当選（選挙に）valgsejr —する blive valgt ind, valget faldt på, vinde en valgkamp（懸賞に）vinde pris —者 valgte kandidat（懸賞の）pristager
とうぜん 当然 naturligvis, selvfølgelig —の tilbørlig, behørig （自然の）naturlig
どうせん 銅線 kobbertråd
どうぞ værsgo —お座り下さい værsgo at tage plads —よろしく mig en fornøjelse
とうそう 逃走 flugt —する flygte, desertere, bortrømme —者 desertør, afhopper, flygtning
とうそう 闘争 kamp, strid —する stride, kæmpe
どうそう 同窓 skolekammerat —会 elevforening
どうぞう 銅像 bronzestatue
とうそつ 統率 kommanderende, herredømme —する kommandere, herske, styre —者〔be〕hersker, ledere
とうた 淘汰（生物の）udvalg （解任）afsked —する vælge ud
とうだい 灯台 fyr〔tårn〕—守 fyrpasser, fyropsynsmand
どうたい 胴体 krop, legeme 手足のない— torso （船・飛行機などの）skrog
とうたつ 到達 ankomst, opnåelse —する ankom-

me, opnå, nå
とうち 統治 herredømme, regering —する regere, herske —権 suverænitet —者 hersker, regent (総督) statholder
とうちゃく 到着 ankomst, fremkomst —する ankomme, nå frem —空港 indrejselufthavn
とうちょう 盗聴(電話の) telefonaflytning
とうてい 到底(どうしても) ingenlunde, slet ikke (まったく) fuldkommen, totalt, absolut (どうせ) til slut, i alle fald, hvor som helst
どうてん 同点 udligning —にする udligne
とうと・い 尊い(尊敬すべき) fornem, respektabel (高貴な) ædel, nobel (神聖な) hellig (貴重な) værd, værdig, dyr —ぶ(尊敬する) beundre, respektere, agte (価値を認める) værdsætte, sætte pris på
とうとう 到頭(ついに) endelig, til slut/sidst, omsider
どうとう 同等 ligestilling —の ligestillet, sidestillet, lige —に lige
どうどう・たる 堂々たる statelig, pragtfuld, storslået —と(公然と) åbent, offentlig 正々—と ærligt, værdigt
とうとうと 滔々と(流暢に) veltalende, velartikuleret (水が) hurtig〔t〕, hastig〔t〕, flydende —しゃべる tale flydende/veltalende, tale ustandseligt
どうとく 道徳 moral, dyd, sædelighed, moralitet, (教科の) moralopdagelse —的な moralsk, dydig, sædelig —家 moralist
とうとつに 唐突に pludseligt, uventet
とうとぶ 尊ぶ(尊敬する) respektere, beundre, agte
とうなん 東南 sydøst —の sydøstlig
とうなん 盗難 tyveri (強奪) røveri —に会う blive tyvstjålet (盗人) tyv —保険 tyveriforsikring —品 tyvekoster (pl.)
とうに (以前に) for længe siden (すでに) allerede
どうにゅう 導入 indføring, introduktion, indledning —する introducere, indføre

とうにょうびょう 糖尿病〈病〉sukkersyge, diabetes
とうにん 当人 den pågældende person
どうねん 同年 samme år （年齢が）samme alder —である være lige gammel, være jævnaldrende
とうの 当の førnævnte, pågældende
とうは 党派 klike, fraktion
とうばん 当番 tur, vagt —の vagthavende, tjenestegørende
どうはんが 銅版画 kobberstik, dybtryk
どうはん・する 同伴する følge med, ledsage —者 følgesvend, ledsager
とうひ 逃避 flugt, rømning —する flygte, rømme （消え去る）forsvinde
とうひょう 投票（行為）afstemning （票）stemme —権 stemmeret, valgret —する foretage afstemning, stemme, afgive sin stemme —用紙 stemmeseddel —所 valglokale —数 stemmetal
とうふ 豆腐 sojakage
とうぶ 頭部 hoved
どうふうする 同封する vedlægge —の vedlagt —物 vedlagte
どうぶつ 動物 dyr （獣）bæst, vilddyr —園 zoo —学 zoologi —的な dyrisk
とうぶん 当分（しばらく）lige for tiden, gennem ngn. tid —の（当座の）midlertidig, forløbig
とうぶんする 等分する halvere
とうべん 答弁 svar, besvarelse
とうぼう 逃亡 flugt, rømning —する flygte, rømme （消え去る）forsvinde —者 rømningsmand, desertør
とうまわしに 遠回しに →とおまわしに
とうまわり 遠回り →とおまわり
とうみつ 糖蜜 honning
どうみゃく 動脈〈医〉arterie
とうみん 島民 øbo
とうみん 冬眠 overvintring —用の穴 hi —する ligge i hi
とうめい 透明 gennemsigtighed, klarhed —な gen-

nemsigtig, klar, transparent　半—な halvgennemsigtig, gennemskinnelig
どうめい　同盟 alliance, forbund（連合）union　—を結ぶ indgå forbund, alliere sig med
どうも　—ありがとう mange tak　先日は— tak for sidst（とても）meget, helst
とうもろこし　〈植〉majs
どうやら　—こうやら på alle〔mulige〕måder, på enhver måde（かろうじて）knap og nap, netop, knebent（どうも…らしい）formodentligt være så
とうよう　東洋 Østen, orient　—人 østerlænding, orientaler, asiat　—史 østerlandsk historie
とうよう　登用 udnævnelse　—する udnævne〔en til〕
どうよう　動揺 rystelse, dirren（心の）sindsbevægelse　—する ryste, dirre（船がたてゆれする）duve, hugge（船がよこゆれする）rulle（心が）ryste, chokere, oprive, oprøres〔over〕
どうよう　童謡 børnesang, børnerim（子守り歌）vuggesang, vuggevise
どうよう・の　同様の samme … som, lignende, lige — に ligeledes, ligeså, det samme
どうらく　道楽(放蕩) udsvævelse, forlystelsessyge（浪費）ødselhed（浪費する）〔bort〕ødsle, spilde（趣味）hobby, fritidsinteresse　—者 forlystelsessygmand, udsvævende person
どうらん　動乱 optøjer (pl.), tumult　—を起こす lave optøjer/tumult
とおり　通り →とおり
どうり　道理(条理) rimelighed, fornuft　—で derfor, følgelig, altså　—のある rimelig, fornuftig
…どうり　通り →とおり
とうりかかる　通りかかる →とおりかかる
どうりょう　同僚 kollega, kammerat
どうりょく　動力 kraft, drivkraft　—計 kraftmåler
とうる　通る →とおる
どうろ　道路 gade, vej　—工事 vejarbejde　—建設 vejbygning　—舗装 vejbelægning　—標識 vejskilt,

vejviser ―ローラー vejtromle ―公団 vejvæsenet

とうろく 登録 registrering, indskrivning ―する registrere, indskrive ―商標 registreret varemærke

とうろん 討論 debat, diskussion ―する debattere, diskutere ―会〔場〕 forum

どうわ 童話 eventyr, fabel （北欧伝説） saga

とうわく 当惑(困惑) forlegenhed, bryderi （迷惑） besvær, ærgrelse, fortrædelighed ―する blive forlegen, brydes, være rådvild/rådløs ―した forlegen, pinlig, pinefuld ―させる forvirre, desorientere

とお・い 遠い fjern〔fra〕, fjerntliggende ―さ afstand

トーキー talefilm

とおく 遠く(場所) fjernt sted ―に fjernt

とおざかる 遠ざかる fjerne sig

とおざける 遠ざける holde afstand （締め出す） lukke én ud

とおす 通す lade passere, lade komme forbi, slippe forbi 突き― trænge igennem （入れる） slippe ind （注ぐ） hælde （案内する） vise〔gæst〕til （貫徹する） gennemføre, virkeliggøre （眼を） se/kigge igennem （継続する） fortsætte （ちょっと前を通して下さい） undskyld, må jeg lige komme forbi

トースター brødrist〔er〕

トースト ristet brød

ドーナツ munkering, doughnut

トーナメント turnering

とおまわし・に 遠回しに antydningsvis, indirekte ―の forblommet, ad omveje, indirekte

とおまわり 遠回り omvej, sidevej ―する gå/gøre/køre en omvej

ドーム kuppel, hvælving

とおり 通り gade, vej …通り allé ―越す passere, overhale …のいう―にする gøre som ngn. siger

とおりかか・る 通りかかる passere〔tilfældigt〕 ―りに i forbigående （途中で） på vejen

とおる 通る passere, gå igennem （試験に） bestå

〔eksamen〕
とか og/eller sådan ngt., såsom, for eksempel, blandt andet, ngn. lignende, et eller andet A—B— A og B og den slags
とかい 都会 storby
とかく ofte, tit, hyppig〔t〕 —の tvivlende, tvivlsom
とかげ 蜥蜴〈動〉firben
とかす 溶かす(熱で) smelte (水など液体で) opløse
とかす 梳かす(髪を) rede 〔håret〕
どかた 土方 kropsarbejder
とがめ 咎め beskyldning, bebrejdelse —る beskylde, bebrejde
とがらす 尖らす skærpe, hvæsse (口を) surmule, være sur (神経を) blive nervøs
とき 時(時間・時刻) tid, tidspunkt, tidsrum …した— da …する— når (場合) lejlighed, i fald (時代) tidsalder —がくれば i tidens fylde
ときどき 時々 sommetider, nu og da, af og til, undertiden, ofte, tit
どきまぎする blive forvirret, brydes, blive rådvild
どきょう 度胸 mod, mandshjerte —のある tapper, frygtløs, modig —のない frygtsom, bange
ときょうそう 徒競争 løbekonkurrence
とぎれ・る 途切れる blive afbrudt —とぎれの(断続的な) tilbagevendende, uregelmæssig —とぎれに rykvis, stødvis
とく 解く(ほどく) løsne, løse (鎖りをはずす) løse af (問題・疑問を) løse〔problem/gåde〕(疑念を晴らす) klare, sprede (取り除く) ophæve (武装を解除する) afvæbne (解放する) frigøre (取り消す) annullere
とく 説く(説明する) forklare, oplyse, gøre rede for (説得する) overtale, overtyde (述べる) tale om, berette (説教する) prædike, forkynde
とく 得 profit, fortjeneste, besparelse (利点) fordel —する profitere, tjene, spare —な fordelagtig, profitabel

とく 徳 dyd —のある dydig, sømmelig
とぐ 研ぐ(砥石で) slibe, hvæsse (磨く) polere, blanke, pudse お米を— vaske/polere ris
どく 退く(のく) gå ud, vige, bakke
どく 毒 gift —がある være giftig —を盛る lægge gift for —ガス giftgas —ガスにやられる gasforgifte —草 giftplante —へび giftslange
とくい 得意〔éns〕styrke, stærke side (失意に対し) triumf, fremgang (自慢) stolthed —になって triumferende, stolt af お—さん fast/stam kunde
どくがく 独学 selvstudium —の selvlært
どくガス 毒ガス →どく(毒)
とくぎ 特技 specialitet, udmærkende kraft/evne —の持ち主 specialist, ekspert
どくさい 独裁 diktatur —的な diktatorisk —者 diktator
とくさく 得策 en god politik, klok fremgangsmåde —な tilrådelig, velbetænkt
どくさつ 毒殺 dødende med gift, forgiftning —する døde med gift, forgifte
とくさん〔ぶつ〕 特産〔物〕 specialprodukt〔er〕
とくしつ 特質 karakteristik, særegenhed, særpræg, egenart (個性) individualitet
とくしゃ 特赦 amnesti, tilgivelse —を与える give én amnesti
どくしゃ 読者 læser (新聞・雑誌の購読者) abonnent, subskribent —欄 indsendersspalte
とくしゅ・な 特殊な speciel, egen, original —化する specialisere —性 speciel karakteristik, originalitet
どくしょ 読書 læsning —する læse bøger —家 en som elsker at læse bøger (本の虫) læsehest, bogorm, boglus —力 læsbarhed
どくしょう 独唱 vokalsolo —する synge solo —者 vokalsolist
とくしょく 特色 særpræg, kendetegn —のある speciel, karakteristisk —のない farveløs
とくしんする 得心する være tilfreds med, være for-

nøjet
どくしん・の 独身の ugift —者(男) ugift mand, ungkarl (女) ugift kvinde —生活 aleneliv
どくせん 独占 monopol, privilegium, eneret —する have monopol på, monopolisere
どうぜんてきな 独善的な selvretfærdig
どくそう 独創 originalitet, oprindelighed —的な original, oprindelig —力 skaberevne, skaberkraft
とくだね 特種(新聞などの) godt stof, scoop
どくだん 独断 egenmægtig beslutning (学説の) dogma, selvsikkerhed —的な egenmægtig, dogmatisk, selvsikker
とぐち 戸口 ind-/udgang, yderdør
とくちょう 特徴 særligt kendetegn/træk, karakteregenskab (個性) individualitet —のある karakteristisk, egenartet, fremtrædende
とくてん 特典 privilegium, prioritet, særret〔tighed〕
とくてん 得点(競技の) point (学校の) karakter サッカーなどで—する score et mål
とくとう 特等 speciel grad —品 førstklassesvarer (pl.) —席 den bedstepladsen (指定席) reserveret plads
とくとうびょう 禿頭病〈病〉håraffald, skaldethed
どくとく 独特 særegenhed —の særlig, særegen, original
とくとくの 得々の stolt, storsnudet
とくに 特に særligt, specielt, i særlig grad
とくばい 特売 realisering, realisation, udsalg —品 realisationsvarer (pl.) —価格 realisationspris —場 udsalgsdisk
どくはく 独白 monolog
とくは・する 特派する udsende en journalist —員 speciel/udsendt korrespondent
とくべつ 特別 ngt. særligt/specielt —の/な særlig, speciel (例外的な) ekstraordinær, undtagelses-, eksempelløs (余分の) ekstra, overflødig —に særligt,

specielt 　一号 særnummer
とくぼう 　徳望 moralsk indflydelse
とくほん 　読本 læsebog （教科書）lærebog
とくめい 　匿名 anonymitet 　一の anonym 　一で anonymt, inkognito
どく・やく 　毒薬 gift へびなどの一液 edder 　一素 toksin
とくゆうの 　特有の karakteristisk, særegen
とくよう・の 　徳用の økonomisk, sparsommelig 　一品 økonomiske artikler (pl.)
どくりつ 　独立 selvstændighed, uafhængighed, frihed （自活）selvforsørgelse 　一の selvstændig, uafhængig 　一する blive selvstændig/uafhængig 　一心 selvstændighedsfølelse 　一記念日 nationaldag, grundlovsdag
どくりょく・の 　独力の selvstændig, uafhængig 　一で med egen kraft, uden andens hjælp, selv
とげ 　（バラなどの）torn （金属の）pig （木・竹などの細片）splint 　一のある tornet, pigget
とけい 　時計 ur 掛け一/置き一 klokke 懐中一 lommeur 腕一 armbåndur 　一の針 urviser 　一屋 urmager
とける 　溶ける(熱で) smelte （雪・氷・冷凍食品などが）tø〔op〕
とける 　解ける(ほどける) løsne sig, gå løs〔op/af〕（疑いが）blive spredt （問題が）blive løst （怒りが）blive formildt
とげる 　遂げる fuldbringe, fuldbyrde, gennemføre
とこ 　床(寝床) seng 　一につく gå i seng （ゆか）gulv 　一の間 niche
どこ 　何処 hvor 　一か et eller andet sted 　一へ/に hvorhen 　一から hvorfra 　一まで hvortil 　一も overalt, alle steder 　一もない ingen steder 　一でも hvor som helst
とこう 　渡航 sørejse 　一する rejse udlandet 　一者 sørejsende
どごう 　怒号 vræl （野獣などの）brøl （歓呼などの）hyl 　一する vræle, brøle

とこや 床屋(人) frisør, barber （店）frisørsalon, barberstue

ところ 所(場所) plads, sted （地方）distrikt, område （現場）skueplads, scene（住所）adresse, boplads（時点）tidspunkt（場合）fald, lejlighed —が(しかし) men, alligevel, imidlertid —で for resten, iøvrigt, apropos —どころ her og der —により雨 lokal regn, stedvis regn

…どころか （反対に）omvendt, tværtimod, langt fra, snarere

どさくさ urede, uorden, forvirring —まぎれに i øjeblikkets forvirring, i broget forvirring

とざす 閉ざす lukke, spærre （鍵をかける）låse

とさつ 屠殺 slagtning —する slagte —場 slagteri

とざん 登山 bjergbestigning —する klatre i bjerg, bestige —家/者 bjergbestiger —鉄道 bjergbane

とし 年(年齢) alder （暦の）år —をとる blive gammel —下 en der er yngre, junior —上 en der er ældre, senior —寄り ældre person, den gamle

とし 都市 by —計画 byplanlægning —開発 byfornyelse —生活 byliv

とじこめる 閉じ込める spærre inde, fængsle

としごろ 年頃(年配) alder （婚期）giftefærdig alder （青春期）ungdom（思春期）pubertet

として som …の印を, som et udtryk for（…の資格で）i egenskab af

とじまり 戸締り at låse/bolte 〔dørene〕

どしゃぶり 土砂降り øsregn, skybrud （豪雨）styrtregn —に降る øsregne, skylregne

としゅ 徒手 tomhændet, ubemidlet —体操 fri gymastik

としょ 図書 bøger —閲覧室 læsesal —館 bibliotek —館員/司書 bibliotekar —目録 bibliografi

どじょう 泥鰌 〈魚〉smerling

どじょう 土壌 jord （野原）mark

とじる 閉じる lukke （終える）slutte

とじる 綴じる(本を) binde 〔bøger〕ind, hæfte （縫

う）sy〔sammen〕
どすう 度数 frekvens, antal gange ―計 frekvensmåler
どせい 土星 Saturn
どだい 土台 grund, fundament, basis
とだな 戸棚（食器・本などの）skab med hylder （納戸）garderobe（整理たんす）kommode
どたばたきげき どたばた喜劇 lavkomisk stykke
トタン zink, galvaniseret jern ―板 zinkplade ―屋根 zinktag
とたんに 途端に i samme øjeblik〔som〕
とち 土地 mark, stykke land, grund （宅地）byggegrund （地所）gods （不動産）fast ejendom （地方）distrikt, område
どちゃくの 土着の indfødt, indenlandsk ―人 en indfødt
とちゅう・で 途中で på vej, undervejs （中途で）halvvejs ―で引き返す vende om på halvvejen ―下車する gøre ophold/afbrydelse
どちら hvilken ... eller ―の方向 hvilken retning ―へ hvorhen ―か en af de to, enten ... eller ... ―も begge de to ―も…でない ingen af de〔to〕, hverken ... eller ... ―に hvorhenne ―さま hvem
とっか 特価 speciel pris 割引き― nedsat pris, underpris ―売り出し realisation
とっかんこうじ 突貫工事 hurtigt/presserende arbejde ―をする haste arbejde
とっきゅう 特急〔speciel〕eksprestog, intercitytog
とっきょ 特許 patent ―料 patentafgift ―庁 patent bureau ―権 patentrettighed ―を出願する anmelde et patent ―を取る patentere, tage patent på
とつぐ 嫁ぐ gifte sig med, blive gift
ドック dok ―に入る gå i dok
とつげき 突撃 stormangreb, stormløb ―する storme løs på ―隊 stormtropper (pl.)
とっけん 特権 privilegium, særrettighed ―階級 privilegeret klasse

とっこうざい 特効剤 særligt middel
とっさに snart, øjeblikkelig〔t〕
とっしゅつ 突出 fremspring —する skyde 〔op/frem〕, rage frem —した udstående
とっしん 突進 tilstrømning, ryk —する skynde sig, styrte 〔sig〕, starte voldsomt
とつぜん・に 突然に pludselig, uventet （唐突に）tvært, uformodet —変異(生物の) mutation
とって 取っ手 håndtag （ドアの）dørhåndtag
とっておく 取って置く(保存する) bevare, beholde (予約する) reservere (別にしておく) lægge fra ngt. til, lægge hen (貯える) spare, bevare
とってかわる 取って代る erstatte, opveje
とってくる 取って来る hente （取りもどす）apportere
とっぱつ 突発 udbrud —する bryde løs/frem —的な/に pludselig, uventet
とっぴな 突飛な ekstravagant, mærkværdig （風変りな）besynderlig, underlig, ejendommelig （向う見ずの）hensynsløs, djærv, frejdig, forvoven
トップ top, højdepunkt —に立つ toppe
とっぷう 突風 vindstød
とつめん 凸面 konveks flade —の konveks （ふくらんだ）buget, udbuet —レンズ konveks linse
どて 土手 banke, flodbred, åbred
とてい 徒弟 lærling —教育 lærlingeuddannelse
とても （どうしても…ない）under ingen omstændigheder, ingenlunde （まったく）aldeles, ydelig （非常に）meget, særdeles —よい udmærket, fortræffelig
ととう 徒党 liga, bande
とど・く 届く(到着する) ankomme til, nå〔til〕（到達する）nå〔frem til〕(願いなどが) gå i opfyldelse, blive realiseret —ける levere, aflevere, sende, videregive —け先 modtager〔på brev/pakke〕
とどこおる 滞る(荷物などが) blive forsinket
ととの・う 整う(準備が) blive forarbejdet/forbere-

det, være færdig（整頓される）blive arrangeret/bragt i orden（調整される）blive reguleret/justeret 一える(準備する) forarbejde, forberede〔sig〕(整頓する) ordne, bringe i orden, arrangere（調整する）regulere, justere（まとめる）sammenfatte

とどまる （止まる）standse, opholde sig （残留する）stå tilbage, forblive, være tilbage

とどろ・く 轟く drøne, dundre （反響する）runge, genlyde（胸が高鳴る）banke, slå 一き bulder, brag, knald

となえる 唱える recitere, fremsige

となかい 〈動〉 ren, rensdyr

どなた hvem

となり 隣 nabo, den ved siden af （隣人）noboskab（隣家）nabohus 一の nabo- 一近所 nabolag

どなる 怒鳴る brøle, skrige, råbe

とにかく i al/alt/alle/hvert fald （…は別として）bortset fra, med undtagelse af, undtagen

どの hvilken, hvad 一…も hver, hvilken som helst, alle 一…もない ingen 一くらい(数) hvor mange（量）hvor meget（距離）hvor lang（時間）hvor længe

どのみち hvor som helst, i alle fald

…とは （…としては）for at være（それほどは…ない）inte så meget 一意外(そんなはずはない) hvor skulle… 一遺憾 jeg beklager at, jeg har ondt af 一いえ ikke desto mindre, uagtet, skønt

とばく 賭博 hasardspil 一者 hasardspiller （山師）jobber, spekulant

とばす 飛ばす(揚げる) sætte op, hisse, lade flyve（風が）blæse bort（まき散らす）strø, sprede（水を）stænke（省略する）hoppe, udelade, udelukke（急がす）skynde på en

とばっちり stænk （そばづえ）at blive indblandet i〔besvær〕 一を食う blive indblandet i〔besvær〕

とび 鳶〈鳥〉glente 一の者(火消し) brandman 一職人 bygningsarbejder

とびあがる 飛び上がる(空に) svinge sig op i luften,

svæve i luften (はねあがる) hoppe (鳥が) flyve, flygte (飛行機が) flyve op, løfte (驚いて) springe op
とびいし 飛び石 trædesten i vand
とびうお 飛び魚 〈魚〉 flyvefisk
とびおりる 飛び降りる hoppe ned
とびかかる 飛びかかる springe på, overfalde
とびこ・む 飛びこむ hoppe ind [i] (水中に) dykke ned ―み(水上競技の) dykning ―み板 vippe
とびだす 飛び出す (いそいで) skynde sig ud [fra], fare ud af (飛行機が) løfte, starte (逃げる) flygte, stikke af (突出する) skyde op (突き出す) skyde ngt. frem (走り出す) springe ud, løbe op
とびたつ 飛び立つ flyve [op] (鳥が) flagre, flyve, baske [med vingerne]
とびのく 飛び退く (後ろへ) trække sig tilbage, rykke tilbage (わきへ) hoppe til side
とびはねる 飛び跳ねる hoppe op og ned
とびひ 飛び火 gnister, ild der springer [fx fra et hus til et andet]
とびまわる 飛び回る (空中を) flyve omkring (はねまわる) hoppe omkring (駆けまわる) springe omkring
とびら 扉 dør (本の) titelblad
どびん 土瓶 tepotte af ler
とぶ 飛ぶ flyve op (風で) blæse bort (跳ぶ・はねる) hoppe, springe (跳びこえる) hoppe over
どぶ 溝 dige, rende, grav (排水溝) [afløbs]rende
とふする 塗付する male, smøre på (こする) gnide, gnubbe
とほ 徒歩 gåtur ―する bevæge sig til fods ―旅行者 vandrer
とほう・もない 途方もない overordentlig, enorm, umålelig (すばらしい) udmærket, fortræffelig (ばかげた) absurd, urimelig, dum ―にくれる være forvirret/rådvild
どぼく・こうがく 土木工学 byggevidenskab, bygningsingeniørvidenskab ―技師 bygningsingeniør ―工事

byggearbejder (pl.)
とぼしい 乏しい knap, sparsom （不足）brist, afsavn（欠けている）bristende, ufuldstændig
とぼとぼ —歩く trisse, jokke, labbe, lunte
どま 土間 jordgulv （劇場の）parketter (pl.)
トマト tomat —ピュレ tomatpuré
とまりぎ 止まり木〔sidde〕pind
とまる 止まる(停止する) stoppe〔ved〕, standse （とどまる）opholde sig et sted, være anbragt på（鳥などが）slå sig ned〔på en gren i træet〕, klatre op på pind
とまる 泊まる overnatte på/ved, ligge for anker （投宿する）tage ind på et hotel
とみ 富 rigdomme, værdier （富裕）velstand
とむ 富む blive rig/formuende （豊富である）være rig på, være velhavend （富ませる）berige
とむら・い 弔い begravelse （葬式・埋葬）begravelse, jordefærd（埋葬する）begrave, jordfæste —う sørge over —いに行く deltage i begravelse
とめがね 止め金(くつの) skospænde
とめる 止める(停止させる) stoppe, standse （機械などを）koble fra（電気など）bryde af, slukke（ランプなどを）slukke（水・ガス・ラジオなど）slukke for（固定する）fæste（抑止する）forhindre, hæmme（引き留める）opholde, holde tilbage（禁止する）forbyde
とめる 泊める lade overnatte, give ly for natten, logere
とめる 留める holde tilbage
とも 友(友人) ven, kammerat （伴侶）partner, medejer（仲間）kammerat
とも 供(従者) følgesvend, ledsager （随行員）suite おーする ledsage
とも （船尾）hæk —の方に/へ agter〔ud〕
ともかく i hvert fald
ともす 点す(火を) tænde （燃やす）brænde
ともだち 友達 ven, kammerat （伴侶）partner, medejer（仲間）kammerat —になる blive venner〔med〕

ともなう 伴う …に— ledsage, følge med, akkompagnere …を— tage ngn. med sig, få følgeskab af (歩調を合わせる) holde trit med en

ともに 共に(一緒に) sammen med (両方共) begge (同様に) ligeledes, på samme måde

ともばたらき 共働き at begge ægtefæller har udearbejde

ども・る 吃る stamme —ること stammen —りの stammende —りの人 stammer

どようび 土曜日 lørdag

とら 虎 〈動〉 tiger —の皮 tigerskind

どら 銅鑼 gongong

とらいする 渡来する indføres

ドライブ køretur i bil

とらえる 捕える fange, gribe (逮捕する) arrestere (捕虜にする) tilfangetage, tage én til fange

トラクター traktor

トラスト (企業合同) trust

トラック (貨物自動車) lastbil, lastvogn (競走路) løbebane —競技 løbekonkurrencer (pl.)

トラホーム 〈病〉 trakom

ドラマ drama

ドラム 〈楽〉 tromme —を叩く slå på tromme

トランク (スーツケース) kuffert (自動車の) bagagerum

トランジスター transistor —ラジオ transistorradio

トランプ spillekort —をする spille kort —を切る blande kort —を配る give kort —で一人占いをする spå i kort

トランペット trompet —奏者 trompeter, trompetist —を吹く trompetere

とり 鳥 fugl (にわとりなど家禽) fjerkræ, høns (めんどり) høne (鶏小屋) hønsehus —かご fuglebur —肉 kød af fjerkræ —の声 fuglesang —のさえずり fuglekvidder

とりあげる 取り上げる(手に) tage op (採用する) antage, modtage (導入する) indføre (聞き入れる)

acceptere〔et synspunkt〕, godkende (奪う) snuppe/stjæle fra en anden (没収する) konfiskere, lægge beslag på
とりあつか・う 取り扱う(人を) behandle, modtage (物を) håndtere (面倒を見る) pleje, sørge for (処理する) udøve, håndtere, tage hånd om (利用する) anvende (行う) handle, bære sig ad —い(人の) behandling, modtagelse (物の) håndtering —い注意 behandles med forsigtighed
とりいれる 取り入れる indoptage, overtage
とりえ 取り柄(長所) fortjeneste, fordel, fortrin (強み) styrke (価値) værd
トリオ trio
とりかえ・す 取り返す tage tilbage, genvinde (意識・生命などを) opvække (埋め合わす) erstatte, kompensere —し tilbagehentning, genvindelse〔af sine kræfter〕, (健康などの回復) restitution —しのつかない uigenkaldelig, uomgængelig, uoprettelig
とりかえる 取り替える(交換する) bytte ngt. for ngt. andet, udskifte, veksle (新しくする) forny, istandsætte (代りを入れる)erstatte ngt. med ngt. andet.
とりかこむ 取り囲む omringe, omgive, indkredse (兵力で) belejre, indeslutte
とりきめ 取り決め arrangement, anordning, aftale overensstemmelse
とりく・み 取り組み(相撲などの) match, tvekamp (取組表) program —む stille op mod (組みつく) brydes, kæmpe med
とりけ・す 取り消す(約束・会合などを) aflyse (命令・注文などを)afbestille (撤回する) tilbagekalde (やめる) inddrage (言葉・告白などを) tilbagekalde —し aflysning, afbestilling (行事などの) inddragning (免許など) tilbagekaldelse
トリコット trikotage
とりこわ・す 取り壊す(家など) rive ned, slå i stykker (破壊する) ødelægge, destruere —し riv-

ning, ødelæggelse
とりさる 取り去る tage bort, flytte〔ud〕
とりしまりやく 取締役 direktør, leder
とりしま・る 取り締まる kontrollere, styre（監督する）overvåge —り kontrol, styr
とりしらべ 取り調べ undersøgelse, granskning —る undersøge, granske
とりだす 取り出す tage ud
とりたてる 取り立てる(集金する) indkassere（税金など）inddrive（任用する）udnævne, ansætte（昇進させる）befordre
とりちがえる 取り違える(間違える) tage fejl, forveksle（誤解する）mistænke, misforstå
とりつ・ぐ 取り次ぐ(仲介する) formidle（来客を）vise én ind, anmelde —ぎ formidling, agentur（仲介人）formidler, agent（玄関番）vagtmandskab
とりつける 取り付ける anbringe, installere, opstille, montere
とりで 砦 borg, fæstning, skanse
とりなし 執り成し formidling, mægling
とりにく 鶏肉 hønsekød
とりのぞく 取り除く flytte ud, tage ngt. bort
とりひき 取引 handel, transaktion —先 kunde, forretningsforbindelse〔株式〕—所 børs —高税 omsætningsafgift
とりもどす 取り戻す tage tilbage, tage i besiddelse igen（意識・生命などを）opvække
どりょうこう 度量衡 vægt og mål
どりょうのひろい 度量の広い liberal, storsindet
どりょく 努力 anstrengelse, arbejdsindsats —する anstrenge sig, beflitte sig på at —家 slider, stræber
とりよせる 取り寄せる sende/skikke efter（注文する）bestille
とりわけ （特に・中でも）særlig〔t〕, fremfor alt, specielt
とる 取る(手に) tage op（つかむ）gribe, holde, fatte（得る）få, erholde 受け— modtage（賞を）

vinde（採用する）ansætte（導入する）indføre（占領する）indtage（奪う）berøve, fratage（盗む）stjæle, hugge（除く）tage ngt. bort, flytte ud（選ぶ）vælge ud, udse（購読する）abonnere（買う）købe（採取する）samle〔på〕, plukke（必要とする）behøve, fordre（予約する）reservere（解き明かす）tolke, forstå 事務を— udføre kontorarbejde —ものも取りあえず hovedkulds, over hals og hoved

ドル 弗 dollar —相場 dollarkurs

トルコ Tyrkiet —人 tyrk —語/の tyrkisk —石 turkis

どれ （どちら）hvilken —くらい hvor meget —か en eller anden —も dem allesammen, alle —もない ingen af dem —でも hvilken som helst（さて）nå

どれい 奴隷 træl（男）slave（女）slavinde —の身分/制度 slaveri, trældom —的な slavisk

トレーラー trailer, anhænger

とれる 取れる（ボタンなど）gå løs, gå af（熱など）forsvinde, udvindes fra,（果物など）give udbytte

どろ 泥 mudder, dynd（川底の）slam —だらけの mudret, dyndet —だらけにする mudre

とろう 徒労 forgæves anstrengelser —に帰する blive uden resultat, være forgæves

ドロップ （菓子）drops

どろぬま 泥沼 dynd, mudder, slam

トロフィー （賞牌）trofæ

どろぼう 泥棒 tyv, stjæler（山賊）bandit（強盗）røver —する stjæle, hugge（強奪する）røve

トロリーバス trolleybus, trolleyvogn

トロンボーン 〈楽〉trækbasun, trombone

トン （重量）ton —数 tnnnage

どんかく 鈍角〈数〉stump vinkel

とんかつ 豚かつ svinekotelet

どんかんな 鈍感な bevidstløs, følelsesløs, ufølsom

どんぐり 団栗 olden

とんち 頓知 snarrådighed, slagfærdighed

とんちんかんな usammenhængande, ulogisk（見当違

とんでもない 420

いの) uvedkommende （理に合わない） absurd, urimelig, uformuftig
とんでもない utænkelig〔形〕, overhovedet ikke〔副〕
どんどん hurtigt
どんな hvilken slags —に i hvilken grad —に…でも hvor som helst —ことがあっても under alle omstændigheder
トンネル tunnel
とんび 鳶〈鳥〉glente
どんぶり keramikskål
とんぼ 蜻蛉〈虫〉guldsmed —がえり（体操の）saltomortale（急転回）kolbøtte
とんま 頓馬 dumrian, fæhoved, tossehoved
とんや 問屋 grosserer, grossist
どんよく 貪欲 gerrighed, nærighed, grådighed —な gerrig, nærig, grådig

な

な 名(氏名) navn （個人名）personnavn （姓）familienavn —が売れる blive populær/berømt
なあて 名宛 adresse —人 adressat
ない 無い(否定) nej, ikke まったく— aldrig, slet ikke 存在し— det findes ikke 見当ら— have forsvundet （欠けている）savne, mangle （失う）miste, tabe
ないおうする 内応する(裏切る) forråde
ないか 内科 〔afdeling for〕intern medicin —医 læge
ないかい 内海 indlandssø, indsø
ないがいの 内外の ind- og udlands-
ないかく 内閣 regering, kabinet, ministerium —総理大臣 ministerchef, statsminister 連立— samlingsregering —改造 regeringsomdannelse —をつくる danne regering —が倒れる regeringen falder/går af

ないこうてきな 内向的な indadvendt
ないしょ 内緒 hemmelighed —の hemmelig, privat —で i al hemmelighed, privat
ないじょう 内情 familiehemmelighed, privatanliggende
ないしょく 内職 bibeskæftigelse, ekstraarbejde —をする udføre ekstraarbejde
ないしん 内心(心の中) indre —は i sit [inderste] hjerte (真意) virkelig hensigt
ないしんしょ 内申書 karakterbog
ないせん 内線(電話の) ekstraapparat
ないぞう 内臓 indre organer (pl.) (はらわた) indvolde (pl.)
ないち 内地 indre land
ナイチンゲール 〈鳥〉 nattergal
ないてい 内定 uformal/intern afgørelse
ナイフ kniv
ないぶ 内部 interiør, indre —の indre, indvendig —に inde[n] i, indvendig
ないふく・の 内服の for indvortes brug —薬 medicin for indvortes brug
ないふん 内紛 intrige, sammensværgelse
ないめん 内面 indre, interiør —的な/に indvortes
ないよう 内容(中味) indhold (意味) betydning, mening (実質) substans, hovedsag —見本(本の) prøveside
ないらん 内乱 borgerkrig (反乱) oprør
ナイロン nylon
なえ 苗(種からの) frøplante, spire —木 ung plante —床 frøbed, udsåningsbed
なお (さらに) mere, endnu mere (否定で) mindre, endnu mindre (まだ) stadig, stadigvæk, endnu
なおざりにする forsømme, blæse en lang march
なおす 直す(修正する) rette (修理する) reparere (やり直す) gøre om igen [så det bliver bedre] (改善する) råde bod på, bedre [sig]
なおす 治す(治療する) helbrede, kurere for

なおる 直る blive rettet, blive repareret
なおる 治る blive helbredet, blive kureret
なか 中 indre —で inde, indvendig, inden i / for, midt iblandt —でも blandt andet —側 inderside AとBの—で rummet/tiden mellem A og B —に ind i, ind（平均）gennemsnit —が空の hul —の詰った massiv
なか 仲 forhold mellem mennesker, relationer —が良い/悪い være/stå på god/dårlig fod med
なが・い 長い lang —めの langagtig —く（時間的に）længe —びいた langvarig —たらしい langsommelig, langstrakt, langtrucken —い間には（時がたてば）med tiden
ながいき 長生き langt liv —の langlivet, som lever længe —する leve længe（他人より）overleve, leve længere end
ながいす 長椅子 sofa （ベンチ）bænk
なかがいにん 仲買人 mægler
ながく 長く（時間的に）længe, i lang tid （永遠に）i al evighed —する（延ばす）forlænge —なる blive længere —かかる tage i lang tid
ながぐつ 長靴 støvle （ゴムの）gummistøvle
ながくつした 長靴下 strømpe
ながさ 長さ længde （全長で）i sin fulde længde —方向 længderetning
ながし 流し 〔køkken〕vask
ながす 流す hælde ud, lade flyde
ながそで 長袖 langt ærme
なかたがい 仲違い uenighed （割れ目）kløft, spalte
なかだち 仲立ち（仲介）formidling （仲立ち人）formidler, mellemhandler
なかなおり 仲直り forlig, forsoning —する forlige/forsone sig med
なかなかの betragtelig （かなり）betragteligt, temmelig
なかにわ 中庭 gårdsplads
ながねぎ 長ねぎ 〈植〉porre

なかば 半ば(半分) halvdel （中ごろ）midt —に midt i

ながび・く 長引く trække i langdrag, trække ud, forlænges （ぐずぐずする）tøve, dvæle （居残る）blive tilbage （遅れる）blive forsinket —かせる forlænge, forhale

なかま 仲間(交友) omgangskreds （知人）bekendt （同僚）kollega （同志）kammerat —に入る tilslutte sig, deltage i —に入れる antage en medlem

なかみ 中味 indhold, substans

ながめ 眺め udsigt, vue （風景）scene （全景）panorama —る betragte, se på, se ud over

ながもちの 長持ちの langtidsholdbar （耐久力のある）holdbar, hårdfør （忍耐力のある）tålmodig （衣類など磨耗に強い）slidstærk （病人など）leve længe

ながねん 長年 mange år

なかゆび 中指 langfinger 〈幼児語〉langemand

なかよ・く 仲良く på god fod med —し kammerat, god ven, venskab

…ながら （同時に）på samme tid som, mens, samtidig med at （けれども）selvom, skønt, på trods af at （共に）begge ... og ..., tilsammen

ながれ 流れ(水流) strøm af ngt. （風潮）trend, tendens （流派）skole （宗教上の）sekt （家系）nedstamning —る flyde, strømme （計画などが）tilintetgøre, give op —星 meteor, stjerneskud —弾 vildfarende kugle

なき 亡き afdød

なぎ 凪 vindstille

なきごえ 鳴き声(小鳥の) kvidren （獣の）brøl, vræl

なきごえ 泣き声 grådblandet røst, gråd

なく 鳴く(小鳥が) synge, kvidre （おんどりが）gale （犬が）hyle （ほえる）gø （ねこが）mjave （虫が）summe

なく 泣く(声をあげて) græde （涙を流して）græde øjnene ud af hovedet （すすり泣く）hulke （嘆き悲しむ）begræde （うめく）jamre （わっと泣き出す）briste

i gråd
なぐさみ 慰み adspredelse, fornøjelse
なぐさめ 慰め trøst, et plaster på såret —る trøste（落ちつかせる）berolige（怒りを鎮める）formilde（楽しませる）behage, adsprede —ようのない utrøstelig, desperat, fortvivlet
なくす 無くす tabe, miste（廃止する）afskaffe（休止する）ophøre（解体する）ophugge（取り除く）fjerne, rydde af vejen
なくて —も selvom ikke —もいい/結構です/かまいません〔du〕behøver ikke —はなりません〔jeg〕bliver nødt til at —はいけません〔du〕skal
なくなる 亡くなる dø, forgå, falde fra, gå bort
なくなる 無くなる blive opbrugt（電池・色などが）løbe ud（消え去る）forsvinde, blive væk
なぐ・る 殴る slå（平手で）smække（頬を）give øretæve/ørefigner（むちなどで）piske —り合い slagsmål
なげうりする 投げ売りする sælge med tab
なげ・く 嘆く（悲しむ）sukke, sørge, begræde, græmme sig（慨嘆する）〔dybt〕beklage —き sorg, græmmelse, bedrøvelse —かわしい（悲しい）sorgfuld, sørgelig（慨嘆すべき）beklagelig, beklagelsesværdig, ynkværdig
なげや 投げ矢 dartspil
なげやり 投げ槍 kastespyd（槍騎兵のやり）lanse（競技の）槍投げ spydkast〔ning〕
なげやり 投げ遣り uagtsomhed, forsømmelighed, skødesløshed —な uagtsom, forsømmelig, skødesløs —にする（怠る）være uagtsom, forsømme（中途でほったらかす）afbryde〔arbejdet〕
なげる 投げる（ほうる）kaste, smide（なげつける）slynge（断念する）give op, overgive〔sig〕
なこうど 仲人（すること）giftermålsarrangement, ægteskapsstiftning（人）ægteskabsmægler —をする mægle/formidle et ægteskab
なごやか 和やかな mild, blød（落ち着いた）bero-

liget（おだやかな）sagtmodig（静かな）stille, tyst（平和な）fredelig
なごり 名残り levninger (pl.), efterladenskaber (pl.) 　—を惜しむ føle sorg ved afsked
なさけ 情け medfølelse, sympati, medlidenhed（親切）venlighed（愛情）kærlighed（容赦）tilgivelse（慈悲）barmhjertighed, filantropi 　—深い（同情的な）medlidende, sympatisk, medfølende（親切な）venlig（愛情のある）kærlig（慈悲深い）barmhjertig 　—のない hjerteløs（哀れな）ynkelig
なし 梨〈植〉pære 　—の木 pæretræ
なしで 無しで uden 　—すます klare sig uden, undvære
なしとげる 成し遂げる udføre, fuldbyrde, gennemføre（成功する）lykkes, gøre fremgang
なじみ 馴染み(懇意) fortrolighed, intimitet （人）en god ven, et intimt bekendtskab 　—の fortrolig, intim 　—客 stamgæst, stamkunde
なす 為す（行う）gøre, udføre （し遂げる）fuldbyrde, gennemføre（試みる）forsøge
なす 成す（形成する）forme, formulere, udforme（構成する）udgøre, bilde
なす 茄子〈植〉æggeplante, aubergine
なぜ 何故 hvorfor, af hvilken/hvad grund/årsag 　—か en eller anden grund 　—なら det er fordi, det skyldes at
なぞ 謎 gåde （パズル）puslespil（判じ絵）rebus（神秘）mysterium（暗示）vink, antydning
なた 鉈 håndøkse, lille økse
なだかい 名高い berømt, fejret, celeber （悪名高い）notorisk, berygtet
なたね 菜種〈植〉raps
なだめる 宥める trøste, berolige
なだらか・な （勾配の）svag/jævn〔hældning/skrånende〕 　—に svagt, jævnt
なだれ 雪崩 sneskred, lavine 　—を打つ（殺到する）tilstrømme, styrte frem 　—こむ styrte ind i

なつ 夏 sommer ―時間・―場 sommertid ―休み sommerferie ―物 sommervare, sommertøj

なついんする 捺印する sætte segl under （切手に消印を押す）stemple

なつかし・い 懐しい kær, elsket, savnet：være nostalgisk over for ―がる længes〔efter〕, hige efter, smægte

なづけ・る 名付ける navngive, kalde （本などに題名をつける）give titel til〔bog〕（洗礼を施す）døbe ―親 gudfa〔de〕r, gudmo〔de〕r （…の名を貰う）opkalde efter

なっとう 納豆 gærede sojabønner

なっとく 納得（了解）forståelse, opfattelse （承諾）bifald, samtykke, indvilgelse ―する blive overbevist, billige, indvil〔li〕ge（同意する）være enige （折り合う）affinde sig med

なでる 撫でる（かわいがる）ae, dægge, kæle for （髪を）stryge, klappe （平らにする）glatte

…など 等 og så videre〔短〕o.s.v., og lignende, et cetera （例えば）for eksempel, blandt andet〔短〕bl. a.

ナトリウム natrium

なな 七 syv 第一番目 syvende ―個 syv stykker

ななめ・の 斜めの skæv, skrå （対角線の）diagonal （傾いた）ludende ―に på skrå, skrås ―の風に向って krydse op mod vinden ―になる（傾く）lude

なに 何 hvad ―か noget, et eller andet ―も（+否定）intet som helst ―ごとも hvad som helst ―もない ingenting, ingen ―もかも allesammen, enhver ―しろ i al/alt/alle/hvert fald, ejentlig ―はさておき først og fremmest, fremfor alt ―か冷たい飲み物 noget koldt at drikke

なにげな・い 何気無い ubevidst, uforsætlig ―く uafvidende, ubevidst（無関心な）uinteresseret

なによbr...

なにようび 何曜日 hvilken dag〔i ugen〕

なによりも fremfor alt

ナプキン （テーブル用）serviet

なふだ 名札 navneskilt （ステッカー） mærkat
ナフタリン naftalin
なべ 鍋（浅い）pande （深い・大きい）gryde （やかん）kedel
ナポリ Neapel
なまあたたかい 生暖い（なまぬるい）lunken （天気など）lun, mild
なまいき 生意気（うぬぼれ）frækhed, indbildskhed （出しゃばり）næsvished ―な fræk, indbildsk, næsvis
なまえ 名前 navn AにBという―をつける give A navnet B
なまける 怠ける forsømme, være doven/uvirksom
なまず 鯰〈魚〉malle
なまにえの 生煮えの halvkogt
なまぬるい （湯が）lunken, halvvarm （気乗りのしない）halvhjertet, lunken
なま・の 生の（料理してない）rå （熟してない）umoden （新鮮な）frisk, ny ―ビール fadøl ―魚 rå fisk ―野菜 friske grøn〔t〕sager
なまやけの 生焼けの halvstegt
なまり 鉛 bly
なまり 訛 accent, tryk （方言）dialekt, landsmål
なみ 波 大― bølge, vove （さざなみ）krusning （笑いの）lattersalve, perlende latter ―乗り surfing, surfridning （する人）surfer
なみきみち 並木道 allé, alle, boulevard
なみだ 涙 tåre ―が出る tåre〔r〕kommer frem ―をこぼす/を流す fælde en tåre, græde ―を浮かべる med en tåre i øjenkrogen ―もろい være flæbende ―が溢れる briste i gråd ―声で med gråd i stemmen
なみ・の 並の almindelig, middelmådig （通常の）vanlig, sædvanlig （平均の）gennemsnitlig ―以上の over middel ―はずれた usædvanlig, ekstraordinær ―に（作家並みに）som enhver anden forfatter
なめくじ 〈虫〉landsnegl, nøgen snegl
なめ・しがわ 鞣し皮 læder 革を―す garve

なめらか・な 滑らかな glat, jævn （つるつるした） slibrig —に glat, jævnt

なめる 嘗める(舌で) slikke （味わう）smage （経験する）erfare, opleve, prøve, føle （侮る）foragte, ringeagte, forsmå

なや 納屋 lade, udhus （貯蔵室）oplagsrum

なや・み 悩み(苦悩) pine, plage （苦痛）smerte, værk （窮乏）savn, afsavn —ます(困らせる) besvære, bekymre （苦しめる）pine, plage —む være bekymret, bekymre sig om, ængstes sig (病気などで) lide

なら 楢〈植〉japansk egetræ

…なら hvis

ならう 習う lære （経験する）erfare （研究する）studere, forske （暗記する）indlære

ならす 鳴らす(音を出す)（鐘などを）ringe på〔klokke〕, klemte〔med〕(サイレン・自動車のクラクションなどを) tude （評判をとる）være berømt/navnkundig (不平を) klage over, beklage sig

な・らす 慣らす(習慣をつける) vænne én til （飼い慣らす）tæmme （訓練する）træne, øve （動物を）dressere —れる vænne sig〔til ngt.〕

ならす 均す(地面などを) jævne, glatte （平均する）være gennemsnitlig, bestemme middeltallet

ならびに og, samt

ならぶ 並ぶ(列を作る) stå på række, være ordnet, stå side om side （匹敵する）være ligestillet, modsvare

ならべる 並べる(配列する) stille op på en række, sætte i〔nummer〕orden （整頓する）ordne, indrette （陳列する）skilte med, udstille （列挙する）opregne, regne op （比較する）jævnføre

ならわし 習わし skik, sædvane

なりあがりもの 成り上がり者 opkomling, parvenu

なりきん 成り金 opkomling,〔フ〕nouveau riche

なりた・つ 成り立つ(構成される) bestå af, være sammensat af （締結される）sluttes —ち(由来)

oprindelse, ophav（組織）organisation

なりゆき 成り行き（経過）forløb （進展）udvikling（転換）vending（変化）forandring（結果）resultat

なる 成る（…になる）blive til（生ずる・起こる）komme til at（変わる）forandre, indtræde（完成する）fuldføre（…し始める）starte, begynde（季節が）komme igen（経過する）forflytte, passere（結局…に）resultere i（成り立つ）bestå af（年齢が）nå, opnå（成功する）lykkes　いくらに— beløbe sig til

なる 鳴る（鐘などが）ringe, klemte, kime, klinge（音がする）lyde, tone（反響する）genlyde, gjalde（とどろく）drøne, dundre, buldre（きしむ）knirke（お腹が）knurre

なる （木が実をつける）bære frugt

なるべく så … som muligt　—なら om muligt

なるほど nå sådan, nu forstå jeg, i virkeligheden, faktisk

なれあい 慣れ合い（親密）intimitet （共謀）sammensværgelse

なれ・る 慣れる（習慣づけられる）vænne sig〔til〕, blive vant til at（経験がある）være erfaren　—にくい sky　—た（経験を積んだ）erfaren, velbevandret（なじみのある）intim, fortrolig, bekendt

なれ・る 馴れる（動物が）blive tæmmet/dresseret　—た tam, tæmmet

なわ 縄 reb （ひも）snor　—をかける binde et reb（結びつける）fæste（捕える）arrestere, anholde　—跳び sjippetov

なんぎ 難儀（困難）vanskelighed, besværlighed （苦境）nød, elendighed, betryk

なんきょく 南極 Sydpolen　—の antarktisk　—圏 sydlige polarcirkel

なんきんじょう 南京錠 hængelås

なんきんまめ 南京豆 jordnød

なんきんむし 南京虫〈虫〉væggelus

なんこう 軟膏 salve

なんこうふらくの 難攻不落の uindtagelig

なんじ 何時 hvilket klokkeslæt, hvornår, hvad tid
ナンセンス nonsens, dumhed —な meningsløs, dum, idiotisk, tåbelig
なんだい 難題 vanskelig opgave, urimelige betingelse
なんたいどうぶつ 軟体動物〈動〉bløddyr, mollusk
なんだか 何だか på en eller anden måde, på en vis måde
なんちょうの 難聴の tunghør
なんでも 何でも(どれでも) hvad som helst (すべて) alt (とにかく) under alle omstændigheder
なんと 何と(疑問) hvad (本当?) nej da!(なんだって?) hvad for noget —なく på en eller anden måde
なんど 納戸(小部屋) kammer, lille værelse, 〔væg〕-skab
なんぱ 難破 skibbrud, forlis, havari —する lide skibbrud, forlise, havarere (転覆する) kæntre
なんびょう 難病 uhelbredelig sygdom, dødelig sygdom
なんぶ 南部 sydelig del
なんべん 何べん(いく度) hvor mange gange, hvor ofte —も mange gange, ofte
なんみん 難民 flygtning

に

に 二 to 二・三冊の本 to-tre bøger, et par bøger —度 to gange 第一番の anden, andet
に 荷(積み荷) last 船— skibsladning 列車の—fragtgods —を積む laste
に (場所) i, på (…の方に) hen til, til, ind i, på (変化の結果) til, som (行為の目的) for at (時点) i (ある数量の中で) blandt, iblandt (原因) på grund af, da (考慮) til, for, af —しろ(A—しろB—しろ) hvad enten det er A eller B, uanset om —従って ifølge, i

henhold til, under —しても selv [hvis] —しては for nu at begynde med, af en ... at være —は for, hvad angår, for at

にあいの 似合いの passende, belejlig, formålstjenlig (服が) klædelig

にあ・う 似合う(服などが) passe [til], klæde (つり合う) passe [med] —わしい→にあいの

にえ・る 煮える koge (沸騰する) syde —かえる koge over はらわたが—かえる være ophidset

におい 匂い(香り) lugt, duft (臭気) odeur (悪臭) stank いい— god lugt 嫌な— dårlig lugt/odeur くさい— ubehagelig lugt/odeur —がする lugte, afgive duft (悪臭が) stinke

にかい 二階 først etage, overetage —バス dobbeltdækker

にが・い 苦い(食物について) bitter (からい) besk (苦しい) plagsom, hård, lidende —る se gnaven ud —手 svagt punkt …は—手だ være dårlig til

にがお 似顔 portræt, [en portræts] lighed

にがす 逃がす(放す) slippe løs, frigive (失う) tabe, miste (財産・権利などを) forskertse (機会などを) forpasse, forspilde

にがつ 二月 februar

にかよう 似通う ligne [påfaldende]

にかわ 膠 lim —でつける lime

にきび filipens, bums

にぎやか・な 賑やかな(繁盛している) blomstrende, florissant (雑踏している) myldret, vrimlet (活気のある) livlig, levende (陽気な) munter, lystig, morsom

にぎ・る 握る gribe, holde, fatte —り(把握) greb, tag (とって) håndtag, hank, fæste

にぎわ・う 賑わう(雑踏する) myldre, vrimle (繁盛する) blomstre, florere —い(雑踏) trængsel, mylder, vrimmel

にく 肉 kød 牛— oksekød 豚— flæsk, svinekød 魚— fisk 鶏— kyllingekød, hønsekød —団子 kødbolle

にく・い 432

―料理 kødret ―体 krop, legeme ―眼で uden briller

にく・い 憎い(いやな) afskyelig, forhadt (いじの悪い) ondskabsfuld, hadefuld ―らしい afskyelig, forhadt ―しみ had ―む hade, afsky

にくしん 肉親 slægtskab, kødelige slægtninge, pårørende

にくたい 肉体 krop, legeme ―の kropslig, fysisk ―労働者 kropsarbejder

にくづき 肉付き(人の) tykkelse ―のよい tyk, fed

にくひつ 肉筆 håndskrift

にくや 肉屋(人) slagter (店) slagterbutik

にくよく 肉欲 attrå, begær

にぐるま 荷車 kærre, vogn (荷馬車) diligence

にげる 逃げる flygte, stikke af, undkomme, fly (走り去る) løbe bort (鳥が) flyve (離れる) komme bort (回避する) undvige, undgå

にげん 二元〈哲〉dobbelthed, dualitet ―的な dobbelt, todelt ―論 dualisme, dobbelthed

ニコチン nikotin

にこにこ〔して〕med et stort smil ―する smile stort, stråle af glæde ―顔 leende ansigt

にこみ 煮込み stuvning, sammenkogning

にこやかな venlig, elskværdig

にご・り 濁り(混濁) grumsethed, uklarhed (不純の) urenhed, ukyskhed, usædelighed ―る blive mudret/snavset (空気・水などが) blive forurenet ―す gøre grumset (ごちゃごちゃにする) forplumre ―った grumset

にさん・の 二・三の to eller tre, et par (少数の) få (若干の) nogle

にし 西 vest ―の vestlig ―へ/に vestpå ―日 eftermiddagssol ―側 vestlig side, vestside ―風 vestenvind ―半球 vestlige halvkugle

にじ 虹 regnbue

にしき 錦 brokade

にじむ 滲む(インキなどが) klatte (しみをつける)

plette, klatte
にじゅう 二十 tyve 第— tyvende
にじゅう・の 二重の dobbelt —に dobbelt —国籍 dobbelt nationalitet —人格 dobbeltmenneske —奏/唱 duet
にしん 鰊〈魚〉sild くん製の— røget sild
ニス fernis —を塗る fernisere
にせ 贋(模造品) imitation, efterligning —金 forfalsket penge —の(偽の) forfalsket, falsk-, efterlignet, uægte —る imitere, efterligne
…にたいして …に対して imod, i modsætning til … に相対して overfor —免疫がある være immun overfor
にたき 煮炊き kogning, madlavning —する koge, lave mad (自炊する) lave sin mad
にちげん 日限(期日) fastlagt dag, forfaldsdag, forfaldstid
にちじょう 日常(毎日) dagligdag (日ごろ) til daglig, til hverdags (ウイークデー) hverdag —の hverdags-, daglig (普通の) vanlig, ordinær, hverdagsagtig
にちぼつ 日没 solnedgang
にちよう・の 日用の for daglig brug —品 daglige fornødenheder (pl.)
にちようび 日曜日 søndag —学校 søndagsskole
にっか 日課(授業) daglig lektion/time (宿題) lektier (pl.) (仕事) daglig arbejde
にっかん 日刊 daglig udgivelse/oplag —新聞 dagblad, hverdagsavis
にっき 日記 dagbog —をつける føre dagbog
…につき (ごとに) per (関して) angående, betræffende, rørende (理由) på grund af, i anledning af
にっきゅう 日給 dagløn —で働く arbejde for dagløn
にづくり 荷造り pakning af bagage/pakke —する pakke

ニッケル nikkel —メッキ fornikling
にっこう 日光 solskin （光線）solstråle —浴 solbad
にっこりする smile ad （人に）smile til en
にっしゃびょう 日射病〈病〉solstik
にっしょく 日食(太陽の) solformørkelse
にっちゅうに 日中に om dagen
にってい 日程 dagsprogram 議事— dagsorden
にっとう 日当 dagløn
ニットウェア strikkevarer (pl.)
にとうへんさんかくけい 二等辺三角形〈数〉ligebenet trekant
になう 担う bære〔på skuldrene〕, aksle
…になる blive
にのうで 二の腕 overarm
にばい 二倍 to gange, fordobling —にする fordoble （ブリッジなどで）doble
ニヒル nihilisme ニヒリスト nihilist
にぶ・い 鈍い(動き・ナイフなど) sløv （頭の）dum, tungnem （のろい）træg —る blive sløv
にふだ 荷札 adresseseddel
にぶね 荷船 fragtbåd
にほん 日本 Japan —人 japaner —の/語〔の〕japansk —風 japansk stil —料理 japansk kogekunst, japansk mad —製〔品〕japansk vare —史 Japans historie —酒 japansk vin, sake —刀 japansk sværd —脳炎 japansk hjernebetændelse
にまいめ 二枚目 skuespiller der spiller elskerens rolle
…にも ……また selv om, også ……かかわらず til trods for, trods, uagtet
にもつ 荷物(積荷) last （貨物）fragtgods, gods （手荷物）bagage （船荷）skibsladning —を積む laste （船に）indlade —を下ろす losse
にゃーにゃー （ねこの鳴き声）mjav
ニュアンス nuance, skiftning, anstrøg
にゅういん 入院 indlæggelse på et sygehus —する blive indlagt —中である ligge på hospitalet/syge-

hus —患者 indlagt〔patient〕, hospitalspatient
にゅうか 入荷 forsyning, leverance
にゅうかい 入会 indtræden, indtrædelse —する blive medlem, indtræde i
にゅうがく 入学 optagelse på en uddannelsesinstitution (大学への) immatrikulation —する blive optaget på en uddannelses institution/skole —願書 ansøgning om optagelse på universitet —試験 optagelseseksamen på uddannelsesinstitution, optagelsesprøve —式 optagelsesceremoni〔på uddannelses institution〕
にゅうぎゅう 乳牛 malkeko
にゅうこう 入港 indløbende i havnen —中である ligge i havn —する havne, nå havn, søge havn, løbe ind i en havn
にゅうこく 入国 indrejse (移民の) indvandring, immigration —する komme ind i et land (移民が) indvandre —許可 indrejsetilladelse —審査官 paskontrol
にゅうさつ 入札〔auktions〕bud —する byde〔for〕 —者 de bydende
にゅうし 入試 →にゅうがく(—試験)
にゅうしゅする 入手する erhverve, opnå, erholde
にゅうじょう 入場 adgang, indtræden —券 adgangsbillet —料 entré〔betaling〕 —する gå ind〔i〕, træde ind —者(聴衆・観衆) tilhører, tilskuer
にゅうしょう・する 入賞する vinde et pris/en belønning —者 pristager, vinder
ニュース nyheder (pl.) —放送 nyhedsudsendelse —映画 filmsjournal
にゅうせいひん 乳製品 mejeriprodukter (pl.)
にゅうもん 入門 introduktion, indtræden —書 begynderbog, elementarbog (ハンドブック) håndbog
にゅうよく 入浴 badning, bad —する bade, tage〔et〕bad 幼児を—させる bade〔en baby〕
にょう 尿 urin —道 urinvej, urinrør —検査 urin-

prøve —素 urea, urinstof
にょうぼう 女房 〔min〕 kone
にら 韮 〈植〉 porre
にら・む 睨む(にらみつける) stirre på, glo〔på〕 (目をつける) holde øje med (目星をつける) sætte mærke ved —み stirren, skarpt blik —み合う stirre på hinanden (反目し合う) være uenig, komme op at spændes
にりゅうの 二流の andenklasses, sekunda (群少の) mindre, mindreværdig (より劣る) værre (安っぽい) tarvelig
にる 煮る koge (料理する) lave mad
にる 似る ligne (等しい) være lig (よく似た) lignende
にれのき にれの木 〈植〉 elmetræ
にわ 庭 have, anlæg 中— grønnegård (スペイン風の) gårdhave —師 havedyrker, gartner
にわか・の 俄かの(突然の) pludselig, uventet —に pludselig, uventet —雨 pludselig skylle —雨に会う blive overrasket af en regnbyge
にわとり 鶏(雄) hane (めんどり) høne (ひなどり) kylling (集合的に) høns —小屋 hønsehus
にんい 任意 valgfrihed, frivillighed —の valgfri, frivillig —に valgfrit, frivilligt
にんか 認可 billigelse, sanktion —する billige, tillade, sanktionere (公認する) godkende, autorisere, bemyndige
にんき 人気 popularitet —がある være populær 〔hos〕
にんき 任期 ansættelsesperiode, tjenestetid
にんぎょ 人魚(女) havfrue (男) havmand
にんぎょう 人形 dukke —の家 dukkestue あやつり— marionet —劇 marionetspil —劇場 marionetteater, dukketeater
にんげん 人間 menneske —的な menneskelig (人類) menneskene (人類愛) menneskelighed —嫌い menneskehad —性 menneskehed, humanitet (人格)

personlighed（個性）karakter　—国宝 levende nationalt klenodie, levende nationalskat
にんしき　認識 erkendelse, bevidsthed（理解）forståelse　—する erkende, forstå
にんしょう　人称〈文法〉person　—代名詞 personligt stedord
にんじょう　人情 menneskelighed, kærlighed　—のある venlig, human, kærlig
にんしん　妊娠 graviditet, svangerskab　—する blive gravid/svanger　—中絶 abort, fosterfordrivelse　—中絶する få foretaget abort（不妊の）steril（不妊にする）sterilisere
にんじん　人蔘〈植〉gulerod
にんずう　人数 antallet af menneske i en gruppe
にんそう　人相 udseende, drag　外人風の— et fremmedartet udseende　—書き beskrivelse af en personsudseende　—見（人）fysiognomist
にんたい　忍耐 udholdenhed, tålmod　—する holde ud, bære over med, modstå　—強い tålmodig, langmodig
にんち　認知 anerkendelse　—する anerkende
にんてい　認定 autorisation, billigelse, anerkendelse　—する autorisere, godkende, anerkende, bemyndige
にんにく　〈植〉hvidløg
にんむ　任務 pligt, hverv, opgave　—を課す overdrage et hverv　—を果たす gøre sin pligt　—につく have pligt til at, tiltræde
にんめい　任命 udnævnelse　—する udnævne　—される få sin udnævnelse（雇う）ansætte〔i en stilling〕
にんよう　認容 indrømmelse, godtagelse　—する indrømme, godtage
にんよう　任用 udnævnelse, ansættelse　—する udnævne, ansætte

ぬ

ぬいぐるみ　tøjdyr
ぬいとり　縫い取り　broderi　—をする　brodere
ぬいばり　縫い針　synål
ぬいめ　縫い目　søm　（傷の）　sutur, sammensyning
ぬいもの　縫い物　sytøj　—の材料　syartikler (pl.)　—をする　have syarbejde
ぬう　縫う　sy　（傷口を）　sy sammen　（人ごみを）trænge sig frem, mase sig igennem
ぬかあめ　糠雨　støvregn　—が降る　støvregne
ぬかす　抜かす（はぶく）　udelade　（無視する）　forbigå　（飛ばす）　springe over
ぬかるみ　泥濘　smuds, snavs
ぬきとりテスト　抜き取りテスト　stikprøve
ぬく　抜く（引き抜く）（歯などを）　trække　（除去する）fjerne, tage ngt. bort　（省く）　udelade　（仕事の手を）fuske, sjuske　（ごまかす）　snyde　（栓を）　åbne〔en øl〕
ぬぐ　脱ぐ　tage af, afføre sig〔tøj〕着物を—　klæde〔sig〕af　かぶとを—　overgive sig
ぬぐう　拭う　tørre af, pudse　汚名を—　rense sig
ぬけあな　抜け穴（法律などの）　smuthul　（税などの）udvej
ぬけがら　抜け殻（へびなどの）　〔afkastet〕ham
ぬけめな・い　抜け目ない　kløgtig, kvik, snedig, fiffig, skarpsindig　（如才ない）　taktfuld, fiffig　—く　kløgtigt, kvikt, fiffigt
ぬける　抜ける（脱落する）　gå løs, falde af　（脱漏する）udelades, overses　（離脱する）　aftræde　（脱退する）udtræde　（脱出する）　undslippe, fly, flygte fra　通り—　gå igennem, passere　側を通り—　forbigå　抜けている　være fraværende, mangle, være ved at forsvinde
ぬし　主　herre　持ち—　ejer, indehaver

ぬす・む 盗む stjæle —み tyveri —人 tyv
ぬの 布 klæde, stof —を織る væve stof —切れ klæde, stof —製 stofvare
ぬま 沼 kær, morads, sump
ぬらす 濡らす gøre våd （しめらす）fugte （水などにひたす）bløde
ぬる 塗る（ペンキなどを）male （AにBを）B på A, A med B （バターなどを）smøre på〔brød〕（ニスを）fernisere （しっくいなどを壁に）pudse, kalke, gipse （お白粉を）pudre〔sig〕（薬を）stryge （塗り薬）salve
ぬる・い （微温の）lunken —くなる blive lunken
ぬれ・る 濡れる blive våd〔af〕（しめる）blive fugtig ずぶぬれになる blive blødet, blive drivende våd, blive så våd som en drunknet mus

ね

ね 根（植物の）rod （根源）oprindelse, ophav —が出る/はえる slå rod, rodfæste sig —こそぎ抜く udrydde —に持った uforsonlig, som svært ved at glemme —も葉もない grundløs, ubegrundet
ね 音（響き）lyd （楽音）tone, stemme （小鳥などの）kvidren —のよい melodisk, melodiøs
ね 値 pris —が上がる/下がる stige/falde om prisen —の高い dyr, dyrebar, kostbar —の安い billig, lav —上がり prisstigning —上げ prisforhøjelse —下がり fald om pris —下げ prisnedsættelse
ね 寝 søvn —入る falde i søvn —不足 søvnunderskud
ね・あがり 値上がり（物価の）prisstigning —上げ prisforhøjelse —上げする forhøje priserne
ねいす 寝椅子 divan
ねうち 値打ち værdi （評価）værdsættelse, påskønnelse —のある værdifuld, dyrebar —のない værdiløs

ネーブル 〈植〉 navelappelsin
ネオン neon ―サイン neonskilt
ねが・い 願い ønske, håb, anmodning (懇願) begæring, opfordring (出願) ansøgning, henstilling (祈願) bøn ―う ønske, håbe på, anmode om お―いします jeg beder Dem om/at, vær så venligt at ―ってやまない jeg håber inderligt ―いがかなう/届く gå i opfyldelse, blive virkelighed ―いをきく godkende
ねかす 寝かす(眠らす) få ngn. til at sove (横にする) lade ligge (商品・金などを) ligge stille, ligge ubrugt hen
ねぎ 葱 〈植〉 玉― løg 長― porre
ねぎる 値切る prutte ngt. ned, købslå
ネクタイ slips ―をする/しめる tage slips på ―をしている have slips på ―をはずす tage slips af ―ピン slipsnål
ネグリジェ negligé
ねこ 猫 kat 〈幼児語〉 missekat 子― kattekilling
ねごと 寝言をいう tale i søvne
ねこやなぎ 〈植〉 pil (一般的にやなぎ)
ねさげ 値下げ prisnedsættelse ―する sætte ned priset
ねじ 螺子 skrue (水道などのコック) hane ―を締める/はずす skrue en skrue i/ud ―がはずれる en skrue går løs 時計の―を巻く trække et ur op ―回し skruetrækker
ねじ・る dreje, vride (より合わせる) sno ―れる sno sig, blive snoet/vredet ―れ vridning
ねずみ 鼠 〈動〉 rotte はつか― mus ―色 grå
ねた・み 妬み jalousi, misundelse ―む være jaloux 〔på〕, misunde
ねだん 値段 pris ―が上る/下がる stige/falde om prisen ―が高い dyr, kostbar ―が安い billig, lav ―をつける sætte en pris på en vare ―はいくら? hvad er prisen
ねつ 熱 varme (温度) temperatur (体の) feber ―病 feber, sygdom som forårsager høj feber ―が出る

få feber —を測る tage ngs. temperatur —がある have feber —湯 kogende vand —帯 tropisk zone, troperne
ネッカチーフ halstørklæde
ねっきょう 熱狂 entusiasme —する(夢中になる) blive entusiastisk/begejstret —的な entusiastisk, begejstret
ネックレス halsbånd
ねつじょう 熱情 mani, lidenskab
ねっしん 熱心 iver, begejstring —な ivrig, alvorlig, oprigtig —に ivrigt, alvorlig〔t〕
ねっ・する 熱する(温める) opvarme (夢中になる) blive ivrig/optaget —しやすい excitabel, påvirkelig, pirrelig
ねったい 熱帯〔地方〕 tropisk zone, troperne, det tropiske bælte —の tropisk 亜—の subtropisk —魚 tropisk fisk
ねっちゅう 熱中 iver, nidkærhed —する blive entusiastisk/begejstret
ねっとう 熱湯 kogende vand
ねつびょう 熱病 feber, sygdom som forårsager høj feber
ねつぼう 熱望 ivrig ønske, ivrigt begær —する ønske/begære ivrigt
ねつぼうちょう 熱膨張 varmeekspansion
ねづよい 根強い dybt rodfæstet, fast forankret
ねつりょう 熱量 kalorie
ねつれつ・な 熱烈な passioneret, entusiastisk, brændende —に entusiastisk, ivrigt
ねどこ 寝床 seng (船・列車の) køjeseng 簡易寝椅子 briks (獣などの) leje (鳥などの) rede ソファベッド sovesofa, divan —につく gå i seng, gå til sengs, lægge sig (病気などで寝ている) ligge i sengen 〔med〕 —から起き上がる komme oven senge
…ねばならない må, måtte, bør
ねば・る 粘る(粘着性がある) klistre 〔til〕, holde fast ved (執着する) hænge i/fast, holde fast ved —りの

ある klistret, klæbrig —り強い udholdende, standhaftig, stædig（粘着テープ）klæbestrimmel
ねびき 値引き rabat, prisnedsættelse —する give rabat, sætte ned prisen
ねびらき 値開き margen, prisforskel
ねぶくろ 寝袋 sovepose
ねぶそく 寝不足 søvnunderskud（不眠）søvnløshed
ねぼう 寝坊 syvsover —する sove længe, sove over sig
ねまき 寝巻き nattøj, pyjama, nattrøje, natkjole
ねまわしする 根回しする skaffe sig støtte hos kolleger ved korridorarbejde
ねむ・い 眠い／眠たい søvnig, døsig —る sove —くなる blive søvnig —気 søvnighed（寝る）gå i seng
ねら・う 狙う（銃などで獲物を）få øje på et bytte（目標をさだめる）sigte på —い sigte, mål, formål
ねりはみがき ねり歯みがき tandpasta
ねる 寝る（横になる）lægge sig, ligge（床につく）gå i seng（病気などで）ligge i sengen〔med〕（寝入る）sove, falde i søvn
ねる 練る（粉を）ælte（絹など柔くする）blødgøre（金属を）bearbejde（文章・技術を）bearbejde, finpudse（訓練する）træne〔kroppen〕, øve（計画を）udarbejde
ネル flannel
ねん 年 år, årstal —年 år for år 3—まえに for 3 år siden 毎— om året —中 hele året rundt —中無休 være åben hele året
ねん 念（観念）idé（感情）følelse（希望）ønske, begær（注意）forsigtighed, varsomhed —の入った omsorgsfuld, gennemtænkt, omhyggelig —を入れる være omsorgfuld/gennemtænkt —入りに omhyggeligt
ねんが 年賀 nytårshilse —状 nytårskort
ねんがっぴ 年月日 dato
ねんかん 年鑑 årbog
ねんかん 年間 periode, æra

ねんがん 念願 inderste ønske
ねんきゅう 年給 årsløn
ねんきん 年金 pension 終身― livrente ―生活者 pensionist ―基金 pensionsfond, pensionskasse
ねんげつ 年月 år og måned
ねんこうじょれつ 年功序列 anciennitetsprincip i lønskalaen
ねんしゅう 年収 årsindkomst
ねんじゅう 年中 året igennem ―行事 året fast tilbagevendende begivenheder
ねんしょう 年商 årsomsætning
ねんしょう 燃焼 forbrænding ―する brænde ―性の brændbar, antændelig
ねんしょう・の 年少の ung, ungdoms- （子供・獣の子） unge （若者） ungersvend （未成年者） en umyndig, en mindreårig
ねんだい 年代(時代) tidsalder, epoke, periode ―記 krønike ―記作家 krønikeskriver
ねんちゃく・する 粘着する klistre til, holde fast ved ―させる klistre （結びつける） fæste ―性の klistret, klæbrig
ねんちょう 年長 anciennitet, tjenestealder ―の senior, ældre ―者 senior, ældre medlem
ねんど 年度 år 暦― kalenderår 学― skoleår 財政― finansår ―末 årets slutning
ねんど 粘土 ler ―質の leragtig, leret
ねんとうに・おく 念頭におく（忘れない） huske, betænke, erindre （考慮に入れる） tage hensyn til 何事かが―浮ぶ falde ngn. ind
ねんのため 念の為 for en sikkerheds skyld
ねんぱい 年配 anciennitet, tjenestealder ―の ældre, gammel
ねんぴょう 年表 kronologisk tabel （年代記） krønike
ねんぶつ 念仏 påkaldelse af Budda
ねんまつ 年末 årsslut （大晦日） nyårsaften ―の årssluts ―賞与 årssslutsbonus

ねんりょう 燃料 brændstof, brændsel, drivstof (まき・たきぎ) brænde 液体— flydende brændstof 固形— fast brændsel
ねんりん 年輪 årring
ねんれい 年齢 〔persons〕alder —順 aldersorden (年功序列) anciennitet〔princip〕 —制限 aldersgrænse

の

の 野 mark （野原）græsmark （平野）slette（田畑）kornmark（牧草地）eng
ノアのこうずい ノアの洪水 syndfloden
ノイローゼ 〈病〉nervøsitet, neurose
のう 脳 hjerne （知力）hjerne, intelligens, forstand 大— storhjernen 小— lillehjernen —病 hjernesygdom, sindsygdom —病院 sindsygehospital —溢血 hjerneblødning —炎 hjernebetændelse —死 hjernedød —膜炎 hjernehindebetændelse —震盪 hjernerystelse
のうえん 農園 farm, 〔bonde〕gård （大規模な）plantage
のうか 農家（家族） landmandsfamilie （農場）〔bonde〕gård
のうがく 農学 landbrugsvidenskab —校 landbrugsskole
のうき 納期 berammet leveringsdato
のうぎょう 農業 landbrug, jordbrug —大学 landbohøjskole —技術 landbrugsteknologi —技術者 landbrugstekniker —高校 landbrugsskole —政策 landbrugspolitik
のうぐ 農具 landbrugsredskab
のうさくぶつ 農作物 landbrugsprodukt
のうさんぶつ 農産物 →のうさくぶつ(農作物)
のうしゅく 濃縮 koncentration —する koncentrere

（凝縮する）fortætte sig
- **のうじょう** 農場 farm, 〔bonde〕gård （大規模な）plantage
- **のうぜい** 納税 skatteydelse, betaling af skat —者 skatteyder, skatteborger —する betale skat 〔af〕, skatte til —の義務のある skattepligtig
- **のうそん** 農村 landsby, landbosamfund —地区 landkommune, landområde —の landlig, land-, landbrugs-
- **のうたん** 濃淡 lys og skygge, skygning, skiftning
- **のうち** 農地 jordbrugsland, landbrugsjord —改革 landbrugsreform
- **のうてん** 脳天 isse, top
- **のうど** 濃度 tæthed, koncentration
- **のうにゅう** 納入（品物の）levering 〔af varer〕 —する levere
- **のうひつ** 能筆 dygtig skrivekunst
- **のうひん** 納品 levering, leverance —する levere —者 leverandør
- **のうふ** 農夫 landmand, landbruger, jordbruger, bonde
- **のうまくえん** 脳膜炎〈病〉hjernehindebetændelse
- **のうみん** 農民（総称）bønder
- **のうむ** 濃霧 tæt tåge
- **のうやく** 農薬 kemikalier i landbruget, landbrugs-kemikalier 噴霧する— sprøjtemiddel
- **のうりつ** 能率 effektivitet —がいい effektiv —があがる/さがる blive mere/mindre effektiv —悪い ineffektiv
- **のうりょく** 能力 evne, kunnen —がある evne, kunne —がない ikke kunne
- **のうりん** 農林 jordbrug og skogbrug
- **ノート** notesbog, kladdebog （練習帳）stilebog, stilehæfte —をとる notere, optegne, skrive op （筆記する）optegne
- **ノーベルしょう** ノーベル賞 nobelprisen —受賞者 nobelpristager

のがれる 逃れる　undslippe, undkomme
のき　軒　tagudhæng, tagskæg (pl.)　—並みに 訪ねる gå fra dør til dør　—並みに 売り歩く handle ved dørene
のけものにする　除け者にする　lukke ude, udelukke
のける　退ける・除ける(のかす)　tage bort, flytte ud (邪魔にならぬように) flytte, overflytte (除く) blive af med, blive en/ngt. kvit (省く) udelade, hoppe/springe over
のこぎり　鋸　sav　—で引く save　—の屑 savsmuld
のこ・す　残す　efterlade, forlade, levne　(節約して) spare (予備に) reservere, lægge hen (遺産として) testamentere, efterlade (留め置く) beholde, tilbageholde　—る blive tilbage, forblive　生き—る overleve (残存する) blive stående, holde, forblive　—りもの rest, levning, overskud
のじゅく　野宿　bivuak
のせる　乗せる・載せる(運ぶ)　bære, fragte, befordre (乗車させる) lade køre med (乗船させる) tage om bord (荷物を載せる) laste〔på〕(途中で人を) tage op/med, hente (記載する) skrive op, optegne (新聞に) sætte annonce i avis (だます) lure, narre, snyde
のぞく　除く(除外する)　udelukke, udelade, fjerne (取りのける) tage bort, flytte ud (省く) udelade, hoppe/springe over (廃止する) afskaffe (没収する) inddrage (まぬがれる) slippe, undgå
のぞく　覗く　kigge/kikke〔på〕, titte, lurre (ちょっと立ち寄る) kigge indenfor
のぞみ　望み　ønske, håb　—溢れる håbefuld (望ましい) ønskelig　—のない håbløs
のぞむ　望む　ønske, håbe　(渇望する) længes〔efter〕, føle længsel, attrå (期待する) forvente, vente sig (好む) holde av, synes〔godt〕om
…のたびに　…の度に　når som helst, hver gang
のち・に　後に(…の後で)　efter (後日) senere, bagefter (将来) i fremtiden　—の senere, følgende (将来の) fremtidig (後者の) sidstnævnte

ノック bankning —する banke〔på døren〕
ノット (海里) knob
のっとる 乗っ取る indtage (旅客機を) flykapre, kapre fly
…ので eftersom, fordi (…理由で) på grund af, i anledning af
のど 喉 hals, strube (声) røst, stemme —がかわく blive tørstig —が痛い have ondt i halsen
ののし・り 罵り forhånelse, fornærmelse, krænkelse —る forhåne, fornærme, krænke (陰でけなす) bagtale, bagvaske
のばす 伸ばす・延ばす(延期する) opsætte, skyde ud (ほっておく) lægge bort (遅らせる) forsinke (ずるける) snyde sig fra (長くする) forlænge (空間的・時間的に) strække (髪・ひげ・爪などを) lade gro (しわなどを) glatte, jævne (薄める) tynde ud, spæde op (やっつける) slå ud, knuse
のはら 野原 græsmark, åbent land, et større fladt område (平野) slett (牧草地) eng
のびる 延びる・伸びる(長くなる) blive længere (空間的・時間的に) (延長される) blive forlænget (増える) øges, tiltage (成長する) gro, vokse (進歩する) gøre fremskridt (ぐったりする) trættes, udmattes
のびをする 伸びをする strække sig
のべ 延べ sum, total
のべつに uophørlig, uafbrudt
のべる 述べる(表明する) udtrykke〔sig〕, udtale〔sig〕(物語る) berette, fortælle (陳述する) meddele, anføre (言及する) omtale, berøre (説明する) forklare, redegøre
のぼり 上り opstigning (よじ登ること) klatring —坂 opadgående vej —列車 ankommende tog, tog der går i retning mod hovedstaden —下り op- og nedstigning, stigning og fald
のぼる 登る gå op, 〔be〕stige (よじ登る) klatre, klavre (太陽など昇る) stige (蒸気が) dampe (昇進する) blive befordret, avancere (上京する) rejse til

〔Tokyo〕(川を) sejle opad på flod
のみ 蚤〈虫〉 loppe ―を駆除する loppe
のみ (彫る道具) mejsel ―で彫る mejsle
…のみ kun, blot ―ならず ikke alene, men også
のみぐすり 飲み薬 intern medicin
のみこ・む 飲み込む(のみくだす) svælge i (理解する) forstå, fatte, begribe ―み svælgende (理解) forståelse (理解力) fatteevne
のみすぎ 飲み過ぎ overdrevent drikkeri/druk ―る drikke for meget
のみみず 飲み水 drikkevand
のみもの 飲み物 drikkevarer (pl.), drik〔ke〕 アルコール性の― drik
のむ 飲む(飲用する) drikke (のみ下す) svælge ごくごく― skylle i sig (飲み干す)(びんを) drikke af flaske (グラスを) drikke ud (薬を) tage 〔medicin〕 (受諾する) acceptere, godkende
のら 野良 farm ―仕事 landarbejde, jordbrug
のり 海苔 spiselig tang
のり 糊 lim, klister (洗濯用の) stivelse ―ではる lime, klistre
のりおくれる 乗り遅れる komme for sent til, ikke nå
のりかえ 乗り換え(バス) busskift (列車) togskift ―る skifte bus/tog ―駅 jernbane knudepunkt, skiftestation ―切符 omstigingsbillet
のりくみいん 乗組員 mandskab
のりこす 乗り越す komme forbi
のりて 乗り手(馬の) rytter (乗客) passager
のりば 乗り場 〔bus〕stoppested
のりもの 乗り物 køretøj, befordringsmiddel, transportmiddel
のる 乗る(乗り物に) køre (列車などに) tage 〔et sted hen〕(乗り込む) stige op〔på〕(自転車・バイクに) cykle (物の上に) klatre på (加える)tilknytte, knytte til (だまされる) lures, bedrages
のる 載る blive lagt 〔oven på〕, ligge på (本・新聞

などに) blive beskrevet i〔bog/avis〕
ノルウェー Norge ―人 nordmand ―の/語〔の〕norsk
のろ・い 呪い forbandelse, fordømmelse ―をかける forbande, fordømme
のろい 鈍い(遅い) langsom, sen (にぶい) træg, sløv
のろ・う 呪う forbande, fordømme ―われた forbandet, fordømt, bandsat
のろじか のろ鹿〈動〉rådyr
のろのろと trægt, langsomt
のんき・な 暢気な(気楽な) magelig, bekvem (くよくよ考えない) sorgløs, ubekymret (楽な) let, nem, ligetil (暇な) ledig (いき当りばったりの) improviseret, letsindig (ゆっくりした) magelig (不注意な) uagtsom, uforsigtig
のんびり・と afslappet, uforstyrret ―する afslappe af, føle sig hjemme ―とした(おだやかな) stille, rolig, tryg (のんきな) ubekymret, optimistisk
ノンフィクション faglitteratur
のんべえ 飲んべえ drukkenbolt, en der drikker meget

は

は 刃(刀の) klinge (剣の) sværdæg (ナイフの) knivsblad (刀身) klinge
は 葉 blad, løv ―の繁った løvrig ―が落ちる bladene falder (落葉) løvfald
は 派(流派) skole
は 歯 tand (歯車の) tand ―みがき tandpasta ―ぶらし tandbørste ―痛 tandpine ―がはえる få tænder ―をみがく børste tænder ―が抜ける en tand falder ud ―を抜く trække en tand ud 入れ― gebis, protese ―茎 gumme

ば 場 sted, plads （機会）chance, lejlighed
バー （酒場）bar, udskænkninglokale （棒高飛びなどの）stang
ばあい 場合 tilfælde （事情）omstændighed, forhold その—i så fald, i det tilfælde いずれの—でも i alle tilfælde …した—は i tilfælde af at 非常の—nødstilfælde
はあく 把握 greb, tag —する gribe, tage
バーゲンセール billigt tilbud —する holde udsalg 〔af/på〕
パーセント procent
バーター byttehandel —貿易 byttehandel
パーティー selskab, fest, gilde
バーテン〔ダー〕 bartender
ハート hjerte （トランプの）hjerter
ハードカバーの indbunden
パートナー partner （ディナーの）（男）bordherre （女）borddame （仕事の）medarbejder, kompagnon
ハードル （競技の）hæk —競走 hækkeløb
ハープ 〈楽〉harpe —奏者 harpenist, harpespiller
パーマネント permanent —をかける permanente
ハーモニカ 〈楽〉mundharmonika
はい 灰 aske —色の askefarvet, 〔aske〕grå
はい 肺 lunge —炎 lungebetændelse —がん lungekræft —結核 lungetuberkulose
はい 杯 bæger （聖杯）kalk （優勝盃）pokal
はい 蠅 →はえ
はい （応答）ja （おっしゃる通りです）du har ret, jeg er enig （判りました）jeg har forstået —どうぞ vær så god
ばい 倍の dobbelt, to gange …の倍 dobbelte af —にする lægge dobbelt, dublere, fordoble （ブリッジで）doble —の数 dobbelt så mange
はいいろの 灰色の askefarvet, 〔aske〕grå
ばいう 梅雨 regntid —前線 regnfront
はいえい 背泳 rygcrawl —で泳ぐ svømme rygcrawl

はいえん 肺炎 〈病〉 lungebetændelse
ばいえん 煤煙 røg （すす） sod —の多い sodet
バイオリン 〈楽〉 violin, fiol
はいが 胚芽 embryo, foster: spire, kim
ハイカー 〔fod〕vandrer
ばいかい 媒介(仲介) formidling, mægling —する formidle, mægle —者 formidler, mægler 伝染病を—する sprede epidemi —体 smittebærer —物(ばい菌) bakterie, bacille
はいき 廃棄 afskaffelse —する afskaffe —物 affald
はいき 排気(排出) udblæsning （換気） ventilation, 〔ud〕luftning —ガス udblæsningsgas, udstødningsgas —管 udstødningsrør
はいきゅう 配給(分配) fordeling, distribution, uddeling （食糧などの） ration, portion （供給） tilførsel, forsyning —する fordele, distribuere, forsyne
はいきょ 廃墟 ruin, ødelæggelse
ばいきん 黴菌 bakterie, bacille
ハイキング vandretur, fodvandring, fodtur —に行く gå på vandring
バイキング viking —船 vikingskib
はいきんしゅぎ 拝金主義 mammonsdyrkelse —者 mammonsdyrker
はいぐうしゃ 配偶者 mage, ægtefælle （夫） ægtemand （妻） hustru, kone
はいけい 拝啓(手紙の) Kære hr.X
はいけい 背景 baggrund, landskab （舞台の） sceneri （後援） støtte
はいけっかく 肺結核 〈病〉 lungetuberkulose
はいけん 拝見 beskuelse, betragtning —する betragte, have den ære at se
はいご 背後 ryg （裏側） bagside —に bagom
はいごう 配合 kombination, sammensætning —する kombinere, arrangere, sammensætte
はいざら 灰皿 askebæger
はいし 廃止(法令・制度などの) afskaffelse,

はいしゃ　歯医者 tandlæge　（歯科診療所）tandklinik
はいしゃ　敗者 den besejrede, taber
はいしゃく　拝借 lån, udlån　ーする låne
ばいしゃく　媒酌 ægteskabsformidling　ーする formidle/ordne et giftermål mellem …　ー人 ægteskabsformidler
ハイ・ジャック flykapring　ージャッカー flykaprer
ばいしゅう　買収（買い上げ）køb　（取得）erhvervelse （わいろ）bestikkelse　ーする（わいろで）bestikke（買い上げる）købe
はいじょ　排除 udelukkelse, udstødelse　ーする udelukke, lukke ude, forhindre, udstøde
ばいしょう　賠償 erstatning, vederlag, kompensation（報償）godtgørelse　ーする erstatte, kompensere, godtgøre　ー金 erstatningssum（代替品）surrogat
ばいしん　陪審 jury, nævningeting　ー員 jurymedlem, nævning
はいしんしゃ　背信者 frafalden, overløber
はいすい　排水 dræning, afvandning, afløb　ーする dræne, afvande（干拓する）tørlægge　ー管 drænrør, 放水口 afløb
はいする　排する afskaffe, ophæve
はいせき　排斥 forkastelse, afvisning, boykot　ーする forkaste, afvise, boykotte, blokere
はいせん　敗戦 krigsnederlag, tabt slag, nederlag
はいたつ　配達〔af〕levering, leverance　（配布）distribution　ーする〔af〕levere, distribuere　ー料 leveringsomkostninger　ー日 leveringsfrist, leveringstid
はいち　配置 arrangement, anordning　ーする arrangere, anordnere（兵隊などを）postere, bemande
ばいてん　売店 kiosk　（市場の）bod（屋台）stand
はいとう　配当(株などの) dividende, udbytte　（分配）fordeling　ーする fordele
ばいどく　梅毒〈病〉syfilis
パイナップル〈植〉ananas

ばいばい 売買 køb og salg （取引）handel
バイパス omkørsel
ハイヒール højhælet sko
はいびょう 肺病〈病〉lungesygdom, lungelidelse （肺結核）lungetuberkulose
はいひん 廃品 affald, skrab, skrot （紙屑）makulatur —回収〔運動〕spildindsamling
パイプ （管）rør, ledning （刻みたばこ用の）pibe —オルガン〔pibe〕orgel
はいぶつ 廃物 uanvendelige varer (pl.), affald （屑）skrab, skrot —利用 udnyttelse af affald
バイブル （聖書）bibel
はいぼく 敗北 nederlag （ゲームでの）bet （失敗）afbrænder —する lide nederlag （ゲームで）blive bet （失敗する）mislykkes —主義 defatisme
ハイヤー udlejningsbil, bil til leje （タクシー）taxa
バイヤー opkøber, køber
はいやく 配役 rollefordeling, rollbesætning
ばいやく 売約 købekontrakt —する afslutte et køb
はいゆう 俳優 skuespiller （女優）skuespillerinde
ばいよう 培養 dyrkelse, 〔bakterier〕kultur —する dyrke
はいようする 佩用する bære et sværd
はい・る 入る（内へ）komme ind〔i/på〕, gå ind〔i〕（押し入る）bryde ind （そっと入る）snige sig （加入する）tilslutte sig （含む）indeholde （収入がある）have indkomst （始まる）begynde, starte （学校などに）blive optaget〔på en skole〕
はいれつ 配列 arrangement, anordning —する arrangere, anordne
パイロット （飛行機の）pilot （水先案内人）lods
はう 這う krybe （虫などが）krible
はえ 蠅〈虫〉flue —取り紙 fluepapir —叩き fluesmækker
はえ 栄え pragt, glans, ære —る skinne, stråle
はえる 生える（生じる）vokse （芽が）gro, spire
はえる 映える（反映する）genspejle, give genskin,

afspejle (配合がいい) harmonere, passe, anstå sig
はか 墓 grav ―場 begravelsesplads, kirkegård ―参り besøg ved et gravsted ―石 gravsten
ばか 馬鹿 fjols, dumrian, en enfoldig fyr, tosse (白痴) idiot ―な idiotisk, dum, tosset ―にする se ned på, gøre grin med ―さ dumhed (単純) enfold
はかい 破壊 ødelæggelse, destruktion ―する ødelægge, destruere ―的な ødelæggende, destruktiv, nedbrydende ―者 ædelægger (野蛮人) vandal
はがき 葉書 postkort, brevkort 絵― prospektkort 往復― dobbelt brevkort
ばかげた 馬鹿げた latterlig, dum, tåbelig, fjollet
ばかす 化かす forhekse, fortrylle
はかせ 博士 doktor ―号 doktorgrad, Ph.D.-grad ―論文 doktorafhandling, Ph.D.-afhandling 名誉― æresdoktor ―課程 Ph.D.-kursus
はかどらせる 捗らせる skynde på, sætte fart på (かりたてる) genne, bortjage
はかない 果敢ない forgængelig, flygtig (空虚な) tom, indholdsløs (もろい) skør, spinkel, skrøbelig
はかり 秤(天秤) vægt さお― bismer ぜんまい― fjedervægt
…ばかり 許り(およそ) omkring …, cirka (…だけ) kun, blot, bare (…して間もない) straks efter (まさに…せんとして) være/stå i begreb med at
はかる 計る・量る・測る(量・面積などを) måle (重さを) veje (速度を) tage tid på (水深などを) lodde, pejle (計算する) kalkulere, beregne (評価する) vurdere, skatte (推測する) gisse, udgrunde
はかる 図る・謀る(計画・工夫する) planlægge, overveje (素案を) gøre udkast (欺く) bedrage, lure, narre (努める) stræbe efter, anstrenge sig (志す) aspirere til, have til hensigt
はき 破棄(婚約などの) brydning (条約などの) opsigelse, afskaffelse ―する ophæve, bryde, opsige, afskaffe
はきけ 吐き気 kvalme, opkastningsfornemmelser

(pl.)（船酔い）søsyge —を催す have kvalme, være søsyge

パキスタン Pakistan —人 pakistaner —の pakistansk

はきもの 履き物 fodtøj, skotøj

はきょく 破局 kollaps, sammenbrud （大惨事）katastrofe

はく 吐く kaste op （唾など）spytte （食物・血など）brække sig （噴出する）sprutte〔ud〕（息を）ånde ud （意見など述べる）berette, udtrykke sig

はく 掃く feje （清掃する）rense

はく 履く（ズボン・くつなど）tage på, have på, bære

はぐ 剝ぐ（カレンダーなどを）rive af （皮を）skrælle （木の皮を）afbarke （豆などの殻をむく）pille af （動物の皮を）flå （奪う）berøve, fratage

ばぐ 馬具 seletøj

はくあ 白亜 kridt

はくあい 博愛 filantropi, menneskekærlighed （慈悲）barmhjertighed （慈愛・親切）velvilje, godhed —の filantropisk, barmhjertig, velvillig

はくがい 迫害 forfølgelse （抑圧）fortrængning —する forfølge （抑圧する）fortrænge

はくがく 博学 lærdom, alsidig uddannelse —な lærd, vidende, belæst

はぐき 歯茎 gumme

ばくげき 爆撃 bombardement, bombeangreb —する bombardere —機 bombefly〔ver〕

ばくげきほう 迫撃砲 bombekaster

はくさい 白菜 kinakål

はくし 博士 →はかせ

はくし 白紙 ubeskrevet blad, hvidt papir —に返す starte/begynde på ny —委任 carte blanche

はくしゃ 拍車 spore —を当てる spore〔en hest〕—をかける spore, sætte fart i

はくじゃくな 薄弱な svag, sart, spinkel, kraftløs

はくしゅ 拍手 håndklap, applaus —する klappe〔i hænderne〕, applaudere —喝采(かっさい)する råbe hurra

はくしょ 〔for〕
はくしょ 白書 hvidbog
はくじょう 白状 tilståelse, bekendelse ―する bekende, tilstå
ばくしょう 爆笑 latteranfald ―する slå en høj latter op
はくじょうな 薄情な hårdhjertet
はくしょく 白色 hvidt ―の hvid ―人種 de hvide 〔racen〕
はくじん 白人 hvide mennesker
はくせい・にする 剝製にする 〔ud〕stoppe, fylde ―の udstoppet
ばくぜん・とした 漠然とした vag, utydelig（あいまいな）tvetydig, ubestemt ―と vagt, utydeligt（あいまいに）tvetydigt
ばくだいな 莫大な vældig, uhyre, umådelig（巨大な）kolossal（広大な）vidtstrakt
ばくだん 爆弾 bombe（破裂弾）granat ―を投下する bombe
ばくち 博奕 hasardspil ―打ち（人）hasardspiller ―を打つ spille hasard
はくちゅう・に 白昼に midt om dagen, ved dagslys ―夢 dagdrøm
はくちょう 白鳥 svane ―の歌 svanesang
バクテリア bakterie, bacille
ばくはつ 爆発 eksplosion, detonation, sprængning（火山の）〔vulkansk〕udbrud ―する eksplodere, detonere, springe i luften（爆破する）sprænge
はくはつ・の 白髪の hvidhåret, gråhåret ―になる gråne
はくぶつ・がく 博物学 naturhistorie ―館 museum
はくへん 薄片 skive（破片）fragment
はくぼく 白墨 kridt
はくまい 白米 poleret ris
ばくやく 爆薬 sprængstof
はくらい・の 舶来の（輸入した）import-, importeret ―品 importartikel, importerede varer (pl.)（外国製

品）varer fra udlandet

はくらんかい 博覧会 udstilling, messe —場 udstillingslokale

はぐるま 歯車 tandhjul

ばくろ 曝露 afsløring, afdækning —する afsløre, afdække

はけ 刷毛 børste （絵筆）pensel —をかける børste

はげ 禿 skaldethed 頭など—た skaldet —頭 skaldepande —頭の人 skaldet person

はけぐち 捌口 udløb, afløb （感情などの）udløsning —を見つける udløse sig i, udløse spændingen

はげし・い 激しい intens, stærk, voldsom, heftig —く intenst, stærkt, kraftigt, voldsomt —さ intensitet, voldsomhed

はげたか 禿鷹〈鳥〉grib

バケツ spand （大型ミルク用）junge（小型の）krukke （浚渫(しゅんせつ)船などの）pøs

はげ・ます 励ます opmuntre, heppe på —み opmuntring （刺激）stimulans —む stræbe efter, anstrenge sig

ばけ・もの 化け物 spøgelse, fantom （幽霊）genganger, genfærd, gespenst （怪物）monster （悪鬼）dæmon, djævel —る forvandle sig〔til〕, antage form〔som〕

はげる 剥げる（塗りものが）løsne sig, gå løs （色が）blegne, affarve

はけん 派遣 afsendelse, udsendelse （急派）ekspedition —する afsende, udsende （急派する）ekspedere —団 delegation

はこ 箱 kasse, boks, dåse 小— æske（家具の引き出し）skuffe —詰め emballage, pakning

はこぶ 運ぶ（運搬する）transportere, bære （貨物を）fragte （移動させる）forflytte

バザー basar

はさいする 破砕する smadre, slå i stykker, knalde

はさみ 鋏 saks —を入れる（切符・新聞などに）klippe （やっとこ）knibtang

はさむ 挟む klemme, knibe, nive （指でつまむ) nippe （軍の挾み撃ち作戦）knibtangsmanøvre さし— indsætte, indskyde

はさん 破産 bankerot, fallit, konkurs —する gå konkurs —させる ruinere —者 fallent

はし 端(末端) den ene ende af ngt. （縁）kant, bryn （先端）spids （すみ）hjørne, krog

はし 箸 spisepind

はし 橋 bro （乗・下船用タラップ）landgang —を渡る gå/køre over broen —をかける bygge/slå bro over

はじ 恥 skam, ydmygelse （不面目）vanære —をかく blive ydmyget （卑下する）ydmyge sig —をかかせる ydmyge, vanære, gøre én til skamme —入る blive forlegen

はしか 麻疹〈病〉mæslinger

はしけ 艀 lægter, lastepram

はしご 梯子 stige （船の）lejder （階段）trappe —車 stigevogn

はじまる 始まる begynde, sætte i at/med, starte （戦争・火事など）bryde ud （公開する）åbne …に起源する oprinde, hidføre fra, stamme fra

はじめ 始め(開始) begyndelse, start （起源）oprindelse, ophav （発端）oprindelse, tilblivelse —の(最初の) først, begyndelses- （初期の）tidlig, ældre —て for det første, for første gang —は i begyndelsen, først —る〔på〕begynde, starte, sætte i gang 読み—る begynde at læse

ばしゃ 馬車 hestevogn, ekvipage （王室用の）gallavogn 荷— lastvogn （一頭立ての）enspændervogn （三頭立ての）trojka

はしゃぐ være kåd/overgiven

パジャマ pyjamas

ばじゅつ 馬術 ridekunst

ばしょ 場所(地点) plads, sted （位置）beliggenhed, stilling （立場）position, situation （敷地）byggegrund, grund （座席）siddeplads （空間）rum

はしら 柱 stolpe, pæl （円柱）søjle —時計 standur, bornholmerur

はし・る 走る løbe （逃走する）flygte, stikke af, løbe væk （船が）sejle （列車が）gå —り回る løbe rundt, springe omkring —り去る løbe bort —り書き klo, hastigt notat （なぐり書き）kragetæer (pl.) （いたずら書き）kruseduller (pl.)

はじる 恥じる skamme sig〔for/over〕, genere sig

はす 蓮〈植〉lotus

はず 筈（予定）forventning, det man forventer （当然）burde …の—です kan forventes〔at〕, må være …の—は kan ikke forventes, der er ingen grund til at tro その—です det skulle det

バス （乗合自動車）bus, omnibus —に乗る tage bussen —で行く komme med bussen —運転手 buschauffør —停 busstoppested

バス〈楽〉bas —歌手 bassanger —を歌う synge bas

パス （無料切符）fribillet, frikort （定期券）abonnementskort, sæsonkort （送球する）aflevere, sende videre, passere （トランプなどの）pas —という passe, melde pas 試験に—する bestå eksamen

バズーカほう バズーカ砲 bazooka

ばすえ 場末 udkant〔af by〕（郊外）forstad

はずかし・い （きまりが悪い）være bly/genert/ forlegen （恥ずべき）skamfuld, skændig —くない anstændig, anselig （相当な）respektabel, agtværdig —がりの sky, undselig, bange —がる være genert, genere sig —める få en til at skamme sig

バスケット （かご）kurv

バスケットボール basketball

はずす 外す（眼鏡などを）tage af （服を脱ぐ）afføre sig （結び目を解く）binde op （解消する）løsne, løse （解放する）løsgøre, frigøre （避ける）undvige, undgå （目標を）skyde forbi

バスタオル badehåndklæde

バスト （胸まわり）brystmål

はずべき 恥ずべき skamfuld, skændig

パスポート pas

はずみ (…の折・途端) øjeblik, tidsrum 運転する―に me[de]ns han kørte bil (惰力) bevægelsesmængde, impuls, fremdrift

パズル puslespil

はずれる 外れる gå løs [fra], gå af, løsne sig (関節など) forvride [af led] (当らない) ikke træffe (失敗する) forfejle, mislykkes (…に反する) være i modstrid med

はせい 派生 afledning, afvigelse, fravigelse ―語 afledning, afledt ord

パセリ 〈植〉 persille

はそん 破損 skade, beskadigelse (傷つける) skade, beskadige

はた 旗 flag (国旗・校旗など) banner (軍旗など) fane (長旗) vimpel

はた 機(織機) vævestol ―を織る væve

はだ 肌・膚(皮膚) hud, skind (気質) temperament, karakter, sind ―ざわり følelse, berøring

バター smør ―を塗る smøre, tilberede med smør ―入れ smørnæb

はたいろ 旗色 situation, fremtidsudsigter

はだか 裸 nøgenhed ―の/で nøgen, bar

はたき (掃除用の) støvekost

はだぎ 肌着 undertøj

はた・け 畑(野菜の) grøn[t]sagsmark, køkkenhave (穀類の) kornmark ―作 grønsagsdyrkning

はだし 裸足 barfodethed ―の/で barfodet

はたして 果して som forventet

はたす 果す(なしとげる) gennemføre, fuldføre, realisere 約束を― holde sit løfte 願い・夢を― gå i opfyldelse, virkeliggøre

バタフライ butterfly

はためく flagre, vifte, vaje, baske

ばたや ばた屋 kludesamler

はたらき 働き(仕事) arbejde, job, sysselsættelse (運用) praktisk tillempning (機能) funktion, virkemåde（活動）aktivitet, virksomhed （功績）merit, fortjeneste （才能）evne, duelighed, dygtighed ―口 ansættelsested ―者 hårdtarbejdende person ―手 arbejder, forsørger

はたらく 働く（労働する）arbejde （勤務する）tage tjeneste på （作用する）virke på, indvirke på （機能を果たす）fungere, opfylde sin funktion （悪事を）begå

はだんきょう 巴旦杏〈植〉mandel

はち 八 otte 第一の ottende（バスなど8番線・トランプの8）otter

はち 蜂〈虫〉（蜜蜂）bi（すずめばち）hveps（まるはなばち）humlebi ―の巣 bikube ―蜜 honning ―がぶんぶんいう surre

はち 鉢（どんぶり）keramikskål ―植えの植物 potteplante（水盤）vandfat

はちがつ 八月 august

バチカン Vatikanet

はちじゅう 八十 otti, firs〔indstyve〕

はちゅうるい 爬虫類〈動〉krybdyr

はちょう 波長 bølgelængde ―が合っている være på bølgelængde〔med〕

ばつ 罰 afstraffelse （法律上の）straf（罰金・科料）bøde, straf ―すべき strafbar ―する straffe（罰金・科料を払う）bøde

ばつ 閥 klike, fraktion

はついく 発育 udvikling, tilvækst ―する vokse, udvikle sig

はつおん 発音 udtale ―する udtale ―記号 udtalebetegnelse ―辞典 udtaleordbog

はっか 薄荷 pebermynte

はっかくする 発覚する blive afsløret/opdaget

はつかねずみ 二十日鼠〈動〉mus

はっき 発揮 manifestation, ytring, tilkendegivelse ―する lægge for dagen, bevise, ytre

はっきり・と（明瞭に）klart, tydeligt ―する være/blive tydelig（明確に）definitivt, bestemt ―した klar, tydelig

はっきん 白金 platin
ばっきん 罰金 bøde〔straf〕, mulkt —を課す idømme én en bøde —を払う bøde (違約) løftebrud
バック (背景) baggrund (後援) støtte (後援者) velynder, protektor, tilhænger (庭球などの) baghånd (背泳) rygsvømning —ミラー bakspejl —アップする fremme, begunstige
はっくつ 発掘 udgravning —する udgrave, grave op, åbne〔en grav〕
バックル spænde
パッケージりょこう パッケージ旅行 pakketur
はっけっきゅう 白血球 hvidt blodlegeme
はっけん 発見 opdagelse —する opdage —者 opdager (思いつく) komme på (痕跡などたどって突き止める) spore
はつげん 発言 udtalelse, ytring (公式の) betænkning, erklæring —する udtale〔sig〕, ytre
はつこい 初恋 ens første kærlighed
はっこう 発行 publikation, udgivelse (公債などの) issue —する udgive, publicere —させる udkomme —所 forlag, forlægger —人 publicist, udgiver
はっこう 発酵 fermentation, gæring —する fermentere,〔for〕gære —素 gær〔stof〕
はっしゃ 発車 afrejse, afgang —する afrejse ここから—する afrejse herfra —ホーム afgangsperron —時間 afgangstid
はっしゃする 発射する affyre, skyde
はつじょう・き 発情期 parringstid, brunsttid —している brunstig
ばつじるし ×印 kryds
はっしんチフス 発疹チフス〈病〉tyfus
はっしんにん 発信人 afsender
ばっすい 抜粋 ekstrakt, udtog (選集) udvalgt skrifter, udvalg —する udvælge
ばっする 罰する straffe, revse (折檻(せっかん)する) tugte, ave
はっせい 発生(突発) en uventet hændelse, forekom-

st（生育）opvækst, udvikling, vækst （電気などの）generation, skabelse, fremstillning ―する hænde, bryde ud, indtræffe（生じる）blive til, opstå

はっそう 発送 afsendelse, udsendelse （急派）ekspedition ―する afsende, forsende（急送する）ekspedere

はっそう 発想 undfangelse, konception

はっそく 発足 start, begyndelse

ばった 〈虫〉græshoppe

バッター （打者）slåer

はったつ 発達 udvikling, fremgang, fremskridt ―する gøre fremskridt ―している være avanceret

ハッチ （船などの）luge

バッテリー （電池の）batteri

はってん 発展 udvikling, vækst, ekspansion （隆盛）velstand, blomstring （進歩）fremgang （拡張）udvidelse ―する udvikle sig, vokse, blomstre, gøre fremgang ―途上国 udviklingsland

はつでん 発電（電気の）generering, frembringelse af elektricitet ―する frembringe/udvikle elektricitet ―機 generator, dynamo ―所 kraftstation, kraftværk

はつどうき 発動機 motor

はつねつ 発熱 feber

はつばい 発売 salg, afsætning ―する sælge, afsætte

はっぴょう 発表 bekendtgørelse （公表）offentliggørelse ―する offentliggøre, bekendtgøre, tilkendegive

はつびょうする 発病する blive syg

ばっぽんてき・な 抜本的な gennemgribende, grundig ―に grundig

はつみみだ 初耳だ det er første gang jeg hører sådan ngt.

はつめい 発明 opfindelse ―する opfinde ―家 opfinder

はつゆき 初雪 året første snefald

はつらつとした 潑剌とした livlig, spændstig
はて 〔間投詞〕øh, hov!
はて 果て afslutning, ende, grænse （結果）udfald, resultat —る ophøre, blive opbrugt
はで 派手 pomp, pragt, prunk —な pompøs, prangende, udmajet
はと 鳩〈鳥〉due
はとば 波止場 kaj （埠頭）bolværk （突堤）mole
はとめ 鳩目 snørehul
パトロール patrulje —する patruljere —隊員 patruljevagt —カー patruljervogn
パトロン beskytter, protektor, velynder
バトン （リレー競走用）stafet〔stav〕（音楽用）dirigentstok, taktstok
はな 花（草木の）blomst （精粋）essens, udtræk, esprit —が咲く（花が主語）en blomst springer ud（木が主語）blomstre —が萎れる en blomst visner —を生ける arrangere blomst —屋 blomsterhandler, blomsterbutik —束〔blomst〕buket —びら kronblad
はな 鼻 næse （犬・ねこなどの）mule, snude, tryne （象の）snabel —水が出る være snottet —水をすする snæfte —紙 papirlommetørklæde —をかむ pudse næse —血 næseblod —先 næsetip —薬（ちょっとしたわいろ）〔mindre〕bestikkelse
はながた 花形（スター）stjerne
はなし 話 fortælling, historie, tale （会話・談話）samtal, snak, konversation （議論）forhandling （講話）foredrag, forelæsning （うわさ）rygte —相手 selskab, følgeskab —手 talende taler —言葉 talesprog —中（電話で）linien er optaget —する（告げる）berette, tale om, fortælle, holde tale …と—する tale med —がつく overenskomme —がまとまる en løsning opnås, ngl. bliver enige …という—だ det siges at, jeg forstår at —あう tale sammen, aftale —かける tale til —好きの snakkesalig, snaksom, sludrevorn
はなす 放す løslade, slippe løs, slippe fri （解放）

befrielse, frigørelse（解放する）befri, frigøre
はなす 離す（分ける）adskille, dele, opdele 引き— fjerne〔fra〕 眼を— fjerne blikke〔fra〕 切り— klippe〔fra〕, skære af, hugge af
はなたば 花束 〔blomst〕buket
バナナ banan
はなはだ 甚だ uhyre, meget, kolossalt （過度に）overmåde, ekstremt
はなはだしい 甚だしい overordentlig, usædvanlig, ekstrem, yderst
はなばなし・い 花々しい strålende, lysende, brillant —く strålende, lysende, brillant
はなび 花火 fyrværkeri —をあげる brænde fyrværkeri af
はなびら 花びら kronblad
パナマ Panama —運河 Panamakanalen —帽 panamahat
はなむこ 花婿（新郎）brudgom
はなや 花屋（店）blomsterbutik （人）blomsterhandler
はなよめ 花嫁（新婦）brud —衣裳 brudedragt, brudekjole
はなれ・る 離れる（分かれる）skilles〔fra〕（放れる）slippe løs （去る）forlade, rømme （弾がそれる）bomme —た adskilt （孤立した）isoleret, afsides（遠くの）fjern, fjerntliggende —て afsides, fjernt —離れに adskilt fra hinanden
はなわ 花輪 krans （花づな）guirlande
はにか・む blues, være sky/forsagt, blive genert —んで forlegent
パニック （恐慌(きょう)）panik —になる blive grebet af panik
はね 羽（羽毛）fjer （水鳥の綿毛）dun （翼）vinge （綿毛でおおわれた）dunblød
ばね 発条 spring, fjeder —仕掛けの som drives med en fjeder
はねかえ・り 跳ね返り tilbageslag —す springe

tilbage, vige tilbage
はね・る 跳ねる hoppe, springe （水などが）sprøjte ―かける stænke （終る）slutte, ende
パネルヒーター panelopvarmer
パノラマ panorama
はは 母〔min〕mor ―親 moder ―の〔ような〕moderlig ―の日 moders dag
はば 幅 bredde, vidde ―を広げる brede, udvide ―の広い bred, vid ―跳び længdespring
はばか・る 憚る(ためらう) være i tvivl, betænke sig, tøve（恐れる）være ræd for, ræddes（遠慮する）være reserveret, afholde sig fra ―りながら jeg må sige
はばつ 派閥 fraktion, falanks, klike ―争い meningsforskel〔i〕mellem
はびこる （草木が）vokse frodigt, sprede sig stærkt, trives（のさばる）blive løssluppen/tøjlesløs, tage overhånd
はぶく 省く(除く) udelade, udelukke （節約する）spare væk（減じる）nedsætte, formindske
はブラシ 歯ブラシ tandbørste
はへん 破片 fragment, brudstykke （砕石）skærver (pl.)
はま 浜(海岸) kyst, strand （砂浜）sandstrand（港）havn
はまき 葉巻 cigar
はまぐり 蛤〈魚〉musling
はまる 嵌る(はいる) stige ned （適する）være belejlig/passende, passe for（陥いる）falde i, ramme, træffe
はみがき 歯磨き tandbørstning ―粉(練り) tandpasta（粉末）tandpulver
はみでる はみ出る rage frem, stikke frem
ハム (肉製品) skinke ―エグ skinke med æg（アマチュア無線家）radioamatør
はめつ 破滅 ruin, ødelæggelse （衰退）forfald ―する blive ruineret/ødelagt（衰退する）forfalde

はめる 嵌める(さし込む) indskyde, indsætte, indlægge (詰め込む) stoppe (指輪などを) bære (だます) narre, lure (おとし入れる) fange i en fælde (巻きぞえにする) indvikle

ばめん 場面(劇などの) scene (場所) plads, sted

はもの 刃物(ナイフ) kniv (食事道具のナイフ・フォーク類) bestik (刀・剣) sværd

はもん 波紋 krusning

はもん 破門(一般の) udelukkelse, udstødelse (宗教上の) ekskommunikation, bandlysning (大学からの) relegation —する udelukke, bandlyse: relegere

はや・い 早い(時間が) tidlig (速度が) hurtig, hastig, gesvindt, skyndsom (敏活な) rask, livlig (頭の回転が) vittig, åndrig

はやおき 早起き det at stå tidligt op

はやく 早く(時間的に) tidlig (すみやかに) hurtig〔t〕, rask, gesvindt (活発に) livligt

はやく 破約 løftebrud, kontraktbrud —する bryde 〔løfte/kontrakt〕

はやく 端役 statist

はやくち 早口 hurtigsnakker

はやさ 速さ(速度) hastighed, fart

はやし 林(森) skov (小さい森) lille skov (木立ち) lund (原生林) urskov

はやぶさ 隼〈鳥〉falk

はやみみ 早耳 en der har antennerne ude

はやめに 早目に i god tid (時間通りに) være rettidig/punktlig

はやめる 早める skynde på, accelerere

はや・り 流行り mode, udbredning (病気の) epidemi (人気) popularitet —りの fashionabel, populær (新しがりの) nymodens —る være/komme på mode, blive populær/udbredt (繁盛する) blomstre, være fremgangsrig (病気などが) sprede, udbrede

はら 原(野原) mark (湿原) mose (牧草地) eng

はら 腹(腹部) bug (胃) mave (腸) tarm (内臓) indvolde (pl.) (心) sind, humør (勇気) mod, tapperhed

ばら 468

(意向) hensigt, vilie —をたてる blive vred 〔over〕, blive arrig 〔på〕/ophidset —がすく være sulten —をこわす ødelægge maven —痛 mavekneb —帯 bælte

ばら 薔薇〈植〉(花) rose (木) rosenbusk, rosentræ —色の rosenrød, rosenfarvet 野— vild rose

はらう 払う(支払う) betale (分割で) amortisere (処分する) sælge, afhænde, gøre det af med (掃う) feje (はけで) børste (支払い能力がある) solvent (払い戻し) tilbagebetaling

パラシュート faldskærm

はらす 晴らす(散らす) splitte (払いのける) fordrive, forjage (疑いを) rense sig, forjage (気を) adsprede (解決する) opklare

ばらす (分解する) sønderdele (解体する) opløse (分離する) separere (あばく) afsløre, røbe (殺す) døde, dræbe (虐殺する) myrde

パラソル parasol

バラック barak

はらばう 腹這う ligge på maven 〔for〕, krybe

はらはらする være nervøs/urolig/rådvild —ような spændende, æggende

ばらばら・の løsgjort —にする opløse (分割する) opdele, stykke ud (散らす) splitte —になる brække/gå i stykker (散る) sprede

パラフィン paraffin

ばらまく 散撒く strø 〔ud over〕, sprede (金を) sløse med/forøde sine penge

バラライカ 〈楽〉balalajka

バランス balance —のとれた ligevægtig, velafbalanceret (全般的な) alsidig —をとる balancere 〔med ngt.〕, passe

はり 針 nål 縫い— synål 釣り— medekrog 留め—knappenål (サボテンなどのとげ) torn —目 sting, søm (時計の)(短針) timeviser (長針) minutviser —仕事 syarbejde —子(男) syer (女) syerske, dameskrædderinde

はり 梁 bjælke
パリ Paris —っ子(男) pariser (女) pariserinde — の parisisk
はりあう 張り合う kappes med hinanden, rivalisere
はりがね 針金 metaltråd
バリカン hårklippemaskine
ばりき 馬力(単位) hestekraft (体力) energi, fysisk styrke
はりきる 張り切る(元気一杯である) være i munter stemninger, blive begejstret for
バリケード barrikade
はりつけ 磔 korsfæstelse —にする korsfæste
バリトン 〈楽〉baryton
はりねずみ 〈動〉pindsvin
はる 貼る(紙などを) klæbe på, fæste〔på/til〕(こうやくを) sætte op (障子などを) tapetsere
はる 張る(伸ばす) strække ロープなど— udspænde, spænde (広げる) udvide, brede 値が— være dyr 店を— drive en butik 平手で— give én ørefigen/lussing 肩が— blive stiv i skulder 気が— være spændende, være anstrængende (緊張する) blive spændende テントを— slå telt op〔på/ved〕, reise et telt
はる 春 forår —になる blive forår —らしい forårsagtig (青春) ungdom
はるか・な 遙かな(距離的に) fjern, fjerntliggende —に fjernt, langt〔fra〕(比較にならない) uforlignelig, uden sidestykke
バルコニー balkon
バルトかい バルト海 Østersøen
はるばると 遙々と(長い道のりを) langvejs fra
バルブ (弁) ventil (真空管) vakuumrør, elektronrør
パルプ pulp —にする mase
はれ 晴(天気) fint vejr, godt vejr (雲一つない) skyfri —た klar —る (天気が) klare op (気が) humøret/sindet bliver bedre —着 fineste dress, søndagstøj, stadstøj —がましい pralende, ostentativ

ばれいしょ 馬鈴薯 kartoffel
バレー (舞踊) ballet —ダンサー(男) balletdanser, (女) balletdanserinde —団 balletkorps
バレーボール volleyball
はれつ 破裂 eksplosion, sprængning (猛烈な) detonation (決裂) brydning, opløsning —する eksplodere, bringe til eksplosion, sprænges (交渉が決裂する) strande, brydes, bryde af
はれもの 腫れもの hævelse, svulst
バレリーナ ballerina
はれる 晴れる(天気が) klare op (気が) humøret/sindet bliver bedre, vederkvæges, opfriskes (疑惑が) forjages
はれ・る 腫れる hæve sig, svulme op —た svullen —ている være ophovnet
ばれる (露見する) blive opdaget/opsporet/afsløret
バレンタインデー st. Valentinsdag
バロメーター barometer
はん 版 oplag 新聞の日曜— søndagsnummer
はん 判 stempel, segl —を押す stemple (封印する) forsegle
はん 班(軍隊の) gruppe (組) gruppe, selskab
はん… 反… anti-, mod-, imod —動 modreaktion —対者 modstander —感 antipati —共主義者 antikommunist
ばん 晩(夕方) aften (夜) nat —に om aften 今— i aften 今—は(挨拶) god aften
ばん 番(順番) tur 順—に efter tur —号 nummer (監督) opsyn, tilsyn (監督する) forvalte, have opsyn med (世話) pasning (世話をする) passe (見張り) vagt (見張りをする) stå vagt, vogte —を待つ vente på 〔min〕 tur
バン (自動車) varevogn
パン brød 菓子— bolle ライ麦の丸— landbrød —ひと切れ et stykke brød —かご brødkurv —粉 mel —屋(店) bageri, bagerbutik —屋(人) bager
はんい 範囲 omfang, udstrækning, rækkevidde (わ

く）ramme（限界）grænse
はんいご 反意語 antonym
はんえい 反映 refleks, genspejling —する reflektere, genspejle
はんえい 繁栄 velstand rigdom —する være velhavende, blomstre —の velhavende, velsitueret, blomstrende
はんえん 半円 halvcirkel —の halvrund, halvcirkelformet
はんが 版画(木版) træsnit, træskærerarbejde（銅版）kobberstik —師 gravør（銅版画師）kobberstikker
ハンガー （洋服などの）bøjle, knagerække
ばんかい 挽回 generhvervelse（奪還）genvinding —する genoprette, restituere, levere tilbage
はんかいする 半壊する blive delvis ødelagt
ばんがい・の 番外の/に ekstra（付録）tillæg
はんかがい 繁華街 handelscentrum, butikscenter
ハンカチ lommetørklæde
ハンガリー Uugaren —人 ungarer —の/語〔の〕ungarsk
バンガロー bungalow
はんかん 反感 antipati, modvilje —を抱く få antipati imod, få modvilje mod —をかう pådrage sig ngs. antipati/modvilje, udsætte sig for ngs. antipati/modvilje
はんぎゃく 反逆 landsforræderi, oprør —する gøre oprør, oprøre —的な forræderisk, oprørende
はんきゅう 半球 halvkugle —型の halvkugleformet
はんきょう 反響（こだま）ekko, genlyd（応答）genklang（影響）påvirkning, indflydelse（反応）reaktion —する give ekko, genlyde（影響する）påvirke, indvirke på
パンク punktering —する(タイヤなどが) punktere（自転車などが）få en punktering
ばんぐみ 番組 program —をつくる programmere —作成者 programmør

はんけい 半径 〈数〉 radius
はんげき 反撃 modangreb, modstød —する rette modangreb mod (闘う) bekæmpe
はんけつ 判決 dom, kendelse (決定) afgørelse —する afsige dom, domfælde, afgøre
はんげつ 半月 halvmåne
はんけん 版権 ophavsret, forfatterret, copyright —を保護する beskytte ved copyright —を獲得する erhverve sig ophavsret
はんげん 半減 mindskelse til halvdel —する mindske til halvdel (半分にする) halvere
ばんけん 番犬 vagthund, gårdhund
はんこう 反抗(抵抗) modstand, modværge, trods (反対) opposition, genmæle (不従順) ulydighed, insubordination (反逆) forræderi, oprør —する modstå, sætte sig modværge —的な trodsig
はんこう 犯行 forbrydelse
はんごう 飯ごう transportabelt spisegrej, feltkøkken, kogekar
ばんごう 番号 nummer —をつける nummerere —順 nummerorden —順に i nummerorden —札(自動車などの) nummer plade —案内(電話の) nummeroplysning
ばんこく 万国 alle nationer —の international, universel —旗 alle landes flag —博 verdensudstilling
ばんごはん 晩ご飯 aftensmad
はんざい 犯罪 forbrydelse, brud (法律違反) lovbrud, lovovertrædelse —を犯す begå et brud —者 forbryder (犯人) gerningsmand 未決の—者(被告) den anklagede 既決の—者(囚人) straffefange
ばんざい 万歳 hurra〔h〕! —三唱する råbe et trefoldigt hurra〔for〕
はんさよう 反作用 reaktion, modvirkning —を及ぼす reagere, modvirke
ばんさん 晩餐 middag —会 middagsselskab
はんじ 判事 dommer

ばんじ 万事 alt ―休す det er ude med mig
はんしゃ 反射 genskin, refleks ―運動 refleksbevægelse ―する reflektere, genspeile
はんしゅう 半周 halvkreds
はんじゅくたまご 半熟卵 blødkogt æg
ばんしゅん 晩春 sent på foråret
はんしょう 反証 gendrivelse, modbevis ―する gendrive, modbevise
はんじょう 繁盛 rigdom, opblomstring, velstand ―する blomstre, stå/være i flor/blomst
はんしょうする 半焼する blive delvis brændt
はんしょく 繁殖 formering, avl, opdræt (増殖) forøgelse, forstørrelse, forplantning (増加) forøgelse, stigning, tilvækst ―する formere sig, avle, opdrætte, forplante sig
はんしんろん 汎神論 panteisme
はんすう・する 反芻する tygge drøv ―動物 drøvtygger
ハンスト sultestrejke
はんずぼん 半ずぼん shorts (pl.)
はんせい 反省 overvejelse, reflektion, besindelse ―をうながす bede ngn. genoverveje ngt. ―する overveje, reflektere
はんせん 反戦〔主義〕pacifisme ―運動 pacifistisk bevægelse ―主義者 pacifist, fredsven
はんせん 帆船 sejlbåd
ばんそう 伴奏 akkompagnement ―者 akkompagnatør ―する akkompagnere
ばんそうこう 絆創膏 plaster (軟膏(なんこう)) salve ―をはる lægge plaster på
はんそく 反則(競技の) brud på reglerne, overtrædelse (違法) lovovertrædelse ―する overtræde
はんそで 半袖 kort ærme
パンダ 〈動〉 panda
はんたい 反対(反抗) opposition, modstand (異議) indvending〔imod〕, protest (対照) kontrast (あべこ

べ) det modsatte —する sætte sig imod, opponere 〔imod〕, indvende 〔mod〕 —の modsat —者 modstander, opponent —尋問 krydsforhøre

パンタロン bukser (pl.)

はんだん 判断 bedømmelse, omdømme, konklusion, afgørelse, skøn —する bedømme, afgøre, skønne —力 dømmekraft

ばんち 番地(あて名) adresse

パンチカード hulkort

はんちゅう 範疇 kategori, klasse —に入る tilhøre kategori ..., inddeles i kategorien ...

ハンチング jagerhat

パンツ underbenklæder, underbenbukser (pl.) 水泳— svømmebukser (pl.) ショート— shorts (pl.)

はんつき 半月 en halv måned

はんてい 判定 udslag, dom, kendelse —する dømme, afsige kendelse over, fælde dom —勝ちする vinde gennem dommers udslag, vinde på points

パンティ dameundertøj, 〔dame〕underbukser

ハンディキャップ handicap —をつける handicappe —のある(心身障害の) handicappet

はんてん 斑点 plet, stænk —のある plettet, prikket —をつける plette, prikke

はんと 反徒 rebel, oprører

バンド (皮带) bælte (腹带) gjord (楽団) musikkorps

はんとう 半島 halvø

はんどう 反動 reaktion —的な reaktionær (銃などが)—する kaste〔s〕tilbage, prelle af

はんどうたい 半導体 halvleder

はんとし 半年 halvår, et halvt år

ハンドバッグ dametaske, håndtaske

ハンドル håndhjul (自動車・船の) rat (自転車の) 〔cykel〕styr (ドアの) dørgreb

はんにえの 半煮えの for lidt kogt, blødkogt

はんにち 半日 en halv dag

はんにん 犯人 gerningsmand, forbryder

ばんにん 万人 alle, hver og én, hver eneste en —向

きだ passe alles smag
ばんにん 番人(門番) portvagt, vicevært, pedel (見張り) vagt (時間・場所の意も)(留守番) opsynsmand
はんのう 反応 reaktion (反響・こだま) genlyd (応答) gensvar (好意的な) genklang (効果) effekt, virkning ―する reagere, besvare (効果がある) være effektiv 連鎖― kædereaktion
ばんのうの 万能の almægtig ―選手 mangfoldig idrætmand, alsidig sportsmand
はんば 飯場 sovebarak 〔for arbejdere〕
バンパー (自動車の) kofanger
ハンバーグステーキ hakkebøf
はんばい 販売 salg ―する sælge 自動―機 salgsautomat ―価格 salgspris ―促進 salgsfremstød ―網 salgnet, distributionsnet
はんばく 反駁 gendrivelse, modbevis ―する gendrive, modbevise
はんぱつ 反発 modstand
はんぴれい 反比例 omvendt proportion/forhold ―する være omvendt proportion 〔med〕
はんぷく 反復 gentagelse
ばんぶつ 万物 verdens skabelse, universet
パンフレット brochure, piece, hæfte (ちらし) flyveblad
はんぶん 半分 halvdel ―の〔en〕 halv- ―に分ける dele i to, halvere
ばんぺい 番兵 vagtmandskab ―に立つ være på vagt 〔over〕 (軍隊の) stå på vagt
ハンマー hammer ―投げ(競技の) hammerkast
はんめいする 判明する vise sig at, blive klart at
ばんめし 晩飯 middag
はんめん 反面 den anden side
はんめん 半面(物事の) bagside, revers (メダルの裏側) vrang〔side〕 (地面・川などの) den anden side (顔の) profil
はんも・する 繁茂する vokse tæt ―した frodig
ハンモック hængekøje (船の) køje

はんもん 煩悶 vånde, kval, angst ーする vånde sig, pines

はんらん 反乱 revolte, oprør ーする revoltere, gøre oprør〔imod〕

はんらん 氾濫(洪水) oversvømmelse ーする oversvømme

はんりょ 伴侶 følgeslager, ledsager

はんれい 判例 præjudikat, præcedens

はんろん 反論 modargument, kritik ーする opponere〔verbalt〕imod

ひ

ひ 日(太陽) sol (日光・陽光) solstråler, solskin (1日) en dag (1昼夜) døgn ーが出る(太陽が昇る) solen står op 母のー mors dag 春分のー forårsjævndøgn 秋分のー efterårsjævndøgn ー増しに dag for dag

ひ 火 ild (炎) flamme, lue (火事) ildebrand, ildløs, ildsvåde (火花) gnist (灯火) lys ーをつける tænde …にーがつく der gå ild i (放火する) stikke/sætte ild på

び 美 skønhed ー学 æstetik ーを愛する〔形〕skønhedselskende

ひあい 悲哀 sorg, vemod, bedrøvelse ーに満ちた sorgfuld, vemodig

ピアニスト (男) pianist (女) pianistinde

ピアノ 〈楽〉piano, klaver グランドー flygel ーを弾く spille piano/klaver

ひいき (愛顧) favør, yndest, gunst (偏愛) favorisering ーする favorisere, ynde, begunstige ー客 velynder, protektor (常連) stamgæst, stamkunde

ヒース 〈植〉lyng

ヒーター varmeapparat

ひいで・る 秀でる(期待などを越える) overtræffe,

overstige（堪能(たんのう)になる）opnå stor dygtighed/færdighed —た overordentlig, udmærket, fortræffelig
ピーマン 〈植〉 paprika
ビール øl 生— fadøl, øl fra fad
ビールス 〈医〉 virus
ひえいせいてきな 非衛生的な uhygiejnisk
ひえる 冷える（冷たくなる）blive kold/kølig/afkølet, kølne〔s〕（冷たく感ずる）genkende frossen/kold/kølig
ピエロ pjerrot
ビオラ 〈楽〉 bratsch, viola
びおん 鼻音 nasallyd
びか 美化 forskønnelse —する forskønne
ひがい 被害 skade, afbræk, men, kvæstelse, beskadigelse —をこうむる skades —を与える skade, gøre skade —者 den skadelidte, tilskadekommen（犠牲者）offer（負傷者）de sårede —者意識 offerbevidsthed
ひかえ 控え（覚え書き）memorandum, note （写し）kopi, afskrift（小切手帳などの）talon（予備）reserve
ひかえめ 控え目 måde〔hold〕, rimelighed（節制）afholdenhed —な mådeholden〔de〕, rimelig, tilbageholdende（内輪の）privat, hemmelig —に forsigtigt, afholdende（平凡に）mådelig
ひかがくてきな 非科学的な uvidenskabelig
ひかく 比較 sammenligning, jævnførelse —的な relativ, forholdmæssig —的に relativt, forholdsvis —する sammenligne, jævnføre —級（文法の）komparativ
びがく 美学 æstetik
ひかげ 日影 skygge —になる/する skygge
ひがさ 日傘 parasol
ひがし 東 øst —アジア østasien —側 østside —風 østenvind —の østlig —半球 østlig halvkugle —から østfra —の方に østover, østerpå —に向いた østvendt

ぴかぴか ―光る(星が) blinke, glitre, tindre, glimre 金属片など―光るもの flitter〔stads〕

ひがみ fordom

ひか・り 光 lys (光線) stråle 信号など明滅する― blinklys (せん光) blitz, lynild (輝き) glimt, glød (光輝) glans, klarhed (光沢) glans ―る skinne, lyse (星などが) blinke, glimte (きらめく) blitze, udstråle, glimre (ぎらぎら輝く) gløde, blænde

ひかん 悲観 pessimisme (落胆) modløshed ―的な modløs, pessimistisk, nedslående ―する gøre modløs ―論者 pessimist

びがんじゅつ 美顔術 skønhedspleje

ひかんぜいしょうへき 非関税障壁 ikke-toldmæssig handelsbarriere

ひき 引き(引くこと) træk (よいコネ) gode forbindelser

ひきあげ 引き上げ forhøjelse ―る(値段を) hæve pris (取り止める) ophæve (兵隊など撤退する) drage tilbage, gøre tilbagetog (疎開する) evakuere 沈没船など―る bjærge

ひきあみ 引き網 draggarn

ひきいる 率いる lede, bestyre (オーケストラなど) dirigere (司会する) præsidere

ひきうけ 引き受け(義務など) accept af forpligtelse (請負) entreprise, forpligtelse (受諾) godkendelse, acceptering, antagelse (保証) garanti ―る(仕事などを) påtage sig〔en opgave〕(世話などを) tage sig af

ひきおこす 引き起こす(倒れたものを) rejse op, løfte op (事件などを) forårsage, afstedkomme, volde

ひきかえ 引き換え udveksling (取り換え) bytte (返礼) gengæld ―る udveksle, bytte (お金を両替えする) veksle ―に i bytte for

ひきかえす 引き返す gå tilbage, vende om〔samme vej〕

ひきがえる ひき蛙 〈動〉〔skrub〕tudse

ひきがね 引き金 aftrækker
ひきげき 悲喜劇 tragikomedie
ひきさく 引き裂く rive 〔op〕, rykke op
ひきさげる 引き下げる sænke, reducere（少なくする）mindske（値段など）nedsætte（価値を落とす）nedværdige
ひきざん 引き算 subtraktion（控除）fradrag —する subtrahere, fradrage
ひきしお 引き潮 ebbe 潮が引く ebbe
ひきずる 引き摺る slæbe, trække
ひきだ・し 引き出し（机などの）skuffe, kommodeskuffe（預金などの）hævning af penge, udbetaling —す（引っ張り出す）trække frem（お金を）hæve〔penge〕
ひきたて 引き立て gunstbevisning, tjeneste
ひきつぐ 引き継ぐ（受け継ぐ）tage over, overtage（遺産を）arve
ひきつける 引き付ける（魅力などで）drage til sig, tryllebinde（誘惑する）lokke, friste（けいれんする）få krampe
ひきつづ・く 引き続く forsætte, vare, holde oppe, vedblive —いて uafbrudt, fortløbende, vedblivende
ひきと 引き戸 skydedør
ひきとめる 引き留める（客などを）tilbageholde, opholde（阻止する）standse, stoppe, holde igen
ひきとる 引き取る（受けとる）modtage, erholde（引き継ぐ）efterfølge（受け継ぐ）tage over, overtage（遺産を）arve（世話をする）varetage, tage sig af（息を）drage sit sidste suk
ビキニ bikini
ひきにげ・する 轢き逃げする smutte fra ulykkessted —運転者 flugtbilist
ひきのば・す 引き伸ばす（延長する）forlænge（話など）trække ud, gøre langvarig（写真を）forstørre（延期する）udsætte, udskyde —し forlængelse（写真の）forstørrelse
ひきょう 卑怯 fejhed, kujoneri —な fej, pjaltet（卑劣な）nærig, gemen（男らしくない）umandig（いか

がわしい) uartig ―者(臆病者) bangebuks, kryster, kujon
ひきわけ 引き分け uafgjort kamp
ひきわたす 引き渡す(渡す) udlevere (後世に) overlevere (品物を) levere (権利などを) give op, afstå (罪人などを) udlevere
ひく 引く(身を) trække sig tilbage, synke til bunds (引っ張る) trække, slæbe (線を) trække (犬などを) føre (風邪を) blive forkølet (引用する) citere, referere, slå op i (例として) bruge som eksempel (引きずる) slæbe ngt. efter sig (数を減らす) reducere, subtrahere AからBを― trække B fra A (注意を) drage til sig (電気・ガスを) installere (血筋を) 〔ned〕stamme fra
ひく 弾く(楽器を) spille på
ひく 轢く køre en over, påkøre
びく 魚籠 fiskekurv
ひく・い 低い(温度・圧力・地位など) lav (声・音が) dyb (身長が) lille (腰が) beskeden, fordringsløs, artig ―く lavt ―くする synke (声・音を) dæmpe
ひくつな 卑屈な slavisk, underdanig, nedrig
ピクニック udflugt, ekskursion ―に行く tage på skovtur
びくびく・する være ræd/ængstelig/urolig (神経質に) være nervøs (震える) ryste 〔af frygt/rædsel〕, bæve ―しながら ængsteligt
ひくめる 低める sænke, dæmpe, forringe
ひぐれ 日暮れ solnedgang (たそがれ) skumring (夕方) aften
ひげ 髭(口ひげ) overskæg, moustache あご・ほお― skæg (ねこの) knurhår ―面の ubarberet ―を伸ばす lade skægget gro ―をそる barbere sig, rage (床屋で) blive barberet/raget
ピケ・ピケット (スト破り防止の) strejkevagt
ひげき 悲劇 tragedie ―的な tragisk ―のヒロイン tragedienne
ひけつ 否決 forkastelse (拒否) afslag ―する afslå,

forkaste, tilbagevise
ひけつ 秘訣 hemmelighed, nøgle til
ひける 引ける(終わる・やめる) ophøre, holde op (値段が) blive〔gjort〕billigere
ひこう 非行 dårlig opførsel (軽犯罪) forseelse
ひこう 飛行 flyvning, luftfart ―機 flyvemaskine, fly ―場 lufthavn, flyveplads
びこう 鼻孔 næsebor
びこう 備考 anmærkning (傍注) vedtegning ―欄 anmærkningspalte (脚注) fodnote
ひこうかいの 非公開の lukket, eksklusiv, privat
びこうする 尾行する skygge
ひごうほうの 非合法の ulovlig, illegal
ひこく 被告(民事の) den sagsøgte, den indstævnte (刑事の) den anklagede, den tiltalte ―席 de anklagedes bænk
ひごろ 日頃(いつも) altid (平生) vant, sædvanlig (久しく) længe, langt om længe ―の daglig (習慣的な) vanemæssig ―の行い ens daglige opførsel, handel og vandel, hele ens optræden/livsførelse
ひざ 膝 knæ ―かけ slumretæppe, rejsetæppe
ビザ visum
びさい 微細(詳細) detalje ―な detaljeret, omstændelig, minutiøs ―に detaljeret, omstændeligt
ひさし・い 久しい langvarig, lang ―く længe, langt om længe, igennem lang tid ―ぶりに efter lang tid
ひさん 悲惨 elendighed, bedrøvelighed, jammer ―な elendig, bedrøvelig, jammerlig
ひじ 肘 albue ―で〔そっと〕突く puffe〔fortroligt〕til en med albuen ―鉄を食わす give afvisning/afslag ―かけいす lænestol, armstol
ビジネス forretning, virksomhed (職業) bestilling, profession, erhverv ―マン forretningsmand
ひしゃく 柄杓 øse, slev ―でくむ øse
ひしゃたい 被写体 genstand, objekt, motiv
ひじゅう 比重 vægtfylde (密度) massefylde

びじゅつ 美術 de skønne kunster —品 kunstværk —館 kunstmuseum —展 kunstudstilling —家 kunstner, artist —鑑定家 kunstkender —的な kunstnerisk, artistisk

ひじゅん 批准 ratificering, ratifikation, stadfæstelse —する ratificere, stadfæste

ひしょ 秘書 sekretær —室/課 sekretariat

ひしょ 避暑 tilbringning sommeren〔i〕 —地 sommerland —に行く gå på sommerferie, tilbringe sommeren i

ひじょう 非常 nødsituation, særlig situation —の nøds- —の場合 nødstilfælde, i nødsfald (災害) katastrofe (危機) krise —な ekstrem, alvorlig —に ekstremt, meget —口 nødudgang, reserveudgang —事態 undtagelsestilstand —食 reservenæring〔sstof〕—階段 reservetrappe, brandtrappe

びしょう 微笑 smil —する smile (声をたてて笑う) le

ひじょうきんの 非常勤の(パートタイムの) deltids-, deltidsansat —人 deltidsansat (代役) vikar

ひじょうしき 非常識 vanvid, mangel på sund fornuft —な meningsløs, absurd, vanvittig

びしょぬれの びしょ濡れの gennemblødt

びじん 美人 smuk kvinde, skønhed

ひすい 翡翠 jade

ビスケット kiks, småkage

ヒステリー hysteri —の hysterisk —を起こす få et anfald af hysteri

ピストル pistol (連発銃) revolver

びせいぶつ 微生物 mikrobe (細菌) bakterie, bacille (ウィルス) virus

ひせんろん 非戦論 pacifisme —者 pacifist

ひそう 皮相 overfladiskhed —な overfladisk, kursorisk, luftig, nonchalant

ひそうな 悲壮な ynkelig, sørgelig, medynkvækkende

ひそかに i al hemmelighed

ひだ 襞 fold, læg —をとる lægge i læg, plissere
ひたい 額 pande
ひだい 肥大 hypertrofi, fedme, overvægt
ひたす 浸す dyppe, dukke, bløde op （ずぶぬれにする）gennembløde, gennemvæde
ひたすら seriøst, ihærdigt
ビタミン vitamin —不足 vitaminmangel —不足の vitaminfattig —の豊富な vitaminrig —の補給 vitamintilskud —剤 vitaminpille
ひだり 左 venstre —の venstre —側 venstre side —手に/—側に på venstre hånd —ハンドル（自動車の）venstrestyring —ききの venstrehåndet
ひたん 悲嘆 klage, jammer
びだんし 美男子 nydelig/smuk mand
ひっかきまわす 引っ掻き回す gennemsøge, søge/rode〔efter〕
ひっかく 引っ掻く kradse, rive
ひっかける 引っかける（つるす）hænge op （着る）tage på （だます）narre, lure, bedrage （おとし入れる）fælde, lægge en snare for, indvikle, besnære
ひつぎ 柩・棺 ligkiste
ひっき・する 筆記する optegne, notere, skrive op —帳 noteringsbog —試験 skriftlig prøve
ひっくりかえす 引っくり返す vælte〔omkuld〕（船などを）kæntre（倒す）fælde, styrte （上下逆さにする）vende op og ned （裏返しにする）vende ud og ind
びっくり・する blive forbavset/overrasket —させる forbavse, overraske （怖がらす）forskrække, forfærde —するような forbavsende, overraskende （恐怖をかりたてるような）skrækindjagende
ひづけ 日付 dato —をつける datere —印 datostempel
ひっこ・す 引っ越す flytte〔bopæl〕—し flytning
びっこ・の （足の不自由な）halt —をひく halte
ひっこむ 引っ込む（退く）drage tilbage （引退する）gå af, tage sin afsked, fratræde （家に）holde sig inde （へっこむ）synke （ひっこみ思案の）tilbageholdende

ピッコロ 〈楽〉piccolofløjte

ひっし 必死 desperat situation —の desperat, fortvivlet（一生懸命に）af al magt

ひつじ 羊 〈動〉får 小— lam —飼い fårehyrde —肉 fårkød

ひっしゃ 筆者 forfatter, skribent

ひっしゅうかもく 必修科目 obligatorisk fag

ひつじゅひん 必需品 fornødenheder, nødvendighedsartikel 生活— det nødtørftigste, daglige behov

ひっしょう 必勝 den visse sejr

ひっせき 筆跡 håndskrift （文体）stil —をまねる efterligne ngs. hånd

ひつぜん・の 必然の nødvendig （不可避の）uafvendelig, uundgåelig —的に nødvendigvis, uundgåeligt —性 nødvendighed, uundgåelighed

ひったくる gribe

ぴったり （きちんと）præcis, nok, rigtignok （良心的に）samvittighedsfuldt （定着して）tæt

ヒッチ・ハイカー blaffer —ハイクする blaffe

ひってき・する 匹敵する være modstykke 〔til〕, kunne sammenlignes —者 modstykke, 〔værdig/jævnbyrdig〕modstander

ひつどく 必読 obligatorisk læsning

ひっぱる 引っ張る（ひもで）trække 〔i en snor〕（ロープで）tage/have 〔en bil〕på slæb （期間など延ばす）forlænge （腕など）strække （連行する）hente

ヒップ hofte

ひづめ 蹄 hov

ひつよう 必要 nødvendighed —な nødvendig, fornøden, påkrævet 絶対—な umistelig, uundværlig —とする nødvendiggøre, behøve

ひてい 否定 benægtelse, negation —する benægte, fragå （拒否する）afslå, vægre sig, sige nej til —的な negativ, nægtende —文 nægtende sætning

ひでり 日照り tørvejr

びてん 美点 fortrin, fordel, merit （価値）værdi （特質）gode egenskaber (pl.)

ひと 人 person, menneske （個人） individ （人々） folk （人類） menneskeslægten, menneskeheden 男の— mand 女の— kvinde

ひど・い 酷い（強烈な） intens, kraftig （激しい） heftig, voldsom （残酷な） grusom, djævelsk （きびしい） hård （無法な） skandaløs, skændig, vanærende （恐ろしい） forskrækkelig, forfærdelig —く （強烈に） intenst, kraftigt （残酷に） grusomt, brutalt （きびしく） hårdt （極端に） yderst

ひとがら 人柄 karakteregenskab, personlighed

ひときれ 一切れ（肉の） stykke af kød （パンの） skive af brød

ひとくち 一口 mundfuld

ひとこと 一言 eneste/enkelt ord —で言えば kort sagt, med et ord

ひとごみ 人込み trængsel, vrimmel （群衆） opløb

ひとごろし 人殺し（事件） mord （人） morder —をする begå et mord

ひとさしゆび 人差し指 pegefinger

ひとし・い 等しい identisk, ækvivalent （同様の） lignende （同様に） i lighed med, på samme måde —く lige, ligeledes （均等に） jævnt, ligelig

ひとじち 人質 gidsel —にとる tage en som gidsel

ひとそろい 一揃い（道具の） opsætning, udrustning （衣服の） habit, sæt tøj （文房具の） garniture （食器などの） service （皿など） stel

ひとちがいする 人違いする tage én for en anden

ひとつ 1つ en, et stk. （1回） en gang （ちょっと） en 〔lille〕 bid, en smule —ずつ en efter/for en —ひとつ hver enkelt —になる forene sig

ひとで 人手 arbejdskraft, arbejder, hjælp

ひとで 人出 folkeskare, trængsel

ひとどおり 人通り trafik —の多い/少ない通り en livlig/tyst gade

ひとばん 一晩 en aften, en nat —中 hele natten

ひとびと 人々 folk

ひとまね 人真似 efterlignelse （物まね芝居） mimik

(模倣) imitation, forfalskning (擬態) mimicry, mimesis —する imitere, abe efter, efterligne —の mimisk

ひとまわり 一回り(1周) runde, omgang (大きさの) størrelse, format —する runde, gøre rund

ひとみ 瞳 pupil

ひとり 1人 én person, alene, ene —で(単独で) alene, for sig selv (独力で) selv, uden ngn. andens hjælp —でに frivillig〔t〕, umiddelbart (自動的に) automatisk —ひとり en 〔person〕 ad gangen

ひどり 日取り fastsat/fastlagt dag, dato

ひとりごと 独り言 monolog, tale for sig selv —をいう tale for sig selv

ひとりもの 独り者 ugift person

ひな 雛(鳥の) kylling —人形 dukke

ひながた 雛形 model, mønster

ひなぎく 雛菊 〈植〉 bellis, tusindfryd

ひなた 日向 en plads i solen —の solrig —で i solen —ぼっこする sole sig

ひなん 非難 kritik, bebrejdelse, dadel —する kritisere, bebrejde, dadle —すべき dadelværdig, fordømmelig, forkastelig

ひなん 避難 evakuering, 〔til〕flugt —する flygte, tage sin tilflugt til —民/者 evakueret, flygtning —所 ly, tilflugtssted

ビニール vinyl

ひにく 皮肉 ironi, kynisme, sarkasme —の ironisk, kynisk, sarkastisk —をいう ironisere over —屋 ironiker, kyniker

ひにち 日にち dato for en begivenhed, tid før en forventet begivenhed

ひにょうき 泌尿器 urinveje〔ne〕

ひにん 否認 nægtelse, nej, benægtelse, fornægtelse —権 veto —する nægte, sige nej, fornægte

ひにん 避妊 antikonception —薬 svangerskabsforebyggende middel

ひにんげんてきな 非人間的な umenneskelig

ひねる 捻る(指先で) dreje ((突然・強く)ねじる) vride (より合わせる) sno (つねる) knibe, nappe (頭を) vride hjernen

ひのうちどころのない 非の打ちどころのない ulastelig, udadlelig, upåplagelig, fejlfri

ひので 日の出 solopgang

ひばし 火箸 ildtang

ひばち 火鉢 trækulskamin, krukke med glødende trækul〔til opvarmning〕

ひばな 火花 gnist —がちる gnistre, —を散らす slå gnister af, sprude

ひばり 雲雀〈鳥〉lærke

ひはん 批判〔negativ〕kritik (注意) anmærkning —する kritisere, anmelde, vurdere —的な kritisk (あら探しの) dømmesyg

ひひ〈動〉bavian

ひび (割れ目) sprække, revne, lyde (き裂) kløft —が入る sprække, revne (皮膚の) sprække〔i hud〕

ひび・き 響き klang (反響) ekko, genlyd (共鳴) resonans —く klinge, lyde (反響する) give ekko, genlyde

ひひょう 批評 kritik, anmeldelse —する kritisere, anmelde —家 kritiker, anmelder

びひん 備品 inventar (家具・調度品類) møblement

ひふ 皮膚 hud —病 hudsygdom —科 dermatologisk afdeling

ビフテキ bøf

びぼうろく 備忘録 erindringsliste, memorandum

ひぼんな 非凡な talentfuld, begavet, genial, overordentlig

ひま 暇 fritid, ledig tid (休暇) ferie, fridag (解雇) afsked —がない være〔for〕travl/optaget —である være fri/ledig —を出す afskedige

ひまご 曾孫 oldebarn

ひましゆ ひまし油 amerikansk olie, ricinusolie

ヒマラヤすぎ ヒヤラマ杉〈植〉cedertræ

ひまわり 向日葵〈植〉solsikke

ひまん 肥満 fedme（重量超過）overvægt —の fed, tyk —気味の fedladen（重量超過の）overvægtig
びみ 美味 delikatesse, velsmag —な delikat, velsmagende
ひみつ 秘密 hemmelighed —の hemmelig —に満ちた hemmelighedsfuld（内々の）fortrolig, privat —に hemmeligt, privat —にしておく hemmeligholde, mørk[e]lægge
びみょう 微妙 ømfindtlighed —な ømtålelig, ømfindtlig, delikat
ひめ 姫 prinsesse
ひめい 悲鳴 nødråb, skrig —をあげる skrige, give et skrig fra sig
ひも 紐 snor, reb, bånd（弦）streng 革— strop, rem（テープ）bændel（細長い布）strimmel 打ち•くつ— snørebånd —を結ぶ knytte〔et bånd〕—をほどく binde op, løse op
ひもと 火元 kilde til brand
ひもの 干物 tørfisk
ひやあせ 冷汗 kold sved
ひやかす drille, gøre nar af, drive gæk med（店で）kigge på varerne, ose
ひやく 飛躍 spring, hop —する springe, hoppe
ひゃく 百 hundrede 第一番〔目のもの〕den hundrede —年(世紀) hundredår 何—もの人 hundrede
ひゃくしょう 百姓 landmand, bonde（自作農）gårdejer（農場）bondegård —家 bondehus
ひゃくにちぜき 百日咳〈病〉kighoste
ひゃくぶんりつ 百分率 procenter, procentdel
ひゃくまん 百万 million —長者 millionær
ひゃくようばこ 百葉箱 temperaturhytte
ひやけ 日焼け solbrændthed —した solbrændt
ヒヤシンス〈植〉hyacint
ひやす 冷やす afkøle, svale
ひゃっかじてん 百科事典 leksikon, encyklopædi, opslagsbog
ひゃっかてん 百貨店 stormagasin, varehus

ひやとい 日雇い〔労務者〕daglejer
ビヤ・ホール ølhalle, ølstue ―ガーデン restaurant med fadøl ―だる ølanker
ひゆ 比喩 billedligt udtryk（直喩）lignelse（隠喩）metafor（寓話）fabel ―的に言う udtrykke billedligt
ヒューズ sikringsprop ―ボックス sikringsskab ―がとんでいる der er sprunget en sikring
ヒューヒュー ―音をたてる/たてて飛ぶ hvine
ヒューマニズム humanisme, menneskelighed
ビュッフェ buffet
ひよう 費用 udgifter, omkostninger（いずれも pl.）―のかかる kostbar, dyr
ひょう 表 tabel, diagram, skema, liste ―にまとめる opstille i tabelform
ひょう 豹 〈動〉 leopard 黒― panter
ひょう 雹 hagl ―が降る det hagler
ひょう 票 stemme ―を投じる afgive sin stemme, stemme〔for〕
びょう 秒 sekund ―針 sekundviser ―読み nedtælling
びょう 鋲 nitte, søm, stift ―を打つ nitte, sømme, stifte
びよう・いん 美容院 skønhedssalon, skønhedsklinik, frisør ―術 skønhedspleje ―師 skønhedsekspert, skønhedsspecialist, frisør
びょういん 病院 hospital, sygehus ―に入れる indlægge på et hospital ―に入る komme på hospitalet ―に入っている ligge på hospitalet, være på sygehus
ひょうか 評価 vurdering, taksering（成績の）karaktergivning, gradering（人物などの）forståelse, opfattelse（課税などのための）bedømmelse ―する vurdere, beregne 過大―する overvurdere 過小―する undervurdere 再―する omvurdere
ひょうが 氷河 gletscher/gletsjer, bræ ―時代 gletschertid
びょうき 病気（一般に）sygdom, syge（肉体的障害）

skavank (病弱) svagelighed —の syg —になる/かかる blive syg —をなおす kurere en sygdom —が治る blive rask, komme sig〔af〕 —の再発 tilbagefald
ひょうけつ 票決 afstemning, votering
ひょうけつ 氷結 frysning, størkning —する fryse, størkne
ひょうげん 表現 meningstilkendegivelse, ytring, udsagn —する udtrykke (示す) vise (明示する) manifestere —力 udtryksevne —派 ekspressionisme
ひょうご 標語 motto, valgsprog, slagord
ひょうさつ 表札 navneskilt, dørskilt
ひょうざん 氷山 isbjerg —の一角 en brøkdel af et isbjerg
ひょうし 表紙 forside〔af bog〕, omslag
ひょうし 拍子(調子) takt, rytme (機会) øjeblik, tidsrum (…のはずみに) me[de]ns
びょうしつ 病室 hospitalsstue, sygeværelse
びょうしゃ 描写(文による) beskrivelse (絵による) afbildning, tegning (性格・特徴の) karakteristik —する(文による) beskrive, skildre (絵による) afbilde, tegne, male
ひょうじゅん 標準 standard, norm (判断の基準) kriterium (水準) niveau —の standard-, normal (平均の) gennemsnitlig, middel —語 standardsprog, rigssprog —時 normaltid —化 standardisering, normalisering —価格 vejledende pris
ひょうしょう 表彰 udmærkelse, hædersbevisning, æresbevisning —する udmærke, vise én hæder —状 skriftlig hædersbevisning (免状) diplom
ひょうじょう 表情 ansigtsudtryk, udseende, mine —に富んだ udtryksfuld —のない udtryksløs
びょうしょう 病床 sygeleje, sygeseng —にある ligge syg〔af〕, ligge i sengen
びょうじょう 病状 〔patients〕tilstand
びょうしん 病身 svagt helbred —の sygelig, svagelig (虚弱な) skrøbelig

ひょうだい 表題(本の) titel （論説などの） rubrik, overskrift
びようたいそう 美容体操 calisthenics (pl.)
ひょうてき・な 病的な sygelig, patologisk —に sygeligt, patologisk
ひょうてん 氷点 frysepunkt —下 under frysepunktet, minusgrader (pl.) —下10度 minus 10 grader
びょうどう 平等 lighed, jævnhed —の jævnbyrdig, ligeberettiget, ligestillet —に lige, jævnt —にする jævne, ligestille
びょうにん 病人 en syg, invalid （患者） patient
ひょうはく 漂白 blegning —する blege —剤 blegemiddel
ひょうばん 評判(名声) ry, berømthed, navnkundighed （人気） popularitet （うわさ） rygte （悪評） dårligt ry, berygtethed —の berømt, navnkundig （人気の） populær （悪評の） berygtet, notorisk —がいい have et godt ry
ひょうほん 標本 eksemplar, prøve （典型） mønster, prototype
ひょうめん 表面 overflade （見かけ） fremtoning, udseende （外側） yderside, udvendig side —の overfladisk （外側の） udvendig （見せかけの） foregivet, hyklet —化する dykke op, opdages —張力 overfladespænding
びょうりがく 病理学 patologi
ひょうろん 評論 kommentar, kritik, anmeldelse —する recensere, anmelde, kommentere —家 anmelder, recensent, kritiker
びよく 尾翼 halefinne
ひよくな 肥沃な frugtbar, givtig
ひよけ 日除け markise, solskærm （板すだれ） jalousi, persienne —帽 solhat
ひよこ 雛 kylling
ビラ （広告の） plakat （ちらし） flyveblad （ポスター） opslag —を貼(は)る sætte op et opslag —をまく dele ud plakater/flyveblade

ひらいしん 避雷針 lynafleder

ひらおよぎ 平泳ぎ brystsvømning

ひらく 開く(戸などを) åbne, lukke op, sætte i gang (戸などが) åbne sig (包みを) snøre op, binde op (ふたを) tage af låg (開封する) åbne, bryde forsegling (巻物を) rulle ud, vikle op (おおいを) afdække, blotte (開始する) begynde, starte, sætte i gang (創設する) grunde, stifte (開拓する) kolonisere, slå sig ned og begynde avle (悟りを) blive vækket af sin åndelige sløvhed

ひらける 開ける(文明化する) blive civiliseret (発展する) udvikle sig, have fremgang (景色が) åbne sig (物がわかる) have fornemmelse for, være fornuftig/rimelig

ひらざら 平皿 fad, flad tallerken

ひらた・い 平たい(扁平な) flad, plan (平坦な) jævn, glat ―く(平坦に) jævnt, glat ―くする jævne, flade

ピラミッド pyramide

ひらめ 平目〈魚〉fladfisk, flynder (かれい) pighvar (したびらめ) tunge

ひらめ・く 閃く(電光が) lyne, glimte (ともしびが) flakke, blaffe ―き glimt, lynild

ひらや 平家 enetageshus

ひりつ 比率 procent〔del〕, proportion, forhold

ビリヤード billard

びりゅうし 微粒子 partikel

ひりょう 肥料 gødningsmiddel, gødningsstof, kunstgødning ―を施す gøde

ひる 昼(正午) middag (昼間) dag, dagtimer (昼食) lunch, middagsmad, frokost ―に ved dag ―から om eftermiddagen ―も夜も dag og nat ―休み middagspause, frokostpause, spisekvarter

ビル (建物)〔moderne〕bygning

ひるい 比類(比較) jævnførelse (匹敵する人・物) modstykke ―のない uforlignelig

ひるがえ・る 翻る vaje, flagre, baske, vende om,

blafre —す(旗を) vifte/vende med flag (決心等を) ændre sig (後悔する) angre (身を) vige tilbage

ひるね 昼寝 lur, blund （うたたね）slummer —する tage sig en lur, blunde

ひるま 昼間 dag, dagtimer

ビルマ Burma (現在は Myanmar)

ひるむ 怯む vige tilbage, svigte, sky, være bange for

ひるめし 昼食 lunch, frokost, middagsmad —を食べる spise lunch

ひれ 鰭(魚の) finne

ヒレ (肉) filet, mørbrad

ひれい 比例 proportion, forhold —して i forhold til 〔正〕—する være ligefrem proportional med 反—する være omvendt proportional med

ひれつな 卑劣な nedrig, fej, lavsindet, lumpen —奴 pjalt, usselryg (腰抜け) kryster, kujon

ひれん 悲恋 ulykkelig kærlighed

ひろ・い 広い vid （幅の）bred （広々とした）rummelig (広大な) vidtstrakt (心の) generøs, gavmild —く vidt, rummeligt (一般に) generelt, almindelig 〔t〕—くする vide (拡大する) udstrække, udbrede, forstørre

ひろ・う 拾う plukke, finde （選び出す）vælge, udvælge （採集する）plukke, samle op (発見する) opdage, finde (タクシーを) fange en taxa —い物 fund (好運な買物・もうけ物) gunstigt køb

ひろう 披露(告知) tilkendegivelse, kundgørelse (紹介) introduktion, præsentation (推薦) anbefaling —する tilkendegive, kundgøre 結婚—宴 bryllupsmiddag

ひろう 疲労 træthed, udmattelse —する blive træt

ビロード fløjl —のような fløjlagtig

ひろ・がる 広がる udbrede sig, udstrække sig （広くなる）udvide sig （うわさなどが）sprede, blive almindelig〔t〕kendt —げる brede 〔ud〕, udvide (伸ばす) udstrække (建物を) tilbygge (拡大する)

udstrække, udbrede, forstørre (傘を) slå op paraply ―くする vide (開ける) åbne (包み・巻物を) vikle af

ひろさ 広さ(広がり) udbredning, udstrækning, rummelighed (幅) bredde, vidde (胴まわり) omfang (面積) areal

ひろば 広場 torv, åben plads

ひろま 広間 sal, salon, selskabssal

ひろ・まる 広まる udvide sig, udbrede sig (うわさなどが) sprede, cirkulere, blive almindelig〔t〕kendt (流行する) blive populær, komme på mode ―める sprede, udbrede (紹介する) introducere, præsentere (広告する) annoncere

びわ 枇杷 〈植〉 japansk mispel

ひん 品(品格) værdighed, fornemhed, forfining (威厳) fornemhed, pondus ―のある raffineret (品物) vare, artikel, ting (料理の) ret

びん flaske (薬の) medicinflaske (ジャム用の) sylteglas ―に詰める hælde/aftappe på flasker

ピン knappenål, stift (髪の) hårnål 安全― sikkerhedsnål (画鋲) stift for tegnebræt

びんかん 敏感 følsomhed, ømfindtlighed ―な følsom, ømfindtlig, ømtålelig, påvirkelig 過度に―な overspændt

ピンク (もも色) rosa, lyserød

ひんけつ 貧血 anæmi, blodmangel

ひんこう 品行 opførsel, adfærd

ひんこん 貧困 fattigdom, armod (極貧) den dybeste armod (困苦) nød (欠乏) savn, brist ―な fattig, arm, forarmet (極貧の) ludfattig (破産した) fallit ―者 den fattige, fattigfolk

ひんしつ 品質 kvalitet, beskaffenhed ―を落とす forværre, forringe ―をよくする forbedre, gøre bedre ―管理 kvalitetskontrol

ひんしの 瀕死の døende

ひんじゃくな 貧弱な fattig, tarvelig (不充分な) utilstrækkelig

ひんしゅ 品種(種類) slags, art

びんしょう 敏捷 adræthed, behændighed, væverhed ―な adræt, behændig, væver, hurtig ―に behændigt, vævert
ひんせい 品性 karakter
ピンセット pincet
びんせん 便箋 brevpapir （はぎ取り式の） skriveblok
ひんそうな 貧相な ussel, lurvet, tarvelig
びんた ørefigen, lussing ―を食らわす give én ørefigen
ピンチに i en snæver vending
びんづめ・の 瓶詰めの flaske-, på flaske ―にする hælde/aftappe på flaske
ヒント antydning, vink （助言）tip, råd ―を与える antyde, sige indirekt/forsigtigt, lade en antydning falde ―を得る forstå vinket
ピント （焦点）fokus, brændpunkt ―を合わせる sætte fokus på, bringe i fokus, indstille ―が合っている være i fokus ―が合っていない være uskarpt
びんどめ びん止め(カールクリップ) papillot, curler
ひんぱん 頻繁 hyppighed, frekvens ―な hyppig, jævnlig ―に hyppig〔t〕, jævnlig〔t〕, ofte
ひんぷ 貧富 rig og fattig, rigdom og fattigdom
びんぼう 貧乏 fattigdom, armod （窮乏）savn （困苦）nød （極貧）den dybeste armod ―な fattig, arm, forarmet （極貧の）ludfattig ―人 den fattige, fattigfolk
ピンポン bordtennis, pingpong
ひんみんくつ 貧民窟 slum
びんわんな 敏腕な dygtig

ふ

ぶ 部(部分) del （成分）bestanddel （部局）afdeling, sektion （区分）afsnit （書物などの部数）eksemplar

—長 afdelingschef
ぶあい 歩合(率) procentdel, forhold (手数料) provision, kommission (割引) rabat (手形などの) diskonto (割りもどし) tilbagebetaling
ぶあいそう 無愛想 ligegyldighed, bryskhed —な uselskabelig, ikke social, brysk, studs
ファインダー (カメラなどの) søger
ファスナー lynlås
ふあん 不安(心配) bekymring, uro (不安定) usikkerhed, utryghed (動揺) uro, røre (懸念) frygt —な bekymret, urolig, usikker
ファン beundrer, begejstret tilhænger, fan
ふあんてい 不安定 usikkerhed, utryghed, ustadighed —な usikker, utryg, ustadig
ふあんない 不案内(未知) ukyndighed, uvidenhed (不慣れ) uerfarenhed, uvanthed —な ukyndig, uvidende, uvant
ふい 不意(突然) pludselighed (意外) ngt. uventet —の pludselig, abrupt, brat (意外な) uformodet, uventet —に pludselig, brat (意外に) uformodet (警告なしに) uden varsel —打ち overraskende anfald
ブイ (浮標) bøje (救命用の) redningsbøje
フィート 呎 fod
フィールド (運動の) idrætplads —競技(トラックに対し) felt, atletikkonkurrenser (pl.) (屋外スポーツ) udendørsaktiviteter (pl.)
ふいご blæsebælg
ふいっち 不一致 meningsforskel, uenighed, uoverensstemmelse (不和) tvist, tvedragt, splittelse (口論) skænderi (矛盾) modsigelse, inkonsekvens
フィナーレ 〈劇・楽〉 finale, afslutning
フィリピン Filippinerne —人 filippiner —の filippinsk
フィルター filter (ふるい・ストレーナー) sigte
フィルム (写真・映画の) film —に収める filmatisere, filme
ぶいん 部員 afdelingsmedlem

フィンランド Finland —人 finne —の/語〔の〕finsk
ふう 封 segl —をする lukke med et segl —を切る bryde/brække seglet
ふう 風(様子) udseende, ydre, aspekt (様式) stil, type, form (風習) skik, sæd, brug (方法) metode, måde, manér (傾向) tendens, tilbøjelighed
ふういん 封印 forsegling, plombering —する forsegle, plombere
ふうう 風雨 storm, blæst og regn —にさらされた vejrbidt —注意報 stormvarsel
ふうか 風化 forvitring
ふうがわりな 風変りな besynderlig, underlig, ejendommelig
ふうかんはがき 封かん葉書 lukket brevkort
ふうき 風紀 sædelighed, moral, anstand, moralitet —を乱す(特に性的に) forbryde sig mod sædelighed
ふうきの 富貴の rig og adelig
ふうけい 風景(景色) landskab, sceneri (眺望) udsigt, vue, udsyn (展望) udsigt, panorama
ふうさい 風采 udseende, ydre, skikkelse
ふうし 風刺 satire (皮肉) sarkasme, ironi —する satirisere〔over〕(からかう) latterliggøre —的な satirisk, ironisk, sarkastisk —画 karikatur
ふうしゃ 風車 vejrmølle, vindmølle
ふうしゅう 風習 sæder og skikke, sædvane, livsform (慣習) skik som har gammel hævd —を保つ holde i hævd
ふうしょ 封書 forseglet brev, lukket brev
ふうしん 風疹〈病〉røde hunde, rubella
ふうすいがい 風水害 storm- og oversvømmelses skader
ふうせん 風船 ballon —玉 legetøjsballon —ガム ballontyggegummi
ふうそく 風速 vindhastighed —計 vindmåler
ふうぞく 風俗 skikke, vaner (風儀) sædelighed, moral
ブーツ støvle

ふうど 風土 klima —の klimatisk —病 epidemisk/indenlandsk sygdom

ふうとう 封筒 konvolut

ふうふ 夫婦 ægtepar, mand og kone —喧嘩 ægteskabelige stridigheder (pl.), skænderi mellem mand og kone

ふうみ 風味 aroma, karakteristisk smag, velsmag

ブーム (景気) konjunktur (不景気) dårlige konjunkturer (好景気) gode konjunkturer (下向きの) nedadgående (上向きの) opadgående

ふうらいぼう 風来坊 vandrer (放浪者) vagabond

ふうりゅう 風流 smagfuldhed, elegance, forfinelse —な smagfuld, elegant, stilfuld, forfinet

ふうりょく 風力 vindstyrke —計 vindmåler —発電所 vindelektricitetsværk

ふうりんそう 風鈴草〈植〉blåklokke

プール 水泳— svømmebassin, swimmingpool (共同資金) fællesfond 資金を—する afsætte til en fond

ふうん 不運 uheld, modgang —な uheldig, ulyksalig —にも uheldigvis, ulykkeligvis, desværre

ふえ 笛 (横笛) fløjte (たて笛) pibe, blokfløjte (呼び子) fløjt〔e〕 —を吹く spille/blæse på fløjte (呼び子を) blæse i en fløjte

ふえいせい 不衛生 uhygiejnisk tilstand, urenlighed

ふえて 不得手 (下手) udygtighed, uduelighed (弱点) et svagt punkt, svaghed —な udygtig, upassende, uduelig

フェリー færge カー— bilfærge

ふえる 増える (増加する) øges, tiltage, forøges (大きくなる) blive større (倍加する) dublere (膨張する) svulme (繁殖する) formere sig, yngle (重量が) tynge

フェルト filt —帽 filthat —ペン filtpen

フェンシング fægtning —選手 fægter —をする fægte

ぶえんりょ 無遠慮 frimodighed, ligefremhed —な (率直な) frimodig, ligefrem, åbenhjertig, uforbehol-

den（大胆な）dristig, frejdig（厚かましい）fræk, uforskammet（不作法な）uhøflig, grov —に（率直に）åbent, åbenhjertig, frimodig
フォーク gaffel —リフト gaffeltruck
フォークダンス folkedans
ふか 鱶(大型のさめ)〈魚〉haj
ふか 付加 tillæg, addition —の tillægs-, additiv —する tillægge, addere, tilsætte —年金 tillægspension
ふか 孵化 udklækning —する udklække 人工— kunstig udklækning
ぶか 部下 underordnet
ふか・い 深い dyb —い知識 dyb viden（深遠な）dybsindig（濃密な）tæt, tyk（親密な）intim, nær —く dybt, grundig（心から）hjertelig, elskværdigt —くする fordybe —さ dyb, dybde —さを測る måle/lodde dybde —まる blive dybere/stærkere/højere —める uddybe, forstærke, gøre højere
ふかい 不快 utilpashed, uoplagthed —な utilpas, uoplagt, ubehagelig, forargelig
ぶがい 部外 udenfor en kreds —の udenforstående —者 en udenforstående, fremmed, uvedkommende (pl.)
ふがいない 不甲斐ない holdningsløs, umandig, karakterløs
ふかかい 不可解 ubegribelighed, ufattelighed（なぞ）gåde —な ubegribelig, ufattelig, gådefuld（不思議な）mystisk, ejendommelig, besynderlig, underlig
ふかかちぜい 付加価値税 moms, merværdiomsætningsafgift
ふかくじつ 不確実 usikkerhed, ustadighed —な usikker, tvivlsom, ustadig
ふかけつの 不可欠の uundværlig（必要な）nødvendig
ふかこうりょく 不可抗力 uundgåelighed, uimodståelighed —の uundgåelig, uimodståelig
ふかさら 深皿 fad, tallerken
ぶかっこうな 不格好な(形の悪い) deformeret, van-

skabt（不器用な・ぶざまな）klodset, plump, kejtet
ふかっぱつ 不活発 uvirksomhed, træghed ー な uvirksom, træg（緩慢）langsomhed（怠惰）dovenskab（沈滞）stagnation, stillestäen（眠い・だるい）døsig, søvnig
ふかのう 不可能 umulighed, ugørlighed ー な umulig, ugørlig
ふかぶん 不可分 udelelighed ー の udelelig
ふかみ 深み dybde
ふかんぜん 不完全 ufuldstændighed, mangelfuldhed ー な ufuldstændig, mangelfuld（欠陥のある）fejlbehæftet, defekt
ぶき 武器 våben ー を執(と)る gribe til våben ー を捨てる nedlægge våbnene ー 庫 arsenal, våbenkammer
ふきけす 吹き消す blæse〔et lys〕ud, slukke
ふきげん 不機嫌 dårligt humør, misfornøjelse ー な i dårligt humør, misfornøjet, mut, tvær, irritabel（意気消沈した）nedtrykt
ふきこむ 吹き込む(風雨が) blæse i （テープなどに）optage på bånd（鼓吹する）inspirere
ふきそうじ 拭き掃除 pudsning, aftørring
ふきそく 不規則 uregelmæssighed ー な uregelmæssig, irregulær, regelløs
ふきだす 吹き出す(風が) begynde at blæse（笑い出す）bryde ud i latter（大笑いする）slå en høj latter（血が）bløde（光・熱などが）sprude, sprudle（水などが）fosse（あわ・汗などが）skumme（蒸気などが漏れる）lække（芽が）skyde frem, spire〔frem〕
ふきつな 不吉な ildevarslende, foruroligende
ふきでもの 吹き出物 udslæt
ふきゅう 普及 spredning, udbredelse（民衆化）popularisering ー する sprede, udbrede
ふきょう 不況 lavkonjunktur, depression ー の deprimerende, nedslående
ぶきよう 不器用(無器用) klodsethed, plumphed ー な klodset, plump, kejtet

ふぎり 不義理(忘恩) utaknem[me]lighed (不誠実) troløshed, upålidelighed ―な utaknem[me]lig, svigefuld

ぶきりょうな 不器量な grim, uskøn

ふきん 布巾 viskestykke, karklud

ふきん 付近 nabolag, nærhed, naboskab, omegn ―の nabo- (隣接の) tilstødende ―の人々の nærboende

ふきんこう 不均衡 uligevægt

ふく 吹く(風が) blæse (ラッパなどを) spille [trumpet], blæse i [trumpet] (噴出する) →ふきだす (自慢する) skryde, være stolt af (もったいぶる) stoltsere

ふく 拭く tørre af, pudse (なでる) stryge (こする) gnide (みがく) polere (床などごしごしみがく) skure

ふく 服(衣服) tøj, klæder (衣裳) dragt (スーツ) et sæt tøj (コスチューム) kostume (制服) uniform (布地) stof

ふく… 副… vice-, under-, bi-, assisterende ―大統領 vicepræsident ―校長(高校の) inspektor ―司書 underbibliotekar ―作用 bivirkning

ふく… 複… dobbelt-, sammensat ―線 dobbeltspor ―眼 facetøje ―合語 sammensat ord

ふぐ 不具(奇形) vanskabthed, misdannethed (身体的障害) skavank, legemsfejl ―の vanskabt, misdannet (手足などひした) lam (足の不自由な) halt (身体障害の) vanfør, handicappet

ふぐ 河豚〈魚〉kuglefisk, pindsvinefisk

ふくいん 福音(教え) evangelium (吉報) en god nyhed (恩恵) velsignelse, yndest, gunst

ふくえき 服役(軍務に) militærtjeneste (刑に) strafarbejde

ふくぎょう 副業 bijob, bibeskæftigelse

ふくごう 複合 sammensathed, kompleksitet ―の sammensat, kompleks ―経済 blandingsøkonomi

ふくざつ 複雑 komplikation, indviklethed ―な indviklet, kompliceret, vanskelig ―にする komplicere,

ふくさよう 副作用 bivirkning —を起こす forårsage bivirkning

ふくさんぶつ 副産物 biprodukt

ふくし 副詞〈文法〉adverbium, biord —句 adverbiel bisætning

ふくし 福祉 velfærd 公共— det almene vel, offentlighedens tarv 社会— socialforsorg —国家 velfærdsstat

ふくしゃ 複写 kopi, reproduktion, duplikering —する kopiere, reproducere —機 kopiautomat, kopimaskine —紙 kopierpapir

ふくしゃ 輻射(現在は放射) [ud]stråling

ふくしゅう 復習 tilbageblik, gennemgang, repetition —する se tilbage på, repetere, gennemgå

ふくしゅう 復讐 hævn (スポーツ・ゲームなどの) revanche (報復) retorsion (あだ討ち) vendetta (仕返し) gengæld[else] —する hævne [på] (お返しする) revanchere sig —戦(リターンマッチ) revanchekamp —心に燃えた hævnlysten, hævngerrig

ふくじゅう 服従 lydighed, underkastelse —する lyde, adlyde, efterkomme

ふくしょ 副署 kontrasignatur

ふくしょく[ぶつ] 副食[物] tilbehør til hovedret, mellemret (つまみの類) mundfuld mad, pindemadder (pl.)

ふくしん 副審(ボクシングなどの) hjørnedommer

ふくしん 腹心 trofast underordnet

ふくすう 複数〈文法〉pluralis: flertal

ふくせい 複製 reproduktion, kopi, tryk, eksemplar

ふくせん 複線(鉄道の) dobbeltspor

ふくそう 服装 påklædning, beklædning, tøj

ふくぞう・のない 腹臓のない åbenhjertig, utilsløret, uforbeholden —なく åbent, uforbeholdent

ふくだい 副題 undertitel

ふくつ 不屈 utæmmelighed, ubændighed —の ukuelig, utæmmelig, ubændig

ふくつう 腹痛 〈病〉mavepine（さしこみ）mavekneb
ふくびき 福引 lotteri ―券 lotterisedel ―を引く trække lotteriet ―で当る vinde i lotteri
ふく・む 含む(口に) beholde ngt. for sin egen mund（含有する）indeholde, indbefatte, rumme（意味を）indebære（暗示する）antyde（伴う）medføre（含有量・率）indhold ―み implikation, underforståelse
ふくむ 服務 pligt, tjeneste ―する tjenstgøre, gøre 〔en〕tjeneste
ふくめ・る 含める inkludere, indbefatte, omfatte（言い含める）give instruktioner/anvisning（説得する）overtale ―て inklusive
ふくめん 覆面 maske ―する maskere sig ―をはぐ rive masken af én
ふくようする 服用する tage medicin
ふくらしこ ふくらし粉 bagepulver
ふくら・ます 膨らます blære ―み bule, hævelse（はれ・ふくれ）svulst
ふくらむ・ふくれる 膨らむ・膨れる svulme op, bulne ふくれた bullen, svulmende
ふくり 複利 renters rente
ふくろ 袋 sæk 小― pose（煙草・小銭など用）pung ―だたきにされる få prygl 〔af flere〕
ふくろう 梟 〈鳥〉ugle
ふくろこうじ 袋小路 blindgade, blindgyde
ふけ (髪の) skæl
ふけい 婦警 kvindelig politibetjent
ふけいかい 父兄会(父母会) forældremøde
ふけいき 不景気 lavkonjunktur, dårlige konjunkturer (pl.), depression ―な træg, uvirksom, sløv, inaktiv
ふけいざいな 不経済な uøkonomisk（利益のない）urentabel
ふけつな 不潔な uren, smudsig, snavset, sjofel
ふける 老ける(老いる) blive gammel
ふける 耽ける(おぼれる) tillade sig, hengive sig 〔til〕, nyde livet, være eftergivende 〔imod〕

ふける 更ける(遅くなる) det lakker/lider ad midnat, det begynder at blive sent (時がたつ) tiden går/lider

ふけん 府県 præfektur, amt

ふけんこう 不健康 dårligt helbred —な(健康でない) syglig, svag〔elig〕, spinkel, usund (神経質な) sart (貧弱な) knap (不健全な) usund (健康によくない) skadeligt for helbredet

ふけんぜんな 不健全な usund, 〔moralsk〕 fordærvet (病的な) syglig, morbid

ふこう 〔親〕不孝 manglende på ærværdighed for forældre 〔親〕—な usønlig, ulydig mod forældre

ふこう 不幸 ulykkelighed, ulykke (悲しみ) bedrøvelse, sorg (不運) uheld, ulykke (災厄) katastrofe (死亡) død, bortgang, hedenfart —な ulykkelig, sorgfuld, bedrøvelig —にも ulykkeligvis

ふごう 符号 〔kende〕mærke, tegn (象徴) symbol, sindbillede (暗号) chiffer (電信の) kode

ふごう 富豪 den rige, en formuende/velhavende person (百万長者) millionær —階級 plutokrati, overklasse

ふごうかく 不合格 diskvalifikation, afvisning, at dumpe til eksamen —の diskvalificeret, ikke bestået —となる dumpe 〔til eksamen〕(検査に) blive forkastet/underkendet

ふこうへい 不公平 uretfærdighed, partiskhed —な uretfærdig, partisk

ふごうり 不合理 urimelighed, ufornuft, absurditet —な urimelig, ufornuftig, absurd

ふこく 布告 bekendtgørelse

ふさ 房(糸・毛などの) kvast, dusk, tot (果物の) klase, klynge —飾り frynse (手紙などの束) bundt —飾りの frynset —のついた kvastet —ふさした dusket, frodig

ふさい 負債 skyld, gæld, passiver (pl.) —者 skyldner, debitor

ふざい 不在 fraværelse, fravær —である være

fraværende, udeblive ―者 de fraværende ―中に under ngs. fravær
- **ふさく** 不作 dårlig høst, ringe udbytte
- **ふさ・ぐ** 塞ぐ(閉じる) stænge, tilstoppe, spærre (妨害する) obstruere, forhindre, blokere (場所を) besætte, indtage, optage ―がる(閉ざされている) være stængt/tilstoppet (往来などが) blokeres (トイレなど使用中である) være optaget
- **ふさくい** 不作為 uforsætlighed ―の uforsætlig, ubevidst, ufrivillig
- **ふざけ・る** lave sjov, tumle, gøre løjer (冗談をいう) skæmte, spøge (はね回る) tumle, hoppe, springe (道化を演ずる) gøgle, lege〔harlekin〕(からかう) gøre grin med, drille, gøre nar af ―て(冗談に) for skæmte/spøge
- **ぶさほう** 不作法 dårlig opdragelse/levemåde, uhøflighed ―な uhøflig, udannet
- **ふさわしい** 相応しい(似合った) passende, egnet (適当な) belejlig, hensigtsmæssig, egnet (品位のある) anstændig
- **ふさんせい** 不賛成 misbilligelse, afstandtagen (拒否) afslag (意見の相違) meningsforskel (非難) dadel ―である misbillige, modsætte sig, være imod ngt.
- **ふし** 節(関節) led (指の) fingerled (ひざの) knæled (結節) kno, knude (樹木の) knast (歌の) tone, melodi ―穴 knasthul ―の多い knastet, knastfyldt ―のない knastfri, knastren ―目 punkt, pointe
- **ふじ** 藤〈植〉blåregn ―棚 pergola for blåregn ―色 lys purpur
- **ぶし** 武士 kriger
- **ぶじ** 無事(安全) sikkerhed, ufarlighed (平穏) fred, stille, stilhed, ro ―な sikker, ufarlig, velbeholden (平穏な) fredelig ―に sikkert, uskadt, velbeholden (平穏に) fredeligt
- **ふしぎ** 不思議 under, mysterium, vidunder ―な 〔for〕underlig, mysteriøs, sælsom, vidunderlig ―に

på 〔vid〕underlig vis, på mystisk vis
ふしぜんな 不自然な unaturlig, affekteret （人為的な）kunstig, kunstlet （無理をした）tvungen
ふじちゃく 不時着 nødlanding —する nødlande
ふじの 不治の uhelbredelig, ubodelig, inkurabel
ふじみの 不死身の usårlig, uantastelig
ふじゆう 不自由(不便) ubekvem〔melig〕hed, ulempe, ulejlighed （貧乏）fattigdom, forarmet tilstand （難局）nød （困難）besvær （困惑）forlegenhed —な ubelejlig, ubekvem （貧乏な）fattig, forarmet （手足が）vanfør, 〔fysisk〕 handicappet
ふじゅうぶん 不充分(不足) utilstrækkelighed, brist —な utilstrækkelig （不完全な）ufuldkommen, ufuldstændig （不満足な）utilfreds, misfornøjet
ふじゅんな 不順な(天候が) usædvanlig 〔for årstiden〕
ふしょう 負傷 skade, sår （戦傷）krigsskade （肉体的障害）læsion —する skades, blive skadet/såret —者 den skadelidte
ぶしょう 不精 ladhed, dovenskab —な lad, doven （のろい）træg （にぶい）sløv —ひげを生やす være uraget —者 dovenlars, dovendyr, drivert
ふしょうか 不消化 dårlig fordøjelse —物 ufordøjelig mad
ぶじょく 侮辱 fornærmelse, 〔ære〕krænkelse, forhånelse （不名誉）vanære, skam —する fornærme, krænke, forhåne —的な fornærmelig, krænket
ふじょし 婦女子 kvinder og børn
ふしん 不信 mistro, mistillid
ふしん 不振 træghed, mathed （停滞）stilstand （不景気）lavkonjunktur
ふじん 夫人 gift frue …夫人 Fru ... （妻）hustru, kone
ふじん 婦人 kvinde, dame （婦人一般）kvindfolk （軽蔑的に用いられることも） —の kvindelig, feminin —用 ngt. for kvinder —服 kvindetøj, kvindeklæder, kvindedragt, dametøj —〔解放〕運動

kvindebevægelse
ふしんじん 不信心 gudløshed, ugudelighed ―な gudløs, ugudelig
ふしんせつ 不親切 uvenlighed, ukærlighed, uhøflighed ―な uvenlig, iskold, ukærlig, uhøflig（顧客に対して）uopmærksom, forsømmelig〔med〕
ふしん・な 不審な tvivlrådig, tvivlsom ―尋問する spørge
ふしんにん 不信任 mistro, mistillid ―案を提出する stille et mistillidsvotum
ふす 臥す ligge, lægge sig〔til sengs〕（うつむく）bøje sig（眼を伏せる）slå øjenene ned
ふずい・する 付随する ledsage, følge〔med〕 ―の ledsagende, følgende, akkompagnerende
ふすま 襖 skydedør〔af papir〕
ふせい 不正 uret（不公平）uretfærdighed（違法）forseelse, strafbart forhold, lovovertrædelse（不正直）uærlighed（不法）uretmæssighed ―な uret（不公平な）uretfærdig, unfair, uretvis（違法な）strafbar, ulovlig（不正直な）uærlig, løgnagtig（不法な）uretmæssig, ulovlig ―行為 ulovlig handling（試験などの）bedrageri（競技の）uærlighed
ふせいかく 不正確 urigtighed, unøjagtighed ―な urigtig, upræcis, unøjagtig（間違った）usand, forkert
ふせいじつな 不誠実な uoprigtig, uærlig
ふせぐ 防ぐ（防御する）forsvare〔imod〕, afværge, beskytte〔imod〕（防止する）forebygge, afværge（予防する）forhindre, forebygge（寄せつけない）holde sig fra/væk
ふせっせい 不節制 umådeholdenhed ―な umådeholden〔de〕, ubehersket
ふせっせい 不摂生 forsømmelse af sit helbred ―する forsømme at gøre helbred
ふせる 伏せる（目を）slå øjenene ned（床に）ligge, lægge sig〔til seng〕（かくれる）skjule sig, gemme sig

ぶそう 武装 bevæbning, oprustning, udrustning —する bevæbne, opruste, udruste —を解く afvæbne (軍縮する) nedruste

ふそく 不足(不充分) utilstrækkelighed (欠乏) brist, knaphed, underskud, mangel (不満足) utilfredshed, misfornøjelse (不平) klagemål —する(人が) lide brist på (物が) fattes, mangle, være for lidt —を言う klage over —額 underskud

ふぞく・する 付属する tilhøre, falde ind under, henhøre til —品 tilbehør, (ekstra)udstyr

ふそん 不遜 respektløshed, uærbødighed —な respektløs, uærbødig

ふた 蓋(箱・釜などの) låg (カバー) dække, overtræk (ベッド・テーブルのカバー) tæppe (びんの) kapsel

ふだ 札 etiket(te) (名札) navneskilt (カード) kort (ステッカー・ラベル) mærkat, mærkeseddel 荷— adressekort 守り— amulet

ぶた 豚 gris, svin 雄— orne 去勢した雄— galt 雌— so —肉 flæsk, svinekød

ぶたい 部隊 del af hær, detachement (分隊) kontingent —長 feltherre, befalingsmand (司令官) kommandant

ぶたい 舞台 scenen, teatret (活動の) virkefelt, forrum —監督(人) teaterdirektør, scenemester, regissør (仕事) iscenesættelse —化する dramatisere, iscenesætte

ふたご 双子(のひとり) tvilling (二人) tvillinger

ふたしかな 不確かな usikker, tvivlsom

ふたたび 再び(繰り返して) atter, tilbage, igen (二度) to gange (もう一度) en gang til (二度目に) for anden gang

ふたん 負担 byrde, forpligtelse (手荷物) bagage (積荷) læs (重荷) byrde, last (支払) betaling —する stå for, være ansvarlig for —をかける bebyrde, forpligte —額 beløb som man svarer for —を軽くする aflaste, lette éns byrde

ふだん 普段(平生) sædvanligvis, for det meste, normalt (常に) altid, bestandig —の vant, sædvanlig, almindelig, dagligdags —着 hverdagstøj, hverdagsdragt, tvangfri påklædning

ふち 縁 kant, rand (刃) æg (川べり・堤防) banke, dige, vold (海岸) kyst, strand (帽子などの)〔hatte〕skygge —なし帽 hue (眼鏡のつる) brillestang (眼鏡のレンズ枠) brillestel (布などの) kant (織物の耳) æg (わく・縁飾り) ramme (フレーム・枠) indfatning

ふちの 不治の uhelbredelig, ulægelig, ubodelig

ふちゅうい 不注意 uagtsomhed, skødesløshed, uforsigtighed —な uagtsom, skødesløs, uforsigtig —に uagtsomt, skødesløs〔t〕, uforsigtigt

ふちょう 婦長 oversygeplejerske

ぶちょう 部長 afdelingschef

ふつう 不通(交通・通信などの) afbrydelse —になる afbrydes, blive indstillet

ふつう・の 普通の sædvanlig, vant (常態の) normal (一般の) almindelig (平均的な) gennemsnitlig —に/は sædvanligvis, almindelig —列車 lokaltog

ぶっか 物価〔vare〕priser (pl.), leveomkostninger (pl.) —指数 prisindeks, pristal

ふっかつ 復活 genoplivelse (死からの)〔gen〕opstandelse (更新) fornyelse (再生) genfødelse (復元・復旧) restaurering, tilbagegivelse —する(よみがえる) opstå (復旧させる) restaurere —祭 påske

ぶつかる (当たる) træffe, slå sig〔på〕(衝突する) kollidere〔med〕, støde sammen (困難などに出遇う) støde på (襲う) ramme, slå imod (直面する) stå ansigt til ansigt med (日などが重なる) falde sammen med

ふっきゅう 復旧 restaurering, tilbagegivelse —する restaurere, genoptage —工事 restaureringsarbejde

ぶっきょう 仏教 buddhisme —〔徒〕の buddhistisk —徒 buddhist

ぶつける (投げる) kaste〔efter/for〕(当てる)

ramme, træffe, slå på

ふっこう 復興(再建) genoprettelse, genopbygning (再興) restaurering —する genoprette, genopbygge, restaurere

ふつごう 不都合(不便) ubekvem〔melig〕hed, ulempe (不正) uret, uretfærdighed (不公平) uretfærdighed (非行) dårlig opførsel, forseelse —な(不便な) ubekvem, ubelejlig (非難すべき) dadelværdig (恥ずべき) skammelig (都合の悪い) besværlig, upassende

ぶっさん 物産 produkt, vare (総称) produktion

ぶっし 物資 materiel, varer (pl.) (原料) materiale, råmateriale (資源) ressource

ぶっしつ 物質 materie, substans (材料) emne, stof —的な materiel (唯物的な) materialistisk —的に materielt

ぶっしょくする 物色する lede efter, søge efter/med

ぶつぞう 仏像 afbildning af Buddha

ぶっそうな 物騒な(危険な) farlig, farefuld (不安な・不穏な) usikker, urolig (不安定な) usikker, utryg (不確実な) uvis, tvivlsom

ぶったい 物体 substans, ting

ぶってき・な 物的な materiel, fysisk —資源 ressource —証拠 bevis, bevisligheder, bevismateriale, vidnesbyrd

ぶっとうし・の 打っ通しの uophørlig, uafbrudt (連続的な・一定の) stadig, konstant —に uafbrudt, uophørlig〔t〕, uden ophold/afbrydelse

ふっとう・する 沸騰する koge, syde (議論などが) være i en livlig diskussion, blive ophidset —点 kogepunkt

フットボール fodbold〔spil〕

ぶっぴん 物品 artikel, vare (商品) handelsvare —税(消費税) forbrugsskat

ぶつぶつ (吹き出物) udslæt

ぶつぶついう (不平をいう) klage over, knurre om (沸騰する) koge, syde

ぶつぶつこうかん 物々交換 byttehandel

ぶつり・がく 物理学 fysik 一的な/に fysisk 一学者 fysiker
ふで 筆 skrivepensel（毛筆）tuschpen（ペン）pen 絵一 malerpensel（筆致）penselstrøg（筆跡）hånd, håndskrift 一入れ pennalhus, pennalæske 一まめな人 brevskriver
ふていさい 不体裁 at være grim 一な grim, styg
ふていの 不定の uvis, usikker, ikke afgjort
ふていのやから 不逞の徒 genstridig mænd (pl.)
ふてきとうな 不適当な upassende, usømmelig
ふと 不図(突然) pludselig（偶然に）tilfældigvis, på slump（思いがけず）uventet, uformodet 一した tilfældig, uventet 一…する ramme〔gøre〕, tilfældigvis〔gøre〕
ふと・い 太い(物が) tyk（力強い）kraftig（声が）dyb（活字などが）fed 一字 fed skrift（横着な）uforskammet, ublufærdig（大胆な）djærv, frejdig 一る（人間が）blive tyk
ふとう 埠頭 kaj
ぶとう 舞踏 dans, dansen 一会 bal 一場 balsal, danselokale
ぶどう 葡萄 〈植〉〔vin〕drue 一の木 vin 一園 vingård 一酒 vin〔af drue〕一の収穫 vinhøst 乾一 rosin 一糖 druesukker, glukose
ぶどう 武道 krigskunst
ふとういつ 不統一 splittelse, adskillelse, brist på enighed 一な splittet, uenig
ふどうさん 不動産 fast ejendom
ふどうとく 不道徳 umoral, usædelighed 一な umoralsk, usædelig
ふとう・な 不当な ublu, uretfærdig〔imod〕, uret（不合理な）urimelig（過度な）overdreven, ublu 一利得 åger（闇(やみ)市）sortbørs
ふどうひょう 浮動票 marginalvælgerne (pl.)
ふところ 懐(胸) bryst, barm（母親の）skød（抱擁）favn（懐中）lomme（財布）børs, pengepung
ぶどまり 歩どまり udbytte, udbytterate

ふと・る 太る(肥満する) blive tyk/korpulent/fedladen (肥満) fedme ―った tyk, fed, korpulent (丸々した) buttet, byldig ―らせる fede (家畜を) mæske

ふとん 布団 seng〔e〕klæder, sengetøj 敷き― madras til at rede op på gulvet 掛け― sengetæppe

ふな 鮒〈魚〉karusse

ぶな 〈植〉bøgetræ ―の森 bøgeskov

ふなたび 船旅 skibrejse, sørejse

ふなづみ 船積み skibsladning

ふなで 船出 fartøjs afgang ―する afsejle〔fra〕(錨(いかり)をあげる) lette anker

ふなに 船荷 fragt

ふなのり 船乗り sømand ―になる gå til søs

ふなびん 船便 post som er sendt med skib, overfladepost

ふなよい 船酔い søsyge ―する blive søsyg

ふなれ 不慣れ uerfarenhed, ukyndighed ―な uerfaren, uvant, fremmed, ukyndig

ぶなんな 無難な(まあまあの) passabel, netop acceptabel, tålelig (安全な) sikker, tryg (確実な) sikker (明確な) bestemt

ふにんじょう 不人情 umenneskelighed, uvenlighed, hjerteløshed ―な umenneskelig, uvenlig, hjerteløs

ふね 船 skib, fartøj (小型の) båd ―に乗る gå ombord, indskibe sig ―を降りる stige/gå i land, landsætte ―が傾く få slagside ―がくつがえる kæntre, kuldsejle (難破する) forlise 引き―(はしけ) pram, lastfartøj ―会社〔skibs〕rederi

ふはい 腐敗 forrådnelse (精神的な) fordærvelse ―する rådne op (退廃する) blive fordærvet/korrupt/udarte (退廃した) fordærvet, rådden

ふひつような 不必要な unødig, unødvendig (あり余る) overflødig

ふひょう 不評(悪評) dårlig rygte/renommé/omdømme (不人気) upopularitet ―な berygtet, notorisk (不人気な) upopulær

ふぶき 吹雪 snestorm, snefog

ぶぶん 部分 del, sektion, portion —的な delvis, partiel (局部的な) lokal —的に delvis —品 tilbehør, udstyr : komponenter

ぶぶんりつ 不文律 uskreven lov

ふへい 不平(不満) utilfredshed, misfornøjelse, reklamation (苦情) klage (苦情の種) klagemål (不満な) utilfreds〔stillende〕, misfornøjet —を言う klage 〔over〕, påtale, beklage sig

ふべん 不便 ubekvem〔melig〕hed, upraktiskhed, ulempe, gene —な ubekvem, ubelejlig, upraktisk, til gene for (不適当な) uegnet —を感じる være til ulejlighed

ふへん・てきな 普遍的な universal almindelig, almengyldig —的に universalt, almindeligvis —性 universalitet, almengyldighed

ふへんの 不変の permanent, bestandig

ふぼ 父母 far og mor, forælder, forældre (pl.) —会 forældremøde

ふほう 不法(違法) ulovlighed, forbrydelse (不正) uret —な ulovlig, illegitim, forbryderisk, uretmæssig (不正な) uret (間違えた) forkert

ふほう 訃報 rapport af ngs. død

ふほんい 不本意 uvillighed, uvilje —な uvillig, modvillig —に ugerne, mod sin vilje

ふまじめな 不真面目な uoprigtig

ふまん 不満 utilfredshed, misfornøjelse —な utilfreds, misfornøjet (物・結果など) utilfredsstillende —をいう klage 〔over〕, påtale

ふみきり 踏切(線路の) jernbaneoverskæring (跳躍の) afsæt —番(鉄道の) banevogter (スポーツの) kontrollør —板 springbræt

ふみんしょう 不眠症 〈病〉 søvnløshed

ふむ 踏む(足で) træde, betræde, trampe (手続きを) gå igennem 〔procedure〕(評価する) værdsætte, vurdere, skønne (韻を) rime

ふめいよ 不名誉 vanære, skam —な vanærende, skammelig

ふめつ 不滅 udødelighed
ふもうの 不毛の ufrugtbar, steril
ふもと 麓 bund/fod〔af en bakke〕
ぶもん 部門 afdeling, sektor, sektion（分野）område
ふやす 増やす forøge, øge （付加する）lægge til, tilføje
ふゆ 冬 vinter —景色 vinterlandskab —物(衣服) vinterklæder, vintertøj (pl.) —向きの beregnet på vinter, vinter- —休み vinterferie —空 vinterhimmel —用タイヤ vinterdæk（越冬する）overvintre
ふゆかいな 不愉快な ubehagelig, kedelig, grim, utilpas
ふよう 扶養 understøttelse, underhold —する forsørge（家族を）tjene til familiens underhold —家族 dependent, person man har forsørgerpligt for
ふようじょう 不養生 forsømmelse med helbred —な uvarsom med helbred —する forsømme helbred, sjuske med
ふよう・の 不用の unødig, unødvendig（役に立たない）unyttig（あり余った）overflødig —になる blive overflødig, ikke længere behøve —品 aflagt sag/ting/stykke
フライ（料理）stegt ret —にする stege
ぶらいかん 無頼漢 skurk, sjover（凶漢）bølle（山賊）bandit
フライパン stegepande
フライング tyvstart
ブラインド rullegardin
ブラウス bluse
プラカード plakat, bekendtgørelse
ぶらさがる ぶら下がる hænge, dingle
ブラシ børste（髪用の）hårbørste —をかける børste
ブラジャー brystholder, busteholder〔短〕bh
ブラジル Brasilien —人 brasilianer —の brasiliansk
プラス plus（利益）gevinst（長所）fordel
プラスチック plastic —ラップ plastfolie —の袋

plastic pose
ブラスバンド 〈楽〉hornorkester
プラチナ platin
ぶらつく （ぶらぶら歩く）streife om, drive om〔kring〕, flanere, slentre, dandere den （うろつく）flakke om （のらくらする）dovne, dase
ブラックリスト sortliste ―に載せる sortliste, sætte/skrive på den sorte liste
フラッシュ （写真などの）blitz
フラット （住居）lejlighed （階）etage
プラットホーム platform, perron （道路の安全地帯）refuge
プラハ Prag
ぶらぶら （ゆれて）dinglende （よろよろの）ravende, vaklevorn （漫然と）uden mål, planløst （漫歩する）streife om, drive om〔kring〕, flanere （無為に過ごす）tilbringe tiden arbejdsløs, dase, dovne
プラモデル plasticmodel
ぶらりと （当てもなく）uden mål, planløst （改まらずに）uformelt, tvangfrit ―出かける drive om〔kring〕, streife 〔om i〕
フラン （元のフランスなどの貨幣）franc
プラン plan, projekt （原案）udkast, skitse, kladde ―を立てる gøre op en plan, projektere
ブランコ gynge ―に乗る gynge
フランス Frankrig ―人 franskmand （総称）franskmændene ―の fransk ―語／の fransk〔sprog〕 ―パン franskbrød
ブランデー brandy, brændevin, cognac
フランネル flonel, flannel
ふり 不利 ulempe, ugunst, skade ―な ugunstig, skadelig
ふり 振り（ふるまい）opførsel （風采）udseende ―付け danskomposition, 〔dans〕koreografi （見せかけ）forstillelse （見せかけの）foregiven ―をする foregive, forstille sig, hykle, lade som om
ブリーフ trusser (pl.)

ふりかえる 振り返る vende sig om, se sig tilbage (思い出す) erindre
ブリキ blik —缶 blikdåse, konservesdåse
フリゲートかん フリゲート艦 fregat
ふりこ 振り子 pendel
ふりこみ 振り込み indbetaling
ブリッジ (カード遊びの) bridge
プリマドンナ primadonna
ふりゅうする 浮流する flyde, svømme
ブリュッセル Bryssel
ふりょ 不慮〔の事故〕ulykke, uheld —の uforudselig, uforudset
ふりょう・の 不良の dårlig, ilde (邪悪な) ondskabsfuld, ond, slet (質が) underlegen, tarvelig (嫌な) ækel, væmmelig —品 dårlige varer (pl.) —少年 ung kriminel, ungdomsforbryder, slem dreng
ふりょく 浮力 flydeevne (飛行機の) opdrift
ぶりょく 武力 krigsmagt, stridskræfter (pl.), våbenmagt —干渉 bevæbnet indskriden —政治 magtpolitik
プリン pudding
プリント trykt skrift, tryksag (写真の) kopi —にする prente, trykke (写真の) kopiere
ふる 降る falde (雨が) det regner (雪が) det sner (あられが) det hagler
ふる 振る(手を) vinke〔med hånden til en〕 (頭を) virre med hovedet (揺さぶる) ryste, ruske (握手する) trykke〔en〕i hånden, ryste éns hånd (げんこつを) true ad en med knyttende hånd
ふる… 古… gammel (使用ずみの) forbruget, benyttet —着 aflagt tøj —着屋(人) kludekræmmer (店) kludekræmmerbutik
ふるい 篩 sigte, si, filter —にかける(ふるう) sigte, si (間引く) tynde ud —落とす(選別する) udskille, udvælge
ふるい 古い(昔の) gammel (古風な) gammeldags (食物の) fordærvet (腐った) rådden

ぶるい 部類 klasse

ふる・う 奮う(元気である) være livlig/energisk (力を発揮する) opbyde sine kræfter —って helhjertet, energisk, ivrigt

ブルース blues

フルート 〈楽〉(横笛) fløjte —奏者 fløjtenist, fløjtespiller —を吹く spille på fløjte

ふるえる 震える skælve, ryste, dirre (歯などが) klapre (ぞっとする) bæve (震動する) vibrere

ブルガリヤ Bulgarien —人 bulgarer —の/語〔の〕burgarsk

ブルゴーニュ (ワイン) bourgogne

ブルジョア bourgeois〔iet〕 —階級 bourgeoisi

ふるどうぐや 古道具屋 antikvitetsforretning, marskandiser

ブルドッグ (犬) buldog

ふるほん 古本 antikvarisk/brugt bog —屋(人) antikvar (店) antikvariat, antikvarboghandel —屋で買う købe antikvarisk

ふるま・い 振る舞い opførsel, adfærd, fremfærd —う opføre sig〔på en måde〕, arte sig, bære sig ad (ごちそうする) beværte, traktere en (もてなし) underholdning

ぶれい 無礼(非礼) uartighed, uærbødighed, frækhed —な uartig, uærbødig, fræk

プレイガイド billetkontor

プレーオフ (優勝決定戦) omkamp

ブレーキ bremse —をかける bremse

ブレザー blazer

プレハブけんちく プレハブ建築 elementhus

ふれる 触れる(接触する) berøre, røre ved, komme i/tage kontakt med 軽く— streife (法などに) forbryde sig〔med lov〕, overtræde lov (言及する) nævne, omtale, henvise til

ふれる 振れる(斜めになる) hælde, stå skævt, læne sig (回る) dreje rundt (ふらつく) ryste

フレンチホルン 〈楽〉valdhorn

ふろ 風呂 bad ―に入る gå i bad, stige ned i badet ―場 badeværelse ―屋〔offentlig〕badeanstalt

ふろうしゃ 浮浪者 vandrer, lazaron, vagabond

ブローカー mægler ―の手数料 mæglergebyr, mæglerløn

ブローチ broche, brystnål

ふろく 付録 supplement/tillæg〔til〕(追加) bilag

プログラマー programmør

プログラム (番組) program ―を作成する programmere ―による〔と〕programmæssig

ブロックけんちく ブロック建築(集合住宅) bygningskompleks

ブロッコリー 〈植〉broccoli

プロテスタント (新教徒) protestant ―の protestantisk

プロペラ (推進機) propel

プロレス professional brydning

プロレタリア (人) proletar ―階級 proletariat

フロント reception ―係 receptionist

フロントガラス forrude

ブロンドの (金髪の) blond, lyshåret

ふわ 不和 uenighed, udestående, ufred (論争) tvist, kontrovers (紛争) konflikt ―である være uenig med én

ふん 糞 ekskrementer (pl.), afføring

ふん 分(時間などの) minut ―針(時計の) minutviser

ぶん 文(文章) sætning 作― komposition, sammensætning ―体 stil 散― prosa ―学 litteratur ―の句読点 interpunktion

ぶん 分(部分) del (分け前) andel, tildeling ―量 portion (食物の) ration (程度) grad, niveau, standard 身― 〔ens〕stilling, rang, social status 本― pligt, kald〔else〕, hverv

ふんいき 雰囲気 atmosfære, stemning

ふんか 噴火 vulkanudbrud ―する bryde ud ―口 〔vulkan〕krater

ぶんか 文化 kultur —的な kulturel —史 kulturhistorie —国家 kulturstat —革命 kulturrevolution —人 de dannede (pl.), kulturpersonlighed —祭(学校の) skolefest

ぶんか 文科 det humanistiske fakultet —大学 et humanistisk universitet

ふんがい 憤慨 indignation, vrede, forbitrelse —する blive indigneret over, blive forbitret, vredes —して i vrede

ぶんかい 分解(解体) sønderdeling, nedbrydning —する sønderdele, nedbryde (バラバラにする) brække itu

ぶんがく 文学 litteratur —的な litterær —作品 litteraturværk, litterært værk —史 litteratur historie —部(大学の) det humanistiske fakultet —様式 litteraturgenre —界 litteraturselskab, den litterære verden 純— skønlitteratur

ぶんかざい 文化財 kulturgenstand 無形— immateriel kulturformue

ぶんかつ 分割 deling —する dele —払い afbetaling —払いで買う købe det på afbetaling

ふんきする 奮起する tage sig sammen, komme i sving, komme i stødet

ふんきゅう 紛糾 komplikation, vrøvl, besvær —する blive kompliceret/indviklet —させる komplicere, besvære, indvikle

ぶんぎょう 分業 arbejds〔for〕deling

ぶんげい 文芸 litteratur 〔og digtekunst〕 —界 litteraturselskab, den litterære verden —作品 litteraturværk —復興 renæssance

ふんげき 憤激 →ふんがい(憤慨)

ぶんけん 文献 litteratur, dokumenter (pl.), skrifter (pl.) 参考— bibliografi, reference

ぶんご 文語 skriftsprog, litteratursprog —体 litterær stil

ぶんごう 文豪 stor forfatter, klassiker

ぶんこぼん 文庫本 lommebog, pocketbog

ふんさい・する 粉砕する slå itu, knuse, pulverisere ―機 knuseværk, pulveriseringkværn (敵などを) knuse (全滅させる) tilintetgøre

ぶんし 分子〈数〉(分数の) tæller [i brøk]〈理〉(分子) molekyle ―状の molekylær ―式 molekyleformel (一部の者・要素) element

ぶんし 分詞〈文法〉participium 現在― præsens participium 過去― perfektum participium

ふんしつ 紛失 tab ―する tabe, miste (物が主語) være tabt/mistet

ぶんしょ 文書(書類) dokument, skrifter (pl.) (作文) komposition (小論文) opsats, essay (論文) artikel (学術論文) afhandling

ぶんしょう 文章 sætning, essay, skrift

ぶんじょう・する 分譲する sælge mark i [jord]lodder ―地 mark til salg i lodder

ふんしょく 粉飾 manipulation, udsmykning, sminke (化粧) sminkning ―する manipulere [med], udsmykke, lægge makeup, sminke [sig]

ふんすい 噴水 fontæne, springvand

ぶんすいれい 分水嶺 vandskel

ぶんすう 分数〈数〉brøk ―計算 brøkregning

ぶんせき 分析 analyse (鉱石の) prøvning, probering ―する analysere, prøve, probere

ふんそう 紛争 konflikt, vrøvl, besvær, bryderi, mas (論争) disput, polemik

ぶんたい 文体 stil

ふんたん 分担(割り当て) tildeling (分業) arbejds[for]deling ―する(仕事を) tildele, udrette sin andel af arbejde (支払いを) bære sin andel af betaling, betale hver for sig, splejse

ぶんだん 文壇 den litterære verden/kreds

ぶんつう 文通 brevveksling (公文書などの) korrespondance ―する brevveksle, korrespondere

ふんとう 奮闘 anstrengelse, bestræbelse, hård kamp, helhjertet indsats ―する anstrenge sig, gøre sig umage, beflitte sig, kæmpe

ふんどう 分銅 lod
ぶんどき 分度器 vinkelmåler
ぶんど・る 分捕る tage som bytte, beslaglægge, opbringe —り品 bytte, rov
ぶんぱい 分配 fordeling, distribuering —する fordele, distribuere (配給する) rationere
ふんぱつ 奮発 anstrengelse, iver
ぶんぴ 分泌(物・液) sekretion, afsondring —する afsondre 内— indre sekretion
ぶんぷ 分布 udbredelse, spredning —する udbrede, sprede —している være udbredt
ふんべつ 分別(深慮) diskretion, taktfuldhed (判断) omdømme, skøn, dom —のある diskret, taktfuld, fornuftig
ぶんべん 分娩 nedkomst, forløsning
ぶんぼ 分母 〈数〉 nævner 〔i brøk〕
ぶんぽう 文法 grammatik —上の grammati〔kal〕sk —学者 grammatiker
ぶんぼうぐ 文房具 skrivemateriel, papirvarer, skriveredskab (事務用品) kontorartikler (pl.) —店 forretning der sælger kontorartikler, papirhandler
ふんまつ 粉末 pulver, pudder (じゃがいも・小麦などの) mel (ちり・ほこり) støv, smuld —にする pulverisere
ふんむき 噴霧器 spøjte
ぶんめい 文明 civilisation —の civiliseret —化する civilisere —化 civilisering
ぶんや 分野 område, gebet, felt (文学・美術などの) genre
ぶんり 分離 separering (法的な) separation (脱退) udtræden (解放) løsgivelse —する (法的・機械的に) separere
ぶんりょう 分量 kvantitet, mængde (薬の) dosis
ぶんるい 分類 inddeling, klassificering (品分け) sortering —する inddele, opdele, sortere, klassificere
ぶんれつ 分裂 splittelse, sønderdeling (解体)

opløsning —する splitte, sønderdele, opløse 核—kernedeling 精神— personlighedsspaltning

へ

へ (…の中へ) ind, i (…の上へ) på, oven〔på〕(…を目がけて) på, for (…に向って) mod (目的地へ) til
ヘア・スタイル frisure —ピン hårnål
へい 塀(土・石などの) mur (垣根) stakit, gærde, hegn —をめぐらす omgærde
へいい 平易(容易) lethed (平明)tydelighed (簡明) enkelhed —な let (判りやすい) letfattelig (明瞭な) tydelig (簡明な) enkel, ukompliceret —にする forenkle
へいえき 兵役 militærtjeneste —に服する gøre militærtjeneste —の義務がある pligtig til militærtjeneste
へいおんな 平穏な fredelig, fredsommelig, rolig
へいか 陛下 hans/hendes majestæt
へいかい 閉会 afslutning af et møde —にする afslutte, bringe til en afslutning —式 afslutningshøjtidelighed
へいがい 弊害(悪影響) skadelig indvirkning (悪用) misbrug
へいき 平気 ubekymrethed (平静) ro, fatning (自制) selvbeherskelse —な ubekymret (自制した) behersket (無関心な) ligegyldig, uberørt (鈍感な) ufølsom
へいき 兵器 våben, værge —庫 våbendepot, våbenlager 核— kernevåben 生化学— biokemisk våben
へいきん 平均 gennemsnit〔af〕, middeltal —の/的な gennemsnitlig, middel —して i gennemsnit —以上/以下である være over/under gennemsnittet —をとる finde gennemsnittet —点 gennemsnitlig karakter —台(体操の) balancebom

へいこう 平衡 ligevægt, balance —を保つ holde balancen/ligevægten —を失う miste/tabe balancen
へいこう 平行 parallelisme —の parallel —する løbe parallelt〔med〕—四辺形 parallelogram —線 parallel linie —棒(体操の)〔gymnastik〕barre
べいこく 米国 USA, United States of America
べいさく 米作 risdyrkning
へいし 兵士 soldat
へいじ 平時(ふだん) hverdag (平和な時) fredstid —の hverdagsagtig (いつもの) vanlig, sædvanlig
へいじつ 平日 hverdag —の hverdags-, hverdagsagtig (いつもの通り) sædvanligvis
へいしゃ 兵舎 kaserne 仮りの— barakker
へいたい 兵隊 soldat (戦士) krigsmand, kriger (軍隊) hær, tropper (pl.) —として召集される blive indkaldt som soldat —ごっこをする lege soldat
へいねつ 平熱 normal legemstemperatur
へいほう 平方〈数〉kvadrat —メートル kvadratmeter —根 kvadratrod
へいぼん 平凡 almindelighed, banalitet (なみ) middelmådighed —な almindelig, middelmådig, banal (通常の) ordinær
へいめん 平面 plan, jævn〔over〕flade —の jævn, glat —幾何学 plangeometri —図 plan〔til〕
へいや 平野 slette (荒野) hede (大草原) steppe
へいりょく 兵力 militærmagt, krigsmagt
へいれつ・する 並列する stå i/på rad, ligge på linie —の parallel〔med〕
へいわ 平和 fred (平穏) tryghed —な fredelig, fredsommelig —に i fred 世界の— verdensfred —主義 pacifisme —主義者 pacifist —運動 fredsbevægelse
ベークライト bakelit
ベーコン bacon, flæsk
ページ side, pagina —をつける paginere —をめくる vende på en side
ペーパーナイフ papirkniv

ベール slør　—でおおう kaste et slør over　—をとる løfte sløret　—をはぐ(秘密など) drage sløret fra, afsløre

へこ・み bule　—む bule indad

へさき　舳先 forstavn, forstævn, bov

ベスト (最善) det bedste　—をつくす gøre sit bedste

ベスト (チョッキ) undertrøje, vest

ベストセラー bestseller

へそ　臍 navle　—の緒 navlesnor, navlestreng

へだ・てる　隔てる(距離を) fjerne sig, ligge langt fra (さえぎる) afskærme, skjule, dølge (仲を) lade glide bort fra hinanden, lade fjerne —たる(遠い) fjern (離れている) være fjern (疎遠になる) blive fremmed, komme bort fra —たり(距離) afstand (相違) forskel, ulighed

へたな　下手な udygtig, dårlig, ufaglært, ukyndig (無器用な) klodset, kejtet, plump

ペダル pedal

ペチコート 〔under〕skørt (スリップ) underkjole

へちま 〈植〉slangeagruk

べつ　別(区別) forskel, distinktion, skel (違い) difference, afvigelse (別物) en anden sag, ngt. andet —の(ほかの) en anden, en anderledes (特別の) særlig, speciel (別々の) særskilt, individuel (おのおの) enhverv (別々に) særskilt, individuelt (余分に) til overflod, tilmed (ほかに) desuden, udover, oven i købet —に…でない ikke særlig　—にしておく lægge bort, reservere　…は—として fraset, bortset fra, med undantagelse, når undtages

べっきょ　別居 adskillelse, separation　—する leve adskilt, være separeret

べつじん　別人 et andet menneske

べっそう　別荘 villa (夏の) sommervilla, sommerhus

ベッド seng (船・列車の) køjeseng

ヘッドライト (自動車の) forlygte 〔på bil〕

べっぴょう　別表 vedføjet tabel

べつべつ・の 別々の særskilt, individuel ―に særskilt, individuelt (離れた) fritstående, afsides
べつもんだい 別問題 et andet spørgsmål
へつらう smigre, indsmigre sig hos én
べつり 別離 afsked, farvel (離婚) skilsmisse ―を悲しむ sørge over at skilles
べつりょうきん 別料金 ekstraservice, ekstraafgift
ベテラン (熟練者) mester, veteran, ekspert
ぺてん (詐欺) svindel, bedrageri ―にかける svindle, bedrage, lure, narre ―師 svindler, bedrager
ベトナム Vietnam ―人 vietnameser ―の/語〔の〕vietnam〔esi〕sk
へどろ slam
ペナント vimpel
べに 紅(化粧用の) sminke 口― læbestift ―をつける sminke sig
ペニー penny
ペニシリン penicillin
ベニス Venedig, Venezia
ベニヤいた ベニヤ板 finér ―を張る finere
へび 蛇〈動〉slange 毒― hugorm ―の皮 slangeskind
ヘブライ ―の/語〔の〕hebraisk ―人 hebræer
へや 部屋 rum, værelse, stue 小― kammer ―代 værelsesleje, værelsespris
へらす 減らす formindske (短縮する) forkorte (切り落とす) skære ned
ベランダ veranda, havestue (テラス) udestue
へり 縁 kant, bred, bryn, udkant
ペリカン 〈鳥〉pelikan
へりくだって ydmygt (偉い人がわざと) nedladende
へりくつ 屁理屈 spidsfindighed ―の spidsfindig ―を言う hænge sig i ord, kløve ord
ヘリ・コプター helikopter ―ポート heliport
へる 減る aftage, blive mindre (磨滅する) slide〔ned〕(欠乏する) mangle, briste, fattes
へる 経る passere, gå igennem

ベル klokke （玄関の）dørklokke ―を鳴らす ringe på klokken

ペルー Peru ―人 peruaner ―の peru〔vi〕ansk

ベルギー Belgien ―人 belgier ―の belgisk

ベルサイユ Versailles

ベルト bælte, 〔liv〕rem （地帯）zone, bælte ―コンベヤ transportbånd シート― sikkehedssele, sikkerhedsbælte

ヘルニア 〈病〉brok

ヘルメット hjelm

ベルモット vermut

ベルリン Berlin

ベルン Bern

ベレーぼう ベレー帽 baskerhue, alpehue

ペン pen ―先 pennespids, pen ―をとる gribe pennen ―で書く skrive med pen og blæk ―で稼ぐ live af sin pen ―フレンド penneven

へんあつき 変圧器 transformator

へんか 変化 ændring, forandring variation 〈文法〉（動詞などの）bøjning （変更）ændring （変形）omskabelse, omdannelse （変遷）overgang, forandring （多様）omveksling, skiftning ―する forandre, ændre sig, forvandle sig 〔til〕, skifte ―しやすい foranderlig, variabel

べんかい 弁解(説明) forklaring （言いわけ）undskyldning, bortforklaring （弁護）forsvar ―する forklare, undskylde

べんがく 勉学 studium, lærdom

べんぎ 便宜(好都合) bekvemmelighed, egnethed （利便）mulighed, tilpasning, lethed, lejlighed ―上 til bekvemmelighed 〔for〕

ペンキ maling ―屋 maler ―缶 malerbøtte ―塗り立て(注意) malet！

べんきょう 勉強 studium, lektier, lektielæsning （猛勉）terperi （精励）flid, arbejdsomhed, stræbsomhed （課業）lektioner (pl.), lektier (pl.) ―する studere, læse （猛勉する）terpe, læse hårdt （精励する）studere/læse med stor flid (商人が) sælge billigt, realisere —がおくれる komme bagud med lektierne —家 slider, arbejdsbi

ペンギン 〈鳥〉pingvin

へんけい 変形(形が変わること) omdannelse, forvandling (変化した形) en forandret form, modifikation (植物などの) varietet —する(変える) forvandle 〔til〕, omdanne 〔til〕

へんけん 偏見 fordom 〔imod〕, forudfattet mening, præjudice —のある fordomfuld, partisk —のない fordomfri, upartisk

べんご 弁護 forsvar, støtteudtalelse —する forsvare 〔imod〕, værge —人/士 advokat, forsvarer

へんこう 変更 ændring (調整) modifikation, justering (修正) rettelse —する ændre

へんさい 返済 tilbagebetaling —する betale tilbage

へんさん・しゃ 編纂者 redaktør —する redigere

へんじ 返事 svar, genmæle —する svare, tage til genmæle

へんじ 変事 ulykke, uheld

べんし 弁士 taler

へんしゅ 変種 variant (生物の) varietet, afart (突然変異) mutation

へんしゅう 編集 redigering, redaktion —する redigere —者 redaktør —局 redaktion〔skontor〕—長 redaktionschef

べんじょ 便所 toilet, kloset 屋外— lokum 水洗— vand kloset

べんしょう 弁償 erstatning, kompensation —する erstatte, kompensere, betale for —金 skadeserstatning, godtgørelse

べんしょうほう 弁証法 dialektik

へんしょく 変色 falmning, blegning —する(色があせる) falme, blegne, visne

へんしん 返信 svar —料 returporto

ベンジン (揮発油) benzin

へんせい 編成 organisation, indretning (構成)

sammensætning, komposition —する organisere, indrette, danne, komponere 予算を—する lægge et budget, budgetere
へんせん 変遷 forandring （浮沈）veksling, vekslen, op og ned （推移）overgang （経過）forløb —する forandre, skifte, ændre sig
へんそう 変装 forklædning, maskering —する forklæde, maskere, gøre ukendelig
へんそうする 返送する returnere, tilbagesende
ペンダント halssmykke
ベンチ bænk （座席）sæde
ペンチ bidetang, niptang
べんつう 便通 afføring —がある have afføring
べんとう 弁当 madpakke —箱 madkasse
へんとうせん 扁桃腺 tonsil, mandel —炎 tonsillits, betændelse i mandlerne
へんな 変な（奇妙な）ejendommelig, besynderlig, sær（おかしな）løjerlig, morsom
ペンネーム pseudonym （匿名）inkognito
ペンパル →ペンフレンド
べんぴ 便秘 forstoppelse —する have forstoppelse
へんぴな 辺鄙な afsides, gemt væk （田舎の）landlig
ペンフレンド penneven
へんぺいな 偏平な flad, plan, jævn
べんぽう 便法 udvej, middel
べんめいする 弁明する undskylde （説明する）forklare
べんり 便利 bekvemmelighed, egnethed, facilitet （調法）behændighed —な bekvem, nem, belejlig
べんろん 弁論 tale （議論）diskussion, diskurs —する diskutere, argumentere（主張する）forfægte —大会 oratorisk konkurrence

ほ

ほ 帆 sejl ―を揚げる sætte sejl, hejse et sejl ―をたたむ beslå et sejl
ほ 穂(穀物の) aks
ほあん 保安 opretholdelse af 〔den offentlige〕 ro og orden
ほいく 保育 opfostring ―する opfostre, opføde, pusle ―所 børnehave, daghjem
ボイコット boykot ―する boykotte
ボイラー 〔damp〕kedel (温水用の) 〔varmtvands-〕kedel
ぼいん 母音 vokal 二重― diftong ―変異 omlyd
ポイント (鉄道の) skiftespor, sporskifte (点) punkt
ほう 法 lov (政令) forordning (規則) regel (方法) metode, måde (道理) fornuft (教理) doktrin, dogme, dogmatik 〈文法〉modus ―にかなった lovlig (法定の) lovbefalet (有効な) gyldig
ぼう 棒 stang (柱) stolpe (ステッキ) kæp 警― stav 小さな― pind こん― klub ―高飛び stangspring ―読みする læse i monoton måde
ぼう 某(ある) en vis ―日 en vis dag ―氏 en vis person 鈴木― en vis hr. Suzuki
ぼう… 亡… afdøde …
ほうあん 法案 lovforslag (提案) proposition
ほうい 包囲 omringning, belejring ―する omringe, belejre, indkredse
ほうい 法衣 præstekjole, munkekutte
ほうい 方位 verdenshjørne, himmelstrøg (方向) retning
ほういがく 法医学 retsmedicin
ぼうえい 防衛 forsvar (防御) beskyttelse, værn ―庁 Forsvarsvæsen ―駐在官 militærattaché 民間― civilforsvar

ぼうえき 防疫 forebyggelse af epidemi
ぼうえき 貿易 udenrigshandel, samhandel〔mellem lande〕 —する drive udenrigshandel, handle med udlandet —会社 handelshus, handelskompagni, handelsfirma —商 forretningsdrivende, købmand, handelsmand —風 passat〔vind〕 —収支 handelsbalance
ぼうえん・きょう 望遠鏡 teleskop —鏡で見る kigge på ... med teleskop —レンズ telelinse
ほうおう 法王 pave —の pavelig —庁 Vatikanet —の選挙会議 konklave
ぼうおん・の 防音の lydtæt, lydisoleret —装置 lyddæmper
ほうか 放火 ildspåsættelse, brandstiftelse —犯人 mordbrænder —する stikke/sætte ild på ngt.
ほうか 法科(法学部) juridisk fakultet
ぼうか 防火 brandforebyggelse (耐火) brandsikring —の(耐火の) brandsikker —訓練 brandøvelse —扉 brandsikker dør, branddør —槽 branddam
ほうかい 崩壊 sammenbrud, sammenfald —する bryde sammen, falde sammen
ぼうがい 妨害 forstyrrelse, hindring, spærring —物 hinder —する hindre, spærre, være til hinder for
ほうがい・な 法外な urimelig, overdreven, absurd —に urimeligt, overdrevent
ほうがく 方角 retning …の—に i retning af —を見る orientere sig
ほうがく 法学 jura, lov —部 juridisk fakultet (法理学) jurisprudens —士 juridisk kandidat
ほうかご 放課後 derefter lektionerne er over, efter skoletid
ほうがん 砲丸(競技の) kugle —投げ kuglestød
ぼうかん 防寒 beskyttelse imod kulde —服 vintertøj —外套 vinteroverfrakke
ぼうかん・する 傍観する kigge på, blive tilskuer —者 tilskuer
ほうき 箒 kost, fejekost —の柄 kostskaft —星 komet

ほうき 放棄 opgivelse （権利の）afståelse fra 〔ens rettighed〕（要求などの）tilbagekaldelse 〔ens krav〕 —する afstå, tilbagekalde, opgive

ぼうきゃく 忘却 glemsomhed, glemsel —する glemme, blegne/falme i erindring

ぼうぎゃく 暴虐 tyranni, grusomhed （専制政治）despoti —な tyrannisk, grusom, despotisk

ほうきゅう 俸給 løn, aflønning —生活者 lønmodtager, lønarbejder

ぼうぎょ 防御 forsvar, beskyttelse, værn —する forsvare, beskytte, værne

ぼうきょう 望郷 hjemlængsel, hjemve, nostalgi —の念にかられる have hjemve

ぼうくう 防空 luftværn, luftforsvar —壕(ゴウ) beskyttelsesrum, skyttegrav

ぼうくん 暴君 tyran, despot （専制君主）enevoldsherre, enevoldskonge

ほうげきする 砲撃する bombardere, bombe

ほうげん 方言 dialekt —の dialektal

ぼうけん 冒険 eventyr （危険）risiko —する gå på eventyr, søge eventyr（危険を冒す）risikere —的な eventyrlig（危険な）risikabel, farlig —家 eventyrer（向う見ずの人）vovehals

ほうけん・てきな 封建的な feudal —主義 feudalisme —制度 feudalsystemet —時代 feudaltid

ほうこう 方向（方角）retning （進路）kurs （目的）formål, øjemed, mål 自動車の—指示器 afviserblink, blinklys, retningsviser（道標）vejviser, vejskilt —転換 retningsændring

ほうこう 奉公（年季奉公）lærlingevæsen —する betjene, gøre tjeneste —人 tjener（徒弟）lærling,（総称）tjenestefolk

ぼうこう 暴行 vold, voldshandling —する/レイプする voldføre, voldtage —犯 voldsmand

ぼうこう 膀胱 〔urin〕blære —炎 blærebetændelse

ほうこく 報告 rapport, redegørelse, beretning （答申）betænkning —する rapportere —書 skriftlig

rapport, fortegnelse
ほうさく 豊作 god høst, rigelig høst, frodighed
ほうし 奉仕 tjeneste ―する tjene ―事業 social velfærdarbejde ―品 realisationsvarer (pl.) ―価格 realisationspris
ぼうし 防止 hindring, forebyggelse （避妊）prævention ―する〔for〕hindre af, forebygge〔med〕
ぼうし 帽子(縁付きの) hat （縁無しの）hue, hætte（目びさし付きの）kasket ―をかぶる tage en hat på ―をぬぐ tage en hat af ―の縁 hatteskygge ―屋 hatteforretning
ほうしき 方式(形式) form, formel （方法）metode, måde （手続き）procedure
ほうしゃ 放射(光・熱などの) udstråling ―する udstråle ―状の radial- ―能 radioaktivitet ―性廃棄物 radioaktivt affald ―性ちり radioaktivt støv
ほうしゅう 報酬 belønning, betaling, dusør （給料）løn （医者・家庭教師などへの）honorar （手数料）salær, vederlag
ほうじゅんな 豊潤な frodig, yppig
ほうしょくする 飽食する blive mæt〔af〕
ほうしん 方針(進路) kurs （政策）politik （戦略）strategi （主義）princip （計画）plan
ほうじん 法人 juridisk person
ぼうすい・の 防水の vandtæt ―コート en vandtæt frakke ―する gøre vandtæt
ほうせい 法制 retsvæsen
ほうせき 宝石 ædelsten, smykkesten, gemme, juvel ―商 juvelér ―店 juvelérforretning
ぼうせき 紡績 spinding ―機械 spindemaskine ―工場 spinderi ―工 spinder
ぼうぜんと 茫然と åndsfraværende, uopmærksomt ―した distræt, åndsfraværende
ほうそう 包装 pakning （梱包）emballage ―する pakke ―紙 omslagspapir
ほうそう 放送 radiospredning, 〔radio〕udsendelse ―する udsende〔i〕 ―に出る optræde〔i radio/tv〕

—局 radiostation
ほうそく 法則 lov, regel（原理）princip（理論）teori
ほうたい 包帯 bandage —する forbinde, lægge bandage om
ぼうだいな 膨大な enorm, vældig（どでかい）kolossal
ぼうたかとび 棒高飛び stangspring
ほうだん 砲弾 granat（弾丸）kugle（散弾）hagl（銃の弾薬筒）patron
ほうち 放置 forsømmelse —する lade ligge, overlade til tilfældet, undlade
ほうち 報知 beretning, meddelelse（ニュース）nyheder —する informere, meddele
ほうち・こく 法治国 retsstat —社会 retssamfund
ほうちょう 包丁 køkkenkniv 肉切り— forskærerkniv
ぼうちょう 傍聴 hørelse —する høre〔på〕, lytte til —者 lytter（聴衆）tilhørere（pl.）—席 tilhørerplads（議会などの）galleri
ぼうちょう 膨張 svulmen（気体など）udvidelse, ekspansion（増大）forøgelse, udbredelse, tilvækst（発達）udvikling, fremskridt —する svulme, bulne（お腹が）bugne（傷などはれる）bulne ud —率(増加率) tilvækstprocent
ほうっておく 放って置く(閑却する) lade ligge, overlade til tilfældet, undlade
ほうてい 法廷 retssal, domstol, retslokale —に持ち出す gå rettens vej, bringe sagen for retten
ほうていしき 方程式〈数〉ligning
ぼうと 暴徒 oprører, mytterist, rebel
ほうとう 放蕩 udsvævelser（pl.）（不行跡）excesser（pl.）—の udsvævende
ほうどう 報道 nyheder, reportage, information —する rapportere, informere —機関 presse, massemedier（pl.）, journalisme
ぼうとう 暴騰 hausse, en pludselig prisstigning 穀物が—している der er hausse i korn

ぼうどう　暴動　oprør, mytteri, tumult
ぼうとく　冒瀆　vanhelligelse, helligbrøde　—する vanhellige, begå helligbrøde
ほうにん・する　放任する(事を)　lade ngt. bero derved (人を) lade ngn. ensom
ほうねん　豊年　frugtbart år　(豊作) god høst, rigelig høst, frodighed　—祝い/祭 høstfest, høstgilde
ぼうはつ　暴発　vådeskud　—する skyde af tilfældigvis/uventet
ぼうはてい　防波堤　mole, bølgebryder
ぼうはん　防犯　forhindring/forebyggelse af forbrydelse
ほうび　褒美　belønning, gratiale　(賞) pris　—として til belønning, til éns pris
ぼうび　防備　forsvar　(防御) beskyttelse, værn　—する forsvare, beskytte, værne　—を固める befæste
ぼうびきにする　棒引きにする　eftergive, slette, stryge〔fra〕(取り消す) annullere
ほうふ　豊富　overflod, rigelighed, rigdom　(富裕) velstand　—な rigelig, frodig (あり余る) overflødig (裕福な) velstillet, velstående
ほうふ　抱負　aspiration, ambition, målsætning
ぼうふうう　暴風雨　storm, uvejr　(台風) tyfon, taifun (インド洋の) cyklon
ぼうふうりん　防風林　læhegn, læbælte
ほうふく　報復　gengæld, gengældelse, hævn　—する gengælde, hævne, gøre gengæld　—的な hævngerrig
ぼうふざい　防腐剤　antiseptisk middel
ほうぶつせん　放物線　〈数〉parabel
ほうほう　方法(仕方)　middel　(方策) plan, metode, måde　—を構じる træffe forholdsregler　—論 metodik
ほうぼうに　方々に　i alle retninger, til alle sider
ほうまんな　豊満な　korpulent, tyk, kraftig
ほうむ・しょう　法務省　justisministerium　—大臣 justisminister
ほうむる　葬る(埋葬する)　begrave, jordfæste　(無視

ほうわ

する) forsømme (棚上げする) lægge på hylde (怠る) undlade

ぼうめい・する 亡命する gå i landflygtighed ー者 den flygtende ー政府 eksilregering

ほうめん 方面 område, distrikt (方向) retning (分野) felt

ほうめんする 放免する slippe, frigive, løslade

ほうもん 訪問 besøg, visit (記者の) interview ーする besøge, aflægge visit 〔hos〕 ー客 besøgende ー着 højtidsdragt

ほうよう 抱擁 omfavnelse, favntag ーする omfavne, favne, tage en i sin favn

ほうよう 法要 buddhistisk gudstjeneste

ほうようりょく 包容力 tolerance, kapacitet

ぼうらく 暴落 baisse, pludselig kursfald ーする falde pludselig

ほうらつ 放埓 letsindighed, sløseri (放蕩) udsvævelse, umådeholdenhed ーな letsindig, letfærdig, udsvævende

ぼうり 暴利 uretmæssig gevinst ーをむさぼる tjene urimeligt høj gevinst, profitere uretmæssigt

ほうりつ 法律 lov ー上の retlig, lovformelig, lovlig, ー違反 lovbrud, lovovertrædelse ー違反者 lovbryder ーを守る overholde loven, være lovlydig ーで禁止する forbyde ved lov ー家 lovkyndig ー学 retsvidenskab, jura

ぼうりょく 暴力 vold ー行為 voldshandling ー犯罪 voldsforbrydelse ー犯〔人〕 voldsmand ーをふるう voldtage, gøre vold på

ほうれい 法令 lov (政令) forordning

ぼうれい 亡霊(死者の魂) den afdødes ånd, spøgelse (幽霊) spøgelse, fantom

ほうれんそう 〈植〉 spinat

ぼうろう 望楼 vagttårn

ほうろう・する 放浪する vagabondere, rejse rundt, streife om ー者 vagabond, vandrer

ほうわ 飽和 mætning, saturation ーする mættes,

saturere —した mættet
ほえる 吠える(犬などが) gø, bjæffe （猛獣・牛などが) brøle (わめく・うなる) hyle
ほお 頬 kind —ひげ kindskæg, bakkenbarter —骨 kindben —紅 rouge
ボーイ (給仕) kyper, tjener, opvarter （事務所などの) bydreng, bud (ホテルの) piccolo —フレンド ven
ポーカー (トランプの) poker
ホーク gaffel
ホース (消防用の) brandslange （水用の) vandslange （ガス用の) gasslange
ポーター （駅などの) drager （ホテルなどの) portier （登山の) bærer
ボート båd —を漕ぐ ro en båd —レース kaproning, regatta
ボーナス bonus, løntillæg
ホーム (家庭) hjem （駅の) perron, platform —ヘルパー hjemmehjælper (掃除など日々の) hushjælp
ホームラン (本塁打) homerun
ポーランド Polen —人 polak —の/語〔の〕 polsk
ボーリング bowling
ボール (球) bold, kugle —ペン kuglepen —ベアリング kugleleje
ボールがみ ボール紙 pap, karton
ほか 外(他) en anden —の— en anden の—に udover, foruden の—にない ikke andet/anden end …より—にない der er ikke andre end, være den eneste der …に—ならない være ikke andet end
ほかく 捕獲 fangst —する fange
ほがらかな 朗らかな(気分が) oplivende, munter, glad (声が) velklingende, klangfuld, fuldtonende
ほかん 保管 forvaring, bevarelse —する forvare, bevare, tage i forvaring —人 vogter (付き添い人) kustode
ぽかんと・した (ぼんやりした) adspredt, åndsfraværende (かすみのかかった) tåget (無表情な) udtryksløs —する være tankeløs

ぼき 簿記 bogføring, bogholderi —係 bogholder
ほきゅう 補給 påfyldning, komplettering, forsyning —する komplettere, forsyne (一杯にする) fylde på —品 komplement
ほきょう 補強 forstærkning —する forstærke
ほきんしゃ 保菌者 smittebærer
ほくい 北緯 nordlig bredde
ボクサー (スポーツ・犬) bokser ヘビー級— sværvægtsbokser
ぼくさつ 撲殺 mord (屠殺) slagtning
ぼくし 牧師 pastor (司祭) præst (伝道師) missionær (司教) biskop
ぼくじゅう 墨汁 tusch —で描く tuschere
ぼくじょう 牧場 kvægfarm, gård (牧草地) græsgang, græsmark, eng
ボクシング boksning —の試合 boksekamp
ほぐす (もつれなどを) udrede, trævle ngt. op
ぼくそう 牧草 græs, græsning —地 græsmark〔er〕, græsgang, eng (棚に囲まれた) indhegnet
ぼくちく 牧畜 kvægavle, kvægopdrætning —業者 kvægavler, kvægholder, kvægopdrætter
ほくとう 北東 nordøst
ほくとしちせい 北斗七星 Karlsvognen, Store Bjørn
ぼくめつ 撲滅 udryddelse, udslettelse, tilintetgørelse —する udrydde, udslette, tilintetgøre
ぼくようしゃ 牧羊者 fårehyrde
ほげい 捕鯨 hvalfangst —船 hval〔fanger〕båd —母船 hvalfangerskib
ほけつ 補欠 stedfortræder, vikar, suppleant —選挙 suppleringsvalg —選手 reserve
ぼけつ 墓穴 grav
ポケット lomme —に入れる stikke ngt. i lommen —から取り出す tage ngt. op af lommen
ほけん 保険 forsikring —にはいる forsikre sig … に—をかける tegne forsikring på … —料 forsikringspræmie —会社 forsikringsselskab —契約 forsikringskontrakt 火災—brandforsikring 健康

ほけん — syge〔for〕sikring　生命— livsforsikring

ほけん　保健　beskyttelse af helbredet　—医 distriktslæge　—所 lægehus

ほご　保護　beskyttelse, værn　(世話) omsorg, omhu, pleje　—する beskytte, drage omsorg for (病人を) pleje　—者 beskytter　被—者 protegé　—関税 beskyttelsestold　—貿易主義 protektionisme

ほご　補語〈文法〉komplement

ほこう　歩行　promenade, vandring　—する promenere, vandre　—者 fodgænger　—者用道路 gågade, fodgængergade

ぼこく　母国　moderland, hjemland　(祖国) fædreland

ほこり　埃　støv　—がたまる blive støvet　—をかぶった tilstøvet　—をはらう støve af

ほこ・り　誇り　stolthed　—る(誇りとする) være stolt af, sætte en ære　—りを傷つける gå ngs. ære for nær

ほころび　綻び　revne　(裂け目) flænge, spalte, sprække　(ひっかき傷) ridse　—る(衣類などが) revne, sprække　(花が) blomstre〔op〕, stå/være i blomst/flor

ぼさん　墓参　besøg ved gravsted

ほし　星(空の) stjerne　—が光る en stjerne lyser (占いの) lykkestjerne　(斑点) plet, stænk　—空 stjerneklar himmel, stjernehimmel

ぼし　母子　mor og barn

ほしい　欲しい　ønske, ville (切望する) attrå, begære　…が— jeg vil gerne have

ほしくさ　乾草・干し草　hø　—つくり høbjærgning, høberedning　—をつくる slå hø

ほしゃく　保釈　kaution　—してもらう betale kaution for　—保証人となる stille sikkerhed〔af〕

ほしゅ　保守(保全) opretholdelse, bevarelse　—主義 konservatisme　—的な konservativ　(反動的な) reaktionær　—党 Det konservative Parti, De Konservative

ほしゅう　補習(補講)　støtteundervisning

ほじゅう 補充 supplement, tillæg (新人・新兵の) rekruttering —する supplere, komplettere, rekruttere —の komplementær

ぼしゅう 募集 (志願者の) annoncering 〔efter ansøgere〕(軍人などの) rekruttering (寄付の) indsamling (教会の募金) kollekt —する(広告で) annoncere efter, rekruttere, indsamle, indbyde —に応ずる anmelde 〔til〕, tegne/skrive sig 〔for〕

ほじょ 補助 hjælp, understøttelse, bistand —する hjælpe, bistå, understøtte —金 subvention (省庁からの) tilskud, subsidier (pl.) (寄付) bidrag

ほしょう 歩哨 vagtpost —隊 vagtmandskab —に立つ stå på vagt

ほしょう 保証 garanti 〔for〕, sikkerhed 〔mod〕 —する garantere for, forsikre, sikre —人 garant 〔for〕, borgen, sponsor (幼児洗礼の) fadder

ほしょう 補償 erstatning, godtgørelse, skadesløsholdelse, kompensation —する erstatte, godtgøre —金 erstatning, kompensation

ほす 干す(かわかす) tørre (風に当てる) lufte 飲み— tømme 〔i/til〕, drikke ud

ボス chef, arbejdsformand

ポスター plakat, opslag —を張る slå/sætte en plakat op

ポスト 郵便— brevpost (地位) post

ほせい 補正 rettelse, justering, forbedring —する rette, justere, forbedre —予算 tillægsbevilling

ぼせい 母性 moderskab, moderlighed —愛 moderkærlighed

ぼせき 墓石 gravsten

ほそ・い 細い(ひも・髪の毛・人・足など) tynd (指・足などほっそりした) slank, spinkel (きゃしゃな) smal (糸など) fin (狭い) smal —く fint, tyndt, slankt —長い aflang, lang og slank —長い切れ strimmel —くする(鋭くする) hvæsse, spidse —る blive tynd, smalne —道 smal vej

ほそう 舗装 brolægning —する brolægge —道路

(アスファルトの) asfalteret vej (コンクリートの) betonstøbet vej

ほぞん 保存 bevaring, bevarelse, konservering (貯蔵) lager, forråd, oplagring ―する konservere, bevare (維持する) underholde, bibeholde, opretholde

ポタージュ tyk suppe

ぼだい 菩提 forløsning ―寺 familjetemple ―樹 lind〔etræ〕

ほたてがい 帆立貝〈魚〉kammusling

ほたる 蛍〈虫〉ildflue 土ぼたる sankthansorm

ぼたん 牡丹〈植〉pæon ―雪 store snefnug

ボタン knap ―をかける knappe ―をはずす knappe op ―穴 knaphul ―隠し gylp

ぼち 墓地 kirkegård, gravsted

ほちょう 歩調 trin, skridt, trit ―を合わせる holde trit ―が乱れる komme ud af trit

ぼっか 牧歌 hyrdedigt, pastorale, idyl ―的な pastoral, idyllisk

ほっかい 北海 Nordsøen

ほっき 発起(発案) forslag, udkast, indstilling (主唱) påstand, fremme ―する fremme, befordre ―人 initiativtager

ほっきょく 北極 Nordpol ―の nordpolar ―圏 Arktis ―圏の arktisk ―星 Nordstjernen ―海 Det Nordlige Ishav ―ぐま isbjørn

ホック hage, krog, hægte ―で止める få/binde ngt. på krog, hægte

ほっくつする 発掘する →はっくつする

ほっさ 発作 anfald, spasme (けいれん) krampe, spasme ―的な krampagtig ―的に krampagtigt ―を起こす anfalde, få krampe

ぼっしゅう 没収 konfiskation, beslaglæggelse ―する konfiskere, beslaglægge

ほっする 欲する ønske, bede til, ville (強く) attrå, begære

ぼっする 没する(沈む) synke (太陽・月が) gå ned

(隠れる) gemme sig, skjule sig
ほっそく 発足 start, begyndelse　—する starte, begynde
ほっそりした slank, spinkel
ほったん 発端 opkomst, oprindelse, ophav
ホッチキス hæftemaskine
ぼっとうする 没頭する hengive sig til, fordybe sig i
ほっとする føle sig reddet
ホットドッグ varm pølse〔med brød〕, hotdog
ぼっぱつ 勃発 udbrud　—する bryde ud, hænde pludselig
ほっぺた 頬っぺた kind
ほっぽう 北方 nordpå, den nordlige del
ぼつらく 没落 undergang（破産）konkurs（破滅）sammenbrud（惨事）katastrofe　—する gå under/ned（破産する）gå konkurs, spille/gå fallit（挫折する）forlise
ホテル hotel　—に泊る bo på et hotel, tage ind på et hotel, opholde sig〔på〕(宿屋) kro (民宿) pensionat (ユースホステル) vandre〔r〕hjem
ほど 程(限度) grænse　…に—がある der er grænse for (程度) en vis udstrækning, en vis grad (適度) mådehold (遠慮) tilbageholdenhed (およそ) cirka, omkring (分際) ngs. stilling (力量) evne, kraft, dygtighed (距離) afstand, distance (時間) tid (…のように) som, så … som (…のようにない) ikke så … som　…する— jo mere, des mere　早ければ早い—よい jo hurtigere jo bedre
ほどう 補導 vejledning
ほどう 歩道 fortov (細道) sti　—橋 fodgængerbro
ほど・く 解く(結び目を) løsne, løse en knude (ひもを) snøre op (荷を) pakke op (もつれを) udrede, trævle ngt. op (凍ったものを) tø ngt. op, optø　—ける løsne sig, gå løs
ほとけ 仏(仏陀(だ)) Buddha (故人) den døde, den afdøde, den hedenfaren, den hedengangen
ほどこ・す 施す(恵む) give almisse, give ngt. i vel-

gørende øjemed (与える) skænke, betænke med (寄贈する) dotere (賦与する) forlene/begave med (慈善) barmhjertighed, velgørenhed —し物 almisse

ほとんど 殆んど(およそ) ungefær, omkring, cirka, næsten —ない knap, næppe

ぼにゅう 母乳 modermælk —で育てる amme 〔et barn〕

ほにゅう・する 哺乳する die —動物 pattedyr —びん patteflaske

ほね 骨(動物の) ben, knogle (骨格) skelet (障子などの) indfatning (骨組み) ramme (かさ・コルセットなどの) stiver —を折る(骨折する) brække benet (尽力する) anstrenge sig, gøre sig umage, beflitte sig på, yde en stor indsats

ほねおり 骨折り(努力・尽力) anstrengelse, bestræbelse (面倒) besvær, møje —損 sløseri med arbejde, sjusket arbejde, overflødig arbejde

ほのお 炎 flamme, lue

ほのめか・し antydning, vink —す antyde, insinuere, hentyde til

ほばくする 捕縛する fange, arrestere

ボブスレー bobslæde

ポプラ 〈植〉 poppel

ボヘミヤ Bøhmen —人 bøhmer, boheme —の bøhmisk —風の bohemeagtig

ほぼ 略(ほとんど) næsten (およそ) ungefær, omkring, cirka (大部分) det meste af (事実上) i virkeligheden, praktisk

ほぼ 保母 barneplejerske (幼稚園の) plejemor

ほほえ・む 微笑む smile (声をたてて笑う) le (にっこり笑う) trække på smilebånd —み smil —ましい opmuntrende, lystelig, trøsterig

ポマード pomade 髪に—をつける smøre pomade i håret

ほめる 褒める prise, rose 大いに— berømme —べき prisværdig, rosværdig

ぼや 小火 tilløb til brand

ほよう 保養(病後の) bedring, rekonvalescens (気晴らし) fornøjelse, adspredelse, rekreation, nydelse —する(病後に) komme til kræfter igen, komme sig af sygdom (気晴らしする) rekreere sig, fornøje sig 眼の—する fryde for øjet (休息する) hvile ud —地 kursted —所 rekreationshjem

ほら 〔間投詞〕 —ごらん se!

ほら 法螺(貝) trompetsnegl (大言) skryden (自慢) brask, stolthed 大ぼらを吹く skryde, prale (自慢する) braske 大ぼら吹き skryder, pralhals

ほらあな 洞穴 grotte, hule

ポラロイド〔カメラ〕 polaroidkamera

ほり 堀 voldgrav —割 kanal, grøft

ポリエステル polyester

ほりだす 掘り出す grave ud (掘り上げる) grave op

ほりゅう 保留 forbehold, reservation —する forbeholde, reservere (延期する) opsætte, udsætte

ほりょ 捕虜 〔krigs〕fange —にする fange, tage til fange (逮捕する) anholde, arrestere —収容所 fangelejr

ほる 掘る(穴を) grave (トンネルを) føre en tunnel igennem〔et bjerg〕(井戸を) bore en brønd (えぐる) hule

ほる 彫る gravere, indgravere (刻む) indridse

ボルト (電気の) volt (電圧) spænding, voltstyrke (ねじくぎ) bolt —で締める bolte (ねじ) skrue (ねじで締める) skrue〔fast〕

ポルトガル Portugal —人 portugiser —の/語〔の〕 portugisisk

ホルモン hormon

ホルン (楽器のフレンチホルン)〔vald〕horn

ほれる 惚れる blive forelsket i, blive fortryllet af

ぼろ 襤褸(布切れの) klud, las, pjalt (欠点) fejl, defekt —の pjaltet, laset (粉々の) itu —を出す røbe/afsløre ens ukyndighed, røbe sin fejl

ポロシャツ poloskjorte

ほろ・びる 滅びる forgå, gå til grunde (没落する)

gå under/ned（破壊される）blive ødelagt/hærgt（絶滅する）dø ud, uddø, udryddes —ぼす tilintetgøre, ødelægge, udrydde

ほん 本 bog —棚 boghylde —箱〔bog〕reol

ぼん 盆（料理など載せる）bakke, serveringsbakke

ほんかくてき・な 本格的な virkelig, rigtig, reel —に alvorlig〔t〕, rigtig〔t〕

ほんき 本気（まじめ）alvor （正気）bevidsthed, ædruelighed —の alvorlig（酔払っていない）ædru —で alvorlig〔t〕

ほんきょ 本拠 højborg （軍などの根拠地）fæstning, borg （本部）hovedsæde, hovedkontor （軍の司令部）hovedkvarter

ほんごく 本国 hjemland, fædreland （母国）moderland

ぼんさい 盆栽 potteplante

ほんしき・の 本式の regulær, rigtig, formelig —に formelig

ほんしつ 本質 væsen, substans —的な væsentlig, substantiel —的に væsentlig〔t〕

ほんじつ 本日 i dag （今日という日）dagen i dag —休業 lukket i dag

ほんしゃ 本社(本店) firmas hovedafdeling, hovedkontor （当社）vor〔es〕firma

ほんしょう 本性 væsen, natur

ぼんじん 凡人（常人）vanlig menneske, almindelig person （凡才）middelmådig person

ほんすじ 本筋 hovedhandling （本題）hovedemne

ほんせん 本線 hovedlinie

ほんそう 奔走 anstrengelse, stræben

ほんぞん 本尊 hovedgud

ほんだい 本題 hovedemne

ぼんち 盆地 skålformet fordybning, bækken （地質学的な）kedel〔dal〕（谷間）dal

ほんてん 本店 forretningskædes hovedafdeling, hovedkontor

ほんど 本土 fastland

ポンド(目方) pund, skålpund (英国貨幣) pund (英貨の) sterling ―地域 sterlingområde

ほんとう 本当 sandhed, virkelighed (事実) faktum ―の sand, virkelig, faktisk (本物の) ægte, uforfalsket (正しい) rigtig, ret (天然の) naturlig ―に virkelig, i sandhed ―は i virkeligheden

ほんどう 本堂 midterskib

ほんどおり 本通り hovedgade

ボンネット (自動車の) kaleche (婦人・子供用帽子) kyse〔hat〕

ほんの bare, kun, blot, ene og allene

ほんのう 本能 instinkt, drift ―的な instinktiv, instinktmæssig ―的に instinktivt, instinktmæssigt

ほんぶ 本部 hovedkontor, hovedsæde

ポンプ pumpe 水など―でくみ上げる pumpe op

ほんぶん 本文(条約などの) tekst〔af traktat〕

ほんぶん 本分 pligt, forpligtelse, skyldighed ―を尽くす gøre sin pligt ―を怠る forsømme sin pligt

ほんまる 本丸 indre citadel

ほんめい 本命 favorit

ほんもう 本望 ens lang næret håb (満足) tilfredsstillelse

ほんもの 本物 ægte vare, ngt. som er ægte ―の ægte, uforfalsket

ほんや 本屋(人) boghandler (店) boghandel (出版者) forlag, forlægger

ほんやく 翻訳 oversættelse ―する oversætte〔til〕(暗号を) tolke chifferskrift, dechifrere ―者 oversætter ―書 oversat litteratur

ぼんやり (人) dumrian, fæhoved, tosse〔hoved〕(ぽうぜんと) åndsfraværende, skødesløs〔t〕―した(上の空の) adspredt, åndsfraværende, distræt (不明瞭な) uklar, dunkel, vag, tåget ―する være tankeløs

ほんらい 本来(元来の) oprindelig, egentlig, fra begyndelsen (本質的に) væsentlig, ifølge sagens nature (天性で) af nature ―の oprindelig, naturlig (生れもった) medfødt

ほんりょう 本領 ens bedste/stærke sider —を発揮する vise sig sine bedste sider （特性）karakteregenskab, udmærkelse, særkende （特徴）kendetegn, kendemærke（本分）pligt, skyldighed

ほんるいだ 本塁打（野球の）homerun

ほんろん 本論 hovedfag

ま

ま 間（部屋）rum （すき間）revne, sprække （時間）tid （暇）ledig tid, fritid （合い間）mellemrum, mellemtid （休止）hvil, rast （幸運）held, lykke （運命）skæbne, bestemmelse —の抜けた træg, ugidelig, dum —をとる tage et momentant ophør〔frem〕for næste bevægelse …する—もなく uden at have tid til at

まあ 〔間投詞〕（そうねえ）tjah （主として女性が用いる驚きの）du store! du godeste!

マーガリン margarine

マーガレット 〈植〉præstekrave, marguerit

マーク（印）mærke —する markere（レッテル）etiket〔te〕（レッテルを張る）sætte etiket på, etikettere

マーケット marked, torv —に行く gå på torvet —に売りに行く bringe til torvs

マージャン mah-jong

マージン margen

まあたらしい 真新しい splinterny

マーチ （行進曲）march （行進する）marchere 結婚行進曲 bryllupsmarch 葬送行進曲 sørgemarch

マーマレード （みかん類のジャム）orangemarmelade

まい 毎 hver —日 hver dag —週 hver uge —月曜日 hver mandag —度 hver gang （店員が顧客に）—度ありがとうございます tak hver gang

まいあさ 毎朝 hver morgen

まいかい 毎回 hver gang

マイク mikrofon 隠し— skjult mikrofon
まいげつ 毎月 →まいつき
まいご 迷い子 bortløbet/forsvundet barn —になる komme bort（道に迷う）gå forkert/tabt
まいじ 毎時 hver time
まいしゅう 毎週 hver uge
まいしょく・ごに 毎食後/前に efter/før hvert måltid
まいそう 埋葬 begravelse, jordfærd, jordfæstelse —地 begravelsesplads（墓地）kirkegård —する begrave, jordfæste
まいつき 毎月 hver måned
まいとし 毎年 →まいねん
マイナス （不利な）ufordelagtig, ugunstig（不便な）ubelejlig, ubekvem（欠陥の多い）mangelfuld（損をする）tabe, miste —記号 minustegn 電池などの—極 minuspol
まいにち 毎日 hver dag —の daglig —毎日 dag efter dag
まいねん 毎年 hvert år —の årlig —毎年 år for år
まいばん 毎晩 hver aften
まいる 参る（行く）gå, komme（訪問する）besøge, aflægge visit（負ける）besejres, blive vundet over（降参する）give sig, kapitulere, føje（惚れこむ）forelske sig i, blive betaget〔af〕（閉口する）være forvirret/forbløffet/rådvild（へたばる）være udmattet/udpumpet（死ぬ）dø, afgå ved døden（参詣(さんけい)する）besøge tempel〔for andagtsøvelse〕
マイル mil, dansk mil（約7.5 km）, engelsk mil（約1.6 km）
まう 舞う（踊る）danse（ちょう・花びらなどが）flagre（鳥がはばたく）baske
まうえに 真上に lige ovenover
まえ 前（前面）forside, front —の（向いの）位置 beliggenhed lige overfor —の席（自動車などの）forsæde（以前の）tidligere, forrige, foregående（前記の）foranstående —に（場所・時間的に）foran（時間的に）før 3日—に for tre dage siden 目の—に for

øjnene af én —もって i forvejen, forud, på forhånd
まえあし 前脚 forben, forpote
まえうり 前売り forudbestilling —券 forsalgsbillet (予約する) forudbestille, reservere
まえがき 前書き forord
まえかけ 前掛け forklæde
まえきん 前金 forskud
まえば 前歯 fortand
まおう 魔王 satan （これは驚いた）for satan!（こんちくしょう！）så for satan! satans også!
まかす 負かす besejre, overvinde （ノックアウトする）slå ud（値切る）prutte, købslå
まかせる 任せる（ゆだねる）betro ngn. en opgave, overlade arbejde/ansvar〔til〕（従う）være lydig/føjelig/medgørelig
まがりくね・る 曲がりくねる（道・川など）slynge sig, sno sig, bugte sig —った slyngende, vredet, kroget
まがり・する 間借りする leje et rum, logere —人 lejer, logerende（貸し部屋）lejlighed, logi
まが・る 曲がる（体・木などが）bøje sig, være kroget （ゆがむ）være skæv（傾く）lude, hælde, stå skråt, læne（向きを変える）vende（角を曲がる）dreje om hjørnet —った kroget, vredet, vreden, slyngende — り道 vej der drejer, snoet vej
マカロニ makaroni —グラタン gratineret makaroni
まき 薪 ved —をつくる pinde/hugge brænde
まきげ 巻き毛（カール）lok, krølle —の lokket, krøllet
まきじゃく 巻き尺 målebånd
まきたばこ 巻き煙草 cigaret
まき・つく 巻き付く svøbe sig om, sno sig —つける bevikle（糸巻きに）spole
まきば 牧場 græsgang, græsning, græsmark （牧草地）eng
まきもの 巻物 rulle
まく （まき散らす）sprede〔på〕, udstrø, strø〔ud over〕（水などを）drysse（種を）så〔frø〕

まく 巻く vinde, omvikle〔med〕(包帯などで) bevikle〔med〕(時計のねじを) trække〔ur〕op

まく 幕(劇場などの)〔scene〕tæppe (演劇の) akt —があく/おりる tæppet går op/ned —を引く hæve tæppet —を張る sætte op (壁かけ) draperi, forhænge (カーテン) gardin

まく 膜(薄膜) membran (薄皮) hinde

まくあい 幕間 pause, ophold —の狂言 komedie som mellemaktsspil

まぐち 間口 facade

マグネシウム magnesium

まくら 枕〔hoved〕pude —カバー pudevår

まぐろ 鮪〈魚〉tunfisk

まけ 負け(敗北) nederlag〔i konkurrence〕—る lide nederlag, tabe, blive slået (値段を) give rabat, nedsætte prisen (屈服する) underkaste sig, overgive sig, give efter (劣る) være underlegen (かぶれる) forgiftes, forpestes —犬 taber —ん気 ubøjelighed, indædt vilje, stræben

まげる 曲げる bøje, dreje (意味を) forvanske, fordreje, forvrænge (意志を) give efter, ændre sig (主義を) afvige fra, ændre sig

まご 孫 barnebarn

まごころ 真心 oprigtighed, alvor〔lighed〕—のある oprigtig, alvorlig, hjertelig, inderlig —こめて oprigtig, inderlig〔t〕, alvorlig〔t〕

まこと 誠(誠実) oprigtighed, ærlighed (真実) sandhed (事実) fakta, sandhed (本物の) ægte, uforfalsket —の oprigtig, ærlig: sand, virkelig —に(心から) oprigtig (実際に) virkelig

まごまごする (うろたえる) blive rådvild/forvildet (驚かされる) blive overrasket (うろつく) streife om, flakke om i

まさか〔間投句〕det siger du ikke?〔副詞句〕under ingen omstændigheder

まさつ 摩擦 gnidning, friktion (違い) modsætning, uenighed, tvedragt (騒動) ballade, opstandelse

まさに 正に(確かに) sikkert, bestemt, vist〔nok〕(ちょうど) just, præcis, netop —…せんとする stå i begreb med at, være på vej til at

まさる 優る overtrumfe, være overlegen

まじえる 交える blande

ましかく 真四角 〔regulær〕 kvadrat

ました 真下(位置) lige nedenunder

マジック (サインペン) feltpen (魔術) magi, trolddom

ましな bedre, mere fordelagtig

まじない 呪 tryllekunst, trylleformular (のろい) forbandelse, anatema (ののしり) sværgen, banden, bandeord —をかける trylle, hekse, kogle

まじめ・な 真面目な oprigtig, alvorlig, seriøs (熱心な) flittig (着実な) stadig, stabil, sikker —に oprigtig, alvorlig〔t〕

まじゅつ 魔術 magi, trolddom

まじょ 魔女 heks (魔法をかける) hekse, fremmane

まじる 交じる・混じる blive blandet

まじわる 交わる(交際する) omgås, være i selskab med (交差する) krydse

ます 増す(増える) tiltage, 〔for〕øges (増やす) øge, lægge på (膨張する) svulme (高まる) stige, gå op (高める) højne, forhøje

ます 桝(穀類用の) rummål (液体用) væskemål (劇場の) loge

ます 鱒〈魚〉 forel, ørred

まず 先ず(第一に) fremfor alt, først, til at begynde med (多分) kanske, formodentlig, antagelig (およそ) omkring, omtrent, næsten

ますい 麻酔 bedøvelse, anæstesi —をかける bedøve —薬/剤 bedøvelsesmiddel, anæstetisk middel 局部— lokalbedøvelse

まずい 不味い(食物が) usmagelig, uappetitlig, ulækker (へたな) klodset, plump, kejtet (不得策な) udygtig, uklog (都合の悪い) ubelejlig (不運な) uheldig (醜い) ful, grim (いやな) væmmelig, fæl, ækel

マスク maske〔for ansigtet〕防毒— gasmaske
マスコット maskot （お守り）amulet, talisman
まずしい 貧しい fattig, arm, nødlidende （借金している）forgældet （あわれな）stakkels, elendig
マスト mast 3本—の帆船 tremaster
ますます 益々 mere og mere, stadigvæk, endnu
マスメディア massemedier (pl.)
ませた fremmelig
まぜ・る 混ぜる,交ぜる blande —ること/もの blanding（薄めること/もの）fortyndning（卵・クリームなどを）piske（泡立てクリーム）flødeskum, piskefløde（含める）inkludere, omfatte
また 又（その上）endvidere, og desuden —は eller〔også〕…も— også（再び）igen, endnu en gang —とない være enestående/unikum/uden modstykke
まだ 未だ（—…ない）stadig ikke, endnu ikke （今でもなお）endnu, fortsættende, stadig（今のところ）for nærværende, for/i øjeblikket（その上）desuden, tillige med（やっと）endelig, til slut
またいとこ 又従兄弟(従姉妹) halvfætter, halvkusine
また・ぐ 跨ぐ skræve over, sidde overskrævs på —がる(馬などに) stige til〔hest〕, ride（橋などが）spænde over（わたる）fare/gå tværs〔over〕, krydse〔gade〕, overskride〔grænsen〕, gå/køre over〔broen〕
またたく 瞬く blinke, flimre （きらめく）glimre —間に på et øjeblik
マタニティドレス omstændighedskjole, ventekjole
…または… enten ... eller ... （換言すれば）med andre ord, kort sagt
マダム （敬称）damen, frue （下宿屋などの）værtinde
まだら 斑 plet —の plettet —にする plette
まち 町(都市) stad, by —の一部 bydel（通り）gade
まちあいしつ 待合室 ventesal, venteværelse
まちあわせる 待ち合わせる mødes〔med〕
まちが・い 間違い(誤り) fejl, fejltagelse, forveksling

(手落ち) forseelse (へま) bommert, klodsethed (大失敗) fiasko (事故) ulykke, uheld —う/える(誤る) begå en fejltagelse, forveksle, tage fejl 〔af〕(失敗する) mislykkes (取り違える) forveksle 〔med〕 —えて ved en fejltagelse —いなく med sikkerhed

まぢか・な 間近かな(時間) nær, som nærmer sig, optrækkende (場所) nærliggende —に(時間的に) nær, snart (空間的に) nær〔ved〕

まちくたびれる 待ちくたびれる blive træt/ked af at vente

マチネー (昼興行) matiné

まちのぞむ 待ち望む vente sig ngt., se frem til, længes efter

まちはずれ 町外れ udkanten af en by (郊外) forstad

まちぶせ 待ち伏せ baghold —る ligge i baghold efter, ligge på lur〔efter〕

まちぼうけ 待ちぼうけ forgæves venten

まつ 待つ vente på, afvente (期待する) forvente, vente sig ngt., glæde sig til (頼る) afhænge af, fortrøste sig til, lide på

まつ 松〈植〉skovfyr, fyr〔retræ〕—林 fyrreskov —材 fyrretræ —かさ fyrrekogle —葉 fyrrenål —葉づえ krykke

まっか・な 真っ赤な blodrød, højrød —になる rødme, blive rød (顔を赤らめる) rødme —な嘘 bar/lutter løgn

まっくら・な 真っ暗な bælgmørk —やみ bælgmørke

まっくろな 真っ黒な kulsort

まつげ まつ毛 øjenhår, øjenvipper (いずれもpl.)

マッサージ massage —する massere —師(男) massør, (女) massøse

まっさいちゅうに 真っ最中に på højdepunktet af, midt under/om

まっさお・な 真っ青な(濃い青色の) dybblå (顔色が) ligbleg 恐怖などで—になる blive bleg〔af

まっさかさまに 真っ逆さまに på hovedet, hovedkulds

まっさき・の 真っ先の forrest, først —に fremfor alt, først og fremmest (先頭に) i spidsen for

まっさつする 抹殺する(抹消する) stryge ngt. bort, viske ud (無視する) ignorere, blæse det/ham en lang march, være revnende ligeglad med, forsømme (殺す) døde, aflive

まっしょうめんに 真っ正面に 〔direkte〕foran, midt for

まっしろな 真っ白な kridhvid, snehvid

まっすぐ・な 真っすぐな ret, lige〔ud〕, ret som et lys (直立した) opret (正直な) ærlig, oprigtig —に ret, lige (直接に) direkte (正直に) ærligt, oprigtig〔t〕

まつだい 末代 fremtiden, verden efter døden, evigheden

まったく 全く(全然) helt, fuldstændig, helt og holdent, aldeles, totalt, ganske (少しも…ない) slet ikke på ingen måde (どういたしまして) ingen årsag (実に) virkelig, i sandhed

マッチ tændstikker (pl.) —箱 tændstikæske —をする tænde en tændstik

マット (レスリングなどの) madras (体操用などの) måtte

マットレス madras

まつばづえ 松葉杖 krykke

まつ・り 祭り festival, fest, festlighed (パーティ) gilde —りをする holde fest (慰霊祭を) holde en mindegudstjeneste〔for〕 —る tilbede

まつりごと 政 regering, administration

まで …する— før, inden, indtil …する—に før, inden, ikke senere end (場所) så langt som, til, indtil (時間的に) inden, til, før (理解以上に・…でさえ) tilmed, endog, til og med (…する限り) for så vidt

まてんろう 摩天楼 skyskraber, højt hus

まと 的 mål, målskive 標的・嘲笑の— skydeskive

(目的) formål —に当る træffe, ramme —をはずす miste

まど 窓 vindue —を開ける/閉める åbne/lukke vindue —ガラス vinduesglas —口(郵便局・切符売り場の) luge —側座席 vinduesplads

まどう 惑う →まよう

まとま・り 纏り(結着) afslutning, resultat (完成) fuldstændiggørelse, fuldbyrdelse (統一) enighed, overensstemmelse (同意・取り決め) aftale (合併) sammenlægning (一貫性) konsekvens, overensstemmelse —りのない usammenhængende, brudstykkeagtig, diskontinuert (時々思い出したような) stødvis

まとまる 纏まる(解決がつく) komme overens om, afgøres (終結する) afsluttes, nå en afslutning (ととのう) blive ordnede, opgøres, løses (話合いがつく) indgå en aftale med (集まる) samles, indsamles (完成される) fuldbyrdes, fuldstændiggøres (統一される) forenes, sammenføjes

まとめる 纏める(解決する) løse, afslutte (整理する) ordne, disponere (決定する) afgøre, bestemme (集める) samle, flokke (寄付などを) indkassere, indsamle (統一する) forene, sammenføje (要約する) resumere, sammenfatte (完成する) fuldstændiggøre, fuldbyrde, gennemføre

まどろむ døse, blunde, slumre

まどわす 惑わす forvirre, bringe i vildrede

まないた まな板 skærbræt

まなこ 眼 øje (まなざし) blik (瞳(ひとみ)) pupil

まなつ 真夏 midsommer, højsommer

まなぶ 学ぶ lære, nemme (研究する) studere (教わる) undervises

マニア (熱狂) mani (熱狂している人) begejstret tilhænger, entusiast

まにあ・う 間に合う(時間に) nå〔at〕, få tid til, række, slå til (追いつく) indhente (役に立つ) du, passe, modsvare formålet (なくてすむ) klare sig

uden (一時の) du midlertidig/temporært (用意する) forberede, belave sig på, berede —わせる klare sig uden
まにあわせの 間に合わせの provisorisk, temporær, midlertidig —処置(緊急措置) nødhjælp〔sarbejde〕
マニキュア manicure, håndpleje —をする manicurere —師(女) manicuredame —液 neglelak
まぬがれ・る 免れる(脱する) undslippe, undkomme, undvige (避ける) undgå, holde sig fra (免除される) fritages, få dispensation —難い uundgåelig, uundvigelig
まぬけ 間抜け dumhed, fjols
まね 真似(模倣) imitation, efterligning, kopi (ふり) forstillelse, foregivende (口実) påskud (ごまかし) udflugt (ふるまい) opførsel, handling —る imitere, efterligne, efterabe (模写する) kopiere (例にならう) træde/gå i ens fodspor, følge ens eksempel
マネージャー chef, leder
マネキン mandsling, gliedermand
まねく 招く(招待する) indbyde, invitere, byde (手招きする) vinke ad en (呼び迎える) kalde (引き起こす) volde, forårsage
まばた・き 瞬き blinkende —く blinke (星など) tindre, blinke
まばら・な 疎らな tynd, sparsom (散らばった) spredt —に tyndt, sparsomt
まひ 麻痺 lammelse, lamhed, paralyse —する lamme, døves, blive paralyseret
まびく 間引く tynde ud (ふるいにかける) sigte
まひるに 真昼に(白昼に) ved højlys dag (日中に) om dagen (正午に) ved middagstid
マフ (手ぬくめ用) muffe
まぶし・い 眩しい blændende, skærende〔lys〕 —く 輝く blænde, skinne
まぶた 瞼 øjenlåg
まふゆ 真冬 midvinter

マフラー halstørklæde

まほう 魔法 magi, tryllekunst, heksekunst —をかける tryllebinde,〔for〕hekse —のような magisk —使い tryllekunstner (男の) heksemester (魔女) heksーびん termokande

マホメットきょう・と (回教徒・イスラム教徒) muslim —の muslimsk

まぼろし 幻(幻影) vision, fantom, drømmebillede (幻想) illusion, fantasi (幻覚) hallucination —のような visionær, sværmerisk, indbildt

まま …するが— som det er, uden omsvøb, præcis som 思う—に lige hvad jeg mener

ままこ 継子 stedbarn (男の) stedsøn (女の) steddatter —扱いされる(無視される) →ままはは

ままごとをする lege far-mor-børn

ままはは 継母 stedmoder —扱いされる(無視される) få en stedmoderlig behandling

まみず 真水 ferskvand

まむし 蝮〈動〉hugorm

まめ 豆 bønne (大豆) sojabønne えんどう— ært いんげん— brun bønne —油 sojaolie —粕(かす) sojakage

まめ (手にできる) blegn, vable (うおのめ) ligtorn —ができる sætte blegn

まめつする 摩滅する slide

まもなく 間もなく kort tid efter, snart, om et øjeblik (すぐに) straks, med det samme, hurtigt

まも・る 守る(保護する・防ぐ) forsvare, beskytte, værne (警護する) vogte, holde vagt, overvåge (約束・秘密などを) holde 〔hemmelighed/lov/løfte/tiden〕(遂行する)fuldføre, opfylde, indfri —り (防護) forsvar, beskyttelse, værn (護符・お—り) amulet, talisman

まやく 麻薬 narkotika,〔narkotisk〕stof —患者 narkotikavrag —常習者 junker —密売者 narkotikaforhandler

まゆ 眉 øjenbryn —毛 øjenbryn —墨(ずみ) øjenbryns-

stift
まゆ 繭 kokon（かいこ）silkeorm
まよ・う 迷う(道に) fare/gå vild, være faret vild, forvilde sig（当惑する）blive desorienteret/rådvild, komme i vildrede（不審に思う）komme i tvivl（ためらう）tøve, betænke sig, være i tvivl（邪道に落ちる）være fordærvet（誘惑される）forledes, lokkes, lade sig freste ―**い**(当惑) rådvildhed, vildrede, forlegenhed（疑惑）tvivl, mistro, mistillid（ためらい）betænkning, tøven（迷信）overtro ―**いがさめる** besinde sig, komme til besindelse, genvinde fatning ―**いをさます** bringe en til besindelse, lade åbne ens øjne〔for〕
まよなか 真夜中 midt om natten, midnat
マヨネーズ mayonnaise
まよわす 迷わす(当惑させる) forvirre, desorientere（誘惑する）forlede, lokke（魅する）bedåre, betage, fortrylle（邪道にみちびく）forlede, vildlede
マラソン marathonløb ―**選手** marathonløber
マラリア〈病〉malaria
まり 毬 bold ―**をつく** støde bold
まる 丸・円(円形) cirkel（輪）ring ―**で囲む** omringe〔af〕, danne kreds om（取り囲む）omgive ―**を描く** slå en cirkel
まる・い 丸い・円い rund, cirkulær（球形の）kugleformet ―**く**(円形に) i cirkel（円満に）fredeligt, uden komplikation, i al fredsommelighed
マルキシズム marxisme
マルク（元のドイツなどの貨幣）mark
まるじるし 丸印(○印) cirkel
マルセイユ Marseille
まるた 丸太 kævle, brændeknude ―**小屋** bjælkehytte, blokhus
まるで 丸で(まったく) fuldkommen, fuldstændig, totalt, helt igennem, absolut（あたかも）som om, lige〔om〕
まるてんじょう 丸天井 kuppel, hvælving

まるはなばち 丸はな蜂〈虫〉humlebi
まるめる 丸める(丸くする) forme til en kugle, gøre en sag rund (削って・四捨五入して) afrunde (身体を) sidde og dukke, krybe sammen (しゃがむ) sidde på hug (人をまるめこむ) lirke, lokke, overtale
まるやね 丸屋根 kuppel
まれ・な 希な(珍しい) sjælden, usædvanlig (特異な) enestående —に sjælden, undtagelsesvis
マロニエ 〈植〉hestekastanie
まわしもの 回し者 spion (斥候(セっこう)) spejder
まわす 回す(回転させる) dreje, lade gå på omgang (転送する) videreforsende (転勤させる) omplacere, forflytte (投資する) investere, placere
まわり 周り periferi, omkreds (周囲) omgivelse (付近) nabolag, naboskab, nærhed (巡回) runde (経由) via, gennem
まわりくどい 回りくどい omstændelig, udførlig
まわりぶたい 回り舞台 drejescene
まわる 回る(回転する) rotere, dreje sig, kredse 〔omkring〕, tage en omgang 〔rundt〕 (巡回する) runde (循環する) cirkulere, gå rundt
まん 万 ti tusind〔er〕
まんいち 万一(万が一) i tilfælde af at, hvis det skulle ske at, i en kritisk situation —に備える sikre sig mod
まんいん 満員である være fuldt hus, være overfyldt (乗り物などが) være fuldt besat/optaget (劇場などが) være udsolgt, være fuldt hus
まんえん 蔓延 spredning —する sprede, være fremherskende
まんが 漫画 karikatur 続き— tegneserie —映画(アニメ) tegnefilm —家 karikaturtegner
まんかい 満開 fuldt flor
まんき 満期 forfaldstid, termin〔sdag〕, udløb 〔af tidsperiode〕(期限)〔tids〕frist —になる forfalde, udløbe
まんげつ 満月 fuldmåne

まんざら 満更 ikke fuldstændig, ikke helt
まんじょういっちで 満場一致で enstemmigt
マンション〔fint〕lejlighedskompleks
まんせいの 慢性の kronisk ―病の kronisk
まんぞく 満足 tilfredshed, tilfredsstillelse ―な tilfredsstillende ―する blive tilfreds, nøjes〔med〕―させる fornøje, tilfredstille
まんちょう 満潮 flod, højvande
まんてん 満点 maksimumpoint, maksimumkarakter ―をとる opnå maksimumpoint
マント kåbe（袖なしの）kappe（ペチコート）kjortel（赤ん坊用の）svøb
マンドリン〈楽〉mandolin
まんなか 真ん中 centrum, midvejs ―の central, mellemst, midterst ―へ midt ind i ―に midt inde i
まんねんひつ 万年筆 fyldepen
まんねんゆき 万年雪 evig sne
まんびき 万引き（行為）butikstyveri （人）butikstyv ―する stjæle（こそどろする）rapse
まんぷく 満腹 fyldt mave ―する blive mæt, fylde sin mave
まんぼう〈魚〉månefisk
マンホール mandehul（下水溝の蓋）kloakdæksel
まんゆう 漫遊 fornøjelsestur ―する gøre fornøjelsestur, rejse omkring/rundt ―客 rejsende, turist

み

み 実(果物) frugt （堅果）nød （いちごの類・しょう果）bær （粒状の種）frø （実質）substans （核心）kerne 木に―がなる et træ får frugter ―を結ぶ(仕事など) bære frugt, have et resultat
み 身 krop, person, selv ―のまわりのもの personlige ejendele ―につける tage på〔tøj/smykker/pynt〕―を落とす leve letsindigt

みあい 見合い møde〔med henblik på ægteskab〕 ―結婚 arrangeret ægteskab

みあきる 見飽きる være træt af at titte

みあげ・る 見上げる(上を見る) se op （尊敬する）se op til, beundre, prise, agte ―た beundringsværdig, agtværdig, respektabel

みあたらない 見当たらない have forsvundet, ikke stå at finde

みいだす 見出す(見つける) finde ud〔af〕, opdage, få øje på, lægge mærke til （抜てきする）udvælge, udtage

ミイラ mumie ―のような mumieagtig

みいられた 魅入られた tryllebunden （魔法にかけられた）forhekset

みうしなう 見失う tabe af sigte

みうち 身内 slægtning

みえ 見栄 fremtoning, prætention, prunk ―をはる vise sig, være prætentiøs

みえ・る 見える(人が主語)〔kan〕se （のぞき見る）kigge, titte （物が主語）synes, være i sigte ―てくる blive synlig, vise sig （お客などが来る）komme til stede （…らしい）synes, se ud〔som〕, lade til〔at〕（似ている）ligne ―なくなる forsvinde, være ude af sigte

みおくる 見送る(人を) vinke farvel, sende med〔tog/fly〕, følge〔til toget〕（目送する）følge ngn. med blik （そのままにしておく）lade være〔med at〕, overlade

みおと・す 見落とす overse, se bort fra （考慮に入れない）ikke tage i betragtning ―し uagtsomhet, uforsigtighed

みおぼえがある 見覚えがある som man har set før, velkendt

みおろす 見下ろす se ned på

みかいけつの 未解決の uløst, uafgjort ―の問題 uløst problem

みかい・の 未開の uciviliseret, ukultiveret, vild ―

地 uciviliseret/uudviklet land/område (開発途上国) underudviklet land —人 barbar

みかえりの 見返りの kollateral —担保 kollateral sikkerhed

みかく 味覚 smag

みがく 磨く polere, pudse (歯・くつなどを) børste (修練する) forbedre, gøre fremskridt, øve sig

みかけ 見掛け udseende, ydre, optræden —倒しの pralende, ostentativ (詐欺的な) bedragerisk, skuffende

みかげいし 御影石 granit

みかた 味方 ven, støtte (同盟者) allieret —する tage parti for, støtte

みかづき 三日月 nymåne

みかん 蜜柑 〈植〉 mandarin —畑 mandarinplantage

みかんせい・の 未完成の ufuldstændig, ufærdig, uafsluttet —交響曲 den ufuldendte symfoni

みき 幹 træstamme, bul (丸太) kævle

みぎ 右 højre —の højre (上記の) ovenstående, ovennævnt —側 højre side —に til højre〔for〕, på højre side —側通行 højrekørsel —へ曲がる svinge til højre (優る) være overlegen, overtræffe

ミキサーしゃ ミキサー車 betonbil

みぐるしい 見苦しい(醜い) grim, styg (恥ずべき) skammelig, skændig, vanærende (いやな) modbydelig, væmmelig, nederdrægtig (下卑た) slibrig, skamløs, utugtig

みごと・な 見事な(立派な) fin, udmærket, fornem (きれいな) smuk, vakker, dejlig (たくみな) dygtig, behændig —に fint, dejlig〔t〕, dygtig〔t〕 (すっかり) fuldstædig, helt, fuldkommen

みこ・み 見込み(有望) håb (期待) forventning (可能性) mulighed, sandsynlighed (予想) udsigter, formodning —みのある(有望な) lovende, løfterig, håbefuld —みがない der er intet håb —む(予測する) antage, formode, forudsige (あてにする) lide på, regne med

みこんの 未婚の ugift —男 ungkarl, pebersvend —女 mø, pige, 〔skøn〕jomfru
ミサ messe, gudstjeneste —を行う holde messe (祭日の) højmesse —中止 messefald
ミサイル kasteskyts, missil
みさき 岬 odde, kap, forbjerg ノール—(欧州最北端の) Nordkap〔p〕
みさげる 見下げる se ned på, ringeagte, foragte
みじか・い 短い kort (短時間の) kortvarig (簡単な) kortfattet (貸付けなど短期の) kortfristet —く kort —くする forkorte —くなる(縮む) blive kortere, krympe
みじたく 身支度 påklædning, antræk (目立った・変った) mundering —する klæde sig i
みじめな 惨めな ynkelig, ynkværdig, elendig, jammerlig, ussel, stakkels
みじゅく・な 未熟な(成熟していない) umoden (熟達していない) ukyndig, udygtig (未経験の) uerfaren, uprøvet —者 grønskolling, nybegynder
みしょうかんの 未償還の(未回収の) udestående
みし・る 見知る kende ngn. af udseende (知り合いになる) blive bekendt —らぬ fremmed, ubekendt
ミシン (裁縫用の) symaskine
みず 水 vand (洪水) oversvømmelse (満潮) højvande 水道の—を出す/止める åbne/lukke for vandhane —を撒(ま)く vande —をはねかける stænke med vand —がはねる plaske (かいで)—を漕(こ)ぐ padle —を割る spæde op, blande med vand, udvande —を切る dræne, afvande —差し karaffel —の精 nymfe —色〔の〕 lyseblå
みすい 未遂 forsøg ngt. ufuldbyrdet —の ufuldbyrdet
みずうみ 湖 indsø, sø
みずかき (鳥などの) svømmehud
みずがめ 水がめ vandkrus
みずから 自ら en selv, personlig —の手で med egne hænder

みずぎ 水着 badetøj
みずぐすり 水薬 flydende medicin
みずすまし 水すまし〈虫〉vandkalv
みずたまり 水溜り pøl, vandhul
みずため 水溜め cisterne
みすてる 見捨てる opgive, give afkald på, forlade 女が愛人を— svigte (引退する) trække sig tilbage
みずどり 水鳥 søfugl
みずほうそう 水ほうそう〈病〉skoldkopper
みすぼらしい 見すぼらしい elendig, lurvet, tarvelig, knap, fattig
みずまくら 水枕 vandpude
みずわり 水割り whisky med vand
みずわりする 水割りする spæde op, blande med vande, udvande
みせ 店 butik, forretning —が開く/閉まる forretningen åbner/lukker —先き butiksfacade
みせいねん 未成年 umyndig〔hed〕—の umyndig — 者 mindreårig〔person〕, umyndig
みせかけ 見せ掛け(外観) udseende, ydre optræden, skin (虚偽) falskhed, løgn —の fingeret, hyklet, tilsyneladende —る lade som om, anstille sig, foregive
みせもの 見せ物 opvisning, forevisning (展示) udstilling (実演) demonstration (余興) underholdning (展示場) forevisningslokale
みせる 見せる(陳列する) opvise, forevise (見せかける) lade som om, anstille sig, foregive (医者に) rådspørge en læge, rådføre sig med en læge
みそ 味噌 pasta af sojabønner
みぞ 溝(下水の) afløb, udløb (堀) dige (お城などの) voldgrav (敷居などの) rille, fure (割れ目) kløft, spring (二人の間に)—ができる gøre fremmed, støde fra sig
みそか 晦日 sidste dag i måneden
みそこなう 見損なう være skuffet over, fejlbedømme (見落とす) se bort fra, overse, ikke tage i

みそさざい 〈鳥〉 gærdesmutte
みぞれ 霙 slud —〔まじり〕の sludfuld
…みたい det ser ud til at
みだし 見出し(表題) overskrift, titel, rubrik —語 opslagsord, titelord (索引) indeks, register (キャッチフレーズ) slagord
みたす 満たす(充満させる) fylde, udfylde (満足させる) tilfredsstille
みだす 乱す(混乱させる) bringe i uorden, forstyrre (堕落させる) korrumpere, fordærve (髪などを) gøre forpjusket
みたところ 見たところ tilsyneladende
みだれる 乱れる(混乱する) komme i uorden, blive kaotisk, være forvirret (髪などが) være forpjusket (風紀が) være〔moralsk〕fordærvet (もつれる) indvikle
みち 道(道路) vej (街路) gade (小道) sti, gyde (路地) stræde (抜け—・通り路) passage (山間の)〔bjerg〕pas (距離) afstand —草を食う spilde ens tid på vejen (切り抜ける方法) fremgangsmåde —が…に通じる lede
みちがえる 見違える tage fejl, forveksle —ほど til ukendelighed
みちしお 満潮 højvande, flod
みちしるべ 道標 milepæl, vejviser, vejskilt (手引き) guidebog, vejledning (案内人) foreviser, omviser
みちづれ 道連れ rejsekammerat, ledsager
みち・の 未知の ukendt, fremmed —の人 ukendt〔person〕—数 ubekendt〔tal〕
みちのり 道程 afstand (旅程) rejseplan
みちばた 道端 vejkant —で ved vejkanten
みちび・き 導き vejledning —く vejlede, føre, lede, guide, vise vej
みちる 満ちる blive fuld (月が) blive fuldmåne (潮が) tidevand stiger (期限が) løbe ud i, forfalde, udløbe

みつ 蜜 honning 糖— sirup —蜂 honningbi —蜂の巣〔箱〕bikube —のように甘い honningsød

みつかる 見付かる(発見される) blive fundet/opdaget

みつぎもの 貢ぎ物 tribut

みつける 見付ける finde ud af（発見する）opdage（さがす）lede efter, søge（気づく）mærke, observere, få øje på

みっこく 密告 hemmelig oplysning —する overlade hemmelige oplysninger, angive, forråde —者 angiver

みっせつ・な 密接な intim, nær, fortrolig —に intimt, nær

みつぞろい 三つ揃い〔の服〕tredelt dragt

みつど 密度 tæthed, massefylde（濃度）konsistens

みっともない upassende, skandaløs

みっぺいする 密閉する gøre tæt, tætte （空気が入らぬように）gøre lufttæt

みつめる 見詰める stirre på, glo, iagttage, se på

みつも・り 見積もり estimat, beregning, vurdering（概算）overslag —る beregne, vurdere（評価する）værdsætte, skønne på

みつゆにゅう 密輸入 smugleri（不法取引）smughandel —する smugle —者 smugler —品 smuglergods

みつりょう 密猟 krybskytteri, vildttyveri —する drive krybskytteri〔på/i〕, fange ulovligt —者 krybskytte, vildttyv

みつりん 密林 jungle, tæt skov

みていの 未定の endnu uafgjort

みとお・す 見通す(将来を) forudse （先見の明がある）være fremsynet（見抜く）gennemskue（遠くを）få et vidtskuende overblik —し(見込み) perspektiv, 〔fremtids〕udsigter, forudsigelse（洞察）indblik, indsigt（遠景）vidtskuende udsigt —しのつく overskuelig

みとめる 認める(承認する) anerkende, erkende （誤

りなどを〕indrømme〔fejl〕, medgive（賛同する）bifalde, godkende（判断する）bedømme, dømme om
みどり 緑 grøn ―色 grøn farve ―がかった grønlig 樹々が―になる grønnes
みな 皆(人) alle ―さん I alle（物）alt（全体）de hele, total（だれでも）alle og enhver, alle menneske（…のほかだれでも）alle andre（なんでも）alt hvad（…ほかなんでも）alt andet（みんな・全員）allesammen, tilsammen
みなおす 見直す se på andre øjne, skifte mening om
みなしご 孤児 et forældreløst barn
みな・す 見なす betragte som, anse for/som ―される betragtes som, anses for/som
みなと 港 havn ―町 havneby
みなみ 南 syd ―側 sydside ―口 sydudgang ―へ syd for ―から fra syd, sydfra ―で i syd ―向きの vendende mod syd ―の sydlig ―回帰線 Stenbukkens vendekreds ―十字星 Sydkorset
みなもと 源(水源) kilde（起源）udspring, oprindelse
みなら・い 見習い(事) lære（期間）læretid（人）lærling, læredreng ―う lære ngt. af en, komme i lære hos ―士官 kadet
みにく・い 醜い grim, ful, hæslig, styg（見苦しい）upassende, uanstændig, usømmelig（恥ずべき）skamfuld, beskæmmende ―くなる blive ful/styg
みにくい 見にくい(見えにくい) svær at se, usynlig（読みにくい）ulæselig
ミニスカート miniskørt
みね 峰 bjergtop, bjergkam（尖峰）spids, bjergtop（尾根）bjerggryg
ミネラルウォーター mineralvand, danskvand
みのがす 見逃す(見落とす) overse, se bort fra（黙認する）se gennem fingrene〔med〕, lukke øjnene〔for〕
みのしろきん 身の代金 løsepenge
みの・る 実る(実がなる) bære frugt（熟する）

modne（結果が出る）få resultat ―り høst, indhøstning（収穫）udbytte
みはらいの 未払いの ubetalt
みはら・し 見晴らし udsigt, panorama ―しがよい det er god udsigt〔fra〕 ―す have udsigt over ―台 udsigtstårn
みは・る 見張る（警戒する）vogte, holde øje med, våge over （目を）få øjnene op ―り（事）vagt, vagtpost （人）vogter, vagt〔mand〕
みぶり 身振り gestik, gestus, gebærde ―で話す gestikulere （合図する）gøre tegne til en, signalisere
みぶるいする 身震いする skælve, bæve
みぶん 身分 social status/rang, identitet, stilling 高い/低い― høj/lav status ―証明書 identitetskort
みぼうじん 未亡人 enke ―になる blive enke
みほん 見本（商品の）〔vare〕prøve （例）eksempel（標本・本などの内容見本）prøveeksemplar（柄・模様の）mønster ―市 messe（展示会）udstilling
みまい 見舞い（病気の）sygebesøg （事故などの）sympatibesøg （訪問）besøg, visit ―に行く gå på sygebesøg ―客 sygebesøgende
みまわす 見回す se sig om〔kring〕
みまわる 見回る gøre rund, patruljere
…みまん 未満 mindre end 千円― mindre end 1000yen 18歳―の人 person under 18 år
みみ 耳 øre （聴覚）hørelse （端）kant, rand（森などの）bryn ―かざり（イヤリング）ørering ―あか ørevoks ―たぶ øreflip, ørelap ―マフ øreklap, ørevarmer ―を（聾(ろう)）せんばかりの øredøvende ―をつんざくような øresønderrivende ―が遠い høre dårligt ―が聴えない være døv ―鳴り øresusen, ringen for ørerne, tinnitus
みみず 〈虫〉regnorm ―腫れ mærke efter hårdt slag
みみずく 〈鳥〉hornugle
みめいに 未明に før daggry
みや 宮（神社）tempel （宮殿）palads （皇子・王子）prins

みゃく 脈(脈はく) puls〔slag〕 動— pulsåre 静— vene 鉱— malmåre (望み) håb, ønske —をとる føle ngs. på pulsen, tage ens puls

みゃくらく 脈絡 logisk sammenhæng, kontekst

みやげ 土産〔物〕 souvenir (贈り物) gave (記念.) minde, ihukommelse

みやこ 都 hovedstad

みょうごにち 明後日 i overmorgen —の夜 i overmorgen aften

みょうじ 名字 familienavn

みょうじょう 明星(金星) Venus 明けの— morgenstjerne 宵の— aftenstjerne

みょうちょう 明朝 i morgen tidlig

みょうな 妙な(奇妙な) besynderlig, ejendommelig, kuriøs (目立った) mærkværdig (不思議な) underlig (神秘的な) mysteriøs (超自然の) overnaturlig, mirakuløs —ことに forunderligt nok

みょうにち 明日 i morgen

みょうねん 明年 næste år, det kommende år

みょうばん 明礬 alum

みょうばん 明晩 i morgen aften

みらい 未来 fremtid 〈文法〉 futurum (来世) det kommende liv, den anden verden —の kommende, fremtidig —の〔妻・夫〕 tilkommende (有望な) lovende, forhåbningsfuld —に i fremtiden, for eftertiden

ミリ・グラム milligram —メートル millimeter

みりょく 魅力 charme, ynde (優美) gratie —のある charmant, tækkelig, yndig —のある人 charmetrold (魅惑する) charmere

みる 見る se そっと— titte, kigge (観察する) observere, betragte (ちらりと) kaste et flygtigt/hastigt blik på (横眼でそっと) skotte til, skæve til, skele (見つめる) stirre, glo, beskue (視察する) inspicere, besigtige (調べる) undersøge, granske (目を通す) se over (世話する) se efter, tilse, varetage (見なす) betragte som, anse som/for (見物する) bese, se på

ミルク（牛乳）mælk 粉— mælkepulver, tørret mælk 缶入り— dåsemælk, konserveret mælk —セーキ milkshake —で育てる føde op med mælk, opfostre med mælk

みわけ 見分け(区分) forskel, skelnen (認識) indsigt, indblik (判断) omdømme (鑑別) identificering —る skille ngt. fra, identificere, kende forskel〔på〕, sondre〔mellem〕, genkende

みわたす 見渡す have udsigter over —限り så vidt en kan se

みんかんの 民間の privat, civil

みんげい 民芸 traditionelt/folkeligt kunsthåndværk

みんけん 民権 borgerret, valgret

みんじ 民事の civil —事件 civil sag —訴訟 civilt søgsmål (民法) civilret, borgerlig ret

みんしゅ 民主 demokrati —的な demokratisk —化 demokratisering —国家 demokratisk stat —主義 demokrati〔sme〕

みんしゅう 民衆 folk （一般大衆）masserne（草の根）græsrødder —的な folkelig, populær, demokratisk

みんしゅく 民宿 pensionat

みんぞく 民族 folkeslag, race （国民）nation —独立 national uafhændighed —主義 nationalisme —性 racemæssigt træk/særpræg —学 etnografi

みんぽう 民法 civilret, borgerlig ret

みんよう 民謡 folkesang, folkevise, ballade

む

む 無 ingenting, nul （空($\frac{\text{か}}{\text{ら}}$））tomhed （空虚）forfængelighed —にする tilintetgøre, ødelægge, forøde —になる gå i vasken, mislykkes, ikke blive til ngt., blive forgæves

むい 無為 ledighed, arbejdsløshed, uvirksomhed, dovenskab, ladhed —の ubeskæftiget, doven, ledig —に過ごす drive, være doven（機会を逸する）forpasse, forspilde

むいしき 無意識 bevidstløshed, det ubevidste —の bevidstløs, ubevidst, underbevidst（機械的な）mekanisk（自動的な）automatisk —に ubevidst, automatisk

むいみ 無意味 absurditet, meningsløshed —な meningsløs（不必要な）unødig, unødvendig（不合理な）absurd

むえき 無益 unyttighed, udygtighed, gavnløshed（浪費）ødselhed —な unyttig, udygtig, gavnløs（無意味な）meningsløs

むかい 向かい det modsatte —の modsat, midt for —に tværs på —風 modvind

むがい・の 無害の uskadelig, harmløs（危険でない）ufarlig —立ち入り権 ret til at færdes frit på anden mands jord

むか・う 向かう（面する）vende ud imod, stille en ansigt til ansigt med（顔をむける）vende ansigtet（対決する）konfrontere med, gøre/yde modstand mod（行く）gå i retning mod —って右 på højre hånd, til højre for os

むかえ 迎え velkomst, velkommen 温い出—を受ける få en varm velkomst

むかえる 迎える（出迎える）møde, byde velkommen（接待する）modtage, varte op（招く）indbyde（医者など呼びにやる）skikke/sende efter〔en læge〕

むがく 無学 ukyndighed, analfabet, vankundighed —の ukyndig, analfabetisk, vankundig

むかし 昔 for længe siden, i fjern tid（過去）fortid（古代）oldtid, urtiden（かつて）engang, en eneste gang（かつての）fordums, gammel —々 der var engang —話 den gamle historie（伝説）legende

むかちの 無価値の værdiløs, unyttig（使用できない）ubrugelig, unyttig

むかで 百足〈虫〉skolopender

むかむかする føle sig utilpas, have kvalme

むかんけいの 無関係の irrelevant, uvedkommende（根拠のない）uberettiget, ubeføjet

むかんしん 無関心 ligegyldighed, ligegladhed ―な ligegyldig, ligeglad（いいかげんな）forsømmelig, efterladen〔de〕

むかんの 無冠の ukronet

むき 向き（方向）retning〔som ngt. vender imod〕東―の部屋 et østvendt værelse（方位）kompasstreg（位置）beliggenhed, situation, stilling（…にふさわしい・適した）egnet, passende, belejlig 子供―の映画 film som er egnet for børn

むぎ 麦 korn 小― hvede らい― rud 大― byg ―畑 kornmark, hvedemark ―刈りする meje hvede ―わら hvedestrå, halm〔strå〕

むきちょうえき 無期懲役 livsvarigt fængsel

むき・の 無機の uorganisk ―物 uorganisk stof/emne ―化学 uorganisk kemi

むきゅう 無休 uden pause 年中― være åben hele året

むきゅうの 無給の ulønnet

むぎわら 麦藁 halm〔strå〕, hvedestrå ―帽子 stråhat ―製品 halmvarer (pl.)

むく 剝く（果物・野菜などの皮を）skrælle（樹皮を）afbarke（動物の皮を）flå

むく 向く（向きを変える）rette/vende sig〔imod〕, ændre retning（見る）se〔på〕（指す）pege på（面する）vende ud imod, have udsigt til（適合する）passe, egne sig〔til/for〕

むくい 報い（報酬）belønning（補償）erstatning, vederlag（罰）straf（報復）hævn ―る gengælde, belønne（仕返しする）gengælde, hævne

むくち 無口 tavshed, ordknaphed, stumhed ―の tavs, ordknap, stum（口数の少ない）fåmælt

むくみ 浮腫 hævelse
むけいけんの 無経験の uerfaren
むける 向ける rette〔mod〕, vende
むげん 無限 uendelighed —大 uendelig størrelse (永久) evighed —の uendelig, endeløs (永久の) evig, tidløs —に i al evighed, for tid og evighed, evig〔t〕
むこ 婿 svigersøn 花— brudgom —養子 adopteret svigersøn
むごい 酷い streng, grusom
むこう 無効 ugyldighed, ophævelse —の ugyldig —にする erklære ugyldig, ophæve (キャンセルする) annullere, tilbagekalde —になる blive ugyldig —〔投〕票 spoleret/ugyldig stemme
むこう 向こう stedet derover, derhenne, derover —側 den modsatte side 川/通りの—側に på den anden side af floden/gaden
むこうみずの 向こう見ずの dumdristig, desperate, eventyrlig, forvoven (軽率な) uforsigtig
むごん 無言 tavshed, stumhed —の tavs, stum (口の重い) tilbageholdende (控え目な) diskret (口数の少ない) fåmælt —で tavst —劇 pantomime
むざい 無罪 uskyldighed, uskyld —の uskyldig〔i forbrydelse〕—放免する frikende
むさべつに 無差別に uden forskel, på må og få
むさぼる 貪る være gerrig/glubsk
むさんかいきゅう 無産階級 proletariat, underklasse
むし 虫 (こん虫) insekt (毛虫) kålorm (地虫の類) orm (蛾(が)) møl (ばったの類) græshoppe (害虫) skadedyr —の声(ぶんぶんいう) summe, brumme snurre, surre —歯 tand med hul, karies, angreben tand —めがね forstørrelsesglas —除け insektmiddel
むしあつい 蒸し暑い lummer, kvælende
むしする 無視する forsømme, negligere, undlade (軽視する) vanrøgte
むじの 無地の umønstret, ensfarvet

むしば 虫歯 tand med hul, angreben tand, karies
むしばむ 蝕む underminere, fordærve
むじひな 無慈悲な ubarmhjertig
むしぶろ 蒸し風呂 badstue, sauna
むしめがね 虫眼鏡 forstørrelsesglas
むしゃ 武者 kriger
むじゃき 無邪気 uskyldighed, naivitet, troskyldighed —な uskyldig, naiv, troskyldig
むしゃむしゃくう むしゃむしゃ食う gumle, gnaske i sig, gnaske på
むじゅうりょくじょうたい 無重力状態 vægtløshed
むじゅん 矛盾 〔selv〕modsigelse, inkonsekvens —の selvmodsigende, inkonsekvent, kontradiktorisk —する modsige, være inkonsekvent (逆説) paradoks
むじょう 無情 hjerteløshed, hårdhjertethed (残酷) grusomhed —な hjerteløs, hårdhjertet (無慈悲な) ubarmhjertig (冷淡な) koldsindig (残酷な) grusom —にも hjertløst, hårdhjertet, ubarmhjertigt
むじょう 無常 forgængelighed, foranderlighed —な forgængelig (変りやすい) foranderlig
むじょうけん・の 無条件の uvilkårlig, ubetinget (絶対的な) kategorisk —で/i ubetinget, uvilkårligt
むしょうで 無償で gratis, uden vederlag
むじょうの 無上の højest, øverst (至高の) suveræn
むしょくの 無色の farveløs
むしょくの 無職の arbejdsløs, ledig
むしょぞくの 無所属の uafhængig (中立の) neutral
むしる 毟る rykke, rive af (摘む) plukke
むしろ 筵 stråmåtte
むしろ hellere, snarere, fortrinsvis Aより—Bの方 hellere B end A
むしんけい 無神経 ufølsomhed, følelsesløshed —な ufølsom, følelsesløs (冷淡な) koldsindig (無情な) sjælløs (無関心な) ligegyldig, ligeglad
むじんぞうの 無尽蔵の uudtømmelig (無制限の) ubegrænset

むじん・の 無人の(人の住んでいない) ubeboet ―島 ubeboet ø ―飛行機 ubemandet fly

むしんろん 無神論 ateisme ―者 ateist

むす 蒸す(蒸気で) behandle med damp, dampe, dampkoge (天候が) være lummer/kvælende

むすうの 無数の utallig, talløs

むずかし・い 難しい(困難な) svær, vanskelig (厄介な) kompliceret, besværlig, indviklet (疑わしい) tvivlsom, mistænkelig (顔付きが) streng, bister (悲しげな) tungsindig (厳格な) streng, hård (真剣な) alvorlig ―さ sværhedsgrad

むすこ 息子 søn

むす・び 結び(結び目) knude (結果) resultat, følge, konsekvens (結論) slutning ―びつける(結ぶ) knytte, 〔for〕binde ―びに som afslutning/slutning

むすぶ 結ぶ(糸などを) knytte, 〔for〕binde (鎖で) kæde sammen (関係を) have tilknytning 〔til〕 (約束を) træffe aftale med (契約を) 〔af〕slutte en kontrakt 〔med〕 (同盟を) alliere sig med (実を) bære 〔frugt〕

むすめ 娘 datter, pige (女の子) pigebarn

むせいえいが 無声映画 stumfilm

むせいおん 無声音 ustemt konsonant

むせいげん・の 無制限の ubegrænset, uindskrænket ―に(絶対的に) uindskrænket (自由に) frit

むぜいの 無税の skattefri, toldfri

むせいふしゅぎ 無政府主義 anarkisme ―者 anarkist

むせいぶつ 無生物 livløse genstande (pl.)

むせきにん 無責任 uansvarlighed, ansvarsløshed ―な uansvarlig, ansvarsløs (無思慮な) ubetænksom

むせ・ぶ 咽ぶ kvæle ―び泣く hulke

むせん・の 無線の trådløs ―電話 trådløs telefon〔i〕, mobiltelefon ―電信 radiotelegrafi ―技術者 radiotekniker ―操縦 trådløs styring

むだ 無駄 spild, ødslen (無効) ugyldighed ―な forgæves, unyttig, unød〔vend〕ig, uanvendelig ―に

forgæves, unyttigt, unødigt　—遣い spild, overforbrug　—話 tom snak, indholdsløs snak, sladder, pjat, pjank　—なもの(がらくた) bras, stads　—骨 frugtesløs anstrengelse　—骨を折る anstrenge sig forgæves

むだん・で　無断で(許可無く) uden tilladelse　(不法に) ulovligt (予告せずに) uden opmærksomhed/varsel　—欠勤 fravær uden forhåndsmeddelelse

むち　鞭 pisk　(皮で編んだ) knut (籐(とう)・竹などの) krabask (昔, 体罰に使った) tamp (昔, 刑罰に使った) svøbe　—打つ piske (激励する) opmuntre, spore　—打ち症 nakkeskade

むち　無知 uvidenhed　(文盲) analfabetisme　—な uvidende, ukyndig　—な人 analfabet

むちゃ・な　無茶な vanvittig, desperat　(不合理な) urimelig (粗野な) vild (軽率な) ubetænksom, tankeløs (思慮のない) hensynsløs　—に vanvittigt, urimeligt, hensynsløst

むちゅうに/で　夢中に/で(熱中して) fordybet i, opslugt af (熱狂して) entusiastisk, rasende (われを忘れて) ude af sig selv (魅せられる) fortrylles, tiltrækkes

むっつりした　mut, tvær, surmulende

むてき　霧笛 tågehorn, tågesirene

むてきの　無敵の uovervindelig, uforlignelig　(ユニークな) mageløs

むてっぽう・な　無鉄砲な dumdristig, fandenivoldsk, ubesindig (思慮のない) ubetænksom, hensynsløs (軽率な) letsindig　—に dumdristigt, letsindigt

むでん　無電(無線電信) trådløs telegram, radiotelegrafi

むなし・い　空しい(空虚な) meningsløs, tom, forgængelig (無効の) ugyldig　—く(かいなく) forgæves, unyttigt, unødigt

むにの　無二の uforlignelig, unik, enestående　—親友 hjerteven〔inde〕

むにんしょだいじん　無任所大臣 minister uden portefølje

むね 胸(胸部) bryst （心のあるところ）barm, skød（両腕の間）favn（心臓）hjerte（(親切な)気質）hjertelag, sindelag —が高鳴る banke, slå —をおどらせる〔ような〕spændende, lystbetonet, fængslende —やけ halsbrand

むね 棟 tagryg, rygning, mønning

むのう・な 無能な udygtig, inkompetent, ude af stand til —力 udygtighed, inkompetence

むひょうじょうな 無表情な udtryksløs

むふんべつ 無分別(無思慮) ubetænksomhed, uforsigtighed, indiskretion（軽率）tankeløshed, ubetænksomhed —な ubetænksom, tankeløs, hensynsløs —にも letsindigt, tankeløst, hensynsløst

むぼう・な 無謀な(軽率な) ubetænksom, tankeløs, letsindig（無鉄砲な）dumdristig, fandenivoldsk, ubesindig（無思慮な）indiskret, uforsigtig —にも hensynsløst, tankeløst

むほん 謀反(反乱) oprør （反逆）forræderi〔mod〕—する oprøre, gøre oprør —人 oprører, forræder

むめい 無名 anonymitet —の ukendt, anonym, usigneret —で anonymt

むやみに ubehersket, overdrevent, tankeløst

むようの 無用の ubrugelig, unyttig（不必要の）unødig, unødvendig（余計な）overflødig —長物 en overflødig genstand/ting

むら 村 landsby, mindre kommune （小さな町）provinsby —人 landsbybeboer —八分 social isolering, ostrakisme

むらがる 群がる forsamles, flokkes, trænges （虫などが）sværme

むらさき 紫〔の〕lilla, violet —水晶 ametyst

むら・のある ujævn, plettet （不規則な）uregelmæssig —になって pletvis

むり 無理(強制) tvang （不条理）urimelighed, umedgørlighed（過労）overanstrengelse —な（強制的な）tvungen, obligatorisk（不当な）urimelig, uforstandig（過度の）overdreven, umådeholden（不可能

な) umulig, håbløs (困難な) besværlig, vanskelig ― に tvungent (不必要に) unødigt (不当に) urimeligt, uforstandigt

むりょう・の 無料の gratis, vederlagfri, afgiftsfri ― で gratis, uden vederlag ―の乗車/入場券 fribillet 入場― gratis entré

むれ 群れ flok, bande, forsamling, hold, vrimmel, skare (家畜・獣・鳥などの) hjord (魚の) stime (虫の) sværm (軍勢) hær〔skare〕 ―をなして i flok, skarevis ―をなす flokke sig, flokkes, trænges, vrimle af/ind/ud, forsamles

むろ 室 lagerrum (地下の) kælder (食料置き場) viktualierum (ほら穴) hule

め

め 芽 〔blomster〕skud, knop, spire (つぼみ) knop ―が出る skyde knopper, spire

め 目 øje (視力) syn (注目) opmærksomhed (経験) erfaring 網の― maske 織り― vævning (編物の) maske (さいころの) øje (のこぎりの) tand (縫い針の) nåleøje ―を開ける åbne øjnene (ひどい)―に会う opleve ngt. forfærdeligt ―を離す fjerne blikket fra …にお―にかかる møde ―を閉じる lukke øjnene ―が覚める vågne ―を覚めさす vække ―覚まし時計 vækkeur ―を通す granske, se over/ igennem

めい 姪 niece (兄弟の娘) broderdatter (姉妹の娘) søsterdatter

めいあん 名案 fremragende ide/plan

めいあん 明暗 〔livets〕 solside og skyggeside

めいおうせい 冥王星 Pluto

めいかくな 明確な klar, tydelig

めいきゅう 迷宮 labyrint, mysterium ―入り事件 uopklaret sag

めいげん　名言　bevinget ord
めいこく　銘刻　ristning
めいさい　迷彩　camouflage, sløring, maskering
めいさい　明細　detalje, enkelthed　—な detaljeret, udførlig　—に i detaljer, udførlig〔t〕—書 specifikation, detaljeret angivelse
めいさく　名作　mesterværk, mesterstykke
めいし　名刺　visitkort　—を手渡す lægge sit visitkort hos én
めいし　名詞　〈文法〉substantiv, navneord
めいししゅう　名詩集　antologi
めいしゅ　盟主　leder, anfører
めいしょ　名所　seværdighed, berømt sted, yndet udflugtsmål　—を見物する bese seværdighed　—旧跡 historisk mindesmærke
めいしょう　名勝　sceniskt/naturskønt landskab, naturskønt sted
めいしん　迷信　overtro　—の overtroisk
めいじん　名人　mester, ekspert　（有名人）berømthed
めいずる　命ずる(命令する)　befale, kommandere〔med en〕, beordre（任命する）udnævne（牧師・司祭などを）forordne
めいせい　名声　berømmelse,〔godt〕renommé, anseelse　—のある berømt, berømmelig, anset　—を博する blive berømt, vinde berømmelse
めいそう　瞑想　meditation　—する meditere, spekulere
めいちゃ　銘茶　udsøgt/udvalgt te
めいちゅう　命中　træffer, pletskud　—する træffe, ramme
メイド　（ホテルなどの）stuepige
めいどうする　鳴動する　drøne, buldre, rumle
めいにち　命日　årsdag for en persons død/bortgang
めいはく・な　明白な　klar, åbenbar, tydelig　—に klart, åbenbart, tydeligt
めいぶつ　名物(産物)　berømt/lokalt produkt, specialitet

めいぶんしゅう 名文集 antologi

めいぼ 名簿 navneliste

めいめい 銘々 hver, enhver —に/で respektive, hver for sig

めいやく 盟約 ed, pagt —する slutte en pagt

めいよ 名誉 ære, hæder（栄光）herlighed, pragt（名声）berømmelse, anseelse（威信）værdighed, prestige —となる bedække med hæder —を傷つける〔ような〕ærekrænkende

めいりょう 明瞭 klarhed, tydelighed —な klar, tydelig —に klart, tydeligt

めいれい 命令 befaling, ordre, kommando（指令）anvisning, direktiv（訓令）instruktion —する befale, kommandere, beordre

めいろ 迷路 labyrint

めいろう・な 明朗な（明るい）lys, klar（快活な）munter, glad —化する（元気づける）opmuntre, kvikke op, sætte liv i

めいわく 迷惑（めんどう）besvær, gene, umage（不便）ulejlighed, gene, ubekvemhed —な besværlig, umagelig, ulejlig, ubekvem —をかける besvære, forstyrre

めうえ 目上 overordnet（年上）ældre, senior

めうし 雌牛 ko

メーキャップ makeup, sminke

メーター（メートル・長さ）meter（計量器）måler —法 metersystem

メーデー den første maj, majdag

めかくし 目隠し bandage（馬の）skyklapper（窓の）blinde（ついたてなど）skærm —遊び blindebuk

めかけ 妾 elskerinde

めがける 目掛ける（ねらう）sigte〔efter/mod〕, tage sigte（…を目標とする）stile mod

めかす klæde sig〔pænt〕på, tage〔fint〕tøj på, klæde om

めかた 目方 vægt —を測る veje —が増える/減る blive tungere/lettere

めがね 眼鏡 briller —の玉 brilleglas —のつる brillestang —をかける/はずす tage briller på/af

メガホン megafon

めがみ 女神 gudinde

メキシコ Mexiko —人 mexikaner —の mexikansk —湾流 Golfstrømmen

めぐすり 目薬 øjenvand, øjendråber (pl.)

めくばせ 目配せ blinkning〔med øjnene〕 —する blinke〔med øjnene〕

めぐ・み 恵み(神の) velsignelse (慈悲) barmhjertighed, nåde (慈善) velgørenhed (恩恵) gunst, yndest (好意) favør, velvilje —む(神が) velsigne (人に) være gavmild mod

めくら (目が不自由) blindhed —の(目の不自由な) blind (目の不自由な人・盲人) den blinde —になる blive blind

めぐらす 巡らす(囲む) omgive, omringe (垣根で) hegne, omgærde (ふちどりする) indramme, kante (考えを) tænke〔over/på〕, fundere

めぐりあう 巡りあう træffe, ramme (運よく) være så heldig at (落ちこむ) falde〔i hænderne på〕

めくる 捲る(かえす) vende op og ned (頁を) vende bladet (はぎとる) rive af, tage ngt. bort

めぐ・る 巡る(回転する) rotere, kredse (循環する) cirkulere (巡回する) patruljere, gøre rund (周遊する) turnere, gå en tur —り合う mødes, træffes …を—って angående, betræffende, om

めざす 目指す sigte imod, stræbe imod —処(目標) mål, formål, sigte (目的地) destination, bestemmelsessted

めざましい 目覚ましい markant, påfaldende, slående

めざましどけい 目覚まし時計 vækkeur —を6時にかける stille vækkeuret til klokken 6

めざめ 目覚め opvågnen —る vågne〔op〕(覚醒・自覚する) blive vakt/vækket〔af〕, komme til fornuft, tage sin fornuft fange —さす/自覚させる vække

めし 飯(米飯) kogt ris （食事）måltid （生計）livsophold, udkomme, underhold, forsørgelse —をたく koge ris

めしあがる 召し上がる spise, drikke

めした 目下 underordnet, subordineret （家来）undersåt, vasal （年下）yngre, junior

めしつかい 召使 〔hus〕jomfru, tjenestefolk, tjenestepige

めしべ 雌しべ støvvej, pistil

めじるし 目印 mærke, tegn （目標）sigtemål

めす 雌 hun —犬 hunhund, tæve —牛 ko —馬 hoppe, hunhest

めずらし・い 珍しい enestående, bemærkelsesværdig （まれな）sjælden （特異な）unik （輝かしい）strålende —く sjælden〔t〕, usædvanlig （珍品）raritet

めだ・つ 目立つ være bemærkelsesværdig/usædvanlig/fremtrædende/fremragende —って bemærkelsesværdigt, fremragende

めだまやき 目玉焼 speilæg

メダル medalje

めちゃくちゃな/に uordentlig, kaotisk

メッカ Mekka

めっき 鍍金 金— forgyldning 銀— forsølvning 金—する forgylde 銀—する forsølve

めっきり markant, iøjnefaldende〔t〕, påfaldende

メッセージ meddelelse, budskab

めった・に 滅多にない（まれな）sjælden, ualmindelig —やたらに ubehersket, overdrevent, tankeløst

めつぼう 滅亡 tilintetgørelse, ødelæggelse, undergang, udslettelse —する tilintetgøres, blive ødelagt, gå under, udslettes

めでた・い 目出度い lykkelig, velsignet, heldig, lyksalig —く lykkeligt, heldigt

メニュー menu, spisekort

めのう agat

めばえ 芽生え skud, spire, knop （始まり）begyndel-

めはなだち 目鼻だち ansigtstræk

se 愛の— spirende kærlighed/forelskelse

めまい 目まい svimmelhed —のする〔ような〕svimlende, svimmel, rundtosset, ør —がする føle sig svimmel

めまぐるしい 眼まぐるしい svimlend, svimmel, forvirrende

メモ memorandum, antegnelse

めもり 目盛 skala

めやす 目安(標準) standard, norm (目的物) mål (目標) sigte

メリーゴーランド karrusel

メリケンこ メリケン粉 hvedemel

メリヤス strikket varer, strikvarer

メリンス (モスリン) musselin

メロディー melodi

メロドラマ melodrama

メロン melon

めん 面(仮面) maske (顔) ansigt 表—〔over〕flade 側— side 局— aspekt 前— forside 裏— vrang (新聞の欄) kolumne

めん 綿 bomuld

めんえき 免疫 immunitet —の immun〔mod/over for〕—にする immunisere —注射 vaccination (比喩的に・…を受けつけない) uimodtagelig (無感覚の) følelsesløs

めんおりもの 綿織物 bomuldstøj, bomuldsvare

めんかい 面会 møde (病院などの) besøg (対談) interview —する møde, besøge, interviewe —人 besøgende —時間 besøgstid

めんきょ 免許 bevis, licens (許可) tilladelse, permission 運転—証 kørekort, førerbevis —をとる få kørekort

めんじょ 免除(税金・料金などの) fritagelse, frikendelse —する undtage, frikende (兵役など) fritage

めんじょう 免状(大学卒業などの) diplom (免許証) licens, certifikat

めんしょく 免職 afsked （解雇の通告）opsigelse ―させる afskedige, give en hans afsked ―を通告する opsige ―になる få sin afsked (辞職する) tage sin afsked, fratræde

めんじ・る 免じる afskedige, bortvise, fritage for tjeneste …に― i betragtning af

めん・する 面する have front〔imod〕…に―している være overfor

めんぜい 免税 skattefritagelse, toldfrihed ―品 skattefri/toldfri varer (pl.) ―で toldfrit

めんせき 面積 flademål, areal ―を測る måle areal

めんせつ 面接 interview ―試験 mundtlig eksamen (就職などの) personel interview

めんどう 面倒（やっかい）besvær, hyr, umage （困難）vanskelighed （迷惑）bryderi, ulejlighed （うるさいこと）ærgrelse, ubehagelighed （世話）omsorg, varetagelse ―な/―くさい besværlig, vanskelig, ærgerlig ―になる kompliceres, indvikles (重大になる) blive alvorlig ―を見る varetage, tage sig af, tage vare på ―を見る人 velynder, protektor

めんどり 雌鳥 høne

メンバー medlem （集会者・聴衆）forsamling

めんぷ 綿布 bomuldsstof

めんぼく 面目（体面）prestige, anseelse, respekt （名誉）ære, hæder ―を保つ redde ansigtet, klare sig med hæder ―を施す blive hædret ―を失う tabe ansigt

めんみつ・な 綿密な omhyggelig, minutiøs （周到な）nøjagtig （細心の）nøje ―に omhyggelig, minutiøst, nøjagtig〔t〕

も

…も （及び）og, samt …もまた også, desuden, ligeledes …も…でない heller ikke, hverken . . . eller

も 喪 sorg —に服している bære sorg for —章 sørgeflor —主 den sørgende
もう （今では・すでに）allerede （もはやない）ikke længere —すぐ（間もなく）snart, om kort tid —少し lidt mere —一度 en gang til —ひとつ en mere —結構です nej tak!
もうかんげんしょう 毛管現象 hårrørsvirkning
もうきんるい 猛禽類 rovfugl
もうけ 儲け profit, udbytte, gevinst —る få overskud, tjene penge, profitere
もうける 設ける etablere, oprette, stifte
もうしあげる 申し上げる sige
もうしあわせ 申し合わせ overenskomst, enighed, ordning
もうしいれ 申し入れ（提案）forslag （申請）anmodning （告訴）påtale, tiltale （異議）indvending, indsigelse （嘆願）andragende （苦情）klage （通告）meddelelse, kundgørelse —する（提案する）foreslå （申請する）anmode om, andrage om （苦情をいう）klage, indgive klage over en〔til〕（文書で）overlade klageskrift til
もうしこ・み 申し込み（出願）ansøgning （申請）anmodning （申し入れ）tilbud （提議）forslag （参加の）ansøgning af deltagelse （応募の）ansøgning （出版物の）abonnement （観劇などの予約）tegning, reservation, forbehold —む（出願する）ansøge om （申請する）anmode om, andrage om （申し入れる）tilbyde, frembyde （提議する）foreslå （参加を）ansøge som deltager （応募する）ansøge om, tegne sig for （ホテルなどの予約する）reservere, forbeholde （結婚を）fri til
もうしぶんのない 申し分のない perfekt, udmærket, tilfredsstillende
もうじゅう 猛獣（肉食の）rovdyr （野獣）vilddyr
もうしわけありませんが 申し訳ありませんが undskyld, men ...

もうす 申す sige, fortælle （…という者です）hedde
もうぜんと 猛然と rask, heftig〔t〕, voldsomt （悪魔のように）djævelsk（決然と）standhaftig（どうもうに）vildt
もうそう 妄想 hallucination, vild fantasi （思いすごし）indbildning ―にふける hallucinere ―的な hallucinerende
もうちょう 盲腸 blindtarm ―を取る få blindtarmen fjernet
もうはつ 毛髪 hår
もうひつ 毛筆 pensel
もうふ 毛布 〔uld〕tæppe, dække （もうせん）filt（旅行用ひざかけ）plaid, rejsetæppe
もうまく 網膜 nethinde
もうもくの 盲目の blind
もうら・する 網羅する(広く含む) inkludere, medregne（包含する）omfatte, indbefatte ―的な omfattende, udtømmende
もうれつ・な 猛烈な voldsom, hård, drastisk ―社員 meget loyal/hårdtarbejdende medarbejder
もうれんしゅうをした 猛練習をした veltrænet
もうろく・する 耄碌する(動脈硬化する) blive åreforkalket ―した senil, åndssløv, gaga
もえあがる 燃え上がる blusse up
もえつく 燃え付く gå ild i
もえ・る 燃える brænde ―る希望 brændende håb ―あがる blusse up ―落ちる brænde af/ned ―つきる brænde ud ―かす slagge
モーター （エンジン）motor ―ボート motorbåd
モード （ファッション）mode
モーニング・〔コート〕 jaket ―コール vækning
もがく vride sig, sno sig 〔体などくねくね動かす〕vrikke
もぎ 模擬 simulation, forstillelse ―装置 simulator
もくげき・する 目撃する være vidne til, overvære, observere ―者 vidne, øjenvidne
もくざい 木材 tømmer

もくじ 目次 indhold〔fortegnelse〕
もくせい 木星 Jupiter
もくせい 木犀 〈植〉duftende oliventræ
もくせい 木製 ngt. der er lavet af træ
もくぜんの 目前の umiddelbar, direkte （危険など差し迫った）overhængende, umiddelbart forestående
もくぞう・の 木造の træ-, af træ ―家屋 træhus
もくそく 目測 øjemål ―で efter/på øjemål
もくちょう 木彫 træsnit ―家 træskærer
もくてき 目的 formål, mål, sigte ―を果たす nå sit mål ―に合った formålstjenlig, hensigtmæssig ―地〔rejse〕mål, destination ―語〈文法〉objekt
もくにん 黙認 stiltiende forståelse ―する se gennem fingre〔med〕, lukke øjnene〔for〕
もくば 木馬 gyngehest
もくはんが 木版画 træsnit
もくひけん 黙秘権 retten at nægte at vedkende sig
もくひょう 目標 hensigt, mål （標的）skydeskive（目的）sigte, formål, mål
もくめ 木目 tekstur
もくようび 木曜日 torsdag
もぐら 〈動〉muldvarp
もぐ・る 潜る dykke ned i, gå ned i ―りこむ smyge sig ind （隠れる）gemme sig, skjule sig
もくれん 木蓮 〈植〉magnolie
もくろく 目録（商品などの） katalog, liste over ting, fortegnelse （目次）indhold〔fortegnelse〕（表）tabel ―を作る lave/optage en fortegnelse over
もくろ・み 目論み plan, projekt （意図）hensigt, forsæt （目的）sigte, formål, mål （予想）fremtidsudsigter (pl.) ―む planlægge, projektere
もけい 模型 model （模様）mønster （鋳型）støbeform ―飛行機 modelflyver ―鉄道 modeljernbane
もさくする 模索する famle
もし 若し om, hvis （…の場合は）ifald, i tilfælde af at ―かすると(たぶん) muligvis, kanske ―くは

eller —そうでなければ ellers
もじ 文字(英字など) bogstav (漢字など) skrifttegn —盤(時計の) urskive
もじどおり・の 文字通りの/に bogstavelig, ordret
もしもし (電話・見知らぬ人へ) hallo
もしゃする 模写する afbilde, gengive, reproducere
もす 燃す brænde
もず 百舌〈鳥〉tornskada
モスクワ Moskva —市民 moskovit
もぞう 模造 efterabning, efterligning —する efterabe, efterligne, imitere, kopiere —の kunstig, imiteret, uægte —品 efterligning, simili
もだえる 悶える stønne, puste
モダンな moderne, nutids-
もち 餅 riskage
もち 持ち(耐久性) holdbarhed
もちあげる 持ち上げる løfte〔op〕, hævs (おだてる) smigre〔for〕(扇動する) hidse op
もちいる 用いる(使用する) anvende, benytte, bruge (適用する) applikere, anvende (採用する) optage, antage (採り入れる) indføre (雇う) ansætte, tage en i sin tjeneste
もちこむ 持ちこむ bære over med, indbringe, indføre (提出する) overlade, overdrage
もちさる 持ち去る tage med sig, føre ngt. bort
もちだす 持ち出す tage med ud (火事のとき) redde〔fra ilden〕(持ち逃げする) løbe bort med (提出する) overlade, overdrage
もちぬし 持ち主(所有者) ejer, indehaver, ihændehaver, besidder (経営者) topleder, direktør, chef
もちもの 持ち物 ejendele, ting man har med
もちろん 勿論 selvfølgelig, naturligvis
もつ 持つ(手に) tage, have, holde (携える) bære, tage med (所有する) eje, indehave (心に) nære (保つ) holde sig, være (担任する) tage hånd om (負担する) bære〔bekostning〕, stå for

もっかんがっき　木管楽器〈楽〉træblæseinstrument

もっきん　木琴〈楽〉xylofon

もったい・ない　勿体ない(無駄な) ødsel, uøkonomisk (分に過ぎた) ufortjent (神を敬わない) ugudelig (尊敬心のない・失礼な) uærbødig, respektløs —なくも nådigt

もったい・ぶる　holde på værdigheden —ぶった opblæst, hoven, indbildsk (大言壮語の) svulstig, højtravende —ぶらない være beskeden/fordringløs

…もって　(道具を) med (手段として) gennem (…を助けとして) ved hjælp af (理由で) for, eftersom, fordi

もっていく　持って行く　tage med

もってくる　持ってくる　(med)bringe, komme hit med, føre med sig (取ってくる) hente

もってまわった　持って回った (for)skruet, krukket, skabagtig

もっと　mere —安い billigere —上手な dygtigere

モットー　motto, slagord, stikord

もっとも　最も(最高に) yderst, i det højest, allermest, mest

もっとも　尤も på den anden side, imidlertid, alligevel (ただし) men, dog, imidlertid, alligevel (道理のある) rigtig, rimelig, skellig (当然の) naturlig, selvklar —らしい plausibel, sandsynlig, bestikkende

もっぱら　専ら(まったく) fuldstændig, helt, udelukkende, ene og alene (専心する) hengive sig [til] (おもに) hovedsagelig

モップ　mop —で清掃する moppe

もつれ　縺れ(髪・糸などの) sammenfiltret masse (紛糾) vrøvl, besvær (混乱) kludder, rod —る indfiltre, filtre sig (紛糾する) indvikles (ごたごたを起こす) besvære, rode [ind] 舌が—る tale utydeligt/grødet

もてあそぶ　弄ぶ(おもちゃなどいじくる) lege med (楽器など楽しむ) more sig (子供など楽しませる) underholde (慰みものにする) lave sjov med, gøre

grin med
もてあます 持て余す(物が主語) blive for meget for en (人が主語) ikke vide hvad man skal gøre, tabe kontrol, være forlegen med
もてな・し (歓待) underholdning, gæstfrihed (接待) opvartning, modtagelse (旅館などの) service (待遇) behandling ー す(歓待する) underholde (楽します) more (ご馳走する) bevæerte
もてる (人気がある) være populær/ombejlet (歓迎される) velkommen ー国 rigt land, udviklet land
モデル model ーになる sidde model for en kunstner
もと 元・本(起源) oprindelse, ophav, kilde, begyndelse (原因) årsag, grund (基礎) basis, fundament, grundlag (資本) kapital (原料) materiale (原価) bekostning (以前に) tidligere, oprindelig〔t〕(以前の) fordums ー の位置にもどす lægge ngt. tilbage til
もと 基 basis, grundlag, fundament …をーにして baseret på
もどかしがる være utålelig
もどす 戻す returnere, give tilbage, lægge tilbage (復旧する) retablere, genoprette (再興する) restituere (返送する) returnere, tilbagesende (返金する) tilbagebetale (吐く) kaste op, brække sig
もとづく 基づく(根拠とする) være baseret 〔på〕 (起因する) være forårsaget/voldet, bero på (準拠する) være baseret 〔på〕 (規則などに) rette sig efter
もとめ 求め efterspørgsel, søgning ー る (頼む) bede om 〔fra〕(要求する) kræve, forlange, fordre (願う) ønske, begære (切望する) attrå (買う) købe (採る) søge
もともと oprindelig〔t〕, fra starten
もどる 戻る vende tilbage, komme retur, komme igen (バネが) springe tilbage (あとずさりする) vige tilbage (よりが) forsone sig med en
もの 物 ting, sag 品ー vare, artikel 飲みー drikkevare 忘れー glemte sager (材料) emne, materiale, stof (物質) substans (品質) kvalitet ー のわかる

fornuftig, forstandig, forståelig
ものおき 物置 pulterkammer （穀物の）lade （貯蔵室）forrådskammer （倉庫）lagerrum （小屋）hytte
ものおしみ 物惜しみ nærighed, gnieragtighed
ものおと 物音 lyd, klang （楽音）tone （騒音）bulder, støj, gny （ごう音）brag, rabalder
ものがた・り 物語 historie, fortælling （談話）udtalelse, erklæring （発言）ytring （会話）samtale （議論）diskussion, debat （小説）（短編の）novelle （長編の）roman （伝説）legende （北欧の）saga （おとぎはなし）fabel （挿話）episode —る fortælle, berette
ものぐさな 物臭な doven, lad, uvirksom —人 dovenlars, dagdriver, drivert
ものさし 物差し mål〔for længde〕, streg （定規）lineal
ものさびしい 物寂しい ensom, afsides
ものしり 物知り velinformeret person （学者）videnskabsmand, de lærde —顔で med en meget sigende blik
ものずき 物好き（こと）nyfigenhed, nysgerrighed —な人 nyfigen person —な nyfigen, nysgerrig, spørgelysten, videbegærlig
ものすご・い 物凄い voldsom, forskrækkelig （恐ろしい）uhyggelig, forfærdelig （信じられない）utrolig —く forfærdelig〔t〕, vældigt, voldsomt
ものたりない 物足りない utilfreds, skuffet
ものまね 物真似 efterlignelse, efterabelse, mimik （擬態）mimicry （風刺の）parodi —する efterligne, efterabe
モノレール （軌道）monorail, enskinnebane
もはん 模範 model （例）eksempel （手本）mønster, forbillede （判例）præjudikat —を示す vise et godt eksempel —的な eksemplarisk, mønstergyldig
モビール uro
もふく 喪服 sørgedragt —を着る bære sørgedragt
もほう 模倣 （事）imitation, efterligning （物）kopi, aftryk —する imitere, efterabe, kopiere, efterligne

…もまた　ogå, ligeledes
もみ　樅〈植〉gran
もみじ　紅葉(かえで) løn, ahorn　(紅葉) gul og karmoisin〔rød〕løv, efterårsløv
もむ　揉む(あんまする) massere　(くしゃくしゃにする) krølle (しわにする) rynke (訓練する) træne, øve (気を) være ængstelig/bange for
もめる　have problemer, bekymre sig
もめん　木綿　bomuld〔sstof〕　—糸 bomuldstråd　—製品 bomuldsvarer (pl.)
もも　桃〈植〉fersken　—色〔の〕ferskenfarvet, lyserød
もも　腿・股　lår　—肉(鶏・七面鳥などの) lår〔stykke〕(牛・羊などの) lårstykke (豚の・ハム) skinke
もや　靄　tåge, dis(tågeより薄い)
もやし　bønnespirer
もやす　燃やす(燃す) brænde　(点火する) tænde
もよう　模様(図案) mønster, udformning, design (様子) udseende (所作・演技) opførelse (振る舞い) opførsel, adfærd (身のこなし) holdning (きざし) tegn (前兆) forløber (動静) tilstand, stilling
もよおし　催し(会合) møde, sammenkomst (式典) ceremoni (祝賀会) højtideligholdelse (余興) underholdning, forlystelse (前兆がある) vise tegn til　—す (感じる) kende　—される holdes
もら・う　貰う(受ける) få, modtage　…して— få ngt. at gøre, få gjort ngt.〔af〕…して—いたい ville gerne have at
もらす　漏らす(秘密などを) lade slippe ud, åbenbare (ガスなどを) lække (感情などを) give/lade få frit løb (暴露する) afsløre, røbe (知らせる) bekendtgøre, tilkendegive
もり　森　skov　小さな—・林 småskov (木立) lund
もり　銛　harpun　—を打ちこむ harpunere
もりあがる　盛り上がる(繁盛する) blomstre (景気など) tage et opsving (はれものが) svulme
もる/もれる　漏る/漏れる(水・ガスなど)　slippe ud,

lække（気密でない）være utæt（光・音などが）trænge ind〔gennem〕（秘密が）afsløres, åbenbares（したたる）pible〔frem〕（しみ出る）sive〔ud〕（脱漏する）udelade

モルタル mørtel ―を塗る binde med mørtel

モルヒネ morfin ―注射 morfinindsprøjtning

モルモット 〈動〉marsvin, grisekanin（実験用の）prøvklud

もろ・い 脆い skør, skrøbelig（傷つきやすい）ømtålelig, ømfindtlig, 情に― ømhjertet ―くも let, uden vanskelighed, uden videre

もん 門 port（入口）indgang（格子戸）gitterport（木戸）led, låge ―を開ける åbne en port ―が開く en port åbner sig ―を閉める lukke port 部― afdeling（分野）område ―外漢 lægmand, den udenforstående

もんく 文句(語句) ord（表現）udtryk（不平）beklagelse, klage〔mål〕（抗議）protest（異存）indvending ―をいう(不平を) klage, beklage sig（反対をいう）indvende, protestere, modsætte sig（非難する）bebrejde, klandre, dadle

もんげん 門限 lukketid

モンゴル Mongoliet ―人民共和国 Mongolske Folkerepublik ―民族 den mongolske race

もんしょう 紋章 våbenmærke（盾形の）våbenskjord（家紋）familie våben（国の）rigsvåben

モンタージュ （写真などの）montage

もんだい 問題 problem, spørgsmål, opgave（研究の）emne（話題）samtaleemne（係争の）tvistemål（事件）retstilfælde, hændelse ―になる rejse et spørgsmål, komme i vanskeligheder ―を起こす volde problemer

もんどう 問答 spørgsmål og svar, dialog

もんばん 門番 vagtmandskab, vagtpost, dørvogter

もんぶ・しょう 文部省 undervisningsministerium ―大臣 undervisningsminister

もんもう 文盲 analfabet ―の analfabetisk

や

…や og, eller, med flere, med mere　A—B A og/eller B　A—Bなど A,B og/eller lignende

や 矢 pil

やあ (感動) åh! ja så! (驚き) ih! næh! aha! (呼びかけ) hej! hallo! hov!

やいなや så snart som

やおや 八百屋(人) grønthandler (店) grøn〔t〕sagsforretning, grønthandel

やかい 夜会 aftenselskab　(舞踏会) bal　—服 aftenkjole, selskabskjole

やがい 野外(野原) felt, mark　(牧草地) eng, vænge 屋外の/で udendørs　—で i det fri

やがく 夜学 aftenskole, aftenkursus

やかた 館 herregård, residens〔slot〕

やがて (間もなく) snart, kort〔tid〕efter (時がくれば) i tidens fylde (ほとんど) næsten, nærved (いつかは・早晩) før eller senere, når alt kommer til alt

やかましい (騒がしい) larmende, støjende　(口やかましい) kværulering, dømmesyg　(気むずかしい) kræsen (無理な要求をする) fordringsfuld (厳格な) streng, barsk, rigoristisk

やかん 夜間 nattetid　—に ved nattetid　—部 aftenkursus, aftenskole

やかん 薬缶 kedel　(大なべ) gryde

やぎ 山羊(おす)〔gede〕buk　(めす) gede 小— gedekid　—ひげ fip〔skæg〕, gedebukeskæg

やきあみ 焼き網 grill

やきたての 焼き立ての(パン) nybagt〔brød〕

やきとり 焼き鳥 spidstegte kyllingestykker og grøntsager

やきもち (嫉妬) jalousi　—やきの jaloux

やきもの 焼き物(陶磁器) keramik, lervarer

やきゅう 野球 baseball
やぎゅう 野牛 〈動〉 bison
やきん 冶金 metallurgi —工場 metallurgisk fabrik
やきん 夜勤 natarbejde （交代制の）nathold —手当 nattillæg
やく 焼く brænde （放火する）stikke/sætte ild på ngt. （焼却する）brænde ud （焦がす）svide （写真を）kopiere （肉などを）grille, stege （パンを）bage （トーストに）toaste （ねたむ）misunde, være misundelig på en for ngt.
やく 約（およそ）cirka, omkring, omtrent, næsten
やく 役（地位）stilling, tjeneste （官職）embede （任務）pligt, arbejde, hverv （機能）funktion （劇の）rolle —を演じる spille rollen som —に立つ tjene et formål, være nyttig, kunne bruges
やく 訳（翻訳）oversættelse （通訳）（事）tolkning （人）tolk
やく 〈動〉 yakokse
やくいん 役員 ledende person, direktør
やくがく 薬学 farmakologi
やくざ organiseret gangster
やくざい 薬剤 medicin, droger (pl.) —師 apoteker, drogist
やくしゃ 役者（男）skuespiller （女）skuespillerinde
やくしゃ 訳者 oversætter
やくしょ 役所 offentligt kontor, embedsstilling —的な/式の bureaukratisk
やくす 訳す（翻訳する）oversætte til
やくそう 薬草 urter (pl.), lægeurt, lægeplante
やくそく 約束 løfte, forjættelse —の会合 aftalt møde —違反 løftebrud （協定）overenskomst, aftale —する love, give løfte, forjætte, give sit ord på —を果たす/守る holde løfte —を破る bryde løfte —手形 revers
やくだ・つ 役立つ være nyttig/anvendelig/brugbar —たない udygtig, uanvendelig, ubrugelig
やくにん 役人 embedsmand, offentligt ansat, tjenes-

temand —生活 det offentlige liv
やくば 役場(町・村の) kommunekontor
やくひん 薬品 medicin, medikament, droger (pl.) 化学— kemikalie
やくみ 薬味 krydderi —を入れる krydre —入れ peberbøsse —立て platmenage
やくめ 役目(義務) pligt, opgave, hverv (役割) rolle, opgave (仕事) syssel, beskæftigelse (機能) funktion 〔i social sammenhæng〕
やくわり 役割 rolle, opgave
やけい 夜警 natvægter
やけど 火傷 brandsår, skoldning, forbrænding —する brænde sig
やけ・る 焼ける blive brændt (肉・魚など) blive ristet, steges (日光で) blive solbrændt, brunes om solen —落ちる brænde ned (灰になる) forvandle til aske 胸— halsbrand 夕— glød ved solnedgang, aftenrøde
やけん 野犬(迷い犬) bortrømt hund (宿なし犬) herreløs/husvild hund
やこうれっしゃ 夜行列車 nattog
やさい 野菜 grøn〔t〕sager, vegetabilier (pl.) —を作る dyrke/avle grøntsager —の促成(温室栽培) drivhus dyrkning —畑(家庭用) køkkenhave —サラダ råkostsalat (根菜) rodfrugter (pl.)
やさし・い 易しい let, simpel, nem (明白な) klar, tydelig —く let, simpelt —くする lette (やわらげる) mildne, lindre
やさし・い 優しい blid, mild (愛情のある) øm, skånsom (温和な) sagtmodig, mild, fredsommelig (親切な) venlig, velvillig —く ømt, blidt, mildt
やし 椰子 〈植〉(樹) palme —の実 kokosnød
やじ 野次 hån, spot
やしき 屋敷 fornemt hus, residens
やしなう 養う(養育する) opfostre (扶養する) underholde, ernære, forsørge (養子にする) adoptere (手助けする) understøtte

やしゅう 夜襲 natangreb

やじゅう 野獣 vilddyr, bæst —のような brutal, rå ―性 brutalitet, råhed

やしん 野心(野望) ambition, ærgerrighed （悪計）lumsk plan —のある ambitiøs, ærgerrig （陰謀的な）lumsk, forræderisk （いかがわしい）fordægtig —を抱く være ærgerrig

やす・い 安い(安価な) billig （質素）tarvelig ―く billigt, til en lav pris （特売する）realisere, sælge til underpris

やすい 易い(容易な) let （簡単な）simpel, enkel やり— let at gøre (…しがちである) være tilbøjelig til at

やすうり 安売り billigt salg, billigt tilbud

やすね 安値 lav pris —の billig （無価値の）værdiløs

やす・み 休み(休息) hvile （休日）ferie 今日は—みです have fri i dag （閉店中）Lukket （欠席）fraværelse, fravær —み時間 frikvarter, pause —みなく uden afbrydelse, stadig —む(休息する) hvile [sig]（中断する）afbryde （欠席する）være fraværende （休憩する）holde pause fra （寝る）sove, gå i seng, gå til sengs 体を—める lade hvile sig

やすもの 安物 ngt. billigt

やすらか・な 安らかな fredelig, fredfyldt, rolig （平静な）stille —に fredeligt （平静に）stille

やすり 鑢 fil （おろし金）rasp

やせい 野生 vildskab, utæmmethed —の vild, utæmmet —植物 vild[t] voksende plante/vækst

やせがまん やせ我慢 overdreven tålmodighed/udholdenhed

やせ・る （人が）tabe i vægt, tabe sig, blive tynd/mager （土地が）blive steril/ufrugtbar —た tynd, mager （土地の）steril, ufrugtbar, mager —ようと努力する gå/være på afmagring[skur]

やたらに 矢鱈に(無差別に) uden forskel, på må og få （乱暴に）hensynsløst, voldsomt （考えなく）

utænkeligt, uklogt（盲滅法に）blindt（過度に）overdrevent
やちん 家賃 husleje
やつ 奴 fyr　いやな— anstødelig fyr
やっかい 厄介(面倒) besvær, vrøvl, bryderi（世話）varetagelse, omhu —な besværlig, brydsom —になる（世話になる）varetages, stå under beskyttelse af —をかける forårsage ngn. besvær
やっきょく 薬局　apotek, farmaceut
やってくる やって来る　ankomme
やってみる　forsøge, gøre et forsøg på
やっと（ついに）endelig, til sidst, til slut（かろうじて）knap〔og nap〕, knebent（なんぎして）med vanskelighed/møje
やっとこ 鋏　knibtang, tang
やっぱり　→やはり
やつれている　være forslidt/udtæret
やど 宿(宿屋) kro, værtshus（宿舎）logi（ホテル）hotel —帳 gæstebog —る overnatte ved
やと・い 雇い(雇用) ansættelse —い人 ansat, lønmodtager, medarbejder —い主 arbejdsgiver 臨時—い midlertidig ansat（代役）vikar —う ansætte, antage（船員などを）forhyre（小作に）fæste —われている være ansat
やとう 野党 oppositionsparti —議員 oppositionspolitiker
やとう 夜盗 indbrudstyv
やどかり 〈魚〉eremitkrebs
やどなし 宿無し hjemløs person（浮浪者）vagabond, lazaron, løsgænger（放浪者）vandrer —犬 herreløs/husvild hund
やどや 宿屋 kro, værtshus —を経営する holde kro/værtshus
やどりぎ 寄生木 〈植〉mistelten
やなぎ 柳 〈植〉pil〔etræ〕 —ごうり/かご vidjekurv —腰 slank figur, smækker om livet　ねこ— pil
やに 脂(木の) harpiks（煙草(たば)の）nikotin（眼の）

udflåd/slim fra øje
やぬし 家主(男)〔hus〕vært (女)værtinde
やね 屋根 tag …で—をふく belægge et tag〔med tegl〕 …に—をふく lægge tag på〔hus〕 —がわら tagtegl, tagsten —裏部屋 loft
やはり 矢張り(…もまた) også, desuden, ligeledes (それでもなお) alligevel, endda, ikke desto mindre (ずっと・一定して) stadig (結局) til slut, til sidst, endelig
やはん 夜半 midnat —に ved midnat
やばん・な 野蛮な vild, barbarisk —人 barbar
やひな 野卑な vulgær, gemen, nedrig
やぶ 藪 busk, krat —から棒に pludselig, uventet —医者 kvaksalver, charlatan
やぶ・る 破る(裂く) rive〔over/itu〕 (紙などを) flænge (鯨などを) flænse (破壊する) ødelægge, destruere, hærge (違反する) overtræde, bryde (約束・契約などを) bryde〔aftale〕(記録を) slå rekord (沈黙を) bryde tavsheden (負かす) besejre —れ目 (裂け目・割れ目) revne, spalte —れる(裂ける) blive revet over (こわれる) blive brudt (負ける) besejres (値を下げる) nedsætte (すり切れる) slide〔op〕(交渉が) afbryde, strande
やぶれる 敗れる tabe〔mesterskab〕til, miste
やぶんに 夜分に om aften
やぼな 野暮な(ぶざまな) kejtet, kluntet (田舎風の) bondsk (粗野な) grov (センスのない) sanseløs, ufølsom
やま 山(山岳) bjerg, fjeld (丘陵) høj, bakke, fjeld (積み重ね) stabel, bunke (頂上) top, fjeldtinde —の背(尾根) bjergryg (坂) skrænt (物事の絶頂) højdepunkt, klimaks (投機) spekulation —のような bjergrig, klippefuld —をかける tage en chance, gøre et forsøg på at
やまあらし 〈動〉hulepindsvin
やまい 病 sygdom, syge, onde (発作) anfald (伝染病) epidemi (発熱) feber

やまかじ 山火事　skovbrand
やまくずれ 山崩れ　jordskred
やまぐに 山国　bjergrig område, kuperet landskab
やまごや 山小屋　〔alpe〕hytte, sæterhytte
やまたかぼう 山高帽　bowler〔hat〕
やまのぼり 山登り　bjergbestigning
やまびこ 山彦(こだま)　ekko, genlyd
やまみち 山道　bjergsti, fjeldsti, bjergpas
やまやま 山々　bjerge
やみ 闇(暗黒)　mørke　―市 den sorte børs　―商人 sortbørshandler, sortbørsgrosserer　―にまぎれて under beskyttelse af mørke
やむ 止む(止まる)　stoppe (中止する) standse (終わる) slutte, ende, ophøre (済む) overstå (静まる) (気分が) berolige sig (喉の渇きなどが) stille af (雨・音などが) aftage, dø bort
やむをえ・ない 止むを得ない(必要な)　nødvendig (避けられない) uundgåelig　―ず nødvendigvis, uundgåeligt　それは―ません det er uundgåeligt at, man kan ikke gøre ngt. ved at (いやいやながら) modvillig, uvilligt
やめる 止める(中止する)　standse, holde op med (断念する) opgive, afstå 〔fra〕 (断つ) bryde af (廃止する) stoppe (終りにする) afslutte
やめる 辞める(辞職する)　afgå 〔på〕, træde tilbage
やもめ 寡婦(未亡人)　enke　―暮らし enkestand　男― enkemand
やや i nogen grad
ややこしい besværlig, møjsommelig
やり 槍　spyd (騎兵の) lanse　―投げ spydkast〔ning〕
やりすごす やり過ごす　vente til ngn. går forbi
やりとり やり取り　give og tage (言葉の) ordveksling
やりなおす やり直す　gøre om, forsøge igen (改めて) starte på ny
やれやれ (間投詞)　ak, ve!

やる 遣る(与える) give 〔til〕, skænke 〔bort〕, dotere (賦与する) begave med, forlene med (送る) sende, ekspedere (実行する) gøre, gennemføre (試みる) forsøge (演じる) spille, optræde (開催する) holde 〔sammentræde〕(経営する) drive forretning (勉強する) studere, lære selv

やわらか・い 柔らかい(柔軟な) blød (しなやかな) bøjelig (穏やかな) blid, mild (おとなしい) sagtmodig (静かな) stille —くする blødgøre, mildne (落ちつかせる) berolige

やわら・ぐ 和らぐ mildnes, blive blødere (落ちつく) blive beroliget, berolige sig, trøste sig, falde til ro (風などが) stilne af, bedage sig —げる(苦痛などを) lette, stille, mildne

やんちゃな drillesyg, drillevorn

ゆ

ゆ 湯 varmt vand (温泉) varm kilde, helsekilde (風呂) bad (風呂に入る) tage bad —を浴びる overhælde sig med varmt vand

ゆいいつ・の 唯一の den eneste —無二の enestående

ゆいごん 遺言 testamente, sidste vilje —を残す gøre/oprette testamente, testamentere

ゆいぶつ・てきな 唯物的な materialistisk —論/主義 materialisme

ゆう 言う(話す) sige, tale (語る) udtale, berette (述べる) anføre, ytre, redegøre (言明する) forklare …と—(名である) hedde …といわれている blive kaldt —までもない det siger sig selv …とか— et eller andet …をよく/悪く— tale godt/dårligt om …と—ような sådan som

ゆう 優(採点で) udmærket (抜群の成績) udmærkelse

ゆういぎな 有意義な betydelig, meningsfuld, meningsfyldt

ゆううつ 憂うつ melankoli, depression, tungsind —な melankolsk, tungsindig, dyster

ゆうえき 有益 gavn, nytte, udbytte —な gavnlig, nyttig, udbytterig, velgørende（有用な）anvendelig, nyttig（健全な）sund, karsk（教育的な）instruktiv, lærerig（有利な）profitabel, lønsom

ゆうえつ 優越 overlegenhed （最高位）overhøjhed（至上権）overlegenhed —した overlegen, overmægtig（尊大な）hovmodig —する overtræffe —感 overlegenhedsfølelse

ゆうえんち 遊園地 legeplads, forlystelsessted, tivoli

ゆうかい 誘拐 kidnapning, barnerov（誘拐者）barnerøver, kidnapper —する kidnappe, røve

ゆうがいな 有害な skadelig, fordærvelig（有毒な）giftig（危険な）farlig（不健全な）usund

ゆうかしょうけん 有価証券 〔børs〕værdipapir

ゆうかぜ 夕風 aftenvind

ゆうがた 夕方 aften〔stid〕, skumring, mørkning —に ved aftenstid —になる det skumrer, det begynder at mørkne

ユーカリ 〈植〉eukalyptus

ゆうかん 夕刊 aftenudgave af avis, aftenavis

ゆうかん 勇敢 tapperhed, mod, dristighed —な tapper, modig, dristig

ゆうき 勇気 mod, tapperhed（大胆）dristighed —のある modig, tapper, dristig —のない bange, kujonagtig —をつける opmuntre, oplive —をくじく afskrække, gøre modfalden

ゆうぎ 遊戯 leg, spil（運動）idræt, sport（娯楽）fornøjelse, morskab, glæde —場 legeplads

ゆうぎ 友誼 venskab, kammeratskab

ゆうき・てきな 有機的な organisk —化学 organisk kemi

ゆうきゅう 遊休〔資材〕ubenyttet materiale

ゆうきゅうきゅうか 有給休暇 betalt fridag/ferie

ゆうきょういんしょくぜい　遊興飲食税　forlystelsesskat

ゆうぐれ　夕暮れ　skumring, mørkning

ゆうけんしゃ　有権者　stemmeberettiget　—リスト valgliste

ゆうげん・の　有限の　begrænset, indskrænket　—会社 aktieselskab med begrænset ansvar

ゆうこう　友好　venskab, kammeratskab

ゆうこう　有効　gyldighed, gangbarhed（合法）lovlighed（薬などの）effektivitet, virksomhed　—な gyldig, gangbar, gældende（合法的な）lovlig（薬などの）virkningsfuld, virksom, effektiv

ゆうごう　融合　fusion, sammensmeltning（融和）harmoni, enighed, forståelse（一致）overensstemmelse, samstemmighed　—する sammensmelte, harmonisere, stemme overens med

ユーゴスラビア　Jugoslavien　—人 jugoslav〔er〕　—の jugoslavisk

ゆうごはん　夕御飯　aftensmad, aftensmåltid

ゆうざい・の　有罪の　skyldig　—の宣告をする dømme én skyldig

ゆうさんかいきゅう　有産階級　de besiddende〔klasser〕

ゆうし　有志　frivillig　—の af egen drift/vilje

ゆうし　勇士　tapper mand

ゆうし　融資　finansiering, udlån（貸し付け）lån　—する finansiere

ゆうしいぜんの　有史以前の　forhistorisk

ゆうしゅう　優秀　fortræffelighed, overlegenhed　—な meget dygtig, fremragende, fortræffelig, overlegen

ゆうしょう　優勝　mesterskab, førsteplads（勝利）sejr　—する vinde et mesterskab　—カップ mesterskabspokal　—旗 mesterskabsflag

ゆうじょう　友情　venskab, venlighed

ゆうしょく　夕食　aftensmad, aftensmåltid

ゆうしょく・の　有色の　farvet　—人 de farvede　—人

種 farvet race
ゆうじん 友人 ven （仲間）kammerat （知人）bekendt （女友達）veninde
ユースホステル vandre〔r〕hjem
ゆうせい 遊星（惑星）planet
ゆうせい 優勢 forspring, overlegenhed —な dominerende, overlegen
ゆうぜい 遊説 valgkampagne, stemmehvervning （戸別訪問）husagitation —する føre valgkamp
ゆうせいがく 優生学 eugenik, racehygiejne —的な eugenisk, racehygiejnisk
ゆうせいしょう 郵政省 postministerium, Postvæsen
ゆうせん 優先 præference, prioritering —して foretrukket, prioriteret højere end ngt., forud for ngt. —する foretrække, prioritere —権 præference, privilegium, fortrin〔sret〕, prioritet —権を与える give en/ngt. fortrinet
ゆうそう 郵送 forsendelse —する 〔af〕sende med posten —料 porto —無料の/で portofri〔t〕
ゆうたい 勇退 frivillig tilbagetræden —する træde frivilligt tilbage
ゆうたい 優待 særbehandling, begunstigelse —券 fribillet
ゆうだい 雄大 pragt, herlighed —な pragtfuld, herlig, storslået
ゆうだち 夕立 regnskyl, regnbyge, øsende regn —雲 regnsky
Uターンさせる vende
ゆうづう 融通 fleksibilitet, bøjelighed, smidighed —のきく fleksibel, bøjelig, smidig
ゆうづき 夕月 aftenmåne
ゆうてん 融点 smeltepunkt
ゆうとう・の 優等の udmærket, fortræffelig, overlegen —生（クラスで一番の子）duks
ゆうどくな 有毒な giftig （有害な）skadelig, fordærvelig
ユートピア utopi

ゆうのうな 有能な dygtig, begavet, habil, kapabel
ゆうはん 夕飯 aftensmad, aftensmåltid
ゆうひ 夕日 aftensol, nedgående sol, solnedgang
ゆうび 優美 elegance, smagfuldhed, chik —な elegant, smagfuld, chik, smart
ゆうびん 郵便 post —葉書 postkort —料 porto —を出す poste —で送る 〔af〕sende med posten —切手〔post〕frimærke —切手収集家 frimærkesamler —局 postkontor —為替 postgiro —番号 postnummer —屋/配達人 postbud —配達 postombæring, aflevering —ポスト postkasse —受け(家庭用) brevkasse
ゆうふくな 裕福な rig, formuende, velhavende
ゆうべ 夕べ(夕方) kvæld, aften (昨夜) i nat, i går aftes, sidste nat
ゆうべん 雄弁 veltalenhed, velartikulerethed —な veltalende, velartikuleret —家 veltalende offentlig person
ゆうぼうな 有望な lovende, håbefuld, løfterig
ゆうぼくみん 遊牧民〔族〕 nomade〔folk〕 —の生活 nomadeliv
ゆうめい・な 有名な berømt 〔for〕, velkendt 〔fra〕 (悪名高い) notorisk, berygte —になる blive berømt/velkendt —人 berømt/velkendt person —無実の nominel, ubegrundet, grundløs
ユーモア humor, vid —のある humoristisk, spøgefuld (面白い) morsom —のセンスがある have humoristisk sans
ゆうやけ 夕焼 aftenrøde, efterglød, efterglans
ゆうよ 猶予(延期) udsættelse, udskydelse (支払いの) frist, henstand, respit (遅延) forsinkelse, tøven, opsættelse —する(延期する) udsætte, udskyde (遅延を許す) tillade forsinkelse/tøven/opsættelse
ゆうらん 遊覧 udflugt, ekskursion (回遊旅行) rundtur —する se på seværdighed, gå/køre på sightseeing (周遊する) turnere —客 turist —バス udflugtsbus
ゆうり・な 有利な(利益になる) profitabel, lønsom

ゆうりょう 有料 ngt. man må betale for brugen af ―である være ikke gratis ―の betalings ―駐車場 parkeringsplads〔ikke gratis〕 ―道路 vej hvor man skal betale vejpenge

ゆうりょく・な 有力な indflydelsesrig, magtfuld （一流の） førsteklasses, ledende, prima （議論など） toneangivende（証拠など）overbevisende, overtydet〔om〕 ―者 indflydelsesrig person

ゆうれい 幽霊 spøgelse, genganger, genfærd, fantom

ゆうわ 融和 forlig, forsoning, harmoni ―する forlige sig, forsone, harmonisere

ゆうわく 誘惑 fristelse （女性への）forførelse ―する friste, lokke, forlede（女を）forføre

ゆえ 故 （理由）grund, anledning （原因）årsag, grund, anledning（事情）omstændighed, forhold ―に følgelig, derfor, således それ―に og derfor, eftersom: på grund af, i anledning af

ゆか 床 gulv ―を張る lægge gulv ―を掃く feje gulv ―板 gulvbræt ―下暖房 gulvopvarmning

ゆかい 愉快 glæde, henrykkelse, fryd, fornøjelse ―な glad, lykkelig, jublend, fornøjelig, behagelig, herlig ―に gladelig, fornøjet, i fryd og gammen

ゆがみ 歪み belastning

ゆがめる 歪める forvride, fortrække（意味・事実を）forvanske（顔を）skære grimasser（迷わす）forlede（曲げる）bøje

ゆき 雪 sne （降雪）snefald ―で覆われた snedæk-〔ke〕t ―が降る det sner〔til〕―が解ける det tør ―だるま snemand ―合戦 sneboldkamp ―解け tø（吹雪）snestorm（雪崩）sneskred ―の吹きだまり snedrive

ゆきき 行き来(往来) trafik, færdsel, kommen og gåen（交際）samvær, omgang ―する trafikere, komme og gå（…と交際する）omgås

ゆきさき 行き先 bestemmelsested, destination
ゆきすぎる 行き過ぎる(通過する) forbigå, passere (度を過ごす) gå over alle grænser, det er overdrevent
ゆきとどいた 行き届いた betænksom, omhyggelig, omsorgsfuld
…ゆきの …行きの med retning mod 羽田—飛行機 flyet til Haneda
ゆく 行く gå, komme (訪ねる) besøge, opsøge, visitere (出席する) være til stede, være nærværende (偉い人が臨席する) overvære (参加する) deltage (…に向って去る) tage 〔et tog〕 til 〔Tokyo〕
ゆくえ 行く方 opholdssted (行き先) destination, bestemmelsested —不明の forsvunden —をくらます forsvinde sporløst
ゆげ 湯気 damp, dunst —を出す/たてる dampe, dunste bort
ゆけつ 輸血 blodtransfusion
ゆしゅつ 輸出 eksport —する eksportere —品 eksportvare —助成金 statsstøtte til eksport
ゆする 揺する ryste, svinge (肩を) trække på skuldrene
ゆす・る 強請る aftvinge/afpresse én penge (脅迫する) true (もぎ取る) fravriste —り pengeafpresning
ゆずる 譲る(譲渡する) overlade 〔til〕, afstå (手放す) overdrage, afhænde (与える) give, forlene, skænke (売る) sælge, afhænde, afsætte (譲歩する) indrømme, afstå
ゆせい 油井 oliekilde
ゆそう 輸送 transport, befordring —する transportere, befordre —手段 transportmiddel —機 transportflyvemaskine
ゆそう 油槽 olietank —船 〔olie〕tankskib
ゆたか・な 豊かな(豊富な) formuende, righoldig, rigelig (富んだ) rig, velhavende, formuende —に rigelig〔t〕
ユダヤ (地名) Judæa (パレスチナの古い王国) Juda

〔rige〕 —人(男) jøde (女) jødinde —人の jødisk —教会 synagoge

ゆだん 油断(不注意) uforsigtighed, uagtsomhed (軽率) tankeløshed, letsindighed (不用意) uforberedthed —する være tankeløs/uforsigtig, ikke tage sig i agt (警戒を怠る) forsømme advarsel, være uopmærksom —したすきに i et ubevogtet øjeblik

ゆたんぽ 湯たんぽ varmedunk

ゆっくり (そろそろ) langsomt (少しずつ) lidt efter lidt (気長に) mageligt, sagte (静かに) stille —する (仕事など) tage sig god tid (自分が) føle sig hjemme (時間をつぶす) få tiden til at gå (訪問して) opholde sig længe

ゆで・る 茹でる koge —卵 kogt æg

ゆでん 油田 oliefelt

ユニットキッチン elementkøkken

ユニホーム uniform —を着る bære uniform

ゆにゅう 輸入 import, indførsel —する importere, indføre —品 importvare —許可 indførselstilladelse —関税 indførselstold

ユネスコ Unesco

ゆび 指(親指以外の手の) finger 親— tommel〔finger〕 人差し— pegefinger 中— langfinger 薬— ringfinger 小— lillefinger —先 fingerspids 足の—tå —差す pege〔på〕 —輪〔finger〕ring 親—だけ別の手袋・ミトン vante

ゆみ 弓 bue (弦楽器の) bue〔strøg〕 —矢 bue og pil (弓(きゅう)術) bueskydning —を放つ skyde af en pil —を引く(反乱する) revoltere, gøre oprør

ゆめ 夢 drøm (幻想) illusion, drømmebillede —を見る drømme —のような drømmende

ゆめうつつ 夢現 ekstase, henrykkelse —の henrykt, slumrende —に henrykt, i slummer

ゆめうらない 夢占い drømmetydning

ゆゆしい 由々しい alvorlig, alvorsfuld

ゆらい 由来(起源) oprindelse, afstamning, begyn-

delse, ophav（来歴）historie, forløb（出所）kilde, udspring ─する stamme fra, hidrøre fra
ゆらぐ 揺らぐ svinge, gungre, svaje, vaje （灯火が）flakke （旗などが）vaje, flagre, vifte
ゆり 百合〈植〉lilje
ゆりいす 揺り椅子 gyngestol
ゆりかご 揺り籃 vugge, visse
ゆるい 緩い løs, slap （寛大な）generøs, storsindet, gavmild（遅い）langsom（傾斜が）svag〔hældning/skråning〕
ゆる・す 許す(許可する) tillade, bevilge, give forlov（免除する）undtage, befri for, give dispensation, eftergive（容赦する）forlade, tilgive（大目に見る）overse（認める）godkende, erkende（罪などを）bekende（放免する）befri, slippe（信頼する）fortrøste sig〔til〕, lide på ─し(許可) tilladelse, forlov（免許）licens（免除）dispensation, eftergivelse（容赦）forladelse, tilgivelse
ゆる・む 緩む・弛む blive løs, løsne sig, gå løs （結び目が）gå op（寒気が）blive mildere（痛みなどが）mildnes（心などが）koble af, slappe af, blive beroliget ─める løsne（心を）lette sit hjerte（圧力など）mildne（速度を）sagtne/mindske〔farten〕（結び目を）løse（和らげる）lindre
ゆるやかな 緩やかな løs, slap （気分が）afspændt（寛大な）generøs, gavmild, rundhåndet（遅い）langsom（傾斜が）svag〔hældning/skråning〕
ゆれ 揺れ rysten, rystelse, skælven （振動）vibration, dirren（車の）stød, bump（船の縦揺れ）duvning（横揺れ）rulning, slingring（炎などの）flakkende ─る ryste, skælve, svinge（振動する）vibrere, dirre（車が）skrumple, gungre（船が縦揺れする）duve, hugge（横揺れする）rulle, slingre（揺り椅子など）gynge（炎などが）flakke
ゆわかしき 湯沸し器 vandvarmer （温水槽）varmvandsbeholder

よ

よ 余(以上) over, mere end （残り) rest
よ 世・代(世間・現世) verden　あの— anden verden
よあかしする 夜明かしする　våge, sidde oppe hele natten
よ・あけ 夜明け daggry　—が明ける dagen gryr
よい 良い god, i orden (立派な) fin, udmærket, fortræffelig, overordentlig (よくできる) dygtig, begavet (器用な) fiks, behændig (美しい) vakker, smuk (適当な) passende, hensigtsmæssig (望ましい) ønskelig, ønskeværdig (ためになる) velgørende, gavnlig (健康によい) sund, rask (有利な) fordelagtig, tilrådelig (親切な) venlig, gunstig …しても— må, kan, få …した方が— turde
よい 酔い beruselse, fuldskab　船— søsyge　車— køresyge　飛行機— flyvesyge　—が回る beruse sig, blive drukken　—がさめる blive ædru/nøgtern
よいのみょうじょう 宵の明星　aftenstjerne
よいん 余韻(音曲の) efterklang, genlyd (鐘などの) genlyd, tilbagekastning (あと味) eftersmag　—のある genlydende, tilbagekastende, fortonende
よ・う 酔う(酒に) blive beruset, blive drukken (船に) blive søsyge (車に) blive køresyge (飛行機に) blive flyvesyge　—っていない(しらふの) ædru, nøgtern
ようい 用意(準備) forberedelse (手配) arrangement, anordning (用心) forsigtighed (たくわえ) forråd　—する forberede〔på〕, anordne, præparere, berede
ようい 容易 lethed, enkelhed (簡単な) enkel, let, fordringsløs　—に let, med lethed
よういく 養育 opfostring　—する opfostre, tage sig af

ようが 洋画 maleri i vesterlandsk stil, vestligt maleri（外国映画）udenlandsk film, vestlig film
ようかい 溶解 opløsning （融解）smeltning
ようがさ 洋傘 paraply
ようがん 溶岩 lava ―流 lavastrøm
ようき 容器（コンテナ・タンク）beholder, bassin, tank（たる）tønde（おけ）balje（びん）flaske ―の口 åbning, mund
ようき 陽気（天候）vejr （時候）årstid, sæson（気分）humør （快活）munterhed, livlighed ―な glad, munter, livlig ―に glad, livligt
ようぎ 容疑 mistanke ―者 en mistænkt
ようきゅう 要求（要望）anmodning, krav, forlangende（嘆願）bøn（請求）fordring（欲求）begær, attrå ―する anmode〔om〕, kræve, forlange（請う）bede om ―に応ずる imødekomme, bifalde, samtykke
ようぎょう 窯業 keramisk industri
ようきょく 陽極〔板〕anode
ようけいじょう 養鶏場 hønseri, hønsegård
ようけん 用件 ærinde, sag, affære, besked
ようご 用語 term（名・名称）betegnelse ―集/法 terminologi, fagsprog （語彙（ ）） ordforråd, gloseforråd
ようご 養護（看護）pleje （配慮）omhu, omsorg（病人の）sygepleje（老人の）ældrepleje ―学級 klasse for svagbørn/sinker
ようご 擁護（保護）beskyttelse, forsorg, patronat
ようこう 洋行 rejse til udlandet ―帰り tilbagerejse fra udlandet
ようこう 要項 vigtige/væsentlige punkter （概要）sammendrag, sammenfatning
ようこう 陽光 solskin, solstråle
ようこうろ 溶鉱炉 smelteovn （るつぼ）smeltedigel
ようさい 要塞 befæstning ―地帯 befæstet støttepunkt（とりで）fæstning, skanse
ようさん 養蚕 silkeavl ―家 silkeavler ―業 silkeindustri（かいこ）silkeorm

ようし 容姿 figur, udseende —の端麗な stilig, stilfuld, elegant, pæn

ようし 養子 adoptivbarn （義理の息子）svigersøn —に行く blive adopteret —にする adoptere —にやる bortadoptere

ようし 陽子 proton

ようし 要旨 sammendrag, sammenfatning

ようじ 幼児 spædbarn

ようじ 用事 ærinde, job, affære （仕事）syssel（義務）forpligtelse —がある have ngt. at lave, have et ærinde —を済ませる afslutte et ærinde

ようじ 楊枝(つまようじ) tandstikker （歯ブラシ）tandbørste

ようしき 様式 form, måde, væsen, stil

ようしきの 洋式の i vestlig stil

ようしゃ 容赦 tilgivelse, benådning, forladelse —する tilgive, benåde, forlade —なく nådesløst, hensynsløst

ようしょ 洋書 vestlig bog, bog på vestligt sprog

ようじょ 養女 adoptivdatter （養子）adoptivbarn

ようじょう・する 養生する tage vare på sig, tage vare på sin helbred （病後に）rekreere sig —法 hygiejne

ようしょく 洋食 vestlig mad

ようしょく 養殖(動物の) avl （植物の）kultivering, dyrkning （魚の）fiskeopdræt —場(飼育場) avlsgård

ようじん 用心 forsigtighed, varsomhed —深い forsigtig, varsom, omhyggelig, skånsom —深く forsigtigt, varsomt, omhyggelig —する være forsigtig

ようす 様子(状態) tilstand, situation, omstændighed（外見）udseende, ydre （態度）holdning, attitude, pose （案件などに対する）indstilling （兆候）varsel, forbud, symptom

ようすい 用水 vand der bruges〔til vanding〕

ようする 要する(必要とする) behøve （要求する）kræve

ようするに 要するに(簡単に言えば) i korthed, kort

sagt（結局）til slut, til sidst, omsider
ようせい 養成(訓練) træning, øvelse, oplæring （涵養）〔ud〕dannelse —する træne, øve, undervise, oplære
ようせい 陽性 positivitet
ようせい 妖精 fe 小— alf, ellepige
ようせき 容積(体積) volumen, rumfang （容量）kapacitet
ようせつ 溶接 svejsning —する svejse
ようそ 要素 vigtigt element, vigtig bestanddel, faktor（不可欠な）uundværlig, nødvendig, umistelig
ようそう 洋装 vestlig påklædning, påklædning i vestlig stil
ようそう 様相 fase, tilstandsform
ようだい 容態 patients tilstand
ようち 幼稚 barnlighed —な(子供じみた) barnlig（簡素な）beskeden, tarvelig —園 børnehave, børnehjem（保育園）daghjem
ようちゅう 幼虫 larve （虫）orm, maddike
ようてん 要点 hovedpunkt, kernepunkt
よう・な 様な(様子) som, såsom （種類・程度）sådan som, så ... at —に(様子) som om （目的）for at —に見える(思われる) se ud〔som om〕
ようねん 幼年 barndom —時代 barndomsdage, spædbarnsalder —洗礼 barnedåb
ようび 曜日 ugedag 何—か? hvilken dag i ugen er det?, hvilken ugedag?
ようひん 洋品 varer/tøj fra Vesten, herreekvipering —店 butik som handler med tøj fra Vesten, herreekviperingshandler
ようふう 洋風 vestlig stil
ようふく 洋服 vestligt tøj （スーツ）klædning —だんす klædeskab —かけ knage, knagbræt, knagerække, bøjre (衣裳室) garderobe —屋(人) skrædder (店) skrædderi, skrædderbutik
ようぶん 養分 næring, næringsstof
ようへい 傭兵 lejesoldat —隊 lejetropper

ようほう 用法 brugsmåde —書 brugsanvisning
ようぼう 要望 efterspørgsel, forespørgsel, fordring, krav（希望）ønske, begær —する fordre, kræve, ønske, begære
ようぼう 容貌 udseende, ansigtstræk
ようま 洋間 værelse i vestlig stil
ようむいん 用務員（学校の）skolebetjent
ようもう 羊毛 uld —の ulden —風の uldagtig, uldet
ようやく 漸く（次第に）gradvis, trinvis, efterhånden（ついに）endelig, sluttelig（かろうじて）knap〔og nap〕（わずかに）blot, bare
ようやく 要約 sammendrag, sammenfatning, resumé —する sammenfatte, sammendrage
ようりょう 要領（要点）hovedpunkt, kernepunkt, sagens kerne（概略）sammendrag, sammenfatning（こつ）kneb, trick —のよい skarpsindig, dreven —の悪い kluntet, akavet
ようりょう 容量 kapacitet （容積）volumen, rummål
ようりょくそ 葉緑素 bladgrønt, klorofyl
ようれい 用例 eksempel, forbillede
ヨーグルト yoghurt
ヨード〔チンキ〕 jod
ヨーヨー yoyo
ヨーロッパ Europa —人 europæer —の europæisk
よか 余暇 fritid, god tid
よかん 予感 forudanelse, fornemmelse —がする have en fornemmelse af at, ane
よき 予期（期待）forventning （希望）forhåbning, håb, ønske —する forvente, se frem til
よぎしゃ 夜汽車（夜行列車）nattog
よきょう 余興 underholdning
よきん 預金 indskud, depositum —する indsætte〔penge〕 —がある have et indestående —を引き出す hæve penge —通帳 bankbog —残高 tilgodehavende
よく 欲（貪欲）gerrighed, grådighed （欲望）begær,

stærkt ønske (切望) længsel (情欲) attrå —の強い/深い gerrig, grådig —のない(私心のない) uselvisk, upartisk

よく 良く(じょうずに) dygtig〔t〕, behændigt (正しく) korrekt, ret, rigtigt (充分に) tilstrækkelig〔t〕, nok, fuldkommen〔t〕(注意して) forsigtigt, omsorgsfuldt (正確に) præcist, nøjagtig〔t〕(多く) meget, særdeles (普通に) sædvanligvis, normalt (かなり) temmelig, lovlig (しばしば) ofte, tit —なる blive bedre, forbedres (病気が) komme til kræfter igen, blive rask, komme sig (天気が) blive klar

よく… 翌… næste, følgende

よくあつ 抑圧 undertrykkelse, betvingelse, tilbageholdelse —する undertrykke, betvinge, tilbageholde

よくし・する 抑止する holde tilbage, forhindre (おどして) afskrække —力 afskrækkelsesvåben

よく・しつ 浴室 badeværelse —槽 badekar (バスタオル) badehåndklæde

よくじつ 翌日 næste dag, dagen efter

よくせい 抑制 kontrol, indskrænkning —する kontrollere, indskrænke (弾圧) undertrykkelse

よくばり 欲張り(人) vindesyg/begærlig person —りな vindesyg, begærlig, grådig

よくぼう 欲望 begær, stærkt ønske, stærk lyst (野望) ambition, ærgerrighed (貪欲) grådighed, gerrighed

よくよう 抑揚(読み方・話し方の) intonation, accent

よくりゅう 抑留 tilbageholdelse, internering —する tilbageholde, internere —所 interneringsanstalt, interneringslejr

よけい 余計 overflod, rigelighed, overskud —な(多過ぎる) overflodig, for megen/mange (不必要な) unødig, unødvendig —に i/for høj grad

よける 避ける(さける) undgå, sky (離れる) holde sig udenfor (道をあける) gøre plads, flytte sig (風雨を) krybe i/søge ly for 〔vind/regn〕

よげん 予言 forudsigelse, profeti, spådom —する

forudsige, profetere, spå —者 profet, spåmand
よけんする 予見する　forudse
よこ　横(側面) side　—腹(山・建物などの) flank (幅) bredde, vidde　—眼 sideblik　—の side-, på siden　—に sidelæns, ved siden af (水平の) vandret, horisontal (水平に) vandret, horisontalt
よこいと　横糸・緯糸　skudgarn, islæt
よこがお　横顔　profil
よこがき　横書　vandret skrift
よこぎ・る　横切る(通りなどを) krydse〔gaden〕　—って tværs over
よこく　予告(通知) forhåndsmeddelelse, tilkendegivelse　—する tilkendegive, meddele　—なしに uden forhåndsmeddelelse
よこしまの　横縞の　stribet på tværs
よこす　寄越す　sende
よごす　汚す gøre beskidt, smudse til　(川など汚染する) forurene　(しみをつける) plette, klatte
よこたえる　横たえる(置く)　lægge ned
よこたわる　横たわる　lægge sig, ligge
よごとに　夜毎に　hver aften, hver nat
よこみち　横道　sidegade, tværgade
よこめ　横目　sideblik　—で見る se sidelæns på
よごれ　汚れ(汚点) plet, stænk　(汚物) smuds, skidt　—る smudse sig til, blive snavset/beskidt, snavse sig til　—た smudsig, snavset, uren, skiden (しみのついた) plettet, stænket　—を取る tage bort pletter, pletrense (ふき取る) viske ud, tørre af
よさ　良さ　fortræffelighed, godhed
よさん　予算 budget, anslåede omkostninger　—案 finanslov (見積り) beregning, kalkulation　—をたてる lægge et budget, budgettere　—を通過させる vedtage budgettet
よしゅう　予習 forberedelse〔til undervisningstime〕　—する forberede sig til time
よじょう　余剰 overskud　—の tiloversbleven　—価値 merværdi

よす 止す hold op〔med〕, undlade
よせざん 寄せ算 addition, summering —をする addere, summere op
よせる 寄せる(近づける) flytte hen til, nærme (集める) samle (加える) addere, summere op (わきへ) lægge til side (手紙を) skrive〔et brev〕til én (攻める) anfalde
よせん 予選(競技の) indledende test —を通過する kvalificeres —で落ちる diskvalificeres
よそう 予想 forventning, forudsigelse —する forvente, forudsige (推測) formodning, gisning (仮定) antagelse
よそおう 装う(着飾る) pryde, pynte (つくろう) give sig udseende af, lade som om, anstille sig
よそく 予測 prognose, forudsigelse —する forudsige, prognosticere
よそ・で 余所で andetsteds —の fremmed, anden, anderledes —者 fremmed
よそみする 余所見する se bort
よそよそしい fjern, fremmed
よだれ 涎 savl —をたらす savle —かけ savlesmæk
よち 予知 forudseenhed —する forudse
よち 余地(あき) 〔ekstra〕plads〔til〕, margen (機械などの遊び) spillerum (チャンス) lejlighed
よつかど 四つ角(街路の) gadekryds (十字路) korsvej
よって følgelig, altså
ヨット yacht, sejlbåd, lystbåd —で遊ぶ sejle, tage ud at sejle —レース kapsejlads
よっぱら・い 酔っ払い(人) fulderik, drukkenbolt —う blive beruset/fuld/drukken
よつんばい 四つんばい på alle fire
よてい 予定 plan, program (手配・準備) anordning, arrangement (見積り) beregning, vurdering —を立てる lægge en plan, planlægge —通りに進む gå efter planen (…のつもりである) jeg har tænkt mig at

よとう 与党 regeringsparti
よなか 夜中 midnat, nattetid —に om natten
よなべ 夜業 natarbejde
よなれ・る 世慣れる have stor erfaring, være verdensklog, være verdsligsindet —た verdensklog, erfaren
よねんなく 余念なく ivrigt, alvorlig〔t〕
よのなか 世の中(世間) verden （人生）livet, tilværelse (時代) tiderne, tidsalder
よは 余波 følgevirkning, effekt
よはく 余白 tom plads, tomt felt （欄外）margen
よび 予備 reserve （準備）forberedelse —の reserveret, forbeholden —校 forberedelsesskole —校生 forberedelsesskoleelev
よびあつめる 呼び集める sammenkalde
よびごえ 呼び声 råb, udråb
よびすてる 呼び捨てる/呼び捨てにする(タイトル・様などつけないで) kalde ved navn
よびだす 呼び出す tilkalde （法廷へ召喚する）〔ind〕stævne, tilsige（電話で, Xさんはいらっしゃいますか？）træffer jeg hr.X?
よびに・いく 呼びに行く råbe på, hente —やる lade hente
よびもどす 呼び戻す tilbagekalde, hjemkalde （本国への召還）hjemkaldelse
よびりん 呼び鈴 dørklokke
よぶ 呼ぶ kalde på （叫ぶ）råbe på （呼びにやる）lade hente （呼びかける）kalde en op efter, råbe efter (あまりよくない意味で) tiltale （招く）invitere, indbyde （ひきつける）lokke, indtage （名づける）benævne, kalde, nævne
よふかし 夜更かし det at blive længe oppe om aftenen —する blive længe oppe〔om aftenen〕
よぶんな 余分な(過剰の) overflødig, overskydende （臨時の）ekstra
よほう 予報 forudsigelse, prognose （予言）spådom —する forudsige（予言する）spå

よぼう 予防 beskyttelse mod ngt., forhindring, forebyggelse, prævention (用心) forsigtighed, vagtsomhed **―する** beskytte sig mod ngt., forebygge, forhindre **―注射** præventiv indsprøjtning/injektion **―接種** vaccinering, vaccination

よほど 余程(大へん) meget, i høj grad (はるかに) vidt

よみおとす 読み落とす overse〔en tekststed〕i læsningen

よみかえす 読み返す genlæse

よみがえる 蘇える(生き返る) genoplive, bringe/komme til bevidsthed〔igen〕(元気をとりもどす) genopfriske (再出発する) genopstå

よみかた 読み方(漢字などの) læsemåde (読書法) læsning og tolkning (読み書き) læsning og skrivning (学課の) læsetid (発音) udtale

よみせ 夜店 salgsbod som åbner om aftener (屋台・露店) stand

よみもの 読み物 læsestof, bøger (pl.) (読本) læsebog

よむ 読む læse (誦する) læse op, recitere (経文などを) messe (即興で読み上げる) improvisere (読み取る・読唇する) aflæse

よめ 嫁(花嫁) brud (妻) hustru, kone 息子の**―** svigerdatter **―にやる** give sin datter〔i ægteskab〕**―に貰う** få en hustru, gifte sig

よやく 予約(座席などの) reservation (商品の) forudbestilling (出版物の) abonnement **―する** reservere, bestille, abonnere, subskribere på **―の再確認** bekræftelse

よゆう 余裕 spillerum (余剰) overskud (余地) margen (時間的な) ledig tid (落ち着き) åndsnærværelse, ro

…より (場所・手紙など) fra (比較) end (以来) siden (以来ずっと) lige siden **―の/に**(近く) nær, tæt på

よりあい 寄り合い(会合) møde, sammenkomst (群

れ) gruppe, samling (家畜などの) hjord
よりかかる 寄り掛る læne sig 〔op ad/til〕 (頼る) henvende sig til, ty til én (信頼する) fortrøste sig til
よりごのみする 選り好みする være selektiv/kræsen/omstændelig
よりそう 寄り添う omfavne, give et knus, trykke sig, kæle for
よりつ・く 寄り付く komme nær, nærme sig —かない hold sig fra (避ける) undvige, undgå
よりどころ 拠り所(根拠) grundlag, basis (動機) bevæggrund (典拠・出典) kilde, oprindelse, kildemateriale —のある(信頼できる) tilforladelig, vederhæftig —のない grundløs, uvederhæftig
よりぬ・く 選り抜く vælge ud, plukke ud —きの udvalgt
よりみち 寄り道(遠回り) omvej (途中停止) ophold
よりわける 選り分ける sortere, vælge ud
よる 寄る(近づく) nærme sig (立ち寄る) aflægge besøg 〔i/hos〕(集まる) mødes, samles (虫などが) sværme, myldre
よる 夜 nat, aften (夕方) kvæld, aftenstid —遅く sent om aftenen
…による 因る(頼る) afhænge af, henvende sig til (信頼する) fortrøste sig til (基づく) være grundet på, grunde sig på (手段に訴える) træffe foranstaltning (原因する) bero på, forårsage (…によって・従って) ifølge, efter (…の理由で) i anledning af, på grund af (…の手段で) ved 〔hjælp af〕, gennem, med (…に応じて) i overensstemmelse
ヨルダン Jordan —人 jordaner —の jordansk
よるべのない 寄る辺のない uden slægt og venner, hjælpløs (見捨てられた) opgivet
よろい 鎧 panser —戸 persienne
よろこ・び 喜び(うれしさ) glæde, fryd (他人の不幸を) skadefryd (有頂天) henrykkelse, begejstring (満足) tilfredsstillelse (祝意) lykønskning —ぶ blive glad, glæde sig —んで(うれしそうに) med glæde/

fornøjelse
よろしい (良い) god, i orden （気にしないで）bryd dig ikke om det （…してもよい）kan, få, må
よろしく 宜しく(適当に) passende, belejligt, hensigtsmæssigt (伝言) hilse fra mig どうぞー〔tag godt imod mig〕, mig en fornøjelse
よろめく (よろける) stolpre, snuble （異性に）være demoraliseret, begå ægteskabsbrud
よろん 世論(意見) offentlig mening, opinion （感情）offentlig følelse —調査 meningsmåling, opinionsundersøgelse
よわ・い 弱い svag （体が）svagelig（神経質な）sart（やせた）spinkel（傷つきやすい）ømtå〔le〕lig（おとなしい）mild（光・音など）mat（不得意な）dårlig —気 fejhed —虫 svækling, kujon（あわれな奴）stakkel（泣き虫）klynkehoved, tudesøren —音$^{(tt)}$ klynken, klage —める svække（消耗させる）udmatte（価値を落とす）forringe —る svækkes
よわよわしい 弱々しい svagelig, svag, usikker, spinkel
4WD車 fir〔e〕hjulstrækker
よんどころない uundgåelig, ufravigelig （議論の余地のない）ubestridelig

ら

…ら …等(複数形にする)(等々) med mere
らい 来(次の) næste, kommende —週 næste uge … —(以来) siden 昨年— siden sidste år
らいう 雷雨 tordenvejr
ライオン 〈動〉løve （雌の）løvinde
らいきゃく 来客 besøgende, gæst —がある få besøg af
らいげつ 来月 næste måned —の今日 i dag om en måned —の1日 den første næste måned

らいしゅう 来週 næste uge —の今日 i dag om en uge, om otte dage —の月曜日 næste mandag
らいしんし 頼信紙 telegramblanket
ライター lighter, cigar〔et〕tænder
らいちょう 雷鳥 〈鳥〉fjeldrype, rype 黒— urfugl
ライトバン 〔lukket〕varebil, kassevogn
らいにち 来日 det at komme til Japan
らいねん 来年〔度〕 næste år
らいびょう 癩病(ハンセン病)〈病〉spedalskhed
ライむぎ ライ麦 rug —のパン rugbrød —畑 rugmark
らいめい 雷鳴 torden
ライラック 〈植〉syren
ラインがわ ライン河 Rhinen
ラウドスピーカー højttaler
らく 楽 komfort, behagelighed (安堵(あんど)) lettelse —な komfortabel, behagelig, bekvem (邪魔のない) uhindret (容易な) let —に behageligt, uden besvær, uhindret —にする gøre sig det behageligt, gøre ngt. i ro og mag
らくえん 楽園 paradis
らくがき 落書 krusedulle, 〔skødesløs〕 tegne —する tegne kruseduller, smøre
らくさ 落差 faldhøjde
らくじょうする 落城する falde
らくせい 落成 færdiggørelse, fuldbyrdelse —する færdiggøre, fuldbyrde
らくせん 落選(選挙の) valgnederlag (出品の) forkastelse —する(選挙で) tilføjes valgnederlag, tabe en valgkamp (出品が)kasseres, vrages
らくだ 駱駝 〈動〉kamel
らくだい 落第 det at dumpe til prøve/eksamen —する dumpe til prøve/eksamen, blive rejiceret, sidde over (検査に) afslås, afvises —生 oversidder, omgænger —点 dårlig karakter 〔som kan hindre opflytning i næste klasse〕, dumpekarakter
らくたん 落胆 skuffelse, vandgang, modfaldenhed

—する skuffe, blive nedslået —した modfalden, nedslået

らくちょう 落丁 manglende side

らくてん 楽天 optimisme —的な optimistisk —家 optimist

らくのう 酪農 kvægbrug —場 mejeri —製品 mejeriprodukter (pl.) —家(オーナー) mejeriejer —作業者 mejerist

らくばする 落馬する falde af hesten

ラグビー rugby

らくよう 落葉(落ち葉) faldent løv (葉が落ちること) løvfald —樹 løvfældende træ, løvtræ

らくらい 落雷 lynnedslag

ラケット (テニスなどの) ketsjer

…らしい (…の様に見える)...se ud til at, lader til at (…と思われる) tykkes, synes (似ている) som ligner, være ligesom

ラジウム radium —を含む radiumholdig —療法 radiumbehandling

ラジエーター radiator (自動車の) køler

ラジオ radio (受信器) radioapparat —放送 radiospredning —聴取者 radiolytter

ラシャ 羅紗 uldtøj

らしんばん 羅針盤 kompas

らせん 螺旋 spiral, snoning —状の spiralformet —階段 vindeltrappe

らたい 裸体 nøgent menneske —の nøgen, bar —モデル nøgenmodel —主義 nøgenkultur, nudisme —主義者 nudist

らっかさん 落下傘 faldskærm —部隊 faldskærmstropper (pl.)

らっかせい 落花生 〈植〉jordnød

らっかん 楽観 optimisme, lyssyn —主義者 optimist, lysseer, sangviniker —的な optimistisk, lysseende, sangvinsk —する være optimistisk

らっきょう 〈植〉skalotteløg, chalotteløg

ラッシュ tilstrømning, run, rykind —アワー

myldretid
らっぱ 喇叭(軍隊の) signalhorn (楽団の) trompet ―を吹く blæse på trompet, støde i trompeten, trompetere
らっぱすいせん らっぱ水仙〈植〉påskelilje
ラップじん ラップ人 laplænder (この語は軽蔑語とされる), same
ラテンご ラテン語 latin ―の latinsk
ラブ kærlighed ―レター kærlighedsbrev
ラムしゅ ラム酒 rom
らん 蘭〈植〉orkidé
らん 欄(新聞などの) spalte, kolumne ―外の注釈 marginalnote
らんかん 欄干 gelænder, rækværk
らんざつ 乱雑 uorden, roderi ―な uordentlig, kaotisk, rodet, urede ―に i uorden, hulter til bulter, kaotisk
らんし 乱視〈医〉astigmatisme ―の astigmatisk
らんそう 卵巣〈医〉æggestok
ランチ frokost, lunch
らんちょう 乱丁 fejlpaginering
ランドセル rygsæk, ransel
ランナー (走者) løber
らんにゅう 乱入 indtrængen ―する bryde ind, trænge ind
ランプ lampe (電灯) elektrisk lys
らんぼう 乱暴 vold, voldshandling, niddingsdåd ―な voldelig, rå, hård, grov, voldsom ―する gøre vold på, øve vold mod én, voldføre
らんみゃく 乱脈 urede, uorden, virvar
らんよう 濫用 misbrug ―する misbruge

り

り 理 rimelighed, retfærdighed —に合わない absurd, urimelig

リアリズム realisme

リード (歌曲)〈楽〉lied

リール (釣りの) hjul

りえき 利益(金銭上の) profit, vinding, gevinst (便益) nytte, gavn (利点) fordel, fortrin —のある profitabel, fordelagtig

り・か 理科 naturvidenskabeligt fag —学部 naturvidenskabeligt fakultet —科系 naturvidenskabelig linie

りかい 理解 forståelse —力 fatteevne —力のある begribelig, forståelig —のある forstående —する forstå, begribe, fatte

りがい 利害 interesse —得失 fordele og mangler

りきがく 力学 dynamik (機械学) mekanik

リキュール likør

りく 陸 landjord, land

りくあげする 陸揚げする losse

りくうん 陸運 landtransport (運送業者) speditør

りくぐん 陸軍 armé, hær (軍団) armékorps

りくじょうじえいたい 陸上自衛隊 selvforsvarsstyrke til lands

りくじょう・で 陸上で til lands —に i land —競技 atletik, idræt

りくつ 理屈(理論) teori (理由) anledning, grund (道理) ræson (論理) logik (口実) foregivende, udflugt —をこねる være spidsfindig, komme med spidfindighed ヘ— ordkløveri

りくろ 陸路 landvej

りけん 利権 rettigheder (pl.)

りこ 利己 selviskhed —的な selvisk, egoistisk,

egocentrisk —主義 selviskhed, egoisme
りこう 履行 udførelse, opfyldelse, iværksættelse —する udføre, opfylde, iværksætte
りこう・な 利口な(賢い) klog, intelligent, kløgtig (分別のある) fornuftig, intelligent (如才ない) smart, taktfuld —に klogt, fornuftigt
りこん 離婚 skilsmisse —訴訟 skilsmissesag —する skilles, lade skille fra sin mand/hustru
リサイタル 〈楽〉〔solo〕koncert
りし 利子 rente, rentepenge (利率) rentesats, rentefod (利回り) renteafkast 無—の rentefri —がつく give rente ローンの—を払う betale renter
りじ 理事 direktør, bestyrelsesmedlem —会 bestyrelse
りしゅう 履修 afslutning af〔studie/kursus〕—する (これから) beskæftige sig med〔studie/kursus〕(終える) afslutte/gøre færdig med〔studie/kursus〕
りじゅん 利潤 gevinst, fortjeneste —の追求 profitjageri, profitbegær
りしょく 利殖 pengeerhvervelse, at tjene penge
りす〈動〉egern
リスト fortegnelse, liste (在庫目録) inventarliste (専門用語の) nomenklatur —を作成する oprette fortegnelse
リスボン Lissabon
リズム rytme —のある/をつけて rytmisk
りせい 理性〔den sunde〕fornuft, ræson (知性) forstand —的な fornuftig, forstandig, rationel —に訴える appellere til fornuften
りそう 理想 ideal —的な ideal —主義 idealisme —主義的な/に idealistisk —家 idealist —郷 utopi
りそく 利息→りし(利子)
りち 理知 intellekt, forstand, fornuft —的な intellektuel
りつ 率 procentdel, procenter, forhold (頻度) frekvens
りっきょう 陸橋 viadukt, vejbro

りっけん・てきな 立憲的な lovlig, 〔stats〕forfatningsmæssig, retmæssig —政治 konstitutionel regering, grundlovsmæssig regering

りっこうほ 立候補 kandidatur —者 kandidat —する stille sig som kandidat til, kandidere, opstille til valg

りったい 立体(固体) fast legeme, fast stof —映画 tredimensional film —音響 stereofonisk lyd —幾何学 rumgeometri

リットル liter

りっぱ・な 立派な fin, udmærket, excellent, anset (感動的な) imponerende (感心させられる) beundringsværdig (尊敬すべき) respektabel (輝かしい) strålende, glimrende —に fint, udmærket, excellent

りっぷく 立腹 vrede, hidsighed, raseri, indignation —する blive vred 〔over ngt./på én〕, vredes

りっぽう 立方 〈数〉kubus, kubiktal —体 terning —メートル kubikmeter —根 kubikrod

りっぽう 立法 lovgivning —部/権 lovgivningsmagt

りねん 理念 ideal, ideologi, begreb

リハーサル (劇・音楽などの) prøve, indstudering —をする holde prøve

りはつ 理髪 hårklipning, frisering —店(男性向き) barbersalon (美容院) frisørsalon —師(男性向き) barber (女性向き) frisør

リハビリテーション rehabilitering, genoprejsning

りはん 離反(むほん) revolte, oprør (冷淡) ligegyldighed, fjernelse (反感) uvilje —する revoltere, gøre oprør, oprøre

リベート delvis refusion (値引き) nedslag, rabat, prisafslag

りべつ 離別 afsked, farvel (離縁) skilsmisse —する tage afsked med, skilles

リボン bånd, strimmel (勲章の) ordensbånd —のバラ結び roset —を結ぶ knytte et bånd

りまわり 利回り udbytte af investering

リムジン limousine
りめん 裏面 bagside （悪い面）vrang〔side〕（硬貨などの）revers（背景）baggrund ―で/に bagom, bag kulisserne ―での（秘密の）hemmelig, fordækt, lyssky ―工作 manøvre bag kulisserne
リモートコントロール・リモコン （遠方制御）fjernstyring
りゃくご 略語 forkortelse, kortform
りゃくしき 略式 uformelighed, enkelhed ―の uformel, enkel ―で enkelt
りゃくしょう 略称 forkortelse
りゃくす 略す udelade （短縮する）forkorte, afkorte （文章を）parafrasere （要約する）sammendrage （縮小する）nedsætte （取り除く）tage af （制限する）indskrænke （なしですます）undvære
りゃくず 略図（大要）skitse, rids （地図）situationskort
りゃくだつ・する 略奪する røve, plyndre ―者 røver ―品 plyndringsgods
りゃくれき 略歴 kort levnedsbeskrivelse （略伝）kortfattet biografi
りゆう 理由 årsag, anledning （根拠）grund, basis （口実）påskud, undskyldning …の―で af den årsag, på grund af ―づける motivere
りゅう 龍〈動〉drage
…りゅう …流 måde, manér, stil
りゅういき 流域 flodbækken, afvandingsareal
りゅうがく 留学 udlandsophold, studierejse ―する studere i udlandet, tage på studierejse til ―生 en der studerer i udlandet
りゅうかん 流感〈病〉influenza
りゅうこう 流行（はやり）mode （人気）popularitet ―の på mode, moderne （人気のある）populær （広く普及している）udbredt 病気が―している være almindelig udbredt sygdomen, sygdomen ligger udbredt ―作家 populær forfatter/skribent
りゅうこつ 竜骨（船の）køl

りゅうさん 硫酸 svovlsyre —塩 sulfat

りゅうざん 流産〔spontan〕abort —する abortere (中絶)〔provokeret〕abort

りゅうし 粒子 partikel (小片) stykke (粉) pulver

りゅうしつする 流失する blive skyllet bort

りゅうしゅつする 流出する strømme ud

りゅうせい 流星 stjerneskud, meteor (隕(いん)鉄/石) meteor jern/sten

りゅうぜつらん 竜舌蘭〈植〉agave

りゅうせんけい 流線型 strømliniet form, strømlinie

りゅうち 留置 internering, fangenskab —する internere, fængsle

りゅうちょう 留鳥 standfugl

りゅうちょう・な 流暢な flydende —に話す tale flydende

りゅうつう 流通 cirkulation, distribution, gangbarhed (金銭の) omløb —する (金銭が) bringe/sætte penge i omløb, cirkulere —硬貨 gangbar mønt

りゅうにゅうする 流入する munde ud i, strømme ind

りゅうにんする 留任する blive tilbage/stående〔i tjeneste〕, forblive〔i tjeneste〕

りゅうは 流派 skole (宗教上の) sekt

りゅうひょう 流氷 drivis

りゅうほ 留保 forbehold, reservation —する forbeholde, reservere

リューマチ〈病〉reumatisme, gigt —の reumatisk —で悩む lide reumatisme

りゅうよう 流用 omlægning af budget —する omlægge

リュックサック rygsæk (ナップザック) ransel

りよう 利用 anvendelse, benyttelse, udnyttelse —する anvende, bruge —価値 nytteværdi —権 brugsret

りょう 良 (学校の成績の) godt, bestået

りょう 寮 kollegium, sovesal 学生— studenterkollegium —生 kostelev

りょう 量 mængde, kvantitet, volumen —的な

kvantitativ

りょう 猟 jagt（射撃）skydning —をする jagte, skyde —師 jæger —犬 jagthund —銃 jagtbøsse, jagtgevær（獲物）vildt —場 jagtmark

りょう… 両… begge —手 begge hænder —足 begge fødder/ben

りょういき 領域（領土）territorium, terræn（分野）område, fag, felt, sfære（地域）strøg

りょうかい 了解 forståelse〔間投詞〕forstået, javel! —する forstå, begribe

りょうかい 領海 territorialfarvand

りょうがえ 両替 valuta,〔om〕veksling —屋（人）valutahandler（店）vekselkontor, vekselkiosk —する veksle, udveksle〔til〕

りょうがする 凌駕する overtræffe, overgå

りょうがわ 両側 begge sider

りょうきん 料金 afgift, takst —を取る pålægge afgift, lægge en afgift på ngt. —表 tarif, prisliste（無料の）afgiftsfri

りょうくう 領空 luftterritorium

りょうけん 猟犬 jagthund

りょうさん 量産 masseproduktion

りようし 理容師→りはつし（理髪師）

りょうし 漁師 fisker

りょうし 猟師 jæger

りょうじ 領事 konsul —館 konsulat 総— generalkonsul

りょうしき 良識〔den sunde〕fornuft

りょうしつ 良質 ngt. af god kvalitet

りょうしゅう 領収 modtagelse, kvittering —する modtage, kvittere —書/証 kvittering

りょうしょく 糧食 proviant, mad（糧秣（りょうまつ））fourage

りょうしん 両親 forældre (pl.)

りょうしん 良心 samvittighed —的な samvittighedsfuld —の呵責（かしゃく）samvittighedskvaler (pl.), samvittighedsnag

りょうせいるい 両生類 〈動〉 padde
りょうせん 稜線 bjergkam
りょうち →りょうど(領土)
りょうて 両手 begge hænder
りょうど 領土 territorium, område ―の territorial
りょうばの 両刃の tveægget ―剣 et tveægget sværd
りょうほう 両方 begge to (相互の) gensidig (交互に) skiftevis
りょうほう 療法 〔medicinsk〕 behandling/middel
りょうよう 療養(治療) medicinsk behandling, helbredelse (保養) rekreation, genvinding ―する genvinde sit helbred, bevare helbredet, komme sig 〔af sygdom〕, rekreere sig ―所 sanatorium
りょうり 料理(調理) madlavning, kogekunst (料理品) mad, ret ―する lave mad, tilberede (処理する) handle (道具を使って) håndtere ―人 kok ―手伝い(男) kokkedreng (女) kokkepige ―屋 〔japansk〕 restaurant ―の(台所の) kulinarisk
りょうりつ 両立 sameksistens, kompatibilitet
りょかく 旅客 rejsende, turist (乗客) passager ―列車 passagertog ―機 passagerfly, passagermaskine (乗客名簿) passgerliste ―運賃 billetpris
りょかん 旅館 hotel (宿屋) herberg, kro (パブ) værtshus, kro (安宿) logihus ―に宿をとる bo på et hotel
りょくち 緑地 grønt område
りょくちゃ 緑茶 grøn te
りょくないしょう 緑内障 〈病〉 glaukam, grøn stær
りょけん 旅券 pas ―の査証を受ける visere
りょこう 旅行 rejse, tur, færd (短期の) trip, udflugt (漫遊) rundtur, rundrejse (海の) søfærd ―する rejse, foretage en udflugt ―案内〔書〕 rejsehåndbog ―案内所 rejsebureau, turistbureau ―者 rejsende, turist ―保険 rejseforsikring ―カバン rejsetaske 団体― selskabsrejse
りょだん 旅団 brigade

りょてい 旅程(日程) rejseplan
りょひ 旅費 rejseomkostninger, rejsepenge, rejseudgifter (いずれもpl.) (日当) dagpenge
リラ 〈植〉syren (イタリアの旧貨幣) lire
りりく 離陸 start, take-off, flyafgang —する lette, starte
りりつ 利率 rentesats
リレー (競走) stafetløb (電気の) relæ
りれき 履歴 karriere —書 curriculum vitae〔短〕C. V.
りろん 理論 teori —的な/に teoretisk —家 teoretiker —をたてる teoretisere
りん 燐 fosfor —酸 fosforsyra —酸塩 fosfat
りんかく 輪郭 kontur, omrids はっきりした/ぼんやりした— med skarpe/uskarpe konturer
りんがく 林学(森林学) skovteknologi (樹木学) dendrologi
りんかんがっこう 林間学校 friluftsskole
りんぎょう 林業 skovbrug
リンク (スケートの) skøjtebane
リング (ボクシングの) boksering
リンク〔ス〕 (ゴルフの) golfbane
りんご 林檎 æble —の木 æbletræ —酒 æblevin —ジュース æblemost
りんじ・の 臨時の ekstraordinær (仮の) midlertidig, foreløbig (特別の) særlig, speciel —に særlig〔t〕, specielt, ekstraordinært, midlertidig, foreløbig —の仕事 ekstraarbejde —国会 ekstraordinær rigsdagssamling —費 extraudgifter
りんじゅう 臨終 dødsøjeblik —の床にいる ligge på sit yderste
りんしょう 臨床 poliklinik —の klinisk
りんじん 隣人 nabo (隣りの女性) naboerske (隣りの奥さん) nabokone (近所の人々) naboskab 向いの— genbo —愛 godt naboskab
リンス (洗髪時の) hårskyllemiddel
りんせき 臨席 tilstedeværelse, fremmøde —する

りんせつ・の 隣接の tilgrænsende, tilstødende, hosliggende —する grænse til
りんてんき 輪転機 rotationspresse
りんどう 龍胆〈植〉ensian
リンネル linned
リンパせん リンパ腺〈医〉lymfekirtel
りんばん 輪番 rækkefølge, turnus
りんり 倫理 etik, moral —的な/の etisk —学者 etiker
りんりつする 林立する stå tæt

る

るい 類(種類) slags, art, sort (型) type, stil (等級) klasse, grad (比類) jævnførelse —のない uforlignelig, eksempelløs, enestående
るいご 類語 synonym
るいじ 類似 lighed —の lignende, tilsvarende,（同種の）af samme slags —する ligne
るいすい 類推 analogi
るいれい 類例 eksempel, forbillede
ルーブル （ロシアなど旧ソ連の貨幣）rubel
ルーマニア Rumænien —人 rumæner —の/語〔の〕rumænsk
ルーン・もじ ルーン文字 rune —碑銘 runeindskrift
るす 留守(不在) fravær, fraværelse —である være fraværende —番する være alene hjemme og passe på huset —中に under ens fravær —番電話 telefonsvarer
ルネッサンス renæssance —風 renæssancestil
ルビー 紅玉 rubin
るろう 流浪 vagabondliv, omflakken —する vagabondere, føre en omflakkende tilværelse (ぶらつく) streife om, drive omkring, vandre —者 van-

drer, vagabond
ルンペン (浮浪者) landstryger, tramp, vagabond (失業者) de arbejdsløse

れ

れい 例 eksempel (手本) forbillede (場合) fald, tilfæld (慣例) sædvane, vane, brug (先例) præcedens —のごとく sædvanligvis, eksempelvis —外的に usædvanlig —のない eksempelløs —証する illustrere

れい 礼(会釈) hilsen (お辞儀) buk (感謝の) tak —儀(マナー) manerer, opførsel —儀(作法) etikette —儀正しいこと høflighed, artighed 謝— honorar 敬— salut, honnør —を述べる takke (お辞儀する) bukke, gøre et buk (挨拶する) hilse (謝礼を払う) honorere

れい 零 nul

れいえん 霊園(墓地) kirkegård, begravelsesplads

れいか 零下 under frysepunktet —10度 minus 10 grader

れいがい 冷害 skade gennem dårligt/koldt vejr

れいがい 例外 undtagelse —的な/の exceptionel —なく uden undtagelse …を—として med undtagelse af

れいかん 霊感 inspiration, gnist —を受ける inspireres

れいき 冷気 kold luft

れいぎ 礼儀(マナー) manerer, opførsel (作法) etikette, god manerer —正しい høflig, artig —正しいこと høflighed, artighed

れいきゅうしゃ 霊柩車 ligvogn, rustvogn

れいけつ 冷血 koldblodighed —の koldblodig —漢 koldblodig/koldhjertet person —動物 koldblodet dyr

れいこく 冷酷 grumhed, grusomhed, hårdhjertethed ―な grum, grusom, hårdhjertet ―に grumt, grusom

れいこん 霊魂 sjæl, ånd ―の不滅 udødelighed/uforgængelighed af sjælen

れいしき 礼式 formalitet, etikette （儀式）ceremoni〔el〕

れいじてきな 例示的な eksemplificerende

れいしょう 冷笑 spot, hån ―する spotte

れいじょう 令嬢(娘) datter （若い婦人）ung dame （未婚の）frøken

れいじょう 礼状 takkebrev

れいじょう 令状 arrestordre

れいすい 冷水 koldtvand ―浴 koldt bad

れいせい 冷静 stilhed, ro ―な stille, rolig, adstadig （平和な）fredelig （感情など抑えた）behersket ―に stille, rolig, adstadig

れいせん 冷戦 koldkrig

れいぞう 冷蔵 kold lagring ―する opbevare køligt ―庫 køleskab

れいぞく 隷属 underordning （服従）underkastelse ―する underordnes, underkaste sig

れいたん 冷淡 koldsindighed, kølighed （無関心）ligegyldighed ―な koldsindig, kølig （無関心な）ligegyldig ―に køligt, ligegyldig

れいど 0度(氷点) nulpunkt

れいとう 冷凍 nedfrysning ―する nedfryse, nedkøle ―食品 nedfryset mad ―庫 fryser, frysebøsse ―機 fryseanlæg, fryseapparat

れいはい 礼拝 tilbedelse, gudsdyrkelse, andagt ―式 gudtjeneste ―する tilbede, dyrke gud ―式に出席する deltage i gudtjeneste ―堂 kapel

れいふく 礼服 festdragt, selskabsdragt

れいぼう 冷房 luftkonditionering ―する luftkonditionere ―装置 luftkonditioneringsanlæg

れいねん 例年 almindeligt år ―の årlig ―に årligt, hvert år

レインコート regnfrakke

レーザーこうせん レーザー光線 laserstråle
レース (競走) kapløb (布) knipling〔er〕, blonde
レーダー radar —装置 radaranlæg —網 radarskærm
レーヨン (人絹) rayon
レール (鉄道の) jernbaneskinne (カーテンの) gardinstang
れきし 歴史 historie —の本 historiebog —小説 historisk roman —上の historisk —家 historiker —以前の forhistoriens
れきにんする 歴任する have flere embedsposter i rækkefølge
れきねん 暦年 kalenderår
レクリエーション rekreation, forfriskelse
レコード (記録) rekord —を破る slå en rekord (音盤) grammofonplade —をかける sætte en plade på, sætte grammofonen i gang —の吹き込み grammofonoptagelse —プレーヤー pladespiller
レシート kvittering, bon
レシーバー modtager
レストラン restaurant (セルフサービスの) kafeteria
レスリング brydning —の試合 brydekamp —選手 bryder —をする brydes
レタス 〈植〉 salat
れつ 列 række, rad (人・車の) kø (行列) procession (葬儀などの) tog —をつくる ligge på linie (順番を待って並ぶ) stille sig/stå i kø
れつあくな 劣悪な dårlig, elendig, underlødig (価値のない) værdiløs
レッカーしゃ レッカー車 kranvogn
れっきょする 列挙する opregne, optælle
れっこく 列国 〔flere〕 stater
れっしゃ 列車 tog —で行く tage〔med〕toget —の乗り換え togskifte —事故 togulykke —の衝突 togsammenstød
れっせき・する 列席する være til sted, være nærværende, overvære —者 de tilstedeværende,

deltager
レッテル etiket〔te〕, mærkeseddel ―を張る etikettere
れっとう 列島 økæde 日本― De japanske Øer 千島― Kurilerne
れっとう・の 劣等の underlegen, mindreværdig, dårlig ―感 mindreværdskompleks
レディーメードの færdiggjort（服など）færdigsyet, konfektions-
レパートリー repertoire
レビュー revy
レフェリー dommer
レフレーン refræn
レベル niveau トップ―の på højeste niveau
レポーター reporter
レモン citron ―絞り器 citronpresser ―水 citronsodavand ―ティー te med citron ―スカッシュ lemonsquash
れんあい 恋愛 kærlighed, forelskelse ―に陥る få kær, fatte kærlighed til ―結婚 kærlighedsægteskab ―小説 kærlighedsroman ―沙汰 kærlighedsaffære
れんが 煉瓦 tegl〔sten〕, mursten ―工場 teglværk ―工 murer ―工事 murerarbejde
れんきゅう 連休 forløbende fridage
れんきんじゅつ 錬金術 alkemi, alkymi
れんけつ 連結 forbindelse ―する forbinde af, sætte i forbindelse
れんごう 連合 koalition, sammenslutning, kombination（同盟）alliance, forbund（結合）forbindelse ―の forenet, forbundet（同盟の）allieret ―する indgå forbund ―国 de allierede
れんさい・する 連載する udgive/bringe som føljeton ―小説(新聞などの) føljetonroman ―読み物 føljeton
れんざん 連山 bjergkæde
レンジ （調理用の）komfur

れんしゅう 練習 øvelse, træning （実習）praksis（リハーサル）repetition, indstudering ―する øve〔sig〕, træne（実習する）praktisere　繰り返し―する repetere 猛―した veltrænet ―所 øvelsesplads, øvelokale（自動車の）øvelsesbane ―帳 øvebog, øvehæfte ―曲 etude

レンズ linse 凹/凸― konkav/konveks linse 対物― objektiv コンタクト― kontaktlinse

れんそう 連想 tankeassociation, tankeforbindelse ―する associere sig ―させる minde om, huske på

れんぞく 連続 fortsættelse, kontinuitet, serie ―する fortsætte, kontinuere（持続する）vare ved, vedblive ―的に i fortsættelse af hinanden, i forlængelse af hinanden（絶え間なく）uafbrudt, uden afbrydelse

れんたい 連帯 solidaritet, fællesskab ―の solidarisk, fælles ―で solidarisk 社会― 〔fælles〕solidaritet ―感 fællesfølelse ―責任 fællesansvar ―保証人 samkautionist

レンタカー udlejningsbil

レントゲン （X線）røntgenstråler ―検査 røntgenundersøgelse ―写真 røntgenbillede, røntgenfotografi

れんばい 廉売 realisation, realisering ―する realisere, sælge til nedsat pris

れんぽう 連邦 forbundsstat, statssamfund ―政府 føderation 共和国― forbundsrepublik

れんめい 連盟 forbund, sammenslutning, liga

れんらく 連絡 forbindelse, kontakt（伝達）kommunikation（照会）henvendelse（通信の）telegrafisk/telefonisk forbindelse ―する kontakte, kommunikere〔med〕（知らせる）meddele, informere ―を保つ/失う bevare/miste kontakten med ―駅 jernbaneknudepunkt ―船 færge ―先 kontakt〔person〕

れんりつせいけん 連立政権 koalitionsregering

ろ

ろ 炉 ildsted （鍛冶(かじ)場の） esse （いろり） arne （かまど） ovn ―心(原子炉の) reaktorkerne

ろ 櫓 åre ―で漕ぐ ro

ろう 牢 fængsel ―に入れられる komme i fængsel ―に入れる fængsle ―を出る frigives fra fængsel 脱― fangeflugt 脱―する rømme

ろう 蠟 （ワックス） voks

ろうあの 聾啞の(耳と口の不自由な) døvstum ―人 en døvstum

ろうか 廊下 korridor, passage, gang （入口） entre

ろうか 老化 aldring ―した senil, åndsløv

ろうがん 老眼 presbyopi, gammelsynethed （遠視） langsynethed ―鏡 briller for gammelsynthed

ろうし 労資(労使) arbejdsgivere og arbejdstagere (pl.) ―関係 forholdet mellem arbejdsmarkedets parter ―協調 samarbejde mellem arbejdsmarkedets parter

ろうし 老子 Lao-tse

ろうじょうする 籠城する være belejret

ろうじん 老人 de gamle, gammelt menneske, ældre person ―ホーム alderdomshjem, plejehjem

ろうすい 老衰 alderdomssløvhed, alderdomssvækkelse ―する blive affældig/senil ―で死ぬ dø af alderdomssløvhed

ろうそく 蠟燭 stearinlys ―に火を点ける tænde et stearinlys ―立て lysestage ―の芯(しん) væge

ろうでん 漏電 kortslutning ―する kortslutte

ろうどう 労働 arbejde ―する arbejde 重― slid 重―する slide ―者 arbejder ―時間 arbejdstid ―運動 arbejderbevægelse ―争議 arbejdskonflikt, arbejdskamp ―組合(単産) fagforening ―組合連合

fagforbund
ろうどく 朗読 læsning（暗唱）oplæsning —する læse højt
ろうねん 老年 alderdom, ælde, livets aften
ろうばい 狼狽 forvirring, vildrede, bestyrtelse —する blive bestyrtet/forvirret
ろうひ 浪費 sløseri, ødselhed —する sløse, ødsle —的な ødsel, ekstravagant
ろうふうふ 老夫婦 gammelt ægtepar
ろうまん・てきな 浪漫的な romantisk —主義 romantisme —主義者 romantiker
ろうむ 労務 arbejde —者 arbejder
ろうりょく 労力 arbejdskraft, arbejdsevne（努力）anstrengelse, stræben —を省く spare på arbejderne/kræfterne
ろうれん・な 老練な erfaren, prøvet —家 ekspert, fagmand, veteran
ロータリー rundkørsel, midterrefuge i rundkørsel
ロードショー（映画の特別封切）premiere
ロープ tov —ウェー tovbane
ローマ Rom —は一日にして成らず Rom blev ikke bygget på én dag —人(男) romen（女）romerinde —の romersk —鼻 romersk næse —字 latinske bogstaver —法王 pave
ローラー tromle —をかける tromle —スケート rulleskøjte —スケートをする løbe på rulleskøjter
ろか 沪過 filtrering —機 filter —する filtrere
ろく 六 seks（バスなど第6系統）sekser 第—〔の〕sjette 第—感 sjette sans —角形 sekskant —時頃に ved sekstiden
ろくおん 録音 lydregistrering, båndoptagelse —機（テープレコーダー）båndoptager —する optage〔på bånd〕
ろくが 録画 videooptagelse
ろくがつ 六月 juni
ろくじゅう 六十 seksti, tres
ろくしょう 緑青 ir

ろくでなし 碌でなし utroværdig person, unyttig person, 〔social〕 taber, døgenigt
ろくまく 肋膜 〈医〉 lungehinde —炎 lungehindebetændelse
ロケット (飛行体) raket —発射装置 affyringsrampe for raket —弾 raketbombe (首飾りの) medaljon
ろけんする 露見する blive afsløret
ろじ 路地 gyde, stræde, sti
ロシア Rusland —人 russer —の/語〔の〕 russisk
ろしゅつ 露出 eksponering —する eksponere —過剰の overeksponeret —不足の undereksponeret —時間 eksponeringstid —計 eksponeringsmåler, lysmåler
ロッカー 〔aflåseligt〕〔væg〕skab, garderobeboks —ルーム omklædningsrum
ろっこつ 肋骨 〈医〉 ribben
ろてん 露天 stade, 〔salgs〕bod, stand —商人 indehaver af bod, gadehandler
ろてんぼり 露天掘り minearbejde der er brudt fra overfladen, dagbrydningsminearbejde
ろば 驢馬 〈動〉 æsel
ロビー forværelse, lobby (廊下) korridor (ホテルの) forhal (議会の) vandrehal, lobby
ロマンチックな romantisk
ろんぎ 論議 diskussion, debat, argument
ろんじる 論じる(議論する) diskutere, argumentere (論評する) kommentere
ろんせつ 論説 artikel (社説) avisleder —委員 lederskribent, redaktionel skribent
ろんそう 論争 disput, tvist, polemik, kontrovers —する disputere, tvistes, polemisere
ろんぴょう 論評 kritik, kommentar, recension —する kritisere, kommentere, recensere —者 kritiker, kommentator, recensent
ろんぽう 論法 logik, ræsonnement 三段— syllogisme
ろんぶん 論文(学術・学位の) afhandling (一般の)

artikel, essay

ろんり 論理〔学〕logik —的な/に logisk —的根拠 logisk begrundelse —に合わない ulogisk —学者 logiker

わ

わ 輪(円) cirkel （環）ring（鎖の）kæde（車輪）hjul（なわ・ひもなどの）løkke（市電などの環状線）sløjfe（丸ハンドル）øsken

わ 和(一致) enighed （同意）forståelse

わいきょく 歪曲 forvrængning —する forvrænge

ワイシャツ 〔hvid〕skjorte —姿で i skjorteærmer

わいせつな skændig, vanærende, uanstændig

ワイパー （自動車の）〔vindspeils〕visker

わいろ 賄賂(金品・贈収賄) bestikkelse （買収する）bestikke —を受け取る tage imod bestikkelse —のきく bestikkelig

わか・い 若い ung —わかしい ungdommelig (年下の) yngre, junior (未成年の) umyndig (未熟の) uerfaren, umoden —者 ungdom, yngling, ung mand —者達 de unge

わかい 和解 forsoning, forlig （妥協）forlig, kompromis（調停）mægling —する forsone, forlige sig〔med〕, slutte fred med —させる mægle

わかがえ・る 若返る forynges —り foryngelse —り療法 foryngelseskur

わがくに 我が国 dette vort land

わかす 沸かす koge, bringe i kog （風呂を）varme badet（血を）hidse sig op 血を—ような spændende, stimulerende

わかば 若葉 nyudsprungne løv, unge løv （いずれも pl.）（新緑）friskt grønt

わがまま 我が儘(利己) selviskhed, egoisme （気まま・頑固）egensindighed —な selvisk, egoistisk,

egocentrisk, egenkærlig
わかもの 若者 ungdom, yngling, ung mand （少年）dreng（総称）de unge
わがもの 我が物 egne ejendom —にする（強奪する）tilrive sig, erobre（獲得する）vinde —顔に som om det var ens eget
わがや 我が家 mit hjem
わか・る 分かる（理解する）forstå, indse, fatte（知る）kende, vide（難解なものが）begribe, komme efter（講義などが）kunne følge〔med〕（学ぶ）lære（発見する）opdage（判明する）afsløre —りました ja, det skal jeg nok
わかれ 別れ（別離）afsked, skilsmisse（いとまごい）farvel（さよなら）adjø（分派）gren, forgrening, udløber —道 sidevej, sidegade（十字路）korsvej
わかれる 分かれる（分離する）separere（区分される）blive delt〔i〕（分散する）fordele sig（分裂する）splittes, kløves（分岐する）forgrene sig（別れる）tage afsked med, skilles〔af/fra〕（離婚する）få skilsmisse（散会する）bryde op（分散する）sprede
わき 脇（かたわら）side（他所）anden plads —役 støttende rolle —の下 armhule —に（並んで）ved siden af —道にそれる komme på afveje（話が）komme bort fra emnet, fortabe sig i digression
わきまえ skelnen, dømmekraft（配慮）diskretion —のある fornuftig, diskret
わく 沸く（煮え立つ）koge, syde（興奮する）blive ophidset（怒りが）vreden koge op i
わく 湧く（わき出る）fosse, springe, vælde（あわ立つ）bruse（蒸気など噴き出る）sprutte（感情が）være overstrømmende følsom（騒動などが起こる）opstå
わく 枠（額などの）ramme（窓・ドアの）karm（眼鏡・車輪などの）indfatning, stel（骨組み）skelet（制限）grænse, begrænsning
わくせい 惑星 planet 小— asteroid
ワクチン vaccine —注射する vaccinere〔imod〕
わけ 訳（意味）mening, betydning（理由）grund, an-

ledning（原因）årsag, anledning（根拠）grund, bevæggrund, motiv（事情）omstændighed, forhold —の分った（道理が）fornuftig, rimelig …の—にはいかない jeg kan ikke så godt

わけあう 分け合う dele ngt. med〔en〕

わけまえ 分けまえ andel, lod

わける 分ける（分割する）dele i/op（離す）〔ad〕skille, udskille（分配する）dele om, distribuere, uddele, fordele（分類する）sortere, klassificere, opdele（区別する）skelne A fra B, skelne mellem A og B

わゴム 輪ゴム gummibånd, elastik

わざ 業（行為）handling（柔道などの）greb

わざと （故意に）med forsæt, forsætlig〔t〕, med vilje, med flid —らしい（不自然な）unaturlig, skabagtig（作為のある）overlagt, forsætlig, medvidende（無理な）obligatorisk, tvungen, tvingende

わさび 〈植〉peberrod

わざわい 災い・禍い（不幸）ulykke, uheld（悪）onde（災難）katastrofe, ulykke

わざわざ （特に）særlig〔t〕, særdeles（わざと）med vilje, forsætlig〔t〕

わし 鷲 〈鳥〉ørn —鼻 ørnnæse

わし 和紙 japansk papir

わずか・な/の （数が）få, ikke mange（量が）kun lidt, en smule（ささいな）uvæsentlig, ringe, ubetydelig（軽度の）let, mild（乏しい）sparsom（けちな）karrig —に kun, bare, blot（かろうじて）knap〔og nap〕, knebent

わずら・う 煩う（病む）være syg, lide af sygdom（心配する）foruroliges, ængste sig —い（病気）sygdom（心配）ængstelse —わしい（面倒な）besværlig, møjsommelig

わすれ・っぽい/がちな 忘れっぽい/勝ちな glemsom, let at glemme

わすれ・る 忘れる glemme, falme i erindringen, gå af minde 置き—る glemme, efterlade —物 glemte sager —物をする glemme/efterlade ngt. —物取扱所

hittegodskontor ―難い uforglemmelig ―な草 forglemmigej
わた 綿 bomuld 着物の詰め― vat ―の実 bomuldsfrø ―の木 bomuldsplant ―毛 fnug, dun ―屋 bomuldsforretning ―雲 uldagtig sky
わだい 話題 samtaleemne
わだかまり nag …に―をもつ bære nag til
わたくし 私 jeg ―自身 jeg personlig, jeg selv ―の min (公に対し) privat ―のもの min ―に/を mig ―の番 min tur ―達/共 vi
わたげ 綿毛 fnug, dun
わたし 渡し(渡船場) færgeleje ―船 færge 受け― levering
わたす 渡す(手渡す) overbringe, række, overlade (プレゼントする) overrække 引き― levere 橋を― bygge/slå en bro over
わたりどり 渡り鳥 trækfugl
わたる 渡る(通り・橋など) krydse, gå over (川など歩いて) vade (海を渡ってくる) indføres (金が) betales, udbetales
ワックス voks ―をかける overtrække med voks
ワット watt
わな 罠 fælde, snare ―をかける lægge en snare for, sætte en fælde for ―にかかる gå i fælden
わなげ 輪投げ ringspil
わに 鰐〈動〉(アフリカ産) krokodille ―皮の krokodilleskinds- (北米産) alligator
ワニス fernis
わびしい 侘しい(寂しい) ensom, enlig (人里離れた) afsides (遠くの) fjern (みじめな) elendig, ussel, ynkelig
わびる 詫びる undskylde〔for〕(お詫び) undskyldning
わふう 和風 japansk stil
わふく 和服 japansk klæder
わめく 喚く(大声で) skrige, hyle (金切り声で) hvine, gale (騒々しく) buldre, gøre støj, lave postyr

わら 藁 strå　むぎ— halm〔strå〕 —帽子 stråhat — マット stråmåtte —屋根 stråtag

わら・う 笑う(声を出して) le　(歯を見せて) grine (にっこりと) smile　(くすくすと) klukke, klukle, fnise (嘲笑する) foragte, håne, spotte, latterliggøre 思わず—う være i latterhjørnet —い latter, smile 大—い latterbrøl —い顔 leende ansigt (笑止千万な) latterlig, lattervækkende　最後に—う者が本当に—う den der ler sidst ler bedst

わらび 蕨〈植〉(しだ) bregne

わりあい 割合(比率) proportion, procentdel, forhold (頻($\frac{ひ}{ど}$)度) frekvens (拍子) takt (為替レート) valutakurs (価値) værd　—に temmelig, forholdsvis, relativt, i betragtning af

わりあて 割り当て tildeling, kvota, andel　(分配) fordeling (配給) ration　—る tildele, have andel i

わりかんで 割り勘でいく　dele regningen, splejse til regningen

わりざん 割り算 division　—をする dividere

わりばし 割箸 engangsspisepinde der skal skilles ad

わりびき 割引 rabat, prisnedsættelse, afslag　—する give rabat, give afslag i prisen　—券 rabatkupon —率(手形などの) diskonto

わりまし 割り増し(賃金などの)　ekstra, tillæg, bonus (協定外の昇給) lønglidning

わる 割る(分割する) dele i　(割り算する) dividere (こわす) slå i stykker, knuse (裂く) rive, kløve (水で) spæde op med vand

わる・い 悪い(不良の) dårlig, vanartet, slem　(駄目になった) fordærvet (堕落した) demoraliseret (不正な) uretfærdig, ond　(にせの) falsk (邪悪な) ond, ondsindet, (悪性の) ondartet (有害な) skadelig (危険な) farlig (劣悪な) dårlig, underlødig (粗野な) grovkornet, rå (いやな) grim (体が) svag, dårlig (やせた) spinkel (神経質な) sart, skrøbelig, ømfindtlig (不吉な) ildevarslende, ominøs (容姿が) ful, uskøn —くなる blive værre/dårligere/ringere　—者 skurk,

slyngel, kanalje, kæltring, slambert etc
わるがしこい 悪賢い snu, fiffig, listig
わるぎ 悪気のある(悪意のある) ildesindet, ondskabsfuld —のない uskyldig, syndefri, pletfri
わるくち 悪口 bandeord, bagtalelse (陰口) sladder —をいう bande, bagtale, tale ondt om
ワルシャワ Warszawa
わるだくみ 悪巧み(奸計) listige planer, ond hensigt (陰謀) komplot, intrige, rænker
わるぢえ 悪知恵 snuhed, fiffighed, listighed —のある snu, fiffig, listig
ワルツ vals —を踊る danse vals
わるふざけ 悪ふざけ dårlig/smagløs skæmt, spilopper, løjer —をする skæmte〔dårlig〔t〕〕, lave spilopper
わるもの 悪者 skurk, slyngel, slubbert, usling etc
われがちに 我勝ちに hver mand for sig selv
われしらず 我知らず uden at selv mærke det, ubevidst, underbevidst
われめ 割れ目 revne, sprække, kløft
われる 割れる gå itu/i stykker, revne, sprække, briste
われわれ 我々(は) vi —みんな vi alle —の vor —を/に/と os
わん 湾 bugt 大きい— golf (入り江) vig, indskæring
わん 椀・碗 skål (どんぶり) bolle, spølkum (皿) fad (スープなど入れる深いはち) terrin
わんぱく 腕白 uartighed, uopdragenhed, frækhed —な uartig, uopdragen, fræk —小僧 spilopmager, knægt (向う見ずの子) vildbasse —少女 ukyndig lille/ung pige, vildkat
ワンピース kjole
ワンマンバス enmandsbetjent bus
わんりょく 腕力 fysisk styrke (暴力) vold, voldsomhed —を用いる bruge vold, øve vold mod〔én〕
わんわん 〈幼児語〉vov〔vov〕

付　録

不規則動詞変化表

（　）は古い形

不定形	現在形	過去形	過去分詞
bede 頼む	beder	bad	bedt
betyde 意味する	betyder	betød	betydet
bide かむ	bider	bed	bidt
binde 結ぶ	binder	bandt	bundet
blive なる	bliver	blev	blevet
bringe もってくる	bringer	bragte	bragt
briste こわれる	brister	brast bristede	bristet
bryde こわす	bryder	brød	brudt
burde …する方がよい	bør	burde	burdet
byde 命令する	byder	bød	budt
bære 運ぶ	bærer	bar	båret
drage 引っぱる	drager	drog	draget
drikke 飲む	drikker	drak	drukket
drive 動かす	driver	drev	drevet

dø 死ぬ	dør	døde	død døet
dølge かくす	dølger	dulgte	dulgt
falde 倒れる	falder	faldt	faldet
fare 急進する	farer	for farede	faret
finde 見出す	finder	fandt	fundet
flyde 流れる	flyder	fløj	flydt
flyve 飛ぶ	flyver	fløj	fløjet
fnyse ふんという	fnyser	fnøs fnyste	fnyst
fortyde 悔む	fortyder	fortrød	fortrudt
fryse 凍える	fryser	frøs	frosset
fyge ふぶく	fyger	føg	føget
følge 従う	følger	fulgte	fulgt
få 得る	får	fik	fået
gale (鶏が)時をつげる	galer	galede (gol)	galet
gide …したい	gider	gad	gidet
give 与える	giver	gav	givet
glide 滑る	glider	gled	gledet
gnide こする	gnider	gned	gnedet

不規則動詞変化表

grave 掘る	graver	gravede (grov)	gravet
gribe つかむ	griber	greb	grebet
græde 泣く	græder	græd	grædt
gyde 注ぐ	gyder	gød	gydt
gyse ぞっとする	gyser	gøs gyste	gyst
gælde 通用する	gælder	gjaldt	gældt gjaldt
gøre する	gør	gjorde	gjort
gå 歩く	går	gik	gået
have 持っている	har	havde	haft
hedde …と称する	hedder	hed	heddet
hive あえぐ, 引き上げる	hiver	hev	hevet
hjælpe 助ける	hjælper	hjalp	hjulpet
holde 保つ	holder	holdt	holdt
hænge[自] ぶらさがる	hænger	hang	hængt
jage 追いかける	jager	jog jagede	jaget
klinge 鳴る	klinger	klang	klinget
knibe 不自由する	kniber	kneb	knebet
komme くる	kommer	kom	kommet

krybe はう	kryber	krøb	krøbet
kunne できる	kan	kunne (kunde)	kunnet
kvæde 歌う	kvæder	kvad	kvædet
kvæle 窒息させる	kvæler	kvalte	kvalt
lade …させる	lader	lod ladede	ladet ladt
le ほほえむ	ler	lo	let
lide 悩む	lider	led	lidt
ligge 横たわる	ligger	lå	ligget
lyde 響く	lyder	lød	lydt
lyve うそをつく, 従う	lyver	løj	løjet
lægge 横たえる	lægger	lagde	lagt
løbe 走る	løber	løb	løbet
måtte …せねばならない	må	måtte	måttet
nyde 楽しむ	nyder	nød	nydt
nyse くしゃみをする	nyser	nøs nyste	nyst
omgås つきあう	omgås	omgikkes	omgåedes
pibe 笛をふく	piber	peb	pebet
ride 馬に乗る	rider	red	redet

rinde ちょろちょろ流れる	rinder	randt	rundet
rive 引きちぎる	river	rev	revet
ryge 煙を出す	ryger	røg	røget
række さし出す	rækker	rakte	rakt
se 見る	ser	så	set
sidde 座る	sidder	sad	siddet
sige いう	siger	sagde	sagt
skide 糞をする	skider	sked	skidt
skride 大またに歩く	skrider	skred	skredet
skrige 叫ぶ	skriger	skreg	skreget
skrive 書く	skriver	skrev	skrevet
skryde (ろばが)いななく	skryder	skrød skrydede	skrødet skrydet
skulle …すべきだ	skal	skulle (skulde)	skullet
skyde 撃つ	skyder	skød	skudt
skælve ふるえる	skælver	skjalv skælvede	skælvet
skære 切る	skærer	skar	skåret
slibe 研ぐ	sliber	sleb	slebet
slide すりへる	slider	sled	slidt

slippe はなす	slipper	slap	sluppet
slå 打つ	slår	slog	slået
slås けんかする	slås	sloges	sloges
smide 投げすてる	smider	smed	smidt
smyge 寄りそう	smyger	smøg	smøget smyget
smøre 塗る	smører	smurte	smurt
snige しのび歩く	sniger	sneg	sneget
snyde だます	snyder	snød	snydt
sove 眠る	sover	sov	sovet
spinde 紡ぐ	spinder	spandt	spundet
springe 跳ぶ	springer	sprang	sprunget
sprække 破裂する	sprækker	sprak sprækkede	sprukket sprækket
spørge たずねる	spørger	spurgte	spurgt
stige 登る	stiger	steg	steget
stikke 刺す	stikker	stak	stukket
stinke 悪臭を出す	stinker	stank	stinket
stjæle 盗む	stjæler	stjal	stjålet
stride 争う	strider	stred	stridt

stryge なでつける	stryger	strøg	strøget
strække 伸ばす	strækker	strakte	strakt
stå 立っている	står	stod	stået
svide こがす	svider	sved	svedet
svie ひりひりする	svier	sved	svedet sviet
svige 裏切る	sviger	sveg	sveget
svinde 消える	svinder	svandt	svundet
svinge ゆらす	svinger	svang svingede	svunget svinget
sværge 誓う	sværger	svor	svoret
synes …と思われる	synes	syntes	syntes
synge 歌う	synger	sang	sunget
synke 沈む,のみこむ	synker	sank	sunket
sælge 売る	sælger	solgte	solgt
sætte 置く	sætter	satte	sat
tage 取る	tager	tog	taget
tie 黙る	tier	tav	tiet
træde 踏む	træder	trådte	trådt
træffe 当たる	træffer	traf	truffet

trække 引っぱる	trækker	trak	trukket
turde あえて…する	tør	turde	turdet
tvinde より合わせる	tvinder	tvandt	tvundet
tvinge 強制する	tvinger	tvang	tvunget
tælle 数える	tæller	talte	talt
vide 知っている	ved	vidste	vidst
vige 譲り渡す	viger	veg	veget
ville 欲する	vil	ville (vilde)	villet
vinde 勝ちとる	vinder	vandt	vundet
vride ねじる	vrider	vred	vredet
vække 目覚ます	vækker	vakte vækkede	vakt vækket
vælge 選ぶ	vælger	valgte	valgt
være …である	er	var	været
æde (がつがつ)食う	æder	åd	ædt

目録進呈 　落丁本・乱丁本はお取替えいたします。

平成13年4月20日 　Ⓒ第1版発行

編　者	古城　健志
発行者	佐藤　政人

発　行　所

株式会社 **大 学 書 林**

東京都文京区小石川4丁目7番4号
振 替 口 座　　00120-8-43740番
電　話　　(03) 3812-6281〜3番
郵便番号112-0002

日本語デンマーク語辞典

ISBN4-475-00096-3 　　　　　写研・横山印刷・牧製本

大学書林
語学参考書

古城健志 松下正三 編著	デンマーク語辞典	A5判	1016頁
古城健志 松下正三 編著	デンマーク語日本語辞典	新書判	820頁
岡田令子 菅原邦城 間瀬英夫 著	現代デンマーク語入門	A5判	264頁
山野辺五十鈴 編著	自習デンマーク語文法	A5判	208頁
森田貞雄 著	デンマーク語文法入門	B6判	130頁
間瀬英夫 菅原邦城 編	デンマーク語基礎1500語	新書判	144頁
岡本健志 著	デンマーク語分類単語集	新書判	338頁
間瀬英夫 編	デンマーク語会話練習帳	新書判	144頁
アネ・メテ・イプセン 著 間瀬英夫	—中級デンマーク語会話— これでいのかな	B6判	192頁
アンデルセン 森田貞雄 訳注	錫の兵隊	新書判	88頁
キルケゴール 村上恭一 訳注	不安の概念	B6判	238頁
イェスペルセン 新谷俊裕 訳注	ラスムス・ラスク	B6判	176頁
アンデルセン 福井信子 訳注	皇帝の新しい服	B6判	280頁
ブリッカー 山野辺五十鈴 訳注	ある教会書記の日記の断片/メリヤス商	B6判	246頁
レオノーラクリスティーナ 山野辺五十鈴 訳注	嘆きの回想	B6判	272頁
山野辺五十鈴 編著	デンマーク古フォルケヴィーサ	B6判	224頁
森田貞雄 著	アイスランド語文法	A5判	208頁
尾崎義 著	北欧語の話	B6判	152頁

—目録進呈—

大学書林 語学参考書

著者	書名	判型	頁数
下宮忠雄著	ノルウェー語四週間	B6判	653頁
森 信嘉著	ノルウェー語文法入門	B6判	212頁
岡本健志著	自習ノルウェー語文法	A5判	232頁
森 信嘉編	ノルウェー語基礎1500語	新書判	208頁
信森廣光編	ノルウェー語会話練習帳	新書判	144頁
清水育男著	英語対照ノルウェー語会話	B6判	200頁
古城健志編著 松下正三	ノルウェー語辞典	A5判	846頁
岡本健志著	ノルウェー語分類単語集	新書判	352頁
クリスティン・リュッグ著 岡本健志	ノルウェー語でどういうの		228頁
H.イプセン・W.アーチャー著 佐竹龍照・岩原武則訳注	人形の家	B6判	498頁
B.ビョルンソン著 岡本健志訳注	父	B6判	190頁
尾崎 義著	スウェーデン語四週間	B6判	440頁
山下泰文著	スウェーデン語文法	A5判	360頁
尾崎 義 田中三千夫 下村誠二 武田龍夫 著	スウェーデン語辞典	A5判	640頁
松下正三 古城健志 編	スウェーデン語日本語辞典	新書判	704頁
松下正三編	日本語スウェーデン語小辞典	新書判	580頁
菅原邦城 クラース・ガルレーン 編	スウェーデン語基礎1500語	新書判	176頁
松下正三編	スウェーデン語会話練習帳	新書判	144頁
古城健志訳注	セーデルベリィ小品集	B6判	240頁
山口秀夫訳注	フリショフ物語	B6判	264頁

―目録進呈―

大学書林
基礎双書

著者	書名	判型	頁数
塩谷　栄／安藤昭一 著	基　礎　英　語	B6判	312頁
高橋健二 著	基 礎 ド イ ツ 語	B6判	202頁
鷲尾　猛 著	基 礎 フ ラ ン ス 語	B6判	168頁
八杉貞利 著	基 礎 ロ シ ヤ 語	B6判	176頁
笠井鎮夫 著	基 礎 ス ペ イ ン 語	B6判	248頁
下位英一／徳尾俊彦 著	基 礎 イ タ リ ア 語	B6判	192頁
佐野泰彦 著	基 礎 ポ ル ト ガ ル 語	B6判	256頁
土屋申一 著	基　礎　中　国　語	B6判	264頁
青山秀夫 著	基 　礎 　朝 　鮮 　語	B6判	176頁
川崎直一 著	基 礎 エ ス ペ ラ ン ト	B6判	184頁
森村　蕃 著	基 礎 イ ン ド ネ シ ア 語	B6判	196頁
原田正春 著	基 礎 ビ ル マ 語	B6判	308頁
河部利夫 著	基 　礎 　タ 　イ 　語	B6判	280頁
竹内与之助／日隈真澄 著	基 礎 ベ ト ナ ム 語	B6判	144頁
鈴木　斌 著	基 礎 ウ ル ド ゥ ー 語	B6判	272頁
岡﨑正孝 著	基 礎 ペ ル シ ア 語	B6判	224頁
内記良一 著	基 礎 ア ラ ビ ヤ 語	B6判	352頁
石井　溥 著	基 礎 ネ パ ー ル 語	B6判	280頁
古賀勝郎 著	基 礎 ヒ ン デ ィ ー 語	B6判	512頁
萩田　博 著	基礎パンジャービー語	B6判	176頁
小野沢純 著	基 礎 マ レ ー シ ア 語	B6判	344頁

―目録進呈―